U0552916

思想會

A CENTURY OF WEALTH IN AMERICA

美国家庭财富百年史

（1900～2013）

［美］爱德华·N.沃尔夫（Edward N. Wolff）/著

徐　飞 /译

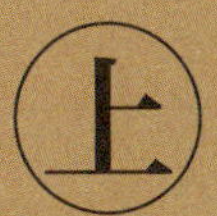

社会科学文献出版社
SOCIAL SCIENCES ACADEMIC PRESS (CHINA)

译者的话

在读者开始阅读本书之前，有几个基本概念需要事先澄清。

1. 家庭的概念

本书研究的课题是过去一个多世纪以来美国家庭的财富变化情况，那么如何定义“家庭“就是全书研究的基础。根据《现代汉语词典》，家庭指以婚姻和血统关系为基础的社会单位，包括父母、子女和其他共同生活的亲属在内。但在二战后，西方社会单位的构成形式出现了重大变化，出现了很多新的社会单位，其中包括：同居而不结婚（两个人一起生活，一起抚育子女，但不办理婚姻手续），同性恋家庭，单身家庭（单身家庭变多有两个原因：一个是不结婚的人越来越多；另一个是人口寿命越来越长，丧偶独居的老人越来越多），等等。

为了有效的统计这些新的社会单位，美国人口普查局（US Census Bureau）调整了家庭的定义。在美国人口普查局的术语表（参见其官网：www. census. gov）里，家庭分别由 family 和 household 两个术语来表达，其区别是：

- family 指居住在同一个套房产里的 2 个或 2 个以上的成员，相互之间有婚姻关系或血缘关系或收养关系。注意：family 必须有 2 个或 2 个以上的成员，所以单身家庭并未包含在 family 定义里；

- household 指居住在同一套房产里的 1 个或 1 个以上的成员，相互之间可能有婚姻、血缘、收养关系，也可能没有。

从这两个定义可以看出，household 的定义比 family 更为广泛，包含了所有新的社会单位形态。为了区分这两个家庭定义，我在本书中将“household”翻译为“广义家庭”，“family”翻译为“狭义家庭”或“家庭”。

根据美国人口普查局 2010 年的联邦人口普查数据，美国一共有 1.17 亿户广义家庭（household），其中狭义家庭（family）7754 万户，占 66.4%；新型家庭（non family household）3918 万户，占 33.6%。

本书研究中的绝大部分观察单位都是广义家庭（household）。

2. 五等分的概念

五等分（quintile）是本书统计分析中用得最多的一种样本分组方式，它的操作方法是：将全体样本按其衡量指标（财富/收入）从低到高排序，然后平分为五份，每 20% 一份，示意图如下：

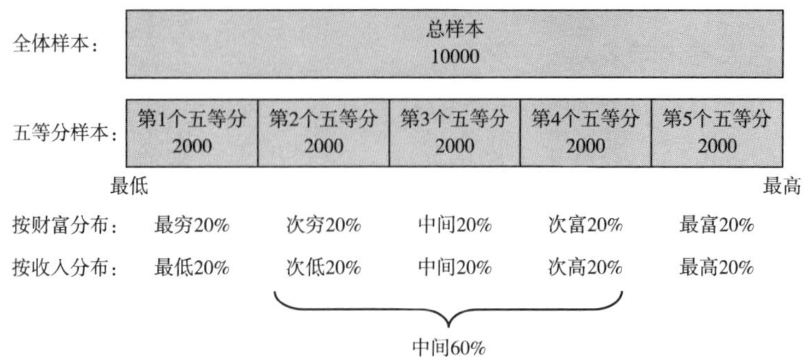

图 1　家庭财富/收入五等分样本统计衡量指标

在本书中，五等分分组分为财富分布和收入分布，译者根据其不同性质，分别翻译为："财富分布五等分最富/次富/中间/次穷/最穷 20% 分组"和"收入分布最高/次高/中间/次低/最低 20% 分组"。

另外，作者经常用到的样本分组还包括五等分中间 60% 分组，这是指从第 2 个五等分到第 4 个五等分 3 个 20% 分组样本合集。

3. 百分位数的概念

百分位数（percentile）也是作者使用较多且较重要的一种样本分组方法，作者用大写的 P 后面跟着数字表示百分位数，例如 P99/P50 等。百分位数是统计中使用的一种度量，表示一组样本中给定百分比的样本值低于该值。例如 P99 指 99% 的样本都低于该值，也即最高 1% 样本组，而以此类推，P50 就是样本中位数。

因为译者水平有限，书中难免存在纰漏与错误，请广大读者批评指正。

译者：徐飞

2019 年 2 月 20 日

献给我的儿子斯潘塞和女儿阿什莉
长命百岁！

“真相就在那里。”

——《X 档案》

目　录

上　册

第一部分　个人财富的研究进展

第二部分　财富不平等程度变化背后的机制

下　册

第三部分　谁是富人，谁是穷人

第四部分　长期财富

第五部分　税收政策和相关结论

前　言

这本书几乎完全是基于经验导向的。全书可能只在第六章分析生命周期模型时有少量理论分析。本书主要依赖数据分析来得出结论，指明财富积累模式和财富趋势。本书遵循经验观察的培根式归纳推理方法，而不是笛卡尔式数学推理，来建立总体理论框架。本书记录并分析了从 1900 年至 2013 年美国财富积累模式和财富不平等程度的发展趋势。在有可比数据的情况下，还进行了国际对比。本书呈现给读者的数据是作者过去四十多年对这一课题持续研究的巅峰成果。

可以这么说，本书的研究工作始于 1972 年，那一年我被南希 · 拉格尔斯和理查德 · 拉格尔斯（Nancy and Richard Ruggles）* 聘为纽黑文美国国家经济研究局（National Bureau of Economic Research）** 的研究员［当时我是耶鲁大学的博士生（PhD）］。我参与的项目名称是经济和社会绩效衡量指标（Measurement of Economic and Social Performance，MESP），由美国国家科学基金会

* 南希 · 拉格尔斯和理查德 · 拉格尔斯（Nancy and Richard Ruggles）是美国著名经济学家夫妇，他们的主要学术成果是开发了用来衡量国家收入的可靠工具，并不断改进用于制定政府政策的价格指数体系。——译注

** 美国国家经济研究局（National Bureau of Economic Research，NBER）是一家著名美国私人非营利经济研究机构，成立于 1920 年，该机构研究员包含 12 位美国总体经济顾问委员会主席和 31 位诺贝尔经济学奖获得者。——译注

（National Science Foundation）* 资助。我的主要任务是开发和实施一个程序，用来统计匹配多个微观数据库。这项研究的一个成果就是开发出了经济和社会绩效衡量指标（MESP）数据库，该数据库基于 63457 个广义家庭样本，应用三种统计匹配和两组设算，包含资产负债信息和详细的人口统计数据。该数据库从 1972 年 10 月一直开发到 1977 年 10 月。

笔者基于这个项目一共发表了五篇关于广义家庭财富的论文：（1）《1969～1975 年通货膨胀对美国广义家庭财富分布的影响》，1979 年发表；（2）《利用合成数据库评估 1969 年美国广义家庭财富规模分布》，1980 年发表；（3）《生命周期的财富积累：微数据
xii 分析》，1981 年发表；（4）《改变设算方法对 1969 年美国广义家庭财富估算的影响》，1982 年发表；（5）《美国广义家庭可支配财富的分布》，1983 年发表。

随后的研究逐渐开始以联邦储备委员会（Federal Reserve Board）的消费者财务状况调查（Survey of Consumer Finances，SCF）数据为主，从其 1983 年调查数据开始。基于该数据来源，我大约发表了 50 篇论文，包括：（1）《1962～1983 年美国广义家庭财富不平等程度估算》，1987 年发表；（2）《财富不平等程度的变化》，1992 年发表；（3）《1962～1983 年和 1983～1989 年美国广义家庭财富趋势》，1994 年发表；（4）《广义家庭财富规模分布的近期趋势》，1988 年发表；（5）《1962～1992 年美国按年龄分组财富积累情况：储蓄、资本收益和代际财富转移的作用》，1999 年发表；（6）《1983 年至 1998 年财富所有权最新变化趋势》，2001

* 美国国家科学基金会（National Science Foundation）是美国政府机构，负责支持科学工程领域的基础研究和教学。——译注

年发表；（7）《上世纪 80 年代和 90 年代美国广义家庭财富的变化》，2006 年发表；（8）《美国广义家庭财富近期趋势：债务上升和受到挤压的中产阶级》，2011 年发表；（9）《1983～2010 年美国广义家庭财富变化趋势》，2014 年发表；（10）《美国大衰退时期资产价格崩溃和广义家庭财富》，2014 年发表；（11）《中产阶级：财富缩水，节节败退》，2014 年发表。

关于这本书与我 1995 年的畅销书《头重脚轻》（*Top Heavy*）（1996 年再版，2002 年出版了更新后的增订版）的区别，这里有几句话要说。《头重脚轻》相对面向的是普通读者，几乎没有技术细节，而本书针对的更多的是学术型读者，本书包含了更多关于广义家庭财富测量指标和分析方法的方法论问题的技术讨论。另一个主要区别是我前一本书中的数据序列终止于 1998 年，而本书的数据序列延伸到了 2013 年。此外，本书阐述的很多研究成果在前一本书中只是一笔带过，包括：（1）建立广义家庭平均财富增长的长期时间序列；（2）分析社会保障财富和养老金财富对广义家庭财富积累和财富不平等程度的作用；（3）对比不同财富调查的广义家庭财富估算值；（4）更全面的广义家庭财富不平等程度国际对比；（5）对生命周期模型的计量经济学分析；（6）深入调查遗产在广义家庭财富积累中的作用；（7）对美国资产贫困趋势的讨论；（8）对过去三十年来加剧美国财富不平等程度因素的分解分 xiii
析和更长时间跨度的时间序列分析；（9）研究包含大衰退时期的时间段财富变化趋势。

本书重点介绍了 11 个研究发现。第一个发现是 20 世纪广义家庭财富显著增长，特别是在 20 世纪八九十年代以及 21 世纪第一个 10 年的初期和中期。特别令人惊讶的是，尽管众所周知，自 20 世纪 80 年代初以来个人储蓄率大幅下降，但在此期间，广义家庭财富仍然有增无减。第五章将解答这个看似矛盾的问题。

第二个发现是过去四十年美国财富不平等程度加剧。从 20 世纪 70 年代中期到 2013 年，最富 1% 广义家庭的财富份额几乎翻了一番。在 20 世纪八九十年代和 21 世纪第一个 10 年，几乎全部广义家庭财富增量都属于最富 20% 广义家庭，而广义家庭财富增量有差不多 2/3 归于最富 1% 广义家庭。有清晰的证据表明，在美国“受命运青睐的五分之一的富人”和剩余几乎全部人口之间存在财富增长分叉点（见第二章）。

第三个发现是中产阶级债务不可思议地急速增加。从 1983 年到 2007 年，这些广义家庭的债务从占其收入的 67% 增加到 157%，增长了一倍多，负债与净资产的比率从 37% 上升到 61%。债务大部分是以房产担保的住房抵押贷款形式存在。这使得中产阶级在 2007 年金融危机爆发时格外脆弱（见第三章）。

第四个发现是普通家庭财富在 2007 年至 2013 年的大衰退时期急剧下降。事实上，到 2013 年，广义家庭财富中位数已回到 1969 年的水平！这里有两个关键因素。首先，到 2007 年，中产阶级家庭债务水平已达到很高水平。其次，超过 3/5 的中产家庭财富与自己的房产有关。作为结果，住房价格急剧下跌 24%，并通过杠杆放大，导致他们的财富下降了 44%。同样有证据表明，这些年来中产阶级存在相当大的负储蓄。[*] 最富 1% 阶层和中产阶级之间使用杠杆的差异，也在财富不平等程度随时间变化而发生变动的过程中发挥了关键作用（见第三章）。

xiv 第五个发现是美国不同人口统计学群体的持有财富发生了巨大变化。在战后时期，老年家庭的相对持有财富稳步增长。相比之

---

* 负储蓄指家庭存款减少的情况，一般是因为支出大于收入，必须动用储蓄。——译注

下，在过去 30 年左右的时间里，年轻家庭和有孩子家庭的相对经济状况几乎持续下降。2007 年，黑人家庭平均财富与白人家庭平均财富的比率与 1983 年大致相同（比率为 0.19），但到 2013 年，这一比率已下滑至 0.13。

此外，2013 年，不同种族群体财富差距仍然是相应的收入差距的 3 倍多（见第九章）。

第六个发现讨论了最新的观点，即随着养老金财富的大幅增长，尤其是固定缴款计划（defined contribution）养老金，持有股票在美国社会中愈发普遍。第三章记录了从 1962 年到 2001 年，通过各种养老金计划，直接或间接对股市产生兴趣的家庭显著增加。但是，在 2001 年之后，家庭的股票持有率下降了。不过，2013 年美国股票所有权的集中度仍然与 1983 年一样高。

第七个发现涉及社会保障财富和固定收益（defined benefit）养老金财富对整体财富不平等程度趋势的影响。众所周知，在广义家庭资产负债表里，在传统财富之外加上社会保障财富，将会降低财富不平等程度的指标。进一步，自社会保障计划开展以来（1937 年），随着社会保障财富相对于传统财富的巨大增长，它降低财富不平等程度的效应随着时间的推移而增加。但是，近些年，私人养老金财富使财富分布变得越来越不平等。由于私人养老金财富是总财富中增长最快的部分，因此自 1983 年以来，总养老金财富降低财富不平等程度的净效应实际上已经下降（见第八章）。

第八个发现是，与其他经济发展水平相当的国家比较，美国财富不平等程度发生了令人吃惊的转变。几乎任何想得到的指数——广义家庭收入、等值收入（equivalent income）、贫困水平、广义家庭财富等——都表明美国是当今世界发达工业化国家中最不平等（或者几乎是最不平等）的国家。但情况并非一直都是这样的。在

21 世纪初，甚至在 20 世纪 50 年代，美国在同类国家中属于比较平等的国家。第四章将揭示有关个人财富不平等程度的这些令人不安的变化。

xv 第九个发现是，作为储蓄标准模型的生命周期模型仅仅解释了广义家庭财富变化的一小部分——5% 到 10% （见第六章）。相比之下，有直接调查证据表明，代际转移的财富可能解释了广义家庭终身财富累积总量的 40% 多（见第七章）。如果情况真是这样，那我们就会得到一个相当暗淡的结论：美国不再是一个人人平等的机会之地，而是一个社会阶层发挥着非常重要作用的国家。

第十个发现是，在 1983 年至 2007 年，尽管广义家庭净资产中位数急剧增加，但“资产贫困”依然顽固存在，“资产贫困”被定义为缺乏保障三个月正常消费的财务资源。也许并不令人惊讶，大衰退导致资产贫困发生率大幅上升（见第十一章）。

第十一个发现比较积极正面，广义家庭财富在长时间跨度上巨幅增长。从 1900 年到 2013 年，广义家庭户均的实际可变现财富增长了 3 倍，而这段时间实际人均财富暴涨了 6.5 倍（第十二章）。贴心提示：如果您不想陷入技术细节之中，我建议您跳到第十五章开始阅读，这一章是全书重要研究成果的小结。

第一部分

个人财富的研究进展

第一章　本书规划和历史背景

本章将带领读者浏览自 1947 年以来生活水平、贫困率、收入不平等、劳动收入，以及国民收入中工资所占份额的趋势。① 在介绍完这些历史背景后，本书其余部分都聚焦在广义家庭*财富上。

本书第一部分着眼研究美国和其他一些发达经济体个人财富的最新发展情况。第二章记录了从 1962 年至 2013 年半个世纪里广义家庭净资产平均值和中位数变化趋势，以及净资产不平等程度的趋势。数据来自华盛顿特区美国联邦储备委员会（Federal Reserve Board）的消费者财务状况调查（Survey of Consumer Finances，SCF）** 数据

---

① 本章数据来自当前人口调查（Current Population Survey）、劳工统计局（Bureau of Labor Statistics）、国民收入和产品账户（National Income and Product Accounts）以及其他文献的公开数据。本章借鉴了以前的研究成果，其中包含爱德华·沃尔夫（Edward N. Wolff）的著作："The Stagnating Fortunes of the Middle Class," *Social Philosophy and Policy* 191, no. 4（2002）: 55 – 83；沃尔夫编辑："Recent Trends in Living Standard in the United States," 载于 *What Has Happened to the Quality of Life in the Advanced Industrialized Nations*?（Cheltenham, U. K. : Edward Elgar Publishing Ltd. , 2004）, 3 – 26；沃尔夫的著作："Rising Profitability and the Middle Class Squeeze," *Science & Society* 74, no. 3（2010）: 429 – 449；沃尔夫的著作："Inequality and Rising Profitability in the United States, 1947 – 2013," *International Review of Applied Economics* 29, no. 6（2015）: 741 – 769，参阅 http: //www. tandfonline. com/doi/pdf/10. 1080/02692171. 2014. 956704。

* 广义家庭（household）：参见译者在文前的说明。——译注

** 消费者财务状况调查（Survey of Consumer Finances，SCF）是美联储 1983 年开始实施的一项社会经济调查，每 3 年一次，从 1992 年开始，调查由芝加哥大学全国民意研究中心（National Opinion Research Center，NORC）实施。——译注

以及其他几项广义家庭调查数据的计算，特别关注被称为大衰退时期（Great Recession，2007 年至 2013 年）* 的变化。

第二章在进行统计分析之前，首先讨论了三个先决问题。在了解 2001 年至 2013 年间资产价格及其他相关指标趋势的历史背景后，本章介绍了将广义家庭财富视为个人福祉指标的几个基本理由。第二章的主要数据来源是 1983 年至 2013 年的消费者财务状况调查数据。每项调查都包含一份核心代表性样本加上一份高收入补充样本。还有来自 1962 年消费者财务特征调查（Survey of Financial Characteristics of Consumers，SFCC）的数据，该调查由联邦储备委员会实施，是消费者财务状况调查的前身。这也是一个分层样本，补充了高收入广义家庭样本。第二个数据来源是 1969 年经济和社会绩效衡量指标（Measurement of Economic and Social Performance，MESP）数据库，这是一个由所得税申报表数据和 1970 年美国人口普查数据合并构建的合成数据集。这里将税务数据中的财产收入流（例如分红）资本化**为相应的资产价值（例如
3 股票），从而得到广义家庭财富估算值。

第二章的统计分析记录了 1962 年至 2013 年广义家庭财富中位数和平均值的时间趋势，特别关注 2007 年至 2013 年大衰退时期。特别需要关注的是，这一章显示广义家庭财富中位数（扣除通胀因素后）先是稳健增长，随后广义家庭财富经历了一次大规模破坏，在 2007 年至 2010 年间广义家庭财富中位数猛跌了 44%，降幅惊人。在这之后，本章将带领读者浏览同一时期财富不平等程度趋势。这里的估算值表明，1983 年的财富不平等程度与 1962 年的水

---

* 大衰退时期（Great Recession）指 2007 年美国房贷危机爆发，演变为一场席卷全球的大规模经济危机，其危害仅次于 20 世纪 30 年代的大萧条时期。——译注

** 资本化，通过收益反推资本的估算方法。——译注

平相当接近。财富不平等程度在 1983 年至 1989 年间急剧上升，之后从 1989 年到 2007 年基本保持不变。从 2007 年至 2010 年，财富不平等程度再次急剧上升。本章同时对比了收入不平等的变动情况。

通过计算总财富增长量里不同财富群体的份额，我们进一步研究了财富不平等程度。总而言之，这些年财富增长最多的是最富 20% 阶层，尤其是最富 1% 阶层。本章使用其他财富概念和衡量指标来考察财富变化的时间趋势，并与其他来源的数据进行比较：第一部分探讨财富如何影响财富指标趋势时，将机动车和其他交通工具价值纳入财富价值估算；第二部分比较消费者财务状况调查数据与收入动态追踪调查（Panel Study of Income Dynamics，PSID）数据在 2000 年之后的趋势。

第三章分析了 1983 年至 2013 年（这期间存在一致数据）广义家庭财富构成的变化，并计算了同期广义家庭财富的收益率。本章还研究了各种资产类别拥有率的变化，例如股票和固定缴款计划（Defined Contribution，DC）养老金。一个引人注目的发现是相对负债急剧上升，债务与净资产的总体比率从 1983 年的 15% 上升到 2013 年的 18%，债务收入比率从 1983 年的 68% 飙升至 2013 年的 107%。按财富阶层分析财富构成表明，中等收入家庭和富裕阶层在如何保存他们的收入方面存在明显的阶层差异。2013 年，中产阶级大约 60% 的财富投资于主要住宅（primary residences）[*]，另外 20% 投入了形式五花八门的货币储蓄。他们的债务与净资产的比率非常高，为 0.64，他们的债务收入比率为 1.25。相比之下，最富 1% 阶层将超过 80% 的存款用在各种投资工具上。他们的债务与净 4

---

* 主要住宅（primary residences）指日常居住用的房产。——译注

资产的比率为0.026，他们的债务收入比率为0.38，这两个比率都大大低于中产阶级。

2013年中产阶级相当惊人的债务水平引发了一个疑问：这是近期才出现的现象，还是已经持续一段时间了？第三章记录了1983年至2013年间，中产阶级债务的急剧上升，以及中产阶级可使用的财务资源的迅速恶化。最富10%家庭拥有大部分投资资产，他们持有市场上85%至90%的股票、债券、信托和商业股权，以及超过3/4的非住宅房地产。本章介绍了2007年至2013年房地产市场发生状况的细节。

广义家庭财富构成的收益率计算表明，不同财富阶层财富构成的差异，特别是杠杆（债务）差异，将转变为广义家庭财富收益率的巨大差异。在某些年份里，最富1%阶层和五等分中间三个阶层*的财富收益存在相当大的差异。在2001～2007年间，当资产价格普遍上涨时，中间三个阶层的平均年净资产收益率为5.6%，最富1%阶层的为3.9%，二者相差1.7个百分点。与之相反，2007年到2010年资产价格下跌，最富1%阶层的收益率为-6.5%，中产阶层的收益率为-10.6%，最富1%阶层高出4.1个百分点。

第三章接下来讨论股票持有率。1989年至2001年，对股票市场感兴趣、直接持有股票或者通过养老金账户等其他渠道持有股票的家庭比例，从32%飙升至52%，但随后在2013年下降至46%。接下来的内容关注固定缴款养老金计划的价值和拥有率趋势。

美国的财富不平等程度与其他国家相比如何？财富不平等程度如何随时间而变化？美国财富中位数和平均值与其他发达经济体相比如何？这些问题为研究美国经验提供了国际背景。第四章对在一

---

* 五等分的概念参见译序。——译注

段时间内一些国家个人财富不平等程度进行了国际比较。多个国家具有最新的个人财富不平等程度历史数据，如加拿大、法国、德国、日本、瑞典和英国。 5

这里的证据显示，首先，20 世纪 80 年代在美国观察到的财富不平等程度加剧情况，并未普遍存在于工业化国家中，至少在那些有相关数据的国家中并非如此。相比之下，收入不平等程度加剧似乎更为普遍。其次，与具有可比数据的其他发达国家相比，美国在 20 世纪 80 年代是财富不平等程度最严重的国家。在收入不平等方面美国也是最不平等的国家。在 2000 年和 2010 年，这种情况基本没有变化。再次，今天美国财富不平等程度情况相对较为严重，与 20 世纪早期的情况显著不同，以财富所有权来衡量，当时的美国显然比英国、瑞典等欧洲国家更加平等。而且与 20 世纪 70 年代早期的情况形成鲜明对比的是，当时美国的财富不平等程度与其他工业化国家的水平相当。最后，研究结果还表明，尽管在可以得到可比数据的国家中，美国在 2000 年前后的成年人财富平均值排名最高，但美国成年人财富中位数排名相对较低。到 2010 年，美国的成年人财富平均值排名已经在八个国家中降到第三，成年人净资产中位数则排名最后。

本书的第二部分讨论了财富不平等程度发生变化背后的一些机制。第五章“解构”了 1922 年至 2013 年的财富变化趋势。本章应用两种方法分析财富不平等程度趋势。第一个方法依赖于对 1983 年至 2013 年数据的分解分析。一段时间内财富的变化可以分解为资本升值、储蓄和代际净资产转移。同样的分解可以用于财富分布的不同部分，例如最富 1% 阶层和五等分中的三个中间阶层（共 60%）。

在这里，资本升值可以解释 1983 ~ 1989 年，1989 ~ 2001 年，

2001~2007 年，2007~2010 年和 2010~2013 年间，模拟净资产平均值变化的 80% 或更多。这一发现适用于所有广义家庭，包含最富 1% 阶层和财富分布五等分中的三个中间阶层。

对于财富不平等程度的变化，我看了一下最富 1% 阶层和财富分布五等分三个中间阶层的净资产比率变化。P99/P2080 比率[*]变化趋势主要受两组广义家庭之间收益率和储蓄利率差异的影响，前者通常会不断降低财富不平等程度，后者则会不断提高
6 财富不平等程度。1983 年至 1989 年，储蓄存款利率差异在 100% 的水平上解释了 P99/P2080 比率上升。从 1989 年到 2001 年，中产阶级较高的收益率使该比率的上升减少了 45 个百分点，而最富裕广义家庭较高的储蓄存款利率使其增加了 137 个百分点。从 2001 年到 2007 年，中产阶层较高的收益率补偿了他们较低的储蓄存款利率。

在 2007 年至 2010 年间，这两个因素都推动了 P99/P2080 比率上升，每个因素各贡献了一半力量。从 2010 年到 2013 年，最富裕阶层较高的储蓄存款利率推动 P99/P2080 比率上升，而中产阶层较高的财富收益率则拉低了这个比率。

第二种方法是回归分析，以分析 1922 年至 2013 年间，在广义家庭财富不平等程度变动中似乎起着重要作用的各项因素，因变量是财富持有者中最富 1% 阶层的财富份额。三个解释变量似乎特别重要。第一个是收入最高 1% 阶层的收入份额，其估算系数为正，显著性水平为 1%。第二个是股票与房价的比率，其估算系数为正，显著性水平为 10%。第三个是总债务与净资产的比率，估算系数为负，显著性水平为 1%。

---

* P99/P2080 比率是最富 1% 阶层和五等分中间 60% 阶层的财富比率。——译注

第五章还讨论了皮凯蒂定律（Piketty's Law），该定律指出，如果资本收益率高于实际产出增长率，财富不平等程度就会加剧。本章分析了美国从 1983 年至 2013 年的数据，没有发现支持该定律的证据。作为此理论的替代，有人认为，如果最富 1% 阶层的财富收益率高于中产阶层，财富不平等程度通常会加剧。

另一种解释财富不平等程度的方法是基于生命周期模型，这种模型认为广义家庭在工作年限积累财富，以确保退休后的合理消费。这一理论认为财富水平随着年龄的增长而不断增长，直至退休，然后转为持续下降。第六章提供了生命周期模型的计量经济学分析，并考虑了这种理论对财富积累的理解。这一章首先简要概览了生命周期模型的学术研究。

然后使用传统的广义家庭财富概念，对生命周期模型进行计量经济学分析。结果表明，虽然这种模型的系数具有统计显著性，但 7
这个模型本身只能解释广义家庭财富差异的一小部分（最多只有 5% 到 10%）。当应用于中产阶层时，这个模型的表现要好得多。生命周期模型的意义是它合理解释了中产阶级的财富积累动机。特别是，它认为中产阶层获取财富的目的是退休、流动性和消费。但是，上层阶层更有可能出于其他原因积累财富——也许是为了权力和声望——遗产模型更适合解释这一阶级的财富分布。

养老金和社会保障可以直接合并进入广义家庭财富积累的生命周期模型，因为它们就是退休财富的存在形式。问题在于，把它们纳入广义家庭财富组合，对于生命周期模型的解释力有多大程度的提高？接下来我们使用养老金和社会保障财富的替代概念进行横截面回归分析。分析结果通常证实了上述结论。在全体人口上应用该模型，其解释力没有显著改善，但对于中产阶级而言，纳入研究的广义家庭财富多样性程度越高，它的解释力越有显著提升。

导致广义家庭财富差异的另一个重要因素是财富转移——包含遗产和生前赠与。第七章分析了1989年至2013年财富转移与财富分布的关系。在这里它们以两种方式发挥作用。首先，它们影响广义家庭财富中位数和平均数的时间变化趋势。其次，它们影响广义家庭财富分布和整体财富不平等程度。

第七章首先回顾了一些背景文献。直接调查证据来自消费者财务状况调查，包含遗产和赠与的收据，和以赠与和捐赠形式体现的转让金额。这个调查证据实实在在地表明，遗产和赠与在财富积累中发挥着重要作用，如本章其余部分所述。

第七章得出的结论显示，在1989年至2013年间，平均约有1/5的美国广义家庭在特定时间点报告了财富转移，这些转移财富是个相当大的数字，大约占他们净资产的1/4。从1989年到2013年，财富转移占当前净资产的比例急剧下降，从29%降至24%。
8 几乎没有证据表明遗产出现了“暴增”。

财富转移倾向于降低财富不平等程度，不过对这一结果有一些附加说明。基本理由是，虽然财富转移的价值确实随着广义家庭收入和广义家庭财富的增长而大幅攀升，但财富转移占广义家庭财富的比例与收入和财富水平相比呈单边下降趋势。因此，扣除财富转移的净资产与财富转移负相关。由于这两者负相关，将财富转移增加到净资产中实际上减少了整体财富不平等程度。

第七章还介绍了财富转移净值的计算方法——遗产加上收到的赠与，减去赠送给他人的赠与和捐赠。财富转移净值对于理解财富中位数和平均值趋势非常重要，也可用于第五章和第九章的财富模拟。

第八章考察了社会保障和私人养老金在广义家庭财富积累中的作用。现在在广义家庭资产负债表中包含社会保障和私人固定收益计划（Defined Benefit，DB）的养老金财富已成为标准。本章讨论了两个主要问题，与退休制度创造的财富相关。第一，当这两个额外成分被包含在广义家庭财富的定义中，产生增广财富时，第二章中描述的广义家庭财富平均数和中位数的时间趋势是否会改变？第二，这种增广财富对财富不平等程度时间趋势的影响，是否与原来标准的广义家庭财富相同？

从 1983 年到 2013 年的 30 年间，政府逐渐取消了相对平等的固定收益养老金制度，作为弥补提升了相对不平等的固定缴款养老金计划的覆盖率。社会保障财富是增广财富中最平等的组成部分，在 1983 年至 2013 年间一直稳定存在。

1983 年至 2007 年间，以原来标准衡量的净资产出现强劲增长，扣除通胀因素后，中年人（47 岁至 64 岁）广义家庭的财富中位数实际上升了 63%。而增加了固定收益计划养老金财富和社会保障财富后，财富中位数只增长了 33%。另外，从 2007 年到 2013 年，这个年龄组的净资产中位数下降了 52%，但增广财富中位数“仅仅”下降了 27%，这是因为这些年来社会保障财富相对增加，以及它集中在财富分布的中部。

所以毫不奇怪，将社会保障财富添加到广义家庭资产负债表中的传统财富里，会降低财富不平等程度的衡量指标。然而，不为人 9
所知的是，固定收益计划养老金财富几乎与传统的广义家庭财富一样分布不均。因此，将其纳入广义家庭投资组合后降低财富不平等程度的效果要小得多。

第八章还表明，在 1983 年至 2007 年，固定收益计划养老金财富和社会保障财富降低财富不平等程度效应减少了。从 1983 年到 2007 年，47 岁至 64 岁人口的净资产不平等程度上升了 0.033 基尼点。相比之下，增广财富的基尼系数攀升了 0.076 点。另外，从

2007年到2013年，虽然净资产的基尼系数上升了0.043点，但增广财富的基尼系数仅上升了0.015点。对此的解释是，在大衰退时期，社会保障财富在增广财富中的份额不断上升。由于社会保障财富的分布比净资产更为均衡，因此这些年来它的相对增长对财富不平等程度加剧产生了一种抑制作用。

本书第三部分识别构成美国富裕阶层和贫穷阶层的个人。第九章描绘了社会经济学群体之间的财富差异。众所周知，不同人口统计学群体的收入存在重要差异。本章记录了财富持有方面的类似差异。本章分析了基本趋势，并采用分解分析来隔离不同群体间平均财富持有量导致的差异。分解分析基于不同选定分组样本之间的资本升值、储蓄率和财富转移净值的差异（详见第五章）。本章使用的另一种方法是通过连续多年的人口平均份额来标准化广义家庭财富构成，以分析总体财富平均值和财富不平等程度的趋势。

第九章还研究了不同收入阶层的财富差异。可能在社会经济学变量中最重要的就是收入阶层。本章发现净资产平均值随收入水平提高而增加。2013年，1%最高收入的阶层和收入分布五等分中间20%阶层的净资产平均值比率为89。1983年至2013年间，净资产平均值的百分比收益也随收入水平提高而单调上升，表明在此期间财富差异呈现扇形扩大。另一个值得注意的发现是，从1983年到2013年，收入分布五等分三个最低20%阶层的净资产中位数和财
10 务资源中位数的绝对值在下降。截至2013年，对于收入分布五等分最低两个20%阶层而言，其财务资源中位数接近于零，而对于收入分布五等分中间20%阶层而言只有11000美元。

接下来，本章考察广义家庭财富的年龄模式。标准生命周期模型预测，在退休之前，财富将随着年龄的增长而上升，在退休后转为下降。不同年份的横截面年龄－财富关系图证实了这种普遍模

式。特别引人注目的是，这些关系图并不随着时间的推移而改变。特别是，1983 年至 2013 年间，年轻广义家庭相应财富稳定减少，年长美国人广义家庭财富稳定增长。本章发现，35 岁以下广义家庭和全体广义家庭的净资产比率从 1983 年的 0.21 降至 2010 年的 0.11。按定值美元计算，从 2007 年到 2010 年，他们的净资产平均值猛跌了 46%。35 岁至 44 岁年龄组与全体广义家庭的净资产比率从 1983 年的 0.71 降至 2010 年的 0.42。按定值美元计算，从 2007 年到 2010 年，他们的净资产减少了 39%。资本损失几乎完全解释了 2007 年至 2010 年这两个年龄组的模拟净资产平均值的下降趋势。

关于广义家庭财富的种族和族裔差异，第九章发现，2007 年黑人广义家庭和白人广义家庭之间的贫富差距与 1983 年的情况几乎完全相同。2007 年至 2010 年这两组的财富平均值比率从 0.19 降至 0.14。黑人广义家庭的杠杆高于白人广义家庭，这种差异导致 2007 ~2010 年间收益率差异大幅增加，这段时期的收益主要为损失。相比之下，1983 年至 2007 年，西班牙裔广义家庭和白人广义家庭的财富平均值比率从 0.16 增加到 0.26。从 2007 年到 2010 年，西班牙裔净资产减少了一半，净资产平均值与白人广义家庭的比率从 0.26 下降到 0.15。与黑人广义家庭一样，西班牙裔广义家庭的杠杆非常高，因此，2007 年至 2010 年西班牙裔广义家庭和白人广义家庭之间的收益率差异非常大，这是西班牙裔广义家庭财富崩盘的主要原因。

另一个分析是按教育程度分组。第九章提供的数据表明，2013 年，大学及以上学历组的广义家庭净资产平均值是高中辍学组的十倍，是高中学历组的六倍。1983 年至 2013 年间，大学及以上学历组的净资产平均值增长了 52%，而高中辍学组的净资产平均值减

11 少了12%，高中学历组的净资产平均值减少了7%。2013年，高中辍学组的财务资源中位数几乎为零，而高中学历组只有3900美元。

另一个社会经济学维度是广义家庭类型。第九章将人口分为三种基本广义家庭类型：已婚夫妇、单身男性和单身女性，并针对已婚夫妇和单身女性进一步区分是否有孩子。本章内容显示，2013年，已婚夫妇作为一个分组拥有最高的净资产平均值，单身母亲组的净资产平均值最低。已婚夫妇组和单身母亲组之间的净资产平均值比率几乎为14比1。从1983年到2013年，单身母亲组的净资产平均值下降了22%，2013年，她们的净资产中位数下降了93%，仅为500美元。单身母亲组在整个时间段里财务资源中位数基本上为零。

第十章研究了富裕阶层的人口统计学特征和劳动力特征。谁是富裕阶层？他们通常是老年人还是中年人？他们属于什么种族？他们都受过高等教育吗？他们为别人工作还是拥有自己的企业？他们分布在哪些职业和行业？这些模式会随着时间而改变吗？他们是否已经从“食利者”* 财富转向企业财富？他们的人口统计学特征和劳动力特征与普通人群相比如何？本章选取了1983年至2013年间的几个年份进行经验性分析。

这里有几个问题特别令人感兴趣。第一，随着这一时期财富不平等程度大幅上升，尤其是华尔街和专业人员工资纪录创下新高，富裕阶层的构成是否已经从传统的“息票剪手”** 转变为企业家？第二，伴随着这种趋势，是否富裕阶层的主要来源已转向金融业和

---

* 食利者（rentier），靠收租金或拿股息过日子的人。——译注

** 息票剪手（coupon - clippers），美国债券凭据上会带有利息兑换券，持有人定期剪下一张去兑换利息，这种依赖兑换利息过日子的人被称为息票剪手。——译注

专业服务业？第三，随着华尔街财富的增长，富裕阶层的组成里是否年轻人相应增多，中年和老年人群体相应减少？第四，娱乐业和体育业收入丰厚，我们是否发现越来越多的非洲裔美国人跨入富裕阶层？第五，自 20 世纪 80 年代以来，我们观察到教育溢价不断上升，富裕阶层的构成是否已经明显转向受过大学教育的劳动者？

第十章首先查看 1983 年至 1992 年，在此期间，最富裕阶层中年轻家庭的比例显著增大。其次，尽管 1983 年至 1992 年间人口总 12
体受教育程度显著上升，但最富裕阶层和收入最高阶层里受教育程度百分比没有相应增加。再次，在此期间最富裕阶层中黑人广义家庭的比例实际在下降，而西班牙裔广义家庭的比例基本保持不变。最后，有证据表明，创业活动在进入最富裕阶层方面发挥了显著作用，在 1983 年至 1992 年间，自营职业者分组在最富裕阶层里所占百分比几乎翻了一番，而且其占最高收入阶层百分比从 27% 增加到 64%。

截至 2013 年，最新研究结果表明，这些趋势有一部分到现在依然存在，但另一部分则发生了反转。第一，在 1992 年至 2013 年间，最富裕阶层显然变得更加年长。第二，最富裕阶层的受教育程度提高。第三，富裕阶层继续几乎完全是白人。第四，自营职业者占最富裕阶层总就业人数的百分比继续增加。

第十一章聚焦财富图谱的另一端，特别聚焦资产贫困的持续存在。因此，本章探讨穷人的财富（是的，穷人也有自己的财富！）。本章涵盖 1962 年至 2013 年的时间段。本章第一部分显示，第一，相对于非贫困家庭，贫困家庭的财富从 1962 年到 2001 年有所下降，但在 2013 年有所恢复。第二，贫困家庭相对于非贫困家庭，在净资产方面和收入方面通常都处于劣势。第三，广义家庭财富组合里增加固定收益计划养老金财富，对贫困人口和非贫困人口的财富平均值比率的影响相对较小。第四，与之相反，广义家庭财富组合中的社会保障财富水平，提高了两组之间的平均财富比率。

在第十一章的第二部分，我将资产贫困定义为在三个月的时间内没有保障正常消费的财务资源。本节记录了，尽管在过去三十年，广义家庭净资产中位数急剧上升（至少在 2007 年以前），但资产贫困引人注意地持续存在，并且大衰退时期资产贫困率迅速飙升。

研究发现，少数族裔的资产贫困率是白人的 2 倍多。资产贫困
13 率随着年龄和受教育程度上升而单调下降；租房者的贫困率远高于房主；家庭类型方面，老年夫妇类型资产贫困率低至 5%，女性单亲家庭资产贫困率高至 50% 至 65% 不等，具体取决于年份。

资产贫困的研究结果令人沮丧，因为美国人口的资产贫困率非常高。2007 年，即使在大衰退开始之前，1/4 的美国家庭的净资产也不足以支持他们保持生活水平在贫困线以上三个月，超过 2/5 的家庭拥有的流动资产不足以支持他们保持生活水平在贫困线以上三个月。一些特别分组的资产贫困率甚至更高：少数族裔的资产贫困率为 55%；年龄小于 25 岁的户主的资产贫困率为 74%；低于高中学历组为 48%；租房者为 70%；对于有孩子的非老年女性户主为 65%。

第四部分着眼于广义家庭财富的长期趋势。第十二章首先讨论了方法论问题，然后研究了总财富和财富构成的发展变化。统计分析始于 20 世纪财富趋势的广泛图景，关于广义家庭总财富及其构成。本章的目的是为近年来财富发展提供历史背景。它记录了平均家庭财富的显著增长，从 1900 年到 2013 年，扣除通胀因素后平均每年增加 1.26%，略高于可支配个人收入的增长。增长最快的是 1989 年至 2007 年，平均每年增长 2.76%，比可支配个人收入增长率高出 1.5 个百分点。

在纳入研究的 113 年中，广义家庭财富的构成也发生了相当大

的变化。非法人企业股权占广义家庭总财富的比例大幅下降，而金融机构存款则大幅增加。此外，虽然住房拥有率在 20 世纪稳步提升（至少在 2004 年之前是如此），但房主自住住房占总资产的比例只略微增加。公司股票在广义家庭投资组合中的表现最为波动，这反映了股票市场的价格变动。债务占总资产的比例从 1910 年的 5% 上升到 2013 年的 18%。最后，作为有价资产，养老金储备和社会保障财富都在增加，从 1900 年的几乎为零，到 1983 年分别占 12% 和 48%，不过这之后两种资产的份额都有所下降。 14

随后，第十三章研究了财富不平等程度的长期变化趋势，从各种来源汇总了 1922 年至 2013 年美国整体财富集中度的历史记录。1922 年至 1983 年的数据点集来自遗产税记录。此外，在 1962 年、1969 年、1983 年、1989 年、1992 年、1995 年、1998 年、2001 年、2004 年、2007 年、2010 年和 2013 年，我们使用微数据来源提供了更详细的估算数。本章显示，以最富 1% 广义家庭财富份额来衡量，从 1929 年到 20 世纪 70 年代后期，财富集中度出现一种不稳定的下降趋势，这之后到 1998 年财富不平等程度急剧上升，然后 1998 年到 2001 年又一次下降，然后到 2013 年一直逐渐上升。

本书第五部分分析了征收财富税的可能性，以及为全书进行总结。第十四章讨论了政策问题，它考察了美国征收直接财富税的可能性。美国极高的财富不平等程度，以及近年来该状况的不断加剧，都使制定一些补救政策变得迫在眉睫。

在联邦层面，政府目前以两种方式对个人财富征税：已兑现的资本收益税（作为个人所得税的一部分）和遗产税。我们还应该考虑对广义家庭财富直接征税吗？已有十几个欧洲国家正在实施或已经实施这样的税收系统，比如德国、荷兰、瑞典和瑞士。在公平的基础上，综合考虑收入和拥有的财富比单独考虑收入能更好地衡量纳税人的纳税能力。此外，其他发达经济体没有证据显示，对广义家庭财富征收适度的直接税，对个人储蓄或整体经济增长产生了任何有害影响。

我在前一本书《头重脚轻》（*Top Heavy*）中提出了一种极其温和的征收财富税的模式，该模式是以瑞士财富税制度为模型设计的（豁免10万美元，边际税率为0.05%至0.3%）。在这个模型中，以1989年的数据计算，这样的税收结构产生的广义家庭财富税的平均税率为0.2%，仅仅使广义家庭财富的平均收益率降低6%。即使是最高的边际税率（0.3%），也只让广义家庭财富平均收益率降低9%。这些数字表明，这项税收制度对个人储蓄的抑制作用非常小。这项税收可以筹集500亿美元的额外税收收入，对90%
15 的美国家庭的税收账单只有极小的影响。

本章提供了2013年的最新估算。使用相同的“瑞士式”税收结构，并根据通货膨胀调整数据（使用CPI－U），我估算2013年将筹集1210亿美元，约占当年联邦税收总收入的4.4%。此外，对广义家庭财富的平均税率仍然是0.2%，新税仅仅使广义家庭财富平均收益率降低6.2%。即使使用最高边际税率（0.3%），广义家庭财富平均收益率也只降低9.7%。这些结果表明，新税制对个人储蓄的消极影响（如果有的话）非常小。

第十五章将前几章的主题和主要结果汇总在一起。

本书末尾还提供了三个附录。附录1描述了对1962年消费者财务特征调查（SFCC）以及1983年、1989年、1992年和1995年消费者财务状况调查（SCF）数据的统计调整和估算。附录2详细介绍了1969年经济和社会绩效衡量指标（MESP）文件的结构。附录3提供了有关社会保障财富和固定收益养老金财富估算结构的方法细节。

收入、贫困、税后净收入、收入不平等和工资份额的最近发展趋势

尽管整个美国经济增长相对强劲，但在 21 世纪初期我们见证了中产阶级的苦苦挣扎。从 2001 年到 2007 年，在乔治 · W. 布什执政的头六年里，尽管在 2001 年经历了短暂的衰退，以不变美元计算国内生产总值（GDP）增长了 16.4%，劳动生产率（实际 GDP 除以全职员工数）年增长率为 2.2%。这两个数字与相似的时间段比较，都接近二战后的高点。

然后大衰退来袭。大衰退始于 2007 年 12 月，并于 2009 年 6 月“正式”结束。[1] 在此期间，实际国内生产总值下降了 4.3%，随后从 2009 年第二季度到 2013 年第二季度，GDP 增长了 9.2%。在那之后到 2016 年第三季度，实际 GDP 又增长了 6.8%。[2] 失业率从 2007 年 5 月的 4.4% 飙升到 2009 年 10 月的 10% 的峰值；但到 2016 年 10 月，它又降至 4.9%。[3] 16

自 2007 年以来生活水平发生了什么变化？贫困发生了什么变化？工资发生了什么变化？财富不平等程度发生了什么变化？工资和利润分配发生了什么变化？财富不平等程度与利润分配之间是否存在联系？这些是本章第二部分的主题。但首先，我要将最近发生

---

① 参阅 http：//www. nber. org/cycles/cyclesmain. html，2014 年 4 月 20 日采集。虽然“官方”定义这次衰退在 2009 年结束，但我使用“大衰退”这一术语来指代 2007 年至 2013 年这一段时间，因为家庭收入在这一段时间里依然相对不景气。

② GDP 数据来源是：http：//www. bea. gov/iTable/index_ nipa. cfm，2016 年 12 月 1 日采集。

③ 美国劳工统计局（BLS），参见：http：//data. bls. gov/timeseries/LNS14000000，2016 年 12 月 1 日采集。

的事件放在美国历史数据的背景下，这些数据可以追溯到第二次世界大战结束时（所谓的战后时期）。

工资收入和其他收入停滞不前，而贫困状况没有变化

尽管经济蓬勃发展，用于评估生活水平的最常见指标——实际家庭收入中位数（对普通家庭按收入从低到高排序取其中点，收入数据使用消费者物价指数修正）从2001年到2007年仅上升了微不足道的1.9%。① 从1973年到2001年，它增长了20%，因此从1973年到2007年，其总增长率达到了22%。相比之下，1947年
17 至1973年，家庭收入中位数增加了1倍以上（见图1.1）。

然后大衰退来袭。尽管官方宣布经济从2009年6月开始复苏，但从2007年到2013年，实际家庭收入中位数下降了7.4%。事实上，从2000年到2013年，它下降了7%。2013年，收入中位数回到了1997年的水平。

而家庭收入平均值的变化趋势则与之不同。它在1947年至

---

① 数据来源是美国人口普查局当前人口调查，参见：http：//www. census. gov/hhes/www/income/histinc/，2016年12月1日采集。若无特别说明，美元都是以2013年美元计算。通常会倾向于使用广义家庭收入（household income）而不是狭义家庭收入（family income）。但可惜的是，美国人口普查局的广义家庭收入统计数据直到1967年才有，但狭义家庭收入统计数据从1947年就有了。我同时也使用人口普查局推荐的消费者物价指数（CPI-U-RS）来修正不同时期的收入数据。同时需要注意的是，近期人口调查的收入数据进行了最高收入标准化处理（top-coded）——这就是说，普查样本设定了一个上限。这个上限并不确定，其根据年份不同和收入类型不同而不同。近年来，这个上限通常设在总收入10万美元，不过在某些确定的收入项上会低一些，例如利息收入，这个上限在之前的年份则略低。

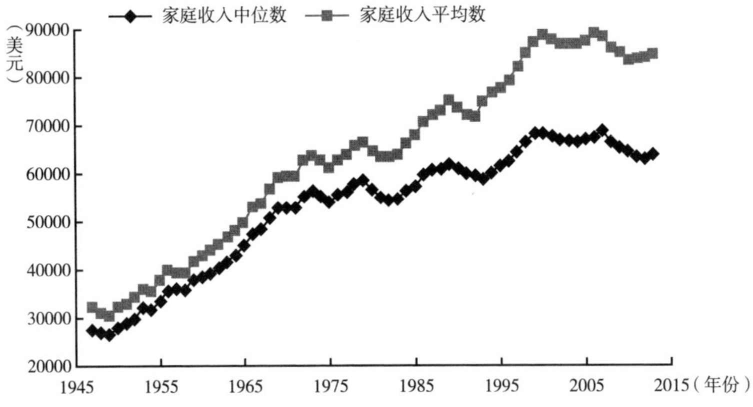

图 1.1　1947～2013 年年家庭收入中位数和平均数
（使用 CPI-U-RS 调整为 2013 年美元）

1973 年间几乎翻了一番，但随后从 1973 年到 2001 年仅增加了 38%。从 2001 年到 2007 年它仅增长了 0.7%，从 1973 年到 2007 年它总共增长了 39%。这个增长率低于之前 25 年，但大于家庭收入中位数的增幅。两组数据之间的差异意味着，在 1973 年之前，收入平均值和收入中位数大致以同样的幅度上升，但在 1973 年之后，收入平均值增长的速度比收入中位数增长速度要快得多。这种差异反映了自 20 世纪 70 年代初以来财富不平等程度的加剧。在大衰退期间，真实家庭收入平均值也下降了，从 2007 年到 2013 年下降了 4.4%，低于中位数降幅。

另一个令人不安的问题是贫困。1959 年至 1973 年间，美国在减少贫困方面取得了巨大成功，总体贫困率下降了一半以上，从 22.4% 下降到 11.1%（见图 1.2）。在此之后，贫困率顽固地“拒绝”再次下降。它通常与商业周期相呼应。1973 年以后，总的来说它呈现一种上升趋势，到 1993 年攀升至 15.1%，然后在 2000 年

18 回落至 11.3%，仅略高于其最低点，然后在 2007 年升至 12.5%。在大衰退时期，贫困率再次上升，在 2012 年达到 15%，然后在 2013 年下降为 14.5%。

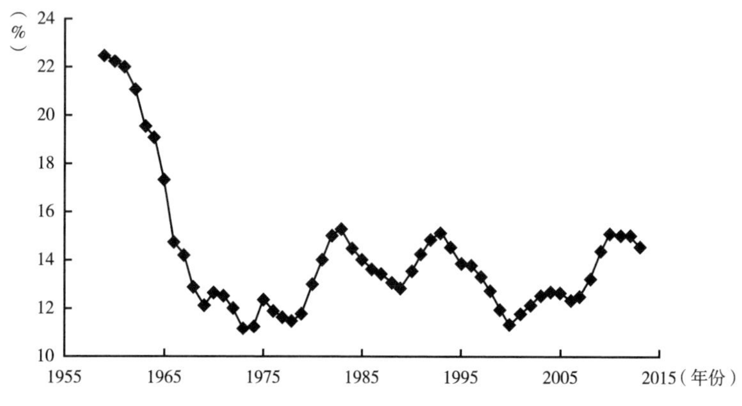

图 1.2　1959～2013 年美国官方贫困率

另一个可以衡量低收入家庭福祉的指标是收入五等分中最低 20% 阶层家庭收入占总收入的比例（见图 1.3）。起初，这一比例从 1947 年的 5.0% 下降到 1961 年的 4.7%，但随后，随着时间的推移逐渐上升，1974 年达到 5.7%。然后大幅下降，到 2007 年降至 4.1%。它在大衰退期间继续下降，2013 年达到 3.8%。

与此相关的一个统计数据是最贫穷 20% 家庭的收入平均值（以定值美元计算），它显示了绝对收入水平（而收入比例显示了相对收入水平）。他们的收入平均值在 1947 年到 1974 年增加了一倍多，但此后到 2007 年几乎没有增加。1974 年以后，这个系列数据与五等分最穷 20% 阶层的收入比例系列数据之间的趋势差异大幅下降，是因为 1974 年以后普通人口的收入平均值上升。

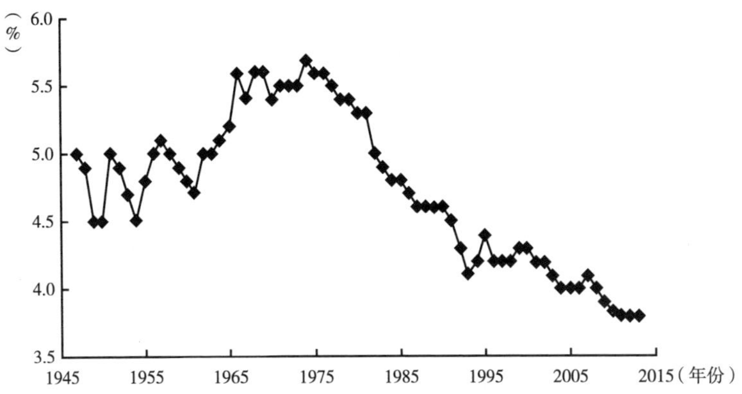

图 1.3　1947～2013 年收入五等分最穷 20%阶层家庭的收入份额

然后从 2007 年到 2013 年，五等分最穷 20%阶层的收入平均值下降了惊人的 10.8%，到 2013 年只有 16100 美元，都回到了 1984 年的水平！ 19

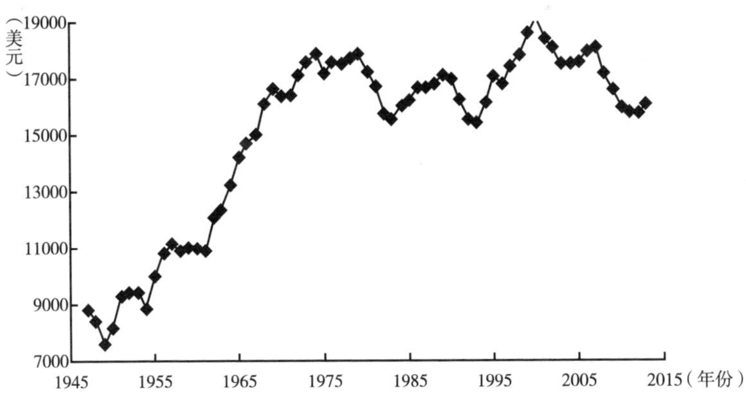

图 1.4　1947～2013 年五等分最穷 20%阶层家庭收入平均值
(使用 CPI－U－RS 修正为 2013 年美元)

导致家庭收入停滞不前和顽固贫困的主要原因是工资未能显著增长。根据美国劳工统计局（Bureau of Labor Statistics，BLS）的小时工资数据，从2001年到2007年，实际小时工资增长了一点点，即2.6%，[①] 这是与中产阶级工资相关性最高的系列数据。事实上，在1973年至2000年间，实际小时工资下降了6.8%，因此1973年至2007年间实际工资下降了4.4%（见图1.5）。这与之前1947年至1973年的数据形成鲜明对比，这段时间实际工资增长了75%。事实上，2007年，小时工资为19.59美元（按2013年美元计算），与1971年水平（按实际价值计算）相同。

有点令人惊讶的是，在大衰退时期实际工资其实在增长。从2007年到2013年，实际工资增长了2.1%。这一时间趋势可能反映了一个事实，那就是这些年被开除的工人都是薪酬较低且技能较低的工人。

另外两项衡量劳动者工资的指标见图1.5。[②] 其结果也显示1973年后工资增速明显放缓。从1947年到1973年，每名全职员工（full-time equivalent employee，FTEE）的平均薪资每年增长2.3%，而后从1973年到2007年每年仅增长0.4%。在这两个时期的第一个时间段，每名全职员工的平均薪酬（包含附加福利）

---

① 这些数据基于美国劳工统计局（BLS）非农业行业私人企业的非管理型生产劳动者小时工资系列数据。美国总统经济顾问委员会《2015年总统经济报告》，参见：http://www.gpo.gov/fdsys/pkg/ERP-2015/pdf/ERP-2015-table15.pdf，2016年12月1日采集。这是使用最为广泛的工资系列数据。美国劳工统计局（BLS）使用消费者物价指数（CPI-U）将名义工资数据转换为定值美元。

② 这两项是国民收入和产出账户每个全职员工（FTEE）的薪资和薪酬（薪资和员工福利之和）。两组数据都使用消费者物价指数CPI-U修正为定值美元。这里没有列出第三组数据，即员工薪酬加上每个从事生产的个人经营性收入的一半，这组数据也显示出非常相似的时间趋势。

每年增长 2.6%，在第二个时间段每年增长 0.5%。从 2007 年到 20
2013 年，前者以每年 0.2% 的速度增长，后者以每年 0.3% 的速度增长。

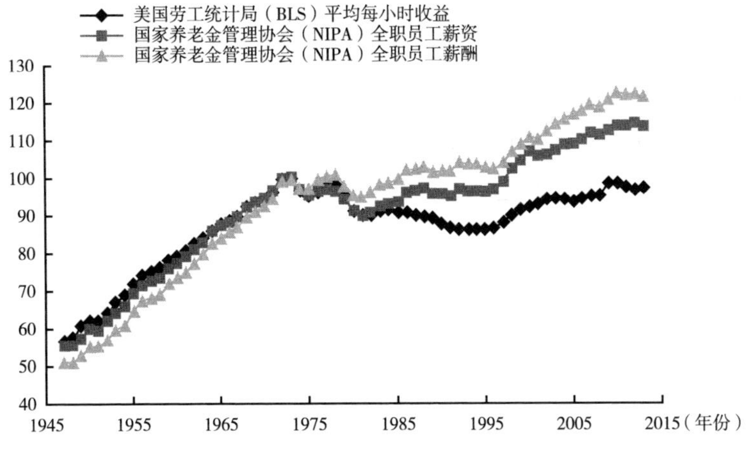

图 1.5　1947～2013 年劳动收入指数［1973＝100］

尽管人口实际工资不断下降，但家庭生活水平保持不变，这是因为越来越多的妻子参加工作，从 1970 年的 41% 上升到 1988 年的57%。[①] 从1989 年开始，已婚妇女参加工作的增速开始变缓，到 2007 年仅增加到 61%。与之相伴的就是实际生活水平的提高放缓。从 2007 年到 2011 年，已婚妇女的工作率实际上已降至60.2%。[②]

---

① 美国人口普查局：《2012 统计摘要》（Statistical Abstract），表 597，参见：http：//www. census. gov/prod/2011pubs/12statab/labor. pdf，2016 年 12 月 1 日采集。

② 美国劳工统计局："Women in the Labor Force：A Databook"，February 2013，Table 4，参见 http：//www. bls. gov/cps/wlf－databook－2012. pdf，采集日期为 2016 年 12 月 1 日。

收入不平等急剧上升

美国在21世纪初期也出现了财富不平等程度加剧状况，首先反映在家庭收入的基尼系数上（见图1.6）。基尼系数是应用最广泛的衡量财富不平等程度的指标，它的范围为0～100，越低表示越平等，越高表示越不平等。1947年至1968年间，基尼系数一般呈下降趋势，1968年达到最低值34.8。在那之后，它于20世纪80年代和90年代向上攀升，刚开始比较平缓，然后开始陡峭上升，
21 在2007年达到了43.2。[①] 在大衰退时期发生了什么？

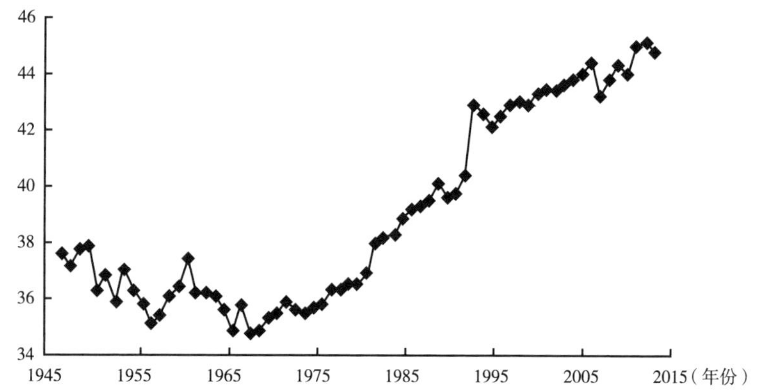

图1.6 1947～2013年收入不平等变化趋势（家庭收入基尼系数）

根据近期人口调查（CPS）的数据，财富不平等程度继续上升，2013年的基尼系数为44.8。虽然财产收入在这段时间内有所

---

① 美国人口普查局当前人口调查，参见 http：//www.census.gov/hhes/www/income/histinc/，2016年12月1日采集。这些数字基于未修正的数据。

下降，但失业率上升和工作时数减少对中产阶层和贫困阶层的打击更为严重。

第二个指数，即最富裕 5% 家庭收入占总收入的比例，具有相似的时间趋势（见图 1.7）。刚开始它逐渐下降，从 1947 年的 17.5% 下降到 1974 年的 14.8%，在此之后开始上升，特别是在 20 世纪 90 年代，到 2007 年已达到 20.1%，它在 2013 年进一步上升到 21.2%，接近战后时期的最高值。此外，根据世界顶级收入数据库（World Top Incomes Database）的有效数据，根据美国国税局的纳税申报表，2013 年收入最高的 10% 阶层拿走美国总收入的近一半（49%），自联邦政府在一个世纪前设立了所得税并开始收集收入数据以来，这一数值接近过去 100 年的最高水平。2012 年最富 1% 阶层的收入份额恢复到大衰退时期（甚至大萧条时期）之前的水平——从 2007 年的 18.3% 上升到了 18.9%，但它在 2013 年下降到了 17.5%。[1] 22

税率发生了什么变化？

联邦个人所得税的边际税率趋势也影响了家庭福祉和财富不平等程度（见图 1.8）。[2] 第一组数据是最高边际税率（最富有的税务申报者所面临的边际税率）。1944 年，其最高边际税率为 94%！第二次世界大战结束后，最高税率降至 86.5%（1946 年），但在朝鲜战争期间，它回到了 92%（1953 年）。即使在 1960 年，它仍

---

① 世界顶级收入数据库，参见 http://topincomes.parisschoolofeconomics.eu/，2016 年 12 月 1 日采集。

② 这里引用的税率是针对联合申报的已婚夫妇，http://www.irs.gov/，2016 年 12 月 1 日采集。

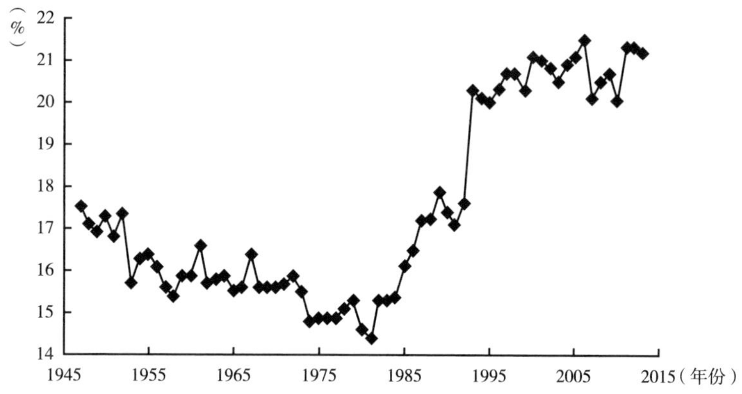

图 1.7　1947～2013 年收入最高 5%家庭收入占总收入的百分比

然有 91%。随着国会实施税收立法，这个税率随着时间的推移开始下降。它在 1966 年首次降至 70%，然后在 1969 年升至 77%以资助越南战争，1975 年再次降至 70%，1983 年降至 50%（里根的第一个重大税收法案），1987 年降至 28%（依靠 1986 年税收改革法案）。在那之后，它在 1991 年（老布什总统第一个任期）上升至 31%，然后在 1993 年（克林顿总统任期）上升至 39.6%，但到 2007 年它又下降至 35%（小布什总统任期），之后一直保持稳定，直到 2013 年，奥巴马总统将其提升至 39.6%。①

另外两组数据分别显示收入为 67000 美元和 33000 美元的边际
23 税率，均按 1995 年美元计算。这两组数据的时间模式与第一组完全不同。67000 美元（约为第 60 百分位数）的边际税率，在 1946 年相对较低，为 36%，然后呈上升趋势，1980 年达到 49%，在 1986 年又下降到 28%，此后保持不变，直到 2000 年，然后下降到

① 2013 年 39.6%的税率对应于调整后总收入（AGI）超过 40 万美元的个人和超过 45 万美元的已婚夫妇。

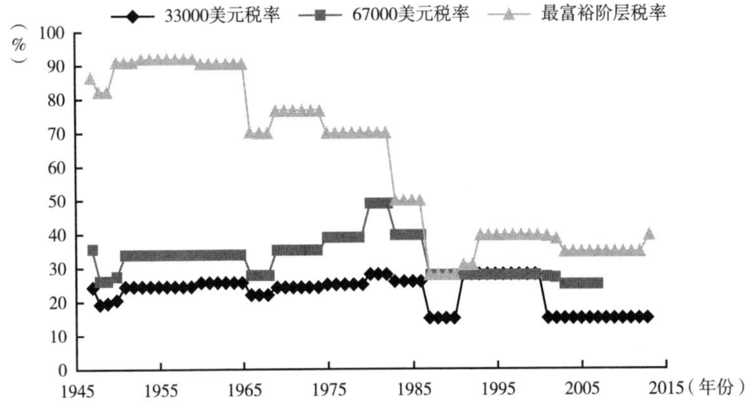

图 1.8　1947～2013 年选定收入水平的边际税率（按 1995 年美元计算，百分比）

2007 年（和 2013 年）的 25%。33000 美元（约为第 30 百分位数）的边际税率，在 1946 年也相对较低，为 25%，但随着时间的推移实际上有所增加，1991 年达到 28%，此后保持不变，直到 2000 年，2001 年下降到 15%，此后一直如此。

总而言之，战后时期的减税措施对富裕阶层比较慷慨，尤其是超级富豪。自 1946 年以来，最高边际税率巨幅下降了 47 个百分点（54%），67000 美元的边际税率，下降了 11 个百分点（31%），而 33000 美元的边际税率下降了 10 个百分点（39%）。

利润上升是关键

过去三十年增加的产出在哪里？关于劳动生产率与劳动收入之 24
间关系出现的另一个异常现象有助于解释这一问题。特别是，劳动生产率增长与实际工资增长之间的历史联系在 1973 年之后也出现了断裂。①

从1947年到1973年，平均实际劳动者薪酬（比工资更广泛的概念，包含社会保险和附加福利）基本上与整体劳动生产率同步增长（见图1.9）。② 后者每年平均增长2.4%，前者每年平均增长2.6%。1973年后，劳动生产率增长率大幅下降，尤其是1973年至1979年，是战后时期劳动生产率增长最慢的时间段，每年仅增长0.5%（被称为劳动生产率增长放缓阶段），在此期间，每名劳动者的实际薪酬增长变为负值。从1979年到2001年，美国经济在劳动生产率增长方面温和复苏，平均每年增长1.1%，而每个劳动者的实际薪酬（全职员工）的年增长率仅为0.5%。从2001年到2007年，年均劳动生产率的增长率飙升至2.2%，但薪酬增长仍然
25 较低，每年增长1.6%。

然后大衰退来袭。从2007年到2010年，实际GDP下降了3.2%（总计，不是每年）。令人惊讶的是，就业率下降得更多，所以劳动生产率实际上提高了6.6%。实际上，从2007年到2013年，劳动生产率增长了7.7%，年增长率为1.2%，接近历史平均水平。相比之下，平均员工薪酬仅增加了1.7%（总计），因此劳动生产率和员工薪酬之间的差距进一步扩大。

如果1973年之后劳动生产率比员工收入增长更快，那么多

---

① 对于以竞争性投入市场和规模报酬不变为特征的经济，它遵循工资和劳动生产率以完全一致的速度增长的规律。特别是，$w = \partial X/\partial L = \varepsilon_L X/L$。w为工资率，X为总产出，L为总雇用，$\varepsilon_L$是劳动产出弹性，在这个特殊案例中等于工资份额。

② 显示每个全职员工薪酬的结果。结果几乎完全一样，等于从事生产的员工的薪酬加上个人经营性收入的一半。美国经济分析局国民收入和产出账户，参见http：//www.bea.gov/bea/dn/nipaweb/SelectTable.asp，2015年10月22日采集。

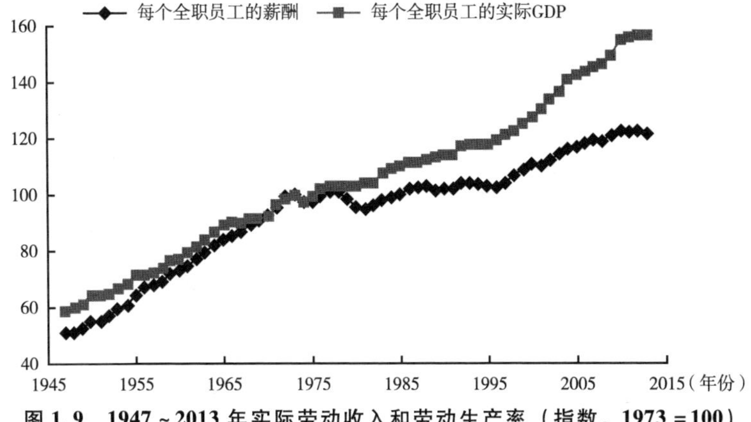

图 1.9 1947~2013 年实际劳动收入和劳动生产率(指数,1973=100)

余的劳动生产率去哪儿了?答案是利润率提高了。基本数据来自美国经济分析局(U. S. Bureau of Economic Analysis, BEA)的国民收入和产出账户(National Income and Product Accounts)。对于净利润的定义,我使用美国经济分析局对总净财产类收入的定义,包含公司利润、利息收入、租金收入和个人经营性收入的一半[该定义不包含资本消耗补偿(Capital Consumption Allowance, CCA)]。① 净利润率定义为总净财产收入与总私人净固定资本的比率。从 1947 年到 1982 年的最低点 13.1%,净利润率下降了 7.5 个百分点(见图 1.10)。然后从 1982 年到 1997 年攀升了 6 个百分点,但在 1997 年和 2001 年之间下降了 1.7 个百分点。它在 2001 年后飙升,2007 年达到 20.7%。然后,在大衰退中,利润率进一步飙升,2013 年达到 22.5%,接近二战后 26
峰值。

① 资本收益的定义排除了 CEO 和其他高管的薪酬、奖金、股票期权等,这些被计入劳动报酬。如果把这些项目包含在资本收益里,那么从 1980 年前后开始,资本份额上升幅度将比这里报告的更高。

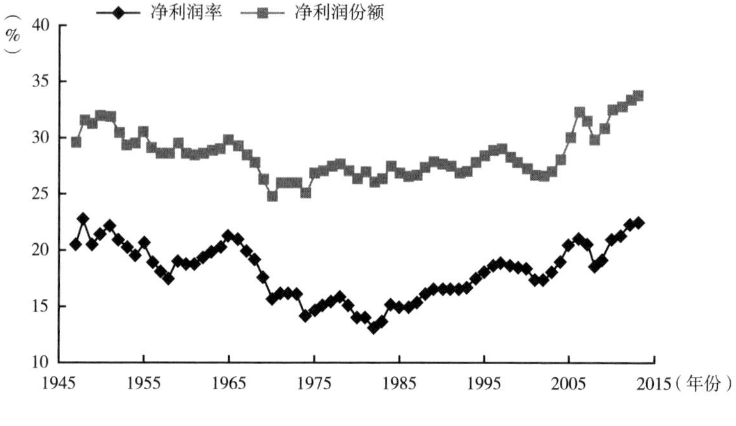

图 1.10　1947～2013 年净利润率和净利润份额

图 1.10 还显示了净利润占国民收入比例的变化趋势，其定义为总净财产收入与净国民收入的比率。净利润比例从 1947 年到 1970 年 24.8% 的低点，下降了 4.8 个百分点。然后它开始向上漂移，1970 年至 2001 年间上升了 1.9 个百分点。从 2001 年到 2007 年，在乔治・W. 布什任期，利润比例再次跳涨 4.9 个百分点，2007 年达到 31.6%。最后，在大衰退时期，利润比例又增加了 1.5 个百分点，达到 33.8%，是二战后时期的最高点。这个结果清楚地表明，自 20 世纪 70 年代初以来，美国劳动收入的停滞转化为经济中的利润增长。

企业利润趋势与之非常相似。企业利润率（企业利润与企业经济部门全部股本的比率）从 1947 年的 10.9% 下降到 1982 年的 6.5%（低点），然后在 2007 年反弹回 11.1%（见图 1.11）。在 2008 年大幅下跌至 8.9% 之后，它在 2013 年反弹至 13.3%，但仍低于 1965 年的峰值 16.1%。企业利润占国民收入的比例从 1947 年
27 的 11.1% 下降到 1970 年的 9.2%，然后在 2007 年上升到 12.4%

(见图 1.12)。在暴跌至 2008 年的 10.3% 后，它在 2013 年跃升至 14.5%，为二战后的高点。

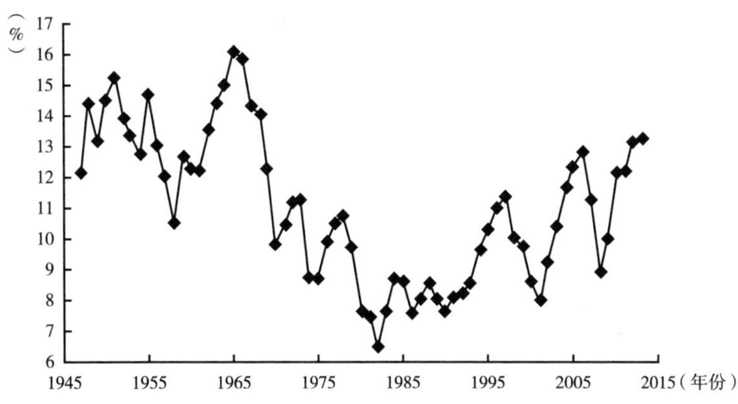

图 1.11　1947～2013 年企业利润率

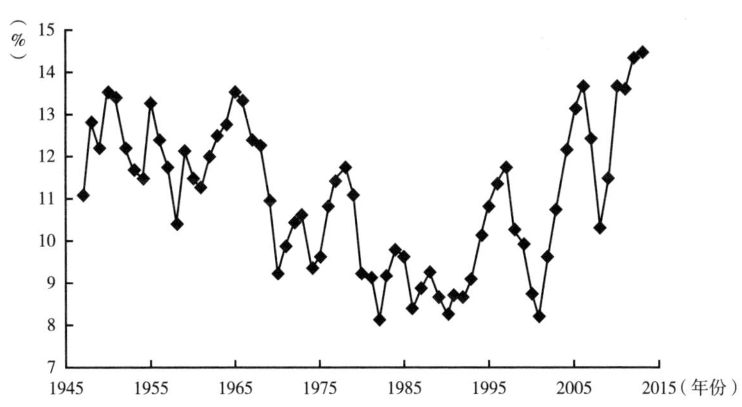

图 1.12　1947～2013 年公司利润占国民收入的百分比

财富不平等程度和企业利润之间有什么联系？我们可以通过两种方法来分析它们的关系。首先，我们可以计算两者之间的简单相关系数。作为财富不平等程度的衡量标准，人们可以使用：家庭收入的基尼系数，从近期人口调查（CPS）数据中得出的最富5%阶层的份额，最富1%阶层的份额，最富0.1%阶层份额，以及来自世界顶级收入数据库的最富0.01%阶层份额。[1]（我的研究数据还包含美国的贫困率。）作为利润率的衡量标准，可以使用总利润份额、整体利润率、企业利润率，以及企业利润份额。

收入不平等从20世纪80年代初到2013年呈现攀升趋势，利润率也同样上升，两者在20世纪90年代后期都有下降（见图1.13）。此外，两者在2007年到2008年之间稍有下降，然后一直飙升到2013年的新高度。1947～2013年间，家庭收入基尼系数与整体净利润率之间的简单相关系数为0.24，显著性水平为10%；基尼系数和整体净利润份额之间的简单相关系数为0.36，显著性水平为1%（见表1.1）。这些关系并不一定表明因果关系，因为这两个变量并不是独立定义的，尽管在其他条件不变的情况下，利润份额的增加会导致收入的基尼系数增
28 加。本节中讨论的其他相关性也是如此。基尼系数与企业利润率负相关（显著性水平5%），而基尼系数与企业利润份额的相关性实际上为零。

最富5%阶层收入份额的相关性更高：与净利润率的相关性为0.435，与净利润份额的相关性为0.436。显著性水平都是1%。另外，它与企业利润率和企业利润份额的相关性非常低或为负，几乎为零。这三种利润率指标与最富1%阶层收入份额、最富0.1%阶层收入份额和最富0.01%阶层收入份额之间存在类似的模式。贫

① http：//topincomes.parisschoolofeconomics.eu/.

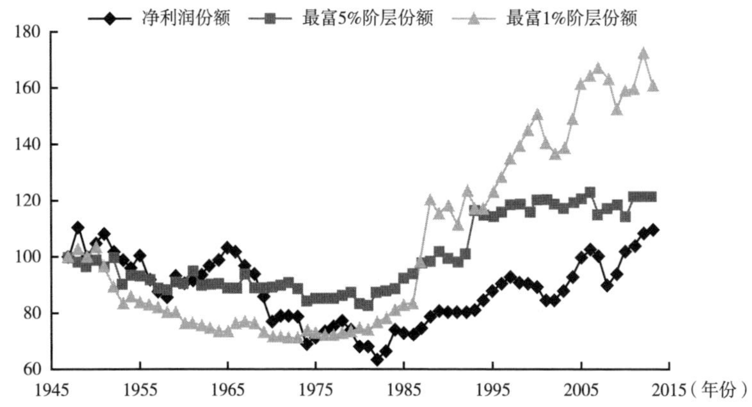

图 1.13　1947～2013 年净利润份额和最富收入阶层份额（指数，1947＝100）

困率与四种利润率指标正相关，这些相关系数均具有统计显著性。①

如图 1.13 所示，图中将净利润份额与最富 5% 阶层的收入份额并列，把两者在 1947 年的指数设为 100，你能看到在 1993 年后两条曲线的时间变化趋势非常接近。从 1947 年到 1956 年，两条曲线非常接近，这很合理，从 1963 年到 1970 年又一次接近。两条曲线变化趋势相异的时期是 1957 年至 1962 年，然后是 1971 年至 1992 年。这两条曲线在 1980 年前后似乎开始有一个趋势向上的突 29
破点。净利润份额与最富 1% 阶层收入份额的对比结果大致相似。表 1.1 还显示了 1979～2013 年间的相关系数（相关系数在 1979 年达到其最大值）。

① 贫困率系列数据仅从 1959 年开始。

表 1.1　收入不平等与利润率之间的简单相关性

	时段			
	1947～2013 年		1979～2013 年	
A. 家庭收入基尼系数				
1 整体净利润率	0.240	#	0.904	**
2 整体净利润份额	0.356	**	0.684	**
3 企业利润率	-0.254	*	0.746	**
4 企业利润占国民收入份额	0.032		0.646	**
B. 最富 5% 阶层份额 - *CPS*				
1 整体净利润率	0.435	**	0.872	**
2 整体净利润份额	0.436	**	0.598	**
3 企业利润率	0.032		0.715	**
4 企业利润占国民收入份额	0.171		0.583	**
C. 最富 1% 阶层份额 - *WTID*				
1 整体净利润率	0.417	**	0.935	**
2 整体净利润份额	0.504	**	0.747	**
3 企业利润率	-0.093		0.751	**
4 企业利润占国民收入份额	0.179		0.668	**
D. 最富 0.1% 阶层份额 - *WTID*				
1 整体净利润率	0.360	**	0.927	**
2 整体净利润份额	0.460	**	0.747	**
3 企业利润率	-0.144		0.743	**
4 企业利润占国民收入份额	0.138		0.666	**
E. 最富 0.01% 阶层份额 - *WTID*				
1 整体净利润率	0.333	**	0.930	**
2 整体净利润份额	0.445	**	0.780	**
3 企业利润率	-0.159		0.754	**
4 企业利润占国民收入份额	0.139		0.696	**

续表

	时段			
	1947～2013 年		1979～2013 年	
F. 总体贫困率[a]				
1 整体净利润率	0.324	*	-0.057	
2 整体净利润份额	0.277	*	0.217	
3 企业利润率	0.418	**	0.000	
4 企业利润占国民收入份额	0.290	*	0.114	

注：缩写：CPS：当前人口调查；WTID：世界顶级收入数据库。

a. 数据系列始于 1959 年。

#显著性水平 10%；* 显著性水平 5%；** 显著性水平 1%。 30

现在，四个利润率指标和财富不平等程度指标之间的相关系数在 1979～2013 年间比 1947～2013 年间更高，显著性水平都是 1%。相关系数甚至高达 0.935。另外，利润率与贫困率之间的相关系数都很小（在一种情况下为负相关），而且没有统计显著性。

这里出现了几个有趣的模式。第一，财富不平等程度衡量指标与整体利润率的相关性要远高于其与整体利润份额的相关性。同样，它们与企业利润率的相关性要高于其与企业利润份额的相关性。这样的结果是有道理的，因为首席执行官的薪酬和其他高级管理人员的薪酬通常与公司的利润率（即股本收益率）挂钩，而不是与利润份额挂钩。此外，股票市场走势与利润率趋势的关系比其与利润份额趋势的关系更为密切。因此，所有与股票市场相关的专业薪酬受到利润率变化的影响要远大于受到利润份额变化的影响。第二，企业利润率与财富不平等程度衡量指标的相关性通常低于整体净利润率和企业利润份额的相关性，与不平等指数的相关性小于与整体净利润份额的相关性。这些结果可能反映了这样一个事实，即企业经济部门仅代表整体经济中相对较小的一部分。

第三，最高收入阶层的收入份额（最富1%、0.1%和0.01%阶层的收入份额）与利润率指标的相关性高于整体基尼系数与利润率的相关性，或高于最富5%阶层收入份额与利润率的相关性。这种模式也是合理的，因为极高收入者的薪酬与股票市场的关系更紧密，因此与利润率的变动相关性更高，要高于收入分配低层。

将财富不平等程度与利润率联系起来的第二种方法，是对四种利润率指标的每一种与财富不平等程度衡量指标进行自回归AR（1）回归分析。结果如表1.2所示，这里显示了与简单相关系数
31 分析不同的结果。在1947～2013年，净利润率仅与最富1%、0.1%和0.01%阶层收入份额正相关且具有统计显著性（显著性水平5%）。净利润率与基尼系数、最富裕5%阶层收入份额和贫困率没有显著相关性。净利润份额仅与最富1%阶层收入份额（显著性水平5%）和最富0.1%阶层收入份额显著正相关（显著性水平10%）。另外，企业利润率或企业利润份额与所有因变量之间都没有显著相关性。①

表1.2 1947～2013年收入不平等与利润率的时间序列回归

自变量	因变量					
	基尼系数	最富5%阶层收入份额	最富1%阶层收入份额	最富0.1%阶层收入份额	最富0.01%阶层收入份额	贫困率
A. 净利润率	-0.0837 (0.95)	0.0545 (0.67)	0.2045* (2.42)	0.1222* (2.25)	0.0548* (2.15)	-0.1473 (1.19)
R^2	0.96	0.93	0.9700	0.96	0.96	0.93
标准误差	0.424	0.390	0.403	0.166	0.035	0.560

① 企业利润率和企业利润份额的回归结果非常相似，因为这两个变量高度相关（相关系数为0.89）。

续表

自变量	因变量					
	基尼系数	最富 5%阶层收入份额	最富 1%阶层收入份额	最富 0.1%阶层收入份额	最富 0.01%阶层收入份额	贫困率
德宾－沃森统计量	1.82	2.31	1.71	1.79	1.80	1.92
对数似然比	－61.55	－66.34	－64.78	－35.06	14.23	－63.23
样本量	67	67	67	67	67	55
B. 净利润份额	0.0192 (0.20)	0.0860 (0.97)	0.1960* (2.06)	0.1072# (1.83)	0.0436 (1.55)	0.0056 0.05
R^2	0.96	0.93	0.97	0.96	0.96	0.93
标准误差	0.431	0.387	0.410	0.171	0.390	0.596
对数似然比	－67.04	－63.06	－65.36	－35.92	13.19	－63.98
德宾－沃森统计量	1.90	2.28	1.78	1.86	1.87	1.76
样本量	67	67	67	67	67	55
C. 公司利润率	－0.0716 (1.02)	0.0227 (0.34)	0.0950 (1.38)	0.0553 (1.25)	0.0244 (1.16)	－0.1022 (1.06)
R^2	0.96	0.93	0.97	0.96	0.96	0.93
标准误差	0.423	0.392	0.428	0.175	0.040	0.582
德宾－沃森统计量	1.82	2.28	1.64	1.74	1.78	1.63
对数似然比	－66.49	－63.51	－66.86	－36.91	12.60	－63.39
样本量	67	67	67	67	67	55
D. 公司利润份额	－0.0553 (0.66)	0.0329 (0.41)	0.1288 (1.55)	0.0723 (1.36)	0.0290 (1.14)	－0.0755 (0.67)
R^2	0.96	0.93	0.97	0.96	0.96	0.93
标准误差	0.427	0.392	0.425	0.175	0.040	0.597
德宾－沃森统计量	1.84	2.28	1.66	1.76	1.81	1.67
对数似然比	－66.83	－63.48	－66.58	－36.75	12.58	－63.75
样本量	67	67	67	67	67	55

注：因变量是衡量家庭收入不平等或贫困的指标。t 统计量的绝对值在系数下方的括号中。未显示常数项。

结果显示 AR（1）的最大似然估计，其中 AR（1）：自回归过程，一阶：ut = et + r1ut－1，其中 ut 是原方程的误差项，et 是随机项假设以相等的和独立的方式分布。

#显著性水平 10%；* 显著性水平 5%；** 显著性水平 1%。 32

表1.3显示了1979年至2013年间的类似结果。净利润率仅与最富1%、0.1%、0.01%阶层收入份额正相关且具有统计显著性（在5%或1%水平显著）。系数估算值是1947年至2013年间的相应估算值的2～3倍，并且t比率也更高。净利润份额仅与最富1%阶层收入份额的相关系数有统计显著性（10%水平上显著）。公司利润率和公司利润份额与任何自变量之间的相关系数都没有统计显著性。

表1.3 1979～2013年收入不平等与利润率的时间序列回归

自变量	因变量					
	基尼系数	最富5%阶层收入份额	最富1%阶层收入份额	最富0.1%阶层收入份额	最富0.01%阶层收入份额	贫困率
A. 净利润率	0.0203 (0.14)	0.1021 (0.62)	0.4807* (2.67)	0.3292** (2.80)	0.1609** (2.81)	-0.1315 (0.94)
R^2	0.94	0.91	0.95	0.93	0.93	0.74
标准误差	0.439	0.531	0.664	0.285	0.067	0.349
德宾-沃森统计量	1.37	1.66	1.78	1.88	1.94	1.55
对数似然比	-35.44	-38.21	-42.20	-27.12	-1.67	-30.55
样本量	35	35	35	35	35	35
B. 净利润份额	0.0412 (0.31)	0.0793 (0.55)	0.3040# (1.77)	0.1921 (1.61)	0.0892 (1.53)	-0.0412 (0.34)
R^2	0.94	0.91	0.94	0.92	0.92	0.73
标准误差	0.438	0.531	0.740	0.321	0.076	0.036
德宾-沃森统计量	1.37	1.56	1.61	1.73	1.81	1.45
对数似然比	-35.40	-38.27	-44.25	-29.43	-4.12	-31.06
样本量	35	35	35	35	35	35
C. 公司利润率	0.0120 (0.10)	0.0369 (0.29)	0.1944 (1.33)	0.1252 (1.31)	0.0616 (1.32)	-0.0320 (0.29)
R^2	0.94	0.91	0.94	0.92	0.92	0.74
标准误差	0.439	0.532	0.761	0.328	0.077	0.363
德宾-沃森统计量	1.36	1.55	1.50	-1.60	1.68	1.49

续表

自变量	因变量					
	基尼系数	最富5%阶层收入份额	最富1%阶层收入份额	最富0.1%阶层收入份额	最富0.01%阶层收入份额	贫困率
对数似然比	-35.45	-38.37	-44.88	-29.96	-4.49	-31.06
样本量	35	35	35	35	35	35
D. 公司利润份额	0.0021 (0.02)	0.0256 (0.20)	0.1646 (1.07)	0.1048 (1.04)	0.0528 (1.08)	-0.0047 (0.04)
R^2	0.94	0.10	0.94	0.92	0.92	0.73
标准误差	0.439	0.533	0.775	0.334	0.078	0.364
德宾-沃森统计量	1.35	1.53	1.48	1.59	1.67	1.52
对数似然比	-35.45	-38.40	-45.20	-30.27	-4.79	-31.11
样本量	35	35	35	35	35	35

注：因变量是衡量家庭收入不平等或贫困的指标。t统计量的绝对值在系数下面的括号中。未显示常数项。

结果显示AR（1）的最大似然估计，其中AR（1）：自回归过程，一阶：ut = et + r1ut - 1，其中ut是原方程的误差项，et是随机项假设以相同的和独立的方式分布。

#显著性水平10%；*显著性水平5%；**显著性水平1%。 33

结　论

过去四十多年来，中产阶级的工资收入和其他收入增长缓慢，同时贫困率停滞不变，财富不平等程度加剧。相比之下，在战后初期，中产阶级的工资和家庭收入快速增长，并且贫困率急剧下降，收入差距稳步缩小。20世纪90年代和21世纪初的“经济蓬勃发展”并没有给中产阶级带来太多帮助，从1989年到2013年，家庭收入中位数仅增长了3%（总计）。随着时间推移，个人所得税税率普遍下降，但富裕阶层税率下降程度远高于中产阶级。大体上，从20世纪70年代初开始，中产阶级的工资收入和其他收入都受到了挤压。

这么多年以来，中产阶级劳动收入增长缓慢，导致其生活水平没有什么变化。从1947年到1973年，中产阶级收入平均值（每个全职员工的薪酬）几乎翻了一番，但从1973年到2013年，中产阶级收入平均值仅增长了22%。而根据美国劳工统计局的数据，扣除通货膨胀影响后的实际小时工资并没有增长。

尽管大萧条在技术上于2009年6月结束，但个人收入仍然持续低迷，尤其是中产阶级。因此，2013年的广义家庭收入中位数仍远低于2007年的高点（低了7.4%）。事实上，在2013年，广义家庭收入中位数回到了1997年的水平。在2015年之前，广义家
34 庭收入中位数未显示出任何显著增长（根据美国人口普查局数据，扣除通胀因素后，2014年至2015年的增长率为5.2%）。

国民收入显著地从劳动收入转向资本收益，这是劳动收入增长停滞的主要原因，这一点自20世纪70年代后期开始尤为明显。许多研究表明，美国收入不平等现象不断加剧，利润份额不断上升。[①] 本章表明这两种趋势之间存在明显的联系。在此期间，企业盈利能力和公司整体盈利水平[*]都在急速上升，几乎回到战后的高位。企业盈利能力提升部分推动了股市大涨。当资产阶级可以从企业利润增加中获得收益时，劳动者工资几乎没有任何增加。从表面

---

① 参见爱德华·沃尔夫著作：*Poverty and Income Distribution*, 2nd ed., New York: Wiley - Blackwell, 2009，第3章关于收入不平等程度上升的讨论，和Engelbert Stockhammer著作："Rising Inequality as a Cause of the Present Crisis"，载于*Cambridge Journal of Economics*（2013），doi: 10.1093/cje/bet052，关于利润份额上升的内容。

* 公司整体盈利水平（overall profitability）需考察投资收益率/净值率、股本收益率、每股盈利、已投资资本收益率、资本周转率等。——译注

上看，富人阶层收入增长与劳动阶级收入停滞之间似乎存在一种交换关系。

有证据表明，财富不平等程度和企业利润率强相关，尤其是在1979年以后。回归分析显示，只有最高收入阶层（最富1%、0.1%和0.01%阶层）的收入份额与利润率正相关且有统计显著性。以基尼系数、最富裕5%阶层收入份额和贫困率来做衡量指标，整体家庭收入不平等程度与企业利润率不相关。此外，与净利润份额、企业利润率或企业利润份额相比，净利润率与最高收入阶层收入份额之间的相关性更高，更具有统计显著性。

这些结果的基本原理是，第一，CEO薪酬和其他高级管理人员的薪酬通常与企业利润率（即股本收益率）挂钩，而不是与其利润份额挂钩。此外，股票市场更倾向于与利润率趋势相关，而不是与利润份额趋势相关。因此，所有与股票市场表现挂钩的职业薪酬，更倾向于与利润率变化相关，而不是与利润份额变化相关。第二，企业经济部门仅占整体经济的一小部分，因此并不显著地与总 35
体财富不平等程度趋势相关。第三，最高收入阶层收入份额与利润率的相关性，强于整体基尼系数与利润率之间的相关性，或强于最富裕5%阶层收入份额与利润率之间的相关性，因为极高收入者的薪酬与股票市场的关系更紧密，因此其与利润率变动的相关性要强于收入分布的下层。

最高收入阶层收入份额与净利润率的联系，在1979～2013年间比整个1947～2013年间要强。前两者的系数估算值和t比率均大于后者。1978年以后，财富不平等程度和利润率的趋势都普遍上升，而之前，它们的趋势都是普遍下降。

财富不平等程度系列数据和利润率的急剧突破，可部分归因于从第二次世界大战结束到大约1973年，劳动者与资本家之间的社会契约的终结（所谓的《底特律协约》[*]）。在美国资本主义的“黄金时代”，从1947年到1973年，工会很强大，资本和劳工之间存在着一种隐含的社会契约，两者共同分享劳动生产率提高带来的收益。作为结果，劳工实际工资大幅增加。20世纪70年代中后期出现了“利润挤压”。在这些年里，人们也见证了新自由主义的诞生，企业哲学开始远离利益相关者价值观，这种价值观维持着股东、员工和客户的利益与股东价值之间的平衡，公司目标变为极力推高股票价格。这一时期开始出现工资停滞和中产阶级挤压。从1980年前后开始，工资普遍随着通货膨胀而上升，但扣除通胀因素后实际工资并未上升。

这个问题有两种理论变体。第一个理论变体是资本所有者对劳动者变得不那么慷慨（或不那么热切）了。以前，大公司至少与其工人达成了一种社会契约——一个涉及租金分享[**]和相当可靠的工作保障的契约——现在资本单方面破坏了这个契约，并要求更多的租金。因此，劳动者面临着选择：要么拿较低的工资，要么减少工作岗位，后者被用作实现前者的威胁。第二个理论变体是一个假设，股东的本性变了，他们从更有耐心、关系导向的股东（如内
36 部人），变为缺少耐心、回报导向的股东（如必须每个季度展现工作成绩的基金经理）。第二种理论变体或许可以解释第一种理论变体：更多激进的股东可能要求管理层专注于创造股东利益，而损害劳工和其他利益相关者的利益。

雷宗尼克[***]提供了标准改变的背景知识。他的研究记录了美

[*] 1950年，全美汽车工人联合会主席沃尔特·路则与通用汽车公司签订了一份劳资合约，随后与其他两大汽车巨头也签订了类似合约，从而完全改变了美国汽车行业的劳资关系，并对其他劳动力密集行业产生了巨大影响。——译注

[**] 租金分享（Rent Sharing），一种公司与工人分享超额利润的薪酬设计制度。——译注

[***] 威廉·雷宗尼克，加拿大经济学家，研究全球经济中的创新和竞争，是创新企业理论的提出者。——译注

国公司基本商业模式从1980年前后到现在的转变，从强调利益相关者的价值转变到强调股东价值。① 雷宗尼克将其称为新经济商业模式（New Economy Business Model，NEBM），并指出其从根本上改变了美国雇工就业条款。新经济商业模式（NEBM）的兴起也与信息和通信技术的广泛使用和扩散有关。与新经济商业模式相比，旧经济商业模式（Old Economy Business Model，OEBM）从第二次世界大战结束到20世纪80年代，占据了美国企业经济的主导地位，提供的就业更加稳定、收益更加公平。在旧经济商业模式中，大学毕业后进入著名公司的员工（主要是男性），通常立刻就能获得高薪工作，然后在未来三四十年的职业生涯中，沿着公司等级体系逐级上升。在新经济商业模式中，员工不期望自己会在任何特定企业里工作一生。新经济商业模式为1980年前后崛起的利润率增长大潮提供了舞台。公司不再重视员工的忠诚度；如果能增加损益表底线*，那么工人就是可以牺牲的。

标准发生转变的另一个主要原因，是工会在美国特别是在私营企业经济部门中萎缩了。20世纪50年代和60年代，工会很强大，工会入会率很高（1953年达到劳动力的33%）。到2012年，整体工会入会率降至11.3%，私营企业经济部门降至6.6%。② 大卫·戈登（David Gordon）** 的研究展示了工会入会率的下降是导致美

---

① 参见：William Lazonick 著作：*Sustainable Prosperity in the New Economy*?（Kalamazoo，MI：W. E. Upjohn Institute for Employment Research，2009）。

* 损益表最后一行是净收入，被称为损益表底线或账本底线。——译注

② 参见 Dave Jamieson 著作："Union Membership Rate for U. S. Workers Tumbles to New Low"，载于 *Huffington Post*，2015年5月4日，http://www.huffingtonpost.com/2013/01/23/union-membership-rate_n_2535063.html，2016年12月5日采集。

** 大卫·戈登，美国经济学家，重点研究歧视现象和劳动力市场。——译注

国工人工资停滞的主要原因之一。[①] 收集到的跨国数据表明，美国工资停滞的主要原因之一，特别是与其他发达经济体相比，是美国工会入会率低并且还在持续下降。[②]

联邦政府也在这一转变中发挥了作用。它曾经作为劳动者和资本之间的裁判，但在20世纪80年代初，它开始倾向于资本而不是
37 劳动者。特别是财政部，它有代表华尔街利益的悠久历史，成为行政部门的主导者。另一个罪魁祸首是联邦储备委员会，它通常提高利率，特别是在20世纪80年代，并且一旦工资开始上涨，就用道德劝说来压制经济。[③]

本书的其余部分重点关注广义家庭财富和财富不平等程度的趋势。尽管如此，本章介绍了关于收入、贫困、薪资、收入不平等和工资份额趋势的历史背景，这有助于在更广泛的背景下理解财富变
38 化趋势的研究结果。

---

① 参见 David M. Gordon 著作：*Fat and Mean*：*The Corporate Squeeze of Working Americans and the Myth of Managerial "Downsizing"*（New York：Free Press，1996）。

② 参见 Francine D. Blau 和 Lawrence M. Kahn 著作："International Differences in Male Wage Inequality：Institutions versus Market Forces，" 载于 *Journal of Political Economy* 104，no.4（1996）：791－836。

③ 对导致收入不平等上升和工资份额下降的原因的详细分析，超出了本章的研究范围。但是，还是有两个重要原因值得一提。第一个是全球化。中国作为制造出口大国的兴起，加上自由贸易，压制了美国劳动者尤其是低技能劳动者工资的上涨。第二个是进入美国的无技能劳动者移民（包括非法移民），他们有着同样的影响。关于这个内容的完整分析，参见 Edward N. Wolff 著作："Inequality and Rising Profitability in the United States，1947－2013，" 载于 *International Review of Applied Economics* 29，no. 6（2015）：741－69，http：//www. tandfonline. com/doi/pdf/10. 1080/02692171. 2014. 956704。

第二章　1962年至2013年广义家庭财富趋势

依据华盛顿联邦储备委员会的消费者财务状况调查数据以及其他几项广义家庭调查数据的计算，本章记录了从1962年至2013年半个世纪以来，广义家庭净资产平均数和中位数趋势，以及净资产不平等程度趋势。特别关注中产阶级在2007年至2010年间的财富变化情况，此期间经历了股票和房地产价格最大幅度的一次下跌，以及2010年至2013年资产价格回升时中产阶级的财富变化情况。从1983年到2007年，中产阶级债务猛增，在美国形成了一个非常脆弱的阶层。这里研究的主要问题是他们的地位是否在“大衰退时期”出现更严重的恶化。[①] 同样重要的是调查这些年来广义家庭财富不平等程度的变化情况，特别是2007年至2013年。[②]

---

① 如下所示，虽然“官方定义”的大衰退在2009年6月结束，但根据美国国家经济研究局（NBER）的定义，我把2007年至2013年定义为大衰退时期，因为这些年里收入中位数和财富中位数没有恢复。

② 本章基于一些先前的研究成果：Edward N. Wolff 著作：“The Distribution of Household Disposable Wealth in the United States,” 载于 *The Review of Income and Wealth* series 29, no. 2, (June 1983): 125 – 46; Wolff 著作：“Estimates of Household Wealth Inequality in the United States, 1962 – 83,” 载于 *Review of Income and Wealth* series 33, no. 3 (September 1987): 231 – 56; Wolff 著作：“Methodological Issues in the Estimation of the Size Distribution of Household Wealth,” 载于 *Journal of Econometrics* 43, no. 1 /2 (January /February 1990): （转下页注）

（接上页注②）179 – 95；Wolff 著作："The Distribution of Household Wealth: Methodological Issues, Time Trends, and Cross – Sectional Comparisons," 载于 *Economic Inequality and Poverty: International Perspectives*，主编：Lars Osberg (Armonk, NY: M. E. Sharpe, 1991), 92 – 133；Wolff 著作："Changing Inequality of Wealth," 载于 *American Economic Review Papers and Proceedings* 82, no. 2 (May 1992): 552 – 58；Wolff 著作："Trends in Household Wealth in the United States, 1962 – 1983 and 1983 – 1989," 载于 *Review of Income and Wealth* series 40, no. 2 (June 1994): 143 – 74；Wolff 著作："The Rich Get Increasingly Richer: Latest Data on Household Wealth during the 1980s," 载于 *Research in Politics and Society* (Stamford, CT: JAI Press, 1995), 5: 33 – 68；Wolff 著作：*Top Heavy: A Study of Increasing Inequality of Wealth in America* (New York: The Twentieth Century Fund Press, 1995)；Wolff 著作："Recent Trends in the Size Distribution of Household Wealth," 载于 *Journal of Economic Perspectives* 12, no. 3 (Summer 1998): 131 – 50；Wolff 著作："Recent Trends in Wealth Ownership, from 1983 to 1998," 载于 *Assets for the Poor: The Benefits of Spreading Asset Ownership*，主编：Thomas M. Shapiro and Edward N. Wolff (New York: Russell Sage Press, 2001), 34 – 73；Wolff 主编："Changes in Household Wealth in the 1980s and 1990s in the U. S. ," 载于 *International Perspectives on Household Wealth* (Cheltenham, U. K. : Edward Elgar Publishing Ltd. , 2006), 107 – 50；Wolff 著作："Recent Trends in Household Wealth in the U. S. : Rising Debt and the Middle Class Squeeze," 载于 *Economics of Wealth in the 21st Century*，主编：Jason M. Gonzales (Hauppauge, N. Y. : Nova Science Publishers, Inc. , 2011), 1 – 41；Wolff 著作："The Distribution of Wealth in the United States at the Start of the 21st Century," 载于 *The Economics of Inequality, Poverty, and Discrimination in the 21st Century*，主编：Robert S. Rycroft (Santa Barbara, CA: ABC – CLIO, 2013), 38 – 56；Wolff 著作："The Asset Price Meltdown, Rising Leverage, and the Wealth of the Middle Class," 载于 *Journal of Economic Issues* 47, no. 2 (June 2013), 333 – 42；Wolff 著作："Household Wealth Trends in the United States, 1983 – 2010," 载于 *Oxford Review of Economic Policy* 30, no. 1 (2013): 21 – 43；Wolff 著作："The Asset Price Meltdown and Household Wealth over the Great Recession in the United States," 载于 *Research in Economic Inequality* (Bingley, U. K. : Emerald Group Publishing Ltd. , 2014), 22: 1 – 42；Wolff 著作："The Middle Class: Losing Ground, Losing Wealth," 载于 *Diversity and Disparities: America Enters a New Century*，主编：John R. Logan (New York: Russell Sage Foundation, 2014), 60 – 104；Wolff 著作："Wealth Inequality," 载于 *Pathways, The Poverty and Inequality Report, Special Issue: State of the Union* (2014): 34 – 41；Wolff 著作："Household Wealth Trends in the United States, 1962 – 2013: What Happened over the Great Recession?" 载于 NBER Working Paper（转下页注）

本章研究涵盖的时期是从 1962 年到 2013 年。将特别提供 1962 年、1969 年、1983 年、1989 年、1992 年、1995 年、1998 年、2001 年、2004 年、2007 年、2009 年、2010 年和 2013 年的分析结果。选取这些年份的标准为是否有可用的广义家庭财富调查数据。到 2013 年，可以看出金融危机和相关衰退带来了什么后果，哪些群体受到的影响最大。

广义家庭财富趋势直接关系到广义家庭福祉，因此代表了公众利益。事实上，自 2012 年巴拉克·奥巴马（Barack Obama）当选，到 2016 年总统竞选期间，中产阶级的财富问题吸引了政客和媒体的极大关注。

资产价格在 2007 年至 2010 年间暴跌，但随后在 2010 年到 2013 年间反弹。本章最重要且显著的研究发现，是 2007 年至 2010
年的财富中位数直线下降了 44%，几乎比房价下跌幅度高了一倍， 39
到 2010 年，此数值位于自 1969 年以来的最低水平。经过近 20 年的小幅运动后，用基尼系数衡量的净资产不平等程度在 2007 年到 2010 年急剧增加。值得一提的是，从 2010 年到 2013 年，尽管资产价格出现了反弹，曾出现新的泡沫，但根据消费者财务状况调查数据，财富中位数（和平均值）几乎没有变化。

本章的下一节提供了一些历史背景，接下来的部分介绍了研究广义家庭财富的几个基本原理。再接下来的部分讨论了广义家庭财富的衡量指标，介绍了本研究使用的数据来源。再接下来两个部分描述了广义家庭财富中位数和平均值的时间趋势，以及广

（接上页注②）no. 20733，December 2014。同时参见 Edward N. Wolff，Lindsay A. Owens 和 Esra Burak 著作：“How Much Wealth was Destroyed in the Great Recession?”载于 *The Great Recession*，编辑：David B. Grusky，Bruce Western 和 Christopher Wimer（New York：Russell Sage Foundation Press，2011），127 - 158.

义家庭财富不平等程度的时间趋势。为了从不同视角衡量财富变化，我们使用一套标准财富衡量指标计算不同财富群体的总财富增长份额，这个指标排除了机动车和其他交通工具。* 之后，研究了当交通工具价值被纳入净资产时财富趋势有何不同，并将这个研究结果与收入动态追踪调查（PSID）得出的结果进行比较。本章最后是小结。

历史背景

过去二十年，我们见证了一些引人注目的事件。其中最值得注意的可能是住房价值变化周期，这包括房价暴涨与其后的崩溃，影响了净资产并导致大衰退，随后出现温和复苏。扣除通胀因素后，2001 年的房价中位数与 1989 年基本上相同。① 住房自有率从 62.8% 上升到 67.7%，2001 年出现了一次衰退（虽然很短暂）。** 尽管如此，房价在之后还是突然起飞。全国二手单户住宅的售价中位数跳涨 17%。不过，从 2004 年到 2007 年，房价增长放缓，中位

---

* 交通工具（vehichle）不仅指汽车，还包含游艇、飞机等。——译注

① 1989 年至 2007 年数据的来源是美国人口普查局《2009 年统计摘要》表 935，见 http://www.census.gov/compendia/statab/。2007 年之后的数据，请参见美国房地产经纪人协会（National Association of Realtors）《大城市单户住宅二手房销售价格中位数》（Median Sales Price of Existing Single – Family Homes for Metropolitan Areas），网址：http://www.realtor.org/sites/default/files/reports/2012/embargoes /2012 – q1 – metro – home – prices – 49bc10b1efdc1b8cc3eb66dbcdad55f7/metro – home – prices – q1 – single – family – 2012 – 05 – 09.pdf，都是 2014 年 10 月 17 日采集。这些数字是二手房价格中位数，仅限于大城市。若无特别说明，数字都是以 2013 年美元计算。

** 住房自有率（Homeownershiprate），房屋居住者拥有这套房屋占总房屋数的比例。——译注

数仅上涨 1.7%。2001～2007 年，住房价格上涨了 19%。[①] 住房自有率继续增加，但增速有所放缓，从 67.7% 上升到 68.6%。

2007 年 12 月，经济衰退和相关的金融危机袭来；2009 年 6
月，经济衰退“正式”结束。[②] 此时，实际国内生产总值下降 40
4.3%。随后从 2009 年第二季度到 2013 年第二季度，GDP 增长了
9.2%。从那之后到 2016 年第三季度，GDP 又增长了 6.8%。[③] 失
业率从 2007 年 5 月的 4.4% 飙升到 2009 年 10 月 10% 的峰值；但
到 2016 年 10 月，它又降回至 4.9%。[④]

这带来的一个后果就是资产价格暴跌。从 2007 年到 2010 年，房价中位数暴跌了 24%，拥有自家住宅的广义家庭比例从 68.6% 降至 67.2%。[⑤] 随后房价复苏了一部分，到 2013 年 9 月房价中位数上涨 7.8%，但仍然远低于 2007 年的价格。[⑥] 住房自有率继续下降，最终降至 65.1%。2007 年之前的房价泡沫在很大程度上得益于房屋购买和再融资可用信贷的大幅扩张。这种扩张有多种形式。

---

① 凯斯－席勒 20 城市综合住宅价格 NSA 指数（Case－Schiller 20－City Composite Home Price NSA Index）显示完全不同的趋势。它从 2001 年 1 月到 2004 年 1 月上涨了 35%，然后从 2004 年 1 月至 2007 年 1 月上涨了 33.5%（参见 https://fred.stlouisfed.org/series/SPCS20RSA，2016 年 12 月 9 日采集）。不清楚为什么这两个数据源的趋势有如此大的差异。但是，凯斯－席勒指数基于最大的 20 个城市的数据，而美国房地产经纪人协会指数基于更大范围的数据源，覆盖了 160 个左右的大城市。对于我的研究而言，后者作为全国房价变动的指标更可靠。

② 参阅 http://www.nber.org/cycles/cyclesmain.html，2014 年 4 月 20 日采集。如前所述，我使用“大衰退时期”代表 2007 年到 2013 年这一段时间。

③ GDP 数据来源是：http://www.bea.gov/iTable/index_nipa.cfm，2016 年 12 月 1 日采集。

④ 参见美国劳工统计局（BLS），http://data.bls.gov/timeseries/LNS14000000，2016 年 12 月 1 日采集。

⑤ 凯斯－席勒指数显示 2007 年 1 月到 2010 年 1 月之间下降了 27.9%。

⑥ 凯斯－席勒指数显示 2010 年 1 月到 2013 年 1 月之间恢复了 0.9%。

第一，许多房主为他们的初级抵押贷款进行了再融资。这与房价上涨相结合，意味着他们的未偿还抵押贷款本金增加，从而会减少他们的房屋权益。第二，许多房主申请了二次抵押贷款和房屋净值贷款，或增加了这些金融工具的未清余额。第三，对新房主的信贷要求降低，一种被称为无收入证明贷款的信贷产品出现了，这种贷款发放几乎不需要审查收入证明文件。这些贷款中的许多是所谓的次级抵押贷款，其特点是极高的利率和贷款到期时大额尾付（即贷款到期时支付很大金额款项）。总而言之，2001 年至 2007 年，扣除通胀因素后广义家庭平均抵押贷款债务增长了 59%，而未偿还按揭贷款占房屋价值比率从 0.334 增加到 0.349，尽管这期间实际房价上涨了 19%。（更多细节请参阅第三章。）

与房地产市场形成鲜明对比的是，股票市场在 20 世纪 90 年代一片红火。从标准普尔 500 指数来看，1989 年至 2001 年股票价格飙升 159%。① 购买股票变得很流行，到 2001 年超过一半的美国广义家庭直接或间接拥有股票（见第三章）。股票市场在 2000 年达到顶峰，到 2004 年下跌了 11%。

2004 年至 2007 年，股市反弹，标准普尔 500 指数上涨 19%。从 2001 年到 2007 年，股票价格上涨了 6%，股票拥有率降至
41 49%。然后大衰退时期来临。股票价格在 2007 年到 2009 年崩盘，然后在 2010 年部分回弹，净下降了 26%。股票持有率再次下降，降至 47%。2010 年后股市继续上涨，2013 年相比 2010 年增长 39%，高于 2007 年的历史高位；股票持有率继续下降，达到 46%。

---

① 股票价格来源于《2013 年总统经济报告》表 B－96，可在 http：//www.gpoaccess.gov/eop/tables13.html 获取，更新至 2013 年的数据见 http：//us.spindices.com/indices/equity/sp－composite－1500，2014 年 10 月 17 日采集。

停滞多年的实际工资最终在 20 世纪 90 年代后期出现增长。根据美国劳工统计局（BLS）的数据，1995 年至 2001 年，实际小时工资平均值增长了 8.3%。[①] 从 1989 年到 2001 年，实际工资增长了 4.9%（总计），广义家庭收入中位数以定值美元计算增长了 6.1%（见表 2.1）。这些年来就业人数也激增，增长了 16.7%。[②] 这些年（平民）失业率保持相对低位，1989 年为 5.3%，2001 年为 4.7%，2000 年为低点 4%，平均失业率为 5.5%。[③]

从 2001 年到 2004 年，实际工资增长非常缓慢，美国劳工统计局（BLS）的统计显示每小时收入平均值仅增长 1.5%，广义家庭收入中位数下降 1.6%。从 2004 年到 2007 年，实际工资仅增长了 1%。在此期间，收入中位数有所增长，增长了 3.2%。从 2001 年到 2007 年，收入中位数增长了 1.6%。这些年来，就业增长较为缓慢，仅增长 6.7%。失业率继续保持低位，2001 年为 4.7%，2007 年为 4.6%，这段时间平均失业率为 5.2%。

从 2007 年到 2010 年实际工资有所回升，增长了 3.6%。另外，广义家庭收入中位数下降了 6.7%（见表 2.1）。此外，这些年来就业人数减少了 4.8%，失业率从 2007 年的 4.6% 飙升至 2010 年的 10.5%。从 2010 年到 2013 年，就业人数增长了 4.7%，2013 年失业率降至 7.4%。

---

① 这些数据基于美国劳工统计局（BLS）小时工资系列数据。数据来源《2014 年总统经济报告》表 B－15，见 http：//www.gpo.gov/fdsys/pkg/ERP－2014/pdf/ERP－2014－table15.pdf，2014 年 10 月 17 日采集。美国劳工统计局工资数据使用消费者物价指数（CPI－U）转换为定值美元。

② 这个是平民就业数据。数据来源于《2014 年总统经济报告》表 B－14，见 http：//www.gpo.gov/fdsys/pkg。/ERP－2014/pdf/ERP－2014－table14.pdf，2014 年 10 月 17 日采集。

③ 参见《2014 年总统经济报告》表 B－12，见 http：//www.gpo.gov/fdsys/pkg/ERP－2014/pdf/ERP－2014－table12.pdf，2014 年 10 月 17 日采集。

在大衰退之前，消费债务也出现爆炸式增长。1989 年至 2001 年，以定值美元计算的未偿还消费信贷总额飙升了 70%，从 2001 年到 2007 年又增长了 17%。[①] 许多因素促成了这一状况。首先，信用卡的使用更普遍。其次，信贷标准大幅度下降，使更多广义家庭有资格获得信用卡。再次，银行“慷慨地”增加信贷限额，希望通过逾期付款罚息和更高的利率来增加银行
42 收益。

广义家庭负债的另一个新来源是教育贷款大幅增加。这个问题最近在媒体上受到广泛关注。根据消费者财务状况调查的数据，报告有教育贷款的广义家庭比例从 2004 年的 13.4% 上升到 2007 年的 15.2%，然后在 2013 年飙升至 19.9%。[②] 2004 年至 2007 年，按 2013 年美元价值计算的教育贷款平均值增加了 17%，2007 年至 2010 年又增加 14%，2013 年再次增加 5%（至 29110 美元）。从 2004 年到 2007 年，教育贷款中位数增长了 19%，2007 年至 2010 年又增长了 3%，到 2013 年再次增加了 22%（达到 17000 美元）。这些贷款主要集中在年轻广义家庭中，正如我们将在第九章中看到的那样，这是导致 2007 年至 2010 年他们净资产急剧下降的原因之一（尽管不是主要原因）。

20 世纪 90 年代和 21 世纪第一个 10 年，影响广义家庭财富的另一个重大变化是对美国私人养老金制度的重大改革。如第八章所述，在 1989 年，46% 的广义家庭报告持有固定收益养老金计划。固定收益养老金计划是传统的养老金制度，许多大公司、联邦政府，

---

① 这些数字来自美国联邦储备委员会美国财政账户（以前是资金流转数据）表 B.100，参见 http：//www.federalreserve.gov/releases/Z1/，2014 年 10 月 17 日采集。

② 可惜的是，在 2004 年以前，消费者财务状况调查数据中没有教育贷款数据。

以及州和地方政府提供这样的养老金计划，这种养老金计划保证退休后有一份稳定的收入。到 2007 年，这一数字降至 34%。在年轻广义家庭（户主年龄在 46 岁以下的广义家庭）中这个数字下降明显，从 38% 降至 23%，同时该数字在中年广义家庭（户主年龄在 47～64 岁）中也下降了，从 57% 降至 39%。

许多此类养老金计划被固定缴款养老金账户取代，最有名的是 401（k）计划和个人退休账户。这些计划允许广义家庭直接以退休养老为目的积蓄存款。拥有固定缴款养老金计划的广义家庭比例从 1989 年的 24% 飙升至 2007 年的 53%。在年轻广义家庭中，这一比例从 31% 上升到 50%，中年广义家庭从 28% 上升到 64%。

以实际美元价值来计算，这种转变更为显著。虽然全体广义家庭的固定收益养老金财富平均价值从 1989 年的 63500 美元上升到 2007 年的 68800 美元，但固定缴款养老金计划的平均价值从 11900 美元飙升到 86300 美元（所有数据均以 2013 年美元计算），增幅超过 7 倍。[①] 在年轻广义家庭中，平均固定收益养老金财富绝对值实际在下降，而固定缴款养老金财富上升了 3.3 倍。在中年广义家庭 43
中，固定收益养老金的平均值也出现下降，但其固定缴款计划的养老金平均值暴增了 6.5 倍。

这些变化对于理解广义家庭财富趋势很重要，因为衡量可变现广义家庭财富的标准衡量指标中，不包含固定收益养老金财富，但包含固定缴款养老金财富。因此，用固定缴款养老金财富替代固定收益养老金财富可能会夸大广义家庭财富的“真实”增长，因为

① 对固定收益养老金财富的估算是基于预期退休养老金福利的现值计算。详细情况，请参阅第八章。

并未计算广义家庭减少的固定收益养老金财富。（有关更多讨论，请参阅第八章。）

另一个重要的话题是广义家庭债务，特别是中产阶级的债务，这些年来扶摇直上。在大衰退期间，美国家庭的相对负债从2007年到2010年持续上升，然后从2010年到2013年又出现了暴跌。

所有这些重大转变对广义家庭财富分布产生了什么影响？特别是在大衰退时期，这些变化对不同的人口统计学群体有何影响，特别是针对不同的种族、族裔和年龄组？这是本章其余部分的主题，也是第三章和第九章的主题。

为什么要研究广义家庭财富？

大多数研究都从收入的角度考察社会福祉分布及其随时间的变化。然而，家庭财富也是社会福祉的一个指标，其与家庭产生的直接财务收入无关。

这有八个原因。第一，房主自住住房直接向其业主提供服务。第二，财富是消费的来源，与其产生的直接货币收入无关，因为资产可以直接转换为现金，从而满足即时消费需求。第三，当出现经济压力时，例如失业、患病或家庭解体时，金融资产可以为家庭提供流动性。第四，财富积累是退休保障的主要来源（即所谓的第三支柱，与养老金和社会保障相并列）。第五，财富是美国国家科学院推荐的衡量贫困的重要组成部分。[①]

① 参见 Constance F. Citro 和 Robert T. Michael 编辑的 *Measuring Poverty: A New Approach*（Washington, DC: National Academy Press, 1995）。

第六，除了收入，我们发现财富也会影响广义家庭行为。[①] 第
七，劳动收入与休闲有替代关系，而财富产生的收入则没有。[②] 第 44
八，在大多数政府采取的代议制民主（representative democracy）政体中，权力分配通常与财富分配有关。

因此，评估社会福祉随时间的变化时，在考察收入和贫困发展变化的同时，考察个人财富的发展变化也是很重要的。以前的研究并没有同时追踪这三个指标，因此追踪财富发展变化可能会展现社会福祉发展变化的一个不同图景。在本章中，会将财富趋势和收入趋势进行比较。

数据来源和方法

本研究使用的主要数据来源是 1983 年、1989 年、1992 年、1995 年、1998 年、2001 年、2004 年、2007 年、2010 年和 2013 年的消费者财务状况调查数据。每项调查都包含一组核心代表性样本，加上一份高收入阶层补充样本。例如，1983 年，补充样本数据来自美国国税局收入统计数据文件。补充样本的收入门槛是调整后总收入超过 10 万美元。在预先指定的收入层内随机选择个体作为样本。

在后续的几年中，第一组样本选自标准多级区域概率抽样设计。这部分样本旨在提供对广泛分布的资产特征的良好覆盖，例如自有住宅所有权。第二组样本，即高收入补充组，被称为名单样

① 参见 Dalton Conley 著作：*Being Black, Living in the Red: Race, Wealth and Social Policy in America*（Berkeley: University of California Press, 1999）。

② 参见 Seymour Spilerman 著作："Wealth and Stratification Processes," 载于 *American Review of Sociology* 26, no. 1（2000）: 497 - 524。

本，选自统计记录（个人税务档案），该统计记录源自国税局收入统计（Statistics of Income，SOI）部门的税务数据。在这种情况下，美国国税局（IRS）提供了高收入家庭样本的姓名和地址。第二组样本旨在不成比例地选择相对富裕的家庭。[①] 高收入补充组数据的优点在于它提供了一组相当“富裕”的高收入样本，有很大的可能是非常富裕的家庭。然而，高收入补充样本的存在会使问题复杂化，因为必须设置权重以将高收入补充样本与核心样本融合在一
45 起。[②] 通常，大约 2/3 的样本来自代表性样本，1/3 来自高收入补充样本。在 2007 年的消费者财务状况调查中，标准多级区域概率抽样样本贡献了 2915 个案例，而高收入补充样本贡献了另外 1507 个案例。[③]

这里使用的最重要的财富概念是可变现财富（或净资产），其定义为所有可出售资产或可替代资产的当前价值减去当前债务的价值。而净资产是总资产减去总负债。总资产定义为如下汇

---

① 关于 2001 消费者财务状况调查名单样本设计的进一步讨论，参见 Arthur B. Kennickell 著作：“Modeling Wealth with Multiple Observations of Income：Redesign of the Sample for the 2001 Survey of Consumer Finances”（October 2001），文章链接为：http：//www. federalreserve. gov/pubs/oss/oss2/methodhtml。

② 关于这些权重的相关问题讨论，参见：1989 消费者财务状况调查，Arthur B. Kennickell 和 R. Louise Woodburn 著作：“Estimation of Household Net Worth Using Model – Based and Design – Based Weights：Evidence from the 1989 Survey of Consumer Finances”，1992 年 4 月华盛顿美国联邦储备委员会未出版论文；1992 年消费者财务状况调查，Kennickell，Douglas A.，McManus 和 R. Louise Woodburn 著作：“Weighting Design for the 1992 Survey of Consumer Finances，”1996 年 3 月华盛顿美国联邦储备委员会未出版论文；1995 年消费者财务状况调查，Kennickell 和 Woodburn 著作：“Consistent Weight Design for the 1989，1992，and 1995 SCFs，and the Distribution of Wealth”，载于 *Review of Income and Wealth* series 45，no. 2（June 1999），193 – 216；还有 2001 消费者财务状况调查，Kennickell 著作：“Modeling Wealth with Multiple Observations of Income”。

③ 每年的样本容量和广义家庭特征参见附录表 2. 1。

总：（1）房主自住住房的总价值；（2）拥有的其他房地产；（3）现金和活期存款；（4）定期存款和储蓄存款、定期存单和货币市场账户；（5）政府债券、公司债券、外国债券和其他金融证券；（6）人寿保险计划的变现价值；（7）固定缴款养老金计划的价值，包含个人退休账户、基奥（Keogh）计划和401（k）计划；* （8）公司股票和共同基金份额；（9）非法人企业的净权益；（10）信托基金的权益。总负债为如下合计：（1）抵押债务；（2）消费者债务，包含汽车贷款；（3）其他债务，如教育贷款。

这一指标反映了财富是一种价值储存手段（Store of Value），因此也是潜在消费的源泉。这个概念最能反映与家庭持有财富相关的社会福祉水平。因此，这个概念只包含可以很容易转换成现金的资产（即“可替代”资产）。虽然消费者财务状况调查数据中包含广义家庭拥有的交通工具价值信息，但我将其排除在对广义家庭财富的标准定义之外，因为交通工具的转售价值通常远远低于其为广义家庭提供消费服务的价值。其他耐用消费品（如电视、家具、家用电器等）的价值不包含在消费者财务状况调查中。[①] 把它们排除在外的另一个理由是与国民账户（National Accounts）保持一致，在国民账户中，购买交通工具和其他耐用消费品被视为支出而非存款。[②]

---

* 基奥计划，美国国会议员基奥提出的个体营业者应在年收入中拨出一部分留作递延纳税的年金或退休基金的计划。——译注

① 从另一方面来说，古董、珠宝、艺术品和其他“贵重物品”都包含在消费者财务状况调查的“其他资产”类别里。

② 另一个理性理由是，如果把交通工具包含在广义家庭财富组合里，它们的“收益率”基本上是负数，因为它们折旧速度特别快（见第三章关于计算总体广义家庭财富组合收益率的描述）。

此处还排除了未来退休后家庭可能获得的社会保障福利（通常称为社会保障财富）的价值，以及固定收益养老金计划（固定收益养老金财富）的退休福利价值。尽管这些资金是家庭未来收入的一个来源，但它们不由家庭直接控制，也不能变现。[①]

我还使用了更为严格的财富概念，我将其称为财务资源（Financial Resource，FR）。它的定义是净资产减去房主自住住房净
46 权益（仅限主要住宅）。财务资源（FR）是比可变现财富更具流动性的概念，因为一个人的房子很难在短时间内转换成现金。此外，主要住宅除了充当价值储存手段之外，还有消费用途。财务资源代表广义家庭在不降低其生活标准的情况下可以提取变现的资产，因此不包含住宅（和交通工具）。[②]

本章使用了另外两个数据源。第一个是1962年的消费者财务特征调查数据。该调查由华盛顿的联邦储备委员会进行，它是消费者财务状况调查的前身。[③] 这也是一个分层抽样样本，增加了高收入广义家庭样本。虽然样本设计和问卷与消费者财务状况调查不同，但该调查采用的方法与SCF非常相似，因此它的数据可以与SCF数据进行比较。[④] 第二个是1969年经济和社会绩效衡量数据库，这是一个由所得税申报表和1970年人口普查提供的信息构建

---

① 在后面，我在家庭财富组合里加入了这两个财富部分，我称其为“增广财富”。参见第八章关于社会保障财富和固定收益养老金财富的估算讨论。

② 财务资源包含“贵重物品”，例如艺术品，这些可以出售而不会显著降低一个家庭的生活标准，还有不太容易快速变现的营业资产。因为财务资源概念里也有一些难以变现的资产，所以它也不是一个100%的纯粹概念。

③ 参见Dorothy Projector和Gertrude Weiss著作：*Survey of Financial Characteristics of Consumers*，*Federal Reserve Board Technical Papers*（Washington，DC：Board of Governors of the Federal Reserve System，1966）。

④ 关于调整的详细信息参见Wolff著作：“Estimates of Household Wealth Inequality in the United States，1962－83”，和本书附录1。

的综合数据集。这里采用一种统计匹配技术把 1969 年所得税申报表数据与 1970 年人口普查数据中的广义家庭匹配起来。然后将税务数据中的财产收入流（例如股息）资本化为相应的资产价值（例如股票），用来估算广义家庭财富。[①]

广义家庭财富规模分布的估算对调查数据中使用的抽样框敏感。原因在于，由于广义家庭财富分布的极端偏斜，在样本中包含高收入补充样本提供了比代表性样本更可靠的估算。消费者财务特征调查和消费者财务状况调查各有一个明确的高收入补充样本。MESP 数据集隐含一个高收入补充样本，因为它主要基于美国国税局（IRS）税务档案的收入数据，该数据不像当前人口调查（Current Population Survey）数据和其他大多数公开可用的调查数据那样进行了最高收入标准化处理（top - coded）。[*] 此外，核算框架（accounting framework）、观察值向量（observational unit）的选择和

① 关于 1962 年消费者财务特征调查以及 1983 年和 1989 年消费者财务状况调查数据文件的详细调整信息，参见本书附录 1，关于 1969 年经济和社会绩效衡量指标构造的信息参见本书附录 2。需要注意，因为这 4 个调查使用了不同的抽样框和方法论，所以 4 个调查的数据都被调整为与国家资产负债表总额保持一致，使其广义家庭财富估算值保持一致。（1983 年消费者财务状况调查某些领域的方法论与 1989 年消费者财务状况调查不同，而 1989 年和之后的调查都使用了相同的方法论。）1992 年、1995 年和 1998 年消费者财务状况调查也需要一些小调整，因为它们都显示与国家资产负债表数字有相当大的差异。我的基线估算同时还排除了交通工具。进一步，我的计算基于美国联邦储备委员会提供的“公共用途”（public use）样本，这与美国联邦储备委员会维护的内部文件有一些不同。因此，我的财富平均值和中位数以及财富不平等程度的数据，一般会与联邦储备委员会提供的“标准”估算值略有差异，他们的统计中包含了交通工具（相关案例见 Kennickell 和 Woodburn 著作：“Consistent Weight Design for the 1989, 1992, and 1995 SCFs, and the Distribution of Wealth”）。

* 最高收入标准化处理。(top-coded)，是统计学和计量经济学中的一种数据处理方法，对收入采样数据设一个上限，超过这个上限的数据进行标准化处理，例如设定最高上限为 3 万美元，收入超过 3 万美元的样本都记为 3 万美元。——译注

回答误差（response error）的模式，由于不同财富阶层投资组合的差异，也会影响财富估算值。

财富中位数在经济大衰退中暴跌

表2.1记录了1983年至2007年财富的强劲增长，这个趋势甚
47 至可以回溯至1962年（见图2.1）。财富中位数年增长率从1962年到1983年是1.63%；然后从1983年到1989年减缓，为1.13%；从1989年到2001年又有所提升，为1.22%；然后从2001年到2007年增幅更大，为2.91%。[①] 2007年至2010年，家庭财富中位数暴跌43.9%，令人目瞪口呆！实际上，2010年的家庭财富中位数比1969年的家庭财富中位数（扣除通胀因素后）低。正如我们将在第三章中看到的那样，主要原因是房地产市场的崩溃和中产阶级家庭的高杠杆率。从2010年至2013年，家庭财富中位数几乎没有变化。[②]

如表2.1 A组数据第三行所示，净资产为零或为负的广义家庭从1962年的18.2%下降到1983年的15.5%，1989年增长到17.9%，2007年增长到18.6%。随后在2010年急剧上升至
50 21.8%，并一直保持到2013年（见图1.2）。类似的时间趋势也显示在净资产低于5000美元和低于10000美元（均按1995美元计算）的广义家庭财富份额中，不过在这两组数据中，2010年到2013年广义家庭财富份额略有增加。

---

① 除非另有说明，否则所有美元数字均以2013年美元计算。

② 当交通工具被纳入财富衡量指标时，2007年至2010年的净资产中位数下降幅度较低——“仅”下降39%。其中的原因是机动车占中产阶级资产的很大一部分。然而，从2010年到2013年，包含交通工具的净资产中位数基本保持不变。

表 2.1　1962 年至 2013 年财富和收入的平均值和中位数

单位：千美元，以 2013 年美元计算

变量	1962 年	1969 年	1983 年	1989 年	1992 年	1995 年	1998 年	2001 年	2004 年	2007 年	2010 年	2013 年
A. 净资产												
1. 中位数	55.5	68.0	78.0	83.5	71.3	69.7	86.7	96.7	96.0	115.1	64.6	63.8
2. 平均值	207.4	248.4	303.8	348.1	338.4	312.6	386.2	500.0	530.9	602.3	505.7	508.7
3. 净资产百分比												
a. 为零或为负数	18.2	15.6	15.5	17.9	18.0	18.5	18.0	17.6	17.0	18.6	21.8	21.8
b. 少于 5000 美元[a]	30.0	20.9	25.4	27.6	27.2	27.8	27.2	26.6	26.8	26.6	32.3	33.5
c. 少于 10000 美元[a]	34.1	26.0	29.7	31.8	31.2	31.9	30.3	30.1	29.9	30.0	36.2	37.1
B. 财务资源（FR）												
1. 中位数	15.0	19.0	16.9	19.9	16.7	15.2	25.5	30.5	22.4	26.4	13.5	13.8
2. 平均值	165.0	210.8	220.5	259.8	258.0	239.9	303.4	392.6	393.8	450.4	395.5	404.9
3. 为零或为负数百分比（不包含住房的家庭财富）	25.9	23.5	25.7	26.8	28.2	28.7	25.7	25.5	28.0	27.4	29.4	28.7
C. 收入（近期人口调查 CPS）[b]												
1. 中位数	40.9	53.3	46.4	52.4	49.8	51.7	55.5	55.6	54.7	56.4	52.6	51.9
2. 平均值	46.4	60.6	56.5	66.2	63.2	68.2	74.0	76.6	74.6	76.0	72.0	72.6

续表

年增长率(%)	年增长率(%)百分比变化								
	1962~1983年	1983~1989年	1989~2001年	2001~2007年	2007~2010年	2010~2013年	1962~2013年	2007~2010年	2010~2013年
A. 净资产									
1. 中位数	1.63	1.13	1.22	2.91	-19.27	-0.39	0.28	-43.9	-1.2
2. 平均值	1.82	2.27	3.02	3.10	-5.83	0.20	1.76	-16.0	0.6
B. 财务资源(*FR*)									
1. 中位数	0.55	2.76	3.57	-2.41	-22.46	0.90	-0.16	-49.0	2.7
2. 平均值	1.38	2.74	3.44	2.29	-4.34	0.78	1.76	-12.2	2.4
C. 收入(近期人口调查CPS)[b]									
1. 中位数	0.61	2.03	0.48	0.26	-2.32	-0.45	0.47	-6.7	-1.3
2. 平均值	0.93	2.66	1.21	-0.14	-1.78	0.29	0.88	-5.2	0.9

资料来源：作者据消费者财务调查1983年、1989年、1992年、1995年、1998年、2001年、2004年、2007年、2010年和2013年的数据计算得出。其他来源是1962年的消费者财务特征调查数据和1969年的经济和社会绩效衡量指标数据库。

注：财富数据使用消费物价指数（CPI-U）修正。

a. 按1995年定值美元计算。

b. 广义家庭收入数据来源：美国人口普查局，当前人口调查，见 http：//www. census. gov/hhes/www/income/data/historical/household/。

1962年的数字基于家庭收入和1962年至1969年家庭收入的变化率。

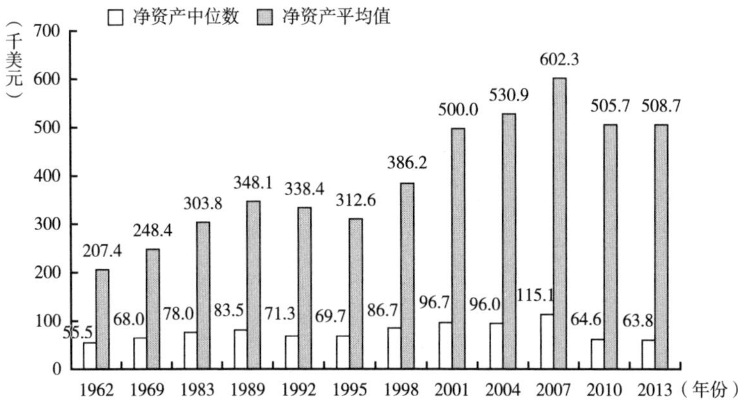

图 2.1　1962 年至 2013 年净资产中位数和平均值

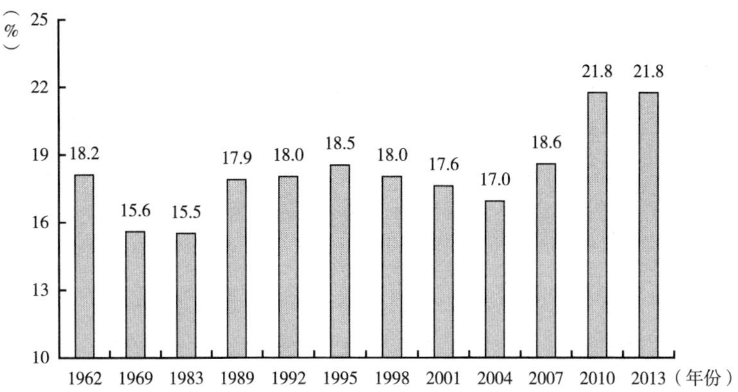

图 2.2　1962 年至 2013 年净资产为零或为负数的广义家庭占比

从 1962 年到 1983 年，净资产平均值也大幅增长，年增长率为 1.82%，略高于财富中位数增长率。1983 年至 1989 年，其年增长率加速到 2.27%，大约是广义家庭财富中位数增长率的 2 倍。从 1989 年到 2001 年，广义家庭财富平均值年增长率为 3.02%，甚至要高于前几个时期。2001 年至 2007 年，其年增长率达到 3.1%，主要原因是房价快速上涨（19%）。2007 年广义家庭财富平均值几乎是 1983 年的 2 倍，比 1989 年增加了差不多 75%。另一点值得注意的是，1983 年至 2007 年，广义家庭财富平均值的增长速度是广义家庭财富中位数增长速度的将近 2 倍，这表明这些年来财富不平等程度正在逐步加深。

图 2.3　1962 年至 2013 年财务资源中位数和平均值

我们也在大衰退期间看到了广义家庭财富平均值的绝对下降。
51 虽然 2007 年和 2010 年的广义家庭财富中位数爆降了 44%，但广义家庭财富平均值（仅仅）下跌了 16%。① 房价和股价暴跌是主要原因（见第三章）。这里同样看到广义家庭财富平均值增速快于广义家庭财富中位数（即前者下跌程度更轻微），这与财富不平等程度加剧的状况相一致。根据消费者财务状况调查数据，从 2010 年到 2013 年，广义家庭财富平均值几乎没有变化。但是，

① 当交通工具被包含在净资产统计里时，净资产平均值的下降幅度也变为 16%。

来自美国财政账户的综合数据显示，这些年净资产平均值跃升了27%。正如我将在下一节里阐述的，我们有理由相信消费者财务状况调查数据低估了这些年平均广义家庭财富的增长，而这些年的美国财政账户综合数据可能更可靠，至少对于净资产平均值来说如此。

财务资源中位数，在经历了1962年至1983年相当慢的0.55%
的年增速增长后，从1983年到1989年以2.75%的年增速增长，从
1989年到2001年以3.57%的年增速增长，这两个时期财务资源中
位数的增长都超过了净资产中位数的增长（同样参考图2.3）。从
2001年到2007年，财务资源中位数以每年2.41%的幅度下降，主
要原因是疲软的股票市场和不断增加的非抵押债务。总而言之，从 52
1983年到2007年，财务资源中位数增加了57%，比净资产中位数
增幅高出约10个百分点。

当金融危机爆发时，从2007年到2010年财务资源中位数直线下跌48.9%，跌幅甚至超过净资产中位数，仅剩下13500美元——这是50年来的最低水平！主要原因是资产价格的全面下降，以及相关负债的上升。随后的2010年至2013年，财务资源微弱增长了2.7%。

财务资源在1962年至1983年保持相对稳定，随后财务资源为零或为负数的广义家庭比例从1983年的25.7%增加到2007年的27.4%。因此，2001年到2007年财务资源中位数急剧下降，部分反映了财富分布下半部中非抵押债务的持续增长。随着2010年资产价格下跌，该比例再次上升至29.4%。2010年至2013年该比例略有下降，降至28.7%。

从1962年到1983年，财务资源平均值以每年1.38%的速度增长，然后从1983年到1989年每年增长2.74%，从1989年到2001

年每年增长3.44%，这两个时期财务资源平均值都比净资产增长快。然后，2001～2007年，其增长步伐放缓至2.29%。在整个1983～2007年间，财务资源平均值增加了104%，略高于净资产平均值增幅。从1983年到2001年，财务资源中位数和平均值的增长几乎完全相同，但由于2001年至2007年财务资源中位数一落千丈，因此1983年至2007年，财务资源平均值增幅约为中位数增幅的2倍。

1989年至2001年间的股市牛市是财务资源急剧增长的主要原因，而2001年至2007年，股票价格上涨缓慢加上负债持续上升，导致财务资源平均值增长缓慢。

从2007年到2010年，财务资源平均值再次大幅下跌12.2%，但这个降幅远低于财务资源中位数的降幅，也略低于净资产平均值的降幅。这个差异是由于平均房屋净值下降了28%。从2010年到2013年，财务资源平均值略微增加了2.4%。

从1962年到1983年，广义家庭收入中位数（根据当前人口调查数据）以相当稳定的速度增长，每年为0.61%（见图2.4）。1983年至1989年每年增长2.03%，之后，从1989年到2001年，其年增长率下降到仅为0.48%，从2001年到2007年下降到
53 0.26%，从1983年到2007年净变化为21.55%（总体）。从2007年到2010年，它的绝对值下降了6.7%。虽然这个降幅不算小，但与广义家庭财富中位数（或财务资源中位数）的降幅相比那是小巫见大巫。从2010年到2013年，广义家庭收入中位数又下滑了1.3%（见表2.1）。

从1962年到1983年，广义家庭收入平均值以每年0.93%的速度增长，之后，从1983年到1989年每年增长2.66%，从1989年到2001年每年增长1.21%，然后从2001年到2007年每

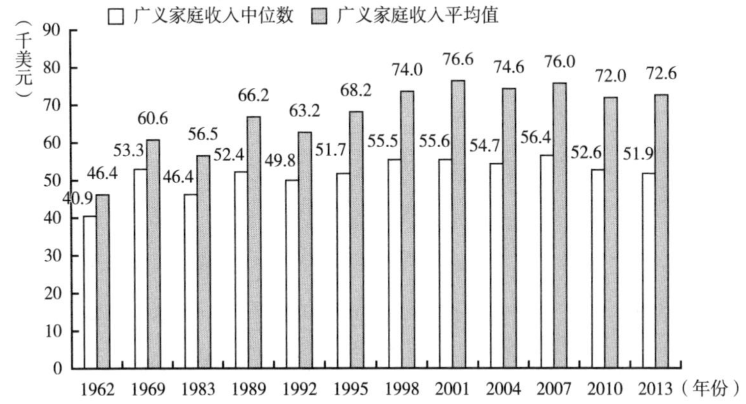

图 2.4　1962～2013 年广义家庭收入中位数和平均值

年减少 0.14%，从 1983 年到 2007 年总共增长了 34.51%。1983 年至 2007 年间，广义家庭收入平均值的增长低于广义家庭净资产平均值（和财务资源平均值）的增长，广义家庭收入中位数的增长速度远低于广义家庭财富中位数的增长速度。2007 年至 2010 年，广义家庭收入平均值扣除通胀因素后下降了 5.2%，略低于广义家庭收入中位数下降幅度，然后从 2010 年到 2013 年它又增长了 0.9%。

总而言之，虽然从 1989 年到 2007 年，美国平均广义家庭收入几乎停滞不前，但广义家庭净资产中位数和财务资源中位数增长强劲，特别是后者。特别是在 2001 年至 2007 年间，广义家庭收入平 54
均值和中位数变化极小，而广义家庭净资产平均值和中位数阔步前行，财务资源平均值也是如此，但财务资源的中位数下降了。另外，大衰退导致广义家庭净资产中位数（和财务资源中位数）大幅下降，但广义家庭财富平均值、财务资源平均值、广义家庭收入平均值和中位数的下降幅度要小得多。

大衰退时期财富不平等程度大幅跃升

广义家庭净资产高度集中，2013 年最富 1% 阶层广义家庭（按财富排名）拥有广义家庭财富总额的 36.7%，而前 20% 最富阶层拥有 88.9% 的广义家庭财富（见表 2.2 和图 2.5）。表 2.2 中的数字还表明，从 1962 年到 1969 年，财富不平等程度加剧，但在 1983 年又回到 1962 年水平（见图 2.6）。[①] 然后从 1983 年到 1989 年再次加剧，之后，从 1989 年到 2007 年，财富不平等程度基本保持不变，至少从基尼系数来看是这样。从 1983 年到 1989 年，最富 1% 阶层拥有的财富份额上升了 1.4 个百分点，基尼系数从 0.799 增加到 0.828。

财富不平等程度上升背后的原因是什么？正如第三章和第五章将探讨的那样，导致财富集中度变化的两个主要因素是收入不平等的变化和股价与房价之比的趋势。首先，从 1983 年到 1989 年，收入不平等大幅增加，伴随着基尼系数上升 0.041 点。其次，股票价格涨幅远高于房价涨幅。股票市场蓬勃发展，标准普尔 500 指数上涨了 62%，而房价中位数仅上涨了 2%。结果就是，股价与房价之比攀升了 58%。[②]

---

① 这并不是说这些年来财富不平等程度没有发生重大变化。实际上，根据遗产税数据，我在《头重脚轻：关于美国财富不平等程度持续扩大的研究》（*Top Heavy: A Study of Increasing Wealth Inequality in America*）（纽约新出版社，2002 年）一书中，记录了从 1969 年到 1976 年财富不平等程度急剧降低，从 1976 年到 1983 年再次急剧上升。（更多讨论，请参阅第十二章。）

② 这些年恰好是里根政府的最后一段任期和乔治·H. W. 布什政府任期的第一年。但是，很难想象他们的具体政策中哪些可能导致了收入不平等程度和财富不平等程度的急剧上升，除了 1986 年通过的《税收改革法案》（Tax Reform Act），该法案大幅降低了高收入阶层的边际税率。这种改变使富人拿到了更多的可支配（税后）收入，从而为他们带来更多的储蓄和财富积累。

表 2.2 1962 年至 2013 年广义家庭财富和广义家庭收入的规模分布

年份	基尼系数	广义家庭财富或广义家庭收入份额所占百分比									
		最富 1.0% 阶层	接下来 4.0%	接下来 5.0%	接下来 10.0%	最富 20.0%	次富 20.0%	中间 20.0%	次穷 20.0%	最穷 20.0%	全体
A. 广义家庭净资产											
1962	0.803	33.4	21.2	12.4	14.0	81.0	13.4	5.4	1.0	-0.7	100.0
1969	0.828	35.6	20.7	12.5	13.8	82.5	12.2	5.0	0.9	-0.6	100.0
1983	0.799	33.8	22.3	12.1	13.1	81.3	12.6	5.2	1.2	-0.3	100.0
1989	0.828	35.2	22.8	11.9	13.2	83.0	12.0	4.7	0.9	-0.7	100.0
1992	0.823	37.2	22.8	11.8	12.0	83.8	11.5	4.4	0.9	-0.5	100.0
1995	0.828	38.5	21.8	11.5	12.1	83.9	11.4	4.5	0.9	-0.7	100.0
1998	0.822	38.1	21.3	11.5	12.5	83.4	11.9	4.5	0.8	-0.6	100.0
2001	0.826	33.4	25.8	12.3	12.9	84.4	11.3	3.9	0.7	-0.4	100.0
2004	0.829	34.3	24.6	12.3	13.4	84.7	11.3	3.8	0.7	-0.5	100.0
2007	0.834	34.6	27.3	11.2	12.0	85.0	10.9	4.0	0.7	-0.5	100.0
2010	0.866	35.1	27.4	13.8	12.3	88.6	9.5	2.7	0.3	-1.2	100.0
2013	0.871	36.7	28.2	12.2	11.8	88.9	9.3	2.7	0.2	-1.1	100.0

续表

年份	基尼系数	广义家庭财富或广义家庭收入份额所占百分比									
		最富1.0%阶层	接下来4.0%	接下来5.0%	接下来10.0%	最富20.0%	次富20.0%	中间20.0%	次穷20.0%	最穷20.0%	全体
B. 财务资源											
1962	0.838	39.5	22.4	15.0	9.2	86.1	9.5	3.3	2.5	-1.4	100.0
1969	0.841	38.4	22.3	16.9	10.1	87.7	10.3	3.6	0.1	-1.7	100.0
1983	0.893	42.9	25.1	12.3	11.0	91.3	7.9	1.7	0.1	-1.0	99.9
1989	0.920	44.1	25.5	12.1	11.2	92.8	7.4	1.3	0.1	-1.6	100.0
1992	0.903	45.6	25.0	11.5	10.2	92.3	7.3	1.5	0.3	-1.4	100.0
1995	0.914	47.2	24.6	11.2	10.1	93.0	6.9	1.4	0.1	-1.4	100.0
1998	0.893	47.3	21.0	11.4	11.2	90.9	8.3	1.9	0.1	-1.2	100.0
2001	0.888	39.7	27.8	12.3	11.4	91.3	7.8	1.7	0.1	-0.8	100.0
2004	0.902	42.2	26.7	12.0	11.6	92.5	7.3	1.2	0.0	-1.1	100.0
2007	0.908	42.7	29.3	10.9	10.1	93.0	6.8	1.3	0.0	-1.1	100.0
2010	0.921	41.3	29.5	13.3	10.7	94.8	5.9	0.8	0.1	-1.6	100.0
2013	0.923	42.8	29.7	11.9	10.3	94.7	6.0	0.8	0.0	-1.5	100.0
C. 家庭收入											
1962	0.428	8.4	11.4	10.2	16.1	46.0	24.0	16.6	9.9	3.5	100.0

续表

年份	基尼系数	广义家庭财富或广义家庭收入份额所占百分比									
		最富1.0%阶层	接下来4.0%	接下来5.0%	接下来10.0%	最富20.0%	次富20.0%	中间20.0%	次穷20.0%	最穷20.0%	全体
1969	0.469	10.4	12.4	10.3	15.9	48.9	23.4	16.4	9.5	1.7	100.0
1982	0.480	12.8	13.3	10.3	15.5	51.9	21.6	14.2	8.7	3.7	100.0
1988	0.521	16.6	13.3	10.4	15.2	55.6	20.6	13.2	7.8	2.9	100.0
1991	0.528	15.7	14.8	10.6	15.3	56.4	20.4	12.8	7.4	3.1	100.1
1994	0.518	14.4	14.5	10.4	15.9	55.1	20.6	13.6	8.3	2.4	100.0
1997	0.531	16.6	14.4	10.2	15.0	56.2	20.5	12.8	7.5	3.0	100.0
2000	0.562	20.0	15.2	10.0	13.5	58.6	19.0	12.3	7.4	2.6	100.0
2003	0.540	17.0	15.0	10.9	14.9	57.9	19.9	12.1	7.4	2.8	100.0
2006	0.574	21.3	15.9	9.9	14.3	61.4	17.8	11.1	6.8	2.8	100.0
2009	0.549	17.2	16.5	10.7	14.7	59.1	18.7	14.9	4.3	3.0	100.0
2013	0.574	19.8	16.5	10.8	14.7	61.8	17.8	11.1	6.6	2.8	100.0

资料来源：作者据1983年、1989年、1992年、1995年、1998年、2001年、2004年、2007年、2010年和2013年的消费者财务调查的数据计算得出。其他来源是1962年的消费者财务特征调查和1969年的经济和社会绩效衡量数据。家庭收入数据来自这些文件。

注：计算广义家庭净资产百分位数份额时，广义家庭按其净资产排名；计算财务资源百分位数份额时，广义家庭按其财务资源排名；计算广义家庭收入百分位数份额时，广义家庭按其收入排名。

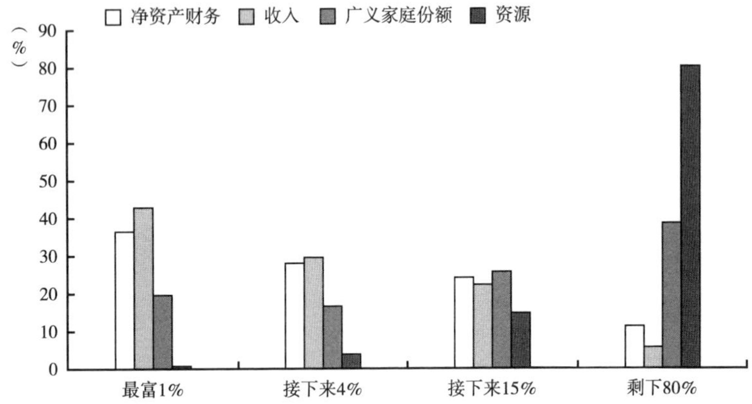

图 2.5 2013 年广义家庭净资产、财务资源和收入的规模分布

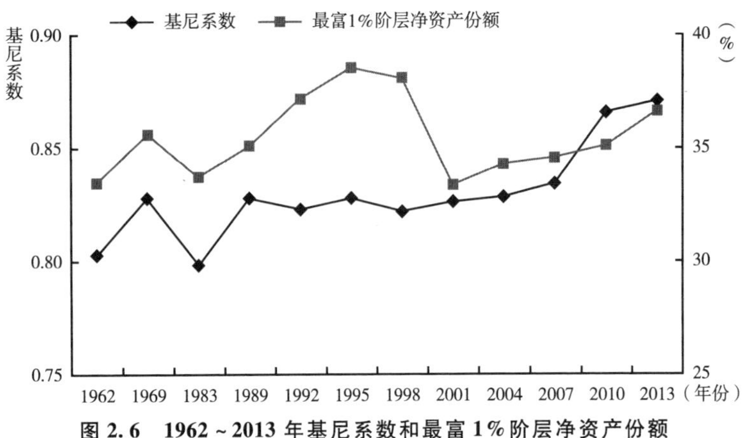

图 2.6 1962～2013 年基尼系数和最富 1% 阶层净资产份额

从 1989 年到 2007 年，最富 1% 阶层财富份额实际略有下降，从 35.2% 降至 34.6%，但接下来 4% 富裕阶层的财富份额增加不光弥补了这个下降，而且还有增加。① 因此，最富 5% 阶层的财富份

① 顺便一提，这种差异表明，依赖最富 1% 阶层的财富份额作为衡量财富不平等程度的指标是危险的，而许多研究正是如此，因为随着时间的推移，它的轨迹不同于基尼系数（见图 2.6）。

额从 1989 年的 58.0% 增加到 2007 年的 61.9%，五等分中最富 20% 阶层的财富份额从 83% 上升到 85%。① 从 1989 年到 2007 年，五等分中次富 20% 阶层和五等分中间 20% 阶层的财富份额同时下降了约 1 个百分点，而五等分中最穷 20% 阶层的财富份额比例则增加了 0.2 个百分点。总体来看，我们看到基尼系数有一个非常小的升幅，从 1989 年的 0.828 上升到 2007 年的 0.834。② 55

2007 年至 2010 年，财富不平等程度急剧上升，基尼系数从 0.834 上升至 0.866。有趣的是，最富 1% 阶层的财富份额相对增加比例略少——低于 1%。③ 增加的大部分财富份额体现在五等分中最富 20% 阶层的剩余部分，而五等分中最富 20% 阶层的财富份额总体上升了 3.6 个百分点。剩下 80% 广义家庭的财富份额相应下降，五等分中次穷 20% 阶层份额下降 0.4，五等分中最穷 20% 阶层的财富份额下降了 0.7 个百分点。

从 2010 年到 2013 年，基尼系数小幅上升，从 0.866 升至 0.871。最富 1% 阶层的财富份额实实在在增加了 1.6 个百分点，

---

① 实际上，最富 1% 阶层财富份额的大幅下滑发生在 1998 年至 2001 年。主要原因似乎是“高科技”的繁荣和萧条，它使以定值美元计算的股票价格在 1998 年至 2000 年间上涨了 24%，然后在 2001 年又回到了 1998 年的水平。扣除通胀因素后，在 1998 年至 2001 年间房价上涨了 12%。拥有自己生意的最富 1% 阶层广义家庭比例似乎也有相当大幅度的下降，从 72% 降至 66%。虽然最富 1% 阶层的净资产平均值增加了 13.5%，但其非法人企业股权和其他房地产的价值平均值仅增长了 6.2%。

② 有点令人惊讶的是，在乔治·H. W. 布什（老布什）政府后期、克林顿政府时期和乔治·W. 布什（小布什）政府时期，财富不平等程度仍然相对没有变化。正如我们将在第三章中看到的那样，这些年来财富不平等程度的稳定是中产阶级杠杆（即相对负债）急剧上升的结果。

③ 导致最富 1% 阶层财富份额增长乏力的罪魁祸首是非法人企业股权，在 2007 年至 2010 年间，扣除通胀因素后，最富 1% 阶层的非法人企业股权平均值实际下降了 26%，与之相比，其净资产平均值总体下降幅度为 16%。

58 但五等分中最富 20% 阶层的财富份额几乎没有变化。以定值美元计算，这些年最富 1% 阶层净资产增长了 5.9%，而接下来 19% 富裕阶层的净资产份额则下降了 1.8%。五等分次富 20% 阶层的财富也下降了 1.7%，五等分中间 20% 阶层的财富下降了 0.7%，而最穷 40% 阶层的财富下降 5.7%。

财务资源的集中度甚至比净资产更高，2013 年，最富 1% 阶层广义家庭（按拥有的财务资源排名）拥有财务资源的 42.8%，且拥有净资产的 36.7%；最富 20% 阶层拥有财务资源的 94.7%，拥有净资产的 88.9%（见表 2.2 和图 2.5）。财务资源不平等程度的时间趋势表现与净资产不同——主要是因为住房市场周期与股市周期之间存在时间差异（见图 2.7）。最富 1% 阶层的财务资源份额从 1962 年的 39.5% 上升到 1983 年的 42.9%，基尼系数从 0.838 显著增加到 0.893，而这两个年份的净资产不平等程度大致相同。从 1983 年到 1989 年，最富 1% 阶层的财务资源份额增加了 1.2 个百分点，基尼系数从 0.893 增加到 0.920，此时，其趋势与净资产
59 的趋势相同。

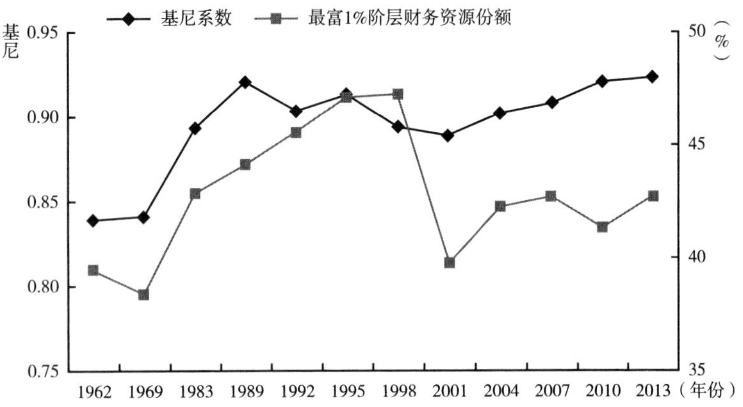

图 2.7　1962～2013 年基尼系数和最富 1% 阶层财务资源份额

在接下来的 12 年中，从 1989 年到 2001 年，最富 1% 阶层的财务资源份额骤然下跌了 4.4 个百分点，最富 5% 阶层的财务资源份额下降了约 2.0 个百分点，而五等分中最富 20% 阶层的财务资源份额下降了 1.5 个百分点。五等分中次富 20% 阶层的财务资源份额增加了 0.4 个百分点，五等分中间 20% 阶层的财务资源份额也增加了 0.4 个百分点，五等分中次穷 20% 阶层的财务资源份额保持不变，而五等分中最穷 20% 阶层的财务资源份额上升了。① 作为结果，基尼系数从 1989 年的 0.920 下降到 2001 年的 0.888，但实际上 2001 年的基尼系数略低于 1983 年的基尼系数。

这一趋势在 2001 年至 2007 年间发生逆转，最富 1% 阶层的份额上升了 3.0 个百分点，五等分中最富 20% 阶层的份额上升了 1.7 个百分点，五等分中次富 20% 阶层和中间 20% 阶层，以及最穷和次穷 20% 阶层的份额均有所下降。作为结果，基尼系数从 2001 年的 0.888 上升到 2007 年的 0.908，仍然高于 1983 年，但低于 1989 年的峰值。2001 年至 2007 年的财富不平等程度加剧反映了财政资源为零或为负数的广义家庭比例增加。

从 2007 年到 2010 年，最富 1% 阶层持有的总财务资源份额实际上稍有下降，但五等分中最富 20% 阶层的剩余 19% 的财务资源 60
份额增加了，所以五等分中最富 20% 阶层的财务资源份额从 93.0% 上升到 94.8%。其余 80% 阶层的财务资源份额下降，因此整体基尼系数从 2007 年的 0.908 上升到 2010 年的 0.921，接近上一个高点即 1989 年的高点。从 2010 年到 2013 年，尽管最富 1% 阶

① 1998 年至 2001 年间，最富阶层的财富份额再次大幅下挫，其直接原因同样是高科技行业的繁荣与萧条。如前所述，最富 1% 阶层的商业股权也有所下降。

层的财务资源份额增加了 1.5 个百分点，但以基尼系数来衡量，总体财务资源不平等程度基本没有变化。

2012 年，收入最高 1% 广义家庭（根据消费者财务状况调查数据，按收入排名）的收入占总广义家庭收入的 20%，收入最高 20% 广义家庭的收入占总广义家庭收入的 62%——这个数值很大，但依然低于其相对应的财富份额（参见图 2.5）。[①] 收入不平等的时间趋势也与净资产和财务资源不平等的时间趋势形成鲜明对比（参见图 2.8）。从 1961 年到 1982 年，收入不平等程度加剧，基尼系数从 0.428 增加到 0.480，收入最高 1% 阶层的收入份额从 8.4 增加到 12.8%。从 1982 年至 1988 年，收入不平等程度再次急剧扩大，基尼系数从 0.480 上升至 0.521，收入最高 1% 阶层的收入份
61 额从 12.8% 上升至 16.6%。

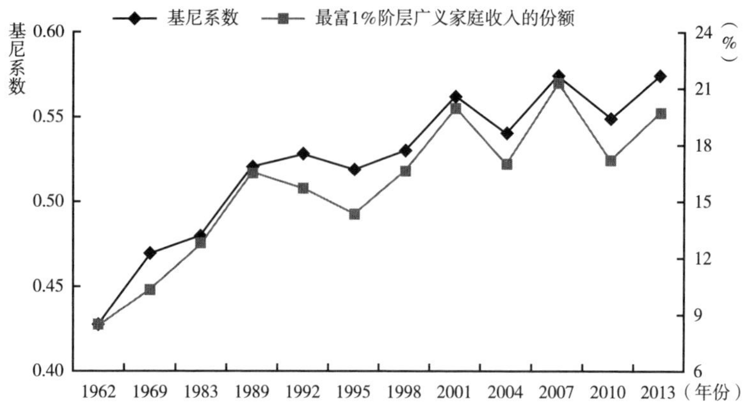

图 2.8　1962～2013 年基尼系数和最富 1% 阶层广义家庭收入份额

① 应该指出的是，每个调查年度（比如 2013 年）的收入是前一年的数据（在这种情况下是 2012 年）。

从1988年到2000年，不平等程度再次急剧扩大，收入最高1%阶层的收入份额上升3.4个百分点，五等分收入最高20%阶层的收入份额上升3个百分点，五等分其他四个20%阶层的收入份额再次下跌，基尼系数从0.521上升到0.562。总而言之，从1989年到2001年，收入不平等程度的加剧情况几乎与1983年至1989年间完全相同。[①] 从2001年到2007年，收入不平等程度再次上升，不过步伐放缓。基尼系数从0.562上升至0.574，收入最高1%阶层的收入份额上升1.3个百分点，五等分中收入最高20%阶层的收入份额上升1.7个百分点，五等分其他四个20%阶层的收入份额下降。总而言之，从2001年到2007年，收入不平等程度温和增长，财富不平等程度略有上升，而且财务资源不平等程度显著恶化（参见图2.9）。

也许有些令人惊讶的是，2007年至2010年收入不平等程度急剧下降。基尼系数从0.574降至0.549，收入最高1%阶层的收入
份额从21.3%急剧下降至17.2%。财产收入和已兑现的资本收益 62
（包含在消费者财务状况调查的收入定义中），以及企业奖金、股票期权的价值在这些年里急剧下降，这个过程解释了最富1%阶层收入份额急剧下降的原因。如前所述，这些年虽然失业率也有所上

① 应该指出的是，消费者财务状况调查数据显示收入不平等程度高于当前人口调查数据。例如，2000年，当前人口调查数据显示最富5%阶层拥有22.1%的财富份额，基尼系数为0.462。这个差异主要是由三个因素造成的。第一，消费者财务状况调查对富裕阶层进行增加取样，而当前人口调查则是代表性样本。第二，当前人口调查数据是最高收入标准化处理（即，收入最高分组是一个开放式区间，通常设定在75000美元或100000美元），而消费者财务状况调查数据则不是。第三，两个样本的收入概念不同。特别是，消费者财务状况调查的收入定义中包含已兑现的资本收益，而当前人口调查的定义中则没有。当前人口调查数据还显示1989年至2000年不平等程度大幅增加，最富5%阶层的份额从18.9%上升至22.1%，基尼系数从0.431上升至0.462。

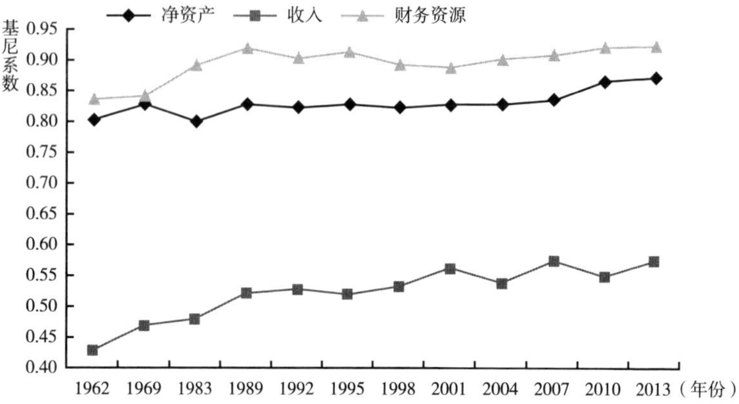

图 2.9　1962 年至 2013 年财富和收入不平等程度（基尼系数）

升，但实际工资确实也在上升。作为结果，中产阶级的收入下降，但从降幅百分比来说，没有高收入群体降幅大。与之对比，失业保险等转移收入增加，因此相对而言，最穷阶层的情况也比最富阶层好。因此，2006 年至 2009 年整体收入不平等程度下降。[①]

在大衰退的中后期这种趋势发生了逆转，收入不平等程度再次急剧增加。基尼系数增加 0.025 点至 0.574，与 2007 年水平相同。最富 1% 阶层的收入份额上升至 19.8%，略低于 2007 年的水平，而五等分中最富 20% 阶层的收入份额则高达 61.8%，略高于 2007 年的水平。这组因素同样可以用于解释收入不平等发展趋势的转变，只是作用相反而已。随着这些年股市的复苏，财产收入、已兑

① 与之相反，当前人口调查数据显示广义家庭收入不平等程度几乎没有变化，基尼系数从 2006 年的 0.470 略微下降到 2009 年的 0.468。参见 http：//www.census.gov/hhes/www/income/data/historical/household/2010/H04_ 2010.xls。基于美国国税局税务数据，以马内利·赛斯和托马斯·皮凯蒂的研究显示，2007 年至 2010 年收入不平等程度大幅下降。特别是，这些年来第 99.99 百分位数，第 99.9 百分位数和第 99 百分位数家庭的收入急剧下降 。请参阅世界顶级收入数据库，http：// topincomes.parisschoolofeconomics.eu/，2014 年 10 月 24 日采集。

现的资本收益和相关收入大幅上升，这是最富 1% 阶层收入份额急剧上升的原因。根据美国劳工统计局（BLS）的数据，这些年失业率下降，但实际工资也在下降。结果就是，中产阶级的收入虽然增加，但按百分比来计算，其增加幅度低于高收入群体。失业保险等转移收入下降，因为在大衰退初期实施的扩展福利已经结束。

总而言之，1983 年至 2013 年，收入不平等的增长远远超过净资产不平等或财务资源不平等的增长（见图 2.10）。以基尼系数来衡量，净资产不平等程度增加了 9%，财务资源不平等程度增加了 3%，而收入不平等程度增加了 20%。

这个结果带来三个谜团。第一，在大衰退的前半段，净资产不平等程度急剧上升，而与此同时，收入不平等程度急剧下降。第二，在大衰退的后半段，财富不平等程度略有上升，而收入不平等程度激增。第三，从 1983 年至 2013 年，收入不平等程度的增长远远超过净资产不平等程度和财务资源不平等程度的增长。我将在第三章和第五章再回来解答这些谜题。 63

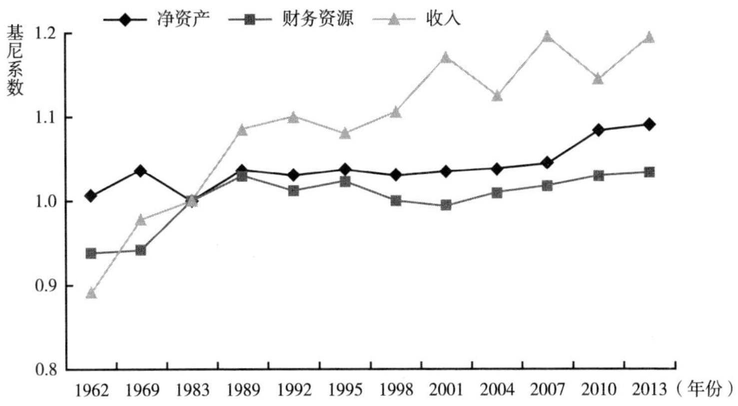

图 2.10　1962～2013 年净资产、财务资源和收入的基尼系数［指数，1983 = 1］

上层阶层

尽管20世纪90年代整体财富不平等程度相对稳定，但极富裕阶层的广义家庭数量几乎呈爆炸式增长（见表2.3）。从1989年至2001年，百万富翁（按1995年美元价值计算）的数量将近翻了一番，“五百万富翁”（500万美元或以上）数量增加3倍半，“千万富翁”（1000万美元或更多）数量增加5倍还多。大部分增长发生
64 在1995年至2001年，这与股价飙升直接相关。2001年至2007年，极富裕阶层人数继续以差不多同样的速度增长，百万富翁的数量增加23.50%，五百万富翁的数量增加37.37%，而千万富翁的数量同样增加了37.17%。

表2.3　1983～2013年百万富翁和千万富翁的数量

年份	广义家庭总数(千人)	净资产等于或超过(以1995年美元计算)的广义家庭数(千人)		
		百万富翁	五百万富翁	千万富翁
1983	83893	2411	247.0	66.5
1989	93009	3024	296.6	64.9
1992	95462	3104	277.4	41.6
1995	99101	3015	474.1	190.4
1998	102547	4783	755.5	239.4
2001	106494	5892	1067.8	338.4
2004	112107	6466	1120.0	344.8
2007	116120	7274	1466.8	464.2
2010	117606	7931	1073.9	352.3
2013	122527	7123	1314.7	406.5
改变百分比(%)	46.1	195.4	432.2	511.5

资料来源：作者据1983年、1989年、1992年、1995年、1998年、2001年、2004年、2007年、2010年，以及2013年消费者财务调查数据计算得出。

尽管最富 1% 阶层财富持有者的财富份额有所增加，但从 2007 年到 2010 年百万富翁数量增长显著放缓，仅增长 9%。此外，五百万富翁和千万富翁的绝对数量下降，分别下降 27% 和 24%。这些数字反映了这些年里资产价格的急剧下降，尤其是股票和商业股权（见第三章）。从 2010 年到 2013 年，尽管资产价格回升，但百万富翁的数量实际上下降了 10%。这种下降可能是由于房价回升缓慢。另外，五百万富翁和千万富翁的数量大幅上升，分别上升 22% 和 15%，这反映出股票和商业权益价格的回升。

寻找难以捉摸的最富 1% 阶层

表 2.4 列出了财富分配上层的另一个财富样本切片，其中不仅显示了财富分布最富 1% 阶层财富份额的时间趋势，还考察了最富 0.5% 阶层和最富 0.1% 阶层。首先要注意的是，正如前一节所讨 65
论的那样，从 1962 年到 1969 年最富 1% 阶层的财富份额上升并回到之前的水平，之后其份额继续稳步上升至 1995 年的高点 38.5%，随后保持稳定直至 1998 年，再到 2001 年暴跌至 33.4%（见图 2.6）。再从 2001 年到 2013 年其保持稳步上升，2013 年达到 36.7%。最富 0.5% 和最富 0.1% 阶层的财富份额也显示了类似的时间趋势。

表格末尾几列引用了赛斯和祖克曼（Saez and Zucman）的最富阶层财富份额数据作为对比。他们的数据是通过对美国所得税数据应用一种收入资本化技术和其他设算得出的。然后将资产和负债划分的财富总量调整成与国家资产负债表总额一致。分析单位是纳税单位。就程度而言，赛斯－祖克曼（SZ）数据通常与我自己通过消费者财务状况调查数据计算的结果相当，至少到 2001 年是如

表 2.4　1962~2013 年财富分布顶部的财富集中份额（百分比）

年份	最富 1%			最富 0.5%			最富 0.1%			赛斯和祖克曼(2016)[b]		
	样本比例(%)	样本门槛[a]	大小	样本比例(%)	门槛[a]	大小	样本比例(%)	门槛[a]	大小	最富 1%	最富 0.5%	最富 0.1%
1962	33.4	2344 美元	382	25.6	3950 美元	289	13.7	12047 美元	110	29.6	21.7	10.1
1969	35.6	2417 美元	635	27.8	4356 美元	318	15.2	20503 美元	64	27.9	20.6	10.0
1983	33.8	3628 美元	274	25.7	6107 美元	192	13.8	16823 美元	71	24.7	18.2	8.9
1989	35.2	4387 美元	433	27.0	6623 美元	340	14.3	20889 美元	153	27.8	21.4	11.5
1992	37.2	3789 美元	648	26.0	5966 美元	539	11.7	24906 美元	315	29.2	22.6	12.2
1995	38.5	3834 美元	684	30.0	7271 美元	507	14.5	22873 美元	251	29.5	22.8	12.3
1998	38.1	5383 美元	635	26.3	8458 美元	509	12.9	22514 美元	286	32.3	25.4	14.5
2001	33.4	7679 美元	653	24.2	11698 美元	531	10.9	26674 美元	324	33.2	26.5	15.7
2004	34.3	7636 美元	714	25.3	11700 美元	591	12.1	29929 美元	355	33.5	26.7	15.6
2007	34.6	9249 美元	683	25.5	13314 美元	575	12.8	34565 美元	349	36.0	29.1	17.7
2010	35.1	7153 美元	652	26.0	11838 美元	524	12.6	28473 美元	312	39.5	32.4	20.7
2013	36.7	7767 美元	651	27.4	11915 美元	540	13.6	30794 美元	318	41.8	34.5	22.0

资料来源：作者据 1983 年、1989 年、1992 年、1995 年、1998 年、2001 年、2004 年、2007 年、2010 年和 2013 年的消费者财务调查数据计算得出。其他来源包含 1962 年消费者财务特征调查，1969 年经济和社会绩效评估文件，以及以马内利·赛斯（Emmanuel Saez）和加布里埃尔·祖克曼（Gabriel Zucman）《自 1913 年以来美国的财富不平等程度：来自所得税数据资本化后的证据》，《经济学杂志季刊》131 卷，第 2 期（2016 年 5 月），第 519~578 页。

注：a. 单位：千，以 2013 年美元计算。

b. 分析单位是报税单位。2013 年数字是 2012 年的数据。

此，尽管在某些情况下两组数据的时间趋势有着明显不同。赛斯－祖克曼数据显示从 1962 年到 1983 年财富集中度下降，而我的数据显示财富集中度最初上升随后下降。然后，赛斯－祖克曼数据显示 1983 年至 2012 年财富集中度几乎持续上升，而消费者财务状况调查数据显示从 1983 年到 1995 年财富集中度大致上稳定增长，从 1995 年到 2001 年则有所下降，然后转而上升到 2013 年。此外，从 2001 年到 2012 年，赛斯－祖克曼数据显示出更加明显的上升，例如，在他们的数据中，这段时间最富 1% 阶层的财富份额攀升了 8.6 个百分点，而基于 SCF 的数据显示最富 1% 阶层财富份额增加了 3.3 个百分点。因此，两组数据对最富 1% 阶层所占财富份额估算的差异从 －0.2 个百分点变为 5.1 个百分点。

目前还不太清楚为什么这两组数据随着时间推移会变得如此不同。赛斯－祖克曼数据主要受收入最高阶层的财产收入份额（特别是利息和股息）影响。似乎收入份额的变化轨迹与最富阶层拥有的股票和金融证券份额的变化轨迹不同。赛斯－祖克曼数据在估价非法人企业股权方面也表现不佳，而这是最富阶层的重要资产。赛斯－祖克曼方法在估价 401（k）计划和其他递延所得税固定缴款（DC）退休资产方面也有些问题，因为这些来源的收入不在当前所得税的课税范围内，赛斯－祖克曼数据很可能无法反映 20 世纪 90 年代中期开始爆炸性增长的固定缴款养老金财富。因为固定缴款养老金账户相对集中在财富分布的中层，所以这个问题很可能导致赛斯－祖克曼数据高估了 1995 年以后最富阶层的财富份额。 67
这种差异可以解释，为什么相对于赛斯－祖克曼数据，消费者财务状况调查数据显示 1995 年至 2001 年财富集中度温和上升，然后从 2001 年到 2013 年财富集中度更加温和地上升，而赛斯－祖克曼数据则显示从 1995 年到 2012 年财富集中度呈现一种急剧上升的轨迹。这些因素有力地支持了消费者财务状况调查数据。[1]

在分类账的另一边，当涉及财富分布的极富阶层——最富0.5%阶层及更富裕的阶层时，消费者财务状况调查数据也有两个问题。首先，某位美联储成员在私人谈话中指出，消费者财务状况调查并没有设计用来捕获最富0.5%阶层或更富裕阶层的财富分布数据。相比之下，对于收集其他99%阶层的财富分布，消费者财务状况调查数据非常可靠。所得税数据反而没有此缺陷，因为财富分布极富裕阶层的家庭也需要提交纳税申报表。其次，消费者财务状况调查有意排除了福布斯所提的400个家庭，这是《福布斯》杂志编辑的美国最富有的400个家庭。[2] 所有调查年份都是如此。这两个因素意味着赛斯－祖克曼数据收集的极富裕阶层数据更加可靠。

虽然有这些因素存在，但这些因素并不能解释为什么自2001年以来赛斯－祖克曼数据和消费者财务状况调查数据之间的差异随着时间的推移而扩大。如前所述，两组数据对最富1%阶层的财富份额估算差异从2001年的－0.2个百分点变为2013年的5.1个百分点（赛斯－祖克曼的数据是2012年的）。这一结果证明，消费者财务状况调查数据缺少财富分布的极富裕阶层，这导致两组数据之间的差异随着时间的推移而不断扩大。换句话说，这些年福布斯TOP 400富豪榜和消费者财务状况调查数据之间的差距可能增加了。

表2.5试图评估这个差异。在我找到的四个年份的相关数据里，消费者财务状况调查报告的最大净资产数字，非常接近进入福

---

① 另外，有关赛斯和祖克曼数据系列的进一步讨论，请参见第十二章。

② 请参阅 http://www.forbes.com/forbes－400/。

表 2.5 1983~2013 年福布斯 400 富豪榜时间趋势以及与消费者财务状况调查数据的比较

年份							变化(%)					
	1983	1989	2001	2007	2010	2013	1983~1989	1989~2001	2001~2007	2007~2010	2010~2013	1983~2013
A. 标准化后 *SCF* 的最大值												
净资产(以百万计,以2013年美元计算)	206.4	339.7	763.6	1586.0	1168.5	1324.4	64.6	124.8	107.7	-26.3	13.3	541.8
B. 福布斯 400 富豪榜数据(以百万计,以 2013 年美元计算)[a]												
1 最低值			789.2	1460.6	1014.9	1300.0			85.1	-30.5	28.1	
2 最高值	5146	9769	71031	66289	57690	72000	89.9	627.1	-6.7	-13.0	24.8	1299.2
C. 福布斯 400 富豪榜与最高 *SCF* 数值的比率												
1 福布斯榜最低值与最高 *SCF* 数值比率			1.03	0.92	0.87	0.98						
2 福布斯榜最高值与最高 *SCF* 数值比率	24.9	28.8	93.0	41.8	49.4	54.4						

资料来源：作者据 1983 年、1989 年、2001 年、2010 年、2010 年和 2013 年消费者财务状况调查数据计算得出。

注：a. 来自 http：//www. forbes. com/forbes -400/。

布斯榜单所需的最低净资产数字。实际上，这四个年份的三个年份里，消费者财务状况调查中最大净资产数字大于福布斯榜单的最低净资产。例如，2013 年，前者为 13.24 亿美元，后者为 13.00 亿美元。2001 年至 2007 年，消费者财务状况调查数据的最大值增加了 1 倍多（以 2013 年美元计算），而福布斯榜单最低值增长了 85%，因此两者之间的比率从 1.03 降至 0.92。从 2007 年到 2010 年，前者下降了 26.3%，后者下降了 30.5%，因此两者之间的比率再次下降。从 2010 年到 2013 年，后者的增长速度远远超过前者，因此
68 两者之间的比率反弹至 0.98。

与之相反，从 1983 年到 1989 年，消费者财务状况调查最高值增加了 64.6%，而福布斯榜最高值增加了 89.9%，而从 1989 年到 2001 年，前者增长了 124.8%，后者猛增了 627.1%，因此福布斯榜数字和消费者财务状况调查数字之间的比率从 1983 年的 24.9 猛增至 2001 年的 93.0。在 2001 年至 2007 年间消费者财务状况调查最高值持续强劲增长，而福布斯榜最高值略有下降，因此两者的比率在 2007 年暴跌至 41.8。2007 年至 2010 年，福布斯榜最高值的下降幅度要小得多，2010 年至 2013 年，它的增长远远大于消费者财务状况调查最高值，因此该比率在 2013 年反弹至 54.4。1983 年至 2013 年，福布斯榜最高值增加了约 13 倍，而消费者财务状况调查最高值增加了 5.4 倍。这意味着，随着时间的推移，消费者财务状况调查数据在衡量财富分布的极富裕群体时逐渐失真，包含衡量极富裕家庭的数量和他们拥有的财富。①

---

① 消费者财务状况调查未能获取财富分布的极富裕阶层的数据，不仅仅是福布斯 400 富豪榜，而且可能也未获取财富范围在 1 亿美元到 10 亿美元之间的样本。

这些结论得到了肯尼克尔的证实。[①] 根据他的计算（见表 A1），福布斯 400 富豪榜拥有的财富占消费者财务状况调查财富总额的比例从 1989 年的 1.5% 增加到 2007 年的 2.3%（他的研究仅涉及这一时期）。换句话说，将福布斯 400 富豪榜的财富添加到消费者财务状况调查数据中，会使最富 1% 阶层的财富份额增加，在 1989 年增加了 1.5 个百分点，但在 2007 年增加了 2.3 个百分点。

加布里埃尔·祖克曼私下里提到的另一个观点是，美国国税局（IRS）税收数据中，最富阶层的财产收入（股息和利息）数据集中度高于消费者财务状况调查数据，税收数据反映的财富集中度上升趋势高于消费者财务状况调查数据。假设此观点为真，那么消费者财务状况调查数据可能也低估了股票和债券的集中度，以及它们随时间推移的上升趋势。这些结果再次有利于赛斯－祖克曼数据而不是消费者财务状况调查数据。

这些调查结果也可以解释为什么赛斯－祖克曼数据原则上应该包含福布斯 400 富豪榜的财富，并显示出从 1983 年开始，极富裕群体持有的财富份额几乎持续上升，而消费者财务状况调查数据则显示极富裕群体的财富在 1995 年达到顶峰，随后从 1995 年到 2001 年下降，然后再呈上升趋势。

特别值得注意的是 2010 年至 2013 年。正如我们将在第五章中看到的那样，来自美国财政账户的汇总负债表数据显示，其 2010 年至 2013 年净资产平均值增长幅度（20.3%）要显著高于消费者财务状况调查（0.6%）。这些年消费者财务状况调查样本未包含福布斯富豪榜，无论是最低值还是最高值。福布 70

① 参见 Arthur B. Kennickell 著作：“Ponds and Streams：Wealth and Income in the U.S.，1989 to 2007，”载于 Finance and Economics Discussion Series 2009－13（Washington，DC：Federal Reserve Board，2009）。

斯榜最低值与消费者财务状况调查最高值的比率从 0.87 上升到 0.98，福布斯榜最高值与消费者财务状况调查最高值的比率从 49.4 提高到 54.4。原则上，福布斯 400 富豪榜的总财富应记录在汇总资产负债表数据中。这种不断增长的差异也可以解释为什么汇总资产负债表数据显示这一时期的财富平均值增长幅度远远超过消费者财务状况调查数据。正如我在第五章中所论述的那样，这些年的汇总资产负债表可能比消费者财务状况调查数据更可靠。[①]

研究财富不平等程度趋势的另一种方法是追踪随时间推移净资产的百分位数比率。图 2.11 显示了三个这样的比率的时间序列：P99/P50 比率、P95/P50 比率和 P50/P25 比率。[②] 前两个比率显示

---

① 关于这一观点，有一篇最近发表的论文值得关注，Jesse Bricker，Alice Henriques，Jacob Kimmel 和 John Sabelhaus 的著作："Measuring Income and Wealth at the Top Using Administrative and Survey Data," 载于 *Brookings Papers on Economic Activity*，2016。作者展示了如果假设的资本化率和估算技术发生微小变化，赛斯和祖克曼数据系列中最富群体的估算财富份额就会发生巨大变化。他们根据自己"优选"的数据系列报告，从 1989 年到 2013 年，最富 1% 阶层的财富份额增加了 6.3%，不到赛斯和祖克曼数据估算值 14% 的一半。如上所述，祖克曼认为，美国国税局税收数据中最富阶层的财产收入（股息和利息）集中度高于消费者财务状况调查数据，税收数据估算的上升趋势比消费者财务状况调查数据的估算值更高。这些事实可以解释赛斯和祖克曼数据系列与布里克等人的研究结果之间的差异。

另一点值得注意的是，赛斯和祖克曼数据和布里克等人都把养老金储备作为广义家庭财富定义的一部分。然后在退休人员中根据广义家庭中某人是否获得固定收益养老金福利，以及在当前劳动者中根据广义家庭劳动力特征将养老金储备分配给广义家庭。出于两个原因，这种方法论很特殊。首先，正如我在第八章中所论述的那样，如果将固定收益养老金计划的未来收入流计入广义家庭财富，则基于同样的逻辑还必须包含社会保障收入的未来收入流（即社会保障财富）。其次，如果要将"固定收益养老金财富"包含在广义家庭财富中，正确的程序是计算未来养老金福利的贴现流。这个总价值不一定等于未偿还的养老金储备，特别是如果养老金计划资金不足时。

② P50 是净资产中位数，P99 是第 99 百分位数的财富水平。

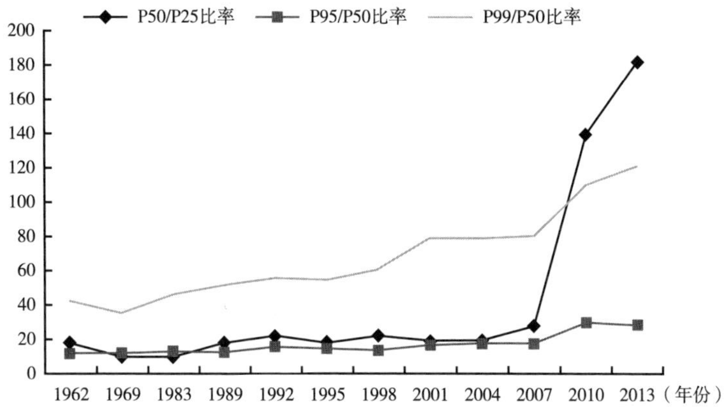

图 2.11　1962 年至 2013 年净资产百分比

财富分布的上半部分发生了什么，而 P50/P25 比率表明财富分布的下半部分发生了什么。[①] 结果非常引人注目，显示了财富不平等 71
程度的另一种时间发展路径，与基尼系数或最富阶层富份额显示的路径不同。首先来看 P99/P50 比率，我们看到这条曲线除了在 1962 年到 1969 年之间有一个小凹陷外，[②] 基本以一种急剧上升的趋势奔向 2013 年。从 1962 年到 2001 年，这一比率几乎翻了一番，从 42.6 增加到 79.4，然后从 2001 年到 2007 年略有上升，然后从 2007 年到 2013 年攀升了 51%，达到了 121.6，几乎是 1962 年的三倍。值得注意的是，该指标从 2010 年到 2013 年依然持续攀升。从 1962 年到 2013 年，P95/P50 比率也呈现上升轨迹。半个世纪以来，该比率提高到 2.3 倍，与之相比 P99/P50 比率提高到 2.9 倍。与

① 大多数关于收入不平等程度的研究使用 P50/P10 或 P50/P20 比率，而不是 P50/P25 比率。但是，我无法使用这两个比率，因为 P10 总是为零或为负数，而 P20 在 1962 年、2010 年和 2013 年为零。

② 与之相反，最富 1% 阶层的份额从 1962 年到 1969 年均上升。

P99/P50 比率相比，P95/P50 比率上升不那么显著，这反映出财富分布最富 1% 阶层的财富增幅高于接下来的 4% 阶层（P95 至 P99）。

P50/P25 比率曲线与前两个比率曲线有一些不同。从 1962 年到 1969 年，P50/P25 比率从 17.7 下降到 10.3，下降了 42%。在此之后，该比率总体曾现上升趋势，2007 年达到 27.7，比 1962 年水平高 56%。然后这一比率开始飙升，2013 年达到 182.4，是 1962 年的约 10 倍，是 2007 年的约 6.6 倍。2007 年之后该比率迅猛上升的原因，并不是 P50 财富（中位数）迅猛增长，因为从 2007 年到 2013 年实际上 P50 财富还有所下降。而其原因其实是 2007 年之后 P25 财富接近破灭，到 2013 年降至仅 350 美元。P99/P50 比率和 P50/P25 比率的上升表明，财富不平等程度的加剧反映了财富分布的上半部和下半部的不平等程度同时加剧。

1983 年至 2013 年整体财富增长的份额分配

表 2.6 显示了 1983 年至 2013 年按分位数（quantile）计算的财富和收入的绝对变化。这个结果更加引人注目。在此期间，相对而言最富裕广义家庭的财富增长最多。最富 0.1% 阶层的平均财富（按 2013 年美元计算）增长超过 2700 万美元，即 65%，最富 0.5% 阶层平均财富增加超过 1200 万美元，或 79%，而最富 1% 阶层平均财富增加超过 800 万美元，或 82%。五等分最富 20% 阶层的其余部分平均财富增长幅度从 52% 到
72 109%，五等分次富 20% 阶层平均财富增加 24%，而在五等分中间 20% 阶层平均财富损失了 14%，而最穷 40% 阶层平均财富减少了 17500 美元。到 2013 年，最穷 40% 阶层的平均财富已经下降到 -10800 美元。

另一种观察这种现象的方法，是计算 1983 年至 2013 年不同财富分组实际广义家庭财富增长占广义家庭财富总财富增长的比例。计算方法是将每个百分位数分组的财富增长总量除以广义家庭财富总增长量，同时保持该百分位数分组中的广义家庭数量不变。如果某个百分位数分组的财富份额随着时间的推移保持不变，那么该分组财富增长占总财富增长的百分比将等于其财富占总财富的比例。如果某个分组占总财富份额随着时间的推移而增加（或减少），那么它财富增长占总财富增长的百分比将大于（或小于）那年其财富占总财富的比例。但是，应该指出的是，在这些计算中，每个分组的广义家庭样本（比如五等分最富 20% 阶层）在不同年份可能会有所不同。

结果表明，1983 年至 2013 年，最富 1% 阶层获得了以可变现财富衡量的总财富增长的 41%。在这 30 年中，这一比例始终高于最富 1% 阶层的财富份额。实际上，最富 0.1% 阶层获得了总财富增长的 13.5%，最富 0.5% 阶层获得了总财富增长的 30%。接下来的 4% 阶层（P95 至 P99）获得总财富增长的 36%，接下来的 15% 阶层获得了总财富增长的 22%，因此五等分最富 20% 阶层总计收获的财富略微超过了总财富增长的 100%，而其他 80% 阶层的财富增长合计几乎为零。

在财务资源方面显示了相似的情形。按财务资源排名，最富 1% 阶层的平均财务资源攀升了 96%，接下来最富 4% 阶层的平均财务资源上升了 132%，而再接下来最富 15% 阶层的平均财务资源上升了 84% 到 90% 不等。总的来说，五等分最富 20% 阶层的财务资源平均值上升了 104%。与净资产一样，五等分次富 20% 阶层的财务资源显示正增长，而五等分中间 20% 阶层和最穷 40% 阶层的财务资源出现绝对下降。1983 年至 2013 年，非住宅财富的总增长

表 2.6　1983 年至 2013 年按财富阶层或收入阶层分类的持有财富中间值和收入中间值

单位：千，按 2013 美元计算

变量	最富 0.1%	最富 0.5%	最富 1.0%	下一个 4.0%	下一个 5.0%	下一个 10.0%	最富 20.0%	次富 20.0%	中间 20.0%	最穷 40.0%	全体
A. 净资产											
1983 年	41996	15624	10255	1696	737.7	398.3	1235.6	191.0	79.3	6.7	303.8
2013 年	69420	27892	18623	3550.8	1238.9	605.0	2260.3	236.4	68.1	(10.8)	508.7
变化(%)	65.3	78.5	81.6	109.3	67.9	51.9	82.9	23.8	-14.1	—	67.4
增加%[a]	13.5	30.2	41.1	36.5	12.3	10.2	100.1	4.5	-1.1	-3.4	100.0
B. 财务资源											
1983 年	—	—	8842	1295	505.9	226.8	940.9	81.4	17.5	(4.5)	206.2
2013 年	—	—	17318	3006.5	963.3	416.0	1916.3	121.0	16.8	(15.0)	404.9
变化(%)	—	—	95.9	132.2	90.4	83.5	103.7	48.6	-4.2	—	96.4
增加%[a]	—	—	42.7	34.5	11.5	9.5	98.2	4.0	-0.1	-2.1	100.0
C. 收入											
1982 年	—	—	883.6	228.3	141.8	106.4	178.5	74.5	48.7	21.2	68.8
2012 年	—	—	1679	350.5	181.2	120.9	257.2	76.5	46.0	20.3	85.1
变化(%)	—	—	90.0	53.5	27.8	13.6	44.1	2.7	-5.6	-4.3	23.6
增加%[a]	—	—	49.2	31.5	12.9	9.7	103.3	2.6	-3.6	-2.3	100.0
备忘:子时间段的净资产变化											
1962 年	28371	10616	6934	1097.7	513.1	290.0	839.5	139.0	56.3	4.9	207.4
1983 年	41996	15624	10255	1696.2	737.7	398.3	1235.6	191.0	79.3	6.7	303.8
改变(%)	48.0	47.2	47.9	54.5	43.8	37.4	47.2	37.4	40.8	35.7	46.5

续表

变量	最富 0.1%	最富 0.5%	最富 1.0%	下一个 4.0%	下一个 5.0%	下一个 10.0%	最富 20.0%	次富 20.0%	中间 20.0%	最穷 40.0%	全体
增长(%)[a]	14.4	26.4	35.0	25.2	11.8	11.4	83.5	11.0	4.8	0.7	100.0
1983年	41996	15624	10255	1696.2	737.7	398.3	1235.6	191.0	79.3	6.7	303.8
1989年	49634	18820	12239	1984.4	830.0	457.9	1445.3	209.6	81.7	7.8	348.1
改变(%)	18.2	20.5	19.4	17.0	12.5	15.0	17.0	9.7	3.0	17.2	14.6
增长(%)[a]	16.4	34.3	42.6	24.7	9.9	12.8	90.0	8.0	1.0	1.0	100.0
1989年	49634	18820	12239	1984.4	830.0	457.9	1445.3	209.6	81.7	7.8	348.1
2001年	54387	24156	16695	3226.6	1233.1	645.0	2110.9	283.2	98.6	3.8	500.0
改变(%)	9.6	28.4	36.4	62.6	48.6	40.9	46.1	35.1	20.7	-51.9	43.7
增长(%)[a]	3.2	17.8	29.8	33.2	13.5	12.5	89.0	9.8	2.3	-1.1	100.0
2001年	54387	24156	16695	3226.6	1233.1	645.0	2110.9	283.2	98.6	3.8	500.0
2007年	77255	30758	20818	4107.7	1349.7	721.2	2560.5	327.0	119.1	2.5	602.3
改变(%)	42.0	27.3	24.7	27.3	9.5	11.8	21.3	15.4	20.7	-34.1	20.4
增长(%)[a]	22.4	32.3	40.3	34.5	5.7	7.5	87.9	8.6	4.0	-0.5	100.0
2007年	77255	30758	20818	4107.7	1349.7	721.2	2560.5	327.0	119.1	2.5	602.3
2013年	69420	27892	18623	3550.8	1238.9	605.0	2260.3	236.4	68.1	(10.8)	508.7
改变(%)	-10.1	-9.3	-10.5	-13.6	-8.2	-16.1	-11.7	-27.7	-42.8	—	-15.5
增长(%)[a]	8.2	15.1	23.1	23.4	5.8	12.2	64.6	19.1	10.7	5.6	100.0

资料来源：作者根据1983年、1989年、2001年、2007年和2013年消费者财务状况调查数据，以及1962年消费者财务特征调查数据计算得出。为计算百分位数净资产份额，对广义家庭按其净资产进行排序。

注：a. 计算方法是用给定分组的财富增长总量除以该期间全体广义家庭的财富总增长量，假设每个分组的广义家庭数量在此期间保持不变。应该指出的是，不同年份的指定分组（例如五等分最富20%阶层）的广义家庭可能会不同。

中，最富 1% 阶层收获了 43%，五等分最富 20% 阶层几乎拿走了 100% 的增长，而其他 80% 阶层则几乎为零。

使用消费者财务状况调查收入数据进行的类似计算表明，1982
73 年至 2012 年实际收入增长最多的是收入分布最高 1% 阶层广义家庭，他们的收入增长了 90%。接下来的 4% 阶层收入平均值增加了 54%，接下来的 5% 阶层收入平均值增加了 28%，再接下来 10% 阶层收入平均值增加了 14%。收入分布五等分次高 20% 阶层的收入仅增长了 3%，而收入分布五等分中间 20% 阶层和最低 40% 阶层的收入出现绝对下降。在 1982 年至 2012 年的实际收入增长总额中，收入最高 1% 阶层几乎拿走了一半，收入分布五等分最高 20% 阶层的收入增长份额超过总增长的 100%。净资产和财务资源的相应数字与此非常接近。

表 2.6 的第二部分显示了自 1962 年以来的细分时段，净资产平均值的增长状况。1962 年到 1983 年，不同百分位数分组的净资产增长百分比非常接近。即便是最穷 40% 阶层，其净资产也增长了 36%。这些年里，最富 1% 阶层收获了总财富增长的 35%，财富五等分最富 20% 阶层拿走了总财富增长的 84%，这一数字大大低于 1983～2013 年的总体水平。1983 年至 1989 年，财富五等分最富 20% 阶层净资产增长百分比要高于其余 80% 阶层。在此期间，最富 1% 阶层收获了财富总增长的 42.6%，财富五等分最富 20% 阶层收获了财富总增长的 90%。下一个时期，从 1989 年到 2001 年，各个财富五等分阶层净资产平均值的增长百分比与之前类似，值得注意的例外是，最富 0.1% 阶层的财富仅增长 9.6%，最穷 40% 阶层的净资产平均值下降了 51.9%。在这段时间内，最富 1% 阶层只收获了财富增长总量的 30%，远低于 1983 年至 1989 年，但财富五等分最富 20% 阶层收获了财富增长总量的 89%，这一数字

与前一个时期相当。

从 2001 年到 2007 年，最富 0.1% 阶层欣喜地收获了最高的净资产增长率，为 42.0%。财富五等分最富 20% 阶层的净资产平均值增长了 21.3%，财富五等分次富 20% 阶层的净资产平均值增长了 15.4%，财富五等分中间 20% 阶层的净资产平均值增加了 20.7%，剩下最穷 40% 阶层的净资产平均值减少了 34.1%。这些年财富增长总量中，超过五分之一（22%）落入最富 0.1% 阶层手中，这一数字高于 1983 年至 2013 年的整体水平，最富 1% 阶层拿到了财富增长总量的 40.3%，这一数字与 1983～2013 年间整体水平相当。财富五等分最富 20% 阶层拿到了财富增长总量的 87.9%，低于 1983 年至 2013 年整体水平，但与 1983 年至 1989 年和 1989 年至 2001 年间水平相当。从 2007 年至 2013 年，净资产平均值下降。财富五等分底部 80% 阶层的财富损失百分比高于财富五等分 76
最富 20% 阶层。从财富平均值来说，财富五等分最富 20% 阶层下降了 11.7%，财富五等分次富 20% 阶层下降了 27.7%，财富五等分中间 20% 阶层下降了 43%。最穷 40% 阶层的财富平均值从略有余财（2500 美元）下滑至负债 10800 美元。这些年里，财富损失总量的 23% 集中在最富 1% 阶层，财富五等分最富 20% 阶层的损失占财富损失总量的 65%。这几个损失百分比数字远低于前四个时期财富平均值的增长百分比数字。因此，这一时期的财富损失比前几个时期财富增长分布更为分散。

这些结果相当显著地表明，从 1983 年至 2013 年，即使有大衰退及其影响，经济增长仍令人惊讶地集中在极少的一部分人口中——财富五等分最富 20% 阶层，特别是最富 1% 阶层。然而，随着时间的推移，财富集中度的增长并不均匀。特别是 1983 年至 1989 年和 2001 年至 2007 年这两个时期，财富不平等程度急剧扩大。在其他三个时期，最富群体财富增长总量的比例或多或少等于其财富份额。[①]

包含交通工具的净资产趋势和与收入动态追踪调查（PSID）的比较

如表 2.7（A 组和 B 组）所示，把交通工具价值包含在净资产（Networth Including Autos，NWA）中，并不会怎么增加净资产中位数和平均值。包含交通工具的净资产的时间趋势与净资产的时间趋势非常相似，但有一些例外。第一个例外是 1983 年至 1989 年，包含交通工具导致净资产中位数增长幅度更大（11.6% 对 7%）。第二个例外是 2010 年至 2013 年间，包含交通工具的净资产中位数增长 3%，而净资产中位数增长 -1.2%。此外，在此期间，包含交通工具的净资产平均值增长 2.4%，而净资产平均值仅增加 0.6%。

在比较财富不平等趋势时，我们首先看到，使用基尼系数来衡量，在财富定义中包含交通工具将降低财富不平等程度。这是可以预料到的，因为交通工具是低收入阶层的重要资产，计算交通工具

① 看起来可能有点奇怪的是，在整个 1983 年至 2013 年，最富 20% 阶层得到的财富增长总量比例比四个子时段的任何一个都要大，出现这种明显异常的原因是，像最富 20% 阶层这样特定分组的财富收益比例不是子时段的比例相加。这是因为：

$$\Delta W_{q,12}/\Delta W_{12} = (\Delta W_{q,1} + \Delta W_{q,2})/(\Delta W_1 + \Delta W_2)$$
$$\neq [\Delta W_{q,1}/\Delta W_1 + \Delta W_{q,2}/\Delta W_2]/2$$

其中 W 表示财富平均值，下标 q 表示分位数 q，下标 1 表示时段 1，下标 2 表示时段 2，下标 12 表示时段 1 和 2 的组合。换句话说，第一时段和第二时段 q 组收到的总财富的平均比例不一定等于 q 组在两个时段内收到的总财富比例。

表 2.7　1983 年至 2013 年包含和不包含交通工具的净资产时间趋势

变量	变化[a]											
	1983 年	1989 年	2001 年	2007 年	2010 年	2013 年	1983 ~ 1983 年	1989 ~ 2001 年	2001 ~ 2007 年	2007 ~ 2010 年	2010 ~ 2013 年	2013 年
A. 净资产中位数（千美元，以2013 年美元计算）												
1 不包含交通工具	78.0	83.5	96.7	115.1	64.6	63.8	7.0	15.8	19.1	-43.9	-1.2	-18.2
2 包含交通工具	89.0	99.3	113.3	135.3	79.0	81.4	11.6	14.1	19.5	-41.6	3.0	-8.5
B. 净资产平均值（千美元，以2013 年美元计算）												
1 不包含交通工具	303.8	348.1	500.0	602.3	505.7	508.7	14.6	43.7	20.4	-16.0	0.6	67.4
2 包含交通工具	315.3	360.6	520.5	623.8	516.0	528.2	14.4	44.3	19.8	-17.3	2.4	67.5
C. 基尼系数												
1 不包含交通工具	0.799	0.828	0.826	0.834	0.866	0.871	0.029	-0.001	0.008	0.032	0.005	0.072
2 包含交通工具	0.779	0.801	0.808	0.816	0.850	0.850	0.022	0.007	0.008	0.034	0.000	0.071
D. 最富1% 阶层财富份额（%）												
1 不包含交通工具	33.8	35.2	33.4	34.6	35.1	36.7	1.4	-1.8	1.2	0.5	1.6	2.9
2 包含交通工具	35.8	37.3	35.9	36.8	37.9	39.0	1.5	-1.4	0.9	1.1	1.1	3.1

续表

变量	变化[a]										
	1983 年	1989 年	2001 年	2007 年	2010 年	2013 年	1983～1983 年	1989～2001 年	2001～2007 年	2007～2010 年	2010～2013 年	2013 年
E. 最富裕5%阶层财富份额(%)												
1 不包含交通工具	56.1	58.0	59.2	61.8	62.5	64.8	1.9	1.2	2.6	0.6	2.3	8.8
2 包含交通工具	57.6	59.3	60.8	63.1	64.5	66.0	1.8	1.5	2.3	1.4	1.5	8.4
F. 最富20 %阶层财富份额(%)												
1 不包含交通工具	81.3	83.0	84.4	85.0	88.6	88.9	1.7	1.4	0.6	3.6	0.3	7.6
2 包含交通工具	82.0	83.6	85.0	85.5	89.3	89.3	1.6	1.4	0.5	3.8	-0.1	7.3

资料来源：作者据 1983 年、1989 年、2001 年、2007 年、2010 年和 2013 年的消费者财务调查数据计算得出。

注：a. A 组和 B 组数据的百分比变化。

价值增加了净资产为正的广义家庭数量。有趣的是，包含交通 77
工具的净资产的基尼系数时间趋势与不包含交通工具的净资产的几乎完全一样。其次，有些令人惊讶的是，将交通工具包含在内的净资产增加了最富1%、最富5%阶层的财富估算份额，并且稍微提高了最富20%阶层广义家庭的财富份额。这是因为相对于其他资产，富人拥有的交通工具占交通工具总价值的份额更高。① 再次，不管净资产中包含交通工具还是不包含交通工具，这些最富阶层所持财富份额的时间趋势几乎一模一样。总的结论是，在净资产中包含交通工具的价值对净资产的时间趋势几乎没有影响。

关于广义家庭财富研究的另一个主要数据来源是密歇根大学调查研究中心的收入动态追踪调查（PSID）。与消费者财务状况调查不同，收入动态追踪调查基本上是一个代表性样本，不会对富裕阶层增加取样。尽管如此，比较这两个来源数据的时间趋势是有益的，特别是2007年至2013年。这些年收入动态追踪调查与消费者财务状况调查有些不同，因为自1999年以来收入动态追踪调查一直是两年调查一次。收入动态追踪调查的概念里包含交通工具，所以适合与包含交通工具的净资产进行比较。②

收入动态追踪调查数据中包含交通工具的净资产的平均值和

① “交通工具”类别不仅包含汽车，还包含房车、休闲车、飞机和船只。

② 收入动态追踪调查（PSID）结果来自 Fabian T. Pfeffer, Sheldon Danziger 和 Robert F. Schoeni 著作：“Wealth Disparities Before and After the Great Recession,” 载于 *The Annals of the American Academy of Political and Social Science* 650 (November 2013)：98 - 123，以及 Pfeffer, Danziger 和 Schoeni 著作：“Wealth Levels, Wealth Inequality, and the Great Recession,” 拉塞尔·塞奇基金会（2014年6月）。

中位数均低于消费者财务状况调查数据。2007 年，收入动态追踪调查的净资产平均值是 423600 美元，而消费者财务状况调查的净资产平均值为 623800 美元；收入动态追踪调查的净资产中位数为 98900 美元，与之相比，消费者财务状况调查的净资产中位数为 135300 美元（所有数据均按 2013 年美元计算）。两组数据的时间趋势也不同。收入动态追踪调查显示 2007 年至 2011 年财富平均值下降 43%，中位数下降 51%；而消费者财务状况调查显示 2007 年至 2010 年包含交通工具的净资产平均值下降 17%，中位数下降 42%。收入动态追踪调查显示 2011 年至 2013 年财富平均值上升 27%，中位数上升 16%；而消费者财务状况调查数据显示 2010 年至 2013 年间财富平均值和中位数均变化不大。在 2007 年至 2013 年间，我们从两个来源都可以获得数据，收入动态追踪调查显示财富平均值下降 27%，中位数下降 43%；消费者财务状况调查显示包含交通工具的净资产平均值仅下降 15%，但中位数下降了 40%。两个数据来源的家庭财富中位数趋势似乎相似，但财富平均值趋势不同。可能的原因是消费者财务状况调查样本比收入动态追踪调查更好地覆盖了富裕广义家庭。

收入动态追踪调查得到的财富不平等衡量指标实际上比消费者财务状况调查得到的略高。2007 年收入动态追踪调查中包含交通工具的净资产的基尼系数为 0.832，与之相比消费者财务状况调查中包含交通工具的净资产的基尼系数为 0.816。这一发现似乎有点
79 令人惊讶，因为消费者财务状况调查对富裕广义家庭的覆盖范围要大得多。收入动态追踪调查还显示 2007 年至 2009 年间财富不平等程度的急剧扩大，基尼系数上升了 0.058。相比之下，消费者财务状况调查显示包含交通工具的净资产的基尼系数上升了 0.034。根

据收入动态追踪调查数据，2009 年至 2011 年基尼系数下降了 0.011，从 2007 年到 2011 年基尼系数的净变化为 0.047，相比之下，消费者财务状况调查包含交通工具的净资产的基尼系数上升了 0.034（PSID 没有 2013 年基尼系数数据）。然而，两组数据的包含交通工具的净资产不平等趋势似乎大致相似。

摘要和结论

从 1962 年到 2001 年，广义家庭净资产中位数稳健增长，增长了 74%，年增长 1.43%。2001 年至 2007 年，净资产中位数增长 19%，年增长 2.91%，比前几十年增长更快。根据近期人口调查（CPS）数据，收入中位数呈现另一种时间趋势，从 1962 年到 1989 年增长 28%，年增长 0.92%，然后从 1989 年到 2007 年仅增长了 7.6%（总计）。

随后大衰退来袭，就像海啸一般抹掉了四十年的财富增长。从 2007 年到 2010 年，扣除通胀因素后房价实际下降了 24%，股价下跌了 26%，财富中位数下降了惊人的 44%。事实上，到 2010 年，财富中位数甚至低于 1969 年水平！净资产为零或为负数的广义家庭比例从 18.6% 急剧上升至 21.8%。从 2010 年到 2013 年，资产价格回升，股价上涨 39%，房价上涨 8%。尽管如此，财富中位数仍然停滞不前。

在本章中，我用四种方式衡量财富不平等程度：（1）基尼系数；（2）最富群体的财富份额；（3）百分位数（percentile）比率；（4）不同五等分群体（quantile groups）占有的财富增长总量的份额。不同衡量方式得到的结果大致相同。根据第一个指标基尼系数，财富不平等程度从 1983 年到 1989 年急剧上升（基尼系数增加 0.029）。然后从 1989 年到 2007 年保持相对稳定，但在 2007 年到 2010 年急剧增加，基尼系数从 0.834 攀升至 0.866，财富五等分最富 20% 阶层的财富份额从 85% 增加到 89%。最穷 40% 阶层的财富份额从 0.2% 到急剧下降到 -0.8%。从 2010 年
80 到 2013 年净资产的基尼系数略有上升，而此时最富 1% 阶层的财富份额增长了 1.6%。2013 年净资产的基尼系数达到了 51 年来的最高水平 0.871。

相比之下，根据消费者财务状况调查数据计算的收入不平等基尼系数从 1962 年到 2000 年几乎持续上升（上升了令人震惊的 0.135），从 2000 年到 2003 年略有减少，到 2006 年再增加 0.034。到 2006 年，收入的基尼系数已达到 0.574。然后从 2006 年到 2009 年显著下降（减少 0.25 基尼点数）。但从 2009 年到 2012 年收入不平等再次急剧扩大，基尼系数回到了 2007 年水平。

最富阶层财富份额的变动通常跟随基尼系数的变动。与基尼指数相似，从 1983 年到 1989 年最富 1%、0.5%、0.1% 阶层净资产份额飙升。从 1989 年到 2007 年，虽然基尼系数略有增加，但最富阶层财富份额略有下降。2007 年至 2013 年，基尼系数显示相当大幅度的上升，最富 1%、0.5%、0.1% 阶层的财富份额同样出现了相当大幅度的增长。

P99/P50 比率显示出一种对比鲜明的趋势。除了两个例外的时间段，P99/P50 比率一直持续增加，从 1983 年的 46.1 增加到 2013 年的 121.6（增加 1.6 倍）。2007 年至 2010 年，P99/P50 比率增幅最高为 38%。从 2010 年到 2013 年，这一比率上升了 10%。P50/P25 比率的表现略有不同，它从 1983 年到 2007 年上升 2.5 倍，然后从 2007 年到 2013 年急速飙升 6 倍多。2007 年至 2013 年的这种飙升反映了财富中位数的大幅下降——这是房价大幅下挫伴随着

资不抵债房主（underwater homeowners）* 大增的结果。

2013 年，最富 1% 阶层的财富平均值跃升至 1860 万美元。1983 年至 2013 年，最富群体的净资产增长率远高于财富分布的其他分组。最穷 40% 阶层的平均财富从 1983 年的 6700 美元下降到 2013 年的 -10800 美元（均按 2013 年美元计算）。总而言之，最富 20% 阶层的财富增长最多，特别是最富 0.5% 阶层、最高 1% 阶层。1983 年至 2013 年，最富 1% 阶层净资产增长量占净资产增长总量的 41%，而最富 20% 阶层的净资产增长量超过净资产增长总量的 100%。

研究细分时间段，我们发现有两个时期出现了财富不平等程度急剧扩大的状况——1983 年至 1989 年和 2001 年至 2007 年。在这
两个时段里，最富 1% 阶层的财富增长量占财富增长总量的比例严 81
重失衡——分别为 42.6% 和 40.3%。在其他三个时期，最富阶层的财富增长量占财富增长总量的比例或多或少等于其财富份额比例。

我们如何看待财富不平等程度这些不同的时间趋势？首先，在 1983 年至 2013 年（实际上，几乎在 1962 年至 2013 年也是如此），所有指标几乎一致显示财富不平等程度大幅度上升。从 1983 年到 2013 年，基尼系数飙升了 0.072 基尼点，最富 5% 阶层的净资产份额上升了 8.8 个百分点，最富 20% 阶层的净资产份额上升了 7.6 个百分点。最富 1% 阶层的财富份额温和增长 2.9%。P99/P50 比率上升 2.6 倍，P95/P50 比率上升 2.2 倍，P50/P25 比率上升 16.3 倍。此外，从 1983 年到 2013 年，财富增长总量的 41% 归于最富 1% 阶层，财富增长总量的 100% 归于最富 20% 阶层。赛斯和祖克

* underwater homeowner，房贷价值超过房屋价值的抵押贷款购房者。——译注

曼数据显示，从1983年到2012年（最后一个有可用数据的年份），财富不平等程度大幅增加——最富1%、0.5%和0.1%阶层的财富份额分别上升17.1个、16.3个和13.1个百分点。

这些指标之间的主要差异在于时间选择。对于基尼系数、财富不平等程度有三个突然急剧扩大的时段：（1）1962年至1969年（基尼系数增加0.025）；（2）1983年至1989年（基尼系数增加0.029）；（3）2007年至2010年（基尼系数增加0.032）。对于极富裕阶层的财富份额，我的计算结果显示：1962年至1969年最富1%、0.5%和0.1%阶层的财富份额增幅相对较大（分别增加2.2个、2.2个和1.5个百分点），1983年至1989年最富1%和0.5%阶层的财富份额增幅相对较大（分别为1.4个和1.3个百分点），2007年至2013年最富1%和0.5%阶层的财富份额增幅相对较大（分别为2.1个和1.9个百分点）。相比之下，最富裕5%阶层的财富份额大增的时段是：1962年至1969年（1.6个百分点），1983年至1989年（1.9个百分点），1989年到1992年（2.0个百分点），2004年至2007年（2.9个百分点），以及2010年至2013年（2.3个百分点）。而最富20%阶层的财富份额强劲增长的时段是：1962年至1969年（1.5个百分点），1983年至1989年（1.7个百分点），2007年至2010年（3.6个百分点）。而让事情更复杂的
82 是，我们发现赛斯和祖克曼的数据显示，1962年到1969年最富1%、0.5%和0.1%阶层的财富份额下降，然后从1983年到1989年大幅上涨（分别增长3.1个、3.2个和2.6个百分点），另一个激增的时段是1995年至1998年（分别增长2.8个、2.7个和2.2个百分点），2004年至2012年甚至出现幅度更大的暴涨（分别增长8.3个、7.8个和6.4个百分点）。

百分位数比率显示了不同的情形。2007年至2010年，P99/P50、

P95/P50 和 P50/P25 比率都表现不平等程度加剧——分别增长 38%、68% 和 408%。而在其他时期表现各异。从 1983 年到 1989 年，P50/P25 比率跃升了 65%，但 P99/P50 比率仅上升了 12%，P95/P50 比率略有下降。1995 年至 2001 年，P99/P50 比率爆发式上升了 44%，P95/P50 比率上升了 20%，P50/P25 比率仅略有上升。如前所述，在 1983 年至 1989 年和 2001 年至 2007 年间，最富 1% 阶层的财富份额增长特别强劲，分别为 42.6% 和 40.3%。

这里提出的衡量指标中，基尼系数可能是最可靠的，因为它反映了财富分布的整体情况。此外，估算最富群体的财富份额可能会出现错误，至少在消费者财务状况调查中，没有完全捕获广义家庭财富在 1 亿美元及以上的广义家庭数量和他们的财富阶层。正如我们所看到的，这个问题不仅影响财富分层的估算（实际财富份额），更重要的是影响财富分层随时间变化的趋势，因为消费者财务状况调查最富阶层财富数据与福布斯 400 富豪榜最低值和最高值之间的差异随时间推移而显著加大。这项调查对最富 1% 阶层财富增长量占财富增长总量比例的估算，受到一个因素的严重影响，那就是这项调查在多大程度上准确收集了这个富裕阶层的财富数据，所以这些数据的可靠性可能要低于基尼系数。

赛斯和祖克曼数据原则上应该涵盖极富裕财富分组，但由于赛斯和祖克曼数据估算严重依赖资本化算法和其他设算技术，因此很可能他们的估算存在相当大的误差。对于非法人企业股权（unincorporated business equity）的价值估算尤其如此，这种估算是基于对非法人组织收入资本化得出其价值。正如我们将在第三章中看到的那样，商业股权主要集中在富裕广义家庭中。总而言之，赛斯和祖克曼数据系列对最富 1% 及以上阶层的财富份额的估算可能比消费者财务状况调查数据更可靠，因为消费者财务状况调查将福

布斯400富豪榜数据排除在外，并且明显低估了极富裕阶层的财产
83 收入。

幸运的是，基尼系数对最富阶层的估算份额不是很敏感。事实上，众所周知，基尼系数对财富分配的上下两端并不是非常敏感，因为洛伦兹曲线的绝大部分位于财富分配的中间［作为例子，参见沃尔夫的《贫困和收入分布》（*Poverty and Income Distribution* (2009)］。这就是基尼系数可能是衡量财富不平等程度更可靠的指标的另一个原因。百分位数分组（至少到第99百分位数）似乎也非常可靠，因此像P99/P50比率这样的百分位数比率应该是可信的，可以作为基尼系数的补充来衡量财富不平等程度。根据基尼系数，我会得出如下结论：在这51年间，有三次财富不平等程度急剧扩大的时段，即1962～1989年、1983～1989年和2007～2010年。在整个时间段内，基尼系数增加了0.068点。有趣的是，P99/P25比率也显示了财富不平等程度急剧扩大的时段：1983年至1989年（增长了84%），还有特别突出的2007年至2010年（增加到6倍!）。

最后，也许可以给喜爱这个研究领域并把注意力集中在研究最富裕阶层财富份额上的经济学家一个有用的建议，即基尼系数这样的综合指标似乎很优秀。这项研究的主体来自西蒙·库兹涅茨（Simon Kuznets）的《高收入群体的收入和储蓄份额》（*The Share of Upper Income Groups in Income and Savings*）（1953年）和罗伯特·兰普曼（Robert Lampman）的《1922年至1956年国民财富中最富裕财富持有者的份额》（*The Share of Top Wealth - holders in National Wealth*）（1962年）。这两项研究都受限于缺少数据，对财富不平等程度的研究仅限于最富阶层的财富份额趋势——特别是前者缺乏所得税数据，后者缺乏遗产税数据。由于数据限制，后来关

于该主题的研究主要集中在最富阶层的收入份额和财富份额上。[①]今天使用调查数据进行的财富不平等程度的研究，或许可以使用更好更全面的衡量财富不平等程度的指标，如基尼系数，而不仅限于最富裕财富持有者的财富份额。 84

① 相关案例参见 Wolff 著作：Top Heavy；Thomas Piketty 和 Emmanuel Saez 著作："Income Inequality in the United States, 1913 – 1998," 载于 *Quarterly Journal of Economics* 118, no. 1 (2003)：1 – 39；以及 Piketty 著作：*Capital in the Twenty – First Century*（Cambridge, MA：Harvard University Press, 2014）。

附表 2.1　1983 年至 2013 年按广义家庭特征和年份分组的样本量

类别	1983 年	1989 年	1992 年	1995 年	1998 年	2001 年	2004 年	2007 年	2010 年	2013 年
全体广义家庭	4262	3143	3906	4299	4305	4442	4519	4418	6482	6015
A. 收入水平（1998 年美元）										
低于 15000 美元	999	546	705	717	702	675	644	624	1196	1086
15000～24999 美元	650	362	461	533	513	516	515	490	970	861
25000～49999 美元	1173	726	883	1058	952	979	1013	939	1586	1443
50000～74999 美元	587	436	499	558	598	612	579	559	861	736
75000～99999 美元	208	234	251	295	310	294	326	347	410	392
100000～249999 美元	310	363	484	523	519	527	562	537	659	663
250000 美元或以上	335	477	622	615	712	839	880	923	800	833
B. 财富阶层（1998 年美元）										
低于 25000 美元	1570	804	1159	1259	1295	1294	1418	1171	2537	2246
25000～49999 美元	406	217	298	306	246	271	273	232	413	368
50000～99999 美元	584	338	366	454	401	389	348	321	522	473
100000～249999 美元	725	486	548	590	583	563	534	580	776	739
250000～499999 美元	308	344	318	369	427	392	392	422	576	517
500000～999999 美元	203	224	259	300	286	317	346	370	417	422
1000000 美元或以上	466	730	958	1021	1068	1215	1208	1322	1242	1250
C. 种族（人）										
非西班牙裔白人	3406	2558	3148	3562	3498	3580	3519	3518	4759	4425

续表

类别	1983 年	1989 年	1992 年	1995 年	1998 年	2001 年	2004 年	2007 年	2010 年	2013 年
非洲裔美国人	472	308	358	380	414	462	484	410	790	746
西班牙裔[a]	108	161	218	177	251	279	348	313	639	556
亚裔和其他种族	117	116	183	180	143	121	168	177	293	288
D. 年龄组[b]										
低于 35 岁	1157	542	805	886	837	810	757	702	1178	1032
35 ~ 44 岁	777	688	830	908	926	929	886	812	1182	1032
45 ~ 54 岁	680	612	775	907	956	1064	1081	1014	1492	1327
55 ~ 64 岁	673	569	595	657	687	733	919	930	1362	1281
65 ~ 74 岁	527	452	574	560	522	499	512	549	748	817
75 岁及以上	289	280	327	381	377	407	364	411	520	526
E. 教育[c]										
不到 12 年	1281	667	613	608	613	615	547	503	658	544
12 年	1151	787	921	1086	1037	1059	1057	1075	1821	1601
13 ~ 15 年	742	548	737	920	913	874	880	861	1101	1028
16 年及以上	1088	1141	1635	1685	1742	1894	2035	1979	2902	2842

资料来源：作者据 1983 年、1989 年、1992 年、1995 年、1998 年、2001 年、2004 年、2007 年、2010 年和 2013 年的消费者财务调查数据计算得出。

注：a. 西班牙裔是任何说西班牙语的种族（包括白人和黑人）。

b. 广义家庭根据户主的年龄进行分组。

c. 广义家庭根据户主的受教育程度进行分组。

第三章　广义家庭财富构成和收益率的变化

这一章分析了1983年至2013年（这一时段有一致的数据）广义家庭财富构成的变化和同期广义家庭财富收益率的变化。本章还研究了选定资产拥有率的变化，并调查了广义家庭财富总体构成的变化。特别关注债务与收入的比率以及债务与净资产的比率的发展变化。

富人真的与众不同吗？本章着眼于对比富人与中产阶级的财富持有模式。2013年中产阶级相当惊人的债务水平引发了一个疑问：这是近期才出现的现象，还是已经持续了一段时间？对这一时期中产阶级债务变化和中产阶级可用财务资源趋势的调查可以解答这个问题。

描绘中产阶级与富人之间差异的另一种方式，是了解每个群体持有的总资产里不同类型资产的比例。本章对这一观点进行了研究，并进一步提供了2007年至2013年住房市场发生状况的更多细节。我们发现，财富构成的不同，尤其是不同财富阶层之间杠杆（债务）的不同，随着时间推移演变成为广义家庭财富收益率的巨大差异。

一个相关的问题是，正如一些人所认为的，本国的股票所有权是否在不断增加？本章对该主题进行了分析，并对固定缴款（DC）养老金计划中的养老金累积是否随着时间的推移而恶化进行了调查。

广义家庭债务终于下降

表3.1显示，2013年房主自住住房是所有广义家庭平均财富构成中最重要的资产，占总资产的28.5%（见图3.1）。房屋净值——房屋价值减去任何未偿还的抵押贷款——仅占总资产的17%。房主自住住房以外的房地产占10%，商业股权占18%。

活期存款、定期存款、货币市场基金、存单（CD）和人寿保险的退保现值（统称“流动资产”）占7.6%，养老金占16.5%。债券和其他金融证券占1.5%；公司股票，包含共同基金，占12.7%；信托基金权益占3.2%。债务占总资产的比例为15.2%，债务与净资产比率为17.9%。

从1983年到2013年，广义家庭财富的构成发生了相当大的变化。首先是住房占总资产的比例，1983年到2001年间在28%至30%之间波动，到2004年跃升至33.5%，然后到2013年下降至28.5%。有两个因素可以解释这种变化。第一，住房自有率的趋势从1983年的63%上升到2004年的69%，在2013年下降到65%。第二，二手单户住宅的房价中位数在2001年至2004年间上涨了18%，然后从2004年到2013年下降了17%。[①]

其次，相关趋势是房屋净值的，其在1983年占总资产的23.8%，然后几乎持续下降，到1998年占总资产的18.2%，之后上升到2004年的21.8%，然后再次下降到2013年的17.3%。两个系列数据（住房总价值与住房净值）之间的差异可归因于房产

---

① 虽然2007年至2010年房价大跌，但令人惊奇的是，住房占总资产的比例下降很少，不过其他资产的价格在此期间也有所下降，尤其是股票和商业股权。

表 3.1　1983 年至 2013 年广义家庭总财富构成（占总资产的百分比）

财富构成	1983 年	1989 年	1992 年	1995 年	1998 年	2001 年	2004 年	2007 年	2010 年	2013 年
主要住宅	30.1	30.2	29.8	30.4	29.0	28.2	33.5	32.8	30.7	28.5
其他房地产[a]	14.9	14.0	14.7	11.0	10.0	9.8	11.5	11.3	11.6	10.2
非法人企业股权[b]	18.8	17.2	17.7	17.9	17.7	17.2	17.1	20.1	17.7	18.3
流动资产[c]	17.4	17.5	12.2	10.0	9.6	8.8	7.3	6.6	7.7	7.6
养老金账户[d]	1.5	2.9	7.2	9.0	11.6	12.3	11.8	12.1	15.1	16.5
金融证券[e]	4.2	3.4	5.1	3.8	1.8	2.3	2.1	1.5	1.8	1.5
公司股票和共同基金	9.0	6.9	8.1	11.9	14.8	14.8	11.9	11.8	11.2	12.7
个人信托的净权益	2.6	3.1	2.7	3.2	3.8	4.8	2.9	2.3	2.4	3.2
其他资产[f]	1.3	4.9	2.5	2.8	1.8	1.8	1.8	1.7	1.7	1.5
总计	100.0	100.0	100.0	100.0	100.0	100.0	100.0	100.0	100.0	100.0
主要住宅的债务	6.3	8.6	9.8	11.0	10.7	9.4	11.6	11.4	12.7	11.2
所有其他债务[g]	6.8	6.4	6.0	5.3	4.2	3.1	3.9	3.9	4.4	4.0
总债务	13.1	15.0	15.7	16.3	15.0	12.5	15.5	15.3	17.1	15.2
精选的几组百分比比率										
债务/净资产比率	15.1	17.6	18.7	19.4	17.6	14.3	18.4	18.1	20.6	17.9
债务/收入比率	68.4	87.6	88.8	91.3	90.9	81.1	115.0	118.7	127.0	107.1

续表

财富构成	1983 年	1989 年	1992 年	1995 年	1998 年	2001 年	2004 年	2007 年	2010 年	2013 年
房屋净值/总资产[h]	23.8	21.6	20.1	19.5	18.2	18.8	21.8	21.4	18.1	17.3
主要住宅债务占房屋价值比率	20.9	28.6	32.7	36.0	37.0	33.4	34.8	34.9	41.2	39.3
直接或间接拥有的股票占总资产的比率[i]	11.3	10.2	13.7	16.8	22.6	24.5	17.5	16.8	17.5	20.7

资料来源：作者据 1983 年、1989 年、1992 年、1995 年、1998 年、2001 年、2004 年、2007 年、2010 年和 2013 年的消费者财务调查的数据计算得出。

注：a. 在 2001 年、2004 年和 2007 年，这相当于其他住宅房地产的总价值加上非住宅房地产的净资产价值。

b. 非法人农业和非农业企业以及内部持股公司的净权益。［内部持股公司（closelyheldcorporations），少数人持股的公司，通常是公开上市公司，股票极少交易，或只在内部交易。——译注］

c. 支票账户、储蓄账户、定期存款、货币市场基金、存款证明和人寿保险的退保现值。

d. 个人退休账户（IRA）、基奥计划、401（k）计划、固定缴款养老金计划的累计价值，以及其他退休账户。

e. 公司债券、政府债券（包含储蓄国债）、公开市场票据和票据。

f. 黄金和其他贵金属、特许权使用费、珠宝、古董、毛皮、向亲朋好友提供的贷款、期货合约和其他资产。

g. 除主要住宅、信用卡、分期付款和其他债务外的所有不动产的抵押债务。

h. 主要住宅总价值减去抵押债务后，与总资产的比率。

i. 包含直接持有股票和通过共同基金、信托、个人退休账户（IRA）、基奥计划、401（k）计划和其他退休账户间接持有的股票。

抵押贷款债务占房主资产比例的变化幅度，这个比例从 1983 年的 20.9% 增加到 1998 年的 37%，然后下降到 2004 年的 35%，然后再次上升到 2013 年提升至 39.3%。此外，主要住宅的抵押负债占总资产的比例从 2001 年的 9.4% 升至 2010 年的 12.7%，然后在 2013 年下降至 11.2%。2001 年至 2004 年房屋净值占总资产比例的增长，反映了这些年来房地产价值的强劲增长，而 2007 年至 2013
87 年出现的大幅下降反映了房价的急剧下降。

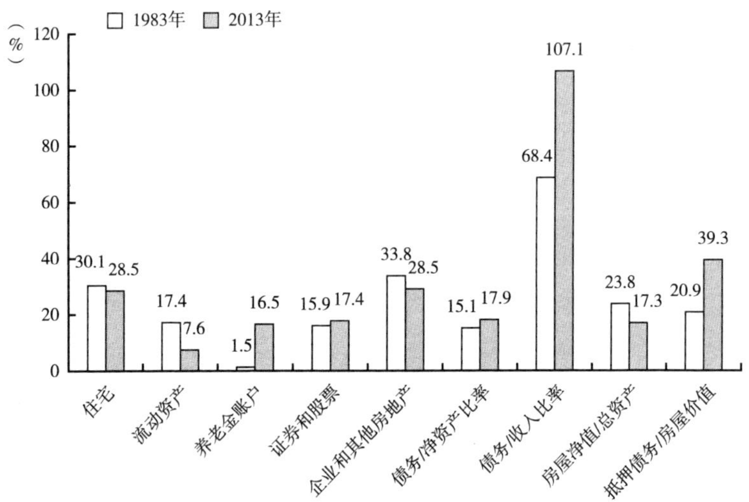

图 3.1　1983 年和 2013 年广义家庭财富的构成（占总资产的百分比）

第三，总体相对负债率首先增加，债务与净资产比率从 1983 年的 15.1% 上升到 2010 年的 20.6%，然后在 2013 年下降到 17.9%。同样，这些年债务收入比几乎持续飙升，从 1983 年的 68.4% 上升到 2010 年的 127.0%，但随后在 2013 年下降到 107.1%。如果不包含主要住宅的抵押债务，那么这段时间其他债务与总资产的比率实际上从 1983 年的 6.8% 下降到 2013 年的 4.0%。

2007 年至 2010 年间所有广义家庭相对负债大幅增加，可能是由于债务绝对水平的上升和/或净资产及收入的下降。如表 2.1 所示，这三年净资产平均值和收入平均值都下降。以定值美元计算，债务也出现轻微收缩，抵押债务下降 5%，其他债务下降 2.6%，债务总额下降 4.4%（见表 3.5）。因此，这三年债务与权益的比率和债务与收入的比率急剧上升，这完全是由于财富和收入的减 89
少。与之相反，在 2010 年到 2013 年，相对负债下降。这个时期净资产和收入相对保持不变，因此最可能的原因是广义家庭债务大幅减少。事实上，平均抵押债务（按定值美元计算）下降了 13%，其他债务的平均值下降了 11%，平均广义家庭债务下降了 13%。[①]

第四，从 1983 年到 2013 年，养老金账户占总资产比率从 1.5% 提升至 16.5%。这一增长在很大程度上抵消了流动资产占总资产份额的下降（从 17.4% 下降到 7.6%），因此可以合理地推断大部分广义家庭用税收递延养老金账户取代了应税储蓄存款。

第五，其他（非住宅）房地产占总资产比率从 1983 年的 14.9% 下降到 2013 年的 10.2%，同期金融证券占总资产的比率从 4.2% 下降到 1.5%，非法人企业股权随着时间的推移或多或少保持稳定在 18.0% 左右。[②] 这些年里，公司股票和共同基金占总资产比率从 9.0% 上升到 12.7%。这种年度趋势主要反映了股市的波

---

① 来自美国财政账户（Financial Accounts of the United States，FFA）的总广义家庭资产负债表数据显示，所有广义家庭的未偿债务与总资产的比率都相应降低，从 23% 降至 18%。（更多讨论，请参阅第十二章。）

② 此外，有关 1983 年至 1995 年广义家庭资产组合中房地产演变的更多详情，请参阅 Wolff 著作："Distributional Consequences of a National Land Value Tax on Real Property in the United States"，载于 *Land Value Taxation: Can It and Will it Work?* 主编：Dick Netzer（Cambridge，MA：Lincoln Institute of Land Policy，1998），61 - 104。

动。如果我们把通过共同基金、信托、个人退休账户（IRA）、401（k）计划和其他退休账户间接拥有的股票价值包含在内，那么股票总价值占总资产的比率提升了1倍多，从1983年的11.3%上升到2001年的24.5%，然后猛跌至2010年的17.5%，接着又上升至2013年的20.7%。股票比率在20世纪90年代的上涨反映了公司股票的牛市以及股票所有权的增大，而其在21世纪第一个十年的下跌则是股票市场低迷以及股票所有权减少的结果（见表3.11b）。其在2010年至2013年的增长反映了股市的复苏。

不同财富阶层的财富构成

表3.1展现了一幅全景图，显示在理财领域全体广义家庭的平
均持有财富，但中产阶级家庭和富裕阶层在如何投资其财富方面存
在显著的阶级差异。如表3.2所示，2013年最富1%广义家庭（按
财富排名）将近3/4的储蓄投资于房地产、企业、公司股票和金
90 融证券（参见图3.2）。公司股票，由广义家庭直接拥有或通过共
同基金、信托账户，或各种养老金账户间接拥有的，合计占25%。
住宅仅占其财富的9%（房屋净值占7%），流动资产占6%，养老
金占9%。他们的债务与净资产的比率只有2.6%，债务与收入的
比率为38%，抵押债务与房屋价值的比率为17%。

表3.2　2013年按财富阶层划分的广义家庭财富构成（占总资产的百分比）

资产	所有家庭	最富1%	接下来的19%	所有五等分中间三个
主要住宅	28.5	8.7	28.0	62.5
流动资产（银行存款、货币市场基金和人寿保险退保现值）	7.6	6.1	8.4	8.1

续表

资产	所有家庭	最富 1%	接下来的 19%	所有五等分中间三个
养老金账户	16.5	9.2	21.7	16.1
公司股票、金融证券、共同基金和个人信托	17.4	27.3	16.3	3.4
非法人企业股权其他房地产	28.5	46.9	24.2	8.6
其他资产	1.5	1.9	1.4	1.2
总资产	100.0	100.0	100.0	100.0
备注(精选的几组百分比比率)				
债务/净资产比率	17.9	2.6	11.8	64.0
债务/收入比率	107.1	38.2	96.6	125.0
房屋净值/总资产[a]	17.3	7.3	19.7	31.4
主要住宅债务/房屋价值	39.3	16.5	29.5	49.8
所有股票/总资产[b]	20.7	24.6	22.7	9.5
拥有率(百分比)				
主要住宅	65.1	96.9	95.1	66.7
其他房地产	17.4	75.5	44.0	12.4
养老金资产	49.2	88.7	84.0	44.4
非法人企业	10.4	76.6	25.6	6.6
公司股票、金融证券、共同基金和个人信托	21.5	84.4	59.5	14.2
直接或间接拥有的股票[b]	46.1	94.0	84.6	41.0
5000 美元或以上	36.4	92.9	81.7	30.3
10000 美元或以上	32.4	92.8	79.7	25.3

资料来源：作者据 2013 年消费者财务状况调查计算得出。广义家庭根据其净资产分为不同财富阶层。

注：2013 年财富分层的范围如下：

最富 1% 阶层：净资产 7766500 美元或更多。

接下来 19%：净资产在 401000 美元到 7766500 美元之间。

财富五等分中间三个 20% 阶层：净资产在 0 美元至 401000 美元之间。参见表 3.1 的注释。

a. 主要住宅总价值减去抵押债务后，与总资产的比率。

b. 包含直接拥有的和通过共同基金、信托、个人退休账户、基奥计划、401（k）计划和其他退休账户间接拥有的股票。

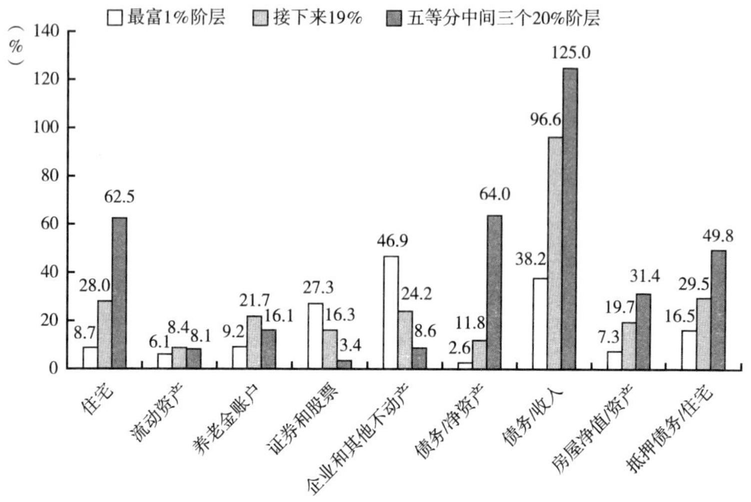

图 3.2　2013 年不同财富阶层的广义家庭财富构成（占总资产的百分比）

在接下来最富裕的19%美国广义家庭中，住宅占他们总资产的28.0%（房屋净值占20%），流动资产占8.4%，养老金资产占21.7%。投资型资产——房地产、商业股权、股票和债券——占41%，23%是股票形式，包含直接拥有的或间接拥有的。债务占他们净资产
92 的11.8%和收入的96.6%，抵押债务与房屋价值的比率为29.5%。

2013年，财富五等分的中间三个阶层广义家庭将60%以上的资产投资在自己的住宅上。他们的大额抵押贷款债务反映在房屋净值中，所以房屋净值仅占总资产的31.4%。总资产的另外25%进入了形式五花八门的货币储蓄和养老金账户。住宅、流动资产和养老金资产合计约占中产阶级总资产的87%。总资产的其余部分平均分布在非住宅房地产、商业股权以及各种金融证券和公司股票之间。他们直接或间接拥有的股票仅占其总资产的10%。债务与净资产的比率为64%，大大高于财富五等分最富20%阶层的水平，

债务与收入的比率为125%，也远高于财富五等分最富20%阶层的水平。最后，他们的抵押债务约占其主要住宅价值的一半。

在最富20%阶层的财富持有者中，几乎所有广义家庭都拥有自己的住宅，相比之下，财富五等分中间三个阶层（60%）的家庭中仅有66.7%的家庭拥有自己的住宅。75.5%的极富裕广义家庭（最富1%阶层）拥有其他形式的房地产，富裕阶层广义家庭（接下来19%富裕阶层）有44%拥有其他形式的房地产，财富五等分中间三个阶层广义家庭（60%）只有12.4%拥有其他形式的房地产。88.7%的极富裕阶层拥有某种形式的养老金资产，与之相比富裕阶层的比例是84%，中产阶级的比例是44.4%。76.6%的极富裕阶层报告拥有自己的企业，这有点令人吃惊。与之相比，这个数字在富裕阶层是25.6%，在中产阶级仅有6.6%。

在极富裕阶层中，有84.4%持有公司股票、共同基金、金融证券或信托基金，相比之下，这个数字在富裕阶层是59.5%，在中产阶级是14.2%。94%的极富裕阶层直接或间接地拥有股票，相比之下，富裕阶层是84.6%，中产阶级是41%。如果我们排除持有股票数量极少的广义家庭，那么财富五等分中间三个阶层的股票拥有率将大幅下降，例如如果仅统计持有价值5000美元或以上的股票的广义家庭，则其股票拥有率将从41%降至30.3%，如果仅统计持有价值10000美元或以上的股票的广义家庭，则其股票拥有率将降至25.3%。

表3.3比较了1983年和2013年三个财富阶层的财富构成。这些年来，不同财富阶层的财富构成都相当的稳定。最值得注意的例外是养老金资产替代了流动资产——所有三个财富阶层均发生了这种转变，但对于第80～99百分位数和财富五等分中间三 93

个阶层尤其明显。从 1983 年到 2013 年，最富 1% 阶层的债务与净资产的比率实际上下降了一半多，债务与收入比率也是如此。接下来的 19% 富裕阶层的债务与净资产比率略有上升，而债务与收入比率则从 28% 大幅上升至 96.6%。对于财富五等分中间三个阶层，债务与净资产的比率以及债务与收入比率在此期间几乎翻了一番。

表 3.3　1983 年和 2013 年不同财富阶层的财富构成

（占总资产的百分比）

构成	最富 1%		接下来的 19%		五等分中间三个	
	1983 年	2013 年	1983 年	2013 年	1983 年	2013 年
主要住宅	8.1	8.7	29.1	28.0	61.6	62.5
流动资产（银行存款、货币市场基金和人寿保险退保现值）	8.5	6.1	21.4	8.4	21.4	8.1
养老金账户	0.9	9.2	2.0	21.7	1.2	16.1
公司股票、金融证券、共同基金和个人信托	29.5	27.3	13.0	16.3	3.1	3.4
非法人企业股权、其他房地产	52.0	46.9	32.8	24.2	11.4	8.6
其他资产	1.0	1.9	1.6	1.4	1.3	1.2
总资产	100.0	100.0	100.0	100.0	100.0	100.0
备注						
债务/净资产比率	5.9	2.6	10.9	11.8	37.4	64.0
债务/收入比率	86.8	38.2	72.8	96.6	66.9	125.0

资料来源：作者据 1983 年和 2013 年消费者财务调查数据计算得出。另外请参见表 3.1 和 3.2 的注释。

表 3.4 中提供了有关财富五等分中间三个阶层的更多详细信息。也许最引人注目的是住房自有率的变化，它随着时间推移几乎持续上升，从 1983 年的 71.6% 上升到 2004 年的 78.2%，但在

2013 年暴跌了 11 个百分点到 66.7%。[①] 这一趋势比全体广义家庭的趋势更加明显，全体广义家庭的住房自有率从 2004 年的 69% 下降到 2013 年的 65%。总资产中住宅价值的份额也有类似的趋势，它在 1983 年到 2001 年几乎没有变化，随后在 2004 年急剧上升。这种增长主要是房价上升导致的，其次是住房自有率持续上涨的结 94
果。从 2004 年到 2013 年，随着房价下跌和住房自有率急剧下降，该份额有所下降。

表 3.4　1983 年至 2013 年财富五等分中间三个阶层广义家庭财富构成（占总资产的百分比）

资产	1983 年	1989 年	1998 年	2001 年	2004 年	2007 年	2010 年	2013 年
主要住宅	61.6	61.7	59.8	59.2	66.1	65.1	64.8	62.5
流动资产（银行存款、货币市场基金和人寿保险退保现值）	21.4	18.6	11.8	12.1	8.5	7.8	8.0	8.1
养老金账户	1.2	3.8	12.3	12.7	12.0	12.9	13.9	16.1
公司股票、金融证券、共同基金和个人信托	3.1	3.5	5.5	6.2	4.2	3.6	3.1	3.4
非法人企业股权、其他房地产	11.4	9.4	8.8	8.5	7.9	9.3	8.9	8.6

① 这一趋势部分是一个统计假象，因为财富分布五等分最穷 20% 阶层的住房自有率实际上从 2007 年的 16.3% 增加到 2013 年的 26.5%。这些结果意味着，这些年由于房价暴跌，许多中等财富广义家庭跌落到财富分布五等分最穷 20% 阶层，而许多无房产广义家庭从财富分布五等分最穷 20% 阶层上升到五等分中间三个财富阶层（这些广义家庭没有受到房价崩溃的影响）。总而言之，财富分布下层 80% 阶层的住房自有率实际下降了 4.1 个百分点，从 2007 年的 61.8% 降至 2013 年的 57.6%。或许更有说服力的统计数据是本书第九章的数据，它显示收入分布五等分中间 20% 阶层的住房自有率从 2007 年的 68.9% 下降到 2013 年的 63.2%，下降了 5.7 个百分点。

续表

资产	1983 年	1989 年	1998 年	2001 年	2004 年	2007 年	2010 年	2013 年
其他资产	1.3	2.9	1.8	1.2	1.4	1.3	1.3	1.2
总资产	100.0	100.0	100.0	100.0	100.0	100.0	100.0	100.0
备注（精选的几组百分比比率）								
债务/净资产比率	37.4	41.7	51.3	46.4	61.6	61.1	69.2	64.0
债务/收入比率	66.9	83.0	101.6	100.3	141.2	156.7	134.3	125.0
房屋净值/总资产[a]	43.8	39.2	33.3	33.8	34.7	34.8	31.4	31.4
主要住宅债务/房屋价值	28.8	36.5	44.4	42.9	47.6	46.6	51.5	49.8
所有股票/总资产[b]	2.4	3.3	11.2	12.6	7.5	7.0	8.1	9.5
拥有率（%）								
主要住宅	71.6	71.5	73.3	75.9	78.2	76.9	68.0	66.7
其他房地产	15.4	15.5	13.7	13.2	13.6	14.7	12.4	12.4
养老金资产	12.2	27.3	48.5	52.9	51.4	53.4	45.8	44.4
非法人企业	8.5	8.4	8.5	7.9	8.1	8.8	8.2	6.6
公司股票、金融证券、共同基金和个人信托	21.6	24.2	26.7	27.5	27.1	23.1	15.3	14.2
所有股票[b]	16.5	29.4	46.6	51.1	49.7	47.8	41.4	41.0
债务平均值（千美元，以 2013 年美元计算）								
主要住宅抵押债务	23.5	34.2	33.2	49.7	71.4	76.1	58.5	52.4
所有其他债务	12.5	10.5	9.2	12.2	15.1	19.2	13.1	13.3
债务总额	36.0	44.7	42.4	61.9	86.5	95.2	71.6	65.7

资料来源：作者据 1983 年、1989 年、1992 年、1995 年、1998 年、2001 年、2004 年、2007 年、2010 年和 2013 年的消费者财务调查的数据计算得出。

注：广义家庭根据其净资产划分财富阶层。另外请参见表 3.1 的注释。

a. 主要住宅总价值减去主要住宅抵押债务后，与总资产的比率。

b. 包含直接拥有的和通过共同基金、信托、个人退休账户、基奥计划、401（k）
95 计划和其他退休账户间接拥有的股票。

尽管房价从2007年到2010年急剧下降，但房屋占总资产的份额实际上仅是略微降低，这似乎令人惊讶。其中的原因是财富的其他组成部分的跌幅超过了住房。虽然扣除通胀因素后，房屋价值平均值下降了31%，但其他房地产的平均价值下降了39%，公司股票和共同基金的平均价值下降了47%。

同样，尽管2010年至2013年房屋价格温和复苏，但房屋价值占总资产的比例依然下降了2.3个百分点。住房价值平均值下降了7.3%。其中，住房自有率的下降仅解释了整体下降的19%，而罪魁祸首是房屋价值平均值的下降，它解释了整体下降的81%。这一结果似乎与二手房价值中位数的表现相反，根据美国房地产经纪人协会（National Association of Realtors）的数据，扣除通胀因素后二手房价值中位数上涨了8%（参见第50页脚注①）。产生这个差异的最可能原因是，8%这个数字仅基于二手房数据，而消费者财务调查的数据既包含广义家庭以前购买的住房价值，也包含当年新买住房价值。另一个不同之处在于，前者包含所有狭义家庭，而我的数字则仅包含财富五等分中间三个阶层广义家庭。事实上，根据消费者财务状况调查的数据，从2010年到2013年，扣除通胀因素后，中产阶级广义家庭的住宅价值中位数实际下降了14%。反过来，这一结果也可能是由于消费者财务状况调查样本中的广义家庭购买的新房比二手房便宜。

从1983年到2013年，养老金账户占总资产的比例上升了15个百分点，同时流动资产的比例下降了13个百分点。随着时间的推移，这个趋势或多或少是连续的。所有广义家庭类型都平行地发生了这种变化。与其相反，持有养老金账户的中产阶级广义家庭比例，先是经历了41个百分点的暴涨，从1983年的12%上升到2007年的53%，然后在2013年猛跌了9个百分点到44%。从

2007 年到 2010 年，养老金账户平均值大幅下降了 25%，但是这个
96 降幅比平均总资产降幅低，所以养老金账户占总资产的比例反而上升了。相比之下，2010 年至 2013 年，尽管养老金账户拥有率略有下降，但养老金账户平均值增加了 12%，因此养老金账户占总资产的比例大大提升（提升了 2.2 个百分点）。

股票在总资产中的份额从 1983 年的 2.4% 迅速增长到 2001 年的 12.6%，然后在 2010 年下降到 8.1%，这是因为股票价格先是停滞不前，然后出现了崩盘，中产阶级家庭抛弃了股票资产。随着股市的复苏，这一比例在 2013 年反弹至 9.5%。中产阶级的股票持有率也从 1983 年的 16.5% 快速上升到 2001 年 51.1% 的最高点。然后大幅下降，2013 年降至 41%。与之相似，拥有公司股票、金融证券、共同基金或个人信托的中产阶级广义家庭的比例，从 1983 年的 21.6% 上升到 2001 年的 27.5%，然后在 2013 年几乎下降了一半到 14.2%。大部分下降发生在 2007 年至 2010 年，中产阶级广义家庭因为那几年的股灾而损失惨重。

中产阶级债务的演变

中产阶级的债务水平是一直很高，还是只是一个近期的现象？中产阶级的债务与收入的比率在 2007 年达到峰值，然后在 2010 年回落，而债务与净资产的比率在 2010 年达到峰值，2013 年略有回落。

中产阶级的债务与净资产的比率从 1983 年的 37.4% 急剧上升至 2007 年的 61.1%。2001 年至 2004 年出现了急剧的上涨，这主要反映了抵押债务的上升。从 1983 年到 2007 年，债务与收入的比率飙升，增长了 1 倍以上。2001 年至 2004 年再次发生了

的大幅度增长。按定值美元计算，中产阶级的平均债务在 1983 年至 2007 年增长 2.6 倍，主要住宅抵押债务增加到 3.2 倍，其他债务增加 1.5 倍。债务与净资产的比率和债务与收入的比率的上升比全体广义家庭要明显得多。例如，1983 年，中产阶级的债务与收入的比率与全体广义家庭大致相同，但到 2007 年，前者的比率要高得多。 97

表 3.5　2007～2013 年广义家庭债务的演变

（平均值，以千为单位，按 2013 年美元计算）

				变化百分比（%）		
	2007 年	2010 年	2013 年	2007～2010 年	2010～2013 年	2007～2013 年
A. 全体广义家庭						
1 抵押债务[a]	81.4	77.4	67.2	-5.0	-13.1	-17.4
2 所有其他债务	27.7	27.0	23.9	-2.6	-11.3	-13.5
a 教育贷款	3.7	5.3	5.8	43.6	10.1	58.1
b 非教育债务	24.0	21.7	18.1	-9.6	-16.5	-24.5
3 债务总额	109.1	104.3	91.1	-4.4	-12.6	-16.4
B. 五等分中间三个阶层						
1 抵押债务[a]	76.1	58.5	52.4	-23.1	-10.4	-31.1
2 所有其他债务	19.2	13.1	13.3	-31.6	1.6	-30.5
a 教育贷款	2.7	2.7	3.0	-0.6	11.9	11.2
b 非教育债务	16.5	10.4	10.3	-36.7	-1.1	-37.4
3 债务总额	95.2	71.6	65.7	-24.8	-8.2	-31.0

资料来源：作者据 2007 年、2010 年和 2013 年消费者财务状况调查数据计算得出。

注：a. 仅限主要住宅债务。

在经历了大衰退的袭击后，债务与净资产比率持续飙升，2010 年达到 72%，但实际上此时债务与收入的比率出现下降，2010 年降至 134.3%。原因是从 2007 年到 2010 年，按定值美元计算，中产阶级的平均债务实际上下降了24.8%（见表3.5）。由于家庭偿还了抵押贷款未清余额，所以平均抵押债务降低了23.1%；由于家庭还清了信用卡负债和其他形式的消费债务，所以其他债务价值猛跌了3.16%。如果我们将教育贷款分离，我们发现2007～2010年它们实际上保持平稳，而非教育债务则降低了36.7%。相比之下，对于全体广义家庭而言，按定值美元计算的抵押债务仅下降了5%，非教育债务下降了9.6%，但教育贷款攀升了43.6%。2007年至2010年中产阶级债务与净资产比率显著上升，是因为净资产下降幅度大于债务下降幅度，而该群体债务与收入的比率下降完全是由于整体债务的急剧缩小。

从2010年到2013年，中产阶级的债务与净资产的比率和债务与收入的比率双双下降。最有可能的原因是总体债务平均值下降，
98 2010～2013年扣除通胀因素后总体债务平均值实际下降了8.2%。反过来，这是由于平均抵押债务下降造成的，该债务下降了10.4%。其他债务的平均余额实际上略微提升了1.6%。在这种情况下，教育贷款提升了11.9%，而非教育债务下降了1.1%。全体广义家庭的平均总债务下降更多，下降了12.6%，其中抵押债务减少13.1%，非教育债务下降16.5%，而教育贷款增加10.1%。

和全体广义家庭一样，从1983年到2013年，中产阶级房屋净值占总资产的比例下降，抵押债务占房屋价值的比例上升。2007年至2010年，尽管房价大幅下跌，但前一比例的跌幅相对较小，这反映了抵押债务的大幅减少。从2010年至2013年，房屋净值占总资产的比例几乎没有变化。另外，由于房价下跌，2007年至2010年抵押债务与房屋价值的比率上升幅度相对较大。从2010年到2013年，由于未偿还的抵押债务下降，这一比率实际上下降了。

中产阶级不断上升的债务最能生动地体现“被挤压的中产阶

级（middle-class squeeze）”* 了。如前所述，财富五等分中间三个阶层的债务与净资产的比率从 1983 年的 37.4% 上升到 2001 年的 46.4%，然后在 2007 年跃升至 61.1%。相应的，他们的债务与收入的比率从 1983 年的 66.9% 上升到 2001 年的 100.3%，然后在 2007 年嗖地上升到 156.7%！新增加的债务主要有两种形式。首先，由于这些年来房价上涨，住宅新增加的价值使家庭能够进行抵押贷款再融资（refinancing）和申请房屋净值贷款（由住宅担保的信贷额度）。事实上，住房抵押贷款债务占总资产的比例一直在攀升，从 1983 年的 28.8% 上升到 2007 年的 46.6%，而同期房屋净值占总资产的比例从 43.8% 下降到 34.8%。其次，由于家庭信贷额度增加，家庭借下了巨额信用卡债务。

借款去了哪里？有人认为投资在股票上了。如果情况确实如此，那么在此期间股票占总资产的比例应该增加，但事实并非如此（2001 年至 2007 年股票占总资产比例从 12.6% 降至 7.0%）。而且，借款也没有进入其他资产。事实上，2001 年至 2007 年房价的上涨几乎完全解释了中产阶级净资产的增长。在广义家庭财富中位数增加的 16400 美元中，仅房价上涨就占了 14000 美元（85.4%）。
相反，中产阶级广义家庭收入停滞不前，似乎他们增加债务以支持 99
普通消费支出。实际上，尽管 2001 年至 2007 年积累了庞大的债务，但以定值美元计算，收入分布五等分中间 20% 阶层的平均支出仅仅增长了 1.7%。①

---

* 被挤压的中产阶级（middle-class squeeze），美国社会学术语，形容美国中产阶级面临的物价上涨而薪资不长，两头受压的窘境，2006 年美国众议院议长南希·佩洛西首次提出这个概念。——译注

① 消费者支出数据来自劳工统计局的消费者支出调查，可访问 http://www.bls.gov/cex/ 获得该数据，2016 年 1 月 28 日采集。有关支出的数据仅按收入阶层分类，而非财富阶层。

债务的大量增加为2007年的金融危机埋下了伏笔。2007年房地产市场崩盘时，许多广义家庭发现自己处于“水下”（underwater）状态，即抵押债务超过了房屋价值。这一因素加上经济衰退带来的收入损失，导致许多房主停止偿还抵押贷款债务。由此产生的丧失抵押品赎回权导致抵押担保证券的价值急剧下降。持有此类资产的银行和其他金融机构的权益大幅下跌，这触发了金融危机。

中等收入家庭的金融储备

表3.6记录了中等收入家庭可获得的财务资源的趋势，这个趋势令人不安。[①] 在这里，我专注于研究主要工作年龄段（25～54岁）的家庭。1983年的主要工作年龄段家庭积累的平均财务资源（资产净值减去房屋净值），仅能支持在失去收入的情况下，维持正常消费2.3个月，或维持贫困标准125%水平的消费4.6个月。实际上，五等分次穷20%阶层广义家庭的储蓄仅可以保证在失去收入的情况下维持生活0.9个月，而五等分最穷20%阶层则没有金融储备。中产阶级的金融储备在1989年达到顶峰，可以维持3.6个月正常消费，或9个月贫困标准125%水平的消费。之后，他们的金融储备逐渐恶化。到2013年，平均工作年龄家庭的金融储备只能维持0.2个月的正常消费，或者维持0.4个月贫困标准125%水平的消费。最穷40%阶层几乎没有金融储备。

① 有关消费者支出的数据来源，请参阅第130页脚注①。

不同类别的资产的集中情况

这里有另一个方法可以描绘中产阶级和富裕阶层之间的差异，
那就是计算不同阶层持有的不同类型资产占总资产的份额（见表 100
3.7、图3.3和图3.4）。2013年，最富1%阶层广义家庭持有约一半的已发行股票、金融证券、信托股权和商业股权，以及1/3的非住宅房地产。最富10%家庭作为一个群体，拥有股票、债券、信托和商业股权的85%至90%，以及超过75%的非住宅房地产。此外，尽管46%的广义家庭直接拥有或者通过共同基金、信托、各种养老金账户间接拥有股票，但最富10%广义家庭控制这些股票价值的81%，而他们直接拥有的股票和共同基金的份额更高，为91%。

表3.6　1983年至2013年收入分布五等分阶层的主要工作年龄段家庭的财务资源（按可维持消费月数来计算）

收入分布五等分阶层	可维持当前消费水平的月数[a]	可维持贫困标准125%水平的消费月数[b]
A. 1983年		
五等分最富20%阶层	16.5	51.4
五等分次富20%阶层	5.7	14.6
五等分中间20%阶层	2.3	4.6
五等分次穷20%阶层	0.9	1.3
五等分最穷20%阶层	0.0	0.0
B. 1989年		
五等分最富20%阶层	18.7	72.6
五等分次富20%阶层	4.7	14.6
五等分中间20%阶层	3.6	9.0
五等分次穷20%阶层	0.5	0.9
五等分最穷20%阶层	0.0	0.0

续表

收入分布五等分阶层	可维持当前消费水平的月数[a]	可维持贫困标准125%水平的消费月数[b]
C. 1995 年		
五等分最富 20% 阶层	19.0	61.3
五等分次富 20% 阶层	3.5	7.9
五等分中间 20% 阶层	1.2	1.8
五等分次穷 20% 阶层	0.1	0.1
五等分最穷 20% 阶层	0.0	0.0
D. 1998 年		
五等分最富 20% 阶层	25.2	81.5
五等分次富 20% 阶层	8.2	18.4
五等分中间 20% 阶层	2.2	3.4
五等分次穷 20% 阶层	0.1	0.1
五等分最穷 20% 阶层	0.0	0.0
E. 2001 年		
五等分最富 20% 阶层	33.7	143.5
五等分次富 20% 阶层	10.4	28.0
五等分中间 20% 阶层	2.6	5.1
五等分次穷 20% 阶层	0.3	0.4
五等分最穷 20% 阶层	0.0	0.0
F. 2007 年		
五等分最富 20% 阶层	26.4	120.6
五等分次富 20% 阶层	9.0	24.3
五等分中间 20% 阶层	1.6	3.2
五等分次穷 20% 阶层	0.0	0.0
五等分最穷 20% 阶层	0.0	0.0
G. 2010 年		
五等分最富 20% 阶层	22.2	92.3
五等分次富 20% 阶层	2.8	7.0
五等分中间 20% 阶层	0.3	0.5
五等分次穷 20% 阶层	0.0	0.0
五等分最穷 20% 阶层	0.0	0.0
H. 2013 年		
五等分最富 20% 阶层	27.3	113.6
五等分次富 20% 阶层	5.3	13.0

续表

收入分布五等分阶层	可维持当前消费水平的月数[a]	可维持贫困标准125%水平的消费月数[b]
五等分中间20%阶层	0.2	0.4
五等分次穷20%阶层	0.0	0.0
五等分最穷20%阶层	0.0	0.0

资料来源：作者据1983年、1989年、1995年、1998年、2001年、2007年、2010年和2013年消费者财务状况调查数据和消费者支出调查数据计算得出。消费者财务状况调查的计算适用于户主年龄在25岁至54岁的广义家庭。

注：a. 定义为相应收入阶层财务资源中位数（净资产减去房屋净值）与消费支出中位数之比。

b. 定义为一个四口之家的财务资源中位数与贫困线125%的比率。

相比之下，房主自住住房、存款、人寿保险和养老金账户在不同广义家庭阶层中的分布更均匀。其余90%阶层广义家庭拥有 102
59.2%的房主自住住房、32.8%的存款、35.3%的人寿保险现金价值，以及34.8%的养老金账户价值。债务是广义家庭财富中分布最均匀的组成部分，负债占下层90%广义家庭总债务的73.5%。

在过去30年中，尽管经济发生了巨大变化，但按资产类型分类的资产所有权集中度在这段时间保持相当稳定，只有三个例外。第一，从1983年到2004年，最富10%广义家庭持有的公司股票和共同基金份额从90.4%下降到85.4%，然后在2013年回升到90.9%，而他们直接或间接拥有的股票份额从1983年的89.7%下降到2001年的76.9%，但随后在2013年上升到81.4%。第二，最富10%阶层拥有的养老金价值占养老金账户总额的比例从1983年的67.5%下降到
1989年的50.5%，这反映出中等收入家庭越来越多地使用个人退休 104
账户（IRA），随着401（k）计划的扩大和高收入阶层采用401（k）计划，这个比例在2013年反弹至65.2%。第三，1983年至2013年间，最富10%阶层的债务占总债务的比例从31.8%下降到26.5%。

表 3.7　2013 年不同财富阶层资产占总资产的比重

资产类型	最富 1.0% 阶层	接下来 9.0% 阶层	其余 90.0% 阶层	合计	最富 10% 阶层份额									
					1983 年	1989 年	1992 年	1995 年	1998 年	2001 年	2004 年	2007 年	2010 年	2013 年
A. 投资资产														
公司股票和共同基金	49.8	41.2	9.1	100.0	90.4	86.0	86.3	88.4	85.1	84.5	85.4	89.4	91.2	90.9
金融证券	54.7	39.6	5.7	100.0	82.9	87.1	91.3	89.8	84.1	88.7	87.9	98.5	93.6	94.3
信托	49.5	34.0	16.5	100.0	95.4	87.9	87.9	88.5	90.8	86.7	81.5	79.4	80.9	83.5
商业股权	62.8	31.0	6.2	100.0	89.9	89.8	91.0	91.7	91.7	89.6	90.3	93.3	91.8	93.8
非住宅房地产	33.7	44.1	22.2	100.0	76.3	79.6	83.0	78.7	74.9	78.5	79.4	76.9	78.9	77.8
财富阶层总资产	51.5	37.0	11.5	100.0	85.6	85.7	87.6	87.5	86.2	85.5	85.6	87.8	87.5	88.5
直接或间接拥有股票[a]	37.8	43.6	18.6	100.0	89.7	80.8	78.7	81.9	78.7	76.9	78.8	81.2	80.6	81.4
B. 住房、流动资产、养老金资产和债务														
房主自住住房	9.8	31.1	59.2	100.0	34.2	34.0	36.0	31.7	35.2	37.0	38.0	38.5	40.2	40.8
存款[b]	24.8	42.4	32.8	100.0	52.9	61.5	59.7	62.3	51.0	57.2	60.9	57.7	67.5	67.2

续表

资产类型	最富 1.0% 阶层	接下来 9.0% 阶层	其余 90.0% 阶层	合计	最富 10% 阶层份额									
					1983 年	1989 年	1992 年	1995 年	1998 年	2001 年	2004 年	2007 年	2010 年	2013 年
人寿保险	30.0	35.3	34.7	100.0	33.6	44.6	45.0	44.9	52.8	46.0	57.3	54.9	54.4	65.3
养老金账户[c]	17.8	47.5	34.8	100.0	67.5	50.5	62.3	62.3	59.8	60.4	58.3	59.2	65.4	65.2
财富阶层总资产	14.5	37.6	47.9	100.0	41.0	43.9	45.2	42.5	44.0	45.9	45.7	45.8	51.0	52.1
债务总额	5.4	21.1	73.5	100.0	31.8	29.4	37.5	28.3	27.0	25.9	27.0	26.6	27.4	26.5

资料来源：作者据 1983 年、1989 年、1992 年、1995 年、1998 年、2001 年、2004 年、2007 年、2010 年和 2013 年的消费者财务调查的数据计算得出。

注：广义家庭根据其净值划分的财富阶层。2013 年的财富划分区间是：最富 1% 阶层：净资产 7766500 美元或更多。

接下来 9% 阶层：净资产在 980900 美元到 7766500 美元。

其余 90% 阶层：净资产低于 980900 美元。

a. 包含直接拥有的和通过共同基金、信托、个人退休账户、基奥计划、401（k）计划和其他退休账户间接拥有的股票。

b. 包含活期存款、储蓄存款、定期存款、货币市场基金和定期存单（CD）。

c. 个人退休账户（IRA）、基奥计划、401（k）计划和其他退休账户。

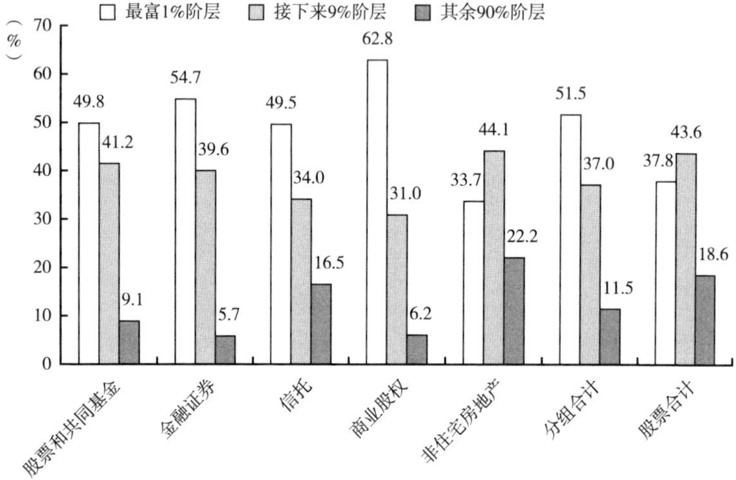

图 3.3　2013 年不同财富阶层持有的投资类型资产占比

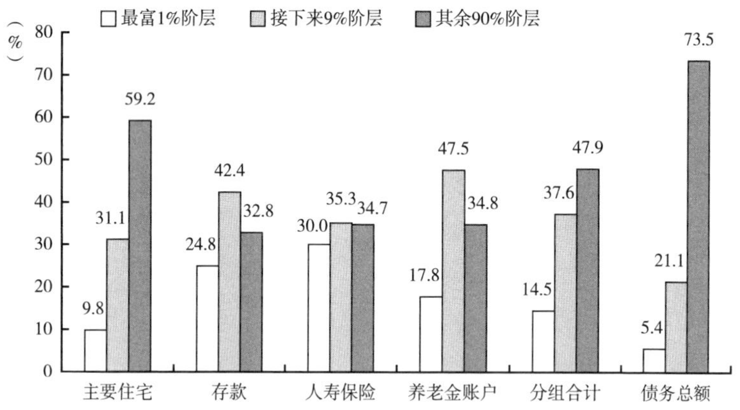

图 3.4　2013 年不同财富阶层持有的非投资资产和债务占比

房地产市场

房地产行业在2008年金融危机中受到特别沉重的打击，这也许不足为奇——这次危机的罪魁祸首就是抵押贷款行业，加上金融行业创造的有问题缺陷的金融工具，它们与房地产市场的命运息息相关。过去这十年的初期出现的房地产泡沫，即人为将房价抬高到前所未有的水平，预示着未来必然会出现一次 105
重大的市场矫正。实际上，如第二章所述，从2007年到2010年，扣除通胀因素后，二手房价格中位数暴跌了24%。由于住房占全体广义家庭总资产的30%以上，占中产阶级资产的60%以上，任何影响房地产市场的经济衰退自然会损害中产阶级的财富。

整体住房自有率从2007年的68.6%下降到2010年的67.2%（见表3.8）。与这些年来有关房屋丧失抵押品赎回权的媒体炒作相比，这一降幅似乎相当温和。从下降百分比来看，非裔美国人和西班牙裔广义家庭（下降1.9个百分点）比白人广义家庭（几乎没有变化）更为明显；单身男性组（下降2.5个百分点）比已婚夫妇组或单身女性组（实际上是净增长）更为明显；高中学历组（下降4.3个百分点）比其他教育程度分组更为明显；年龄低于75岁的分组与75岁以上年龄组相比（幅度很大的净增长）更为明显；年收入低于25000美元的广义家庭，还有令人惊讶的年收入高于75000美元的广义家庭，比中等收入广义家庭下降更为明显。

房屋价值的崩溃导致房屋净值为负的家庭数量上升，但上升幅度出人意料的小。2007年，只有1.8%的房主报告其房屋净值为负。到了 2010 年，8.2% 的房主在“水下”（房屋净值为负）。如前所述，虽然从 2007 年到 2010 年住房价格扣除通胀因素后下降了 24%，但抵押债务也大幅缩减，所以导致在 2010 年“水下”房主的比例相对较小。[①]

通常情况下，我们可能会认为最贫困的广义家庭“落水”概率最高，但情况并不总是如此。与白人相比，少数族裔的房屋净值为负的发生率确实要高一些，但两者差异非常小。有趣的是，单身女性家庭（三种家庭类型中最贫困的家庭）和单身男性家庭房屋净值为负的发生率略低于已婚夫妇家庭，造成这种情况的原因可能是单身女性和单身男性的抵押贷款债务较低（也就是说，他们原来的房子价值更低）。此外，受教育程度最低的分组，即受教育少于 12 年的分组，其房主的房屋净值为负的发生率最低，2010 年仅为 5%。[②] 与之相反，高中学历组，大学辍学者组，大学及以上学
106 历组 2010 年房屋净值为负的发生率在 8% 至 11% 之间。

年龄段分组的表现模式更符合预期。2010 年最小年龄组，35 岁以下年龄组的房主，房屋净值为负的发生率最高，为 16.2%。房屋净值为负的发生率几乎与年龄直接负相关，最大年龄组，即 75 岁及以上年龄组，发生率降为 2.7%。这反映了一个事实，即随着年龄增长，抵押贷款逐渐还清了。此外，债务与净资产的比率也

---

① 这可能并不奇怪。“落水”的房主就是那些在价格创历史新高时买房的人。房价下跌使这些房主房屋净值变为负（我们称之为“落水”）。但是，大多数房主在价格暴跌之前很久就买下了自己的住房。所以，他们看到自己房屋价值先是飙升，然后回落。大多数房主所拥有的房屋在 2010 年的价值低于 2005～2006 年的价值，但依然远远高于他们最初购房时的价值。

② 对这一发现的可能解释是，受教育程度最低的群体也是年龄最大的群体，他们可能在很久之前就买了房子。这一事实可以解释他们房屋净值为负的发生率很低的现象。

与年龄直接负相关。[①]

收入阶层的模式再次出人意料。2010 年整体格局呈 U 形，房屋净值为负的发生率最低的是最低收入阶层（年收入低于 15000 美元）和最高收入阶层（年收入在 250000 美元或以上）。房屋净值为负的发生率最高的是年收入在 50000～75000 美元的收入阶层。因此，房价崩盘对中产阶级的打击最为严重。原因是他们通过再融资、二次抵押贷款和房屋净值信贷额度（见表 3.2 和表 3.4）这些依赖于住房价值的金融工具，获得了比贫困阶层和富裕阶层高得多的抵押债务。

从 2007 年到 2010 年，房主的房屋净值平均下降了 29%（按定值美元计算）。鉴于实际房价下跌 24%，这个数字低到令人称奇。如果在这 3 年里平均抵押贷款债务保持不变，那么平均房屋净值将下降 37%。[②] 而平均抵押债务也同时下降，才使房屋净值仅下降了 29%，而不是 37%。

这段时期，西班牙裔房主的房屋净值下降幅度是三个种族/族裔分组里最大的，达 47%。黑人广义家庭房屋净值下降幅度略大于白人房主。与单身男性组或已婚夫妇组相比，单身女性广义家庭房屋净值下降幅度略大。受教育程度较低的广义家庭比大学及以上学历组下降幅度更大（后者只有 26%）。不同年龄组差异极大，老年广义家庭对房价崩盘的抵抗力更强。最年轻年龄组房屋净值下降了 52.7%，而最年长年龄组的房屋净值“仅”下降了 18.5%。

---

① 根据 2007 年消费者财务状况调查数据，债务与净资产的比率随着年龄增长持续降低，从 35 岁以下年龄组的 93% 持续下降到 75 岁及以上年龄组的 2%（见第九章）。

② 2007 年，平均房屋价值为 207600 美元，平均抵押债务为 72400 美元，因此得到平均房屋净值为 135200 美元。如果房价下跌 24% 且抵押债务保持不变，那么平均房屋净值将下降至 85400 美元，下降 37%。

表 3.8　2007 年至 2013 年按广义家庭分类房屋净值为负和拖欠房屋抵押贷款的房主比例

	住房自有率（%）			房屋净值为负的房主占比			房主房屋净值平均值（按 2013 年美元计算）变化占比		房主拖欠抵押贷款的占比
	2007 年	2010 年	2013 年	2007 年	2010 年	2013 年	2007～2010 年	2010～2013 年	2009 年
A. 全体广义家庭	68.6	67.2	65.1	1.8	8.2	6.9	-28.9	-3.8	5.1
B. 种族/族裔[a]									
1. 非西班牙裔白人	74.8	74.6	73.1	1.7	8.0	5.5	-24.2	-3.4	3.4
2. 非洲裔美国人	48.6	47.7	44.0	1.3	9.2	14.2	-26.4	-19.9	11.0
3. 西班牙裔	49.2	47.3	43.9	2.1	9.1	12.0	-47.0	1.6	15.4
C. 家庭类型									
1. 已婚夫妇	79.0	77.5	75.5	1.9	8.4	7.7	-24.7	-1.6	4.6
2. 单身男性	51.4	48.9	46.8	3.0	7.5	5.7	-23.4	4.8	3.7
3. 单身女性	55.1	55.5	53.8	0.9	7.8	5.1	-31.1	-9.9	7.8
D. 受教育年限[b]									
1. 不到 12 年	52.8	54.3	51.8	0.4	5.0	5.9	-35.9	11.9	11.8
2. 12 年	68.9	64.6	64.0	2.4	8.4	7.8	-24.5	-11.7	6.0
3. 13～15 年	62.3	61.5	56.4	2.1	10.5	7.5	-34.0	0.3	5.0
4. 16 年或更长时间	77.8	76.5	74.1	1.4	7.8	6.3	-26.0	-3.8	1.6
E. 年龄组[b]									
1. 35 岁以下	40.7	37.5	35.6	5.5	16.2	9.4	-52.7	24.8	4.6

续表

	住房自有率（%）			房屋净值为负的房主占比			房主房屋净值平均值（按2013年美元计算）变化占比		房主拖欠抵押贷款的占比
	2007年	2010年	2013年	2007年	2010年	2013年	2007～2010年	2010～2013年	2009年
2.35～44岁	66.1	63.8	61.7	2.6	13.8	11.8	-47.8	36.2	6.5
3.45～54岁	77.3	75.2	69.1	1.4	8.5	10.1	-28.3	-15.7	5.6
4.55～64岁	81.0	78.1	74.2	0.9	5.3	5.9	-14.3	-10.8	4.7
5.65～74岁	85.5	82.5	85.8	0.4	3.5	2.8	-29.7	2.7	1.0
6.75岁及以上	77.0	81.3	80.1	0.0	2.7	0.4	-18.8	-15.8	3.9
F. 收入阶层（按2007年美元计算）									
1. 低于15000美元	36.3	32.5	35.1	0.8	2.6	3.8	-0.6	-14.6	7.7
2.15000～24999美元	53.5	49.5	46.6	1.7	6.4	5.5	-23.3	8.0	5.5
3.25000～49999美元	60.9	65.8	61.3	1.9	8.1	9.3	-22.4	-16.8	8.4
4.50000～74999美元	76.8	79.4	77.4	1.9	11.7	7.0	-30.2	6.6	6.4
5.75000～99999美元	89.2	84.3	86.9	3.2	10.9	8.0	-32.2	-1.1	4.2
6.100000～249999美元	92.9	91.3	90.7	1.3	7.4	6.3	-20.5	-11.5	2.7
7.250000美元或以上	97.2	96.1	95.8	0.3	1.4	1.4	-17.7	2.7	0.4

资料来源：除了最后一列之外的所有数据均来自作者对2007年、2010年和2013年消费者财务调查数据的计算。最后一列来自作者对2009年收入动态追踪调查数据的计算。

注：a. 由于样本量较小，亚裔和其他种族被排除在表格之外。

b. 广义家庭按照受教育水平和户主年龄进行分类。

广义家庭收入分组存在 U 形模式，最低收入阶层的房屋净值
107 仅下跌 0.6%，收入阶层为 75000～99999 美元的下跌幅度最大为 32.2%，而最高收入阶层房屋净值仅损失了 17.7%。这种模式很可能是因为西班牙裔、黑人和年轻广义家庭较晚进入购房市场，因此更有可能买在了价格高点。实际上，21 世纪初期，抵押贷款公司和银行使用各种金融工具来允许低收入广义家庭和低信用评级广义家庭获得风险极高的抵押贷款。这对少数族裔和低收入白人影响巨大。

一般来说（虽然并不总是如此）住房拥有率最高的群体——已婚白人、受教育程度更高的人、老年人（64 岁以上）和收入较高的人——他们房屋净值为负的比例最低，同时房屋净值损失百分比最小。在这里，这种差异可能再次反映了这些群体何时购买了自己的住房。而在房主中，那些少数族裔、已婚人士、上了大学课程但未毕业的人、年轻人，以及收入在 5 万美元到 10 万美元之间的人，他们房屋净值为负的比例最高。同样，在房主中，西班牙裔组、单身女性组、低于高中学历组、上了大学课程但未毕业组、年轻组，以及那些收入在 75000 美元至 99999 美元之间的分组，其房屋净值下降幅度最大。35 岁以下的年轻房主（16.2% 的房屋净值为负，房屋净值下降 53%）是受经济衰退打击最严重的分组。

收入动态追踪调查在其 2009 年不良抵押贷款财富调查中增加了一个特殊的补充样本集。参与调查的家庭会被问到一些新问题，特别是关于不良抵押贷款，包含止赎行为、未能如期还款、修改抵押贷款，以及未来 12 个月抵押贷款还款困难的预期，等等。这项关于 2009 年拖欠抵押贷款的房主比例的调查，其结果显示在表 3.8 的最后一列中。

这些结果有一个有趣的特征，那就是它们不会自动与“落水”

广义家庭比例相匹配。这说明了这样一个现实，一个家庭的住宅房屋净值为负，并不一定意味着这个家庭会停止偿还抵押贷款，一走了之。实际上，通常是低收入群体有着最高的贷款逾期率，这似乎意味着支付能力是拖欠抵押贷款的决定因素。这与联邦住房金融局 110
（Federal Housing Finance Agency）的报告一致，该报告认为，导致违约的五大原因都是“触发事件”，如失去收入（36%）、供养家人或高额债务等导致的入不敷出（19%）、失业（8%）、疾病及其带来的相关医疗费用或失去收入（6%），以及离婚（3%）。[①] 无论房屋净值水平如何，最无力应对意外财务困难的个人最有可能违约。

2009 年房主的整体贷款逾期率为 5.1%，而很可能会拖欠贷款或即将拖欠贷款的美国房主的占比为惊人的 14.1%。事实上，在所有人口统计学特征分组中，可能拖欠抵押贷款或继续拖欠抵押贷款的家庭占比大约是目前拖欠贷款家庭占比的 3 倍，这意味着至少到 2011 年，贷款违约率和丧失抵押品赎回权的比率会持续上升。在白人广义家庭中，这一比例仅为 3.4%，但在黑人中为 11.0%，在西班牙裔中则为惊人的 15.4%（相比之下，黑人的房屋净值为负的比例略高于西班牙裔）。尽管单身女性组房屋净值为负的比例比已婚夫妇组少，但是单身女性组拖欠贷款的比率（7.8% 的贷款逾期率）远高于单身男性组或已婚夫妇组。

贷款逾期率与受教育程度负线性相关。受教育程度最低组的贷款逾期率为 11.8%，高中学历组为 6%，上了大学课程但未毕业组为 5%，大学学历组为 1.6%。抵押贷款违约率似乎与房屋净值为

---

① 联邦住房金融局：“Foreclosure Prevention Report, First Quarter 2009”，参见 http: //www. Tha. gov/AboutUS/Reports/ReportDocuments/20091Q _ FPR _ N508. pdf, 2016 年 6 月 11 日收集。本报告分析了房利美（Fannie Mae）和房地美（Freddie Mac）的数据。

负的房主比例相当匹配。这些相关性可能反映的恰恰是收入与受教育程度之间的高度相关性。贷款逾期率发生率最高的是非老年人组，介于 4.6% 至 6.5% 。与之相反，在 65 岁至 74 岁年龄组中，贷款逾期率仅为 1% 。贷款逾期率也倾向于与收入阶层相匹配，最低收入分组的贷款逾期率最高。最低收入分组的贷款逾期率为 7.7% ，收入阶层为 25000 美元至 50000 美元的贷款逾期率为 8.4% ，收入阶层为 50000 美元至 75000 美元的贷款逾期率为 6.4% ，次高收入阶层的贷款逾期率为 2.7% ，最高收入阶层的贷
111 款逾期率仅为 0.4% 。[1]

表 3.8 还提供了 2013 年的更新。住房情况到 2013 年是否有什么变化？如前所述，整体住房自有率在 2010 年至 2013 年间缩减了 2.1 个百分点。黑人组和西班牙裔组住房自有率下降幅度比白人组大，但所有家庭类型分组的下降幅度大致相当。上了大学课程但未毕业组、中年户主（尤其是 45～54 岁年龄组），以及中等收入组（尤其是 25000～49999 美元收入分组），住房自有率下降幅度最大。另外，65～74 岁年龄组、最低收入分组和 75000～99999 美元收入分组的房屋所有权率有所回升。

2010 年至 2013 年，“落水”房主的总体比例略有下降，从 8.2% 降至 6.9% 。房屋净值为负的白人广义家庭比例下降，但黑人和西班牙裔广义家庭的比例继续上升，分别上升 5 个百分点和 2.9 个百分点。到 2013 年，14.2% 的黑人房主房屋净值为负，是这三个分

① 应该指出的是，各州在抵押贷款违约追索权方面的规定存在差异。无追索权的州的贷款逾期率应该会更高。如果存在这种情况，并且这些州在收入、教育或种族等方面不平衡，那么州监管差异可能在某种程度上对不同收入、教育或种族群体的拖欠模式产生影响。虽然这个问题很有趣，但由于缺乏州一级居住信息，所以无法分析该问题。

组中比例最大的。三种家庭类型的“落水率”都在下降——单身女性组降幅最大。所有受教育程度分组的房屋净值为负的比率都有所下降，除了受教育程度最低组，这个分组的比率略微上升。最年轻年龄组的“落水率”大幅下降，从16.2%降至9.4%，而35~44岁和75岁及以上年龄组则略有下降。最年长年龄组，“落水率”降至0.4%。其他年龄组的“落水率”相对来说变化较小。各收入阶层的“落水率”变化也相对较小，除了中等收入阶层，他们的“落水率”大幅下降（50000~74999美元收入阶层下降4.7个百分点，75000~99999美元收入阶层下降2.9个百分点）。

总体而言，从2010年到2013年，扣除通胀因素后，房屋净值平均值下降了3.8%。非洲裔美国人的房屋净值下降了19.9%，与之相比，白人的房屋净值下降3.4%，西班牙裔的房屋净值略有提升，这是他们房屋净值前三年剧烈下降的回调。单身男性组的房屋净值增长4.8%，但已婚夫妇组减少1.6%，单身女性组减少近10%，加上之前的急剧下降，如同雪上加霜。在低于高中学历组中，房屋净值有所上升，但在高中学历组中则大幅下降。最年轻的两个年龄组的房屋净值有所恢复，但对于中年（45~54岁和55~64岁）年龄组以及最年长年龄组而言，房屋净值持续下降。收入 112
阶层记录的数据好坏参半，中等收入阶层（25000~49999美元）的房屋净值下跌幅度最大。

财富中位数和财富不平等趋势中杠杆所起的作用

六个难题

从第二章和本章到目前为止的分析中浮现出六个难题。在继续讨论这些问题之前，让我们来先回顾一下关于这些问题的已有研究。财富不平等程度与股票价格和房价的比率正相关，因为股票主要集中在富人手中，而住宅是中产阶级的主要资产。[①] 这里进行了一个回归分析，分析财富分配不均指数（WTOP1，以最富1%广义家庭持有的可变现财富份额来衡量）与收入不平等（INCTOP5，以最富5%家庭收入占总收入的份额来衡量）和股票价格和房价的比率（RATIO，标准普尔500指数与房价中位数的比率）之间的关系，从1922年至1998年一共有21个数据点。回归分析的结果是：

$$\underset{(0.9)}{\mathrm{WTOP1}=5.10}+\underset{(4.2)}{1.27\mathrm{INCTOP5}}+\underset{(2.5)}{0.26\mathrm{RATIO}},\ R^2=0.64,\ N=21 \qquad (3.1)$$

括号中显示的数据是t比率（t－ratio）。两个变量都具有统计显著性（INCTOP5显著性水平1%，RATIO5显著性水平5%），正负值符合预期（为正）。而且，对于这个简单模型而言，拟合也非常好。[②]

根据这些回归分析结果，第一个难题是：为什么2001年至2007年，广义家庭财富中位数激增，而收入中位数则停滞不前？第二个难题是：为什么这些年收入不平等状况恶化，而财富不平等程度却保持平稳？第三个难题是：为什么2007年至2010年财富中位数急剧下降44%？而扣除通胀因素后，此时收入中位数仅温和下降6.4%，房价下降了24%，股票价格下降了26%，虽然房价和股价下降幅度也很大，但没有财富中位数下降那么大。

---

① 参见爱德华·沃尔夫著作：*Top Heavy：A Study of Increasing Inequality of Wealth in America*，最新增订版（纽约新出版社，2002年）。

② 有关影响财富不平等程度趋势因素的最新计量经济学分析，请参阅第五章。

第四个难题是：为什么 2010 年至 2013 年，财富不平等程度急
剧扩大，基尼系数增加 0.032？令人惊讶的是，财富不平等程度急 113
剧恶化，但收入不平等基尼系数反而下降 0.025（根据消费者财务状况调查数据），股价与房价的比率基本保持不变（股价和房价以大致相同的速度下跌）。

第五个难题也许是最令人困惑的，为什么在资产价格飙升的 2010 年至 2013 年，财富中位数（和平均值）没有反弹？最后一个难题，为什么 2010 年到 2013 年，财富不平等程度温和增长，而收入不平等状况急剧扩大，股价与房价的比率上升了 29%？杠杆是解释财富中位数变化和财富不平等程度变动的重要因素。中产阶级广义家庭的高杠杆率（即债务与净资产之比）是他们净资产中位数在 2001 年至 2007 年强劲增长，而在 2007 年至 2010 年暴跌的决定性因素。① 富裕阶层和中产阶级的杠杆差异，也有助于解释财富不平等趋势。财富不平等程度在 2001 年至 2007 年和 2010 年至 2013 年稳步提升，以及在 2007 年至 2010 年间飙升，这一因素都扮演了重要角色。关于 2010 年至 2013 年净资产中位数没有上升的事实，需要一个不同的解释。在此期间，大量负储蓄导致财富在这些年中未能实现增长。*

---

① 净资产中位数与房价通常正相关。1983 年至 1989 年，净资产中位数增长了 2.3%，房价中位数增长了 7%（均以定值美元计算）；1995 年至 1998 年，两者基本没有变化；2007 年至 2010 年，前者暴跌 47%，后者暴跌 25%。但是，这种模式也有例外。2001 年至 2004 年，广义家庭财富中位数下降了 0.7%，但房价上涨了 17%，而从 2010 年到 2013 年，房价上涨了 7.7%，但财富中位数下降 1.2%。总体而言，从 1983 年至 2013 年的九个时段内，净资产中位数变化与房价变化之间强正相关，相关系数为 0.77。

* 负储蓄（dissaving），消费支出大于收入，动用储蓄，借款或依靠他人支持。——译注

两个算术例子

一个简单的算术例子可以说明杠杆的效果。假设平均资产为50，平均债务为0（见表3.9a）。同时假设资产价格上涨20%。那么平均净资产也增加了20%。现在假设平均债务为40，资产价格再次上涨20%。然后平均净资产从10（50减40）增加到20（60减40），或增加100%。因此，杠杆放大了资产价格变化的影响。

反过来也是如此。假设资产价格下降了20%。在第一种情况下，净资产从50降至40，或降低20%。在第二种情况下，净资产从10降至0（40减40），或减少100%。因此，杠杆也可以放大资
114 产价格暴跌的影响。

表3.9a　杠杆对收益率的影响：算术样例

	第1年	第2年	变化(%)
“富人”			
资产	50	60	
债务	0	60	
净资产	50	60	20
资产价格上涨(%)			20
“中产阶级”			
资产	50	60	
债务	40	40	
净资产	10	20	100
资产价格上涨(%)			20

表 3.9b 不同杠杆对收益率的影响：算术样例

	第 1 年	第 2 年	变化(%)
“富人”			
股票	50	40	
其他资产	50	50	
债务	0	0	
净资产	100	90	-10
股价变动百分比			-20
“中产阶级”			
住房	60	48	
其他资产	10	10	
债务	30	30	
净资产	40	28	-30
房价上涨(%)			-20

另一个算术例子可以说明杠杆差异的影响。假设特定年份极富裕阶层的总资产为100，其中股票占50，其他资产占50，债务为0，净资产为100（见表3.9b）。相比之下，对于中产阶级，假设他们的总资产为70，其中住房60，其他资产10，抵押债务为30，净资产为40。极富裕阶层和中产阶级的净资产比率是2.5（100/40）。 115

假设从第1年到第2年，股票和住房的价值同时下降了20%。然后，富裕阶层的总资产下降到90（股票40和其他资产50），净资产为90。[①] 中产阶级的总资产下降到58（住房48和其他资产10），但其债务依然保持在30，所以净资产为28。这导致富裕阶层和中产阶级的净资产比率上升到3.21（90/28）。从这里可很明显看

① 这里假设“其他资产”价格保持不变。

出，即使房价和股票价格以相同的速度下跌，财富不平等程度依然会上升。这里的关键是富裕阶层和中产阶级之间使用杠杆的差异。如果资产价格下跌，那么如果广义家庭使用杠杆，那么其净资产收益率将低于资产收益率。换句话说，如果资产价格以同样的速度下降，那么中产阶级的净资产下降速度要快于富裕阶层，因为中产阶级的债务与净资产的比率高于富裕阶层，而名义上债务没有变化。

反过来也是如此。如果中产阶级的债务与净资产的比率高于富裕阶层，那么房价和股票价格增长相同百分比将降低财富不平等程度。

收益率

表 3.10 显示了 1983 年至 2013 年总资产和净资产的年平均实际收益率（参见图 3.5）。结果基于此期间的平均财富构成，并假设所有财富群体不同资产类型的平均收益率相同。特别是，假设不同财富阶层的资产收益没有系统性差异，例如股票收益等。

支持这一假设的证据是什么？首先，布卢姆（Blume）等人做了一个相当过时的研究，他们研究了 1969 年股息收益率与广义家庭收入的关系。[①] 这个研究发现，股息收益率与广义家庭收入成反比，但变化范围非常小（2.51% 至 2.78%）。[②] 其次，费尔德施泰

① 参见 Marshall Blume，Jean Crockett 和 Irwin Friend 著作："Stockownership in the United States：Characteristics and Trends，" 载于 *Survey of Current Business* 54，no. 11（1974）：26。

② 有关本研究的更多讨论，请参阅本书附录 2。附表 A1.2 显示了 1962 年按收入阶层划分的债券收益率、股票收益率、非法人企业收益，以及信托基金收益，这些数据几乎没有系统性差异，只有最高收入阶层的债券收益率是一个例外，它比其他收入阶层大得多。［系统性差异（systematic variation）是指变化有规律，可以用数学公式来表达的差异。——译者注］

因（Feldstein）和易扎奇（Yitzhaki）发现高收入投资者的投资收益率高于收入较低的个人。[①] 这项基于所得税申报表的研究，完全依赖公司股票已兑现资本收益数据。

再次，约翰逊（Johnson）、劳布（Raub）和纽科姆（Newcomb）使用2007年逝者的微观遗产税数据与2006年所得税申报表相匹配，以分析财富阶层的收益率。如果有什么不同的话，他们发现不 116
同财富阶层的某些资产的收益率略微下降。[②] 最后，就在不久前，赛斯和祖克曼提供了三个证据支持这一假设。[③] 他们在资本化技术上遇到了同样的问题，因为他们同样假设不同收入阶层的收益率是相同的（见第二章和第十二章关于他们方法的讨论）。他们还使用匹配的房地产所得税申报表（与约翰逊等人的方法相似）并分析了三个数据集。第一个证据基于公开的收入统计（SOI）表，匹配2008年房地产所得税申报表。赛斯和祖克曼发现不同财富群体的同一资产类别的收益率相当一致。虽然个人的收益率大不相同，但不同财富群体的收益率是相似的。

第二个证据来源是1996年至2011年内部收入统计数据匹配的遗产税和所得税档案。赛斯和祖克曼匹配了在此期间死亡的非婚人 118
士的遗产税申报表与上一年度的所得税申报表。他们发现不同财富阶层的债券和存款的利率没有太大差异。例如，1997年，合计

---

① 参见 Martin Feldstein 和 Shlomo Yitzhaki 著作："Are High Income Individuals Better Stock Market Investors?" 载于 NBER Working Papers 0948，1982 。

② 参见 Barry Johnson，Brian Raub 和 Joseph Newcomb 著作："A New Look at the Income – Wealth Connection for America's Wealthiest Decedents，" 载于 IRS Statistics of Income Working Paper Series，2013。

③ 参见 Emmanuel Saez 和 Gabriel Zucman 著作："Wealth Inequality in the United States since 1913：Evidence from Capitalized Income Tax Data，" 载于 *Quarterly Journal of Economics* 131，no. 2（May 2016）：519 – 578。

表 3.10　1983 年至 2013 年按时间段和财富阶层划分的实际年平均收益率（百分比）

单位：%

	1983～1989 年	1989～2001 年	2001～2007 年	2007～2010 年	2010～2013 年	1983～2013 年
A. 总资产						
1. 全体广义家庭	2.33	3.33	3.10	-6.38	4.83	2.27
2. 最富 1% 阶层	3.07	3.92	3.75	-6.37	5.91	2.88
3. 接下来 19% 阶层	2.33	3.44	2.88	-6.07	4.78	2.29
4. 五等分中间 3 个 20% 阶层	1.35	2.32	2.71	-7.07	3.28	1.36
B. 净资产						
1. 全体广义家庭	3.32	4.35	4.04	-7.28	6.20	3.10
2. 最富 1% 阶层	3.45	4.19	3.92	-6.52	6.16	3.11
3. 接下来 19% 阶层	3.00	4.09	3.46	-6.63	5.66	2.83
4. 五等分中间 3 个 20% 阶层	3.35	4.67	5.58	-10.55	6.94	3.30
备注：最富 1% 阶层和五等分中间三个 20% 阶层的差异	-0.10	0.48	1.67	-4.04	0.79	0.18

资料来源：作者据 1983 年、1989 年、2001 年、2007 年、2010 年和 2013 年的消费者财务调查数据计算得出。不同资产类型的收益率见附表 3.1。

注：广义家庭根据其净资产划分财富阶层。基于该期间的平均广义家庭财富组合计算。计算不包含其他资产。

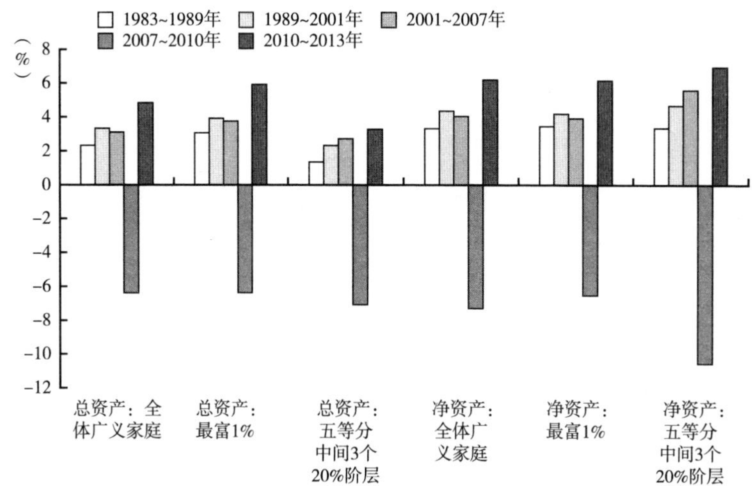

图 3.5　不同财富阶层在不同时间段的实际平均年度收益率

利息收益率为 3.9%，而所有类别的遗产税纳税人，范围从 50 万~100 万美元，到超过 2000 万美元，利息收益率都在 4.1%~4.3%之间。第三个来源是从 1977 年的公开遗产税文件中挑选的样本。赛斯和祖克曼再一次发现不同财富群体的同一资产类别的收益率相当一致。最富 0.1%阶层和最富 0.01%阶层的个人平均股息收益率为 4.7%，与所有死者的平均股息收益率 5.1%大致相当。这些证据相当好地说明了财富阶层或收入阶层的收益率没有什么系统性差异。

考虑到这一点，我们可以饶有兴趣地看一下全体广义家庭的分析结果。[①] 总资产的年平均收益率从 1983~1989 年的 2.33%上升到 1989~2001 年的 3.33%，然后在 2001~2007 年略有下降，降至 3.1%，然后直线下降至大衰退时期的 −6.38%。接下来的 2010~

① 有关源数据，请参阅附表 3.1。

2013 年，收益率显著恢复至 4.83%。

如本章附表 3.1 所示，2007 年至 2010 年资产价格跌幅最大的是住宅房地产以及商业和非住宅房地产。金融资产（包含股票、债券和其他金融证券）的价值“仅”下降了 3.72%，因为这些年企业债券和外国债券的利率保持坚挺。养老金账户的年收益率为 -0.34%，反映养老金账户混合持有的债券和股票（见表 3.11c）。从 2010 年到 2013 年，除流动资产外的所有资产类别均实现强劲复苏。这是由金融资产引领的，其年收益率为 12.5%，商业和非住宅房地产的年收益率为 7.39%。

全体广义家庭的平均年净资产收益率也从第一个时期的 3.32% 增加到第二个时期的 4.35%，在第三个时期有所下降，降至 4.04%，然后急剧下降到在 2007～2010 年间的 -7.28%，在 2010～2013 间再一次强劲复苏至 6.2%。首先要注意的是，前三个时期和最后一个时期，净资产的年均收益率比总资产年均收益率统
119 一高了约 1 个百分点，这些时期资产价格处于上升期。而 2007 年至 2010 年间情况恰恰相反，净资产的年收益率比总资产的年收益率低约 1 个百分点。这些结果显示杠杆的效应在资产价格上涨时增加收益，在资产价格下跌时减少收益。在整个 1983～2013 年间，年净资产收益率比总资产高 0.83 个百分点。①

不同财富阶层的收益率存在惊人的差异。最富 1% 阶层拥有最高的总资产收益率，其次是接下来的 19% 富裕阶层，然后是财富五等分三个中间阶层。唯一的例外是 2007～2010 年，接下来 19%

① 笔者早期对美国 1969 年至 1975 年数据的分析。详细信息参见 Wolff 著作：“The Distributional Effects of the 1969 - 75 Inflation on Holdings of Household Wealth in the United States,” 载于 *Review of Income and Wealth*, series 25, no. 2 (June 1979): 195 - 207。

阶层收益率第一（负得最少），其次是最富 1% 阶层，然后是财富五等分中间三个阶层。他们之间的差异非常大。在整个 1983 年至 2013 年间，最富 1% 阶层的总资产年均收益率比接下来 19% 阶层高出 0.59 个百分点，比财富五等分中间三个阶层高 1.52 个百分点。这些差异反映了富裕阶层持有更多的高收益资产份额，例如股票等，而中产阶级财富构成中住房所占份额更大（见表 3.2 和表 3.3）。实际上，2010 年至 2013 年，最富阶层和中产阶级的收益率差异为 2.63 个百分点，反映出这些年股票和投资资产的收益远高于住房的收益。

当我们回头看看净资产收益率时，情形几乎完全倒转过来。此时，在前三个时期和最后一个时期，当资产价格上涨时，财富五等分中间三个阶层的收益率最高，但在 2007 年至 2010 年间，当资产价格下降时，财富五等分中间三个阶层的收益率最低（也就是说负得最多）。唯一例外的是第一个时期，最富 1% 阶层的收益率略高于中产阶级。原因是最富 1% 阶层和财富五等分中间三个阶层之间的总资产收益率的巨大差异——有 1.72 个百分点。

在一些年份，最富 1% 阶层和财富五等分中间三个阶层的收益率存在相当大的差异。在 2001 年至 2007 年间，后者的平均年净资产收益率为 5.58%，前者为 3.9%——差异为 1.67 个百分点。2010 年至 2013 年二者的差异较小，仅为 0.79 个百分点。差异较 120
小是由于最富 1% 阶层的总资产收益率远高于财富五等分中间三个阶层。相比之下，2007 年至 2010 年资产价格下降，最富 1% 阶层的收益率为 -6.52%，而财富五等分中间三个阶层的为 -10.55%——差异为 4.04 个百分点，更有利于最富 1% 阶层。

最富 1% 阶层和财富五等分中间三个阶层之间的收益率差异反映了中产阶级使用了高得多的杠杆。例如，2013 年，财富五等分中间三个阶层的债务与净资产的比率为0.64，而最富1%阶层的债务与净资产的比率为0.026。接下来19%富裕阶层的债务与净资产的比率也相对较低，为0.118。

财富五等分中间三个阶层净资产的巨大负收益率是造成2007年至2010年净资产中位数急剧下降的主要原因。反过来，这一因素是房价急剧下降以及该群体使用了非常高的杠杆所导致。同样，2001年至2007年间中产阶级净资产非常高的收益率可以有力地说明他们净资产中位数的强劲增长，尽管此时中产阶级收入增长缓慢。反过来看，这又是高杠杆率加上房价上涨的结果。然而，有些令人费解的是，2010年至2013年中产阶级的净资产收益率非常高——事实上，是所有时期中最高的——但这些年里财富中位数停滞不前。我们稍后再研究这个问题。

中产阶级与最富阶层净资产收益率的巨大差异（低了4个百分点），可以解释为什么2007年至2010年财富不平等程度大幅上升，即使这段时期收入不平等程度出现下降。同样，在2001年至2007年间，这样的收益率差异（1.67个百分点有利于财富五等分中间三个阶层）有助于财富不平等程度保持稳定，虽然收入不平等状况有所增加。2010年至2013年，中产阶级的收益率高于最富阶层，同样有助于财富不平等程度保持稳定，尽管此时收入不平等状况有所上升。

股票所有权先升后降

表3.11a和表3.11b显示了1983年至2013年的总体股票所
121 有权趋势（参见图3.6）。直接拥有企业股票的广义家庭比例在1983年至1989年间略有下跌，从13.7%降至13.1%，拥有任何股票或共同基金的广义家庭比例在这些年中暴跌，从24.4%降至

19.9%。[①] 相比之下，在此期间，拥有价值 5000 美元或以上（以 1995 年美元计算）的股票和共同基金的广义家庭比例保持稳定；事实上，持有 10000 美元或以上以及 25000 美元或以上股票和共同基金的广义家庭比例还上升了。1983 年至 1989 年间的这些变化可能反映了 1987 年股市的急剧下跌，以及随后几年小型基金持有人的退出。然而，尽管股票价格实际上涨了 61.7%（以标准普尔 500 指数衡量），股票加共同基金占广义家庭总资产的份额实际上从 1983 年的 9% 下降到 1989 年的 6.9%——可能因为许多投资者受 1987 年的迷你股灾影响而离开了股市。

表 3.11a　1983 年和 1989 年的股票所有权（持有股票的广义家庭百分比）

单位：%

股票类型	1983 年	1989 年	1983～1989 年
仅限直接持股	13.7	13.1	
股票和共同基金			
1. 任何持股	24.4	19.9	
2. 持有价值 5000 美元或以上的股票[a]	14.5	14.6	
3. 持有价值 10000 美元或以上的股票[a]	10.8	12.3	
4. 持有价值 25000 美元或以上的股票[a]	6.2	8.4	
备忘			
股票加共同基金占总资产的百分比	9.0	6.9	
标准普尔 500 指数变化百分比，以此期间定值美元计算			61.7

资料来源：作者据 1983 年和 1989 年消费者财务调查数据计算得出。

注：a. 按 1995 年美元计算。

① 1983 年的数据无法用来估算间接股权，因此我将 1983 年和 1989 年的结果与其他年份分开。

表 3.11b　1989 年至 2013 年股票持有率（持有股票的广义家庭百分比）

单位：%

股票类型	1989 年	1992 年	1995 年	1998 年	2001 年	2004 年	2007 年	2010 年	2013 年	1989 ~ 2013 年
仅限直接持股	13.1	14.8	15.2	19.2	21.3	20.7	17.9	15.1	13.8	
仅限间接持有股票	23.5	29.3	34.8	43.4	47.7	44.0	44.4	43.4	43.1	
1. 通过共同基金	5.9	8.4	11.3	15.2	16.7	14.1	10.6	8.3	7.8	
2. 通过养老金账户	19.5	24.8	29.2	37.4	41.4	38.0	40.2	40.0	40.3	
3. 通过信托基金	1.6	1.2	1.9	2.4	5.1	4.7	4.1	4.2	4.1	
所有股票[a]										
1. 任何持股	31.7	37.2	40.4	48.2	51.9	48.6	49.1	46.9	46.1	
2. 股票价值在 5000 美元或以上[b]	22.6	27.3	29.5	36.3	40.1	34.9	34.6	33.6	34.4	
3. 股票价值在 10000 美元或以上[b]	18.5	21.8	23.9	31.8	35.1	29.8	29.6	28.8	29.7	
4. 股票价值在 25000 美元或以上[b]	10.5	13.1	16.6	24.3	27.1	22.5	22.1	21.6	22.5	

续表

股票类型	1989 年	1992 年	1995 年	1998 年	2001 年	2004 年	2007 年	2010 年	2013 年	1989 ~ 2013 年
备忘:										
直接持有加间接持有的股票占总资产的比重	10.2	13.7	16.8	22.6	24.5	17.5	16.8	17.5	20.7	
标准普尔 500 指数变化百分比以此期间的定值美元计算		13.8	20.0	87.3	1.3	-11.2	19.0	-26.6	39.0	179.0

资料来源：作者对来自 1983 年、1989 年、1992 年、1995 年、1998 年、2001 年、2004 年、2007 年、2010 年和 2013 年的消费者财务调查的数据进行计算处理。

注：股票价格来源于《2013 年总统经济报告》表 B-96，见 http://www.gpoaccess.gov/eop/tables13.html。截至 2013 年的更新，请访问 http://us.spindices.com/indices/equity/sp-composite-1500。

a. 包含直接持股和通过共同基金、信托、个人退休账户（IRA）、基奥计划、401（k）计划和其他退休账户间接持股。

b. 按 1995 年美元计算。

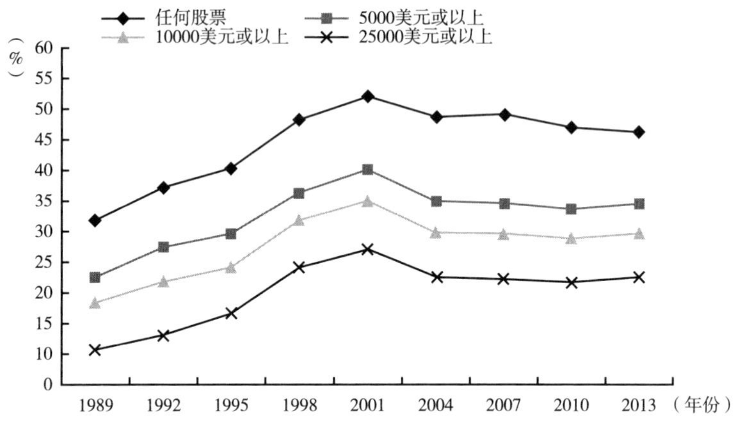

图 3.6　1989 年至 2013 年广义家庭持股比例

与之相反，1989 年至 2001 年股票持有率大幅提升（见表 3.11b）。1989～2001 年直接拥有股票的广义家庭比例从 13.1% 攀升至 21.3%，而直接拥有股票，或通过共同基金、信托或各种养老金账户间接拥有股票的广义家庭比例从 31.7% 飙升至 51.9%。这个增长的大部分来自个人退休账户（IRA）和 401（k）计划等养老金账户的增长。从 1989 年到 2001 年，通过养老金拥有股票的广义家庭比例增加了 1 倍多，占股票所有权总体增长的大部分。通
122 过共同基金间接持有股票的广义家庭在 1989 年至 2001 年间大大增长，从 5.9% 扩大到 16.7%。总而言之，间接拥有股票的广义家庭的比例增加了 1 倍以上，从 23.5% 增加到 47.7%。

接下来的 12 年，即从 2001 年到 2013 年，股票所有权普遍呈现缩减趋势。这种趋势可能反映了股市在 2000 年至 2001 年的急剧下跌，在 2004 年之前复苏乏力，随后 2004 年至 2007 年的反弹，接下来的 2007 年至 2010 年出现更大幅度的下跌。直接股票所有权从 21.3% 暴跌至 13.8%，而间接股票所有权从 47.7% 下降至

43.1%。后一种趋势主要是由于共同基金的股票所有权大幅下降
（下降了9个百分点）。从2001年到2004年，通过养老金账户持有 124
的股票所有权下降了3.4个百分点，但随着股市复苏，从2004年到2007年上涨了2.2个百分点。有趣的是，尽管2007年至2010年股票价格崩盘，但通过养老金账户持有股票的广义家庭比例基本保持不变。虽然2010年至2013年股市复苏，但这个比例依然基本没有变化。

到2004年，直接或间接拥有股票的广义家庭降至48.6%，与1998年的水平相当，低于2001年的峰值51.9%。2007年这个比例略有增加到49.1%，然后在2010年降至46.9%，到2013年降至46.1%。此外，2013年的广义家庭里，大部分家庭只持有一小部分股票，只有34.4%的家庭持有价值5000美元及以上的股票（按1995年美元计算），低于2001年的40.1%；只有29.7%的家庭拥有10000美元及以上的股票，低于2001年的29.8%；只有22.5%的家庭拥有25000美元及以上的股票，低于2001年的27.1%。

直接持有加上间接持有的股票占广义家庭总资产的比重增加了1倍多，从1989年的10.2%增加到2001年的24.5%。这种增长可能在很大程度上反映了这些年来股票价格暴涨了171%的状况（以定值美元计算）。2001年至2007年，这一比例急剧下降到16.8%，然后在2010年稍微恢复了一点，到17.5%。这种变化不仅反映了这些年来股市停滞不前，也反映了许多家庭退出了股票市场。2010年至2013年，这一比例上升至20.7%，这反映了股市的飙升。

表3.11c显示了通过不同金融工具持有股票的情况。这里有非常明显的时间趋势。随着时间的推移，直接持有股票占总股票持有量的比例几乎持续下降，从1989年的54%降至2013年的31.4%。例外的情况主要发生在1998年，当时直接持有股票所有权呈上升

表 3.11c　1989 年至 2013 年股票所有权在不同资产类型上的分布（每种资产类型持有的股票百分比）

单位：%

持股方式	年份									变化
	1989 年	1992 年	1995 年	1998 年	2001 年	2004 年	2007 年	2010 年	2013 年	1989 ~ 2013 年
直接持股	54.0	49.4	36.7	42.6	38.5	37.1	37.1	30.6	31.4	-22.6
间接持股	46.0	50.6	63.3	57.4	61.5	62.9	62.9	69.4	68.6	22.6
1. 通过共同基金	8.5	10.9	17.9	16.3	16.0	21.9	21.3	22.7	21.3	12.8
2. 通过养老金账户	24.4	34.1	37.9	32.9	33.5	30.9	31.4	40.2	39.8	15.4
3. 通过信托基金	13.2	5.6	7.6	8.2	12.0	8.1	7.2	6.5	7.5	-5.6
备忘： 养老金账户持有股票/养老金账户总价值	32.6	44.8	67.5	64.1	66.3	45.6	43.6	46.8	50.0	17.4

资料来源：作者据 1989 年、1992 年、1995 年、1998 年、2001 年、2004 年、2007 年、2010 年和 2013 年的消费者财务调查的数据计算得出。

趋势。这可能反映了 20 世纪 90 年代末的股市狂热。相比之下，共同基金持有的股票占总股票持有量的比例几乎持续上升，从 1989 年的 8.5% 上升到 2004 年的 21.9%，此后到 2013 年基本保持不变，而从 1989 年到 2013 年，信托基金持有的股票则下降了 5.6 个百分点。

模式变化最大的是固定缴款（DC）养老金账户（包含个人退
休账户）持有的股票占总股票的比例。这一趋势主要反映了养老 125
金账户在总资产中的份额几乎不断上升（从 1989 年的 3% 上升到 2013 年的 17%）和股市的波动。其持有股票的份额从 1989 年的 24.4% 提升至 1995 年的 37.9%，2007 年下降到 31.4%，但在 2010 年飙升至 40.2%，随后基本一直保持这个水平到 2013 年。从 1989 年到 1995 年的变化似乎反映了股票市场的上涨，而 1995 年至 2007 年的变化可能是由于投资者在寻找更安全的退休账户，用共同基金替代养老金计划持有股票。从 2007 年到 2010 年的大幅增长可能是由于两个因素：首先，这些年的利率非常低，因此尽管股票价格大幅下跌，养老金持有人仍在其退休金投资组合中用股票替代债券；其次，养老金占总资产的比例从 12% 提升到 15%。

股票占养老金计划总价值的比例呈现平行变动。它在 1989 年至 1995 年翻了一番多，从 32.6% 增加到 67.5%，并保持这一水平到 2001 年，然后在 2007 年暴跌至 43.6%。从 2001 年到 2004 年的猛烈下跌可能反映了股票市场在此期间的疲软表现（以及 2000 年到 2002 年的急剧下跌）以及养老金计划持有者在寻找更安全的投资。从 2007 年到 2010 年，因为利率大幅下降，投资于股票的养老金比例从 43.6% 上升到 46.8%，随着股市复苏，在 2013 年达到 50%。

不同财富阶层和收入阶层的股票持有率截然不同。如表 3.12a

所示，2013 年，最富 1% 阶层中有 94% 直接或间接地持有股票，与之相比，五等分中间 20% 阶层只有 42.8%，五等分最穷 20% 阶层只有 19.6%。同时最富 1% 阶层里有 92.8% 报告拥有价值 10000 美元或更多的股票（以当时美元计算），但这一比例在五等分中间 20% 阶层只有 24.7%，在五等分最穷 20% 阶层只有 4.8%。最富 1% 阶层广义家庭拥有全部股票的 37.8%，最富裕 5% 阶层拥有 67.9%，最富 10% 阶层拥有 81.4%，五等分最富 20% 阶层拥有 92.0%。

股票所有权的高度集中也表现在收入阶层上（见表 3.12b）。2013 年，收入最高的 4.2%（收入 25 万美元或以上）的广义家庭中有 93% 拥有股票，而这个比例在中等收入阶层（收入在 25000 美元到 50000 美元之间）只有 35%，在中低收入阶层有 18%（收入在 15000 美元和 25000 美元之间），而贫穷广义家庭（收入低于
127 15000 美元）只有 8% 报告拥有股票。对比不同收入阶层持有股票价值为 10000 美元或以上的广义家庭比例，最高收入阶层为 91%，中等收入阶层为 19%，中低收入阶层为 8%，贫穷阶层为 4%。此外，所有股票中有 88% 由收入为 75000 美元或以上（最富 31% 阶层）的广义家庭拥有，94% 由收入为 50000 美元或以上的广义家庭拥有。

表 3.12a　2013 年不同财富阶层的股票所有权集中度

单位：%

财富阶层	拥有股票价值超过以下数字的广义家庭百分比			拥有股票的百分比		
	0	4999 美元	9999 美元	比例	累计	累计至 2001 年
最富 1% 阶层	94.0	93.7	92.8	37.8	37.8	33.5
接下来 4%	91.9	91.3	91.0	30.2	67.9	62.3
接下来 5%	89.2	87.5	86.1	13.5	81.4	76.9
接下来 10%	79.4	75.4	73.3	10.6	92.0	89.3

续表

财富阶层	拥有股票价值超过以下数字的广义家庭百分比			拥有股票的百分比		
	0	4999美元	9999美元	比例	累计	累计至2001年
五等分次富20%阶层	60.5	53.2	48.9	6.0	98.0	97.1
五等分中间20%阶层	42.8	31.1	24.7	1.5	99.5	99.3
五等分次穷20%阶层	23.0	9.9	5.9	0.2	99.7	99.8
五等分最穷20%阶层	19.6	7.9	4.8	0.3	100.0	100.0
所有	46.1	36.9	33.0	100.0		

资料来源：作者对2013年消费者财务状况调查的计算。

注：包含直接拥有的股票和通过共同基金、信托、个人退休账户（IRA）、基奥计划、401（k）计划和其他退休账户间接拥有的股票。所有数字均为按2013年美元计算。

表3.12b　2013年不同收入阶层的股票所有权集中度

单位：%

收入水平	广义家庭百分比	拥有股票价值超过以下数字的广义家庭百分比			拥有股票的百分比		
		0	4999美元	9999美元	比例	累计	累计至2001年
250000美元或以上	4.2	92.7	92.2	91.1	52.4	52.4	40.6
100000~249999美元	16.2	80.9	74.0	70.7	28.7	81.1	68.6
75000~99999美元	10.2	68.3	57.5	50.8	6.4	87.5	77.4
50000~74999美元	16.6	55.5	42.4	35.3	6.5	93.9	89.3
25000~49999美元	27.5	34.9	22.4	18.7	4.3	98.2	97.6
15000~24999美元	14.2	17.5	10.3	8.1	1.0	99.2	98.9
低于15000美元	11.2	8.1	4.4	4.0	0.8	100.0	100.0
所有	100.0	46.1	36.9	33.0	100.0		

资料来源：作者对2013年消费者财务状况调查的计算。

注：包含直接拥有的股票和通过共同基金、信托、个人退休账户（IRA）、基奥计划、401（k）计划和其他退休账户间接拥有的股票。所有数字均为按2013年美元计算。 128

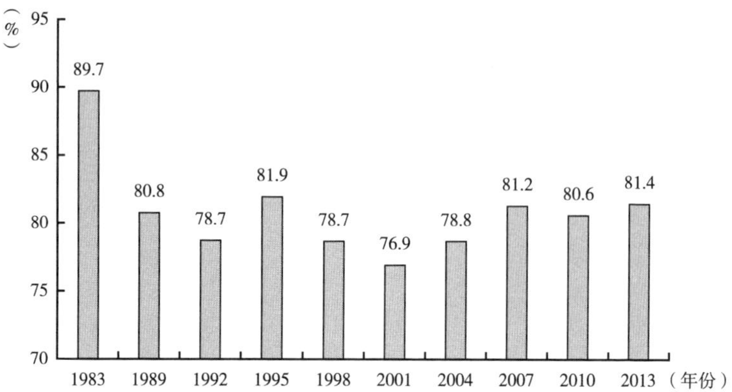

图 3.7　1983～2013 年最富 10% 广义家庭拥有股票价值占总股票价值比重

21 世纪第一个 10 年另一个值得注意的变化是股票所有权趋于集中。以财富来衡量，最富 1% 阶层拥有的股票占总股票份额从 2001 年的 33.5% 增加到 2013 年的 37.8%，而最富 5% 阶层的份额从 62.3% 增加到 67.9%。最富 10% 广义家庭拥有的股票份额在 1983 年为 89.7%，2001 年降至 76.9%，为最低水平，然后在 2013 年攀升至 81.4%（见图 3.7）。以收入来衡量，最高收入阶层所拥有的股票份额从 40.6% 跃升至 52.4%（请注意，最高收入阶层占广义家庭总数中的比例也从 2.7% 上升到 4.2%），收入最高的前两
129 个阶层的股票合计比例从 69% 增加到 81%。21 世纪第一个十年的前期和后期两次股票市场泡沫破裂带来的一个结果就是，中产阶级家庭从股票市场撤出，其股票持有率从 2001 年的 51.1% 下降到 2010 年的 41.4%（见表 3.4）。即使 2010 年至 2013 年股市复苏，股票持有率依然几乎没有变化。

因此，从财富阶层或收入阶层来看，依然只有富裕阶层和中上收入阶层大量持有股票。这些群体是 20 世纪 90 年代末和 21 世纪

第一个十年之初股市繁荣的大赢家（同样也是21世纪第一个10年初期和后期的大输家），而中产阶级和贫穷阶层没有从牛市中得到较大的利益（同时在2000年至2002年和2007年至2010年股市崩盘期间也没有什么损失）。究竟哪些群体从资本收益税优惠中受益最多也同样显而易见。

固定缴款养老金财富继续增长

尽管2007年至2010年股票市场极度低迷，但这几年里固定缴款（DC）养老金账户持续增长。固定缴款账户包含401（k）和其他雇主提供的退休计划以及个人退休账户（IRA）、基奥计划和类似的政府资助计划。表3.13列出了1983年至2013年这些账户的发展情况。从1983年到2001年，无论是总体还是按年龄分组，持有这些账户的广义家庭比例都大幅增加。总体而言，这一比例从11.1%急剧上升至52.2%。这些养老计划的平均值急速飙升，对于账户持有人来说价值几乎涨到3倍，对于全体广义家庭来说上涨到原来的13.6倍。这些时间趋势部分反映了固定缴款养老计划的历史。个人退休账户最初成立于1974年，随后是1978年为营利性公司制定的401（k）计划［非营利性组织的403（b）计划要早得多］；然而，在1989年之前，401（k）计划和相似计划并未在工作单位普及。

从2001年到2007年，拥有固定缴款计划的广义家庭比例保持平稳，从2007年到2010年这一比例温和下降，从52.6%降至50.4%。2001年以后，以定值美元计算的平均固定缴款持有量继续增长。总体而言，在账户持有者中，从2001年到2007年这个比例增长了21个百分点，然后从2007年到2010年增长了11个百分

点，在全体广义家庭中，在这两个时段持有比例分别增长了22个
130 百分点和7个百分点。因此，尽管2007年至2010年股市崩盘总体净资产平均值下降18%，但2007年之后平均固定缴款财富继续增长。原因是广义家庭将其财富构成的其他资产转换为固定缴款账户。如前所述，这些年养老金账户占总资产的比例从12.1%上升到15.1%（见表3.1）。[①]

表3.13　1983～2013年按年龄组划分的固定缴款养老金

（千美元，按2013年美元计算）

	变化（%）						
	1983年	1989年	2001年	2007年	2010年	2013年	1983～2013年
A. 全体广义家庭							
1. 持有固定缴款账户的百分比	11.1	24.0	52.2	52.6	50.4	49.2	
2. 固定缴款养老金财富平均值（仅限养老金持有人）	46.9	49.5	135.2	163.9	182.5	201.1	328.5
3. 固定缴款养老金财富平均值（分组里全体广义家庭）	5.2	11.9	70.6	86.3	91.9	99.0	1805.7
B. 46岁及以下							
1. 持有固定缴款账户的百分比	13.7	31.2	53.8	49.9	47.8	47.3	
2. 固定缴款养老金财富平均值（仅限养老金持有人）	24.2	33.2	69.1	69.1	67.4	77.5	220.0

① 从2007年到2010年，全体广义家庭固定缴款养老金财富平均值增加了5700美元（按2013年美元计算），而股票和共同基金的价值下降了15300美元。

续表

	变化(%)						
	1983 年	1989 年	2001 年	2007 年	2010 年	2013 年	1983～2013 年
3. 固定缴款养老金财富平均值(分组里全体广义家庭)	3.3	10.4	37.1	34.5	32.2	36.6	1000.3
C. 47～64 岁							
1. 持有固定缴款账户的百分比	12.3	28.3	62.0	63.8	59.6	58.3	
2. 固定缴款养老金财富平均值(仅限养老金持有人)	88.6	81.2	205.0	235.8	258.1	242.0	173.2
3. 固定缴款养老金财富平均值(分组里全体广义家庭)	10.9	23.0	127.0	150.4	153.8	141.1	1197.0
D. 65 岁及以上							
1. 持有固定缴款账户的百分比	2.0	1.3	35.0	40.8	41.1	39.4	
2. 固定缴款养老金财富平均值(仅限养老金持有人)	112.7	195.5	201.4	232.9	274.3	374.4	232.2
3. 固定缴款养老金财富平均值(分组里全体广义家庭)	2.3	2.6	70.4	95.0	112.8	147.5	6300.5

资料来源：作者据 1983 年、1989 年、2001 年、2007 年、2010 年和 2013 年的消费者财务调查数据计算得出。

注：固定缴款养老金包含个人退休账户、基奥计划、401（k）计划以及其他雇主提供的计划固定缴款养老金计划。

根据户主年龄划分广义家庭年龄组。

中年广义家庭（47 岁至 65 岁）和老年广义家庭（65 岁及以上）的变化模式很相似，但与年轻广义家庭（46 岁及以下）不一样。从 2001 年到 2007 年，养老金账户持有人的平均固定缴款财富 131

没有变化，然后从2007年到2010年下降了2.5%，而在年轻组全体广义家庭中，2001年至2007年平均固定缴款财富下降了7%，2007年至2010年又下降了7%（这个差异反映了减少持有养老金账户的年轻广义家庭的比例）。因此，就固定缴款账户而言，在2007年至2010年间中年广义家庭和老年广义家庭的退休准备金没有减少，但年轻广义家庭的状况有所恶化。[①] 年轻劳动者的养老金财富暴跌可能是因为他们失业率很高，而且即使有工作其工资也相对较低。

2010年至2013年间，拥有固定缴款养老金账户的广义家庭比例下降了1.2个百分点。按年龄组划分，年轻广义家庭下降0.5个百分点，中年广义家庭下降1.3个百分点，老年广义家庭下降1.7个百分点。这一结果与表3.4中的结果一致，即这些年财富五等分中间三个阶层的养老金所有权下降。尽管如此，随着股市复苏，固定缴款养老金账户的平均值继续增长。总体而言，账户持有人的固定缴款养老金账户平均值增加了10.2%，全体广义家庭的固定缴款养老金账户平均值增加了7.7%；这两个数字在年轻广义家庭中分别是15%和13.7%；在老年广义家庭中分别是36.5%和30.8%。唯一的例外是中年广义家庭，这个群体中账户持有人的固定缴款养老金平均值减少了6%，全体广义家庭的固定缴款养老金平均值减少了8%。在年轻和老年广义家庭中，固定缴款计划价值确实在恢复，实际上超过了2007年的水平，但中年广义家庭的固定缴款计划价值仍然低于2007年的水平。

---

① 但是，对退休准备金的全面评估还需要考虑固定收益养老金和社会保障财富。详细情况，请参阅第八章。

摘要和结论

也许本章叙述中最引人注意的发展是2001年至2007年间债务与收入的比率的急剧上升，在此期间它达到近25年的最高水平，全体广义家庭的债务与收入的比率为119%。债务与净资产的比率也大幅上升，从14.3%上升到18.1%。增加债务的大部分来自住房抵押贷款的增加。从2007年到2010年，这两个比率继续上升，前者从119%上升至127%，后者从18.1%上升至20.6%。尽管整体平均债务温和缩减了4.4%，但仍然出现了这种情况，反映出财 132
富平均值和收入平均值在下降。两个比率到2013年急剧下降，分别降为107%和17.9%，未偿债务持续萎缩，在此期间下降13%。

虽然从1983年到2013年房屋价值占全体广义家庭总资产的比例保持相对稳定（30%左右），但房屋净值占总资产的比例从24%下降到17%。这一趋势反映了房主的房产抵押债务在增加，从1983年的21%增长到2013年的39%。

总体股票持有率（包含直接持有或通过共同基金、信托基金，或养老金计划间接持有），从1989年的32%快速上升到2001年的52%，而后跌落至2013年的46%。但是，在2013年，投资型资产的集中度基本与过去三十年一样高。股票、债券、信托和商业股权总价值的约90%，以及非住宅房地产的约80%，由最富10%阶层广义家庭持有。不同财富阶层的股票持有率也差异巨大。2013年，按财富分组，最富1%阶层广义家庭拥有所有股票的38%，最富10%阶层拥有81%，财富五等分最富20%阶层拥有92%。

财富五等分中间三个阶层的债务与收入的比率增长巨大，从2001年的1增加到2007年的1.57，债务与净资产的比率从0.46

增加到0.61。2007年五等分中间三个阶层广义家庭的债务与净资产的比率也要高得多，为0.61，远高于最富1%阶层的0.028。从2007年到2010年，债务与净资产的比率继续上升至0.69，但债务与收入的比率却下降至1.34。其中的原因是中产阶级的债务大幅减少，扣除通胀因素后，其总体债务下降了25%。这些年债务与净资产的比率上升，反映了净资产大幅下降44%的事实。从2010年至2013年，由于未偿债务水平持续下降了8%，这两个比率随之一起下降。

1989年，在失去收入的情况下，平均主要工作年龄段（25～54岁）家庭积累的财务资源，只够维持3.6个月的正常消费，或9个月贫困标准125%水平的消费。到2013年，平均工作年龄段家庭的财务资源储备甚至更低，仅够维持其0.2个月的正常消费和
133 0.4个月的贫困标准125%水平的消费。金融储备的枯竭是中产阶级日益感到不安全的一个重要原因。

理解中产阶级在大衰退时期面临的困境，关键是了解他们的高杠杆以及他们的资产在住宅上的高度集中。2007年至2010年净资产中位数急剧下降，主要是由于五等分中间三个阶层的净资产收益率负得很厉害（每年-10.6%）。反过来，这也可以归因于房价的急剧下跌及其非常高的杠杆。此外，高杠杆有助于解释为什么这些年财富中位数下降幅度超过房价下降幅度。

这还不是故事的全部。根据计算出的五等分中间三个阶层的各种收益率，粗略估计广义家庭财富中位数应该仅下降27%，但实际下降了44%。如果我们忽略在此期间的遗产和赠与的净流量，[①]

---

① 根据第五章的分析，中产阶级广义家庭的净继承现金流每年都很小。

这 17 个百分点的差异一定是负储蓄导致的。[①] 事实上，从 2007 年到 2010 年住房自有率下降了 8.9 个百分点（见表 3.14）。养老金账户所有权也下降了 7.7 个百分点，金融资产下降了 7.8 个百分点，股票所有权下降了 6.4 个百分点。这些下降数字比全体广义家庭的相应数字要大得多。按定值美元计算，平均住宅价值下降了 30.5%，养老金资产下降了 24.8%，金融资产下降了 40.6%，总股票价值下降了 18.8%。这些年来，中产阶级广义家庭正在耗尽他们的资产。我将在第五章中更全面地分析资本损失和负储蓄的作用。

关于 2010 年至 2013 年净资产中位数没有显著改善的事实，至少根据消费者财务状况调查数据分析是如此，这需要一个不同的解释。2010 年至 2013 年，该情况的核心原因是负储蓄。2010 年至 2013 年，大部分资产价格大幅回升，但房价除外，房价仅上涨了 8%（扣除通胀因素后）。根据计算得出的财富五等分中间三个阶层的收益率，净资产中位数应该增加 36%。这似乎显示（让我们再次忽略了遗产和赠与），这些年来巨大的负储蓄导致财富无法增长。第五章对此进行了详尽的分解分析。[②] 从 2010 年到 2013 年，广义家庭财富中位数停滞不前，可以归因于广义家庭资产的枯竭。特别是，中产阶级用尽其资产偿还债务，我们看到其资产减少

---

① 净资产平均值的结果不同。在这种情况下，2007 年至 2010 年财富平均值下降了 16%。而根据全体广义家庭的年收益率计算，它应该下降 20%。它被 1.2% 年度储蓄率所抵消，反映在初始财富平均值上。赛斯和祖克曼还报告了 2007 年至 2010 年财富分布底部 90% 阶层出现很高的负储蓄率——大约为收入的 5%。他们的数据系列截止于 2012 年。[参见赛斯和祖克曼《自 1913 年以来美国财富不平等程度》(Wealth Inequality in the United States since 1913)]

② 净资产平均值的结果相似。根据消费者财务状况调查数据，自 2010 年和 2013 年开始，财富平均值略有增加。根据全体广义家庭估算收益率，净资产平均值应该增加 20%。在第五章中，我还使用美国财政账户数据来分析 2010 年至 2013 年的广义家庭财富趋势，并得到更合理的结果。

表 3.14　2007～2013 年资产拥有率的变化

单位：%

资产						变化
	2007 年	2010 年	2013 年	2007～2010 年	2010～2013 年	2007～2013 年
A. 全体广义家庭						
主要住宅	68.6	67.2	65.1	-1.4	-2.1	-3.5
养老金资产	52.6	50.4	49.2	-2.3	-1.1	-3.4
非法人企业	12.0	12.1	10.4	0.1	-1.7	-1.6
金融资产[a]	27.8	22.9	21.5	-4.9	-1.4	-6.3
所有股票[b]	49.1	46.9	46.1	-2.2	-0.8	-3.0
B. 五等分中间三个阶层						
主要住宅	76.9	68.0	66.7	-8.9	-1.4	-10.3
养老金资产	53.4	45.8	44.4	-7.7	-1.3	-9.0
非法人企业	8.8	8.2	6.6	-0.7	-1.5	-2.2
金融资产[a]	23.1	15.3	14.2	-7.8	-1.1	-8.9
所有股票[b]	47.8	41.4	41.0	-6.4	-0.4	-6.8
备注：平均值						
财富分布五等分三个中间层（千美元，按 2013 年美元计算）						
主要住宅	163.4 美元	113.5 美元	105.2 美元	-30.5	-7.3	-35.6
养老金资产	32.3 美元	24.3 美元	27.1 美元	-24.8	11.6	-16.0
非法人企业	7.2 美元	5.7 美元	4.3 美元	-21.3	-24.5	-40.6
金融资产[a]	9.1 美元	5.4 美元	5.8 美元	-40.6	6.7	-36.6
所有股票[b]	17.5 美元	14.2 美元	14.9 美元	-18.8	5.3	-14.5

资料来源：作者据 2007 年、2010 年和 2013 年消费者财务状况调查数据计算得出。

注：a. 包含公司股票、金融证券、共同基金和个人信托。

b. 包含直接拥有的和通过共同基金、信托、个人退休账户、基奥计划、401（k）计划和其他退休账户间接拥有的股票。

134 了 8.2%。这特别显示了资产拥有率的降低。住宅拥有率从 68% 降至 66.7%，养老金拥有率从 45.8% 降至 44.4%，非法人企业拥有率从 8.2% 降至 6.6%，股票和金融证券拥有率从 15.3% 降至 14.2%。按定值美元计算，平均资产价值里跌幅最大的是住宅价值，而这些年养老金资产和股票价值曾出现一些复苏姿态。但总的来说，资产的减少与债务的减少大体相当。

2007 年至 2010 年和 2010 年至 2013 年，中产阶级高负储蓄的可能原因是收入停滞不前（实际上，这些年来收入中位数在下降）。看起来中产阶级正在耗尽其资产来维持其消费。事实显示， 135
根据消费者支出调查的数据，扣除通胀因素后，收入分布五等分中间 20% 阶层的平均支出实际上在下降，从 2007 年至 2010 年下降了 7.7%，从 2010 年至 2013 年下降了另外 3.5%。此外，这个证据表明，收入停滞不前的中产阶级广义家庭扩大债务（至少在 2007 年以前）主要是为了支付正常的消费支出而不是增加投资组合。实际上，如前所述，从 2001 年到 2007 年，扣除通胀因素后，尽管债务大幅增加，但消费者支出平均值仅增长了 1.7%。另一个可能的原因是，至少在资产价格上涨时，中产阶级也会增加债务以增加杠杆提高其收益率。当然，当资产价格崩溃时，增加的这些杠杆也使他们变得非常脆弱。

财富分布五等分三个中间阶层与最富 1% 阶层的净资产收益率的巨大差异（超过 4 个百分点），也在很大程度上解释了为什么在 2007 年至 2010 年间，收入不平等状况在缓解，股价房价比保持稳定（这些年这两个价格以大致相同的速度下降），但财富不平等程度急剧上升。这是因为，中产阶级的净资产由于房价下跌而相对受到的打击，要大于财富分布五等分最富 20% 阶层的净资产因为股票市场暴跌而受到的打击。这一因素也反映这样一个事实：在大衰退时期，财富中位数以百分比衡量的下降幅度要远大于财富平均值。

与之相反，从 2010 年到 2013 年，财富不平等程度相对几乎没有变化。情况确实如此，尽管这些年收入不平等程度大幅上升，股价房价比大幅上升（上升29%）。此时的抵消因素是，中产阶级的净资产收益率高于最富1%阶层（有0.79个百分点的差异）。

为什么从2007年到2010年广义家庭债务急剧下降，特别是中产阶级？对这个问题的系统分析超出了本书的研究范围。这里似乎涉及几个因素。第一，正如在第二章里所述，2007年之前的房价泡沫在很大程度上得益于房屋购买和再融资可用信贷的大幅扩张，并且这种信贷极其容易获得。这种扩张有多种形式。许多房主对初
136 级抵押贷款进行再融资，由于房价上涨，他们增加了未偿还的抵押贷款余额，从而降低了他们的住宅权益。进一步地，许多房主申请了二次抵押贷款和房屋净值贷款，或增加了这些金融工具的未清余额。对新房主的信贷审核弱化，出现了一种被称为无收入证明贷款，这种贷款发放几乎不需要审查收入证明文件。这些贷款中的许多是所谓的次级抵押贷款，其特点是极高的利率和大额尾付。

第二，到2007年，消费者债务爆炸式增长，未偿还消费信贷总额暴涨。造成这种情况的原因有很多，包括信用卡信贷额度增加，信贷标准放宽以及信贷限额增加。

第三，金融危机爆发后，信贷大幅收紧，表现在几个方面。新发行的信用卡数量和信贷额度余额有所减少。随着银行和其他金融机构提高合格贷款人的首付款和信贷评分要求，新抵押贷款的发放急剧下降。* 无收入证明贷款几乎完全被消灭。可用房屋净值信贷额度急剧下降，部分原因是房屋价值大幅下跌，因此支持房屋净值贷款的抵押品价值随之下降。房屋止赎和短售从许多广义家庭的资

---

* 信贷评分，第三方机构根据个人信用状况进行的信用评分，金融机构依据这个评分评估贷款人信用水平。——译注

产负债表中移除抵押贷款债务，同时上升的破产率进一步移除了广义家庭债务。[*]

第四，虽然杠杆在标准储蓄理论里不是储蓄（或负储蓄）激励因素，但通常认为杠杆是获得更高财富收益率的一种机制（见表 3.10）。当资产价格上涨时，广义家庭增加未偿债务以增加资产负债表上的收益，实际上是理性的。当然，资产价格下跌时的情况正好相反。一种可能性是，2007 年之后资产价格急剧下跌，以及随之而来的净资产下降，让广义家庭们焦头烂额，他们可能因此决定减少债务以避免重蹈覆辙。

第五，一个对冲因素是用消费者物价指数（CPI）衡量的通货膨胀率，它在 1983 年至 2007 年和 2007 年至 2013 年显著下降——从平均年通货膨胀率 3.05% 降至 1.94%。由于扣除通胀因素后，通货膨胀减少了未偿债务余额，在通货膨胀影响下，平均实际债务在早期的下降幅度将大于后期。 137

附表 3.1　1983 年至 2013 年按资产类型和时间段划分的年平均名义收益率

单位：%

分类	按时间段划分的平均名义收益率(百分比)					
	1983 ~ 2013 年	1983 ~ 1989 年	1989 ~ 2001 年	2001 ~ 2007 年	2007 ~ 2010 年	2010 ~ 2013 年
住宅房地产	3.54	4.02	4.49	5.84	-7.22	4.92
商业 + 非住宅房地产	4.53	3.94	4.10	9.75	-5.83	7.39
流动资产	3.98	6.70	4.69	3.11	1.28	0.12
金融资产(包含股票)	9.21	13.32	13.01	2.34	-3.72	12.45
养老金账户	7.56	11.63	9.60	3.00	-0.34	8.26

* 房屋短售（shortsale），抵押贷款机构低价卖出无力偿还抵押贷款房主的房子，在美国，很多州规定，如果卖出价格低于抵押贷款未清余额，借款人将豁免贷款人偿还差异部分的责任。——译注

续表

分类	按时间段划分的平均名义收益率（百分比）					
	1983～2013年	1983～1989年	1989～2001年	2001～2007年	2007～2010年	2010～2013年
抵押债务	0.00	0.00	0.00	0.00	0.00	0.00
非抵押债务	0.00	0.00	0.00	0.00	0.00	0.00
通货膨胀（CPI－U平均值）	2.88	3.72	3.02	2.66	1.71	2.23

注：实际收益率＝（1＋名义利率）/（1＋ΔCPI）－1

房主自住住房：1989年至2007年的来源是美国人口普查局《2009年统计摘要》表935，见http：//www.census.gov/compendia/statab/。2007年之后的数据，请参见美国房地产经纪人协会《城市单户住宅二手房销售价格中位数》，网址：http：//www.realtor.org/。这些数字是二手房价格中位数，仅限于城市区域。

商业和非住宅房地产：持有收益除以非公司业务权益（来自http：//www.federalreserve.gov/releases/Z1/20140605，表R.100和B.100）。流动资产：支票储蓄、现金、定期存款、储蓄存款以及人寿保险责任准备金的加权平均值。权重是这些资产占其总和的比例（依据http：//www.federalreserve.gov/releases/Z1/20140605，表B.100计算）。关于收益率的假设是：支票储蓄为零，定期储蓄和储蓄存款为一个月期的存单（CD）的收益率（取自美联储公布的H.15选定利率表，可从http：//www.federalreserve.gov/releases/h15/data.htm获取），人寿保险责任准备金的收益率为一个月期的存单的收益率加上通货膨胀率。

金融资产：公开市场票据、美国国债、市政债券、公司债券和外国债券、公司股票和共同基金份额的收益率的加权平均值。权重是这些资产在广义家庭持有的金融资产总额中的比例（根据上面提到的表B.100计算）。公开市场票据的收益率是假设等于一个月期的金融凭证的收益率（取自H.15选定利率表，http：//www.federalreserve.gov/releases/h15/data.htm）。其他资产的收益率数据来自《2015年总统经济报告》，表B－17，可在https：//www.whitehouse.gov/sites/default/files/docs/2015_erp_appendix_b.pdf获取。关于国库券、市政债券、公司债券和外国债券，以及公司股票的假设收益率分别等于国债平均收益率、高级市政债券收益率、公司债券平均收益率以及标准普尔500指数年度变化百分比。假设共同基金的收益率等于公开市场票据、国库券、市政债券、公司债券和外国债券，以及公司股票的收益率的加权平均值。权重是共同基金总金融资产中这些资产的比例（从http：//www.federalreserve.gov/releases/Z1/20140605，表L.123计算）。

股票价格：《2013年总统经济报告》表B－96，可从http：//www.gpoaccess.gov/eop/tables13.html获取，截至2013年的更新参见http：//us.spindices.com/indices/equity/sp－composite－1500。

固定缴款养老金账户：股票、债券和货币市场基金的加权平均收益率，权重基于此期间固定缴款账户的平均投资组合构成（1983年至1989年，权重仅基于1989年数据计算）。

CPI－U：来自《2015年总统经济报告》表B－10。

第四章　广义家庭财富不平等程度的国际比较

美国的财富不平等程度与其他国家相比如何？财富不平等程度如何随时间而变化？美国的财富中位数和平均值与其他发达经济体相比如何？了解这三个问题很重要，它们为了解美国公民的体验提供了国际背景。本章比较了一段时期内若干国家个人财富不平等程度。关于收入分布的国际比较现在有一套非常完善的文献资料。这些研究的大多数（特别是最近的研究）是基于卢森堡收入研究（LIS）*，该研究收集了大多数经济合作与发展组织（OECD）国家的广义家庭调查数据，并对收入定义、抽样框架和分析单位进行了标准化处理，以产生可比较的收入规模分布估算。[①] 卢森堡收入研究（LIS）现在的数据可以追溯到几年前。

---

* 卢森堡收入研究（LIS），现在叫作卢森堡收入研究所跨国数据中心（LIS Cross - National Data Center），是一个非营利组织，成立于1983年，为经济学研究提供跨国微观收入数据。——译注

① 相关样例参见 Anthony B. Atkinson，Lee Rainwater 和 Timothy Smeeding 著作：*Income Distribution in Advanced Economies*：*The Evidence from the Luxembourg Income Study*（LIS）（Paris：OECD，1995）；Brigitte Buhmann 等人著作："Equivalence Scales，Well - Being，Inequality，and Poverty：Sensitivity Estimates across Ten Countries Using the Luxembourg Income Study（LIS）Database，" 载于 *Review of Income and Wealth* series 34，no. 2（June 1988）：115 - 142；以及 Michael O' Higgins，Guenther Schmaus 和 Geoffrey Stephenson 著作："Income Distribution and Redistribution：A Microdata Analysis for Seven Countries，" 载于 *Review of Income and Wealth* series 35（June 1989）：107 - 132。

现在有两个可比较的广义家庭财富数据库。第一个是卢森堡财富研究（LWS），它与卢森堡收入研究（LIS）一样收集了许多经合组织国家的广义家庭调查数据。它试图将财富定义和分析单元标准化，以使所有国家的数据具有可比性。第二个是欧元系统广义家庭财务和消费调查（HFCS），这是欧元区 15 个欧洲国家的新数据源。它与卢森堡财富研究的不同之处在于，它使用统一的调查工具收集 15 个国家的数据。卢森堡财富研究和欧元系统广义家庭财务和消费调查都只有一年的调查数据。（以下有关 HFCS 数据的部分引用了这些来源的一些发现。）

在本章中，我将进行个人财富规模分布的国际比较。[①] 我不会
139 尝试复制卢森堡收入研究的工作，去创建一套性质一致的跨国收入数据。相反，我尝试基于相似的数据来源，匹配不同国家的估算。应该指出的是，对个人财富不平等程度的估算对以下因素非常敏感：数据来源的选择、财富的定义、会计惯例、分析单位和抽样框架，尤其对高收入家庭或人群的分层程度敏感。[②] 因此，必须谨慎

① 本章更新了丹尼斯·凯斯勒（Denis Kessler）和爱德华·沃尔夫（Edward N. Wolff）的研究成果："A Comparative Analysis of Household Wealth Patterns in France and the United States," 载于 *Review of Income and Wealth* series 37, no. 3 (September 1991)：249－266，它比较了法国和美国的财富不平等程度；还有沃尔夫著作："International Comparisons of Wealth Inequality," 载于 *Review of Income and Wealth* series 42, no. 4 (December 1996)：433－451，该文汇编了一些经合组织国家的广义家庭财富不平等程度的估算值；沃尔夫著作：*Top Heavy: A Study of Increasing Inequality of Wealth in America*，最新增订版（纽约：新出版社，2002 年），该书描绘了瑞典、英国和美国财富不平等程度的长期时间序列；沃尔夫著作："International Comparisons of Wealth: Methodological Issues and a Summary of Findings," 载于 *International Perspectives on Household Wealth* (Cheltenham, U. K.: Edward Elgar Publishing Ltd., 2006), 1－16，该书讨论了国际财富比较研究中采用的各种方法。

② 比较不同来源财富数据会遇到很多困难，关于这些讨论，请参阅"估算广义家庭财富分布的方法问题"一节。

对待此处提出的广义家庭财富不平等程度的国际比较。此外，我对2000年收集十六国广义家庭财富的规模分布数据进行处理，使其具有可比性。[①]

本章有三个结论。第一，如第二章和第十三章所述，从20世纪70年代中期到2000年，美国财富不平等程度急剧上升，这在工业化国家中并不普遍（至少在那些有可比数据的国家里并不普遍）。详细地讲，到20世纪80年代中期，瑞典财富不平等程度略有上升，加拿大、法国和英国几乎没有变化或略有下降。收入不平等状况的变化趋势与之相似。[②] 此外，从20世纪80年代早期到2000年，加拿大和意大利财富不平等程度有所上升，但德国则急剧下降。

第二，我们所获得的证据表明，20世纪80年代，美国在8个有可比数据的经合组织国家——澳大利亚、加拿大、法国、德国、日本、瑞典、英国和美国——中被评为财富不平等程度最严重的国家，日本是其中最平等的国家，而其他6个国家的财富不平等程度大致相当。这一结果大致也适用于收入不平等状况。[③] 到2000年，美国的财富不平等程度排名再次远高于加拿大、德国和意大利。

---

① 数据来自James Davies等人著作："The World Distribution of Household Wealth," 载于*Personal Wealth from a Global Perspective*（Oxford: Oxford University Press, 2008), 395 - 418; "The Global Pattern of Household Wealth," 载于*Journal of International Development* 21, no. 8（November 2009）: 1111 - 1124; 以及"Level and Distribution of Global Household Wealth," 载于*Economic Journal* 121（March 2011）: 223 - 254。

② 相关案例参见Atkinson, Rainwater和Smeeding著作：*Income Distribution in Advanced Economies*。

③ 相关案例参见Atkinson, Rainwater和Smeeding著作：*Income Distribution in Advanced Economies*。

第三，今天美国相对较高的财富不平等程度似乎是从20世纪70年代初期开始明显转变，当时该国还与其他工业化国家的财富不平等程度相当。此外，美国和英国的时间趋势比较显示，在20世纪80年代美国的财富不平等程度发生了显著转变，反转了自20世纪20年代以来的状况，在之前的这段时间里，美国在财富所有权方面比英国更加平等。两国的比较结果同时适用于传统（可变现）财富和增广财富，后者包含公共和私人养
140 老金财富。

本章定义了本研究中使用的两个个人财富概念，并考察了瑞典、英国和美国三个国家广义家庭财富集中的长期时间趋势。调查上述三个国家的最新趋势后，我们加入了加拿大和法国，直接对比这五个国家的财富不平等程度，同时还比较了澳大利亚、德国和日本的财富不平等程度。我对选定国家的收入不平等和财富不平等程度进行了一些比较，并将财富规模分布的结果更新到2010年前后。

估算广义家庭财富分布的方法问题

有几个政府组织编制了针对美国以及大多数工业化国家的广义家庭收入规模分布的官方估算。美国人口普查局每年3月进行一次年度调查。当前人口调查（CPS）提供有关个人和广义家庭税后净收入和总收入的详细信息。根据这些数据，美国人口普查局估算狭义家庭收入不平等和广义家庭收入不平等两组数据。自1947年以来，美国一直进行当前人口调查。因此，这里有一套前后一致的广义家庭收入分布时间序列数据，涵盖近70年时间。

遗憾的是，没有关于美国或世界上任何其他国家的广义家庭财富规模分布的可比数据。没有相关的官方广义家庭年度调查。因此，该领域的研究人员不得不采用多个来源数据，用于广义家庭的财富不平等程度的估算，这些数据有时是不一致的。使这个问题变得更加复杂的是，广义家庭的财富相当强地集中在最富百分之几的阶层，比收入的集中度要高得多。因此，除非调查或数据来源有专门覆盖一个国家最富群体的设计，否则对财富规模分布的估算很容易产生偏倚，低估了财富不平等程度的真实水平。最终结果是，对广义家庭的财富分布的估算比对收入分布的估算问题更大。

本章所载的广义家庭的财富估算主要基于广义家庭调查数据。
当比较来自不同财富数据来源的广义家庭财富分布规模时，有四个 141
重要问题：（1）抽样框架，（2）财富定义中包含的资产和负债，（3）观察单位，（4）回答误差。

样本设计

第一个问题是抽样框架。这里使用了两种不同类型的样本：随机或代表性样本和分层样本。代表性样本的主要问题是，由于广义家庭财富极度偏斜，这些样本往往在很大程度上缺少极富裕阶层（在财富分布的上尾）。因此，估算中可能大大低估财富平均值和财富不平等程度。[①]

---

① 有关这个问题的统计分析样例参见 Edward N. Wolff 著作：“The Size Distribution of Wealth in the United States：A Comparison among Recent Household Surveys,” 载于 *Wealth*, *Work*, *and Health*: *Innovations in Measurement in the Social Sciences*，主编：James P. Smith 和 Robert J. Willis（Ann Arbor，MI：University of Michigan Press，1999），209 - 232。

相反，分层样本可以设计为对富裕阶层增加取样。例如，在美国1983年消费者财务状况调查，从美国国税局收入统计数据文件中提取了“高收入补充样本”。对于1983年消费者财务状况调查数据，补充样本设定的标准是调整后总收入超过10万美元。然后在预先指定的收入层内随机选择个体作为样本。高收入补充样本的优势在于它提供了一个高收入阶层的“富裕群体”样本，这些家庭可能非常富裕。然而，高收入补充样本的存在会产生一些问题，即如何针对核心代表性样本“加权”高收入补充样本，以反映实际的人口分布。[①]

另一个问题涉及样本中包含的人口部分。例如，对于霍伊泽尔和施泰因使用的德国调查数据，一些调查仅包含德国公民，而其他调查包含德国公民和外国居民。[②]

核算框架

调查问卷中所包含的资产和负债项目，或者所使用的财富概念
142 也各不相同。排除某些特定的资产或负债项目，也可能使对财富水平和财富不平等程度的估算产生严重差异。例如，肯尼克尔在他的财富定义中包含了交通工具的价值，而沃尔夫的定义却排除了它们

① 对于在消费者财务状况调查中开发这些权重所涉及的一些问题，相关案例参见Arthur B. Kennickell和R. Louise Woodburn著作：“Consistent Weight Design for the 1989, 1992, and 1995 SCFs, and the Distribution of Wealth,”载于*Review of Income and Wealth* series 45, no. 2（June 1999）：193－216。

② 参见Richard Hauser和Holger Stein著作：“Inequality of the Distribution of Personal Wealth in Germany, 1973－98,”载于*International Perspectives on Household Wealth*，主编：Edward N. Wolff（Cheltenham, U. K.：Edward Elgar Publishing Ltd.，2006），195－224。

的价值。[①] 结果是沃尔夫估算的财富不平等程度高于肯尼克尔，因为低收入家庭和中等收入家庭持有汽车的比例完全不同。在肯尼克尔的数据中，估算的财富中位数和平均值相应更高，两组数据的财富中位数趋势明显不同。

在莫里塞特、张和德罗莱的分析中，他们没有将退休账户中持有的资产价值纳入在加拿大调查数据中包含[②]这个遗漏可能导致他们对财富不平等程度的估算向上偏倚，因为这类资产大量集中在中产阶级。在霍伊泽尔和施泰因使用的德国数据中，商业股权的价值未包含在调查问卷中，因此被排除在财富定义之外。由于商业股权大量集中在富裕家庭中，因此这种排除会导致对财富不平等程度的估算向下偏倚。

观察单位

估算广义家庭财富，如收入等，对观察单位很敏感。财富数据分析通常使用三个观察单位：广义家庭、狭义家庭和个人。狭义家庭由有婚姻关系或生育关系（或儿童收养关系）的个人组成。广义家庭以居住地为界定基础，可能包含家庭成员，还可以包含其他关系和没有关系的个人。广义家庭也可以指单独居住的个人。在收

---

① 参见 Arthur Kennickell 著作："A Rolling Tide: Changes in the Distribution of Wealth in the US, 1998 - 2001," 载于 *International Perspectives on Household Wealth*，主编：Edward N. Wolff (Cheltenham, U. K.: Edward Elgar Publishing Ltd., 2006), 19 - 88；以及 Wolff 著作："Changes in Household Wealth in the 1980s and 1990s in the U. S.," 载于 *International Perspectives on Household Wealth* (Cheltenham, U. K.: Edward Elgar Publishing Ltd., 2006), 107 - 150。

② 参见 René Morissette, Xuelin Zhang 和 Marie Drolet 著作："The Evolution of Wealth Inequality in Canada, 1984 - 99," 载于 *International Perspectives on Household Wealth*，主编：Edward N. Wolff (Cheltenham, U. K.: Edward Elgar Publishing Ltd., 2006), 151 - 192。

入统计中，狭义家庭的收入平均值和中位数通常高于广义家庭，而财富不平等程度则相反。如果财富或收入按人均计算，或者分析基于个人数据，如劳动收入或养老金，那么个人也可以作为观察单位。就财富而言，由于大多数资产和债务是共同持有的，在狭义家庭或广义家庭中依据个人划分资产和负债，通常很困难（在美国并非不可能）。个人也是遗产税数据的基本分析单位，因为死者按照定义是个人。从个人财富持有数据推断广义家庭财富分布情况往
143 往是有问题的。①

回答误差

广义家庭调查是对居民中的广义家庭样本进行的问卷调查。这种调查的主要优势是对于受访者需要提供的信息，采访者有相当大的自由裁量权。它们的主要缺点是受访者提供的信息有时是不准确的（回答误差），在很多情况下，受访者完全没有提供所需信息（无回答问题）。研究表明，富裕阶层的回答误差率和无回答率要远高于中产阶级。②

财富的定义

我在本章中使用了两个财富概念。我定义了可变现资产（或净资产），其定义为所有可变现资产的当前价值减去债务的当前价值。总资产定义为以下资产的总和：（1）房主自住住房；（2）其

---

① 请参阅个人财富不平等程度的长期时间趋势部分。

② 相关案例参见 Brandolini 等人的分析："Household Wealth Distribution in Italy in the 1990s，"载于 *International Perspectives on Household Wealth*，主编：Edward N. Wolff（Cheltenham，U. K.：Edward Elgar Publishing Ltd.，2006），225－275。

他房地产；（3）耐用消费品；（4）银行存款、定期存单和货币市场账户；（5）政府债券、公司债券和其他金融证券；（6）人寿保险计划的退保现值；（7）固定缴款养老金计划，包含个人退休账户和基奥计划；（9）公司股票和共同基金；（10）非法人企业的净权益；（11）信托基金权益。总负债定义为以下项目的总和：（1）抵押债务，（2）消费债务，（3）其他债务。

更广泛的广义家庭财富定义，通常会增加公共和私人养老金权益的价值，将其转变为可变现财富。公共和私人养老金体系的巨大增长，是工业化国家战后时期主要发展之一。即使这些养老基金不是由个人或家庭直接控制，它们也是未来收入的来源，因此可能被视为一种财富形式。这里使用的第二个概念是“增广财富”，定义为可变现资产、固定收益养老金财富和社会保障财富之和。固定收益养老金财富被定义为贴现未来养老金福利的现值。以类似的方式，社会保障财富被定义为贴现未来社会保障福利的现值。 144

个人财富不平等程度的长期时间趋势

瑞典、英国和美国：20 世纪 20 年代到 90 年代

当我最初研究这个问题时，只有三个国家可以获得有关广义家庭财富不平等程度的长期时间序列：瑞典、英国和美国。[①] 美国广义家庭财富规模分布的数据主要来自遗产税记录和跨截面广义家庭调查。1922 年至 1981 年，从联邦遗产税记录中断断续续

① 参见 Wolff 著作：*Top Heavy*。

收集到一部分极富裕阶层遗产税记录，这些数据相当一致。1962 年消费者财务特征调查，和 1983 年、1986 年（1983 年调查的特别跟进）、1989 年、1992 年、1995 年和 1998 年消费者财务状况调查也提供了可比较的估算值。此外，1969 年的数字来自当年的经济和社会绩效衡量（MESP）数据集，1979 年的数据来自当年的收入调查和发展计划（Income Survey and Development Program，ISDP）。这个数据系列的结构详见第十三章。

英国拥有最全面的数据。这些数据基于遗产税数据，是使用死亡率乘数来估算在世人的财富。仅估算成年人的财富［是个人（individuals），而不是广义家庭（households）］。从 1923 年到 1990 年，可用于研究的数据基本上是连续存在的。

研究人员在英国遗产数据来源和计算方法方面，遇到了几个问题。[①] 第一，因为财富和预期寿命正相关（在年龄－性别分组中，更富裕的个人往往活得更久），遗产乘数法很可能会导致估算财富份额出现一些偏倚。第二，家居用品和小型企业的价值可能在遗产数据中被低估，因为它们的使用价值远远高于出售价值。第三，人寿保险单在遗产中的价值要大得多，因为它们是完全兑现的，远非在世人手里的保险单可比。第四，除人寿保险单外，基于遗产税数据的资产总值远远低于国家资产负债表（national balance sheet）中
145 广义家庭经济部门（household sector）的数字。

从 1920 年到 1990 年，瑞典的数据是断断续续的。这些数据基于实际的财富纳税申报表（这些年瑞典对当前持有的

---

① 参见 Anthony F. Shorrocks 著作："U. K. Wealth Distribution: Current Evidence and Future Prospects," 载于 *International Comparisons of the Distribution of Household Wealth*，主编：Edward N. Wolff (New York: Oxford University Press, 1987), 29－50。

财富征收了财富税）。与其他财富数据来源一样，纳税申报数据可能会出错。由于逃税和合法免税的存在，纳税申报信息的主要问题是少报漏报。由于瑞典法律的注册要求，其他资产，如住房和股票，得到了极好的覆盖。此外，因为应纳税收入可扣除利息支付，所以债务信息应该非常可靠。另外，银行账户和债券不受类似税收法规的约束，所以其数额很可能被少报漏报。

如图4.1所示，在1922年至2007年间，美国显现财富的高度
集中。除了1975～1980年以外，这些年份中有1/4或更多的财富 146
由最富1%阶层所有。对比趋势两端，1922年的财富集中度要高于2007年，分别为40.1%、34.6%。然而，这样的比较掩盖了这些年的重要趋势。

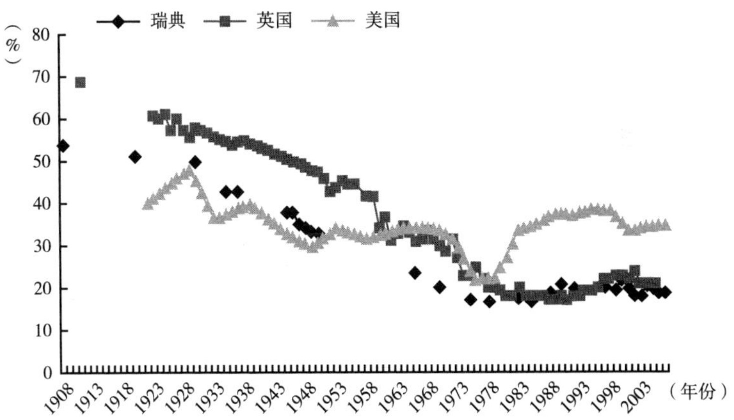

图4.1　1908～2007年最富1%财富持有者持有的财富百分比：瑞典、英国、美国

1922年至1929年间，财富集中度大幅上升，从40%上升到48%。财富不平等程度在1929年达到整个时期的最高点。大萧条

期间财富不平等程度大幅下降，最富 1% 阶层的财富份额降至 36%，但在 1939 年，财富集中度与 1922 年几乎相同。1939 年至 1949 年间，第二次世界大战和战后初期的拉平效应发挥作用，财富不平等程度大幅下降。

随后最富裕的 1% 人口所拥有的财富份额逐渐呈上升趋势，从 1949 年的 30% 上升到 1965 年的 34%，其后到 1979 年呈相当明显的持续下降趋势。特别是在 1972 年至 1976 年间，最富 1% 阶层的财富份额从 32% 暴跌至 22%。① 这四年期间财富集中度下降的主要原因是最富裕阶层持有的公司股票价值急剧下降。

财富不平等程度在 20 世纪 70 年代末期触底。1979 年至 1983 年间，财富集中度急剧上升，从 22% 上升至 34%，在 1983 年至 1989 年间再次增加，从 34% 增加到 37%，然后基本维持这个水平直到 1998 年。在 20 世纪 80 年代和 90 年代，有证据显示广义家庭财富的快速集中与收入不平等的大幅增长并行发生。②

---

① 根据 James D. Smith 的原始数据，“Recent Trends in the Distribution of Wealth in the U. S.：Data Research Problems and Prospects，”载于 *International Comparisons of the Distribution of Household Wealth*，主编：Edward N. Wolff（New York：Oxford University Press，1987），72－89，最富 1% 阶层财富所有者拥有的净资产份额从 1972 年的 27.7% 下降到 1976 年的 19.2%。根据 Marvin Schwartz 著作：“Preliminary Estimates of Personal Wealth，1982：Composition of Assets，”载于 *Statistics of Income Bulletin* 4（Winter 1984－85）：1－17，其报道 1976 年最富 1% 阶层的净资产份额略高，为 20.8%，在本数据系列里，我优先采用了他的估算值，而不是史密斯的。

② 这一趋势在遗产税数据中得到了证实。根据 Schwartz 著作：《个人财富的初步估算》（Preliminary Estimates of Personal Wealth），1982 年全国成年人中最富 2.8% 阶层拥有总个人财富份额的 28%，而根据 Schwartz 和 Barry Johnson 的著作《1986 年个人财富估算》（“Estimates of Personal Wealth，1986”），载于《收入统计公报 9》（1990 年春季），第 63～78 页，1986 年成年人中最富 1.6% 阶层的财富份额为 28.5%。

图 4.1 还显示了三个国家的比较趋势。[①] 对于英国而言，从 1923 年到 1974 年，个人财富不平等程度急剧下降，但此后变化不大。基于可变现财富来衡量，最富 1% 阶层的财富份额从 1923 年的 59% 降至 1974 年的 23%。从 1974 年到 1990 年，广义家庭的财富集中度相对少量收缩，最富 1% 阶层的财富份额从 20% 降到 18%。

瑞典与英国一样，在 1920 年至 20 世纪 70 年代中期，财富不平等程度大幅降低。从有数据的年份来看，这种下降似乎从 1920 年到 1975 年连续进行。在此期间，最富 1% 阶层的财富份额从占广义家庭总财富的 40% 降至 17%。1975 年到 1985 年，财富集中度 147
几乎没有变化，这两个年份最富 1% 阶层的财富份额为 17%。从 1985 年到 1990 年，财富不平等程度急剧上升，最富 1% 阶层的财富份额上升到 21%，与 20 世纪 60 年代初的水平相当。

这三个国家的差异之大令人惊奇。三个国家在 20 世纪 20 年代早期到 20 世纪 70 年代末期的财富集中度都出现了相当大幅度的下降，尽管美国的模式比其他两个国家更显周期性。20 世纪 80 年代，美国的财富不平等程度有所增加，而英国的相应趋势几乎持

---

① 美国数据系列基于广义家庭单位的可变现财富。英国的资料来源是：1923 ~ 1975 年数据来自 Shorrocks 著作：“U. K. Wealth Distribution”, Tables 2.1 and 2.2；1976 ~ 1990 年数据来自英国国内税务局《1993 年国内税务统计》（伦敦：HMSO，1993），C 册，表 11.5。结果基于成年个人的可变现财富。1923 ~ 1975 年的数据以 1976 年的国税局数据为基准。瑞典的数据来源是：1920 ~ 1975 年数据来自 Roland Spånt 著作“Wealth Distribution in Sweden：1920 - 1983”，载于 *International Comparisons of the Distribution of Household Wealth*，主编：Edward N. Wolff（New York：Oxford University Press，1987），Tables 3.7，3.8，和 3.11；1975 ~ 1990 年数据来自瑞典统计局《1990 年收入分布调查》（瑞典厄勒布鲁：瑞典统计局出版部门，1992 年），表 49。调查单位是广义家庭，财富按市场价格计算。1920 年至 1975 年的数据以 1975 年瑞典统计数据为基准。

平。从 20 世纪 70 年代末到 80 年代中期，瑞典的财富不平等程度保持相对稳定，然后出现了相当大的跃升。

1908 年至 2007 年瑞典、英国和美国的对比

瑞典的数据始于 1908 年，当时最富 1% 阶层的财富份额为 54.0%。[①] 新数据系列与图 4.1 所示的旧数据系列一样，显示出财富不平等程度急剧下降，从 1908 年的 54.0% 下降到 1985 年的 16.5%。与旧数据系列一样，财富不平等程度在此之后上升，在 2000 年达到 22%，但到 2007 年它又下降了一点点，变为 19%。

就英国而言，现在收集到的第一个数据点是 1911 年，最富 1% 阶层的财富份额高到不可思议的 69%。与旧数据系列一样，最富 1% 阶层的财富份额几乎持续下降，降至 1974 年的 23%。新数据系列现在显示财富集中度持续下降至 1991 年的 17%。在此之后，财富不平等程度转头向上，在 2002 年达到了 24%，但到了 2005 年，这一比例再次降至 21%。延伸的美国数据系列揭示了 1989 年至 1998 年，其财富不平等程度温和上升，最富 1% 阶层的财富份额从 37.4% 增加到 38.1%。从 1998 年到 2001 年，最富 1% 阶层的财富份额急剧下降，下降到 33.4%。在此之后，财富不平
148 等程度向上攀升，2007 年达到 34.6%。[②]

① J. Roine 和 D. Waldenström 汇编了瑞典和英国的数据，见“Long – Run Trends in the Distribution of Income and Wealth,”载于 *Handbook of Income Distribution*, vol. 2A，主编：A. B. Atkinson 和 F. Bourguignon（Amsterdam：North – Holland Press, 2015），网址：http：//www. uueconomics. se/danielw/Handbook. htm. 我使用了相同的基础数据源来获取这两个数据系列——用财富税数据得到前者，用遗产税数据得到后者。我还从第十三章得到并补充了美国的最新数据。

② 更多有关美国长期数据系列和最新更新的讨论，请参阅第十三章。

1970~1992 年财富不平等趋势

表 4.1 列出了 1970 年至 1992 年的广义家庭财富不平等的趋势。除瑞典、英国和美国外，还有加拿大和法国的数据。同样，应该强调的是，各国的数据来源存在差异，特别是在观察单位方面。为了强调这一点，我将这个时间序列设置为指数形式，将初始年份的数据设置为 100。

结果相当显著地展现了美国与其他四个国家的差异。如前所述，在美国，从 20 世纪 70 年代中期开始，财富不平等程度大幅上升。1976 年至 1989 年间，财富不平等程度上升了 70% 以上，1992 年比 1972 年增加了 17%。在英国，1972 年至 1975 年间财富集中度出现了相当大幅度的下降（可能是由于股票价格出现了下降，与美国股市表现类似），然后一直下降到 1989 年，然后从 1989 年到 1992 年逐渐增加。1992 年最富 1% 阶层的财富份额仍然低于 1975 年水平（低了约 20%）。就瑞典而言，从 1970 年到 1985 年出现了向下的漂移，然后在 1990 年之前出现了相对急剧的增长。1992 年，财富集中度比 1970 年低了 3%。

表 4.1　1970~1990 年最富 1% 阶层持有的可变现净资产份额和基尼系数（指数，初始年份 =100）

年份	最富 1% 阶层份额		份额最富 1% 阶层基尼系数				
	美国[a]	英国[b]	瑞典[c]	加拿大[d]	英国[d]	加拿大[e]	法国[f]
1970		100	100	100		100	
1972	100	107					
1975		76	85				100
1976	68	82			100		

续表

年份	最富1%阶层份额		份额最富1%阶层基尼系数				
	美国[a]	英国[b]	瑞典[c]	加拿大[d]	英国[d]	加拿大[e]	法国[f]
1977		74		95	100	96	
1978		67	83		97		
1979	71	67			98		
1980		64			98		99
1981	85	61			98		
1983	106	67	88		98		
1984		61	84	96	97	96	
1985		61	82		98		
1986	110	61			100		100
1988		57	92				
1989	118	57					
1990		61	103				
1992	117	61	97				92

a. 资料来源：第十三章，表13.7，第8栏，“联合系列，广义家庭，净资产（NW）”。

b. 资料来源：1970～1981年数据：阿特金森（A. B. Atkinson）、戈登（J. P. F. Gordon）、哈里斯（A. Harrison）：《1923～1981英国顶级财富持有者财富份额趋势》（“Trends in the Shares of Top Wealth-Holders in Britain，1923－81”），《牛津经济学与统计学学报》（*Oxford Bulletin of Economicsand Statistics*）51卷，第3期（1989）：表1。1982～1991年数据：英国国内税务局（Board of Inland Revenue）：《国内税务统计》，1993年［伦敦：皇家文书局（HMSO），1993年］，C册，表13.5。数据来自遗产税数据，适用于成年个人。1982～1991年的国内税收统计数据系列以1982年的数字为基准。

c. 资料来源：1970～1975年数据：罗兰·斯庞特（Roland Spǎnt）：《1920～1983年瑞典的财富分布》，《广义家庭财富分布的国际比较》，编辑：爱德华·沃尔夫（纽约：牛津大学出版社，1987年），表3.7、表3.8和表3.11。1975～1990年数据：瑞典统计局，1992年收入分布调查［瑞典厄勒布鲁：瑞典统计局（SCB）出版部门，1994年］，表42。结果来自财富税数据，针对广义家庭，以市场价格衡量财富价值。1970～1975年的数据以瑞典统计局数据系列为基准。

d. 资料来源：古德（F. J. Good）：《对个人财富分布的估算》，《经济趋势》第444期（1990年10月），第145页。结果适用于成年个人，并来自遗产税数据（C册）。

续表

e. 资料来源：詹姆斯·戴维斯（James B. Davies）：《加拿大财富分布》（“The Distribution of Wealth in Canada”），《经济不平等研究》（*Research in Economic Inequality*），编辑：爱德华·沃尔夫（康涅狄格州格林威治：JAI 出版社，1993 年），表 1。结果针对广义家庭，使用未修正数据，来自加拿大消费者财务调查。

f. 资料来源：1975 年和 1980 年：丹尼斯·凯斯勒（Denis Kessler）、安德烈·马森（André Masson）：《法国个人财富分布：跨部门证据和扩展》（“Personal Wealth Distribution in France：Cross – Sectional Evidence and Extensions”），《广义家庭财富分布的国际比较》，编辑：爱德华·沃尔夫（纽约：牛津大学出版社，1987 年），表 7.6。结果针对广义家庭，源自 1975 年和 1980 年的 Centrede Recherche sur L'Epargne（CREP）调查。1986 年：丹尼斯·凯斯勒、爱德华·沃尔夫：《法国和美国广义家庭财富模式的比较分析》（“A Comparative Analysis of Household Wealth Patterns in France and the United States”），《收入与财富评论》37 卷，第 3 期（1991 年 9 月）。结果是针对广义家庭，来自法国国家统计与经济研究所（Institut National de la Statistique et des Etudes Economiques，INSEE）1986 年金融资产调查（Enquete sur les Actifs Financiers）。1992 年：洛利维耶（S. Lollivier）、韦尔热（D. Verger）：《财富的数额和差距》（“Le montant de patrimoine et ses disparites”），INSEE 工作论文 F9508，巴黎，1995，1。结果是针对广义家庭，来自 1992 年由 INSEE 进行的金融资产调查。

加拿大的数据来自加拿大消费者财务状况调查，由加拿大统计局（Statistics Canada）管理。表 4.1 三个年份的样本量——1970 年、1977 年和 1984 年——为 12000 ~ 14000 个广义家庭。除了 1977 年调查外，抽样框架中没有增加特殊的高收入补充样本，1977 年的调查包含 184 个特殊的高收入家庭。

这份调查表明，加拿大的财富不平等程度在 1970 年至 1977 年间温和下降，然后在 1977 年至 1984 年间基本保持不变。因此，从 20 世纪 70 年代到 80 年代中期，没有证据表明加拿大的财富不平等程度在扩大。此外，即使 1970 年至 1977 年的下降也可能是由于少报、漏报导致的变异。对比来自两个数据源的广义家庭总资产负债表，一个数据源是加拿大消费者财务状况调查，另一个数据源是官方国家资产负债表，戴维斯计算出两个来源的总净资产比率在 1970 年为 59%、1977 年为 77%、

1984 年为 75%。[1] 只要财富不平等程度的估算可能因为国家资产
149 负债表覆盖率上升而改变（变化的方向取决于资产类型的少报漏报程度），则 1970 年至 1977 年的财富不平等程度衡量指标下降就可能是由于后一时期资产报告真实度提升。

表 4.1 的最后一列显示了 1975 年、1980 年、1986 年和 1992 年法国的数据。1975 年和 1980 年的数据来自法国储蓄研究中心（Centre de Recherche sur L'Epargne，CREP）进行的两次广义家庭调查；1986 年和 1992 年的数据来自法国国家统计与经济研究所（INSEE）进行的广义家庭调查。虽然 1975 年和 1980 年的法国储蓄研究中心调查与 1986 年和 1992 年的法国国家统计与经济研究所调查之间的样本容量和样本设计不同，但这四次调查的结果依然显示前三年的财富不平等程度几乎没有差异，但 1986 年至 1992 年出现明显下降。

广义家庭财富不平等程度的直接比较

如前所述，由于财富集中度的估算对广义家庭财富、抽样框架和分析单位的定义十分敏感，在比较来自不同数据来源的广义家庭财富数据时必须谨慎。但是，如果精心设计合适的核算框架和抽样框架，进行一些双向比较还是可行的。

遗产税数据比较

我首先对比美国的遗产税数据与英国和法国的相应遗产税

---

① 参见 James Davies 著作："The Distribution of Wealth in Canada，" 载于 *Research in Economic Inequality*，*vol. 4*：*Studies in the Distribution of Household Wealth*，主编：Edward N. Wolff（Greenwich，CT：JAI Press，1993），159－180。

数据（表4.2）。这里的集中度数据是基于遗产税乘数技术计算
得出的，针对成年个人。应该指出的是，三个国家遗产税包含
相关的资产（和负债）有所不同，而估值惯例也有所不同。尽
管如此，结果还是有所启迪。① 20世纪50年代，英国的可变现
财富集中度远远高于美国。例如，在1953年，英国最富1%阶
层拥有总财富的43.5%，而在美国则为34.1%。在20世纪60
年代和70年代初期，两国的财富不平等程度相当，而在1976 151
年美国的财富不平等程度实际上比英国要低一些。1981年美国
最富1%阶层的财富集中度上升了——此时美国和英国分别是
27.2%和22.5%。

表4.2 1953~1981年最富1%个人财富持有者持有的广义家庭总财富份额（根据遗产税数据推算）

年份	可变现财富			增广财富		
	美国[a]	英国[b]	法国[c]	美国[d]	英国[e] D组	英国[e] E组
1953	34.1	43.5				
1958	31.5	40.9				
1962	33.4	31.9				
1965	34.4	33.3				
1969	31.0	31.3				
1972	31.8	32.0		19	18	16

① 在表4.2中，我使用Anthony B. Atkinson，JPF Gordon和A. Harrison著作的英国旧数据，《1923~1981年英国顶级财富持有者的股票趋势》（"Trends in the Shares of Top WealthHolders in Britain, 1923-81"），载于《牛津经济学与统计学学报》（*Oxford Bulletin of Economics and Statistics*）51卷，第3期（1989）：315-332页，没有使用较新的数据，因为旧数据与英国D系列和E系列更有可比性。

续表

年份	可变现财富			增广财富		
	美国[a]	英国[b]	法国[c]	美国[d]	英国[e] D 组	英国[e] E 组
1976	21.8	24.6		13.3	18	13
1977		22.1	19.1			
1981	27.2	22.5		15.5	14	11

a. 资料来源：第十三章，表 13.7，第 8 栏，“联合系列，广义家庭，资产净值（NW）”。

b. 资料来源：阿特金森、戈登和哈里斯：《1923～1981 年英国顶级财富持有者财富份额趋势》（“Trends in the Shares of Top Wealth – Holders in Britain，1923 –81”），表 1。结果适用于成年个人。

c. 资料来源：安妮·富凯（Annie Fouquet）和多米尼克·施特劳斯 – 卡恩（Dominique Strauss – Kahn），《法国个人财富的规模分布：首次尝试遗产税推算法》（“The Size Distribution of Personal Wealth in France：A First Attempt at the Estate Duty Method”），《收入与财富评论》第 30 卷，第 4 期（1984），第 403～418 页。

d. 资料来源：第十三章，表 13.7，第 7 栏，“联合系列，广义家庭，增广财富（W4）”。增广财富包含养老金储备财富和社会保障财富。

e. 资料来源：英国国内税务局：《国内税务统计》，1993 年（伦敦：HMSO，1993 年），D 组表 13.6，E 组表 13.7。结果适用于成年个人。D 组包含职业养老金的估值。E 组包含职业养老金和国家养老金的估值。

根据法国遗产税数据，法国在 1977 年也有一个数据点。1977 年，法国的财富集中度低于英国——法国 19.1%、英国 22.1%。

这里还展现了增广财富数据比较。英国有两组数据。第一组数据包含职业养老金财富（D 组），第二组包含职业养老金和国家养老金财富（E 组）。美国数据包含未来社会保障福利的现值估算，
152 加上养老金储备的估值（尽管不是未来固定收益养老金的预期现值）。① 如果从英国数据里推算出一组对应最富 1% 财富持有者的估

① 更多细节请参阅第十三章。

算财富份额数据，那么这组数据应该位于 D 组和 E 组估算数据之间。

显而易见的是，在财富定义中增加养老金和社会保障财富后，显著降低了美国财富不平等程度的衡量指标。例如，1972 年，两组数据中最富 1% 阶层的财富份额相差 12.8 个百分点。[①] 英国的数据也显示了相似效果，1972 年，增加职业养老金和国家养老金，使最富 1% 阶层的财富份额降低了 16 个百分点。

1972 年美国最富 1% 阶层所拥有的增广财富份额数据大于英国 D 组和 E 组的可比数据。相比之下，1976 年，美国最富 1% 阶层的财富份额略高于英国 E 组数据，但远低于英国 D 组数据。到 1981 年，美国最富 1% 阶层的财富份额再次同时大于英国 D 组和 E 组数据。

图 4.2 显示了更多的增广财富数据点。在这种情况里，我在美国数据里使用广义家庭作为数据单元，在英国数据里使用成年人作为数据单元。此外，美国数据以广义家庭调查数据为基础，英国数据以遗产税数据为基础。[②] 正如第十三章所讨论的那样，从遗产税数据中获得的最富 1% 个人拥有的总财富份额，与从调查数据中得出的最富 1% 广义家庭所拥有的总财富份额，两者之间存在非常密切的对应关系，至少在美国如此。如果这种对应关系在英国依然存在，那么图 4.2 所示的三组数据应该具有相当的可比性。

图 4.2 显示，1971 年英国（来自 D 组和 E 组）的增广财富集中度明显高于美国。1972 年，财富不平等程度迅速发生变化，1973 年至 1979 年，美国最富 1% 阶层的财富份额与英国的 E 组数

① 有关该影响的更多讨论，请参阅第八章。

② 美国数据系列来自第十三章表 13.7，基于广义家庭单位的增广财富。英国的数据来源是《1993 年国内税务统计》，D 系列来自表 13.6，E 系列来自表 13.7。结果适用于成年个人。

据非常接近，但远远低于 D 组数据。第二个交叉点发生在 1981 年，从 1981 年到 1991 年，美国增广财富的不平等程度明显高于英国的 D 组数据和 E 组数据。事实上，1981 年之后，英国最富 1%
153 阶层拥有的增广财富份额相对保持稳定，而美国的急剧增加。

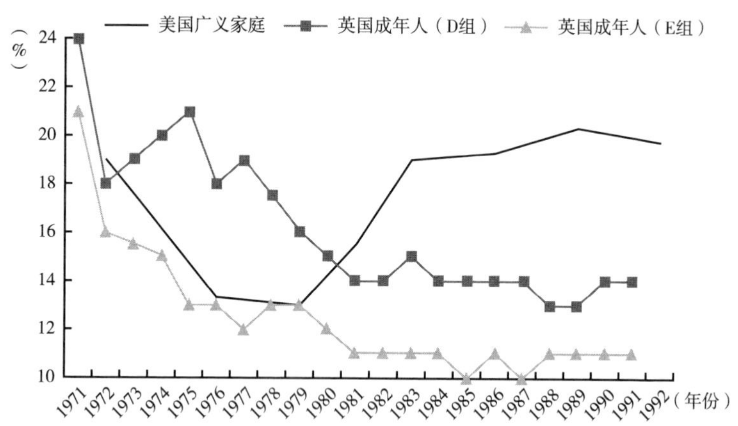

图 4.2　1971～1992 年最富 1% 阶层持有增广财富百分比

对 20 世纪 80 年代广义家庭财富调查数据的比较

表 4.3 显示 20 世纪 80 年代中期广义家庭财富规模分布，数据估算来自 20 世纪 80 年代 7 个经合组织（OECD）国家的广义家庭调查数据。第一组显示了法国和美国数据的比较，这组数据基于一项特别研究，以创建匹配两国情况的一致性数据库。① 该研究中存

① 有关详细信息，请参阅 Denis Kessler 和 Edward N. Wolff 著作："A Comparative Analysis of Household Wealth Patterns in France and the United States," 载于 *Review of Income and Wealth* series 37, no. 3 (September 1991): 249－266。

在的主要困难是两国的调查数据涵盖了不同的资产和负债（事实上，法国的调查没有包含任何广义家庭债务信息）。为了比较这两个分布，有必要为这两个国家创建相匹配的资产负债表账户。 154

第一组数据对比了两个国家广义家庭总财富规模分布。法国数据来自 1986 年法国国家统计与经济研究所（INSEE）的金融资产调查。样本量为 5602 个家庭。这项调查的设计颇为复杂。它按社会人口学特征分层，但没有针对高收入进行分层。

对于美国数据，我使用了 1983 年的消费者财务状况调查数据，其样本量为 4262 个家庭。其中，随机取样 3824 个，构成代表性样本。其他 438 个家庭是高收入补充样本。我们根据美国国税局所得税申报表创建了一个特殊样本，以高收入为标准从中挑选了这批家庭。然后我们修正美国调查数据，使之与法国调查数据的覆盖范围一致。从美国数据中删除汽车和其他耐用消费品，因为法国数据不统计这些资产。此外，法国调查没有涵盖广义家庭债务。因此，统计数据显示的是总资产而非净资产（总资产减去总债务）。

法国调查数据显示，总资产的基尼系数为 0.71，最富 1% 阶层的财富份额为 26%，最富 20% 阶层的财富份额为 69%。美国原始调查数据显示，基尼系数为 0.77，比法国数据高了不少。美国最富 1%、5% 和 20% 阶层的财富份额也要高得多，而法国财富五等分次富 20% 阶层的财富份额则要高得多。两个国家财富五等分最低三个 20% 阶层的财富份额非常接近。

这个结果表明，美国的财富分布比法国更不平衡。两者的差异很大。这一结果也与以下结果一致：法国广义家庭的房主自住住房在财富中占据的比例要高得多，比其他大部分资产（特别是债券和公司股票）在人口中的分布更为平均。

对于这些差异有两种可能的解释。第一，两个调查中资产报告少报漏报的程度不同。我们能够通过将美国调查数据所选资产与国家资产负债表总额比对，来检查美国调查数据的可能偏差（详见
155 附录1）。如第Ⅰ组B2行所示，所有衡量财富不平等程度的指数均下降，主要原因是大幅上调了活期存款、定期存款和保险储蓄的价值。美国的财富不平等程度仍然高于法国，尽管差异并不明显。对法国数据进行类似的调查可能会使法国的财富不平等程度降到相似幅度。

第二种可能的解释是两个调查的抽样框架不同。特别是，美国数据有一个特殊的高收入补充样本，而法国数据中没有。如前所述，法国调查没有按收入划分特殊层次。众所周知，这种调查中高收入广义家庭的覆盖率越高，财富不平等程度的衡量指标就越高。因此，这里显示美国财富不平等程度高于法国的部分原因可能是美国数据中富裕家庭的覆盖范围更广。

第Ⅱ组比较了德国和美国财富规模分布的统计数据，数据分布来自德国社会经济小组调查（GSOEP）和美国收入动态小组调查（PS1D）与GSOEP等值的数据文件。布克豪泽、福里克和施瓦策通过在统计数据中包含相同的资产和负债，来使两个数据库的财富概念保持一致。[①] 抽样框架也比较相似，因为它们都是基于代表性样本的面板数据集（panel datasets）。结果显示，两个国家中美国的不平等程度较高，美国的基尼系数为0.76，德国的基尼系数为0.69。

---

① Richard V. Burkhauser, Joachim R. Frick 和 Johannes Schwarze 著作："A Comparison of Alternative Measures of Economic Well - Being for Germany and the United States," 载于 *Review of Income and Wealth* series 43, no. 2 (June 1997): 153 - 172。

表 4.3　20 世纪 80 年代中期几个经合组织国家广义家庭财富规模分布情况（来自广义家庭调查数据）

单位：%

调查	基尼系数	占总财富百分比						
		最富 1%	最富 5%	五等分最富 20% 阶层	五等分次富 20% 阶层	五等分中间 20% 阶层	五等分次穷 20% 阶层	五等分最穷 20% 阶层
Ⅰ. 一致数据库，总资产[a]								
A. 法国，1986 年 INSEE 调查	0.71	26	43	69	19	9	2	1
B. 美国，1983 年 SCF								
1. 原始调查数据	0.77	33	54	78	14	7	2	0
2. 调查数据（选定资产）与国家资产负债表总额保持一致	0.73	30	51	75	14	7	4	1
Ⅱ. 一致数据库，净资产[b]								
1. 德国，1988 年 GSOEP0.694								
2. 美国，1988 年 PSID0.761								
Ⅲ. 净资产，多种来源								
A. 美国，1983 年 SCF[c]								
1. 原始调查数据	0.79	35	56	80	13	6	2	0
2. 调查数据与国家	0.78	33	55	80	13	6	2	0
B. 加拿大，1984 年 SCF[d]								
1. 原始调查数据	0.69	17	38	69	20	9	2	0

续表

调查	基尼系数	占总财富百分比						
		最富 1%	最富 5%	五等分最富 20% 阶层	五等分次富 20% 阶层	五等分中间 20% 阶层	五等分次穷 20% 阶层	五等分最穷 20% 阶层
2. 戴维斯估算		22～27	41～46					
C. 日本[e]								
1. 1981 年 FSS 和 SSBM	0.58							
2. 1984 年 NFIE	0.52		25					
D. 瑞典，1985/1986f								
1. HUS（仅包含交通工具）		16	31	60				
2. HUS（包含所有耐用品）		11	24	48				
3. 瑞典统计局（仅限交通工具）		16.5	37	75				
E. 澳大利亚，1986 年 IDS[g]		19.7	41.0	72.0	20.8	7.1	0	0
补充：广义家庭净资产份额（来自财富税数据）								
1. 法国[h]：1981 年最富 0.45% 阶层		9.9%						
2. 瑞典[i]：1978 年最富 0.50% 阶层		11.4%						
1983 年最富 0.50% 阶层		13.0%						

续表

a. 资料来源：凯斯勒、沃尔夫：《法国和美国广义家庭财富模式的比较分析》（“A Comparative Analysis of Household Wealth Patterns in France and the United States”），表 3。对 1983 年的消费者财务状况调查数据进行了修正，以符合 1986 年法国国家统计与经济研究所（INSEE）调查中使用的法国会计惯例。详情请参阅正文。

b. 理查德·布克豪泽（Richard V. Burkhauser）、约阿希姆·福里克（Joachim R. Frick）、约翰内斯·施瓦策（Johannes Schwarze）：《德国和美国经济福祉的替代衡量指标比较》（“A Comparison of Alternative Measures of Economic Well-Being for Germany and the United States”）《收入与财富评论》第 43 卷第 2 期（1997 年 6 月）。估算数据来自德国社会经济小组调查（GSOEP）和美国收入动态追踪调查（PSID）与 GSOEP 相匹配的数据文件。财富数据未包含耐用消费品。

c. 资料来源：爱德华·沃尔夫、玛西亚·马利（Marcia Marley）：《美国财富不平等程度长期趋势：方法问题和结果》（“Long - Term Trends in U. S. Wealth Inequality：Methodological Issues and Results”），《储蓄，投资和财富的衡量方法》（*The Measurement of Saving, Investment, and Wealth*），编辑：罗伯特·利普西（Robert E. Lipsey）和海伦·泰斯（Helen Tice）（芝加哥：芝加哥大学出版社，1989 年），表 15。数据包含交通工具价值，但没有包含其他耐用消费品价值。

d. 戴维斯：《加拿大的财富分布》（The Distribution of Wealth in Canada），162 页。数据包含交通工具价值，但没有包含其他耐用消费品价值。

e. 约翰·鲍尔（John Bauer）和安德鲁·梅森（Andrew Mason），《日本的收入和财富分布》（“The Distribution of Income and Wealth in Japan”），《收入与财富评论》第 38 卷，第 4 期（1992 年 12 月），第 416 ~ 417 页。1981 年的数字最初来自 H. Tachibanaki：《日本土地税制改革》，《日本经济研究所报告》第 28A 号，日本经济研究所，华盛顿特区，1990 年 7 月 20 日，源自 1981 年的家庭储蓄调查（FSS）和 1981 年的储蓄行为和动机调查（SSBM）。1984 年的原始数据来自高山（N. Takayama）：《日本广义家庭资产和财富》（“Household Asset and Wealth holdings in Japan”），《美国和日本的老龄化经济趋势》（*Aging in the United States and Japan：Economic Trends*），编辑：野口幸雄（Yukio Noguchi）和大卫·怀斯（David Wise）（芝加哥：美国国家经济研究局委托芝加哥大学出版社，1994 年），以 1984 年的全国家庭收入和支出调查（NFIE）为基础。主要耐用消费品的价值包含在这些估算中。

f. 巴格 - 肖格伦（L. Bager - Sjogren）和克莱夫马尔肯（N. A. Klevmarken），《1984 ~ 1986 年瑞典的财富分布》（“The Distribution of Wealth in Sweden，1984 - 1986”），《经济不平等研究》（*Research in Economic Inequality*），编辑：爱德华·沃尔夫（康涅狄格州格林威治：JAI 出版社，1993 年），第 208 ~ 210 页。HUS 数据基于“广义家庭市场活动和非市场活动”调查（HUS）。瑞典统计局的数据最初来自杨松（K. Jansson）和约翰逊（S. Johansson），*Formogenhetsfordelningen 1975 - 1987*（斯德哥尔摩：中央统计局，1988），基于瑞典统计局的广义家庭调查。

续表

g. 迪尔诺特（A. W. Dilnot）：《澳大利亚个人财富的分布和构成》（“The Distribution and Composition of Personal Sector Wealth in Australia”），《澳大利亚经济评论》（*Australian Economic Review*）（1990 年第一季度），表 3。这些数据基于 1986 年的收入分布调查（IDS），其中包含受访者的住房和抵押债务估值。金融资产和股票使用收入资本化技术估算。家庭财富中没有包含耐用消费品的估计数。

h. 富凯和施特劳斯－卡恩（1984）。这是基于申报的资产和负债价值做的最低估算。

i. 资料来源：瑞典统计局，1990 年收入分布调查（瑞典厄勒布鲁：瑞典统计局出版部门，1992 年），表 49。

缩略语：FSS：家庭储蓄调查（Family Saving Survey）；GSOEP：德国社会经济调查小组（German Socio－Economic Panel）；HUS：广义家庭市场活动和非市场活动调查（Household Market and Non－market Activities Survey）；IDS：收入分布调查（Income Distribution Survey）；INSEE：法国国家统计与经济研究所（Institut Nationalde la Statistique et des Etudes Economiques）；NFIE：全国家庭收入和支出调查（National Survey of Family Income and Expenditure）；OECD：经济合作与发展组织（Organisation for Economic Co－operation and Development）；PSID：收入动态追踪调查（Panel Survey of Income Dynamics）；SCF：消费者财务状况调查（Survey of Consumer Finances）；SSBM：储蓄行为和动机调查（Survey on Saving Behavior and Motivation）。

第Ⅲ组B部分显示了来自1984年加拿大消费者财务状况调查的财富统计数据。尽管加拿大SCF的样本量大约是美国1983年SCF的4倍，但加拿大SCF没有像美国SCF那样增加特殊的高收入补充样本。因此，正如戴维斯所指出的那样，相对于美国数据，有理由相信加拿大相对于广义家庭财富集中度的估算可能偏低。

基于两个样本的原始调查数据（以及用广义家庭国家资产负债表总额修正的美国数据），美国的财富不平等程度显然要大于加拿大。最富1%阶层的财富份额在加拿大为17%，在美国为35%（或33%），加拿大数据的基尼系数为0.69，美国数据的基尼系数为0.78（或0.79）。戴维斯基于各种外部来源数据，调整了加拿大 158
财富分布上尾。尽管这些修正让加拿大的财富集中度变得更高，但还是低于美国水平。

对日本的估算，1981年数据来自1981年家庭储蓄调查（FSS）和1981年储蓄行为和动机调查，1984年数据来自1984年全国家庭收入和支出调查。这两个样本似乎都没有包含什么特殊的高收入补充样本，但两者都包含了主要耐用消费品。结果表明，日本的财富不平等程度远低于美国或加拿大，也许还低于瑞典。鲍尔和梅森认为，日本财富集中度较低，可能是由于日本家庭投资组合中房主自住住房的比重非常大（1984年房地产价值占广义家庭净资产的85%）。①

瑞典在1985年/1986年有三组估算数据。前两个来自广义家庭市场活动和非市场活动调查，第三个来自瑞典统计局同时进行的广

① 参见John Bauer和Andrew Mason著作："The Distribution of Income and Wealth in Japan," 载于 *Review of Income and Wealth* series 38, no. 4 (December 1992): 403-428。

义家庭调查。这些数据里的资产和负债的覆盖范围似乎与美国和加拿大消费者财务状况调查差不多。① 似乎没有根据收入水平或财富水平对任何一个样本进行分层处理。美国和加拿大消费者财务状况调查的数据包含交通工具，但不包含其他耐用消费品，因此与瑞典数据的第 1 行和第 3 行进行比较是合理的。美国的财富集中度似乎高于瑞典，这与遗产税数据对比是一致的。1984 年加拿大消费者财务状况调查原始数据显示，加拿大的财富集中度水平与瑞典相同，戴维斯调整后的估算显示加拿大的集中度略高。

E 组显示澳大利亚基于 1986 年收入分布调查的估算。这个调查基本上是一项收入调查，但它包含了自住房屋价值和抵押债务价值的信息。基于报告的利息、股息和租金收入，使用收入资本化技术估算金融资产和权益。广义家庭财富估算中没有包含耐用消费品。澳大利亚的广义家庭财富不平等程度似乎与加拿大的数量级相同，但远低于美国。

最后一个获得类似数据的来源是法国和瑞典的财富税纳税申报
159 表。虽然对两个数据来源的准确性、资产覆盖率、整体可比性难以置评，但这一比较表明，在 20 世纪 80 年代早期，瑞典的财富集中度可能略高于法国（见表 4.3 附录）。

财富不平等程度与收入不平等的比较

表 4.4 列出了六个国家家庭收入的卢森堡收入研究（LIS）数

① 参见 Bager－Sjogren 和 NA Klevmarken 著作："The Distribution of Wealth in Sweden, 1984－1986," 载于 *Research in Economic Inequality*, *vol. 4*: *Studies in the Distribution of Household Wealth*，主编：Edward N. Wolff（Greenwich，CT：JAI Press，1993），203－224，特别是表 1。

据。[①] 作者首先计算了该国第 10 百分位数的收入与收入中位数之比（P10），然后计算了第 90 个百分位数的收入与收入中位数之比（P90）。P10 的数值比较小表明，与普通家庭相比，该国的穷人收入水平相对较低。相反，P90 的数值很高，表明与普通家庭相比，该国的富裕阶层相当富裕。总体财富不平等程度的综合衡量指标是 P90 与 P10 的比率。

表 4.4　基于卢森堡收入研究（1979～1987）数据的 P10 和 P90 的比率（百分比）

单位：%

国家	年份	P10	P90	P90 与 P10 的比率
澳大利亚	1981	46.0	186.3	4.05
	1985	46.5	186.5	4.01
加拿大	1981	44.9	182.7	4.07
	1987	45.8	184.2	4.02
法国	1979	53.6	186.5	3.48
	1984	55.4	192.8	3.48
瑞典	1981	61.5	150.9	2.45
	1987	55.6	151.5	2.72
英国	1979	50.9	179.7	3.53
	1986	51.1	194.1	3.80
美国	1979	38.1	187.6	4.92
	1986	34.7	206.1	5.94

资料来源：安东尼·阿特金森、李·雷恩沃特、蒂莫西·斯米丁：《发达经济体的收入分布：来自卢森堡收入研究的证据》（巴黎：经合组织，1995 年）。P10 列显示第 10 百分位数的收入与该国家的收入中位数之比，P90 列显示第 90 百分位数的收入与该国的收入中位数之比。 160

① 参见 Atkinson，Rainwater 和 Smeeding 的著作：《发达经济体收入分布》（*Income Distribution in Advanced Economies*）。

20世纪80年代后期，美国是6个国家中收入不平等程度最高的——比率为5.94。这与其财富不平等程度排名是一致的。就收入不平等程度而言，紧随美国之后的是加拿大，比率为4.02，之后是澳大利亚，比率为4.01。法国和英国的水平相似，分别为3.48和3.80。瑞典的收入不平等程度最低，为2.72。相比之下，除美国外其余5个国家的财富不平等程度都非常相似，而美国则高于这些国家。

比较这些国家P90/P10比率随时间发生的变化，也很有意思。在这方面，美国的财富不平等程度出现了最大幅度的增长，从1979年的4.92增加到1986年的5.94。这也符合20世纪80年代美国财富不平等程度加剧的情况。其他国家的变化要小得多。此外，在样本里的其他5个国家中，澳大利亚、加拿大和法国的收入不平等程度几乎没有变化，而瑞典和英国略有上升。在财富不平等程度方面，在20世纪80年代后期，加拿大、法国和英国相对保持稳定，而瑞典略有增长。

数据更新到2010年

多个数据来源的比较

接下来的两个表格对1983年至2001年选定的经合组织国家的财富水平和财富不平等程度进行了国际比较。如表4.5所示，美国的财富平均值远高于加拿大、德国、意大利或芬兰。在这一组国家中，意大利排名第二（是美国2000年水平的70%），加拿大排名第三（是美国1999年水平的55%），德国排名第四（是美国1998年水平的45%），芬兰排名最后（仅为美国1998年水平的约1/6）。

20 世纪 80 年代和 90 年代，美国的财富平均值增长速度远快于加 161
拿大、德国和芬兰，在 20 世纪 90 年代也快于意大利。美国的财富中位数也高于加拿大。1999 年加拿大与 1998 年美国的财富中位数比率为 0.88，远远高于财富平均值的比率 0.54。这种差异表明美国的财富不平等程度高于加拿大。1984 年至 1999 年，加拿大的财富中位数增长速度几乎与美国 1983 年至 1998 年的增长速度完全一样。事实上，1984 年加拿大和 1983 年美国的财富中位数比率与 1998 年加拿大和 1999 年美国的比率相同——0.88。另外，1997 年瑞典的财富中位数实际上比 1998 年美国的高（高 10.5%），而且在 1992 年和 1995 年也更高，但 1983 年则低于美国。1983 年至 1997 年（1998 年），瑞典的财富中位数增长速度几乎是美国的 3 倍（每年增长 1.90% 对 0.70%）。

美国的财富不平等程度也高于其他 5 个国家（见表 4.6）。美国 1998 年的基尼系数为 0.822，而加拿大 1999 年为 0.727，德国 1998 年为 0.640，意大利 2000 年为 0.613，芬兰 1998 年为 0.523。在最富裕阶层的财富份额方面存在类似的差异。在最富 10% 阶层拥有财富占总财富份额的方面，美国 1998 年为 71%，而加拿大 1999 年为 55.7%，德国 1998 年为 41.9%，意大利 2000 年为 48.5%。此外，加拿大、德国的财富五等分次富 20% 阶层、财富五等分中间 20% 阶层以及财富五等分最穷 40% 阶层拥有的财富份额，远远高于美国的相应份额。瑞典数据显示百分位数的比率。1998 年美国的 P90/P50 比率为 7.829，而瑞典 1997 年为 2.916。实际上，美国 1998 年的 P10/P50 比率为负，而瑞典 1997 年为 0.080。到 2000 年前后，芬兰是迄今为止具有可比数据的 5 个国家中最平等的国家，其次是意大利、德国、加拿大，最后是美国。

同样令人感兴趣的是，美国、加拿大、意大利和芬兰的财富不平等程度有所增加，而德国则急剧下降。1983 年至 2001 年美国的基尼系数上升 0.027，从 1984 年到 1999 年加拿大上升 0.036，从 1989 年到 2000 年意大利上升 0.060。相比之下，在德国，从 1973
162 年到 1998 年，它下降了 0.108（从 1983 年到 1998 年，下降了 0.061）。

DSSW 研究

表 4.7 显示了基于戴维斯（Davies）、桑德斯特伦（Sandström）、肖罗克斯（Shorrocks）和沃尔夫（Wolf）研究（简称 DSSW 研究）在 2000 年的类似比较。① 该研究的目的是估算“全世界财富分布”。DSSW 首先汇总了有硬数据的国家的估算值。* 汇总了 20 个国家广义家庭财富分布或个人财富分布的数据。每个国家选择了一组数字，优先选择 2000 年数据。在大多数国家只有一个合适的数据源。在有选择的地方，DSSW 对数据源进行评估，评估其人口和资产覆盖范围的广泛程度，使用的单位（狭义家庭或广义家庭的成年人），以及如何处理抽样误差，特别是当误差影响了上尾时。为了协调各国数据之间的可比性，采用了一个通用的财富分布模板，包含统一格式的五个五等分 20% 阶层的财富份额（即洛伦兹曲线纵坐标），加上最富 10%、5%、2%、1%、0.5% 和 0.1% 阶层的财富份额。

这个数据在各方面都有所不同。分析单位通常是广义家庭或狭

① 参见 Davies 等人著作：“The Global Pattern of Household Wealth,” 载于 *Journal of International Development* 21, no. 8 (November 2009)：1111－1124，和 “Level and Distribution of Global Household Wealth,” 载于 *Economic Journal* 121 (March 2011)：223－254。

* 硬数据（hard data），通常指确切的统计数字和图表；与之对应的是软数据（soft data），指收集到的故事、对话、趣闻等。——译注

义家庭，但对于法国和英国，它是成年个人（见表4.7）。新西兰使用的是“经济单位”，定义为单个成年人或一对夫妇。财富分布信息有时是所有十分位数阶层的财富份额，加上最富5%、1%阶层的财富份额信息。但这种模式不太普遍。在某些情况下，有关分位数财富份额的信息非常稀少。在其他情况下，财富份额信息包含最富0.5%阶层，甚至是最富0.1%阶层，如丹麦、法国、西班牙和瑞士的情况。

各国数据差异最重要的方面是收集信息的方式不同。大多数国家采用了广义家庭抽样调查。调查结果受到抽样误差和非抽样误差的影响。非抽样误差倾向于降低对财富不平等程度和最富裕阶层财富份额的估算，因为富裕家庭不太愿意回复，并且对于对富人特别重要的金融资产的少报、漏报情况特别严重，例如，股票和金融证券。

其他财富分布估算数据来自税务记录。法国和英国的财富分布
数据基于遗产税纳税申报表，而丹麦、挪威和瑞士的数据来自财富 163
税记录。这些数据源的优点是“回答”是必需的，而少报、漏报是非法的。不过，少报、漏报确实还是存在，并且某些估值问题也会带来类似问题。

财富税法规可能会只计算某些资产的一小部分市场价值，并且可能完全省略了某些资产。债务的调查和记录方式也存在明显的差异。大多数国家的原始数据显示，最穷10%财富持有者的资产净值为正，但在瑞典，最穷三个10%阶层的资产净值均为负，而在丹麦，最穷四个10%阶层都为负。这些为负的财富份额似乎部分是因为财富衡量指标带来的问题。①

① 参见Davies等人著作：“The Global Pattern of Household Wealth”。

表 4.5　1983～2001 年选定经合组织国家净资产平均值和中位数

单位：千美元，以 2001 年美元计算

财富定义	数据源	样本	年份	净资产平均值	净资产中位数
A. 美国：肯尼克尔[a]					
标准财富定义	SCF	高收入家庭补充样本	1989	260.1	
			1992	231.1	
			1995	244.8	
			1998	308.3	
			2001	398.0	
			年增长率	3.55%	
B. 美国：沃尔夫[b]					
标准财富定义，不包含交通工具	SCF	高收入家庭	1983	231.0	59.3
			1989	264.6	63.5
			1992	257.3	54.2
			1995	237.7	53.0
			1998	293.6	65.9
			2001	380.1	73.5
			年增长率	2.77%	1.19%

续表

财富定义	数据源	样本	年份	净资产平均值	净资产中位数
C. 加拿大:莫里塞特等人[c]					
标准财富定义,不包含退休金帐户(RRIF)。	ADS－1984 SFS－1999	代表性样本	1984	115.2	52.2
		高收入家庭补充样本	1999	157.4	57.7
			年增长率	2.08%	0.67%
D. 德国:豪泽和施泰因[d]					
标准财富定义,不包含耐用消费品	ICS	代表性样本	1983	112.5	
			1988	117.5	
			1993	146.1	
			1998	132.3	
			年增长率	1.08%	
E. 意大利:布兰多利尼等人[e]					
标准财富定义,不包含退休账户和人寿保险。	SHIW	代表性样本	1989	200.3	
			2000	269.0	
			年增长率	2.68%	
F. 瑞典:克莱夫马尔肯[f]					
标准财富定义	HUS	代表性样本	1983		55.8
			1985		55.6
			1992		59.6
			1995		67.2
			1997		72.8
			年增长率		1.90%

续表

财富定义	数据源	样本	年份	净资产平均值	净资产中位数
G. 芬兰：延蒂[g]					
标准财富定义，不包含养老金	统计芬兰调查	代表性样本	1987	43.1	
			1994	40.3	
			1998	50.3	
			年增长率	1.40%	

注：以美国资产和债务构成为基础，标准财富定义如下：总资产定义为以下总和：（1）房主自住住房；（2）其他房地产；（3）交通工具；（4）现金和活期存款；（5）定期存款和储蓄存款、存款证和货币市场账户；（6）政府债券、公司债券、外国债券和其他金融证券；（7）人寿保险计划的现金退保价值；（8）固定缴款养老金计划的价值，包含个人退休账户、基奥计划和401（k）计划；（9）公司股票和共同基金；（10）非法人企业的净权益；（11）信托基金的净权益。总负债是以下总和：（1）抵押贷款债务；（2）消费者债务（包含汽车贷款）；（3）其他债务。净资产等于总资产减去总负债。

加拿大、德国、意大利、瑞典和芬兰的数据使用佩恩表购买力平价数据转换为2001美元（参见 http：//pwt. econ. upenn. edu/php_site/pwt61_ form. php）。

a. 数据来源是阿瑟·肯尼克尔：《滚滚大潮：1998~2001年美国财富分布的变化》（“A Rolling Tide：Changes in the Distribution of Wealth in the US，1998-2001”），《广义家庭财富国际透视》，编辑：爱德华·沃尔夫（英国切尔滕纳姆：爱德华·埃尔加出版公司，2006），表7至表10。这些数字以狭义家庭为单位。

b. 数据来源是爱德华·沃尔夫：《上世纪80年代和90年代美国广义家庭财富变化》，《广义家庭财富国际透视》，表1。这些数字以广义家庭为单位。

c. 数据来源是勒内·莫里塞特（René Morissette），张学林（音译 Xuelin Zhang）、玛丽·德罗莱（Marie Drolet）：《1984~1989年加拿大财富不平等程度演变》，《广义家庭财富国际透视》，表1。这些数字以狭义家庭为单位。

续表

d. 数据来源是理查德·豪泽（Richard Hauser）、霍尔格·施泰因（Holger Stein）：《1973～1998年德国个人财富分布不平等研究》，《广义家庭财富国际透视》，表1。这些数字以广义家庭为单位，仅适用于西德。

e. 数据来源是安德莉亚·布兰多利尼等人，《20世纪90年代意大利的广义家庭财富分布》（"Household Wealth Distribution in Italy in the 1990s"），《广义家庭财富国际透视》，表6。这些数字以广义家庭为单位，有修正。

f. 数据来源是A. 克莱夫马尔肯：《瑞典的财富分布：趋势和驱动因素》（"The Distribution of Wealth in Sweden: Trends and Driving Factors"），《经济增长导致财富不平等程度增加？》（*Steigendewirtschaftliche Unglei chheit beisteigendem Reichtum*?），编辑：G. 哈劳佩克（G. Chaloupek）和T. 佐特（T. Zotter），Tagung der Kammer für Arbeiter und Ang estellte für Wien（维也纳：LexisNexis Verlag ARD Orac.，2006），表1。这些数字以广义家庭为单位。

g. 数据来源是马库斯·延蒂（Markus Jäntti）：《1987～1998年芬兰收入分布和财富分布趋势》（"Trends in the Distribution of Income and Wealth—Finland 1987－98"），《广义家庭财富国际透视》，表2。这些数字以广义家庭为单位。

缩略语：ADS，加拿大资产和债务调查（Canadian Assets and Debts Survey，1984年）；HUS，瑞典广义家庭市场活动和非市场活动调查；ICS，德国收入和消费调查；SCF，美国消费者财务状况调查；SFS，金融证券调查，1999年；SHIW，意大利广义家庭收入和财富调查。

表 4.6　1983~2001 年选定经合组织国家净资产规模分布

年	基尼系数	P10/P50	P90/P50	持有财富份额百分比							
				最富 1%	最富 5%	最富 10%	最富 20%	次富 20%	中间 20%	最穷 40%	所有
A. 美国:肯尼克尔[a]											
1989				30.3	54.4	67.4					
1992				30.2	54.6	67.2					
1995				34.6	55.9	67.8					
1998				33.9	57.2	68.6					
2001				32.7	57.7	78.8					
B. 美国:沃尔夫[b]											
1983	0.799			33.8	56.1	68.2	81.3	12.6	5.2	0.9	100.0
1989	0.832			37.4	58.9	70.6	83.5	12.3	4.8	-0.7	100.0
1992	0.823			37.2	60.0	71.8	83.8	11.5	4.4	0.4	100.0
1995	0.828			38.5	60.3	71.8	83.9	11.4	4.5	0.2	100.0
1998	0.822	-0.049	7.829	38.1	59.4	71.0	83.4	11.9	4.5	0.2	100.0
2001	0.826			33.4	59.2	71.5	84.4	11.3	3.9	0.3	100.0
C. 加拿大:莫里塞特等人[c]											
1984	0.691					51.8	69.3	19.7	9.1	1.8	98.1
1999	0.727					55.7	73.1	18.4	7.5	1.1	99.0

续表

年	基尼系数	P10/P50	P90/P50	持有财富份额百分比							
				最富 1%	最富 5%	最富 10%	最富 20%	次富 20%	中间 20%	最穷 40%	所有
D. 德国:豪泽和施泰因[d]											
1973	0.748					(NA)	78.0	13.5	5.7	2.8	97.2
1983	0.701					48.8	70.1	23.5	5.5	0.9	99.1
1988	0.668					45.0	66.9	24.7	7.4	1.0	99.0
1993	0.622					40.8	61.0	26.3	10.4	2.3	97.7
1998	0.640					41.9	63.0	25.9	9.5	1.6	98.4
E. 意大利:布兰多利尼等人[e]											
1989	0.553			10.6	27.3	40.2	57.9				
1995	0.573			10.7	29.0	42.1	59.5				
2000	0.613			17.2	36.4	48.5	63.8				
F. 瑞典:克莱夫马尔肯[f]											
1983		0.012	2.716								
1985		0.069	2.639								
1992		0.055	3.058								
1995		0.088	2.887								
1997		0.080	2.916								

续表

年	基尼系数	P10/P50	P90/P50	持有财富份额百分比							
				最富 1%	最富 5%	最富 10%	最富 20%	次富 20%	中间 20%	最穷 40%	所有
G. 芬兰：延蒂[g]											
1987	0.470										
1994	0.487										
1998	0.523										

a. 数据来源是肯尼克尔：《滚滚大潮：1998～2001 年美国财富分布变化》，表 5。这些数字以狭义家庭为单位。

b. 数据来源是爱德华·沃尔夫：《上世纪 80 年代和 90 年代美国广义家庭财富变化》，《广义家庭财富国际透视》，表 2。这些数字以广义家庭为单位。

c. 数据来源是勒内·莫里塞特（René Morissette），张学林（音译 Xuelin Zhang）和玛丽·德罗莱（Marie Drolet），《1984～1989 年加拿大财富不平等的演变》，表 3 和表 5。这些数字以狭义家庭为单位。因为有舍入误差，所以每行的合计可能有少许误差。

d. 数据来源是理查德·豪泽（Richard Hauser）和霍尔格·施泰因（Holger Stein），《1973～1998 年德国个人财富分布不平等研究》，表 4。这些数字以广义家庭为单位。德国 1973 年、1983 年、1988 年数据仅包含广义家庭，1993 年和 1998 年数据包含所有居民人口（包含外国人）。因为有舍入误差，所以每行的合计可能有少许误差。

e. 数据来源是安德莉亚·布兰多利尼等人，《20 世纪 90 年代意大利的广义家庭财富分布》，表 6。这些数字以广义家庭为单位，有修正。

f. 数据来源是克莱夫马尔肯《瑞典的财富分布：趋势和驱动因素》表 1。这些数字以广义家庭为单位。

g. 数据来源是马库斯·延蒂（Markus Jäntti），《1987～1998 年芬兰收入分布和财富分布趋势》（“Trends in the Distribution of Income and Wealth—Finland 1987－1998”）表 2。这些数字以广义家庭为单位。

表 4.7　2000 年选定经合组织国家单个成年人的财富分布（折算成 2000 年美元）

国家	五等分					最高份额		平均值财富	中位数财富	基尼系数	原始数据来源和单位
	Q1	Q2	Q3	Q4	Q5	10%	1%				
澳大利亚	0.0	4.0	12.0	22.0	62.0	45.0		126635	75027	0.622	2002 年——广义家庭调查
加拿大			8.0	19.0	70.0	53.0		120326	45850	0.688	1999 年——狭义家庭调查
丹麦	-17.3	-0.8	2.3	17.1	98.7	76.4	28.8	86800		0.765	1996 年——狭义家庭财富税数
芬兰	-0.9	3.1	12.8	23.6	61.4	42.3		70080		0.621	1998 年——广义家庭调查
法国						61.0	21.3	126360	36975	0.730	1994 年——成年人遗产税申报
德国	-0.2	1.7	7.5	25.0	66.0	44.4		115325	39709	0.667	1998 年——广义家庭调查
爱尔兰	0.2	6.4	12.3	21.5	59.6	42.3	10.4	131380		0.581	1987 年——广义家庭调查
意大利					63.8	48.5	17.2	150327	80043	0.609	2000 年——广义家庭调查
日本	2.1	6.6	12.0	21.6	57.7	39.3		157146	93152	0.547	1999 年——广义家庭调查

续表

国家	五等分					最高份额		平均值财富	中位数财富	基尼系数	原始数据来源和单位
	Q1	Q2	Q3	Q4	Q5	10%	1%				
新西兰						51.7		79589		0.651	2001 年——经济单位调查
挪威	0.7	5.1	10.6	18.2	65.4	50.5		106974		0.633	2000 年——广义家庭财富税数
韩国	1.8	5.6	11.5	21.0	60.1	43.1	14.0	58314	33038	0.579	1988 年——广义家庭调查
西班牙						41.9	18.3	117837	72483	0.570	2002 年——广义家庭调查
瑞典	-6.8	0.2	6.0	20.5	80.1	58.6		103000		0.776	2002 年——广义家庭调查
瑞士						71.3	34.8	179357		0.803	1997 年——狭义家庭财富税数
英国						56.0	23.0	172461	77439	0.697	2000 年——成年人遗产税申报
美国	-0.2	1.3	4.5	11.8	82.6	69.8	32.7	201319	41682	0.801	2001 年——狭义家庭调查

资料来源：詹姆斯·戴维斯、苏珊娜·桑德斯特伦、安东尼·肖罗克斯、爱德华·沃尔夫：《全球广义家庭财富层次和分布》（“Level and Distribution of Global Household Wealth”），《经济学报》第 121 期（2011 年 3 月），表 6，戴维斯、桑德斯特伦、肖罗克斯、爱德华·沃尔夫：《广义家庭财富的全球特征》（“The Global Pattern of Household Wealth”），《国际发展杂志》第 21 卷第 8 期（2009 年 11 月），附录 IIC。

表4.7中各国财富集中度的差异部分是数据质量的差异导致的。对于调查数据而言，对上尾增加取样非常重要，这样才能获得对最富裕阶层财富份额的最佳估算。在这里只有少数样例——加拿大、德国、西班牙和美国——这样做了。一些国家，例如爱尔兰富裕阶层的财富份额低得令人惊讶，可能反映了这种现象。

原始数据源可以拼凑分位数财富份额。为了估算世界财富分布，需要得到每个国家的更完整和可比较的信息。为实现这一目标，DSSW首先推测出缺失的格值。[①] 然后将观察单位转换为单个成年人，使表4.7所示的17个国家保持一致。通过这样，DSSW假设国家一级的成年人财富分布特征与狭义家庭或广义家庭财富分布特征相同。如果儿童拥有的资产微不足道，那么成年人和广义家庭的财富分布确实具有相同的特征，每个广义家庭的成年人数量不会因为财富不同发生系统性变化，并且广义家庭中的财富平均分配给每个成年人。儿童的财富很少，但富裕家庭平均有更多的成年人。尽管婚姻关系中的资产更倾向于平均分配，但这并不普遍。也曾有人做了这样的研究，就是基于成年人数据，将一部分成年人“配对”成为夫妇，在狭义家庭的基础上衡量财富不平等程度。这样做降低了已婚人士的财富不平等程度，但单身人士与已婚夫妇之间的财富不平等程度衡量指标上升。这会有一定程度的抵消效果， 169
但最终结果将会在一定程度上提升财富不平等程度的衡量指标。最后，根据基准年和2000年之间的收入分布趋势，将每个国家的财富分布修正为2000年数据。

表4.7显示，不同国家的估算财富集中度差异很大，但通常都

① 忽视了丹麦、芬兰、德国和瑞典原始数据中负财富份额，以及其他地方报告的零财富份额，在这里，我将这些格值视为观察结果缺失。

非常高。估算最富1%阶层的财富份额，从最低爱尔兰的10.4%，到最高瑞士的34.8%不等，而美国在高的一端，为32.7%。最富10%阶层的财富份额中，最低的日本为39.3%，最高的丹麦为76.4%。基尼系数同样表现出很大离差，从最低日本的0.547到最高瑞士的0.803（美国以0.801排第二位，紧跟瑞士）。瑞士财富不平等程度很高可能是由于该国存在大量的（且利润丰厚的）金融部门。日本财富不平等程度很低可能反映了该国不喜欢炫耀财富的社会习俗，以及住房价值占总财富的比例很高。

表4.7还根据购买力平价（PPP）汇率，显示了各国的财富平均值和财富中位数数据。一个有趣的观察结果是，财富中位数很少超过财富平均值的60%。此外，当使用中位数替代平均值时，国家排名顺序发生了显著变化。在表中所列国家中，美国在人均财富平均值（成年人）中排名第一，其后是瑞士、英国、日本和意大利。以人均财富中位数（成年人）来排序，日本排名第一，其次是意大利、英国和美国。事实上，日本的财富中位数是美国的2倍以上，而其财富平均值低于美国22%。此外，一些国家的人均收入排名很高，但并不在财富排名的前列。这些国家主要是北欧国家挪威、瑞典、丹麦和芬兰。可能的解释是，这些国家强大的公共安全网和社会保障计划，使得人们累积个人资产的必要性没有公共财富和社会保险较少的国家那么高。

HFCS数据

欧元系统广义家庭财务和消费调查（HFCS）使用统一的调查
170 工具来收集财富，收入和来自15个欧洲国家的图表数据。这些调查由欧洲中央银行协调。总共有超过63000个观测单位，代表参与调查国家的近1.4亿户广义家庭。大多数国家（尽管不是全部）

带有一个基于消费者财务状况调查（SCF）设计的富裕家庭补充取样（有关SCF名单样本的更多详细信息，请参阅第二章）。

表4.8　2010年左右欧洲国家财富不平等程度

国家	最富10%阶层财富份额	基尼系数
奥地利	61.7	0.762
比利时	44.0	0.608
塞浦路斯	56.8	0.697
芬兰	45.0	0.664
法国	50.0	0.679
德国	59.0	0.758
希腊	39.0	0.561
意大利	45.0	0.609
卢森堡	51.3	0.661
马耳他	46.8	0.600
荷兰	40.1	0.653
葡萄牙	52.7	0.670
斯洛伐克	32.8	0.448
斯洛文尼亚	35.8	0.534
西班牙	43.4	0.580
欧元区	49.5	0.678

资料来源：吕克·阿隆德尔（Luc Arrondel）、穆丽尔·罗杰（Muriel Roger）、弗雷德里克·萨维尼亚克（Frédérique Savignac）：《欧元区财富和收入：广义家庭行为的异质性》（"Wealth and Income in the Euro Area: Heterogeneity in Households' Behaviours?"）欧洲中央银行第1709号工作论文，2014年8月。

如表4.8所示，在这一组国家（不包含瑞士）中，奥地利的财富不平等程度排名最高。其基尼系数为0.762，最富10%阶层的财富份额为61.7%。德国排在第二位，紧随奥地利之后，基尼系数为0.758，最富10%阶层的财富份额为59.0%。最平等的两个国家是斯洛伐克和斯洛文尼亚，基尼系数分别为0.448和0.534，最富10%阶层的财富份额分别为32.8%和35.8%。

考埃尔等人使用相同的数据源来检查欧洲各国的财富水平。[①]除此之外，他们还增加了来自澳大利亚、英国和美国的数据。结
171 果非常令人震惊，如表4.9所示。在财富平均值方面，卢森堡的排名在一组国家中独占鳌头，净资产平均值为710100欧元；澳大利亚排名第二，为435000欧元；美国排名第三，为348800欧元。事实上，卢森堡的财富平均值是美国的2倍多。有趣的是，德国是该组中净资产平均值最低的，大约是美国的一半。卢森堡的高财富水平与其人均国内生产总值的高水平相对应，经常在佩恩表（Penn World Tables）排名中位居世界第一，佩恩表是一个数据库，包含世界上许多国家的人均国内生产总值信息。它还反映了该国非常高的房产价值，以及较高的住房自有率。就财富中位数而言，排名顺序与财富平均值非常相似，但美国除外，美国排在最后一名，甚至低于德国。就美国而言，非常小的净资产中位数在很大程度上反映了中产阶级广义家庭非常高的债务水平（见第三章）。[②]

---

① 参见 Frank Cowell 等人著作：“Wealth，Top Incomes and Inequality，”载于 *Wealth*：*Eco nomics and Policy*，主编：Kirk Hamilton 和 Cameron Hepburn（牛津大学出版社，即将出版）。

② 使用欧元系统广义家庭财务和消费调查（HFCS）数据的其他研究引自 Frank Cowell 和 Philippe van Kerm 著作：“Wealth Inequality：A Survey”，载于 *Journal of Economic Surveys* 29，no. 4（2015）：671－710，以及 Olympia Bover 等人著作：“Eurosystem Household Finance and Consumption Survey：Main Results on Assets，Debt，and Saving，”载于 *International Journal of Central Banking* 12，no. 2（2016）：1－13。

表 4.9　2010 年左右选定经合组织国家的净资产平均值和中位数

单位：千欧元

	平均值	中位数	中位数排名
卢森堡	710.1	401.0	1
澳大利亚	435.0	268.6	2
美国	348.8	49.1	8
西班牙	291.4	181.7	3
英国	290.3	169.3	5
意大利	275.2	175.4	4
法国	233.4	114.8	6
德国	195.2	52.0	7

资料来源：弗兰克·考埃尔（Frank Cowell）等人，《财富，高收入和不平等》（“Wealth，Top Incomes and Inequality”），《财富：经济和政策》（*Wealth：Economics and Policy*），编辑：柯克·汉密尔顿（Kirk Hamilton）和卡梅隆·赫伯恩（Cameron Hepburn）（牛津大学出版社，2016 年），表 1。

结束语

从现有的可比较数据来看，到 20 世纪 80 年代中期，美国的财富不平等程度远高于其他工业化国家。这一发现与先前的研究一致，这些研究发现，到 20 世纪 80 年代中后期，美国的收入不平等程度高于其他工业化经济体。对于其他国家，如澳大利亚、加拿 172
大、法国、德国、瑞典和英国，在 20 世纪 80 年代的个人财富不平等程度上似乎大致相同，而日本则显然低于这一些国家。到 2000 年情况没有改变，美国的财富不平等程度排名远高于加拿大、德国和意大利。根据 DSSW 数据，瑞士排名最高。丹麦和瑞典似乎也有非常高的财富不平等程度。而斯堪的纳维亚国家的收入不平等程度非常低，这一结果似乎令人惊讶。可能的原因是它们广泛的福利制度，特别是低收入补助和老年人综合医疗保险，使贫困阶层和中产阶级家庭无须大量预防性储蓄。研究财富不平等程度的国际比较时，必须谨慎对待有和没有高收入补充样本的国家样本。

对英国和美国长期时间趋势的比较表明，20 世纪 80 年代美国的财富不平等程度很高，这代表了 20 世纪早期甚至 20 世纪 50 年代发生的一种转变，那时英国个人财富不平等程度远高于美国。事实上，在 1911 年，英国最富 1% 阶层的财富份额是令人难以置信的 69%！瑞典和美国之间长期时间趋势的比较也显示了类似特征。美国和英国的对比里有两个显而易见的交叉点——20 世纪 60 年代和 80 年代初期。20 世纪 60 年代和 70 年代，英国和美国的个人财富不平等程度大致相当。对于可变现财富和增广财富都是如此。20 世纪 70 年代早期和中期，美国的财富不平等程度似乎也与加拿大、法国和瑞典相当。到 20 世纪 80 年代初，美国的财富不平等程度开始超过加拿大、法国、瑞典和英国，这种特征至少持续到 2010 年。

另一个显著差异是美国在 20 世纪 70 年代中期到 80 年代后期财富不平等程度大幅上升。鉴于同期美国收入不平等程度的急剧上升，这一发现也不太出人意料。有趣的是，加拿大、法国和英国似乎没有出现类似的财富不平等程度上升现象。而且，从 20 世纪 80 年代初到 2000 年，美国的财富不平等程度继续上升。加拿大在
173 1984 年至 1999 年，意大利在 1989 年至 2000 年间财富不平等程度也有所上升，但德国在 1983 年至 1998 年间财富不平等程度急剧下降。

另一个重要发现是，尽管在有现存可比数据的国家中，美国在 2000 年前后的成年人财富平均值排名最高，但美国成年人财富中位数排名相对较低。这种差异反映了美国财富不平等程度高于其他

国家。截至 2010 年，美国的财富平均值已跌至八个国家的第三位，卢森堡是最高的，但它的净资产中位数是最后一名——这可能是该国中产阶级广义家庭债务水平非常高导致的。

本章研究结果提出了几个具有争议性的问题。一、为什么今天美国的财富不平等程度比其他发达国家高？二、为什么最近一段时期美国的财富不平等程度上升速度远高于其他工业化国家？这是市场力量、人口特征、储蓄特征或遗产特征、资产市场行为、相关机构、政府政策的差异造成的吗？关于后者，美国和英国在 20 世纪 80 年代（美国总统里根和英国首相撒切尔）实行相当保守的经济政策，而瑞典则由社会民主党占主导地位。[*] 此外，在这三个国家中，瑞典是唯一一个对广义家庭财富征收直接税的国家（至少到 2007 年是如此）。 174

---

* 瑞典社会民主党自 1914 年以来一直是瑞典国会第一大党，主要党员来自工人和公务员。——译注

第二部分
财富不平等程度变化背后的机制

第五章 解析1983~2013年财富趋势

影响财富平均值和财富中位数的因素，以及财富不平等程度的因素是哪些？我通过两种方式来研究这些趋势。首先，我将对财富趋势的分析分解为储蓄、资本收益和财富转移净值三个部分；其次，我在一个长时间段里（从1922年至2013年），使用经济分析来检测不同因素对这些变动的重要性。

关于第一个方法，回顾第二章，2007年至2010年，净资产中位数暴跌了43.9%。而净资产平均值下降了16%，下降幅度小一点。净资产收益率这些年都为负（整体年收益率为-7.3%，财富分布五等分中间三个阶层的年收益率为-10.6%），净资产中位数暴跌43.9%在很大程度上是因为净资产很高的负收益，但这并不是全部原因。事实上，通过粗略计算可知，这个因素会导致财富中位数下降26.8%，这解释了净资产中位数下降幅度的3/5（26.8/43.9）。其他2/5可能是这些年来非常高的负储蓄率造成的。同样，虽然净资产平均值在此时段下降了16%，但如果根据广义家庭平均资产组合的收益率来估算，应该要下降20%。这种情况应该是正储蓄抵消负收益率的影响。

本章首先介绍一个模型，这个模型用来将财富层次和财富不平等程度的变动分解为储蓄、资本收益和财富转移净值。然后，我凭经验分析了这三个组成部分在财富变动中的作用，并研究了“皮凯蒂定律”。最后一节介绍了一种回归模型，用于分析财富不平等程度的时间变化。

分解分析

我从沃尔夫（1999a）中建立的基本财富关系开始：

$$\Delta W_{ct} \equiv W_{ct} - W_{c,t-1} = r_{ct} W_{ct-1} + s_{ct} Y_{ct} + G_{ct}, \tag{5.1}$$

其中 W_{ct} = 年龄（或出生）队列 c 在时间 t 的净资产（以定值美元计算），r = 实际财富收益率，Y = 广义家庭收入（以定值美元计算），s = 广义家庭收入 Y 的储蓄率，G = 遗产和赠与净值（以定值美元计算）。通过进一步的代数计算，我们得到：

$$\begin{aligned} s_{ct} &= (\Delta W_{ct} - r_{ct} W_{ct-1} - G_{ct}) / Y_{ct} \\ &= S_{ct} / Y_{ct}, \end{aligned} \tag{5.2}$$

其中 S_{ct}是该时段的总储蓄。公式 5.2 提供了估算储蓄率的基本方程。

在公式 5.1 的基础上，一段时段内财富的变化可以分解为资本升值（现有财富乘以收益率），储蓄和财富代际转移净值。该分析将分为五个子时段：1983～1989 年、1989～2001 年、2001～2007 年、2007～2010 年和 2010～2013 年。

分解的财富平均值也将告诉我们资本收益和储蓄在解释财富随时间变化方面的相对重要性。例如，格林伍德和沃尔夫估算，1962 年至 1983 年时段广义家庭总财富增长的约 75% 来自现有财富的资本收益（升值），剩余的 25% 来自储蓄（收入减去消费支出）。[①]

---

① 参见 Daphne T. Greenwood 和 Edward N. Wolff 著作：“Changes in Wealth in the United States, 1962 - 1983: Savings, Capital Gains, Inheritance and Lifetime Transfers,” 载于 *Journal of Population Economics* 5, no. 4 (1992): 261 - 288。

随后的其他研究证实了资本收益和储蓄的这个比例。[①]

可以对最富 1% 阶层、接下来的 19% 阶层和财富分布五等分中间三个阶层的财富进行同样的分解分析。我将使用财富分布五等分中间三个阶层的财富平均值的变化作为中介，来理解导致财富中位数变化的来源。[②] 对于我的财富不平等程度分析，我会考虑随时间 178
变化最富 1% 阶层和五等分中间三个阶层的财富平均值的比率。然后，我可以确定在这种差异的变化部分中哪些是由资本收益导致的，哪些是由储蓄和财富转移净值导致的。

该模型的一个关键特征，是在上面列举的五个子时段（1983～1989 年、1989～2001 年、2001～2007 年、2007～2010 年、2010～2013 年）中，进行的模拟都是按出生队列进行的。在每个模拟的最初一年，广义家庭首先分为以下年龄组：20～24 岁；25～29 岁；30～34 岁；35～39 岁；40～44 岁；45～49 岁；50～54 岁；55～59 岁；60～64 岁；65～69 岁；70～74 岁；75 岁及以上。然后，模拟在调查期间会跟随相同的年龄组。

例如，考虑 1983 年的 25～29 岁年龄组。第一，计算 1983 年该年龄组的财富平均值。第二，我计算了 1983 年他们持有财富的

---

① 对于 1962 年至 1992 年数据，参见 Edward N. Wolff 著作："Wealth Accumulation by Age Cohort in the U. S., 1962 - 1992," 载于 *Geneva Journal on Risk and Insurance 24*, no. 1 (January 1999): 27 - 49；对于 1983 年至 2007 年数据，参见 Wolff 著作：*Inheriting Wealth in America: Future Boom or Bust?* (New York: Oxford University Press, 2015)。

② 请注意，财富分布五等分三个中间阶层财富平均值不一定等于财富中位数。例如，在 2007 年，财富中位数（按 2013 年美元计算）为 115100 美元，而平均值等于 155200 美元。平均值更高的原因是财富分布五等分三个中间阶层包含了财富分布五等分次富 20% 阶层的财富，这个阶层的财富通常比财富分布五等分中间 20% 阶层要高得多。不过，就百分比变化而言，这两个数据系列的时间趋势非常接近。

平均收益率。该数字基于1983年该年龄组的平均财富构成组合，以及1983～1989年时段相关资产类型的收益率算出。这可以计算$r_{ct}W_{ct-1}$时段的总资本收益。第三，在1989年，这个出生队列现在是31～35岁年龄组。这个出生队列（ΔW_{ct}）的财富平均值的变化，被设为1989年31～35岁年龄组的财富平均值，与1983年25～29岁年龄组的财富平均值的差异。第四，这个1983/1989出生队列的总储蓄计算公式：$S_{ct}=\Delta W_{ct}-r_{ct}W_{ct-1}$。第五，我可以再算一算1983～1989年时间段，这个出生队列的收入平均值Y_{ct}，当作1983年25～29岁年龄组的收入平均值和1989年31～35岁年龄组的收入平均值的平均值。第六，可以根据公式5.2计算储蓄率s_{ct}。

在公布最终结果之前，我们需要提到实施该模型会遇到的几个重要的方法论问题。

“伪面板”

让我们首先考虑从时间t到t+1的总广义家庭财富的变化。W_t是在时间t生活在美国的广义家庭持有的总财富，W_{t+1}是在时间t+1生活在美国的广义家庭持有的总财富。如果这是一个
179 封闭型经济，那么一般来说财富变化ΔW_t的唯一来源是储蓄和资本增值。可能存在由各种情况引起的一些“渗漏”和增加。首先，一个广义家庭可以有慈善捐款，这会减少当前的广义家庭财富。其次，有人可能会在这段时间内死亡，支付遗产税或留下慈善遗赠。再次，在这段时间内，如果美国居民从美国带走财富移居海外，这可能会导致资金外流。最后，如果移民带着新的财富进入美国，那么广义家庭财富存量可能会增加。如果这些影响很小，那么在时间t总财富的变化通常仅由储蓄和资本收益导致

（见方程式 5.1）。[①]

为了分析财富变化的来源，似乎合理的方法是比较时间 t 和 t+1 的广义家庭财富持有量。这种方法是有缺陷的，因为随着时间的推移，给定的一组广义家庭逐渐变老（“年龄增加”），通常他们的财富也会增加。因此，对比两个年份的财富平均值，不仅反映了原来广义家庭老龄化进程，而且反映了加入社会的新广义家庭。因此，合理的分析是在两个年份里内查看同一组广义家庭。

这里使用的方法为我们提供了一个跨越时间段，跨越多个横截面的“伪面板数据”，因为我们跟踪同一个出生队列跨时间段的数据。萨贝尔豪斯和彭斯最先采用了类似技术。[②] 他们从 1989 年开始选取六个年龄序列数据，跟踪它们到 1995 年。他们的研究结果同样是基于美国消费者财务状况调查（SCF），以及从资金流量表（Flow of Funds Accounts，现称美国财政账户）估算的收益率。他们的分析是针对广义家庭全部人口。他们的研究与这里描述的研究不同之处在于，我为特定的细分人口群体进行了一组类似的分解分析。这包括按财富阶层分组的人口，以及第九章中的按收入阶层、

---

① 祖克曼提出了令人信服的证据，证明随着时间的推移，大量财富从国内账户转移到国外账户（“离岸账户”）；参见 Gabriel Zucman 著作：“The Missing Wealth of Nations: Are Europe and the U. S. Net Debtors or Net Creditors?” 载于 *Quarterly Journal of Economics* 128, no. 3 (2013): 1321 - 1364。原则上，离岸账户不应该给消费者财务状况调查数据带来问题，因为消费者财务状况调查会向国内受访者询问持有的外国账户资产问题。这个问题似乎与汇总数据（例如美国财政账户）更密切相关，因为这些汇总账户数据仅基于国内持有的资产。

② 参见 John Sabelhaus 和 Karen Pence 著作：“Household Saving in the'90s: Evidence from Cross - Section Wealth Surveys,” 载于 *Review of Income and Wealth* series 25, no. 4 (1999): 435 - 453。

年龄组、种族、受教育水平和广义家庭类型分组的人口。[①]

原则上，在按年龄组进行的模拟中，我们希望第二年与第一年有相同的广义家庭代表性样本组。对于涉及全体广义家庭的模拟而言，这不是一个问题，因为它们只是随着时间的推移而“老化”。但是，这有一些附带条件。首先，两个年份之间可能会发生一些死
180 亡，所以在第二个年份的样本组包含的广义家庭数量可能会少于第一年。相对于1983年25～29岁年龄组的模拟，1989年31～35岁年龄组的广义家庭数量可能少于1983年25～29岁年龄组。其次，更为微妙的是，由于广义家庭按户主年龄进行分类，如果婚姻状况发生变化（例如，夫妇离婚），可能会改变这段时间内相关广义家庭的数量（和特性）。再次，一个年龄组的某些广义家庭可能会移居国外，而外来移民会作为新的广义家庭进入一个年龄组。尽管这些影响可能相对较小，但为了确保两年之间的一致性，我根据第一个年份的年龄分布来标准化第二个年份的年龄分布。因此，如果1983年有12%的广义家庭年龄在25～29岁（实际情况如此），那

① 一种替代方法是使用实际的面板数据。就消费者财务状况调查而言，有两个面板数据包含了1983～1986年和2007～2009年时段。不幸的是，其覆盖范围不足以支持对整个三十年期间的资本收益和储蓄趋势进行历史分析。另一个数据来源是收入动态追踪调查（PSID）。这是一个涵盖1984年至2013年的面板数据源。但这里有许多问题使消费者财务状况调查数据更受欢迎。首先，最值得注意的是，收入动态追踪调查对财富分布最高端的覆盖率比较弱，尤其是最富1%阶层。由于本研究的一个重要目标是分解分析财富分布中最富1%阶层和五等分三个中间阶层之间的财富趋势，因此消费者财务状况调查绝对是优选的。

其次，分解分析在很大程度上依赖于每项财富，收入和人口统计学分组的财富构成（为了计算该分组的平均收益率 r_{ct}）。此外，由于消费者财务状况调查问卷包含每个广义家庭持有的资产和负债的数百个问题，因此与收入动态追踪调查相比，消费者财务状况调查是迄今为止优秀得多的数据来源。与之相比，收入动态追踪调查在这个主题上总共只有17～19个问题（取决于年份）。

么我将 1989 年的年龄分布标准化，让 1989 年有 12% 的广义家庭年龄在 31～35 岁。换句话说，在计算 1989 年的总体财富平均值时，我使用 1983 年的年龄分布权重。1989 年的总体财富平均值，等于 1989 年按年龄组划分的财富平均值（例如，31～35 岁年龄组）按 1983 年相应年龄组（在这种情况下，为 25～29 岁年龄组）的广义家庭比例加权处理。

在考察财富阶层时，与计算全体广义家庭的总体财富平均值时，会遇上同样的增增减减问题。此外，广义家庭的财富阶层可能会随着时间的推移而变化。例如，1983 年最富 1% 阶层的广义家庭可能与 1989 年最富 1% 阶层的广义家庭不一样。举例来说，如果财富平均值在这个时间段出现下降，那么 1983 年最富 1% 阶层的一些广义家庭可能会下滑到接下来 19% 富裕阶层。那么，如果我们这个时段跟踪完全一样的广义家庭样本，那么这个时段的财富平均值的估算变化值 $\Delta \overline{W}$ 事实上可能会低于实际的 $\Delta\Delta \overline{W}$。由于储蓄归于剩余，这可能会导致对这个时段某个财富阶层储蓄的估算值出现向下偏倚。反之，如果在此时段某些广义家庭上升进入更高的财富阶层，估算的 $\Delta \overline{W}$ 可能会大于实际变化值。对于财富分布五等分中间三个阶层或接下来 19% 富裕阶层，可能会出现这种情况。在这种情况下，估算的储蓄可能会有向上偏倚。

如果我们的兴趣在于解释某个财富阶层，例如，最富 1% 阶 18
层，随时间推移的财富变化情况，那么财富阶层的转变就不是一个问题。如前所述，在两个年份里，最富 1% 阶层的广义家庭可能会不一样。在这种情况下，只要我们按第一个年份广义家庭的出生序列选择第二个年份的广义家庭（例如，1989 年的 31～35 岁年龄组和 1983 年的 25～29 岁年龄组），并按第一个年份年龄组广义家庭的比例，标准化第二个年份年龄组的财富平均值，我们就可以认为两个年份的广义家庭样本组是一样的（虽然样本里的广义家庭不一定是完全一样的）。这个流程可以让我们通过资本收益、储蓄和财富转移净值，来计算这个样本组财富平均值标准化变化的无偏估算值。

在第九章中，我对收入阶层、年龄组、种族/族裔、受教育程度、家庭类型和父母身份进行了相同的分析。第一，关于收入阶层，应用在财富阶层的附带条件同样适用于收入阶层，因为一个广义家庭可以在一段时间内改变收入阶层。高收入阶层的广义家庭更有可能随着时间的推移而向下移动，而低收入阶层的家庭更有可能在收入分布中向上移动。如果我们在一个时间段跟踪同一组广义家庭，那么这种收入阶层移动会导致储蓄估算值发生偏倚，就如研究财富阶层时一样。第二，就年龄组而言，出生队列随着时间的推移保持不变，因此几乎所有第一个年份的广义家庭将出现在第二个年份里。唯一的例外是户主死亡和婚姻变化，因为广义家庭是根据户主年龄、移居国外和外来移民来划分年龄组的。

第三，种族/族裔在个人的一生中保持不变，但由于这一类别划分基于户主的情况，婚姻状况的变化可能会影响一个广义家庭在一个时间段里的分类。第四，教育程度也是如此（至少在 25 岁之后）。第五，婚姻状况和父母身份可能会随着时间的推移而发生变化。在这里，偏倚的方向更为复杂。如果一对没有孩子的夫妇在这段时间内有了孩子，那么他们的相对财富阶层可能会从较高的阶层变为较低的阶层。对于在此时段生育孩子的单身女性来说也是如此。在这段时间内结婚的两个单身人士，可能会从两个相对较低的财富阶层变为一个较高的财富阶层，而与之相反，分居的已婚夫妇
182 将沿着财富阶梯向下移动。

相同的伪面板技术对于分析社会经济群体也应该有益。特别是，在一个时间段里跟踪同一组出生队列，用初始年份年龄分布标准化其他年份样本，依据资本收益、储蓄和财富转移净值来估算标准化财富平均值的变化值，这样可以得到有价值的结果。

收入

这里使用的收入概念是美国人口普查局的标准总货币指标。[①] 比特勒、霍英思、阿穆尔、布克豪泽和拉里默尔在学术上还使用了更全面的收入衡量指标。[②] 他们的研究表明，在大衰退期间和之后，收入分布的中间层和五等分最低阶层的市场收入下降幅度更小，他们有大量实物转移收入和税收抵免收益，这些收入没有统计为标准货币收入。如果没有全面考虑更广泛的收入衡量指标，人们可能会错误理解完整收入（full income）和消费之间的差异。[*]

虽然这是事实，但遗憾的是，消费者财务状况调查数据不允许估算实物的政府转移支付和税收抵免，如劳务所得税抵免（Earned Income Tax Credit，EITC）。[**] 尽管如此，方程式 5.1 中的总储蓄 S_{ct}

---

① 虽然标准的消费者财务状况调查收入指标包含已兑现的资本收益，但本文将此部分排除在外，因为它已经在 $r_{ct}W_{ct-1}$ 这个概念中被部分获取。

② 参见 Marianne P. Bitler 和 Hilary W. Hoynes 著作："The State of the Social Safety Net in the Post - Welfare Reform Era," 载于 *Brookings Papers on Economic Activity* (Washington, DC: The Brookings Institute, 2010)，以及"The More Things Change, the More They Stay the Same: The Safety Net, Living Arrangements, and Poverty in the Great Recession," 载于 NBER Working Paper 19449；参见 Philip Armour, Richard V. Burkhauser 和 Jeff Larrimore 著作："Deconstructing Income and Income Inequality Measures: A Crosswalk from Market Income to Comprehensive Income," 载于 *American Economic Review* 101, no. 3 (2013): 173 - 177。

* 完整收入（fullincome），指在传统收入基础上，再加上放弃休息时间为家庭劳动创造的价值（例如带孩子，修理水管等）。——译注

** 劳务所得税抵免，指美国税务局给予有工作的低收入家庭少量税收抵免。——译注

不受收入概念扩张或收缩的影响。但是，收入的定义会影响储蓄率，S_{ct}（见公式5.2）。

财富层次

我使用消费者财务状况调查财富数据进行标准分析。然而，2013年消费者财务状况调查广义家庭财富数据与美国财政账户数据之间似乎存在巨大差异。特别是，消费者财务状况调查数据表明，2010年至2013年，每户广义家庭净资产平均值仅增长0.6%（总计），而基于FFA的总广义家庭资产负债表数据显示，每户广义家庭的净资产跃升了20%。[①] 虽然让这两个数据系列保持一致超
183 出了本书的范围，但本章将比较从1983年至2013年，两个数据来源的每户广义家庭净资产平均值的时间趋势，以了解在其他细分时段是否存在类似的差异。此外，为了测试分解分析结果的敏感性，我还将使用美国财政账户财富平均值估算来代替消费者财务状况调查数据，以确定每个时段的储蓄估算对数据来源选择的敏感性。

赠与和遗产

消费者财务状况调查调查了（当事人活着时有效的）赠与和遗产，以及赠与他人，捐赠给非营利组织和其他慈善组织的情况。财富转移净值定义为收到的赠与和遗产减去送出的赠与和捐款。消费者财务状况调查从1989年开始提供这些数据。根据这些变量，我们可以估算出某个广义家庭的财富转移净值（详见第七章）。

---

① 见第十二章表12.3和图12.2。这个财富概念是W2减去所有耐用消费品。

收益率

模拟中的算法假定单个资产类型的收益率固定。因此，不同财富层次的收益率差异完全取决于财富构成的差异。不同财富阶层的相同资产类型的收益率也可能有所不同。如果富裕阶层获得的股票收益高于中产阶级家庭，和/或他们的房屋升值更多，那么富裕阶层的收益率将会向下偏倚，而中产阶级的收益率则会向上偏倚。因此，对于富裕阶层而言，资本增值将被低估，而对中产阶级而言，资本增值将被夸大，相应的，对富裕阶层而言，储蓄数额将被夸大，而对中产阶级而言则会被低估。[①]

分解结果

第一组结果如表 5.1 所示。请注意，总净资产平均值和各财富阶层净资产平均值的模拟变化都大于该时段的实际变化（有一个例外），因为财富通常随着年龄的增长而增加。毫不奇怪，时段越长，这种差异越大。例如，1989 年至 2001 年，总净资产平均值的 184
模拟变化为 262200 美元，而实际变化为 152000 美元——相差 110200 美元。

总体而言，资本升值解释了总净资产平均值的大部分变化（见 C 组）。它占 1983 年至 1989 年时段财富平均值总增长的 80%（22.0/27.6），1989 年至 2001 年为 91%（68.5/75.3），2001 年至 2007 年为 78%（27.4/35.4）。从 2007 年到 2010 年，资本损失将

① 第三章中提供的证据表明，不同财富（或收入）阶层的收益率几乎没有系统性变化（见第三章，收益率部分）。

导致财富平均值下降19.6个百分点，与之相比，模拟财富平均值下降了10.6个百分点。从2010年到2013年，资本收益本身会导致净资产平均值攀升20.4个百分点，而模拟财富平均值仅增加6.4个百分点。

五个时段的财富转移净值都相对较小。[①] 储蓄按照剩余计算。在前三个时段，它对财富增长的贡献远远低于资本收益，仅占1983年至1989年财富平均值总增长的12%（3.4/27.6），1989年至2001年为6.8%（5.1/75.3），2001年至2007年为15%（5.4/35.4）。在2007年至2010年时段，估算的储蓄将导致财富平均值增长9.1个百分点，部分抵消了资本损失导致的19.6个百分点的下降。相比之下，2010年至2013年的结果显示非常高的负储蓄，导致这些年财富平均值下降15.5个百分点。这一发现似乎很微妙，表明总体美国财政账户数据提供的这些年广义家庭财富趋势更贴合实际。

隐含的年度储蓄率（该时段年化储蓄，与第一年收入平均值和第二年模拟收入平均值的平均数之比），与从国民收入和产出账户计算得到的总体储蓄率不相符。[②] 有两个原因使我们预计这两者难以相等。首先，国民收入和产出账户的储蓄率定义为收入

---

① 一般来说，对于整体人口而言，送出的赠与总数应该等于接收的赠与总数。但是，计算财富转移净值时有两个抵消因素。首先，由于该模拟计算是随着时间的推移而进行的，因此可能会在这一段时间内收到遗产但没有相应的减记条目，因为该广义家庭已不在样本中。其次，在计算收到的财富转移净值时，要减去对慈善机构和非营利组织的捐赠。调整财富转移净值数字，使得在某个特定年份里，全体样本收到的总赠与等于给出的总赠与（使其等于两个数字中的较大者）。

② 我在这里使用国民收入和产出账户的个人储蓄总额与个人收入的比率这个更常见的概念，而不是其与个人可支配收入的比率，以保持与消费者财务状况调查数据的一致性。

减去消费支出。如果一个广义家庭出售资产或从储蓄账户中提取现金，在国民收入和产出账户的定义中不会将广义家庭资产负债表中的这种变化视为负储蓄。但是，在消费者财务状况调查定义中将此视为负储蓄。同样，如果一个广义家庭减少 1000 美元债务，这一变化在消费者财务状况调查定义中显示为储蓄增加，但 185
是在国民收入和产出账户定义中不会统计这个变化。出于这些原因，消费者财务状况调查的储蓄概念优于国民收入和产出账户的储蓄概念。

其次，国民收入和产出账户的储蓄率是根据年 8 度数据计算的，而我的估算是基于伪面板（时间段）。尽管如此，在所有五个时段，特别是 2007 年至 2010 年和 2010 年至 2013 年时间段，我的估算都与国民收入和产出账户基准相差甚远。在最后一个时段，我估算的储蓄率是实际上为负，而且负的程度相当大（ -30.8% ），而 NIPA 的数字为正。这种差异是另一个证据，表明这段时间美国财政账户财富总量数据可能更为可靠。

2007 年至 2010 年和 2010 年至 2013 年的结果如何与第三章的数据一致？从 2007 年到 2010 年，在全体广义家庭中，以定值美元计算的总体平均债务略微降低了 4.4% （见表 3.5），因此这可能是前文所述的一些储蓄的来源。这些年来资产所有权也呈现下降趋势（见表 3.14），这相当于负储蓄。另外，在 2010 年至 2013 年时段，平均债务（按定值美元计算）大幅缩减 12.6% ，资产所有权呈现持续但较为温和的下降趋势。与表 5.1 中的负储蓄相比，这两个因素在这些年中应该会带来正储蓄。

最富 1% 阶层的结果显示在第 2 组数据中。它们与全体广义家庭非常相似，在前三个时间资本升值贡献财富增长的大部分，而储蓄的贡献要小得多。在 2007 年至 2010 年时段，资本损失将导致最富1%阶层财富平均值下降17.8个百分点，但储蓄将带来6.8个百分点的收益，而在2010年至2013年时段，资本收益对财富增长的贡献非常大，但储蓄再次带来强力负面影响。在这里，似乎很难相信最富1%阶层有如此高的负储蓄率。①

在接下来19%的富裕阶层（财富分布百分位数第80到第99）中，在前三个时段资本收益占其财富增长的100%以上，而负储蓄则是负贡献。在2007年至2010年时段，资本损失将导致其财富平均值下降18个百分点（几乎与最富1%阶层相同），但
186 储蓄会带来4.7个百分点的上涨。在2010年至2013年时段，资本收益再次使财富平均值大幅提升，但此时负储蓄抵消了资本收益的影响，导致财富整体下降。这一组的储蓄率在各个时段内均为负值，除了2007年至2010年时段，在这个时段储蓄率为正而且相当高。

财富分布五等分中间三个阶层的结果有些不同。前三个时段的资本增值占财富平均值变化百分比再次超过100%，负储蓄再次导致负增长。相对幅度较大，1989年至2001年时段负储蓄导致财富增长减少了32个百分点，2001年至2007年导致财富增长减少了16.4个百分点。在2007年至2010年时段，资本损失导致该组财富平均值下降27.1个百分点（占总下降幅度的87%），此时负储蓄为整体下降幅度增加了3.1个百分点（占总下降幅度的10%）。这些结果与本章引言中提到的粗略估算不同，后者显示资本损失解释了财富中位数减少的3/5，而储蓄解释了剩余的2/5。在2010年

① 财富转移净值再次对最富1%阶层的财富变化做出了一点贡献。前四个时段的财富转移净值是负的，因为最富1%阶层给予其他广义家庭的赠与（加上慈善捐赠）大于其收到的赠与和遗赠。由于这些家庭在2010～2013年间报告了大量遗产，因此第五个时段的财富转移流是正的。

表 5.1　1983 年至 2013 年按财富阶层分解分析财富趋势

财富阶层	时段					
	1983～1989 年	1989～2001 年	2001～2007 年	2007～2010 年	2010～2013 年	1983～2013 年
A. 财富阶层净资产（NW）平均值的实际变化						
1. 全体广义家庭	44.2	152.0	102.2	-96.6	3.1	204.9
2. 最富 1% 阶层	1985	4456	4123	-3233	1038	8369
3. 接下来 19%	113.5	465.5	256.1	-175.0	-25.9	634.2
4. 五等分中间 3 个 20% 阶层	10.8	26.1	22.2	-51.8	-0.8	6.6
B. 财富阶层净资产（NW）平均值的模拟变化						
1. 全体广义家庭	84.0	262.2	177.0	-63.7	32.1	
2. 最富 1% 阶层	2855	8097	4785	-2355	1222	
3. 接下来 19%	132.7	503.5	253.2	-205.6	-22.4	
4. 五等分中间 3 个 20% 阶层	17.0	43.8	35.7	-48.2	3.4	
C. 按财富构成划分的模拟净资产平均值增长百分比（%）						
1. 全体广义家庭						
模拟净资产平均值增长百分比	27.6	75.3	35.4	-10.6	6.4	
资本收益（损失）的贡献	22.0	68.5	27.4	-19.6	20.4	
财富转移净值的贡献	2.3	1.7	2.6	0.0	1.4	
储蓄的贡献（隐含）	3.4	5.1	5.4	9.1	-15.5	
备注：年度储蓄率（隐含）[a]	2.5	1.9	4.9	20.7	-30.8	
备注：NIPA 个人储蓄率（期间平均值）[b]	6.9	4.7	2.5	3.9	4.8	
2. 最富 1% 阶层						
模拟净资产平均值增长百分比	28.3	67.0	28.6	-11.3	6.9	
资本收益（损失）的贡献	23.0	65.3	26.5	-17.8	20.3	

续表

财富阶层	时段					
	1983～1989年	1989～2001年	2001～2007年	2007～2010年	2010～2013年	1983～2013年
财富转移净值的贡献	-1.6	-5.0	-1.1	-0.4	1.9	
储蓄的贡献（隐含）	6.9	6.7	3.2	6.8	-15.3	
备注：年度储蓄率（隐含）[a]	13.0	6.4	5.6	32.5	-64.6	
3. 接下来19%						
模拟净资产平均值增长百分比	17.4	57.4	18.9	-12.9	-1.6	
资本收益（损失）的贡献	19.7	63.3	23.1	-18.0	18.5	
财富转移净值的贡献	1.6	3.1	3.2	0.5	1.2	
储蓄的贡献（隐含）	-3.9	-9.0	-7.5	4.7	-21.3	
备注：年度储蓄率（隐含）[a]	-4.1	-4.7	-9.7	14.4	-60.2	
4. 五等分中间3个20%阶层						
模拟净资产平均值增长百分比	17.7	41.0	26.9	-31.1	3.3	
资本收益（损失）的贡献	22.3	75.2	39.8	-27.1	23.2	
财富转移净值的贡献	1.3	-2.3	3.5	-0.8	2.9	
储蓄的贡献（隐含）	-5.9	-32.0	-16.4	-3.1	-22.8	
备注：年度储蓄率（隐含）[a]	-1.9	-5.5	-6.4	-3.0	-15.1	

资料来源：作者据1983年、1989年、2001年、2007年、2010年和2013年的消费者财务调查数据计算得出。

注：广义家庭根据其净资产划分财富阶层。然后，基于这一时段财富阶层财富平均值的变化进行分解分析。该方法是随着时间推移增加广义家庭样本的年龄。

例如，2001年25～29岁年龄组的广义家庭，在2007年年龄组为31～35岁。我还假设第一个年份（例如，2001年）的年龄分布在此时段里（例如，2001～2007年）保持不变。2007年的总体财富平均值因此等于2007年按年龄组划分的财富平均值（例如，31～35岁年龄组），2007这个年龄组按2001年对应年龄组（在这种情况下，为25～29岁年龄组）的广义家庭比例加权处理。

a. 储蓄率定义为，该时段的年度储蓄，与第一年收入平均值和第二年模拟收入平均值的平均值的比率。

b. NIPA个人储蓄与NIPA个人收入（不是个人可支配收入）的比率。

缩略语：NIPA，国民收入和产品账户；NW，净资产。

至2013年时段，资本收益本身会导致财富平均值上涨23.2个百分点，但这几乎完全被这些年的负储蓄抵消了。财富分布五等分中间三个阶层的隐性储蓄率在五个时段内均为负值。

2007年至2010年和2010年至2013年时段的储蓄结果，如何与第三章中财富分布五等分中间三个阶层的资产持有量和债务数据相比较？从2007年到2010年，以定值美元计算，他们的平均债务大幅下降了25%（见表3.5），所以这应该解释为正储蓄。这些年来资产所有权也大幅下降（见表3.14）——例如，住房下降8.9个百分点，养老金账户下降7.7个百分点——同时这些资产的价值也大幅下降。这两个变化将解释为大量负储蓄。如此看来，在此时段后者的影响主导了债务减少，并导致净负储蓄。从2010年到2013年，平均债务（按定值美元计算）下降8%，降幅温和多了，同时资产所有权持续但较为温和的下降。这两个因素在一定程度上相互抵消，但导致了这些年的净负储蓄。 189

分解分析结果与国家资产负债表保持数据一致

对调整后的汇总广义家庭财富时间序列数据里的广义家庭财富数据，也应用了同样的分解分析。这个系列数据基于美国财政账户。[①] 操作流程是按照当年美国财政账户财富总额与消费者财务状况调查财富总额的比率，调整对齐消费者财务状况调查中的广义家庭财富数据。我使用比率来进行调整是因为无法根据财富阶层或美国财政账户资产负债表数据中的其他特征数据来估算持有财富。

---

① 见第十二章表12.3和图12.2。这里的财富概念是W2减去所有耐用消费品。详细情况，请参阅第十二章。

显而易见的是，对于广义家庭财富平均值的趋势，消费者财务状况调查数据和对齐的美国财政账户数据的存在差异，特别是在1983年至1989年和2010年至2013年时段。对于第一个时段，消费者财务状况调查数据显示平均净资产（NW）增加了14.6%，而对齐的数据显示增加了29.3%。在2010年至2013年时段，前者显示增长0.6%（总计），而后者显示增长20.3%。1989年至2001年间，两者差异较小，消费者财务状况调查数据显示平均净资产增加了44%，美国财政账户数据显示增加了35%。其他两个时段的趋势非常相似。因此，分解分析结果主要在第一个，第二个和最后一个时段有所不同。

表5.2显示情况基本如此。对于1983年到1989年时段，储蓄贡献了全国广义家庭财富平均值增长的43%，相比之下，基于未对齐的消费者财务状况调查数据，这一比例为12%。① 此外，隐性储蓄率从2.5%跃升至11.1%。在1989年至2001年时段，结果的变化相对较小。基于对齐的数据，储蓄负增长，储蓄率为-1.7%，导致财富平均值下降5.3个百分点。根据未对齐的消费者财务状况调查数据，储蓄为正，仅能解释这些年财富增长的6.8%，储蓄率为正，但很小，为1.9%。在2010年至2013年时段，对齐的美国财政账户数据表明储蓄为正，贡献财富平均值变化的19%（5.1/27.2），储蓄率为8.6%。相比之下，从未对齐的数据得到的结果显示，储蓄对财富增长有巨大的负面影响，导致财富下降15.5%，
190 负储蓄率非常巨大，为-30.8%。

① 通过构造，资本收益对净资产平均值总体百分比增长的贡献在两个分解分析中保持不变，财富转移净值的贡献也是如此。

表 5.2　根据与美国财政账户校正一致的数据，按财富等级分解分析 1983～2013 年财富趋势

财富阶层	时段					
	1983～1989 年	1989～2001 年	2001～2007 年	2007～2010 年	2010～2013 年	1983～2013 年
A. 财富阶层净资产平均值的实际变化						
1. 全体广义家庭	69.9	108.7	82.0	-76.6	86.0	270.0
2. 最富 1% 阶层	2792	3233	3295	-2523	3928	10725
3. 接下来 19%	177.6	342.8	204.9	-135.1	207.7	797.9
4. 财富分布五等分中间 3 个 20% 阶层	19.3	16.2	17.7	-42.2	16.2	27.2
B. 财富阶层净资产平均值的模拟变化						
1. 全体广义家庭	105.1	200.7	143.9	-49.1	115.1	
2. 最富 1% 阶层	3547	6129	3874	-1823	4109	
3. 接下来 19%	194.7	374.5	202.5	-160.7	211.2	
4. 财富分布五等分中间 3 个 20% 阶层	24.8	31.0	28.9	-39.2	20.4	
C. 按财富构成划分的模拟净资产平均值增长百分比						
1. 全体广义家庭						
模拟净资产平均值增长百分比	44.0	65.0	34.5	-9.8	27.2	
资本收益（损失）的贡献	22.0	68.5	27.4	-19.6	20.4	
财富转移净值的贡献	2.9	1.9	3.1	0.0	1.7	
（隐性）储蓄的贡献	19.1	-5.3	4.0	9.8	5.1	
备注：（隐性）年度储蓄率[a]	11.1	-1.7	3.0	18.6	8.6	
备注：NIPA 个人储蓄率（期间平均值）[b]	6.9	4.7	2.5	3.9	4.8	
2. 最富 1% 阶层						
模拟净资产平均值增长百分比	44.8	57.2	27.8	-10.6	27.9	
资本收益（损失）的贡献	23.0	65.3	26.5	-17.8	20.3	

续表

财富阶层	时段					
	1983～1989 年	1989～2001 年	2001～2007 年	2007～2010 年	2010～2013 年	1983～2013 年
财富转移净值的贡献	-2.0	-5.6	-1.3	-0.5	2.3	
（隐性）储蓄的贡献	23.8	-2.4	2.6	7.6	5.3	
备注：（隐性）年度储蓄率[a]	35.3	-2.0	3.8	30.3	18.9	
3. 接下来 19%						
模拟净资产平均值增长百分比	32.4	48.2	18.1	-12.1	17.7	
资本收益（损失）的贡献	19.7	63.3	23.1	-18.0	18.5	
财富转移净值的贡献	2.0	3.5	3.9	0.5	1.5	
（隐性）储蓄的贡献	10.7	-18.6	-8.9	5.4	-2.3	
备注：（隐性）年度储蓄率[a]	8.8	-8.6	-9.7	13.6	-5.3	
4. 财富分布五等分中间 3 个 20% 阶层						
模拟净资产平均值增长百分比	32.8	32.7	26.0	-30.5	23.6	
资本收益（损失）的贡献	28.4	84.8	47.7	-32.7	27.7	
财富转移净值的贡献	1.7	-2.6	4.2	-1.0	3.5	
（隐性）储蓄的贡献	2.8	-49.6	-25.9	3.2	-7.7	
备注：（隐性）年度储蓄率[a]	0.7	-7.6	-8.4	2.6	-4.2	

资料来源：作者据 1983 年、1989 年、2001 年、2010 年和 2013 年消费者财务状况调查数据以及美国财政账户数据计算得出。

注：广义家庭根据其净资产划分财富阶层。然后，基于这一时段财富阶层财富平均值的变化进行分解分析。该方法是随着时间推移增加广义家庭样本的年龄。例如，2001 年 25～29 岁年龄组的广义家庭，在 2007 年年龄段为 31～35 岁。我还假设第一个年份（例如，2001 年）的年龄分布在这个时段（例如，2001～2007 年）保持不变。2007 年的总体财富平均值，等于 2007 年按年龄组划分的财富平均值（例如，31～35 岁年龄组），按 2001 年相应年龄组（在这种情况下，为 25～29 岁年龄组）的广义家庭比例加权处理。

a. 储蓄率定义为，该时段的年度储蓄，与第一个年份的收入平均值和第二个年份的模拟收入平均值的平均值的比率。

b. NIPA 个人储蓄与 NIPA 个人收入（不是个人可支配收入）的比率。

缩略语：NIPA，国民收入和产品账户；NW，净资产。

哪个结果看着更合理？对于 1983 ~ 1989 年时段，鉴于这些年来的资产价格变动，对齐的数据暗示储蓄率出奇的高，这是不大可能的。对于 1989 年至 2001 年时段，未对齐的估算似乎更合理，因为它们显示这一时段的储蓄率为正，这与国民收入和产出账户的结果更为一致。两个模拟接下来两个时段的结果非常接近。另外，对于 2010 ~ 2013 年时段，对齐的美国财政账户估算值似乎比未对齐的 FFA 估算值更可靠，因为前者显示这些年储蓄率为正，而后者显示非常高的负储蓄率。因此，我在四个时段采用未对齐估算数，但对于 2010 年至 2013 年时段采用对齐的美国财政账户估算结果。

对于 2010 ~ 2013 年时段，根据对齐的数据，资本收益解释了最富 1% 阶层的财富平均值增长的 73%（20.3/27.9），储蓄解释了 19%，隐性储蓄率为 18.9%（与之相反，未调整数字估算储蓄率为负）。对于接下来的 19% 富裕阶层，2010 ~ 2013 年资本收益解释了财富平均值增长 100% 多一点，储蓄带来很小的负增长，隐性储蓄率为 -5.3%（与之相反，未调整数据得到的储蓄率为 -60.2%）。对于财富分布五等分三个中间阶层，在 2010 年至 2013 年间，资本收益导致他们的财富平均值增长了 27.7 个百分点，但负储蓄导致他们的财富平均值减少了 7.7 个百分点。如果使用未调整数据，他们的储蓄率为负——此时，调整后数据的储蓄率为 -4.2%，而未调整数据的储蓄率为 -15.1%。

分解分析财富不平等程度的变化

下一步是将财富不平等程度的变化随着时间的变动分解为三个组成部分：资本升值、储蓄和财富转移净值。据我所知，不能简单地将方程式 5.1 分解为这三个组成部分进行分析。因此，我使用的技术是将每个组成部分的价值设定为等于其总体平均值（即全体广义家庭持有的平均价值），然后重新计算该时段内模拟财富的变化。原始模拟变化与新计算的模拟变化之间的差异，就是该组成部分对净资产模拟变化的贡献值的衡量
193 指标。

我在这个实验中使用的财富不平等程度指数是财富持有者中最富1%阶层的财富平均值与财富分布五等分三个中间阶层（60%）的财富平均值的比率。我称之为P99/P2080比率。[①] 与基尼系数等替代衡量指标相比，这一衡量指标似乎提供了最直接的分解分析。

首先要考虑的是实际P99/P2080比率与第二章表2.2中所示的净资产基尼系数的匹配情况（见表5.3）。在1983年至1989年时段，前者显示略有上升（7.7%），而基尼系数显示出相当大的上升（0.029基尼点）。在1989年至2001年时段，P99/P2080比率有较大提升（11.1%），而基尼系数略有下降。在2001年至2007年时段，前者适度增长（6.6%），而基尼系数略有上升（0.008基尼点）。在2007年至2010年时段，这两项衡量指标一起暴涨（前者涨27%，后者涨0.032基尼点），而在最后三年的时段中，两者均小幅上升（分别为6.7%和0.005）。总而言之，在1983年至2013年时段，这两项衡量指标匹配得非常好。

下一个问题是P99/P2080比率的模拟变化与P99/P2080比率的实际变化相比有多好。在这种情况下，两者匹配得出奇的好（比较数据ⅡA和ⅡB）。

---

① 该比率与第二章中使用的P90/P50比率相似。

第三个问题也是主要问题，是三个组成部分分别对财富不平等程度的变化有多大影响。我首先考虑最富 1% 阶层和财富分布五等分三个中间阶层（“中产阶级”）的净资产（NW）收益率的差异。如表 3.10 所示，在 1983～1989 年时段，两组之间的年收益率差异相对较小，尽管最富 1% 阶层的收益率略高一点（3.45% 对比
3.35%）。在此时段，如果两个群体的收益率相同（ⅢC），那么 194
P99/P2080 的百分比变化将减少 0.6 个百分点（114.4 － 113.8），因此，收益率的差异为财富不平等程度变化贡献 0.6 个百分点，使两个阶层财富平均值比率（P99/P2080 比率）百分比变化增加 6.6%（数据 IVA）。在下一个时段，1989 年至 2001 年，两个群体的收益率差异较大——每年差异为 0.48%——但此时中产阶级的收益率更高。如果两个群体的收益率相同，P99/P2080 比率的上升幅度将为 8.3 个百分点（ⅢA 数据），因此，收益率的差异使财富不平等程度下降 8.3 个百分点，使 P99/P2080 比率增加百分比降低 45%（IVA 数据）。[①]

2001 年至 2007 年时段，两个群体的收益率差距更大，中产阶级收益率高了 1.67 个百分点，这使 P99/P2080 比率的百分比增加减少了近 90%。[②] 2007 年至 2010 年时段两个群体的收益率均为负

---

① 请注意，Ⅳ组中的负值表示该组成部分降低了财富不平等程度，而正值表示该组成部分增加了财富不平等程度。

② 更详细的结果如下：2001 年至 2007 年的总体年收益率为 4.04%。如果把最富 1% 阶层的收益率从实际 3.92% 改为这个比率，如在ⅠC 行中那样，则 2007 年最富 1% 阶层的净资产平均值从 21492000 美元增加到 21646000 美元，或者增加 0.7%（因为现在收益率更高了），而中产阶层的净资产平均值从 168700 美元下跌到 152200 美元，或下降了 9.8%（因为现在收益率更低了）。因此，两者 2007 年的比率从 127.4 上升到 142.2，或上升了 11.6%，如ⅠB 行和ⅠC 行所示。因此，实际收益率降低了该比率涨幅，使其从上升 11.6 个百分点降至上升 1.4 个百分点，或降低了涨幅的 88%。

表 5.3 分解分析 1983～2013 年财富不平等趋势

	1983 年	1989 年	2001 年	2007 年	2010 年	2013 年	FFA 2013 年
Ⅰ. 最富1%阶层与财富分布五等分中间三个阶层净资产平均值的比率（P99/P2080 比率）							
A. 实际比率	105.0	113.1	125.7	134.0	170.2	181.6	181.6
B. 模拟比率		114.4	134.0	127.4	172.4	176.2	176.2
C. 假设不同财富阶层收益率相同的模拟比率[a]		113.8	143.4	142.2	152.2	181.2	180.4
D. 假设财富转移净值与净资产比率相同的模拟比率[b]		117.0	135.7	132.0	171.2	178.0	178.0
E. 假设不同财富阶层储蓄与净资产比率相同的模拟比率[c]		103.3	105.3	110.6	152.0	163.8	159.5

	时段						FFA
		1983～1989 年	1989～2001 年	2001～2007 年	2007～2010 年	2010～2013 年	2010～2013 年
Ⅱ. P99/P2080 比率的百分比变化							
A. 实际比率		7.7	11.1	6.6	27.0	6.7	6.7
B. 模拟比率		9.0	18.5	1.4	28.7	3.5	3.5
C. 假设不同财富阶层收益率相同的模拟比率		8.4	26.8	13.1	13.6	6.5	6.0
D. 假设财富转移净值与净资产比率相同的模拟比率		11.5	20.0	5.1	27.7	4.6	4.6
E 假设不同财富阶层储蓄与净资产比率相同的模拟比率		-1.6	-6.8	12.0	13.4	3.7	-6.3

续表

	1983 年	1989 年	2001 年	2007 年	2010 年	2013 年	FFA
							2013 年
Ⅲ. 对 P99/P2080 比率百分比变化的贡献（百分点数）[d]							
A. 收益率的差异		0.6	-8.3	-11.8	15.1	-2.9	-2.5
B. 财富转移净值与净资产比率的差异		-2.5	-1.5	-3.7	0.9	-1.1	-1.1
C. 储蓄与净资产比率的差异		10.6	25.3	13.4	15.3	7.3	9.8
总计		8.7	15.5	-2.0	31.3	3.3	6.3
Ⅳ. 模拟 P99/P2080 比率实际百分比变化的百分比[e]							
A. 收益率的差异		6.6	-44.9	-851.8	52.6	-83.5	-69.5
B. 财富转移净值与净资产比率的差异		-27.4	-8.2	-267.1	3.3	-30.2	-30.3
C. 储蓄与净资产比率的差异		117.7	137.0	971.4	53.2	205.9	276.9
剩余		3.1	16.1	247.6	-9.1	7.8	-77.2

资料来源：作者据 1983 年、1989 年、2001 年、2010 年和 2013 年消费者财务状况调查，以及美国财政账户数据计算得出。

注：a. 假设每个财富阶层的收益率等于总体平均收益率。

b. 假设每个财富阶层的财富转移净值与净资产的比率等于总体平均比率。该比率定义为该时段财富转移净值与平均净资产的比率，而平均净资产等于第一个年份的实际净资产平均值和第二个年份的模拟净资产平均值的平均值。

c. 假设每个财富阶层的储蓄与净资产的比率等于总体平均值。该比率定义为该时段的储蓄与平均净资产之比，平均净资产等于第一个年份的实际净资产平均值和第二个年份的模拟净资产平均值的平均值。

d. 数值为正的数据表示该组成部分提升了 P99/P2080 比率，而数值为负的数据表示该组成部分降低了 P99/P2080 比率。

e. 各组成部分（包括剩余）的总和为 100%。

缩写：FFA，美国财政账户；NW，净资产。

值，但这个时段中产阶级的年度收益率要低得多——差异为 4.04 个百分点。如果两个群体的收益率相同，则 P99/P2080 比率的百分比变化将减少 15.1 个百分点。因此，这些年来收益率的差异增加了财富不平等程度，解释了 P99/P2080 比率（IVA 数据）百分比上升幅度的一半以上（52.6%）。[①] 最后，在 2010 年至 2013 年时段，年度收益率再次变为正值，中产阶级的收益率高于最富 1% 阶层——差异为 0.79 个百分点。这一差距使 P99/P2080 比率的百分比变化减少了 84%（IVA 数据）。

这些结果与第三章的分析结果一致吗？在这里，我已经推断出两个群体之间的年度收益率差异，是导致财富不平等程度在 2007 年至 2010 年时段急剧扩大，以及在 2001 年至 2007 年时段和 2010 年至 2013 年时段温和增长的主要因素。这个新分析证实了第三章的推测。

下一行数据显示了两个群体财富转移净值与净资产的比率的差异的贡献。[②] 如上所述，除 2010 年至 2013 年时段外，最富 1% 阶层的财富转移净值都为负数。这一结果意味着，极富裕阶层生前赠与和捐赠出去的财富，比他们得到的赠与和继承的遗产要多。[③] 但

---

① 更详细的结果如下：2007 年至 2010 年的总体年收益率为 -7.28%。如果最富 1% 阶层的收益率从实际的 -6.52% 设定为该比率，如 Ⅰ C 行中那样，那么 2010 年最富 1% 阶层的净资产平均值从 18438000 美元下降至 18050000 美元，下降了 2.1 %，而中产阶级的净资产平均值从 106900 美元上涨至 1186200 美元，上升了 10.1%。因此两者的比率从 172.4 降至 152.2，或下降了 11.7%，如 Ⅱ A 行和 Ⅱ B 行所示。

② 我在分解分析中使用这个衡量指标而不是总财富转移净值，是因为财富转移净值的实际水平在很大程度上取决于一个分组的财富阶层。

③ 有趣的是，关于赠与和遗产的大多数文献强调了这样一个事实：极富裕阶层获得的金额高于较低财富阶层（相关案例参见第七章）。但是，事实上，当流出量也被考虑在内时，富裕阶层是净捐赠人而不是净受赠人。

在 2010 年至 2013 年时段，毫不奇怪，最富裕 1% 阶层的赠与和捐赠大幅减少（但这些年来他们仍然接受赠与和继承遗产）。

更重要的维度是财富转移净值与净资产的比率。在这种情况下，除了 2007 年至 2010 年时段，所有时段（包括 2010 年至 2013 年时段），最富阶层的财富转移净值与净资产的比率都低于中产阶级的相应比率。在 2007 年至 2010 年时段，最富 1% 阶层的比率略高于中产阶级（ -0.004 对 -0.010）。 197

因此，如果设定财富转移净值与净资产的比率等于总体平均值，这个比率除了 2007 年至 2010 年时段之外的所有时段均为正值，则最富 1% 阶层的财富平均值上升（因为财富转移现在是正值而不是负值）。中产阶级的财富平均值也增加了，他们的财富转移净值低于总体平均值（2007 ~ 2010 时段除外），前者的财富平均值增长百分比要高于后者。因此，为两个财富阶层设定统一的财富转移与净资产比率，提高了两个群体除 2007 年至 2010 年时段之外所有时段的模拟财富平均值比率（见 Ⅱ D 行）。因此，两个群体的财富转移净值与净资产比率的比率的差异，对平均比率（Ⅳ B 的负数）具有相同的影响，除了 2007 年至 2010 年时段，此时段影响为正（增加财富不平等程度）但非常小。2001 年至 2007 年时段，财富转移净值率的差异的影响也相对较小（如 Ⅲ B 行所示，P99/P2080 比率百分比变化的差异为 3.7 个百分点），但由于这些年模拟 P99/P2080 比率的变化非常小（如 Ⅱ B 行所示，为 1.4 个百分点），所以其贡献百分比很大。

富裕广义家庭的模拟储蓄率远高于中产阶级。如果我们在 2010 ~ 2013 时段使用美国财政账户汇总数据替代消费者财务状况调查数据，那么在这五个子时段中，最富 1% 阶层的平均储蓄率为 15.3%，但财富分布五等分三个中间阶层的平均储蓄率是

-4.2%。五个子时段的整体平均值是7.7%。假设让两个群体的储蓄率等于总体平均值，那么将降低最富1%阶层的财富平均值，提高中产阶级的财富平均值。因此，这一操作将降低财富不平等程度，储蓄率的差异会加剧财富不平等程度。

结果证实了这一预测。我没有在模拟中使用储蓄率（储蓄与收入的比率），而是使用储蓄与净资产的比率，以便与其他两个组成部分（收益率和财富转移净值与净资产的比率）保持一致。在1983年至1989年时段，引入统一的储蓄率降低了模拟P99/P2080比率，从百分比增长9.0变为降低-1.6，变化了10.6个百分点（ⅢC行）。因此，两个群体之间储蓄率的差异将降低财富不平等
198 程度，占这些年P99/P2080比率上升的118%（ⅣC行）。在1989年至2001年时段，设定统一的储蓄率使P99/P2080比率上升幅度降低了25.3个百分点（ⅢC行），储蓄率的差异解释了为何这些年P99/P2080比率上升幅度达到137%（第ⅣC行）。在2001年至2007年间，模拟的P99/P2080比率提高了1.4个百分点，而如果储蓄率相等——差异为13.4个百分点（ⅢC行），则实际会下降了12%。在这种情况下，两个群体之间储蓄率的差异占P99/P2080比率上升幅度的971%（13.4/1.4）——由于基数很低，所以这一数字很高。

2007年至2010年时段，财富不平等程度大幅跃升，模拟的P99/P2080比率上升了28.7%。如果不同财富阶层的储蓄率相同，那么P99/P2080的比率只会上升13.4%，差异为15.3个百分点（ⅢC行）。这些年来，储蓄率的差异解释了P99/P2080比率上升幅度的53%（ⅣC行）。2010年至2013年，财富不平等程度略有增加。如果两个财富阶层的储蓄率相等，则P99/P2080比率将下降3.7%而不是上升3.5%，差异为7.3个百分点（Ⅲ

C行）。储蓄率差异解释了这些年来P99/P2080比率上升的206%（ⅣC行）。

分别看每个时段，我们现在可以看到，1983年至1989年时段P99/P2080比率上升的最大贡献因素是最富1%阶层与五等分中间三个阶层储蓄率的差异。富裕群体的较高收益率也带来了略微的正贡献，但被中产阶级财富较高的转移净值与净资产比率所抵消。在1989年至2001年时段，中产阶级相对于最富1%阶层更高的收益率有助于抑制财富不平等程度的上升，而后者较高的财富转移净值比率也有这个作用。最富阶层相对于中产阶级的更高储蓄率推动了P99/P2080比率的上升。在2001年至2007年时段，P99/P2080比率的模拟上升非常小（1.4个百分点）。中产阶级高于最富阶层的收益率和财富转移净值与净资产的比率，有助于抑制P99/P2080比率的增加，而最富阶层较高的储蓄率加剧了该比率增加。 199

从2007年至2010年，财富不平等程度急剧上升。所有这三个因素都做出了正贡献：最富1%阶层较高的收益率（负值较低）、略高的财富转移净值比率、较高的储蓄率。最大的两个贡献来自收益率和储蓄率的差异，二者各贡献了约一半的增幅。2007年至2010年时段的这些结果与第三章的结果一致，据推测，这两个因素同时导致了这些年来财富不平等程度的急剧上升。新的分析结果意味着两个因素对这一急剧上升做出了同等贡献。

在2010年至2013年时段，P99/P2080比率显示出小幅增加。中产阶级财富较高的收益率以及较高的财富转移净值比率都有助于抑制这一增加，而最富阶层的高储蓄率有助于促进这一增加。这些结果也与第三章的结果一致，在第三章中我推测收益率的差异抑制了财富不平等程度，而储蓄率的差异则促进了财富不平等程度上升。[①]

直面皮凯蒂的 r > g 命题

本节的最后一个主题是对如今著名的皮凯蒂（2014）定律的一种新分析，这个定律提出如果 r > g，财富不平等程度就会上升；r 为资本收益率，g 为实际产出增长率。事实上，我将证明皮凯蒂的条件一般不会得到满足，至少在美国 1983 年至 2013 年的情况下是如此。

这一发现可以从表 5.4 中得到验证。对于皮凯蒂的“r”，我使用表 3.10 中自行计算的广义家庭财富构成的年平均收益率。对于“g”，我使用来自国民收入和产出账户的实际 GDP 年均增长率。一些异常现象纷至沓来。第一，从 1983 年到 1989 年，r 等于 3.32%，g 为 4.29%，因此依据皮凯蒂定律，财富不平等程度应该出现下降。事实上，基尼系数上升了相当大的幅度（0.029 点）。第二，在 2007～2010 年时段，r 是 -7.28%，g 是 -0.20%，因此，再次依据皮凯蒂定律，应该看到财富不平等程度下降。而事实相反，基尼系数再次显示出 0.032 点的强劲增长。事实上，r 与 g
200 之差（r - g）与基尼系数之间是强负相关，相关系数为 -0.81。虽

---

① 根据与 2010～2013 年美国财政账户（见表 5.2）调整一致后的调查数据，使用模拟的净资产变化将这个分析重做了一次。新结果与基于未经调整的消费者财务状况调查数据的结果非常相似，不同收益率和财富转移净值率的贡献相似（见表 5.3 的最后一列）。但是，两组储蓄率差异带来的结果不同。此时，采用统一的储蓄率而不是消费者财务状况调查数据的 3.7%（ⅡE 行），模拟的 P99/P2080 比率下降了 6.3%。这一结果意味着储蓄率差异对 P99 / P2080 比率上升的贡献大于未对齐数据的结果（贡献了增长的 277%，而未对齐数据的贡献是 206%）。

然因为这些结果只基于五个数据点，加上我对“r”和“g”的解释方法，所以这些结果并不绝对，但是它们确实使人们对皮凯蒂定律的可靠性产生了一些疑问。①

表 5.4　直面皮凯蒂定律

时段	基尼系数的变化	平均年收益率[a]（%）			皮凯蒂变量（%）		
		最富 1%（r_{top}）	中产阶级（r_{mid}）	差异	r^a	g^b	差异
1983～1989 年	0.029	3.45	3.35	0.10	3.32	4.29	-0.97
1989～2001 年	-0.001	4.19	4.67	-0.48	4.35	3.06	1.29
2001～2007 年	0.008	3.92	5.58	-1.67	4.04	2.66	1.38
2007～2010 年	0.032	-6.52	-10.55	4.04	-7.28	-0.20	-7.08
2010～2013 年	0.005	6.16	6.94	-0.79	6.20	2.03	4.17
与基尼系数的变化的相关性			0.74				-0.81

a. 资料来源：第三章，表 3.10。

b. 资料来源：国民收入和产出账户，表 1.1.3 实际国内生产总值，数量指数，见 http://www.bea.gov/iTable/iTable.cfm?ReqID=9&step=1#reqid=9&step=1&isuri=1。

更好的经验法则是研究 r_{top}（最富 1% 阶层财富构成的收益率）与 r_{mid}（财富分布五等分三个中间阶层财富构成的收益率）两者之间的关系。作为替代，这里显示，如果最富 1% 阶层的财富收益率高于中产阶层的收益率，那财富不平等程度通常会加剧。正如我们在第三章中看到的那样，这些群体之间净资产收益率存在令人震惊的差异。举例来说，从 2001 年到 2007 年，当财富不平等程度保持相对稳

① 为了公平合理地对待皮凯蒂，这里需要指出的是，对他来说，r 是生产和金融资本的净收益，而 g 是全世界的产出增长率。

定时，财富分布五等分三个中间阶层的年度实际净资产（NW）回报率为5.58%，但最富1%阶层仅为3.92%（见表5.4）。与之相反，从2007年到2010年，当财富基尼系数飙升0.032时，前者的收益率是-10.55%，但后者“仅”为-6.52%。事实上，二者收益率之差（$r_{top}-r_{mid}$）与基尼系数的变化之间的简单相关为正且非常强，为0.74。因此，当中产阶级的财富收益率大于极富裕阶层时，财富不
201 平等程度往往会下降或保持稳定，反之亦然。

回归分析

接下来，我使用回归分析来研究一些因素，这些因素似乎在广义家庭财富不平等程度随时间发生的变化中起重要作用。在第三章中，我展示了早期基于一个回归分析的结果，分析财富不平等程度指数（以最富1%广义家庭持有的可变现财富份额来衡量，WTOP1）与收入不平等（以最富5%家庭收入占总收入的份额来衡量，INCTOP5），和股价和房价比率［股价（标准普尔500指数）与房价中位数的比率，RATIO］之间的关系，从1922年至1998年一共有21个数据点。它的结果是：

$$\underset{(0.9)}{WTOP1 = 5.10} + \underset{(4.2)}{1.27INCTOP5} + \underset{(2.5)}{0.26RATIO}, R^2 = 0.64, N = 21 \tag{5.3}$$

括号中是t比率（t - ratio）。两个变量都具有统计显著性（INCTO同时，对于这个简单模型而言，拟合也非常好。我再次使用了第十三章开发的长期数据，该模型现已扩展到2013年，共有26个数据点：1922年、1929年、1933年、1939年、1945年、1949年、1953年、1958年、1962年、1965年、1969年、1972年、1976年、1979年、1981年、1983年、1986年、1989年、1992年、1995年、

1998 年、2001 年、2004 年、2007 年、2010 年和 2013 年。在这里，由于数据点和可用变量的缺乏，也无法实现成熟模型的设计。所以相关公式相当简陋。

因变量是最富 1% 广义家庭持有的可销售财富的份额，数据来自第十三章的长期数据（WTOP1）。另一个选择是，根据赛斯和祖克曼在 2016 年开发的长期时间序列数据（SZ - WTOP1）获得的最富 1% 阶层的财富份额。这个模型使用了五个解释变量：（1）根据美国国税局纳税申报表，从世界顶级收入数据库中抽取的最富 1% 家庭的收入份额（INCTOP1）；[①]（2）股价（标准普尔 500 指数）与房价中位数的比率（RATIO）；（3）广义家庭总债务与净资产的比率（DEBT）；（4）养老金总储备与净资产的比率（RPENS）；（5）社会保障总财富与净资产的比率（RSSW）。

将收入不平等纳入解释变量的理由是不言而喻的：富裕阶层较高的收入集中度导致较高的储蓄集中度。[②] 关于变量 RATIO，主要
的广义家庭资产历来是房主自住住房和公司股票。有证据表明，最 202
富 1% 阶层所持有的财富份额与股票市场密切相关，而中产阶级的财富份额往往随着住房价格中位数而变化。

第三个解释变量是 DEBT，即广义家庭总债务与净资产的比率。理想情况下，我可以使用最富阶层和中产阶级在债务与净资产的比率上的差异。原因在于，正如第三章和本章前面关于财富不平等程度变化的部分所示，杠杆的差异转化为两个群体之间的收益率差异。因此，中产阶级相对于最富阶层的较高的杠杆将倾向于降低财富不平等程度。不幸的是，在整个分析时段，无法得

---

① 请参阅世界顶级收入数据库，链接：http：// topincomes. parisschoolofeconomics. eu/。

② 高收入广义家庭的储蓄率通常高于低收入广义家庭的储蓄率，这使此种影响变得更加强烈，第九章对比将有详细描述。

到各财富阶层（收入阶层）的债务－财富比率。在可以得到这个比率的7个年份（1983年、1989年、1998年、2001年、2007年、2010年和2013年）中，总债务与净资产的比率，与最富1%阶层和中产阶级的债务与净资产比率的差异的相关性相当强，为0.74。因此，总债务似乎可以很好地代表两个群体的债务差异。[①]

最后两个解释变量是养老金储备与净资产的比率（RPENS）以及社会保障财富与净资产的比率（RSSW）。[②] 养老金和社会保障财富（SSW）的相对增长应该有两个效应。第一，就固定收益养老金和社会保障财富替代传统净资产而言，它们的相对增加会导致净资产增长变缓，因为家庭对退休储蓄的需求减少。第二，如果固定收益养老金和社会保障财富对中产阶级比对最富阶层更重要，那么它们的相对增长会减缓财富增长速度，这个减缓作用应该对财富分布中的中产阶级的影响比对最富阶层要大，因此会导致财富不平等程度不断上升。

在显示回归结果之前，查看五个解释变量的实际时间趋势可能会有所帮助。图5.1显示了最富1%阶层所占财富份额（WTOP1）的长期趋势以及最富1%家庭的收入份额。这两个变量的轨迹非常接近，从1922年到1976年一直下跌，之后一起不断上涨。图5.2显示了WTOP1，RATIO和DEBT的趋势。RATIO和WTOP1的轨迹运动比较相近，从1922年到1929年急剧上升，从1929年到1949年大幅下降，从1949年反弹到1965年，从1965年到1976年再次下降，从1976年到1998年再次攀升，然后持续下降到2001年

① 还可以考虑使用总债务与总个人可支配收入的比率作为解释变量。但是，1945年之前没有个人可支配收入的数据。

② 有关社会保障财富的讨论，请参阅本书的第八章和附录3 。

（RATIO 为 2004 年），在此之后一直上升。另外，WTOP1 和 DEBT 的轨迹彼此之间的联系似乎很少，而且在整个 1922 年至 2013 年时 203 段，DEBT 的轨迹几乎一直向上。

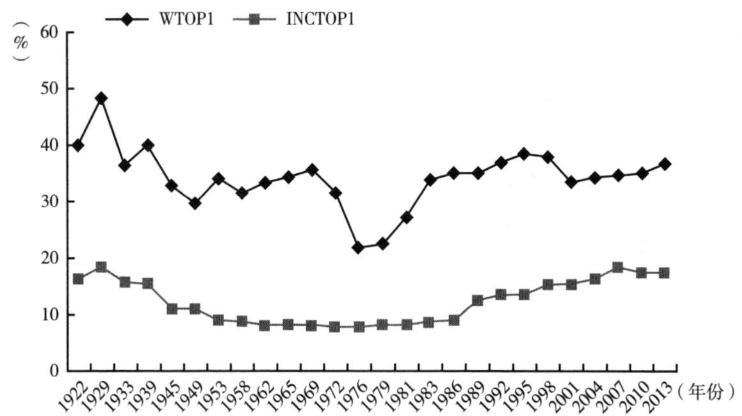

图 5.1　1922 ~ 2013 年最富 1% 阶层持有财富份额和收入份额的长期趋势

图 5.3 显示了 WTOP1 以及净资产里养老金储备和社会保障财富份额的变动轨迹。在这里通常会预期 RPENS 和 RSSW 的变动轨迹将与 WTOP1 一致，但实际上两个变量的变动轨迹似乎与 WTOP1 相反。从 1922 年到 20 世纪 80 年代初期，RPENS 和 RSSW 普遍上涨，而财富不平等程度普遍下降。在 20 世纪 80 年代早期之后，这两个变量通常趋于下降，而 WTOP1 总体处于上升趋势。

优选的回归结果如下：①

---

① 理想情况下，需要"检测"INCTOP1，因为 INCTOP1 和 WTOP1 有可能是共同确定的（co - determined）。例如，富裕阶层的财富份额更大，将导致这一群体的财产收入集中度更高。但是，没有合适的检测工具。

$$WTOP1 = 27.86 + 0.726INCTOP1 + 0.105RATIO - 0.414DEBT, R^2 = 0.52, N = 26$$
$$(8.47)(2.91) \quad (1.33) \quad (2.19) \qquad (5.4)$$

括号中显示 t 比率的绝对值。与原始回归结果（公式 5.3）相比，
204 INCTOP1 的系数始终为正，显著性水平都是 1%。另外，RATIO 的相关系数为正时没有统计显著性。显而易见的原因是，在 2001 年至 2013 年时段，RATIO 波动幅度相当大，而财富不平等程度则是稳定的上升轨迹。变量 DEBT 的相关系数正如预测的一样为负，显著性水平为 5%。R^2 统计量低于原始结果，但仍然相当可观。①

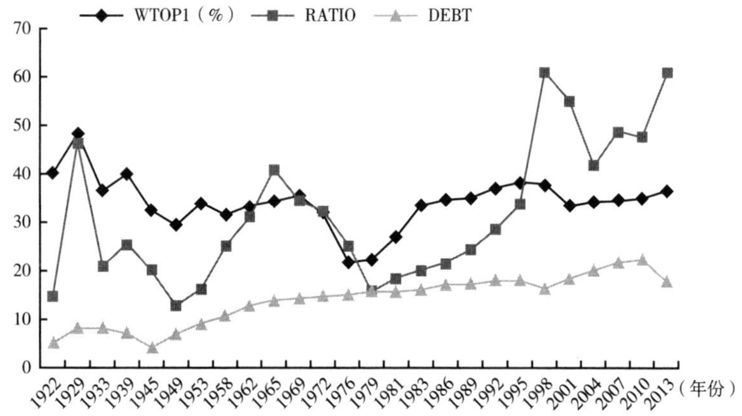

图 5.2　1922 年至 2013 年，最富 1% 阶层的财富份额，股价与房屋价格的比率，总债务与净资产的比率的长期趋势

使用 SZWTOP1 作为因变量，拟合优度实际上更好：

$$SZWTOP1 = 21.94 + 1.435INCTOP1 + 0.102RATIO - 0.706DEBT, R^2 = 0.86, N = 26$$
$$(8.71)(7.69) \quad (1.81) \quad (5.02) \qquad (5.5)$$

① RPENS 和 RSSW 都显示没有统计显著性。正如预期的那样，估算的 RPENS 系数为正，但 RSSW 的估算系数为负。

INCTOP1 的估算系数再次为正，显著性水平 1%，但现在数值增加 1 倍，并且 t 比率相当高。[①] RATIO 的相关系数保持正值，但现在显著性很弱（10% 水平）。DEBT 的相关系数再次为负，但现在显 205
著性水平为 1%。R^2 统计量更高，为 0.86。[②]

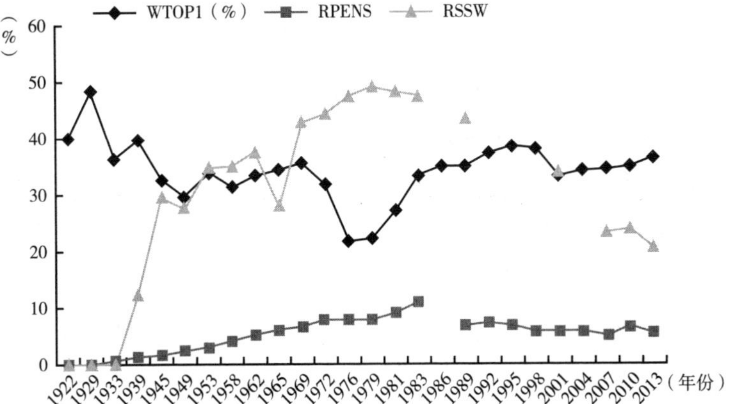

图 5.3　1922 年至 2013 年，最富 1% 阶层的财富份额，养老金储备与社会保障财富与净资产的比率的长期趋势

摘要和结论

在总体水平上，基于未调整的消费者财务状况调查数据，资本

---

① 这个非常显著的结果与变量 SZWTOP1 和 INCTOP1 都基于 IRS 纳税申报数据这一事实关系重大。在这种情况下，特别需要一个工具变量回归。

② 首先还尝试了一次差异回归。但是，结果的显著性要弱得多。引入的另一个变量是通货膨胀率，通过 CPI 的年度变化来衡量。这样做的理由是广义家庭净资产与债务权益比率之间强烈负相关。因此，价格通胀通常使财富分布较低百分位数的财富相对于财富分布较高百分位数增加，应该会降低财富不平等程度。以 WTOP1 为因变量，这个新变量的估算系数是正的，但是，以 SZWTOP1 为因变量，新变量的估算系数是负的。在这两种情况下，估算系数都没有统计显著性。

升值解释了1983年至1989年、1989年至2001年和2001年至2007年时段整体模拟净资产平均值变化的大部分——有80%或更多，修正消费者财务状况调查数据使其与美国财政账户数据保持一致，解释了2010年至2013年时段模拟净资产平均值变化的75%以上。从2007年到2010年，资本损失将使财富平均值减少20%，而模拟财富平均值减少11%。储蓄与模拟财富平均值总增长量的比率在1983年到1989年时段仅为12%，在1989年到2001年时段为7%，在2001年到2007年时段为15%。在2007年至2010年时段，储蓄
206 导致财富平均值增长9%，而与之相反，使模拟财富平均值减少11%。2010年至2013年，储蓄为财富增长做出了正贡献，基于对齐的数据，储蓄解释了这一时段财富平均值变化的19%。

最富1%阶层持有财富平均值的趋势大致相似，但财富分布五等分三个中间阶层的趋势却有所不同。在前三个时段，资本增值解释财富平均值变化百分比再次超过了100%，负储蓄再次导致负增长。2007年至2010年时段，资本损失导致这个群体财富平均值下降27个百分点，负储蓄再增加了负3.1个百分点。在2010年至2013年时段，依据美国财政账户对齐的数据，资本收益使财富平均值增加了28%，但这段增长被负储蓄抵消了一部分，负储蓄使财富减少了7.7%。

以P99/P2080比率衡量的财富不平等程度主要受到两个财富阶层的收益率差异和储蓄率差异的影响。收益率的差异通常有助于降低财富不平等程度，而储蓄率的差异则毫无疑问加剧了财富不平等程度。

1983年至1989年间，模拟P99/P2080比率上升了9个百分点。储蓄率的差异对P99/P2080比率上升的贡献最大，它解释了财富不平等程度上升的100%以上。1989年至2001年，模拟P99/

P2080 比率增加了 18.5 个百分点。中产阶级财富构成相对于最富阶层更高的收益率降低了财富不平等程度的增幅（降低了 45%）。最富阶层相对于中产阶级更高的储蓄率大大推动了 P99/P2080 比率的上升（增加 137%）。在 2001 年至 2007 年时段，由于两个因素的影响相互抵消，模拟 P99/P2080 比率的上升幅度非常小。

2007 年至 2010 年，财富不平等程度大幅上升，模拟 P99/P2080 比率攀升 28.7 个百分点。此时，这两个因素对这一攀升的贡献大致相同：最富 1% 阶层的收益率较高（即负值较小）并且其储蓄率较高。在 2010 年至 2013 年时段，模拟 P99/P2080 比率出现 6.7 个百分点的小幅增长。中产阶级相对较高的财富收益率使其增加了 2.9 个百分点，但最富阶层较高的储蓄率使其增加了 7.3 个百分点。 207

这些发现都说明了杠杆的力量，特别是对于中产阶级。这一因素在 2001 年至 2007 年和 2007 年至 2010 年两个时段最为明显。首先，（实际）房价以每年 3.02% 的速度上涨。由于高杠杆（债务与净资产的比率），这三年中财富分布五等分三个中间阶层净资产的年实际回报率平均为 5.58%。结果，虽然该群体的模拟净资产平均值上涨了 26.9 个百分点，但仅资本增值本身就会带来 39.8 个百分点的增长（被负储蓄带来的下降抵消 16.4 个百分点）。2007 年至 2010 年间，房价每年下降 8.77%。同样是因为杠杆，中产阶级的净资产年收益率更低，年增长 -10.55%。这一群体的模拟净资产直线下降 31.1 个百分点。资本损失解释了其中 27.1 个百分点，占总下降幅度的 87%，另外还有 10% 是负储蓄造成的。值得注意的是，这个比例比第三章中进行的简单分解分析更为一边倒，那个分析显示收益率的贡献率为 61%，而负储蓄的贡献率为 39%。换句话说，这些年中产阶级财富崩盘，杠杆加上住房价格急剧下跌解释了财富足足 87% 的下降，而不是第三章计算得到的 61%。

关于以模拟 P99/P2080 比率为衡量指标的财富不平等程度趋势，在 2001 年到 2007 年时段，中产阶级相对于最富 1% 阶层的较高杠杆，和房价的强劲增长，导致两个群体的收益率差异达 1.67 个百分点，这个差异使 P99/P2080 比率少增加了 11.6 个百分点或少增长 88%，只增加了 1.4 个百分点。（这个抑制财富不平等程度的影响，被更强的增强财富不平等程度的影响所抵消，即两个阶层储蓄率的差异，最终导致这些年财富不平等程度净增长。）从 2007 年到 2010 年，模拟 P99/P2080 比率飙升了 39 个百分点。在这种情况下，高杠杆率加上房地产市场崩盘，导致两个群体之间有 4.04 个百分点的收益率差距，最富 1% 阶层更具有优势。这一因素占这些年模拟 P99/P2080 比率上升幅度的一半左右，而另一半则来自储蓄率的差异。

之后从另一个角度考察中产阶级的储蓄对这些模拟结果有什么
208 影响。在第三章中，我认为中产阶级由于收入停滞不前，所以扩大了自己的债务以便维持正常的消费支出。从 2001 年到 2007 年，虽然债务大幅增加，但收入分布五等分中间 20% 阶层以 2013 年美元计算的平均支出仅增加了 1.7%（总计）。

在该分析的五个时段中，财富分布五等分三个中间阶层的隐性储蓄率（该时段储蓄与平均收入的比率）均为负值：1983 年至 1989 年为 -1.9%，1989 年至 2001 年为 -5.5%，2001 年至 2007 年为 -6.4%，2007 年至 2010 年为 -3.0%，以及根据美国财政账户对齐数据，2010 年至 2013 年为 -4.2%。

在 2007 年至 2010 年和 2010 年至 2013 年两个时段，中产阶级负储蓄的可能原因是收入停滞（实际上，这两个时段中产阶级的收入中位数都有所减少）。似乎中产阶级在不断提出存款，以维持其正常的消费水平。来自消费者支出调查（CEX）的数据确实表明，从 2007 年到 2010 年，扣除通胀因素后，收入分布五等分中间 20% 阶层的平均支出实际上下降了 7.7%，从 2010 年到 2013 年又下降了 3.5%。[①] 此外，2001 年至 2007 年时段，扣除通胀因素后，平均消费支出仅增长 1.7%。所以看来这些年中产阶级并不是真的挥霍无度。

那么 1983 年至 1989 年和 1989 年至 2001 年呢？同样，根据消费者支出调查，扣除通胀因素后，平均支出从 1984 年到 1989 年增长了 2.6%，从 1989 年到 2001 年增长了 13.2%。[②] 1989 年到 2001 年这一时段很有意思，因为只有这么一个时段消费者支出显著增加。而事实证明，这个时段很特别，是因为实际广义家庭收入中位数增长了 9%。因此看来，只有当收入增长时，中产阶级的消费支出才会上升。

最后这个结果引出一个问题：中产阶级是否会再次储蓄。这似乎只有在实际收入中位数增加时才有可能。然而，收入中位数增加只是储蓄的必要条件之一，因为还有一种可能（仅仅是可能），即增加的收入将被增加的消费所吸收。

在考虑皮凯蒂定律（$r>g$）时，我使用我计算的广义家庭财富年平均收益率为 r，实际 GDP 年平均增长率为 g。对于美国 1983 年至 2013 年的情况，在五个时段，r 与 g 之差（$r-g$）与基尼系数变

---

① 消费者支出数据来自劳工统计局的消费者支出调查，不同年份数据可在 http：//www. bls. gov/cex/获取，2016 年 1 月 28 日采集。有关支出的数据仅按收入阶层分类，而非财富阶层。

② 1983 年没有消费者支出调查，因此我使用了 1984 年的数据。还应该指出的是，与后来几年不同，这里按收入阶层制作的支出表格，是按固定美元收入阶层分组，而不是按收入分布五等分分组。收入分布五等分中间 20% 阶层的估算支出平均值是基于两个中等收入阶层的插值来计算。

209 化之间的相关系数实际上为负（-0.81）。而相反的是，最富1%阶层的财富年收益率与财富分布五等分三个中间阶层的财富年收益率之差（$r_{top}-r_{mid}$），和基尼系数的变化之间的简单相关性为强正相关，为0.74。这一结果表明了一个更好的经验法则：当中产阶级的财富收益率高于极富裕阶层时，财富不平等程度往往会下降或
210 保持稳定，反之亦然。

第六章　年龄-财富关系图和生命周期模型：对财富积累的影响

有两种主要模型用于解释广义家庭财富的规模分布。第一种是生命周期模型，它认为广义家庭在工作年限里积累财富，以确保退休后的合理消费。这一理论认为，财富水平在退休前随着年龄增长而不断上涨，在退休后持续下降。第二种是代际遗产模型，即一代人财富分布与前一代人的财富分布有关。本章首先讨论这两种模型及其对财富不平等程度的影响。

使用传统的广义家庭财富概念对生命周期模型进行经验验证，得到的结果表明，虽然这种模型的系数具有统计显著性，但它只解释了广义家庭财富变化的一小部分（5%至10%）。然而，当研究对象局限在中产阶级时，这个模型的结果相当合理。生命周期模型的意义在于，它合理解释了中产阶级积累财富的动机。特别是，它认为中产阶层获取财富的目的是为了保障退休生活、保障流动性和保障消费。然而，上层阶层更有可能出于其他原因积累财富——也许是为了权力和声望——遗产模型更适合解释这一阶层的财富分布。

养老金财富和社会保障财富是退休财富的存在形式，所以可以直接合并进入广义家庭财富积累的生命周期模型。问题在于，把它们纳入广义家庭财富组合中，在多大程度上提高了生命周期模型解

释家庭财富积累的能力。使用退休金和社会保障财富的替代概念进
211 行横截面回归分析，结果证实了这些结论。当把养老金财富和社会保障财富（SSW）纳入广义家庭财富定义时，生命周期模型对全体人口财富积累的分析能力没有得到显著改善。然而，对于中产阶级而言，从该模型推导的总广义家庭财富的变异度有了实质性的改善。①

本章分析了这两种模型。我们首先简要回顾生命周期模型的相关文献，调查该模型的有效性，此时我们使用标准财富概念解释广义家庭持有财富的变化。在下一节我们将扩大广义家庭财富概念（增广财富），使其包含养老金和社会保障财富，然后使用同样的计量经济学分析方法重新进行分析。

简要回顾生命周期模型相关文献

个人可以通过接受赠与、继承遗产或把自己的收入存入银行来增加财富。对个人和家庭财富差异的解释，直接关系决定广义家庭财富不平等程度和资源分配公平性的关键因素。

一个贯穿本文献的关键问题是，在广义家庭财富积累过程中，生命周期储蓄（个体在年龄增长时增加财产的倾向）与继承遗产

① 1. 本章借鉴了如下三篇文章：Wolff 著作："The Accumulation of Wealth Over the Life Cycle: A Microdata Analysis," 载于 *Review of Income and Wealth* 27, no. 2 (June 1981): 75 - 96; Wolff 著作："Life Cycle Savings and the Individual Distribution of Wealth by Class," 载于 *Modelling the Accumulation and Distribution of Wealth*, 主编：Denis Kessler 和 André Masson (Oxford: Clarendon Press, 1988), 261 - 280; 以及 Wolff 著作："Social Security, Pensions, and the Life Cycle Accumulation of Wealth: Some Empirical Tests," 载于 *Annales d'Economie et de Statistique* no. 9 (January/March 1988): 199 - 216。

的相对重要性。如果前者是主要决定因素，那么广义家庭财富的差异可以被视为“自然”老龄化过程的结果，因此不用成为公共政策的主要关注点。但是，如果继承遗产起主要作用，那么公平问题就会凸显出来。

广义家庭财富的积累不仅取决于收入，还取决于储蓄行为、资本增值、接受赠与和继承遗产。此外，财富会直接带来财产收入，这是衡量家庭收入差异的重要因素。本章考虑了导致不同家庭财富差异的一些因素。第一个是年龄。由于人们在自己的生命中仅工作一段时间，所以有强烈的动机为自己退休后的生活积累财富。在本章中，我将探讨经济学家为描述这种行为而建立的标准生命周期模型。其他因素，如赠与和遗产以及资本增值，也在财富积累中发挥作用。 212

本回顾从介绍基本生命周期模型开始。有证据可以证明生命周期模型的有效性，这包括年龄－财富关系图（不同年龄组对应的平均财富）、纵向分析、模拟分析和回归分析。生命周期模型还包括三个扩展：引入寿命的不确定性；退休财富的作用；预防性储蓄和流动性约束。在对这些进行分析后，是对相关实证研究①的回顾和总体评估。

基本生命周期模型

莫迪利亚尼和布伦伯格建立了基本生命周期模型，这个模型假

① 生命周期模型也通过引入广义家庭遗产动机而使其适用范围更广。如果一个人想要为孩子（或其他继承人）留下遗产，则此人将确保在死亡时留下一些财富。因此，遗产动机和不确定的寿命一样，将导致其死亡时的净资产大于零。实际上，莫迪利亚尼和布伦伯格在他们的原始论文中认识到了这种可能性。有关遗产和遗赠的文献研究，请参阅第七章。

设广义家庭通过储蓄来保障一生消费的平稳。[1] 也就是说，个人通常工作到65岁左右，然后活到70岁、80岁甚至更长寿命，因此人们会在工作年限内储蓄，以保障退休后的消费。这意味着广义家庭财富（定义为累积储蓄）在退休前将随着年龄的增长而增加，在退休后转为下降。

这个模型最简单的形式，是假设每个家庭在退休前每年赚取的财富相同，一生的收入正好在一生中消费完，在开始工作时退休年龄和寿命就已经确定，并且利率为零。应用某类效用函数，如果让一生效用最大化，则在一生当中每年的消费保持恒定。得到的储蓄模式是，在退休前每年保持恒定的储蓄率，退休后每年保持恒定的负储蓄率。由此得到的年龄－财富关系图是一个倒“V”形（见图6.1）。在退休前，净资产随着年龄增长线性上升，退休后，净资产然后随着年龄增长线性下降。

在后来发表的论文里，安多和莫迪利亚尼放宽了零利率的假设，假设它为正而且不随时间变化发生变化。[2] 由此得到的关系图是倒“U”形，净资产随着年龄的增长而增加，快到退休年龄时发生转折，然后随着年龄增长而下降（见图6.1）。在这两种情况中，“驼峰形”关系图意味着在退休后财富将开始下降，这个问题已经得到了广泛的实证调查验证。

詹姆斯·托宾（James Tobin）建立了生命周期模型的一种变

---

① 参见 Modigliani 和 Blumberg 著作：“Utility Analysis and the Consumption Function: An Interpretation of Cross－Section Data,” 载于 *Post Keynesian Economics*，主编：Kenneth K. Kurihara（New Brunswick，NJ：Rutgers University Press，1954），388－436。

② 参见 Ando 和 Modigliani 著作：“The ‘Life Cycle’ Hypotheses of Saving: Aggregate Implications and Tests,” 载于 *American Economic Review* 53，no. 1（March 1963）：55－84。

体，依然着重将劳动收入转化的储蓄作为广义家庭财富的主要来源。[1] 托宾保留了终身消费恒定和死亡时净资产为零的假设，但又 213 增加了一个假设，就是广义家庭可能会在生命周期早期借入债务，购买必需的住房和耐用消费品，以构建一个（广义）家庭。此外，该模型还假设资产（和债务）收益率为正，作为影响广义家庭财富积累的一个因素。由此得到的年龄－财富关系如图 6.2 所示。家庭在早期负储蓄，在中年期储蓄以偿还债务和积累退休金，并在晚年再次负储蓄。因此，在这个变体模型中，净资产可能开始为负，逐渐增加并变为正值，然后在退休后再次下降。[2]

年龄－财富关系图

我们通过考察一幅年龄－财富关系图开始了对生命周期模型的实证研究，这幅图按年龄组显示平均财富。首先应该注意的是，生命周期模型是一个纵向模型，也就是说，它描述了特定广义家庭的财富随着年龄增长的积累变化路径。另一方面，年龄－财富关系图是“横截面”图，也就是说，它显示了在某个时刻不同年龄的广义家庭的持有财富情况。使用横截面关系图验证生命周期模型可能 214 会产生两种偏倚。

---

① 参见 James Tobin 著作：“Life Cycle Saving and Balanced Growth,” 载于 *Ten Economic Studies in the Tradition of Irving Fisher*，主编：William Fellner（New York：Wiley，1967），231－256。

② 应该强调的是，托宾提出这种变体只是一个可能的生命周期财富关系图。从经验上来说，没有汇总数据或微观数据证据来支持这一特定的关系图。托宾强调，缺乏完美资本市场导致的流动性约束，可以作为对早期负净资产缺失的一种解释。（完美资本市场指在资本市场中，买方和卖方从事大量证券交易，没有人操纵证券交易，发行股票和债券的公司都能通过会计报表充分披露其财务状况，使投资人可以完全了解证券投资的收益和风险，从而做出正确投资决策。——译注）

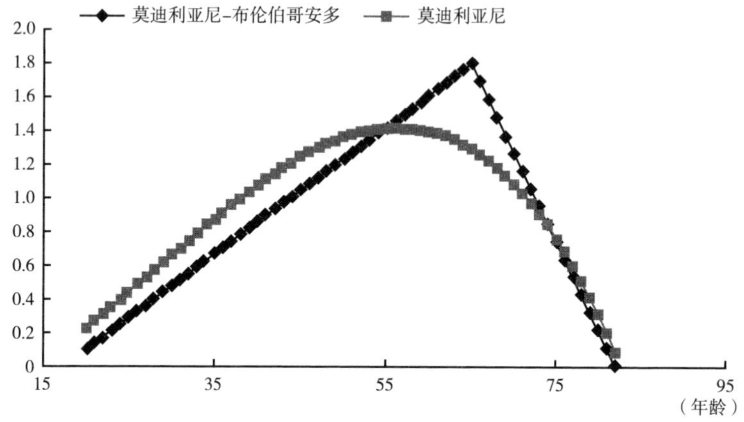

图 6.1 标准生命周期年龄－财富关系（按年龄组划分的财富与整体财富平均值的比率）

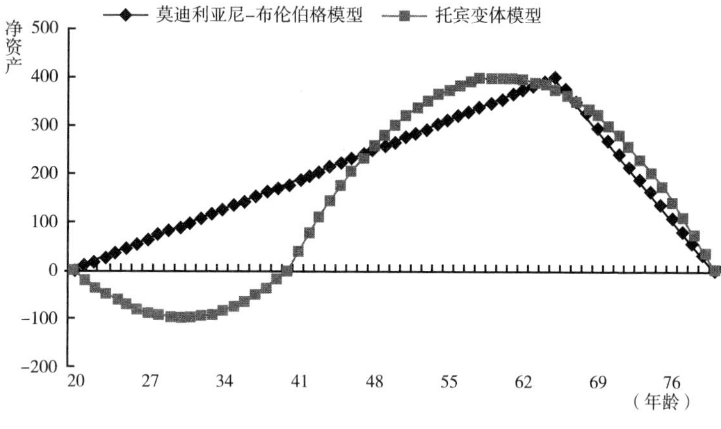

图 6.2 生命周期年龄－财富关系

首先，由于实际收入通常会随着时间的推移而增加，所以即使随着时间的推移而纵断面上升，横截面年龄－财富关系图也会呈驼峰状。① 这源于这样一个事实：如果实际收入随着时间的推移而上升，那么年龄较小的年龄分组的终生收入应该高于年龄较大的年龄分组。因此，在横截面上（给定的时间点，比如说 2015 年），我们可能会发现 60 岁的人比 70 岁的人拥有更多的财富，尽管这些 70 岁的人在 2015 年拥有的财富比十年前他们 60 岁时更多。因此，即使每个年龄分组的人都持续存钱，在横截面视图里，依然是户主年龄在 60 多岁的广义家庭积累的财富位于顶峰。

其次，财富与寿命正相关，因此寿命较长的人通常比死去的人更富裕。② 在这种情况下，即使纵断面是驼峰形状，横断面也可能向上倾斜，特别是在老年年龄分组中。这两个偏倚相互抵消，但两者抵消后的最终影响尚不清楚。③ 215

表 6.1　1962 年、1983 年、1989 年和 2004 年可变现净资产的年龄－财富关系（按年龄组划分的财富平均值与总体平均值的比率）

年龄组	1962 年 SFCC[a]	1983 年 SCF[b]	1989 年 SCF[c]	2004 年 SCF[d]
25 岁以下	0.13	0.14	0.11	0.05
25～34 岁	0.44	0.35	0.32	0.18
35～44 岁	0.79	0.78	0.71	0.65

① 参见 Anthony F. Shorrocks 著作："The Age－Wealth Relationship: A Cross－Section and Cohort Analysis," 载于 *Review of Economics and Statistics* 57 (May 1975): 155－163。

② 参见 Shorrocks 著作："U. K. Wealth Distribution: Current Evidence and Future Prospects," 载于 *International Comparisons of the Distribution of Household Wealth*，主编：Edward N. Wolff (New York: Oxford University Press, 1987), 29－50。

③ 有关分析，请参阅 B. Douglas Bernheim 著作："Life Cycle Annuity Valuation" (NBER Paper no. 1511, National Bureau of Economic Research, Cambridge, MA, December 1984)；和 "The Economic Effects of Social Security: Toward a Reconciliation of Theory and Measurement," 载于 *Journal of Public Economics* 33, no. 3 (1987): 273－304。

续表

年龄组	1962 年 SFCC[a]	1983 年 SCF[b]	1989 年 SCF[c]	2004 年 SCF[d]
45～54 岁	1.05	1.70	1.47	1.21
55～59 岁	1.74	1.78	1.46	1.73
60～64 岁	1.25	1.83	1.71	2.13
65～69 岁	1.65	2.29	1.75	1.47
70～74 岁	1.44	1.52	1.47	1.69
75～79 岁	1.34	1.25	1.37	1.26
80 岁及以上	1.01	0.93	1.30	1.14
平均值	1.00	1.00	1.00	1.00

注：统计数据针对广义家庭财富。广义家庭根据户主的年龄划分年龄组。

a. 资料来源：1962 年消费者财务特征调查，调整后与国家资产负债表总额保持一致。详情参见沃尔夫《1962～1983 年美国广义家庭财富不平等程度估算》，《收入与财富评论》第 33 卷，第 3 期（1987 年 9 月），第 231～256 页。

b. 资料来源：1983 年消费者财务调查，调整后与国家资产负债表总额保持一致。详情参见沃尔夫《美国广义家庭财富不平等程度估算》。

c. 资料来源：1989 年消费者财务调查，调整后与国家资产负债表总额保持一致。详情参见沃尔夫《1962～1983 年和 1983～1989 年美国广义家庭财富趋势》，《收入与财富评论》第 40 卷，第 2 期（1994 年 6 月），第 143～174 页。

d. 资料来源：2004 年消费者财务状况调查。

在退休后家庭是否负储蓄的问题上，早期关于年龄－财富关系图的研究有不同的研究结果。吕达尔分析了 1953 年英国的财富数据，发现 55～64 岁年龄组和 65 岁及以上年龄组的家庭财富平均值几乎没有差异。① 兰辛和桑奎斯特报告说，1953 年美国 63 岁年龄组的平均财富略高于 53 岁年龄组，而 1962 年 62 岁年龄组的财富平均值高于 52 岁年龄组，但低于 72 岁年

① 参见 Harold Lydall 著作："The Life Cycle in Income, Saving, and Asset Ownership," 载于 *Econometrica* 23, no. 2（April 1955）：131－150。

龄组。[1] 布里顿通过美国遗产税数据发现，美国老年人的财富随着年龄的增长而增加。[2]

表 6.1 显示了基于早期研究数据的美国年龄－财富关系。财富的概念是可变现净资产。[3] 第一列是根据 1962 年消费者财务特征调查数据计算得出的。它显示财富随着年龄的增长而稳步上升，直到 55～59 岁年龄组，此时峰值是该年龄组总体财富平均值的 1.7 216
倍，然后随着年龄的增长而下降。

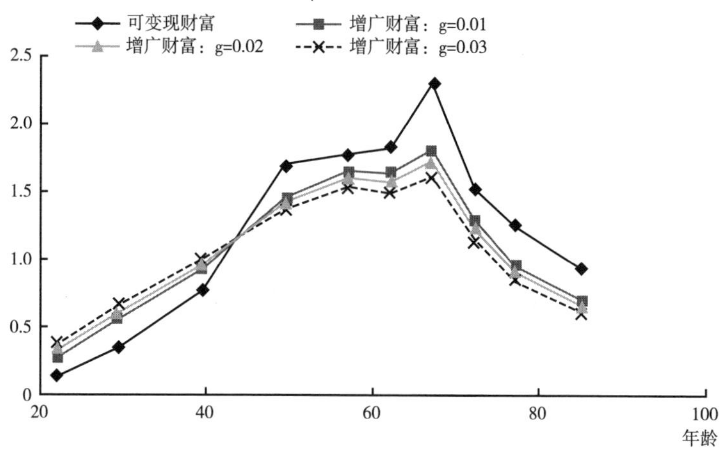

图 6.3　1983 年年龄－财富关系（按年龄组划分的平均财富与整体财富平均值的比率）

---

① 参见 John Lansing 和 John Sondquist 著作："A Cohort Analysis of Changes in the Distribution of Wealth," 载于 *Six Papers on the Size Distribution of Income and Wealth*，主编：Lee Soltow (New York: National Bureau of Economic Research, 1969)。

② 参见 John Brittain 著作：*Inheritance and the Inequality of Material Wealth* (Washington, DC: Brookings Institution, 1978)。

③ 另外，请参阅第九章中 1983 年至 2013 年的年龄－财富关系数据。

第二组结果基于 1983 年消费者财务状况调查（也可见图 6.3）。这幅图显示财富平均值随着年龄增长而稳步上升，在 65~69 岁年龄组达到顶峰，峰值为总体财富平均值的 2.29 倍，然后在随后的老年年龄组急剧下降。第三组来自 1989 年的消费者财务状况调查。结果与 1983 年的数据非常相似。财富随着年龄的增长而上升，直到 65~69 岁年龄组，峰值是总体财富平均值的 1.75 倍，之后稳步下降。最后一组基于 2004 年的消费者财务状况调查数据。驼峰形状与前几组显然相同，但这组数据财富峰值出现在 60~64 岁年龄组，峰值是总体财富平均值的 2.13 倍。值得注意的是，从 1962 年数据到 2004 年数据，较年轻的年龄组（45 岁以下）的相对财富平均值随着时间推移迅速下降。

年龄－财富关系图支持了生命周期模型预测的驼峰形状。财富随着年龄的增长而增加，在 65 岁左右达到顶峰，然后随着年龄的增长而下降。然而，这里出现了两个异常现象。第一，虽然老
217 年年龄组的财富下降，但似乎并没有接近零，即使是 80 岁及以上的广义家庭年龄组也没有。该结果与生命周期模型的早期测试结果一致。①

第二，数据显示，从 1962 年到 1983 年，横截面年龄－财富关系图变成更加隆起的驼峰形状，峰值财富平均值变得越来越高。但是，1989 年驼峰形状比 1983 年更平坦，实际上更接近 1962 年曲线。2004 年的年龄－财富关系图再次变得尖锐，财富峰值再次上

① 相关案例参见 J. Freidman 著作："Asset Accumulation and Depletion among the Elderly"（paper presented at the Brookings Institution Conference on Retirement and Aging, 1982）；Daniel S. Hammermesh 著作："Consumption during Retirement: The Missing Link in the Life Cycle," 载于 *Review of Economics and Statistics* 66, no. 1（February 1984）: 1－7。

升。这些结果表明年龄－财富关系图不是一成不变的，它随着时间的推移会发生相当大的变化。

表6.2显示了将固定收益（养老金）财富和社会保障财富加入可变现净资产后，对年龄－财富关系图的影响（见图6.3）。固定收益养老金财富定义为未来固定收益退休金福利的当前贴现值。以类似的方式，社会保障财富被定义为未来社会保障福利的当前贴现值。①

第八章非常详细地讨论了扩展内涵的广义家庭财富概念（增广财富）。从个人的角度来看，拥有一种有保证的未来收入流在很多方面就像拥有一种金融资产。事实上，一些称为“年金”的可变现资产恰恰具有这样的特征，即在达到一定时间（或年龄）后提供稳定收入流。个人退休后将获得的预期社会保障（或固定收益退休金）福利与此类年金相似。在生命周期模型的背景下，储蓄的主要动机是保证退休后稳定的收入流，因此社会保障财富（或固定收益养老金财富DBW）可以替代可变现财富。这意味着在积累可变现财富和积累退休财富之间，存在取舍。

社会保障财富和固定收益养老金财富的数据结构反映了有条件的死亡率，因此其结构里有内在的偏倚，会随着年龄的增长而降低其平均值，特别是在70岁之后。换句话说，由于一个人的剩余预期寿命随着年龄的增长而下降，他或她的剩余社会保障财富总价值也将随之下降。尽管如此，增加退休财富进入财富概念的最终影响是年龄－财富关系图变得平缓（例如，比较表6.2的前两列）。较年轻的年龄组相对于较老的年龄组财富增加更多，并

① 有关固定收益养老金财富和社会保障财富估算的详细信息，请参见第八章和附录3。

且峰值财富降低。此外，假设的未来社会保障福利增长率（参数
218 g）越大，则年轻年龄组的财富相对增加更多，峰值就越平缓。然而，这里研究的三种尺度的增广财富，都保留了生命周期模型的基本驼峰形状。

纵向分析

虽然横截面年龄－财富关系图的基本形状都是生命周期模型预测的倒U形，但这还不能确认生命周期模型有效。肖罗克斯证明，如果实际收入随着时间的推移而增长，即使个人在其一生中持续积累财富（即纵向年龄－财富关系图向上倾斜），横截面年龄－财富关系图也可能是驼峰状的。[①] 驼峰状的横截面财富图形是确保在整个生命周期中形成驼峰状财富图形的必要但不充分条件。

米勒使用随时间推移真实收入增长的实际数据，根据年龄组收入差异而调整横截面年龄－财富关系图。[②] 他使用美国65岁以上人群的横截面样本，并根据年龄组收入的实际差异进行调整，他发现随着年龄的增长，财富没有显著减少。换句话说，尽管年龄－财富关系图呈驼峰状，但有证据表明，老年人家庭随着年龄继续增长并没有出现负储蓄。在后续论文中，米勒使用了从1963年和1964年消费者财务特征调查得到的单年面板数据（两个年份的家庭样本相同），计算出老年家庭非常小的负储蓄——年中位数为1.2%——不过没有统计显著性。[③]

---

① 参见肖罗克斯《年龄－财富关系》（"The Age－Wealth Relationship"）。

② 参见 Thad Mirer 著作："The Wealth－Age Relation among the Aged," 载于 *American Economic Review* 69, no. 3（June 1979）: 435－443。

③ 参见 Thad Mirer 著作："The Dissaving Behavior of the Retired Elderly," 载于 *Southern Economic Journal* 46, no. 4（April 1980）: 1197－1205。

接下来关于生命周期模型的研究使用纵向（面板）数据，即随时间推移跟随研究同一个人的情况。戴蒙德和豪斯曼使用国家纵向调查（NLS）的老年人样本，他们发现个人在退休前一直累积财富，退休后再耗尽财富，尽管样本中的个人几乎没有谁实际退休了。[①] 弗里德曼使用了退休历史调查（RHS）数据，该调查涵盖了十年内 58 岁到 73 岁的个人。[②] 他发现，个人退休后的前四到六年继续储蓄，然后才开始负储蓄。

哈默莫仕从退休历史调查（RHS）数据发现，该调查涵盖的消费项目（食品、住房、交通和医疗）的支出在退休后的头几年有所下降，这一发现印证了弗里德曼的发现。[③] 这一发现也证实了丹齐格及其同事早些时候根据 1972～1973 年横断面消费者支出调查所做的研究。[④] 他们发现在 71 岁之后，消费支出与税后收入的 219
比率的平均值随着年龄的增长而下降。布林德、戈登和魏斯也使用退休历史调查数据，并引入一个新变量终身收入（lifetime earnings），他们发现在老年人当中，传统财富衡量指标没有出现随年龄增长而下降的趋势。[⑤]

---

① 参见 Peter A. Diamond 和 Jerry A. Hausman 著作："Individual Retirement and Savings Behavior," 载于 *Journal of Public Economics* 23（1984）：81－114。

② 参见 Freidman 著作："Asset Accumulation and Depletion Among the Elderly"。

③ 参见 Hammermesh 著作："Consumption during Retirement"。

④ 参见 Danziger 等人著作："The Life Cycle Hypothesis and the Consumption Behavior of the Elderly," 载于 *Journal of Post Keynesian Economics* 5, no. 2（Winter 1982－83）：208－227。

⑤ 参见 Alan S. Blinder, Roger Gordon 和 Donald Weiss 著作："Social Security Bequests and the Life Cycle Theory of Savings: Cross－Sectional Texts," 载于 *Determinants of National Saving and Wealth*，主编：Franco Modigliani 和 Richard Hemming（New York：St. Martin's Press, 1983）。

表 6.2　1962 年和 1983 年广义家庭可变现财富和广义家庭增广财富的年龄－财富关系图（各年龄组财富平均值与总体财富平均值的比率）

年龄组	可变现财富（NWB）	增广财富（AWB）[a]			比率:NWB/HK	比率:AWB/HK
		g = g' = .01	g = g' = .02	g = g' = .03	k = .01	g = g' = .02；k = .01
A. 1962 年 SFCC						
25 岁以下	0.13	0.23	0.28	0.37	0.33	0.62
25～34 岁	0.44	0.50	0.54	0.61	0.71	0.89
35～44 岁	0.79	0.81	0.83	0.86	1.16	1.17
45～54 岁	1.05	1.09	1.09	1.09	1.05	1.06
55～59 岁	1.74	1.63	1.59	1.54	1.42	1.24
60～64 岁	1.25	1.31	1.28	1.23	0.97	0.94
65～69 岁	1.65	1.61	1.56	1.49	1.25	1.11
70～74 岁	1.44	1.35	1.29	1.22	0.93	0.80
75～79 岁	1.34	1.13	1.07	1.01	0.74	0.57
80 岁及以上	1.01	0.82	0.78	0.73	0.95	0.69
平均值	1.00	1.00	1.00	1.00	1.00	1.00

续表

年龄组	可变现财富（NWB）	增广财富（AWB）[a]			比率：NWB/HK	比率：AWB/HK
		$g = g' = .01$	$g = g' = .02$	$g = g' = .03$	$k = .01$	$g = g' = .02$；$k = .01$
B. 1983 年 SCF						
25 岁以下	0.14	0.27	0.32	0.38	0.29	0.51
25～34 岁	0.35	0.56	0.60	0.67	0.49	0.56
35～44 岁	0.78	0.92	0.96	1.00	0.98	1.02
45～54 岁	1.70	1.44	1.42	1.38	1.47	1.31
55～59 岁	1.78	1.65	1.61	1.54	1.59	1.69
60～64 岁	1.83	1.63	1.57	1.49	1.48	1.50
65～69 岁	2.29	1.82	1.73	1.62	1.80	1.36
70～74 岁	1.52	1.30	1.23	1.15	1.16	1.16
75～79 岁	1.25	0.96	0.91	0.84	0.73	0.74
80 岁及以上	0.93	0.70	0.66	0.62	0.59	0.50
平均值	1.00	1.00	1.00	1.00	1.00	1.00

资料来源：作者根据 1962 年消费者财务特征调查和 1983 年消费者财务调查计算得出。

注：统计数据是针对广义家庭财富。根据 1962 年户主的年龄和 1983 年受访者的年龄划分广义家庭年龄组。HK 是估算的人力资本。

g' 是当前受益人的社会保障福利随时间推移的假定增长率。g 是未来受益人的社会保障福利随时间推移的假定增长率。

k 是未来劳动收入的假定增长率。

然而，同样使用退休历史调查数据的赫德，却得出了相反的结论。[①] 赫德发现，老年人的财富的确随着时间的推移而下降，在1969年至1979年间，单身老年人的财富下降了22%，老年夫妇的财富下降了2%。后来，他从退休历史调查数据中得出结论，随着家庭老龄化，虽然退休后家庭消费减少了，但其财富依然下降。[②]

博尔施－祖潘从对德国老年家庭储蓄模式的研究中得到了一个惊人的结论。[③] 他的发现是，虽然60岁至70岁年龄组家庭的财富减少，但70岁以上年龄组家庭的财富增加，而且耄耋老人（80岁及以上）的储蓄率在所有年龄组中最高。他将这一发现归结为两个因素。第一，德国社会保障体系为老年退休人员提供了非常慷慨的年金以及全覆盖的医疗保险。第二，70岁以上老人的消费支出实际上随着年龄增加而下降，这可能反映了对服装、交通和旅行以及食品等物品的需求减少。这与哈默莫仕对美国广义家庭的研究结果类似。[④]

班克斯、布伦德尔和坦纳，以及伯恩海姆、斯金纳和温伯格也发现退休后消费似乎有所下降。[⑤] 伯恩海姆、斯金纳和温伯格也认

---

① 参见 Michael Hurd 著作："Savings of the Elderly and Desired Bequests," 载于 *American Economic Review* 77, no. 2 (1987): 298－312；和 Michael Hurd 著作："Mortality, Risk, and Bequests," 载于 Econometrica 57, no. 4 (1989): 779－813。

② 参见 Michael Hurd 著作："Wealth Depletion and Life Cycle Consumption," 载于 *Topics in the Economics of Aging*，主编：David A. Wise (Chicago: University of Chicago Press for the National Bureau of Economic Research, 1992), 135－160。

③ 参见 Axel Borsch－Supan 著作："Saving and Consumption Patterns of the Elderly: The German Case," 载于 *Journal of Population Economics* 5 (1992): 289－303。

④ 参见 Hammermesh 著作："Consumption during Retirement"。

⑤ 参见 James Banks, Richard Blundell 和 Sarah Tanner 著作："Is There a Retirement－Savings Puzzle?" 载于 *American Economic Review* 88, no. 4 (1998): 769－788；参见 B. Douglas Bernheim, Jonathan Skinner 和 Steven Weinberg 著作："What Accounts for the Variation in Retirement Wealth among U. S. Households?" 载于 *American Economic Review* 91, no. 4 (September 2001): 832－857。

为标准生命周期模型未能解释在65岁以上广义家庭中发现的退休财富的异质性（不平等）。而在另一方面，恩金、盖尔和乌切洛认为，标准生命周期模型加上一生当中随机出现的收入震荡，能完全匹配退休人员财富不平等程度非常高的情况。[①]

总而言之，计量经济学研究已经普遍认可了生命周期模型预测的年龄-财富关系图，只是有一两个例外。这些发现进一步加强了横截面研究，这些研究大都发现了生命周期模型的倒U形图形。

模拟分析

模拟技术也被用来评估生命周期模型的解释力。在模拟分析中，研究人员试图假设或估算这个模型的参数，在此基础上重现财 222
富分布的实际特征。阿特金森使用一个模拟来说明英国广义家庭财富的集中度。[②] 他从研究劳动收入的实际分布情况开始，在此他假设所有财富积累都来自生命周期储蓄。通过模拟，他的估算结果是，基本生命周期模型预测最富10%阶层人口仅仅持有总财富的20%左右，这远低于60%～70%的实际集中度。然后他假设最富10%阶层获得了相同的遗产份额。即使增加了这个假设，他也仅计算出最富10%阶层最多占有总财富的30%，仍然远低于最富10%阶层所持有的实际财富份额。他的结论是，即使引入了遗产因素，简单生命周期模型也无法解释广义家庭财富的实际集中度。

---

① 参见 Eric M. Engen, William G. Gale 和 Cori E. Uccello 著作："The Adequacy of Household Saving," 载于 *Brookings Papers on Economic Activity* no. 2 (1999)：65-165。

② 参见 Anthony B. Atkinson 著作："The Distribution of Wealth and the Individual Life Cycle," 载于 *Oxford Economic Papers* 23, no. 2 (July 1971)：239-254。

奥尔顿扩展了阿特金森的模型，允许年龄分布，个人收益函数和资产收益率等因素发生变化。[1] 在他的模型里，奥尔顿用实际英国收入分布数据替代估算数据，并假设没有遗产继承，计算得到的最大财富变异系数是0.75，大大低于实际值3.98。他还得出结论，生命周期模型本身不能充分解释个人财富分布不平等状况。在对奥尔顿的回复中，戴维斯和肖罗克斯指出，至少在一个能完整复制现实中观测到的储蓄和财富行为的平均特征的模型被开发出来之前，几乎无法数量化生命周期储蓄的重要性。[2]

直接调查得到的和用计量经济学方法测试得到的广义家庭调查数据（或遗嘱认证记录），都没有显示遗产对家庭财富积累有显著影响。间接测试成功地证明了这一点。戴维斯建立了一个新模型，在标准生命周期模型中增加了遗产动机。[3] 他从1970年加拿大实际财富分布数据开始。然后，他使用遗产分布、死亡率和其他因素的实际数据，来模拟遗产对加拿大财富分布的影响。他的结论是，遗产是加拿大财富不平等的主要原因。

223 在后续论文中，戴维斯和圣希莱尔使用相同的模型，估算加拿大遗产占总财富积累的比例。[4] 假设没有遗产累计利息，他们估算广义家庭财富总量的35%来自遗产。如果加入遗产利息，这一比

---

① 参见Nicholas Oulton著作："Inheritance and the Distribution of Wealth，"载于*Oxford Economic Papers* 28，no. 1（March 1976）：86－101。

② 参见James B. Davies和Anthony F. Shorrocks著作："Assessing the Quantitative Importance of Inheritance in the Distribution of Wealth，"载于*Oxford Economic Papers* 30（1978）：138－149。

③ 参见James B. Davies著作："The Relative Impact of Inheritance and Other Factors on Economic Inequality，"载于*Quarterly Journal of Economics* 96（August 1982）：471－498。

④ 参见James B. Davies和France St－Hilaire著作：Reforming Capital Income Taxation in Canada（Ottawa：Economic Council of Canada，1987）。

例上升至53%。莱特纳校准了一个模型，其中合并了生命周期储蓄和遗产的美国数据，他估算继承财富的份额在58%～67%之间。[①]

怀特、柯特利科夫和萨莫斯进行了两项美国研究，使用模拟来检测生命周期模型是否可以解释在美国经济中观察到的总体财富积累。[②] 两项研究都发现，生命周期模型只能解释美国观察到的广义家庭财富的很小一部分。怀特使用总体广义家庭资产负债表数据，来测试生命周期模型的几个变体是否可以准确预测美国经济中观察到的总体储蓄。怀特使用广泛的参数值，根据居民的实际人口结构和收入流，模拟了他们的储蓄行为。她的结论是，广义家庭为未来消费储蓄的假设，不能解释观察到的总体个人储蓄。充其量，模拟值也仅为实际值的60%左右。柯特利科夫和萨莫斯使用了美国的实际年龄－收入关系图（按年龄组显示平均收入）和按年龄组划分的消费率，计算出生命周期储蓄仅解释1974年观察到的美国广义家庭财富的20%左右。研究暗示其余财富来自继承遗产和财富代际转移。在对该课题的文献调查中，戴维斯和肖罗克斯推测，广义家庭净资产的35%至45%可以追溯到遗产和赠与。[③]

---

① 参见 John Laitner 著作："Random Earnings Differences, Lifetime Liquidity Constraints, and Altruistic Intergenerational Transfers," 载于 *Journal of Economic Theory* 58（1992）：135－170。

② 参见 Betsy White，"Empirical Tests of the Life Cycle Hypotheses," 载于 *American Economic Review* 68, no. 4（September 1978）：547－560；参见 Laurence J. Kotlikoff 和 Lawrence H. Summers 著作："The Role of Intergenerational Transfers in Aggregate Capital Accumulation," 载于 *Journal of Political Economy* 90（August 1981）：706－732。

③ 参见 James B. Davies 和 Anthony F. Shorrocks 著作："The Distribution of Wealth," 载于 *Handbook on Income Distribution*，主编：Anthony B. Atkinson 和 Francois Bourguignon（Amsterdam：Elsevier Science, 1999），1：605－765。

在关于退休后消费模式的学术总结中，赫斯特得出结论，所有这些研究表明，在广义家庭过渡到退休状况后，他们的消费模式没有任何疑问。[①] 特别是，文献表明，退休后不同消费类别的支出变化存在实质性的异质性。大多数广义家庭退休后，仅食品和与工作相关的费用支出下降。几乎所有其他类别的非耐用消费品的支出保持不变或增加。此外，虽然退休后食品支出下降，但实际食品摄入量依然仍保持稳定。总的来说，这些研究表明生命周期消费的标准
224 模型，增加了家庭生产和不可预测的医疗费用冲击，可以很好地解释大多数广义家庭退休后的消费模式。

在最近一篇文献回顾中，德纳迪、弗伦奇和琼斯得出结论认为，如果知道死亡时间，那么美国退休广义家庭，尤其是高收入家庭，资产下降的速度比基本生命周期模型所预测的要慢。[②] 这一发现提出了一个问题，即哪些额外的储蓄动机可以解释他们的行为。有两种常见的解释。第一种强调老年人晚年面临的各种风险，特别是不确定的寿命和不确定的医疗费用。事实上，研究者观察到让人倾家荡产的医疗费用模式，这种费用在退休后随着年龄增长急剧增加，再加上寿命风险，两者一起解释了退休后储蓄用途的大部分。第二种是遗产动机，它占了退休后储蓄的很大一部分。

生命周期模型的扩展

研究者发现个体在死亡时没有完全用尽财富，以及许多老年人

---

① 参见 Erik Hurst 著作："The Retirement of a Consumption Puzzle"（NBER Working Paper no. 13789, National Bureau of Economic Research, Cambridge, MA, February 2008）。

② 参见 Mariacristina de Nardi, Eric French 和 John B. Jones 著作："Savings After Retirement: A Survey"（NBER Working Paper no. 21268, National Bureau of Economic Research, Cambridge, MA, June 2015）。

在年龄增加时没有负储蓄（减少他们的财富）的情况普遍存在，这使人怀疑生命周期模型的有效性。经济学家的反应是修改基本模型，放宽一个或多个假设。特别是在这四个方向：不确定性，特别是寿命；社会保障财富和固定收益养老金财富的作用；遗产动机；预防性储蓄和流动性约束。前两个主题直接相关。

死亡不确定性和终生年金的作用

在基本生命周期模型和安多－莫迪利亚尼版本模型中，假设寿命是确定已知的。但是，个人并不知道自己什么时候会死。在模型中引入寿命的不确定性，会影响年龄－财富关系图的形状，特别是退休后的负储蓄特征。雅里第一个分析了不确定性对生命周期行为的影响。[①] 他证明了不确定性本身会导致储蓄增加，（非利他的）个人总会无意中留下遗产，因为他们总是确保手中有足够的储蓄，预防万一活得更久。 225

雅里随后将年金引入他的模型。年金是一种储蓄工具，可以保证死亡前的每年有一份固定收入。在死亡时，该资产的价值变为零。养老金就是年金的一个例子。大多数退休金保证退休人员在死亡之前有一份固定的年收入（有的还将继续为未亡配偶提供福利）。这种资产消除了与死亡不确定性相关的大多数问题，因为养老金提供者承担了寿命风险。因此，它与债券等固定价值资产相比优势明显。雅里表示，如果年金可以与通货膨胀指数挂钩，那么这种指数年金的存在将导致老年人减少其他形式的储蓄，并可能在死亡时花光财富。

---

① 参见 Menaham E. Yaari 著作：“Uncertain Lifetime, Life Insurance, and the Theory of the Consumer,” 载于 *Review of Economic Studies* 32（April 1965）：137－158。

跟随雅里的推理思路，柯特利科夫和斯皮瓦克估算，根据某些参数值，个人可能会在55岁时无意中留下高达1/4的财富——也就是说，并没有计划将其留作配偶或子女的遗产。① 戴维斯用相同的论点来解释个人退休后的缓慢负储蓄。② 在一个带有寿命不确定性的生命周期模型中，他证明退休后的消费将小于带完全确定性的模型。使用加拿大的数据，戴维斯模拟了加拿大家庭的退休后消费和储蓄模式，发现即使有养老金（一种年金形式），带寿命不确定性的模型的储蓄仍会高于带寿命确定性的模型。他总结说，寿命不确定性可以解释退休后关于家庭的缓慢负储蓄。使用相同的数据，金和迪克斯-米罗发现退休后广义家庭财富减少，但下降速度远低于基本生命周期模型所预测的速度。③ 他们将这种差异归因于寿命不确定性和遗产动机。

其他人则使用不确定性模型将退休财富引入生命周期模型。谢辛斯基和魏斯使用世代交叠模型将社会保障作为年金引入，并证明了其对私人储蓄的抑制作用。④ 哈伯德扩展了关于寿命不确定性的理论。他证明，在生命周期模型中，一个精算公平的社会保障制度会使广义家庭储蓄减少的金额远大于实际缴款金额。⑤ 他还表明，
226 广义家庭储蓄率随着长期收入的增加而增加。

---

① 参见 Laurence J. Kotlikoff 和 Avia Spivak 著作："The Family as an Incomplete Annuities Market，" 载于 *Journal of Political Economy* 89（April 1981）：372-391。

② 参见 James B. Davies 著作："Uncertain Lifetime，Consumption and Dissaving in Retirement，" 载于 *Journal of Political Economy* 89（June 1981）：561-578。

③ 参见 Mervyn A. King 和 Louis Dicks-Mireaux 著作："Asset Holdings and the Life Cycle，" 载于 *Economic Journal* 92（June 1982）：247-267。

④ 参见 Eytan Sheshinski 和 Yoram Weiss 著作："Uncertainty and Optimal Social Security Systems，" 载于 *Quarterly Journal of Economics* 96（May 1981）：189-206。

⑤ 参见 R. Glenn Hubbard 著作："Do IRA's and Keoghs Increase Saving?" 载于 *National Tax Journal* 37，（1984）：43-54。

养老金和社会保障财富的作用

对广义家庭储蓄和社会保障的实证研究可以追溯到费尔德施泰因，他使用美国的汇总时间序列数据。[①] 他认为社会保障应该会减少广义家庭储蓄，因为如果政府出面保证未来退休福利，就会减少为退休存钱的需要。费尔德施泰因还认为，社会保障福利的支付将减少广义家庭的可支配收入，从而减少储蓄。[②] 他估算社会保障可以使个人储蓄足足减少 50% 。

费尔德施泰因的分析，使人们开始着重研究社会保障对广义家庭储蓄的影响。横截面证据通常是混合的。费尔德施泰因和佩莱乔使用 1963 年消费者财务特征调查数据，发现了社会保障财富对私人财富有非常强烈的抵消作用。[③] 布林德、戈登和魏斯使用退休历史调查（RHS）数据估算，每 1 美元的社会保障财富替代了 39 美分的私人财富，不过这个估算系数的标准误差非常大，并且与其他指标相比非常不稳定。[④] 戴蒙德和豪斯曼使用国家纵向调查（NLS）数据估算，每一美元的社会保障财富对私人财富的影响为 30 ~ 50 美分。[⑤] 柯特利科夫发现，社会保障缴款对个人储

---

① 参见 Martin Feldstein 著作："Social Security, Individual Retirement and Aggregate Capital Accumulation," 载于 *Journal of Political Economy* 82, no. 5 (September / October 1974): 905 - 926。

② 费尔德施泰因还认为，社会保障养老金收入的存在可能会促使劳动者提前退休，这种可能性可能会对私人储蓄产生积极影响。没有独立估算这种影响对储蓄的作用。

③ 参见 Martin S. Feldstein 和 Anthony Pellechio 著作："Social Security and Household Wealth Accumulation: New Microeconomic Evidence," 载于 *Review of Economics and Statistics* 61 (August 1979): 361 - 368。

④ 参见 Blinder, Gordon 和 Weiss 著作："Social Security Bequests and the Life Cycle Theory of Savings"。

⑤ 参见 Diamond 和 Hausman 著作："Individual Retirement and Savings Behavior"。

蓄产生了显著的负面税收影响。①

莱默尔和列斯诺伊使用与费尔德施泰因相同的汇总时间序列数据，没有发现社会保障对私人储蓄产生负面影响。② 不过，费尔德施泰因的答复重新确认了他先前的研究结果。③ 亨利·亚伦（Henry Aaron）在一份文献研究中推测，这一课题的研究结果千差万别，很难得出社会保障对储蓄影响的明确结论。④ *

哈伯德利用美国总统养老金政策委员会收集的1979年和1980年调查数据发现，即使控制了长期收入，社会保障财富和固定收益养老金财富对私人财富的负面影响都具有统计显著性。② 他估算出每1美元社会保障财富抵消33美分私人财富，每1美元私人养老金抵消16美分私人财富。正如哈伯德指出的那样，这里估算出的替代效应明显低于标准生命周期模型预测的一换一的比率。

艾弗里、艾利豪森和古斯塔夫森根据1983年消费者财务状况

---

① 参见 Laurence J. Kotlikoff 著作："Testing the Theory of Social Security and Life Cycle Accumulation," 载于 *American Economic Review* 69（June 1979）：396－410。

② 参见 Dean R. Leimer 和 Selig D. Lesnoy 著作："Social Security and Private Saving: New Time－Series Evidence," 载于 *Journal of Political Economy* 90（June 1982）：606－621。

③ 参见 Martin S. Feldstein 著作："Social Security and Private Saving: Reply," 载于 *Journal of Political Economy* 90（June 1982）：630－641。

④ 参见 Henry J. Aaron 著作：Economic Effects of Social Security（Washington，DC：Brookings Institution，1982）。

* 文献研究（review of the literature）是对与某个课题相关文献的详细研究，这不是简单的摘抄或总结，而是要对该文献的论证和结论进行详细的研究讨论。——译注

② 参见 R. Glenn Hubbard 著作："Uncertain Lifetimes, Pensions, and Individual Savings," 载于 *Issues in Pension Economies*，主编：Zvi Bodie，John Shoven 和 David Wise（Chicago：University of Chicago Press，1986）；总统养老金政策委员会（President's Commission on Pension Policy）《美国养老金覆盖情况》（Pension Coverage in the United States）（油印品，华盛顿特区，1980）。

调查数据做出了相似的估算。[1] 他们的分析仅限于户主年龄为 50
岁或以上，依然是劳动力的广义家庭。他们计算净社会保障财富和
净固定收益养老金财富是等于预期收益的现值减去各自系统预期缴 227
款的现值。计算现值用到了标准死亡率。对于养老金，预期收益基于受访者信息，而对于社会保障，预期收益是根据当前和未来的社会保障率计算的。当前家庭收入被列为一个独立变量，但不是衡量终身收入或长期收入的指标。他们报告说养老金财富与非养老金财富之间有极强的替代关系。每增加 1 美元养老金财富会抵消 66 美分非养老金财富。然而，社会保障财富的相关系数较小且统计不显著，表明社会保障财富与可变现财富之间几乎没有替代关系。

伯恩海姆做了另一项关于直接关系的研究。[2] 他使用退休历史调查数据，首先将样本分为退休人员和非退休人员。他计算了退休人员的纵向年龄－财富关系图，发现退休后传统财富显著负储蓄。他认为，在有社会保障这类年金的情况下，合理的财富概念是传统财富与私人养老金和社会保障福利的简单折扣价值的总和。[3] 他发现增广财富在退休后几乎没有随着年龄下降的趋势。

古斯特曼和施泰因迈尔做的另一项研究，也是调查在生命周期财富积累模式中，社会保障和养老金财富是否取代了传统财富，他

① 参见 Robert B. Avery, Gregory E. Elliehausen 和 Thomas A. Gustafson 著作："Pensions and Social Security in Household Portfolios: Evidence from the 1983 Survey of Consumer Finances"（Federal Reserve Board Research Papers in Banking and Financial Economics, October 1985）。

② 参见 B. Douglas Bernheim 著作："Dissaving after Retirement: Testing the Pure Life Cycle Hypothesis," 载于 *Issues in Pension Economies*，主编：Zvi Bodie, John Shoven 和 David Wise（Chicago: University of Chicago Press, 1986）。

③ 正如金和迪克斯·米罗在《持有资产和生命周期》（"Asset Holdings and the Life Cycle"）中所论述的那样，使用精算价值计算退休财富倾向于会导致退休后总财富迅速下降，因为作为条件的预期寿命会随着年龄的增长而下降。

们使用健康与退休研究（HRS）的数据，检验51岁到61岁年龄组的一群个人的总财富构成和分布情况。[①] 他们关注养老金在形成退休财富方面的作用，发现养老金覆盖范围很广。它覆盖了2/3的广义家庭，平均占累积财富的1/4。社会保障福利也占总财富1/4。古斯特曼和施泰因迈尔还报告说，对于个人来说，财富（排除养老金）与终身收入的比率，不管有还是没有养老金，这个比率都是相同的。他们的结论是，养老金替代其他形式财富作用非常有限。

还有几篇论文研究了固定缴款养老金计划是否取代其他形式的财富，以及固定缴款养老金计划是否带来净储蓄的问题。[②] 波特巴、梵迪和怀斯在一项研究中使用了1993年的健康与退休研究数据，在另一项研究中同时使用了国民账户的宏观数据和健康与退休
228 研究的微观数据。他们得出结论，个人退休账户和401（k）的增长没有取代其他形式的广义家庭财富，人们累积广义家庭净资产的行为，与是否有这些计划并无关联。他们发现，固定缴款养老金财富并没有替代固定收益养老金财富或广义家庭财富的其他组成部分。[③]

---

① 参见 Alan L. Gustman 和 Thomas L. Steinmeier 著作："Effects of Pensions on Saving: Analysis with Data from the Health and Retirement Study"（NBER Working Paper 6681, National Bureau of Economic Research, Cambridge, MA, August 1998）。

② 固定缴款养老金计划包含个人退休账户、基奥计划、401（k）计划等。这些计划就像储蓄账户。但是，它们通过提供递延所得税储蓄特别设计来允许劳动者为退休储蓄（详见第八章）。

③ 参见 James M. Poterba, Steven F. Venti 和 David A. Wise 著作："401（k）Plans and Future Patterns of Retirement Saving," 载于 *American Economic Review Papers and Proceedings* 87, no. 2（May 1998）: 179 - 184；参见 Poterba, Venti 和 Wise 著作："The Transition to Personal Accounts and Increasing Retirement Wealth: Micro and Macro Evidence"（NBER Working Paper 8610, National Bureau of Economic Research, Cambridge, MA, November 2001）。

威廉·盖尔的研究发现，固定缴款养老金计划几乎没有带来什么净储蓄。他的结论是，如果先前关于该课题的文献中的估算程序的偏倚得到纠正，那么养老金财富对其他形式的财富将呈现显著的抵消作用。① 使用1984年、1987年和1991年收入和保障计划参与情况调查数据，恩金和盖尔估算、401（k）缴款“充其量”只有一小部分代表广义家庭储蓄的净增量。② 在接下来的研究中，恩金和盖尔完善了他们的分析，进一步研究不同收入群体的财富替代效应。③ 使用1987年和1991年收入和保障计划参与情况调查数据，他们发现与高收入者相比，低收入者持有的401（k）计划更像是增加了净资产，虽然高收入者持有大量这类资产。总体而言，401（k）计划的价值仅有0%至30%代表私人储蓄的净增加额。肯尼克尔和松登发现固定收益计划和社会保障财富对非养老金净资产有的显著负面影响，但是，固定缴款计划［如401（k）计划］对其他形式财富的影响没有统计显著性。④

预防性储蓄和流动性约束

修改生命周期模型的另一种方法是引入资本市场缺陷。通常采

① 参见 William G. Gale 著作：“The Effects of Pensions on Wealth：A Re－evaluation of Theory and Evidence,” 载于 *Journal of Political Economy* 106（1998）：707－723。

② 参见 Eric M. Engen 和 William G. Gale 著作：“Debt, Taxes, and the Effects of 401（k） Plans on Household Wealth Accumulation”（油印品，the Brookings Institution，May 1997）。

③ 参见 Eric M. Engen 和 William G. Gale 著作：“The Effects of 401（k） Plans on Household Wealth：Differences Across Earnings Groups”（油印品，The Brookings Institution，August 2000）。

④ 参见 Arthur B. Kennickell 和 Annika E. Sunden 著作：“Pensions，Social Security，and the Distribution of Wealth”（油印品，Federal Reserve Board of Washington，December 1999）。

用以下两种形式之一。第一种，消费者向他人借钱的利率应该与其借钱给别人的利率不同（通常借钱的利率高于借钱给别人的利率）。第二种，由于信贷市场的限制，消费者无法借到他或她可能想要借到的全部金额。这两种情况通常被称为“流动性约束”。这两种情况都意味着，消费者不能执行最佳终身消费计划，在某些阶段，其想要的消费受到当前资源（特别是可支配收入和金融资产）的限制。此外，由于借款受到限制，家庭将积累比纯生命周期模型预测的更多财富。托宾和多尔德为这种分析方法提供了早期理论基础。[1]

一些研究表明流动性约束对财富积累的重要性。哈伯德和贾德
229 建立了一个 55 期模拟模型，假设年轻消费者有 9 年借款限制（从 20 岁到 29 岁）。[2] 他们估算，这种流动性约束可以使总储蓄增加三分之一。但是，表 6.1 显示的年龄－财富关系表明，即使是年龄小于 25 岁的家庭，平均起来也积累了正的净资产。因此，只有一小部分年轻广义家庭可能受到流动性约束。

一个相关的论点是，消费者将积累预防性储蓄（“未雨绸缪的储蓄”）。个人消费者将积累一定数量的资产，以减轻未来劳动收入流的不确定性，例如，裁员、工作变化和疾病带来的不确定性。从这个意义上讲，预防性储蓄可以作为抵御潜在收入

---

① 参见 James Tobin 和 Walter Dolde，“Wealth，Liquidity，and Consumption，”载于 *Consumer Spending and Monetary Policy：The Linkages，Federal Reserve Bank of Boston Conference Series 5*（Boston：Federal Reserve Bank of Boston，1971），99－146。

② 参见 R. Glenn Hubbard 和 Kenneth L. Judd 著作：“Liquidity Constraints，Fiscal Policy，and Consumption，”载于 *Brookings Papers on Economic Activity* no. 1（1986）：1－59；和“Social Security and Individual Welfare：Precautionary Saving，Liquidity Constraints，and the Payroll Tax，”载于 *American Economic Review* 77，no. 4（1987）：630－646。

动荡的保险。因此，由于不能够确定未来收入流，家庭将在年轻时积累更多的财富。这一论点也导致了一个假设，即从纯粹的生命周期角度来看，消费者会积累更多的财富而不是严格意义上的最佳财富。即使在缺少标准生命周期模型退休动机的情况下，这一动机也将形成一种驼峰状的年龄－财富关系图。

有证据表明，预防性储蓄解释了相当大一部分观察到的广义家庭财富积累。泽尔德斯建立了与未来收益相关的不确定性模型。[①]他认为，由于担心未来某个时点的流动性约束（入不敷出），可能会促使消费者在现在储蓄更多。通过模拟分析，泽尔德斯发现未来可能的流动性约束会使总储蓄增加足足25％。[②]

柯特利科夫探讨了广义家庭储蓄与未来医疗费用不确定性之间的关系。[③] 他认为，在没有全面医疗保险的情况下，家庭用储蓄作为未来不确定医疗费用的对冲。通过模拟分析，他发现缺乏全面的医疗保险，可以对个人储蓄产生实质性的积极影响。帕伦博还认为，医疗费用的不确定性可以解释老年人高水平的预防性储蓄以及他们退休后没有显著的负储蓄。[④]

卡瓦列罗根据模拟模型计算得出，60％观察到的美国广义家庭

---

① 参见 Steven P. Zeldes 著作："Optimal Consumption with Stochastic Income: Deviations from Certainty Equivalence," 载于 *Quarterly Journal of Economics* 104 (May 1989)：275－298。

② 类似的分析和结果也见于 Jonathan S. Skinner 著作："Risky Income, Life Cycle Consumption, and Precautionary Savings," 载于 *Journal of Monetary Economics* 22 (September 1988)：237－255。

③ 参见 Laurence J. Kotlikoff 著作：What Determines Savings? (Cambridge, MA: MIT Press, 1989)，第六章。

④ 参见 Michael Palumbo 著作："Uncertain Medical Expenses and Precautionary Saving Near the End of the Life Cycle," 载于 *Review of Economic Studies* 66, no. 2 (1999)：395－421。

财富（扣除严格的生命周期储蓄所导致的部分）可归因于预防性
230 储蓄。[①] 加纳科普洛斯、门奇克和欧文使用国家纵向调查（NLS）中，1966 年年龄为 45～49 岁的男性，在 1966 年至 1981 年的相关数据，来检测决定广义家庭财富的关键因素。[②] 他们还发现，标准生命周期模型不足以解释不同广义家庭的财富差异。但是，如果将预防动机和遗产动机添加到模型中，回归拟合就会好得多。

卡罗尔建立了一种“缓冲库存”消费模型，强调了在面对不确定的未来收入流时，预防性储蓄的重要性。在标准生命周期模型中，当前消费不仅取决于当前收入，还取决于未来预期收入。卡罗尔发现消费与当前收入密切相关，但与未来预期收入无关。[③] 另外，他发现缓冲库存模型在预测消费方面比标准生命周期模型要好，在缓冲库存模型中，由于未来收入不确定，预防性动机大大降低了谨慎型消费者的消费意愿。

卡罗尔和山姆维克估算，出于预防性动机，多达 40% 的财务（非住房，非商业）财富总额被保留。[④] 古兰沙和帕克将生命周期模型与缓冲库存模型相结合。他们使用来自消费者支出调查的综合队列数据发现，年轻消费者通常表现为缓冲库存模式，以预防性储

---

① 参见 Ricardo J. Caballero 著作：“Earnings Uncertainty and Aggregate Wealth Accumulation,” 载于 *American Economic Review* 81, no. 4 (September 1991): 859 - 871。

② 参见 Nancy Ammon Jianakoplos, Paul L. Menchik 和 F. Owen Irvine 著作：“Saving Behavior of Older Households: Rate - of - Return, Precautionary and Inheritance Effects,” 载于 *Economic Letters* 50, no. 1 (January 1996): 111 - 120。

③ 参见 Christopher D. Carroll 著作：“How Much Does Future Income Affect Current Consumption?” 载于 *Quarterly Journal of Economics* 109, no. 1 (February 1994): 111 - 147。

④ 参见 Christopher D. Carroll 和 Andrew A. Samwick 著作：“How Important Is Precautionary Saving?” 载于 *Review of Economics and Statistics* 80, no. 3 (August 1998): 410 - 419。

蓄为主要动机。然而，在 40 岁左右，典型的广义家庭开始为退休积累流动资产，其行为与传统生命周期模型最为接近。①

总体评价

本节概述了关于生命周期模型的相关研究结果。该模型预测，个人将在退休前不断积累财富，在退休后逐渐减少财富。横截面年龄－财富关系图通常符合这一预测，但纵向数据提供的结果不一而论。一些研究显示老年人拥有负储蓄，而另一些研究显示该年龄组几乎没有负储蓄。后一个研究结果的可能原因是，非常老的（超过 75 岁）个人消费需求下降，减少了消费支出。此外，没有证据显示随着自己逐渐老去，家庭将财富减少到接近为零的程度。

生命周期模型能在多大程度上解释广义家庭财富分布？基于英国数据的两项模拟研究得出结论，生命周期模型最多可以解释
最富阶层真实财富的 1/4。生命周期模型能解释多少财富积累？ 231
两项美国研究得出的结论是，生命周期模型只能解释广义家庭财富随时间增长的一小部分。

为了部分克服基本生命周期模型预测能力的缺陷，随后的理论研究和实证研究修改一个或多个基本前提，来扩展模型。本章回顾了三种修改方式：寿命的不确定性；社会保障财富和固定收益养老金财富的作用；流动性约束和预防性储蓄。

估算得到的每个因素的重要性各不相同。理论研究表明，关于

① 参见 Pierre－Olivier Gourinchas 和 Jonathan A. Parker 著作："Consumption over the Life Cycle," 载于 *Econometrica* 70，no. 1（January 2002）：47 －89。在 Orazio Attanasio 等人的著作中也提到了一组类似的发现，强调包含预防性储蓄动机的重要性："Humps and Bumps in Lifetime Consumption," 载于 *Journal of Business and Economic Statistics* 17，no. 1（1999）：22 －35。

死亡的不确定性这个因素应该导致了储蓄增加，尤其是在死亡时未花完所有财富。一项研究发现，通过在生命周期模型中包含这一因素，其可以解释高达 1/4 的财富。

理论研究表明，因为存在社会保障财富和固定收益养老金财富，导致传统（可变现）财富积累减少。一些研究发现社会保障财富和固定收益养老金财富减少了传统储蓄，但另一些研究没有发现这个影响。在前一种研究中，估算的替代效应远低于标准生命周期模型预测的一美元替代一美元的比率。

流动性（借贷）约束的存在意味着一个家庭将积累的财富要高于纯粹的生命周期模型的预测。预防性储蓄是一种自我保险措施，预防潜在的收入动荡，因此，因为未来收入流不确定，消费者将积累更多的财富。一些研究估算，流动性约束和预防性储蓄可以解释广义家庭财富总量的 1/3。

标准生命周期模型的计量分析

莫迪利亚尼和布伦伯格提出将生命周期模型作为解释整体储蓄行为的方法。但是，他们的生命周期模型（以及后来的变体，如安多-莫迪利亚尼变体，或托宾变体）也是一种广义家庭财富积累的理论。实际上，尽管是一种很原始的模型，生命周期模型也构
232 成了广义家庭财富分布的理论。大量研究使用汇总数据测试该模型对广义家庭财富分布的影响，但在 1981 年之前，几乎没有研究使用微观数据测试该模型的这一影响。[①] 这种缺失当真令人惊讶，因

① 参见 Edward N. Wolff 著作："The Accumulation of Wealth over the Life Cycle: A Microdata Analysis," 载于 *The Review of Income and Wealth series* 27, no. 2 (June 1981): 75–96。

为该模型准确描述了广义家庭财富积累的过程，这可以解释经济里的总体储蓄行为。如果生命周期模型不能解释广义家庭财富分布，那人们将严重怀疑该模型是否可以解释储蓄行为。

本节使用广义家庭财富的标准衡量指标，来研究生命周期中的财富积累。[①] 我发现该模型只能解释广义家庭财富变化的一小部分，即使包含对广义家庭终身收入的估算也是如此。实际上，对于某些群体，如非白人群体、农村居民和受教育程度较低的群体，回归模型的相关系数没有统计显著性。如果把最富阶层移出样本，从广义家庭财富构成里去除非现金金融资产和商业资产，那么生命周期模型的解释能力显著增加。从本质上讲，生命周期财富积累模型的有效性仅限于白人、城市居民、受过教育的中产阶级，限于这些群体积累的住房、耐用品和现金财富。富裕阶层有着截然不同的动机和来源去储蓄，贫困阶层一生当中入不敷出，没有能力积累任何有意义的财富。

本节介绍使用1969年经济和社会绩效衡量（MESP）数据集，对全体样本和选定人口统计学分组样本估算的生命周期模型的回归结果。对终身收入进行了多次估算并将其引入生命周期模型，并将此模型应用于不同的资产类型。

基本生命周期模型的微数据测试

本节介绍的实证分析基于1969年经济和社会绩效衡量数据集。这是一份横截面样本，有63457户美国广义家庭，包含截止到1960年的人口统计、收入和资产负债表信息。[②]

由于我只对生命周期模型的通用解释能力及其如何应用于不同

① 称这样的研究为“测试”显然是想多了。生命周期模型及其继承理论都充分认识到，除年龄之外的其他因素都是广义家庭财富分布的决定因素。

② 有关这个数据库的说明，请参见本书的附录2。

233　的人口分组群体感兴趣，所以我使用了几个函数来复制生命周期模型年龄－财富关系图。[①] 第一个是年龄的抛物线函数：

---

① 使用经济和社会绩效衡量指标样本测试生命周期模型的一个困难是，这个模型是指一个家庭随时间推移的行为模式（纵向行为），而这个数据是横截面的。在生命周期模型的简化假设下，这种差异并不重要，因为利率为零，且随着时间的推移和各分组之间的收入保持恒定。如果这些假设中有一项不成立，那么严格来说，使用经济和社会绩效衡量指标样本（或任何其他样本）进行的回归分析不能提供对生命周期模型的有效测试。

肖罗克斯在《年龄－财富关系》（"The Age - Wealth Relationship"）中表示，在相当寻常的条件下，允许分组之间的收入有差异，横截面倒 U 形年龄－财富关系图是必然的，但不足以确保整个生命周期里一直保持倒 U 形年龄－财富关系图。因此，拒绝倒 U 形横截面年龄－财富关系图足以拒绝生命周期模型，但反之则不然。

米勒在《老年人的财富－年龄关系》（"The Wealth - Age Relation among the Aged"）中，针对分组收入有差异的情况提出了一种方法来调整横截面回归。但是，一旦允许利率不等于零，并且除了允许分组收入有差异之外，还允许给定分组收入随着年龄的增长而增加，则他提出的调整方案就不合适了。为了表明这一点，假设对于 65 岁以下的人口，每个人都在 20 岁开始工作，65 岁退休，并且储蓄率保持恒定。

（现在有必要放弃生命周期里恒定消费模式的假设）定义：

A ＝年龄　20

W_A = 分组 A 中样本的（现在）财富

E_{tA} = 分组 A 在时间 t 的收入

r = 利率（随时间推移保持恒定）

g = 特定分组随时间推移收入增长的比率（每个分组都相同）

h = 连续队列之间的起始收益增加的比率。

然后：

$$W_A = \int_0^A sE_{tA}e^{r(A-t)}dt = s\,e^{rA}\int_0^A E_{tA}e^{-rt}dt.$$

进一步，$E_{tA} = E_{0A}\,e^{gt}$，$E_{0A} = E^*\;e^{(45-A)h}$.

然后：

$$W_A = \frac{sE^*\,e^{45h}}{r-g}\left(e^{(r-h)A} - e^{(g-h)A}\right) if\ g \neq r$$
$$= sE^*\,e^{45h}\,e^{(r-h)A}\cdot A \qquad if\quad g = r.$$

在这里，可以看出横截面关系图的斜率主要取决于参数 r，g 和 h。

$$NWB_i = \beta_0 + \beta_1 A_i + \beta_2 A_i^2 + u_i \tag{6.1}$$

这里净资产 NWB_i 是个人广义家庭财富（包含所有耐用消费品），A_i 是户主的年龄，而且 u_i 是一个随机误差项。① 生命周期模型预测：$\beta_1 > 0$ 和 $\beta_2 < 0$。

该模型是从经济和社会绩效衡量数据库中随机选择的 1/10 样本（样本量为 6316）计算得出。② 结果显示在表 6.3 的第 1 行。两个系数的预测都正确，显著性水平 1%。此外，该函数在年龄为 62 岁时达到最大值，接近模型预测的值。

由于生命周期模型预测了一种不对称的年龄－财富关系，因此得到三个以 A 为变量的多项式函数：

$$NWB_i = \beta_0 + \beta_1 A_i^{\,2} + \beta_2 A_i^{\,3} + u_i \tag{6.2}$$

$$NWB_i = \beta_0 + \beta_1 A_i^{\,2} + \beta_2 A_i^{\,4} + u_i \tag{6.3}$$

$$NWB_i = \beta_0 + \beta_1 A_i + \beta_2 A_i^{\,3} + u_i \tag{6.4}$$

这个三个函数预测的系数都与第一个相同。所有函数的系数都预测正确的正/负相关，显著性水平 1%（表 6.3 中的第 2～4 行）。此外，所有三种不对称函数都具有比对称函数更高的 t 比率，这进一步支持了生命周期模型。函数计算得出最大财富的年龄分别为 63 岁、64 岁和 62 岁。第五个函数完全复制了生命周期模型的财富图形：

$$NWB_i = \beta_0 + \beta_1 A_i + \beta_2 (A_i D_i) + \beta_3 D_i + u_i \tag{6.5}$$

---

① 我在这里使用"可变现财富"作为财富定义，因为经济和社会绩效衡量指标的财富衡量指标包含所有耐用消费品，但不包含家庭普通财产。详细信息请参阅本书的附录 2。

② 由于数据错误，一些案例被删除。

其中 D_i 是一个虚拟变量，如果年龄为 65 岁或以上则等于 1，否则等于 0。对系数 β_1 和 β_2 的预测与上相同。虽然结果的正负值与预测相符，但只有第一个系数的估算值有统计显著性。[①]

尽管 t 比率很高，特别是在公式 6.2 和公式 6.3 中，R^2 值在两种形式中和其他三种形式中都超低。这些结果表明，基本生命周期模型只解释了广义家庭财富整体变化的一小部分。这种
234 “无法解释的”变化可能是由于这三个因素造成的本章前面已经
讨论过。该模型相当有可能在某些人口分组上表现比其他分组要好，这个模型对于不同广义家庭财富差异无法解释的部分，其中一部分原因可能是不同人口统计学分组的行为差异（例如储蓄行为差异）。

下一步是估算选定人口子样本集的生命周期模型。我使用公式 6.2，因为它对于全体样本的预测结果统计显著性最强。第一个分类是户主的种族。由于种族是依据个体不变的特征划分，因此这两个样本在整个生命周期中几乎完全相互排斥。[②]占整个样本几乎 90% 的白人和亚裔的结果与全体样本的结果几
236 乎完全相同（见表 6.4）。黑人和其他种族的回归结果低得多
（绝对值），A^2 和 A^3 没有统计显著性，这表明生命周期模型不能适当描述少数族裔分组财富积累行为（至少在 1969 年是这样）。

---

① 还对该模型做了回归估算

$$NWB_i = \beta_0 + \beta_1 A_i + \beta_2 A_i^2 + \beta_3 A_i^3 + u_i$$

托宾变体可以预测：$\beta_1 < 0$；$\beta_2 > 0$；和 $\beta_3 < 0$。虽然系数估算值的正负值符合预测，但它们都没有统计显著性。

② 例外来自跨种族婚姻，这可能会导致个人所属广义家庭种族类别的转换。

表 6.3　基本生命周期模型的全体样本估算

方程常数		自变量						R^2	R_a^2
		A	A^2	A^3	A^4	D	(A·D)		
1	-62508	3870** (3.3)	-31.4** (2.7)	—	—	—	—	0.003	0.003
2	-7855	—	50.9** (3.8)	-0.537** (3.4)	—	—	—	0.003	0.003
3	156	—	29.1** (4.1)	—	-0.00350** (3.4)	—	—	0.003	0.003
4	42997	2439**	—	0.211** (2.8)	—	—	—	0.003	0.003
5	-21857	1492** (4.8)	—	—	—	115044 (1.2)	-2146 (1.6)	0.004	0.003

资料来源：作者据 1969 年经济和社会绩效衡量数据计算得到。因变量是广义家庭财富。

注：括号中显示的 t 比率。样本量 =6316。

* 统计显著性水平为 5%（双尾检验）。

** 统计显著性水平为 1%（双尾检验）。

缩写：A：年龄；D：虚拟变量，如果 A > =65，则等于 1；R^2：决定系数；R_a^2：修正 R^2；NWB：可变现财富。

表 6.4　选定人口统计学分组对年龄－财富回归分析自变量

人口统计学分组	自变量			R^2	R_a^2	N
	恒量	A^2	A^3			
全体样本	－7822	50.9** (3.8)	－0.537** (3.4)	0.003	0.003	6316
白人，亚洲人	－9436	54.4** (3.7)	－0.574** (3.3)	0.003	0.003	5617
其他种族分组	6061	22.1 (1.8)	－0.237 (1.6)	0.007	0.004	702
城市、郊区居民 农村居民	658	38.1** (4.8)	0.390** (4.1)	0.008	0.008	4633
受教育年限低于12年	－32193	87.7 (1.2)	－0.953 (1.7)	0.003	0.001	1543
受教育年限12年	－10384	48.5 (1.9)	0.502 (1.7)	0.002	0.001	2866
受教育年限13～15年	－2558	41.9* (2.3)	－0.446 (1.9)	0.004	0.003	1791
受教育年限16年	－8374	52.7 (1.8)	－0.54 (1.5)	0.01	0.008	788
或者更多	－30168	96.0** (3.4)	－1.045** (3.9)	0.02	0.018	868

资料来源：作者对1969年经济和社会绩效衡量数据的计算。

注：广义家庭根据户主的人口统计特征进行分类。

* 显著性水平5%（双尾检验）。

** 显著性水平1%（双尾检验）。

缩写：A：年龄；N：样本量；R^2：决定系数；R_a^2：修正 R^2。

下一个分类是城市居民和农村居民。这些分类并不相互排斥，因为一些广义家庭确实在其一生中在城市和农村之间移动。尽管如此，差异非常显著。城市居民 A^2 和 A^3 的系数统计显著性很强，而农村居民的系数则统计不显著。此外，城市分组的 R^2 和调整后的 R^2 的统计量相当高。这个结果表明，与农村居民相比，生命周期模型更适合城市居民。

第三个分类是按照教育水平分类。这对于参加工作的个人来说是一个永久性特征，少数参加工作后继续学习的人除外。这些不同受教育年限分组之间的差异非常明显。对于除大学及以上学历组以外的所有教育年限分组，A^2 和 A^3 的数值与全体样本的数值非常接近，但所有系数中只有一个系数具有统计显著性，其他都为不显著。对于大学及以上学历组，A^2 和 A^3 的绝对值相当高，两者显著性水平都为1%。此外，大学及以上学历组的 R^2 和调整后的 R^2 数据显著高于其他人口统计学分组。这些结果强烈表明，相对于其他任何受教育年限分组（或者实际上，其他任何选定的人口分组），生命周期模型更适合大学及以上学历组。[①]

包含终身收入的情况

在前面讨论的可能引起广义家庭财富变化的三个额外因素中，其中一个可以使用经济和社会绩效衡量数据集进行估算的因素是终身收入（截至当前年龄）。如果假设不同广义家庭的储蓄率恒定并且不随时间变化（并且假设与收入无关），那么直到当前年龄的累积财富应该与当前年龄的终生收入成正比（假设利率为零）。修订后的公式变为：

---

① 对以下五个职业分组也进行了同样的回归：（1）专业人员、技术人员、管理和行政人员；（2）文员和销售人员；（3）技工；（4）操作人员；（5）服务人员和非技术劳动者。这种分类存在两个问题。首先，许多劳动者将在其一生中改变职业类别。其次，65岁以上的人中只有一小部分记录了他们的最后一个职业。但是，结果确实显示第1组（专业人员和管理人员）显著的倒U形生命周期财富关系图，还有第3组（技工）也是，而且其图形比前者更加“驼背”。

此外，当仅回归估算专业和技术劳动者，系数为 A^2 和 A^3，它们的t值、R^2 和调整的 R^2 统计数据都高于包含更广的第1组。

表 6.5 计算城市白人居民的终生收入

分组自变量		当前收入的回归					收入最高时的年龄	未折现的终身收入（到 65 岁）
		独立变量						
职业	受教育程度(年)	恒量	A	A^2	R^2	N		
专业人士	0～11	9975	97.8 (0.4)	-1.65 (0.8)	0.018	181	30 岁	522907 美元
	12	-3169	752.8* (2.5)	-8.11* (2.5)	0.024	255	46 岁	592781 美元
	13～15	-13747	1214.3** (4.6)	-12.25**	0.101	255	50 岁	609103 美元
	16+17	-2146	1648.9** (5.6)	-16.70** (5.0)	0.079	470	49 岁	676491 美元
其他	1～11	-4553	515.5** (5.9)	-5.72** (5.5)	0.087	898	44 岁	426408 美元
	12	-231	515.5** (5.9)	-5.72** (5.5)	0.049	711	45 岁	482112 美元
	13～15	-4440	687.9** (4.4)	-7.34** (4.0)	0.097	254	47 岁	456820 美元
	16+	-23847	1703.9** (4.1)	17.92** (3.8)	0.062	103	48 岁	573220 美元

资料来源：作者从 1969 年经济和社会绩效衡量文件中计算得出。

注：因变量是 1969 年户主的年工资总收入。未折现的终身收入是年龄－收入曲线从受教育的最后一年到 65 岁的收入数据。

* 显著性水平 5%（双尾检验）。

** 显著性水平 1%（双尾检验）。

缩写：A：年龄；N：样本量；R^2：决定系数。

$$NWB_i = -\beta_0 + \beta_1 A_i^2 + \beta_2 A_i^3 + \beta_3 AE_i + u_i \quad (6.6)$$

AE_i 是广义家庭 i 到当前年龄的累计收入。

针对每个种族、性别、受教育程度分组分别设置了特定分组收入公式（见表 6.5）。设立了终身收入的两种衡量指标。第一个是 237
AE，累计收入，从开始工作到现在的收入流的现值。为此，计算中使用了劳动收入增长平均值的实际统计数据，并将十年期国库券利率用作贴现率。第二个 AE1 是 AE 的变体，这里调整了人力资本收入函数，以便它回归通过个人的当前收入。对于退休人员，AE1 根据退休人员在其年龄组的社会保障福利分布中的百分位数排名估算，根据退休后的实际收入增长进行贴现。[①]

根据全体样本和各种人口统计学分类子样本估算 A^2、A^3 的财富回归分析以及终生收入的各种衡量指标。城市白人分组的统计显著性最强（见表 6.6）。未经调整的终身收入的结果（AE_0 至 AE_5） 239
的系数值，显著性水平和 R^2 值都非常接近。A^2 和 A^3 的系数都是统计不显著，实际上，其正负值与预测方向相反。AE 的系数的正负值与预测一致，统计显著性极强，R^2 的统计量均在 0.015 左右，远高于不包含终身收益的形式（参见表 6.4）。调整后的终身收入（AE1）的回归结果几乎与未经调整的估算结果完全一致。A^2 和 A^3 上的正负值都预测正确，在这三种情况下，A^2 的系数显著性水平为 5%。AE1 的系数预测的正负值都正确，显著性水平为 1%。R^2 统计量均在 0.015 左右，是城市白人样本分组回归的 R^2 统计量的 5 倍左右，计算时排除了终生收入变量。因此，在生命周期模型中包含 AE1 变量增强了模型的整体解释力，代价是降低了年

---

① 对于没有社会保障福利的退休人员，AE 根据他们的受教育程度、性别和种族进行估算。有关终身收入估算的详细信息，请参阅本书的附录 3。

龄变量的显著性水平。这些结果有力地表明，生命周期模型的假设，即广义家庭为了退休而储蓄，并在退休后使用储蓄进行消费，这种假设并不是年龄－财富关系图呈倒U形的主要原因，而是因为收入图形呈现倒U形。因此，在大约60岁之前，财富呈现为随着年龄的增长而增加横截面图形，主要是因为收入随着年龄的增长而增加，而家庭根据他们的收入情况来储蓄。

表6.6 城市白人居民的年龄和终生收入的财富回归分析自变量

终身收益估算	自变量				R^2	R_a^2
	恒量	A^2	A^3	AE(AE1)		
AE_0 (g=0.0)	15298	−15.23 (0.8)	0.069 (0.4)	0.180** (3.3)	0.014	0.013
AE_1 (g=0.01)	19792	−25.3 (1.2)	0.207 (1.0)	0.221** (3.7)	0.015	0.014
AE_2 (g=0.02)	20636	−31.09 (1.5)	0.306 (1.4)	0.256** (3.7)	0.015	0.014
AE_3 (g=0.03)	20628	−34.64	0.376 (1.6)	0.290** (3.9)	0.015	0.114
AE_4 (g=0.04)	19970	−36.23 (1.7)	0.419 (1.7)	0.321** (3.9)	0.015	0.015
AE_5 (g=0.05)	18853	−36.2 (1.7)	0.44 (1.8)	0.348** (4.0)	0.015	0.015
$AE1_0$ (g=0.0)	18028	21.92 (1.8)	−0.219 (1.4)	0.485** (4.4)	0.016	0.016
$AE1_1$ (g=0.001)	19473	21.56 (1.7)	−0.204 (1.3)	0.526** (4.3)	0.016	0.015
$AE1_2$ (g=0.02)	11084	22.77 (1.8)	−0.205 (1.3)	0.522** (4.2)	0.016	0.015
$AE1_3$ (g=0.03)	818	24.91* (2.0)	−0.22 (1.4)	0.481** (3.9)	0.015	0.014

续表

终身收益估算	自变量				R^2	R_a^2
	恒量	A^2	A^3	AE(AE1)		
$AE1_4$ (g = 0.04)	-883	27.37* (2.2)	-0.241 (1.5)	0.413** (3.5)	0.014	0.013
$AE1_5$ (g = 0.05)	-1637	29.63* (2.4)	-0.262 (1.7)	0.336** (3.0)	0.014	0.013

资料来源：作者对1969年经济和社会绩效衡量数据的计算。

注：样本量为3，134。65岁以下没有当前收入的户主的调整因子为1。65岁及以上的所有户主都被隐含地分配了调整因子1。没有职业记录的户主设定为他们的受教育程度分组平均终身收入。

t统计量显示在括号中。

* 显著性水平5%（双尾检验）。

** 显著性水平1%（双尾检验）。

缩写：A：年龄；AE（AE1）：终身收入；R^2：决定系数；R_a^2：调整的 R^2。

调整样本的财富规模和资产类型

对于表6.6中的每个方程，残差平方对财富规模的回归产生了超过0.80的 R^2。毫不奇怪，这表明大部分无法解释的财富变化，是由于生命周期模型不能解释巨额财富。解决此问题的一种方法是从样本中清除最富1%阶层。① 表6.7显示了对其余99百分位数（清除第一个百分位数），其余95百分位数和其余90百分位数重新估算公式6.6的结果。②

① 另一种方法是对年龄和终身收入财富的对数回归，其代数效应是成比例的减少因变量财富，大值减少的比例比小值更大。应用此步骤时，R^2 攀升至0.10，城市白人样本的t统计量均超过7.5。虽然这个程序肯定会改善生命周期模型的拟合，但在这个分析阶段，没有理论上的依据支持使用财富的对数而不是财富本身的数值作为因变量。此外，取对数的步骤要求清除净资产为零或为负数的广义家庭样本。

② 选择终生收益表 $AE1_3$ 是因为它得出表6.6中的最佳结果。

结果引人注目。首先，当排除最富 1% 阶层后，R^2 统计量从 0.015 跳到 0.065。当排除最富 5% 阶层后，R^2 变为 0.075。当排除
240 最富 10% 阶层时，R^2 增加到 0.078。之后，随着去除越来越多的最富阶层，A^2 和 A^3 系数的显著性水平增加，并且生命周期图形变得越来越“合理”。整个样本财富的最大年龄最多从 73 岁下降到 69 岁，然后下降到 66 岁，最后到 61 岁。因此，生命周期模型似乎不适解释极富裕阶层的财富增长，但对于没那么富裕的广义家庭来说解释能力要强得多。

表 6.7 选定子样本中城市白人的年龄和终身收入的财富回归分析自变量

样本	自变量				R^2	R_a^2
	恒量	A^2	A^3	$AE1_3$		
所有	818	24.91** (2.0)	-0.22 (1.4)	0.481** (3.9)	0.015	0.014
其余 99%	4174	19.63** (6.4)	-0.194** (5.0)	0.190** (6.1)	0.065	0.064
其余 95%	6508	13.30** (7.5)	0.136** (6.0)	0.144** (6.3)	0.075	0.074
其余 90%	6289	11.67** (9.3)	-0.130** (8.1)	0.086** (6.7)	0.078	0.077

资料来源：作者据 1969 年经济和社会绩效衡量数据计算得出。

注：样本总量为 3134。没有当前收入的户主被分配了调整因子 1，没有记录职业的户主被设定平均终身收入为他们所在受教育程度分组的平均终身收入。t 统计量显示在括号中。

* 显著性水平 5%（双尾检验）。

** 显著性水平 1%（双尾检验）。

缩写：A：年龄；$AE1_3$：调整后的终身收入；R^2：决定系数；R_a^2：调整后的 R^2。

某些资产，如股票、债券和商业股权，大部分集中在富裕阶层手中。因此，另一种调整财富规模的方法是，将广义家庭财富组合分解为各个部分，然后分析每个部分的生命周期积累模式。

为此，我首先将家庭净资产分为以下几个部分：自有住宅；耐用
消费品；现金和活期存款；储蓄和定期存款；股票和债券；房地
产和商业股权（包含农业）；广义家庭债务。然后根据全体样本
的年龄分组对每个部分进行回归分析。使用两种方程式：对称形
式 A，A^2 和不对称形式 A^2，A^3。表 6.8 列出了各自拟合情况。差
异是惊人的。有自有住宅、耐用消费品、现金和活期存款，以广 241
义家庭债务为因变量的 R^2 统计数据要高于其他三个组成部分。实
际上，耐用消费品方程的 R^2 几乎是股票和债券方程的 R^2 的 100
倍。此外，这四个自变量的最佳拟合是对称方程式 A、A^2，而非
对称方程式 A^2，A^3 最适合其他三个组件。此外，这四个自变量
的年龄系数的显著性水平远远大于其他三个财富组成部分的年龄
系数的显著性水平。 242

表 6.8　全体样本财富构成对年龄变量的回归分析

财富构成	自变量				R^2	R_a^2
	恒量	A	A^2	A^3		
自有住宅	-12051	968.8** (16.5)	-9.46** (16.3)	—	0.041	0.041
耐用消费品	1344	198.9** (18.7)	-2.28* (21.7)	—	0.099	0.099
现金和活期存款	54	53.93** (5.4)	-0.301** (3.1)	—	0.029	0.029
储蓄和定期存款	-1110	—	4.13 (1.5)	-0.035 (1.1)	0.001	0.001
股票和债券	-11677	—	24.09** (2.9)	-0.247 (1.9)	0.001	0.001
房地产加商业股权（包含农业）	-1927	—	14.55** (3.2)	-0.159** (3.0)	0.002	0.002

续表

财富构成	自变量				R^2	R_a^2
	恒量	A	A^2	A^3		
家庭债务总额	-3333	427.3** (9.3)	4.50** (10.0)	—	0.017	0.016
生命周期财富(W_1)	-8137	838.9** (19.9)	-7.68** (18.4)	—	0.064	0.064
资本财富(W_2)	-124100	—	41.8** (3.2)	-0.434** (2.8)	0.002	0.002
总财富(W)	-7855	—	-50.9** (3.8)	-0.537** (3.4)	0.003	0.003

资料来源：作者对1969年经济和社会绩效衡量数据的计算。

注：样本量=6316。

t统计量显示在括号中。

* 显著性水平5%（双尾检验）。

** 显著性水平1%（双尾检验）。

缩写：A：年龄；R^2：决定系数；R_a^2：调整的R^2；W_1：自有住宅+耐用消费品+现金和活期存款减去抵押债务；W_2：储蓄和定期存款+股票和债券+投资型房地产和商业股权（包含农业）减去其他债务。

由于回归结果的差异，我将广义家庭总财富分为两部分。第一部分，我称之为“生命周期财富”，定义为自有住宅、耐用消费品、现金和活期存款之和减去抵押贷款债务。第二部分，我称之为“资本财富”，定义为储蓄和定期存款、股票和债券、投资型房地产和商业股权之和减去其他债务。[①] 生命周期财富 W_1 随后对年龄变量进行回归。R^2 统计量为0.064，约为总财富对年龄变量回归的 R^2 统计量的20倍。年龄系数的t比率都在18以上，这里的估算表明年龄55岁时是生命周期财富最多的年龄。资本财富对年龄回归

① 进一步的实验表明，抵押债务的规模跟随年龄变化，而其他广义家庭债务几乎与年龄无关。

得到的 R^2 为 0.002，t 比率很低，资本财富最多时的年龄为 64 岁。总财富对年龄回归的 R^2 和 t 比率略高于资本财富对年龄回归。总财富最大时的年龄为 63 岁，与资本财富非常接近。很明显，总财富的回归结果受资本财富的影响远大于受生命周期财富的影响。①

然后，在所选人口统计学分类样本组中，两个财富成分分别对年龄变量回归（见表 6.9 和表 6.10）。与表 6.4 比较表明，W_1 对年龄变量回归具有相当高的 t 统计量，R^2 统计量大约是人口统计学样本组相应的总财富对年龄变量回归的 10 倍。此外，W_1 回归中所有系数的显著性水平均为 1%（正负值都符合预测）。但是，对于 W_1 回归和 W 回归，拟合优度的等级顺序保持不变。与非白人族裔相比，生命周期财富的生命周期积累过程模型更适合白人，但是对于非白人族裔来说，对年龄回归的相关系数首次具有统计显著性。这个过程更好地描述了城市居民而不是农村居民，更适合受教育程度更高的分组而不是受教育程度较低的分组。实际上，大学毕业生的 R^2 统计量达到了 23%。另外，W_2 对年龄变量回归（农村组除外）的 R^2 和 t 统计量都低于总财富对年龄变量回归，但是在人口统计学分组中的等级顺序保持不变。②

然后将终身收入变量 $AE1_3$ 添加到回归公式中。表 6.11 显示了城市白人居民的回归结果。对于 W_1 回归的 R^2 统计量极高，
为 0.159，是总财富回归的 R^2 统计量（表 6.6）的 10 倍以上， 243
年龄系数的 t 统计量是总财富回归的 7 倍以上。另外，W_2 回归的 R^2 统计量显著低于总财富回归，t 统计量也是如此。这些结

---

① 这可能是预期的，因为在经济和社会绩效衡量指标样本中，总资本财富占广义家庭总财富的 74%。

② 对于农村居民而言，农场所有权是资本财富的一部分，是一项非常重要的资产（至少在 1969 年），农场价值的变化趋向于遵循生命周期模式。

果表明，生命周期财富积累受劳动收入的影响，远大于受资本财富积累的影响。

表 6.9　人口统计学分组样本生命周期财富（W_1）对年龄变量回归

人口统计学分组	自变量			R^2	R_a^2	N
	恒量	A	A^2			
全体样本	-8137	838.9** (19.9)	-7.68** (18.4)	0.064	0.064	6316
白人，亚裔	-9253	911.3** (19.9)	-8.38** (18.6)	0.071	0.071	5617
其他种族分组	1427	248.2** (3.3)	-2.06** (2.8)	0.026	0.024	702
城市、郊区居民	-10247	950.1** (18.5)	-8.67** (17.0)	0.077	0.077	4633
农村居民	-1389	478.3** (6.7)	-4.39** (6.3)	0.029	0.028	1543
受教育年限低于12年	-1964	447.3** (8.5)	-3.75** (7.6)	0.029	0.029	2866
受教育年限12年	-8612	843.5** (11.5)	-7.47** (9.9)	0.097	0.096	1791
受教育年限13～15年	-15457	1214.0** (8.9)	-10.85** (7.5)	0.150	0.147	788
受教育年限16年或以上	-35803	2246.5** (13.8)	-20.55** (12.1)	0.231	0.230	868

资料来源：作者对1969年经济和社会绩效衡量数据的计算。

注：根据户主的人口统计特征对广义家庭进行分类。t统计量显示在括号中。

* 显著性水平5%（双尾检验）。

** 显著性水平1%（双尾检验）。

缩写：A：年龄；N：样本量；R^2：决定系数；R_a^2：调整的 R^2。

结论和推测

生命周期储蓄模型是否可以说明观察到的可变现广义家庭财富的差异？在回答这个问题之前，让我先回答对结果可能提出的三个反对意见。第一个反对意见可能认为，生命周期模型是一个 244
纵向模型，然而实证结果应该是基于横截面样本。在一般条件下，生命周期模型将显示倒 U 形横截面年龄－财富关系图，而反之则不然。因此，倒 U 形横截面轮廓成为必要但不充分条件，以显示存在倒 U 形纵向年龄－财富关系图。

表 6.10　人口统计学分组资本财富（W_2）对年龄回归

人口统计学分组	自变量			R^2	R_a^2	N
	恒量	A^2	A^3			
全体样本	－12410	41.8** (3.2)	－0.434** (2.8)	0.002	0.002	6316
白人，亚裔	－13965	44.6** (3.0)	－0.463** (2.7)	0.002	0.002	5617
其他种族分组	656	19.5 (1.6)	－0.208 (1.4)	0.005	0.002	702
城市、郊区居民	－3148	27.4** (3.5)	－0.268** (2.9)	0.006	0.006	4633
居民农村居民	－38602	83.2 (1.8)	－0.903 (1.7)	0.002	0.001	1543
受教育年限低于 12 年	－15217	43.4 (1.7)	－0.447 (1.6)	0.001	0.001	2866
受教育年限 12 年	－6091	31.7 (1.7)	－0.332 (1.5)	0.003	0.002	1791

续表

人口统计学分组	自变量			R^2	R_a^2	N
	恒量	A^2	A^3			
受教育年限13～15年	-9987	37.6 (1.3)	-0.369 (1.0)	0.007	0.004	788
受教育年限16年或以上	-26816	69.1* (2.5)	-0.735* (2.1)	0.013	0.010	868

资料来源：作者据1969年经济和社会绩效衡量数据计算得出。

注：根据户主的人口统计特征对广义家庭进行分类。t统计量显示在括号中。

* 显著性水平5%（双尾检验）。

** 显著性水平1%（双尾检验）。

缩写：A：年龄；N：R^2 样本量，决定系数；R_a^2：调整的 R^2。

第二个反对意见可能认为，经济和社会绩效衡量样本是由合成匹配的数据集构建的，这可能会使非匹配变量之间的协方差相对于它们的真实（总体）协方差向下偏倚。有经验表明，对真实样本
245 和对合成样本的估算回归，估算系数的统计显著性没有差别。此外，即使存在这种向下偏倚，生命周期模型在人口统计学分组样本的相对成功应用仍然有价值，除非这种偏倚与人口统计学特征之间存在系统关系。

第三项反对意见可能涉及经济和社会绩效衡量样本中遗漏某些资产（附录2）。遗漏的这组资产，包含广义家庭普通财物，人寿保险责任准备金和养老金储备组成，可能会被先验地认为与生命周期积累模式密切相关。因此，排除这些元素会使生命周期模型的解释向下偏倚。这组资产仅占广义家庭总资产的13%，因此相关偏倚应该相对较小。另一组资产，占总资产的5%，包含州和地方政府债券和信托基金权益，人们可能认为这些资产与生命周期财富积累过程无关。因此，排除它们可能会产生相反的偏倚。

表 6.11　城市白人居民的生命周期财富和资本财富对年龄和终身收入的回归

因变量	自变量				$AE1_3$	R^2	R_a^2
	恒量	A	A^2	A^3			
W_1	-11895	1022 ** (15.1)	-9.93 ** (13.9)	—	0.126 ** (15.2)	0.159	0.158
W_2	-2620	—	13 (1.0)	-0.075 (0.5)	0.363 ** (3.0)	0.010	0.009

资料来源：作者据 1969 年经济和社会绩效衡量数据计算得出。

注：样本量为 3134。没有当前收入的户主被分配了调整因子 1，没有记录职业的户主设定其平均终身收入为他们所在教育程度分组的平均终身收入。

t 统计量显示在括号中。

* 显著性水平 5%（双尾检验）。

** 显著性水平 1%（双尾检验）。

缩写：A：年龄；$AE1_3$：调整的终身收入；R^2：决定系数；R_a^2：调整的 R^2；W_1：生命周期财富；W_2：资本财富。

即使有这些验证，我们也可以得出结论，生命周期模型不太适
用于解释可变现广义家庭财富分布。此外，这些研究暗示，生命周
期模型同样不适用于解释总体储蓄。在简单回归模型中，两个年龄
变量的系数显著性水平为 1%，正负值预测正确，但是这个模型可 246
以解释的广义家庭财富变化只有 0.3%。即使在回归公式中包含终
身收入，对于城市白人样本，该模型的拟合优度也只有 1.5%。

生命周期模型不适合非白人族裔、农村居民和受教育程度低于高中的人。这些分类样本对年龄变量的回归结果，系数统计不显著。事实上，生命周期模型拟合最好的是大学及以上学历组。结果表明，该模型同样无法解释富裕阶层特别是最富 5% 阶层是如何获得他们的财富的。①

将广义家庭财富组合划分为两个部分进行回归分析，可进一步

① 参见 Atkinson 著作："The Distribution of Wealth and the Individual Life Cycle"。

了解模型的有效性。如果在研究广义家庭财富积累时，考察财富为住房、耐用消费品、现金和活期存款之和减去抵押贷款债务，那么该模型更适合全体样本和所有人口统计学分组样本，表现要好于总广义家庭财富。当将终生收入添加到公式中时，城市白人样本的 R^2 达到 0.16。另外，如果在研究广义家庭财富积累时，考察财富为储蓄和定期存款、股票和债券、投资型房地产和商业股权之和减去消费者债务，那么该模型对任何人口统计学分组样本的解释能力都非常弱。如果你认为这些资产主要集中在富裕阶层手中，那么这个结果是合理的。

生命周期模型的有效性仅限于：白人、城市居民、受过良好教育的中产阶级，他们积累的标准中产阶级财富——住房、耐用消费品和现金。这个群体才会储蓄自己的劳动收入，累积房产、耐用消费品和流动资产，为自己退休做打算。

本研究中出现了另外两个有明显特征的群体。第一个是贫困阶层，在本研究中表现为非白人族裔，他们在生命周期中几乎没有财富积累，除了可能有些耐用消费品（至少在 1969 年是这样）。原因是贫困阶层没有获得足够的收入去积累财富。另一个群体是极富裕阶层——最富 5% 阶层——他们不是通过储蓄劳动收入而变得富裕。该群体以股票、债券、房地产和商业股权等形式，从资本收益中获得了大部分财富。这种财富的增长——“资本财富”——与经济体的总资本存量的整体增长关联在一起。概而言之，人们可以
247 得出这样的结论，即生命周期模型可以合理地描述约占美国人口 2/3 的中产阶级的财富积累行为。但是，由于广义家庭财富大量集中在富裕阶层手中，这个模型可能仅解释了大约 1/4 广义家庭财富的积累。

这项调查的结果对于正确建立广义家庭财富规模分布模型有几

个重要意义。最重要的是，一个合适的模型必须是一个三阶层模型，其中每个阶层都有自己的财富生成机制。第一类是资产阶级，其财富以资本财富的形式存在，其积累财富的动机是累积大量财产，其财富传递机制是同时通过储蓄和资本收益。遗产在这个群体的财富积累中也发挥了重要作用。这个阶级拥有财富的实际产生机制，与生产经济部门真正整体资本存量的增长关联在一起。[1] 第二类是中产阶级，他们的财富是“生命周期财富”模式。这个阶级积累财富的主要动机是满足对住房和耐用消费品的消费需求，以及为退休打算。这个阶级通过储蓄劳动收入来积累财富，这个阶级的财富分布取决于年龄，以及收入、储蓄率和收益率的差异。第三类是“贫穷阶级”，他们的终身收入太低，除了耐用消费品和可能的住房，他们无法积蓄什么财富。

包含养老金和社会保障财富的拓展生命周期模型

社会保障财富和固定收益养老金财富可以直接纳入生命周期模型，因为它们是退休财富。问题在于，把它们纳入广义家庭财富组合中，在多大程度上影响了生命周期模型解释家庭财富积累的能力。包含这两种形式退休财富的横截面回归分析将提供答案。[2] 最重要的两个发现是：（1）当社会保障财富和固定收益养老金财富被纳入广义家庭财富时，生命周期模型的表现得到改善；（2）生命周期模型对财富分布底层95%阶层的解释力，远远大于对全体样本的解释力（在某些情况下有2倍之多）。 248

---

① 参见 Joseph E. Stiglitz 著作：“Distribution of Income and Wealth Among Individuals,” 载于 *Econometrica* 37, no. 3 (July 1969): 382－397。

② 该分析基于1962年消费者财务特征调查和1983年消费者财务状况调查的数据。

年龄－财富关系图

我们从几个包含退休财富的年龄－财富关系图开始分析。这些图形还没有矫正这两个数据源的偏倚，这些偏倚会影响使用横截面关系图来检验纵向生命周期模型。首先，由于实际收入通常会随着时间的推移而增加，所以随着时间的推移纵截面图形会上升，但横截面年龄－财富关系图依然是驼峰状。其次，财富和寿命通常正相关，因此在使用横截面图形检验生命周期模型中存在样本选择偏倚。特别是，尽管纵截面图形是驼峰形状，但横截面图形在老年样本组中显示一种财富上升趋势。虽然这两个偏倚相互抵消，但目前尚不清楚最终影响是什么。

表 6.2 显示了两个样本年份的可变现净资产和增广财富的原始年龄－财富关系图（见图 6.3）。第一个是基于 1962 年消费者财务特征调查数据，显示了年轻群体中可变现净资产平均值的稳定增长，总体平均值的峰值出现在 55～59 岁年龄组，为 1.74，随后老年人年龄组的平均值则持续下降。[①] 1983 年消费者财务状况调查数据显示出类似的倒 U 形图，不过峰值要高一些，为 2.29，并且出现在年龄更大的年龄组，65 岁至 69 岁年龄组。这两组结果相当强烈地表明，在 1962 年至 1983 年，横截面年龄－财富关系图变得更加上凸，财富平均值的峰值更高。

表 6.2 的下面三列显示了将固定收益养老金财富和社会保障财富添加到净资产后的效果。应该指出的是，社会保障财富的构建反映了假设的死亡率，因此其平均值存在内在的偏倚，在 70 岁左右

---

① 60～64 岁年龄组的财富平均值显著下降。这个年龄组诞生于 1900 年前后，正好在大萧条时期开始积累财富。这个因素可能是该群体在 1962 年持有财富相对较低的原因。

之后向下偏倚。不过，最终影响是年龄－财富关系图变得平缓。较年轻的年龄组相对于较老年龄组财富增加，总体财富平均值的峰值下降。此外，假设的未来社会保障福利增长率（g 和 g'）越高，年轻群体获得的财富就越多，图形的峰值越平缓。然而，在增广财富三种衡量指标中，图形依然保持基本的驼峰形状。

我还计算了按年龄划分的可变现财富（NWB）与人力资本（HK）的平均比率，以及增广财富（AWB）与按年龄分组的人力资本的平均比率，其中人力资本是该广义家庭的估算人力资本。①
此过程校正年龄分组中人力资本的差异，以及财富与预期寿命正相 249
关导致的死亡率偏倚。基本的驼峰图形保持不变，但因为消除了两个偏倚，所以它们比相应的原始年龄－财富关系图稍显平缓。这一结果还表明，原始图形中的长期收入偏倚略强于死亡率偏倚。

包含退休财富的生命周期模型的计量经济学分析

接下来的计量经济学分析，是广义家庭财富对各种年龄函数的基本生命周期回归，使用了 1962 年和 1983 年的估算。观察单位是广义家庭，年龄变量是 1962 年的户主年龄和 1983 年的受访者年龄。本质上是横截面回归。通过添加人力资本变量来控制世代效应。

根据基本生命周期模型设置了多个方程式，包含年龄的二次、三次和四次方函数，以及分段线性函数。② 就调整后的 R^2 而言，最佳拟合是三次方函数（表 6.12）。两个年龄变量的系数正负值与预测一致，显著性水平为 1%。但是 R^2 统计量非常低，为 0.005。

① 详细信息请参见附录 3。

② 在计量经济学中，分段线性函数是实值函数，定义在实数集上，或者在一个区间上，其图形是由直线线段组成。

这里还显示了扩展内涵的广义家庭财富的回归结果。这两个年份的扩展内涵的广义家庭财富回归结果与可变现财富的结果非常相似，但在量级上差异很大，并且因为社会保障财富是构造的，所以其值随着预期寿命增加而下降。三种形式扩展内涵的广义家庭财富回归的 R^2 值，在 1962 年数据中从 0.0051 到 0.0066 不等，在 1983 年数据中从 0.0142 到 0.0159 不等。

终生收益和世代效应

如果实际收益随着时间的推移而增加，使用横截面数据往往会对（纵向）生命周期模型产生有偏检验。引入终身收入应该可以控制这种影响。此外，终身收入的差异也应该可以解释广义家庭财富年龄分组内在差异的很大一部分。①

与 AE 和 AE1 的估算一样，针对每个种族、性别和受教育程度分组，分别估算特定分组的收入函数，用来计算 HK，定义为从开
250 始工作到退休（见表 6.5）的终生收入的现值。对于该计算，对于未来工作年限的平均实际收益增长（k）的假设了多个数值。与 AE1 一样，退休人员的人力资本根据社会保障福利分布百分位数排序和退休年限估算。②

① 肖罗克斯在《英国财富分布》（"U. K. Wealth Distribution"）指出，包含终身收入也隐含地控制了另一个偏倚来源，即由财富和长寿正相关性引起的样本选择效应。

这是因为财富与终身收入之间存在高度相关性，相应地，终身收入与预期寿命之间存在高度相关性。此外，请参阅伯恩海姆《生命周期年金估值》（"Life Cycle Annuity Valuation"），其中发现在类似的生命周期模型（LCM）分析中，这种样本选择的偏倚相对较小。

② 对于没有社会保障福利的退休人员，人力资本和 AE 根据他们的受教育程度、性别和种族进行估算。详细信息请参见附录 3。

表 6.12 1962 年和 1983 年全部样本的可变现财富和增广财富的生命周期回归

因变量	自变量				R_a^2	F - 检验	样本量
	恒量	A^2	A^3	R^2			
1962 年 *SFCC*NWB	- 11170* (2.02)	39.86** (6.57)	-0.392** (5.47)	0.0053	0.0052	45.14**	2557
AWB (g = g' =.01)	- 478 (0.08)	45.46** (6.66)	-0.449** (5.72)	0.0066	0.0064	47.28**	2557
AWB (g = g' =.02)	- 3421 (0.56)	44.32** (5.63)	-0.442** (5.63)	0.0059	0.0058	42.49**	2557
AWB (g = g' =.03)	- 8311 (1.37)	42.66** (6.40)	-0.431** (5.48)	0.0051	0.0050	36.76**	2557
1983 年 *SCF*NWB	- 49287 (1.91)	190.6** (6.20)	-2.048** (5.57)	0.0120	0.0116	25.93**	4262
AWB (g = g' =.01)	- 27381 (1.00)	216.8** (6.66)	-2.272** (5.87)	0.0159	0.0154	34.38**	4262
AWB (g = g' =.02)	- 19036 (0.69)	214.5** (6.58)	-2.257** (5.83)	0.0151	0.0147	32.72**	4262
AWB (g = g' =.03)	- 8485 (0.31)	211.0** (6.46)	-2.232** (5.76)	0.0142	0.0137	30.60**	4262

资料来源：作者根据 1962 年消费者财务特征调查和 1983 年消费者财务调查的计算。

注：统计数据针对广义家庭财富。根根据 1962 年户主的年龄和 1983 年受访者的年龄划分广义家庭年龄组。

g' 是当前受益人的社会保障福利随时间推移的假定增长率。g 是未来受益人的社会保障福利随时间推移的假定增长率。

k 是假设的劳动收入增长率，设定为每年 0.01。

t 统计量显示在括号中。

* 显著性水平 5%（系数为双尾测试；F 值为单尾测试）。

** 显著性水平 1%（系数为双尾测试；F 值为单尾测试）。

缩写：A：年龄；R^2：决定系数；R_a^2：调整的 R^2。

在第一组回归中，如表 6.13 所示，在公式里人力资本作为一
个自变量，还有年龄的二次方和三次方。人力资本显著性非常高。 251
1962 年可变现财富回归的 t 统计量为 21.17，1962 年增广财富回归

的 t 统计量为 24.10，相应的 1983 年回归的值为 13.21 和 15.91。①在 1962 年的回归中，包含人力资本导致 R^2 统计量增加 14 倍。在 1983 年的回归中，包含人力资本使模型拟合优度增加 2 倍。根据 1962 年的数据，将人力资本添加到模型中会导致年龄变量的 t 比率下降，但它们仍具有统计显著性。在 1983 年的数据中，人力资本的加入导致年龄变量的 t 比率略有下降，但它们仍然具有统计显著性。造成这种情况的可能原因是，通过精心设计，人力资本可以捕获对终生收入的世代效应（来自随时间推移真实收入的增长），因此与年龄变量相关。②

然后用这几个方程式来估算原始样本的两个子集。在第一个子集中，我去除了财富分布最富 1% 阶层。③ 所有自变量的显著性水平，特别是终身收入，都有所增加，同时公式的拟合（结果未显

---

① 在此处显示的结果中，g 为实际收入的增长率，设定为每年 1%。如果设定 g 等于每年 2%，结果也非常相似。当 AE 和 AE1 作为自变量代替 HK 时，其统计显著性不如 HK，这一结果与生命周期模型保持一致（结果未显示）。

② 也使用当前年度收入替代终身收入进行了同样的回归估算。当前收入的统计显著性水平甚至高于 AE1 或 HK 的统计显著性水平，并且该等式的整体解释力也更大。在 1962 年数据的 NWB 方程中，R^2 为 0.087。这个结果令人惊讶，因为人力资本已经经过调整以反映当前的收入。产生这一结果的原因并不清楚，因为它似乎与生命周期模型的标准方程相矛盾。

③ 从技术上讲，在顶部和底部的截断样本都会引入样本选择偏倚，因为总是会截断误差项。为了纠正截断偏倚，我使用了赫克曼（Heckman）开发的两阶段程序，该程序需要估算高财富持有者的概率单位模型，并在第二阶段财富对年龄和人力资本的回归中包含逆米尔斯比率。参见 James J. Heckman 著作："The Common Structure of Statistical Models of Truncation, Sample Selection and Limited Dependent Variables and a Simple Estimator for Such Models," 载于 *Annals of Economic and Social Measurement* 5（1976）：475－92；和 "Sample Selection Bias as a Specification Error," 载于 *Econometrica* 47（1979）：153－162。虽然第一阶段回归中的逆米尔斯比率具有统计显著性，但第二阶段的回归系数与表 6.13 中显示的回归系数没有明显差异。此外，有关此程序的更多详情，请参阅金和迪克斯－米罗《持有资产和生命周期》（"Asset Holdings and the Life Cycle"）。

示）也增加。在 1962 年数据的可变现财富方程中，人力资本的 t 比率从 21.17 增加到 23.1，R^2 统计量从 0.079 增加到 0.091。此外，年龄变量的 t 比率增加，现在两者在可变现财富方程中的显著性水平为 1%。在第二个子集样本中，我去除了财富分布的最富 5% 阶层。每个自变量的显著性水平都会增加，尤其是终身收益，这个模型的解释能力大幅提高。对于 1962 年数据的 NWB 方程，R^2 统计量从 0.079 增加至 0.101；对于 1962 年数据的 AWB 方程，R^2 统计量达到 0.167（见表 6.13）。对于 1983 年的数据，NWB 方程的 R^2 统计量增加到 0.121，AWB 方程的 R^2 统计量增加到 0.20。

同时估算了两组数据相应的对数形式。为此，我去除了每个样本的底部 1% 阶层数据，以免出现净资产为零或负数。正如预期的那样，由于巨额财富所产生的剩余超过了相应的减少，因此拟合优度大幅增加。1962 年全体样本（减去最低 1% 阶层）log 的 R^2 达到 0.299，1983 年达到 0.371。在排除最富 5% 阶层和最穷 1% 阶层的样本中，1962 年数据的 R^2 跃升至 0.381，1983 年数据的 R^2 跃升至 0.411。自变量的 t 统计量也大幅增加。 252

表 6.13 中使用的回归公式与生命周期模型并不完全一致，因为它假设广义家庭财富与终身收入成比例（并且正相关）上升。更合适的公式应该是：

$$R \equiv NWB/HK + h(Age) + \varepsilon \qquad (6.7)$$

其中 h 表示函数形式，ε 是随机误差项。[①] 这个公式代表了对生命

① 关于正式模型支持这种模式的讨论，参见 Diamond 和 Hausman 著作："Individual Retirement and Savings Behavior，" 以及 André Masson 的著作："A Cohort Analysis of Age－Wealth Profiles Generated by a Simulation Model of France（1949－1975），" 载于 *Economic Journal* 96（1986）：173－190。

周期模型的一种相当严格的解释，特别假设终身收入水平没有单独影响 R。为了使终生收入对广义家庭财富积累产生非比例式的影响（nonproportional effect），我们使用以下公式：

$$NWB = b_o + b_1 HK + b_2 AGE^2 \cdot HK + b_3 AGE^3 \cdot HK + \varepsilon \qquad (6.8)$$

结果如表 6.14 所示。对于 1962 年的数据，相互作用的人力资本－年龄变量的 t 比率大约是表 6.13 中相应年龄变量 t 值的 2 倍。对于 1983 年的数据，全体样本的 t 比率较小，但财富分布底部 95% 阶层样本 t 值的量级大致相同。在可变现财富回归中，人力资本变量为负数且具有统计显著性，表明终身收入对传统财富积累的非比例式影响。这个结果与金和迪克斯－米罗的研究结果一致，但是哈伯德、戴蒙德和豪斯曼的研究发现终生收入对 R 强烈正向影响。① 我这里出现负向影响的原因显然与扩展内涵的广义家庭财富回归结果相反，其人力资本变量统计不显著。因此，人力资本对 R 的强烈负向影响是由于省略变量的影响——尤其是终身收入与退休财富的强正相关（金和迪克斯－米罗得出了类似结果）。同样令人感兴趣的是，去除最富 5% 阶层样本使可变现财富和扩展内涵的广义家庭财富回归方程的 R^2 值翻倍。

在最后一组回归中，如表 6.15 所示，将固定收益养老金财富和社会保障财富作为自变量，以分析传统财富、可变现财富和退休财富之间的替代关系。对 1962 年全体样本的回归分析，可变现财富和固定收益养老金财富之间的替代效应为负，不过统计显著性较

---

① 参见 King 和 Dicks－Mireaux 著作："Asset Holdings and the Life Cycle"；参见 Hubbard 著作："Do IRA's and Keoghs Increase Saving?"；参见 Diamond 和 Hausman 著作："Individual Retirement and Savings Behavior"。

表 6.13　1962 年和 1983 年全体样本和底层 95% 样本包含人力资本的生命周期回归

因变量	自变量				LogHK (k = .01)	R^2	R_a^2	F - Test	样本量
	恒量 (千)	A^2	A^3	HK (k = .01)					
1962 年 SFCC:全体样本									
NWB	-112.0** (8.30)	68.41** (3.41)	-0.5952* (2.07)	0.2359** (21.17)		0.0790	0.0785	161.95**	2557
AWB (g = g' = .02)	-141.1** (20.36)	133.03** (6.58)	-1.4276** (4.93)	0.2439** (24.10)		0.0995	0.0990	208.69**	2557
Log(AWB)(g = g' = .02)	4.04** (9.02)	.00128** (9.09)	-.143E-4** (8.58)		0.937** (20.33)	0.2985	0.2976	304.58**	2532
1962 年 SFCC:不包含最富 *5%*									
NWB	-146.8** (10.48)	31.37** (5.45)	-0.2503** (3.75)	0.1888** (26.63)		0.1006	0.1000	168.36**	2429
AWB (g = g' = .02)	-143.4** (12.75)	35.41** (7.66)	-0.3000** (5.60)	0.1980** (34.72)		0.1673	0.1668	298.71**	2429
Log(AWB)(g = g' = .02)	-5.45** (9.21)	0.713E-3** (9.00)	-0.908E-5** (9.63)		0.718** (23.92)	0.3814	0.3803	328.68**	2404
1983 年 SCF:全体样本									
NWB	-37.8 (1.43)	157.6* (5.03)	-1.635** (4.40)	0.1947** (13.21)		0.0371	0.0364	54.64**	4262

续表

因变量	自变量				LogHK（k=.01）	R^2	R_a^2	F－Test	样本量
	恒量（千）	A^2	A^3	HK（k=.01）					
AWB（g=g'=.02）	－4.9 （0.18）	176.0** （5.48）	－1.681** （4.73）	0.2074** （15.91）		0.0509	0.0502	76.14**	4262
Log（AWB）（g=g'=.02）	1.59** （7.93）	0.137E－2** （11.81）	－0.139E－4** （9.38）		1.153** （29.35）	0.3715	0.3692	426.26**	4219
1983 年 *SCF*：不包含最富 *5%* 阶层									
NWB	－20.7 （1.81）	55.40** （9.72）	－0.582** （7.82）	0.2486**		0.1217 （18.36）	0.1201	426.26**	4049
AWB（g=g'=.02）	－66.0* （2.03）	144.48* （11.04）	－1.784** （10.45）	0.3393** （27.04）		0.1978	0.1923	235.84**	4049
Log（AWB）（g=g'=.02）	4.00** （6.91）	0.728E－3** （8.57）	－0.910E－5** （8.26）		0.991** （33.60）	0.4110	0.4094	324.29**	4009

资料来源：作者根据 1962 年消费者财务特征调查和 1983 年消费者财务调查的计算。

注：统计数据是针对广义家庭财富。根据 1962 年户主的年龄和 1983 年受访者的年龄划分广义家庭年龄组。

g' 是当前受益人的社会保障福利随时间推移的假定增长率。

g 是未来受益人的社会保障福利随时间推移的假定增长率。k 是假设的劳动收入增长率，设定为每年 0.01。

对于对数形式，去除了底部 1% 阶层样本。t 统计量显示在括号中。

* 显著性水平 5%（系数为双尾测试；F 值为单尾测试）。

** 显著性水平 1%（系数为双尾测试；F 值为单尾测试）。

缩写：A：年龄；HK：（终身）人力资本；R^2：决定系数；R_a^2：调整的 R^2。

表 6.14 1962 年和 1983 年全体样本和底层 95%阶层样本包含人力资本交互形式生命周期回归

因变量	自变量				R^2	R_a^2	F - Test	样本量
	恒量 (千)(100s)	HK	HK · A^2	HK · A^3 (100000s)				
1962 年 SFCC：全体样本								
NWB	-79.4** (4.69)	-0.2321* (2.26)	0.5921** (6.85)	-0.697** (7.87)	0.0685	0.0679	111.83**	2557
AWB(g = g' = .02)	-78.5** (4.61)	-0.0287* (0.26)	0.5109** (5.68)	-0.643** (6.96)	0.0873	0.0867	145.27**	2557
1962 年 SFCC：不包含最富 *5%* 阶层								
NWB	-72.2** (6.70)	-0.3126* (4.65)	0.5847** (10.14)	-0.687** (11.25)	0.1122	0.1116	190.35**	2429
AWB(g = g' = .02)	-62.4** (7.26)	-0.0689 (1.22)	0.4132** (9.11)	-0.513** (10.86)	0.1909	0.1903	350.61**	2429
1983 年 SCF：全体样本								
NWB	-240.5** (4.44)	0.1947** (3.43)	-0.3946* (2.12)	-0.361* (1.98)	0.0643	0.0632	58.45**	4262
AWB(g = g' = .02)	-255.6** (4.65)	0.1268 (1.26)	-0.4137** (2.96)	-0.247** (3.10)	0.0957	0.0946	90.05**	4262

续表

因变量	自变量				R^2	R_a^2	F－Test	样本量
	恒量（千）(100s)	HK	HK·A^2	HK·A^3 (100000s)				
1983 年 SCF：不包含最富 *5%* 阶层								
NWB	26.6 ** (4.19)	－0.5822 * (2.01)	0.3481 ** (11.14)	－0.373 ** (10.12)	0.1714	0.1698	180.16 **	4049
AWB(g＝g'＝.02)	31.7 ** (5.89)	0.03140.98	0.7574 ** (10.64)	－0.927 ** (11.02)	0.2101	0.2086	224.21 **	4049

资料来源：作者根据 1962 年消费者财务特征调查和 1983 年消费者财务调查的计算。

注：统计数据是针对广义家庭财富。根据 1962 年户主的年龄和 1983 年受访者的年龄划分广义家庭年龄组。

g' 是当前受益人的社会保障福利随时间推移的假定增长率。

g 是未来受益人的社会保障福利随时间推移的假定增长率。k 是假设的劳动收入增长率，设定为每年 0.01。

t 统计量显示在括号中。

* 显著性水平 5%（系数为双尾测试；F 值为单尾测试）。

** 显著性水平 1%（系数为双尾测试；F 值为单尾测试）。

缩写：A：年龄；HK：（终身）人力资本；R^2：决定系数；R_a^2：调整的 R^2。

表 6.15　1962 年和 1983 年对可变现财富和退休财富之间的替代假设进行的检验

因变量	自变量								R^2	R_a^2	F - Test	样本量
	恒量 HK	A^2	A^3	HK	HK · A^2（千）	HK · A^3（十万）	DBW	SSW				
Ⅰ. 1962 年 SFCC												
A. 全体样本												
NWB	-37.0 * (2.19)			-0.123 (0.98)	0.524 ** (5.41)	-0.0662 ** (6.47)	-0.307 (1.53)	-0.570 ** (3.64)	0.100	0.099	120.1 **	2557
NWB	-102.0 ** (4.88)	15.36 (1.71)	-0.091 (0.87)	0.161 ** (14.36)			-0.429 * (2.16)	-0.458 ** (2.27)	0.086	0.085	102.2 **	2557
B. 底部 95% 阶层												
NWB	-32.7 ** (3.12)			-0.145 (1.58)	0.524 ** (8.68)	-0.0622 ** (9.77)	-0.577 ** (5.01)	-1.201 ** (0.39)	0.181	0.180	237.6 **	2429
NWB	-93.0 ** (7.17)	17.85 ** (3.21)	-0.139 ** (2.85)	0.118 ** (19.02)			-0.581 ** (6.43)	-0.921 ** (7.86)	0.169	0.168	28.7 **	2429
Ⅱ. 1983 年 SCF												
A. 全体样本												
NWB	-206.7 ** (3.84)			0.114 (1.81)	0.315 ** (3.34)	-0.0291 ** (3.52)	-0.178 (1.26)	-0.314 * (2.21)	0.081	0.079	53.4 **	4262
NWB	-435.2 ** (6.94)	140.4 ** (4.57)	-1.407 ** (3.86)	0.124 ** (6.36)			-0.202 (0.96)	-0.278 * (2.30)	0.082	0.081	102.1 **	4262

续表

因变量	自变量								R^2	R_a^2	F－Test	样本量
	恒量 HK	A^2	A^3	HK	HK·A^2（千）	HK·A^3（十万）	DBW	SSW				
B. 底部 95% 阶层												
NWB	－147.9**（3.21）			－0.015（1.32）	0.422**（7.51）	－0.0396**（5.39）	－0.292（1.54）	－0.416*（2.38）	0.213	0.210	182.3**	4049
NWB	－257.7**（4.74）	29.41**（9.69）	－0.295**（5.92）	0.151*（4.88）			－0.338（1.67）	－0.442*（2.42）	0.242	0.240	201.4**	4049

资料来源：作者根据 1962 年消费者财务特征调查和 1983 年消费者财务调查的计算。

注：统计数据是针对广义家庭财富的。根据 1962 年户主的年龄和 1983 年受访者的年龄划分广义家庭年龄组。

k 是假设的劳动收入增长率，设定为每年 0.01。

t 统计量显示在括号中。

* 显著性水平 5%（系数为双尾测试；F 值为单尾测试）。

** 显著性水平 1%（系数为双尾测试；F 值为单尾测试）。

缩写：A：年龄；DBW：固定收益养老金财富；HK：（终身）人力资本；R^2：决定系数；R_a^2：调整的 R^2；SSW：社会保障财富（未来社会保障福利的增长率设定为每年 2%）。

弱。另外，可变现财富和社会保障财富之间的替代效应为负，且具有统计显著性，尽管社会保障财富（SSW）的系数远小于1。从样本中去除最富5%阶层之后固定收益养老金财富和社会保障财富的系数都为负，且具有高度统计显著性。固定收益养老金财富和NWB之间的替代效应约为0.5，而NWB和社会保障财富之间的替代效应非常接近于1。1983年的回归，可变现财富和固定收益养老 253
金财富之间的替代效应没有统计显著性。社会保障财富和可变现财富之间的替代效应对于全体样本和底部95%阶层样本都是勉强有统计显著性，并且在两种情况下系数都低于0.5。这一结果与艾弗里、艾利豪森和古斯塔夫森的研究结果形成鲜明对比，他们研究发现可替代财富（fungible wealth）和社会保障财富之间没有替代关系，但养老金和可替代财富之间存在很强的替代关系。① 最后，值得注意的是，在相互作用的人力资本－年龄变量的回归中，一旦包含退休财富，人力资本就显示统计不显著。

关于生命周期模型的总结和结束语

本章使用回归分析，分析了生命周期模型在解释美国广义家庭财富差异方面的能力。这里使用的回归本质上是横截面回归，在给定的时间点观察不同年龄段的广义家庭的情况。不过，通过添加终身收入变量来控制世代效应。分析中尝试了多种公式，包含年龄的二次、三次和四次方函数，以及分段线性函数。三次方函数调整后的 R^2 有最佳拟合。根据1983年消费者财务状况调查的数据，以可

---

① 参见 Avery，Elliehausen 和 Gustafson 著作："Pensions and Social Security in Household Portfolios"。

变现财富为因变量，两个年龄变量的系数的正负值与预测相符（AGE^2 的系数为正，AGE^3 的系数为负），两者显著性水平都为 1%。然而，R^2（代表拟合优度或方程式的解释力）非常低，为 0.012（广义家庭财富变化仅有约 1% 可以用年龄来解释）。本分析中还显示了扩展内涵的广义家庭财富的回归结果。该回归的 R^2 约为 0.015。

如果实际收入随着时间的推移而增加，那么使用横截面数据往往会产生（纵向）生命周期模型偏倚。引入终身收入变量应该可
257 以控制这种偏倚。此外，终身收入的差异也应该解释了相当大的一部分年龄组内的广义家庭财富差异（同龄广义家庭之间的差异）。当人力资本被纳入 1983 年数据公式时，人力资本的统计显著性非常高。加入人力资本使这个模型的拟合优度提高 2 倍。但即便如此，扩展后模型也仅能解释广义家庭财富变化的 4%～5%。

然后用相同的公式来估算原始样本的子集，子集里去除了财富分布的最富 5% 阶层样本。所有自变量（年龄和终身收入）的显著性水平都明显提升了。此外，该模型的解释力大幅上升，其中可变现财富的 R^2 从 0.037 增加到 0.122，而扩展内涵的广义家庭财富的 R^2 则从 0.051 增加到 0.198。

这些结果表明，生命周期模型解释全体广义家庭中可变现财富变化的能力相当弱。即使控制了广义家庭终生收入的差异，这个结论依然成立。当广义家庭财富的概念扩大到包含社会保障财富和固定收益养老金财富时，回归的拟合优度会提高。将退休财富纳入广义家庭财富更适合生命周期模型，比仅考虑可变现财富要适合。然而，即使将终身收入引入模型，该模型的解释力仍然非常低（至多解释了财富变化的 5%）。

也许最有说服力的结果是，当样本被限制在财富分布的下层

95%阶层样本时，生命周期模型的解释力（特别是加上终生收入变量后）大大增加（提高2倍或3倍）。这适用于所有广义家庭财富衡量指标，这意味着，尽管用生命周期模型来预测广义家庭储蓄行为适用于绝大多数广义家庭，但它并不适用于解释最富阶层的财富积累动机，而恰好这些人掌握了绝大多数广义数家庭财富。从表面上看，最富5%阶层和其余95%阶层之间的行为差异似乎不是因为寿命不确定性的影响，除非有人认为最富阶层的死亡时间有更大的不确定性或更大的风险规避需要。所以这可能是因为遗产动机的强弱不同。从这些结果得到的一个推论是，最富阶层可能形成一个独特的社会阶层，他们的财富积累是为了获得政治权力、经济权力 260
和社会地位。同时，这个阶层似乎对家庭财富的隔代扩张感兴趣。

这些结果还表明，生命周期模型的检验在很大程度上取决于所使用的样本，特别是样本包含了多少财富分布的右尾。分析使用的数据源，例如收入动态追踪调查（PSID）、退休历史调查和收入和保障计划参与情况调查，都是几乎完全集中在中等收入家庭，与消费者财务状况调查这样的调查结果大不相同，因为消费者财务状况调查对极富裕阶层有很好的代表性。 261

第七章　继承与财富分布

继承（inheritances）和生前赠与（inter vivos gifts）被统称为财富转移（wealth transfers），在广义家庭财富积累中发挥着重要作用。* 它以两种方式发挥作用。首先，它影响广义家庭财富中位数和平均数的时间趋势。其次，它影响广义家庭财富分布和整体财富不平等程度。因此，研究财富转移的时间趋势并确定其对总体财富不平等程度的影响非常重要。财富转移的时间趋势本身也是一个有趣的研究课题。

美国联邦储备委员会的消费者财务状况调查为研究提供了直接调查证据，包含遗产和赠与的收据，以及以赠与形式存在的转让财富总额。尽管回顾遗赠数据存在一些问题，因为需要回顾十年前或更早时发生的事件，而且此类财富转移的价值容易被低估，但这些调查证据表明遗赠和赠与在财富积累上发挥了重要作用。

之前基于消费者财务状况调查数据的研究显示，在 1989 年至 2007 年间，平均约有 1/5 的美国广义家庭在特定时间点报告了财富转移，这些财富转移数字相当大，大约占他们净资产的 1/4。大约 30% 的广义家庭在有生之年有望获得财富转移，这些财富占其人生终点净资产的比例接近 40% 。不过，没有什么证

---

* 在法律上，生前赠与（intervivosgift）是一个与遗赠（giftby will）相对应的概念，指赠与人与受赠人之间的赠与行为在赠与人有生之年完成。——译注

据表明继承出现了“暴增”。事实上，从1989年到2007年，报告财富转移的广义家庭比例下降了2.5个百分点，时间趋势的统计显著性水平为1%。全体广义家庭接受的遗产的平均值缓慢增长，增长率为10%；这个时间趋势没有统计显著性。另外，在 262
此期间财富转移占当前净资产的比例大幅下降，从29%降至19%，不过这个时间趋势依然没有统计显著性。调查还发现，在广义家庭财富分布方面，遗产和其他财富转移的作用基本上差不多。①

本章将把这些研究结果更新到2013年。本章还包含财富转移净值的计算方法——继承的遗产和接受的赠与，减去赠送给他人的赠与。财富转移净值与财富中位数和财富不平等程度的趋势相关度，要高于其与收到的总财富转移的相关度。②

本章的重点是研究1989年至2013年遗产和其他财富转移的趋

① 我对财富转移的早期研究资料，参见：*Inheriting Wealth in America: Future Boom or Bust?* (New York: Oxford University Press, 2015)。还可以参见 Daphne T. Greenwood 和 Edward N. Wolff 著作：“Changes in Wealth in the United States, 1962 - 1983: Savings, Capital Gains, Inheritance, and Lifetime Transfers,” 载于 *Journal of Population Economics* 5, no. 4 (1992): 261 - 88；参见 Wolff 著作：“Wealth Accumulation by Age Cohort in the U. S., 1962 - 1992: The Role of Savings, Capital Gains and Intergenerational Transfers,” 载于 *Geneva Papers on Risk and Insurance* 24, no. 1 (January 1999): 27 - 49；参见 Wolff 著作：“Inheritances and Wealth Inequality, 1989 - 1998,” *American Economic Review Papers and Proceedings* 92, no. 2 (May 2002): 260 - 264；参见 Wolff 著作：“The Impact of Gifts and Bequests on the Distribution of Wealth,” 载于 *Death and Dollars*, 主编：Alicia H. Munnell 和 Annika Sundén (Washington, DC: Brookings Institution, 2003), 345 - 375；参见 Wolff 和 Maury Gittleman 著作：“Inheritances and the Distribution of Wealth or Whatever Happened to the Great Inheritance Boom?” 载于 *Journal of Economic Inequality* 12, no. 4 (December 2014): 439 - 468。

② 当我分析影响广义家庭财富平均值和中位数和整体财富不平等程度趋势的因素时，得出的结果在第五章中发挥了作用。

势及其对总体财富不平等程度的影响。基本数据来自消费者财务状况调查。本章主要研究三个问题。第一个问题是1989年至2013年间，财富转移（遗产和赠与的总和）的重要性是增加了还是减少了。在解决这个问题之前，我们必须给“重要性”下个定义。有两个常见衡量重要性的指标：财富转移水平（以定值美元计算）和财富转移占当前净资产的比率。这个主题很有意思，因为它源于一批学术文献，讨论关于储蓄和财富转移对广义家庭财富积累的相对重要性。如果财富转移被证明是广义家庭财富形成的主要因素，这就意味着代际流动较低。另外，如果储蓄是广义家庭财富形成的主导因素，这就表明，家庭在其一生当中，可以依靠自己的收入和储蓄积累财富。

有理由相信，随着时间的推移，财富转移在净资产中的比例一直在上升，因为现在这一代老年人是历史上最富有的老年人。[①] 此外，婴儿潮一代现在已经是50岁至59岁的主要继承年龄组。[②] 出于这两个原因不管是从继承家庭百分比方面考虑，还是从继承金额这方面来考虑，婴儿潮一代可能都是继承大量资金的第一代人。事实上，二十多年前，艾弗里和伦德尔预测，婴儿潮一代将在2000年至2010年出现继承高峰。[③] 后来，舍维什和黑文斯预测，从

---

① 相关案例参见 Wolff 著作：“Household Wealth Trends in the United States, 1983 - 2010,” 载于 *Oxford Review of Economic Policy* 30, no. 1 (2014): 21 - 43。

② 参见 Wolff 著作：“Wealth Accumulation by Age Cohort in the U. S., 1962 - 1992: The Role of Savings, Capital Gains and Intergenerational Transfers,” 载于 *Geneva Papers on Risk and Insurance* 24, no. 1 (January 1999): 27 - 49; 和 “The Impact of Gifts and Bequests on the Distribution of Wealth”。

③ 参见 Robert B. Avery 和 Michael S. Rendall 著作：“Estimating the Size and Distribution of Baby Boomers' Prospective Inheritances,” 载于 *1993 Proceedings of the Social Statistics Section* (Alexandria, VA: American Statistical Association, 1993), 11 - 19。

1998 年到2052 年的55 年间，至少有41 万亿美元（以1998 年美元
计算）将从老一代转移到年轻一代。最近，芒内尔等人预计，婴 263
儿潮一代（1946 年至1964 年出生的人）将在其一生中继承84 万
亿美元（以2009 年美元计算）。[①]

然而，没有太多证据表明财富转移在广义家庭财富积累中的作用变得越来越大。相反，如果有的话，其占广义家庭净资产的比例，在这些年间有所下降（尽管这种变化没有统计显著性）。

第二个问题是财富转移是否增加了广义家庭财富不平等程度，这是一个普遍认同的观点。确实，更富一些的广义家庭比穷一些的广义家庭获得更多的财富转移。但是，穷一些的广义家庭获得的财富转移占其财富份额要高于富一些的广义家庭。因此，我发现财富转移实际上倾向于降低财富不平等程度而不是增加财富不平等程度。第三个问题是财富转移的不平等是否随着时间的推移而增加。在这方面，证据也表明并非如此，似乎没有迹象表明，在1989 年至2013 年，财富转移的不平等趋势发生了向上或向下的改变。

本章还研究了不同社会经济学群体的遗产和赠与水平以及相关的时间趋势，并根据收入阶层、财富阶层、种族/族裔、年龄和教育程度来划分这些群体。研究结果显示随着时间的推移，哪些群体依赖于财富转移积累财富，而哪些群体的财富积累较少依赖财富转移。此外，本章还探讨了财富转移的类型（遗产、赠与、信托基金和其他形式），财富转移的来源（父母、祖父母、其他亲属和朋友），以及财富转移的种类（例如金钱、家族企业、房地产，等

① 参见 Alicia H. Munnell 等人著作："How Important are Intergenerational Transfers for Baby Boomers?"（Boston College Center for Retirement Research, Working Paper 2011 - 1, Chestnut Hill, MA, 2011）。

等）。最后，从捐赠者的角度分析赠与和慈善捐赠。

研究数据来源（1989年和2013年消费者财务状况调查）拥有的优势在于，它们提供了资产和负债的持有情况，遗产和收到的赠与，以及赠送他人的赠与和捐赠的详细信息。受访者被要求登记转移金额和接受年份。此外，还要求他们指明选定资产（房地产和企业）的原始来源是否来自遗产或赠与。这些信息使我们能够计算财富转移的平均值和中位数，并确定财富转移净值是促进整体财
264 富更平等还是更不平等。

新的研究结果与之前的结果非常相似。关于财富转移的重要性，从1989年到2013年，报告财富转移的广义家庭比例下降了2个百分点，这一时间趋势的显著性水平在1%。受赠人接受的遗产平均值增加了31%，但时间趋势没有统计显著性。另外，以定值美元计算，受赠人接受遗产价值中位数增长了58%，这一趋势的显著性水平为1%。在全体广义家庭中，以2013年美元计算的财富转移的平均值增加了20%，但这一趋势没有统计显著性。[①] 也许最重要的是，这些年财富转移与当前净资产的比率下降了4.8个百分点，但这个时间趋势再次没有统计显著性。我还发现，财富转移促使广义家庭财富分布更平等。

本章的下一部分提供了简要的文献研究，随后是对数据源的介绍。然后，本章分析了美国在1989年至2013年间的继承和赠与模式；受赠率和财富转移价值的总体趋势；按社会经济学分组的统计数据；财富转移不平等的时间趋势和财富转移对总体财富不平等程度的影响；近期财富转移情况（五年和十年回顾）。

---

① 全体广义家庭的中位数每年都为零。

背景文献

关于这一主题有大量研究试图评估遗产和其他财富转移与储蓄对广义家庭财富积累的相对作用。[①] 在有关该主题的早期研究中，普罗杰克特和韦斯使用 1963 年消费者财务特征调查数据发现，只有 17% 的家庭曾接受过遗产。[②] 与之相比，摩根、大卫、科恩和布雷泽的研究发现这一数字为 18%。[③] 普罗杰克特和魏斯的研究报告还指出，只有 5% 的广义家庭获得的遗产占其财富“相当大”比例。他们发现后一个比例随广义家庭财富增加而增加：34% 的净资 265
产超过 50 万美元的狭义家庭表示收到了大量遗赠。巴罗、布雷泽和摩根从 1964 年布鲁金斯富裕人士经济行为调查中发现（这项调查涵盖了收入在 10000 美元或以上的家庭），只有 7% 的家庭提到赠与和遗产是他们当前财富的主要来源。[④] 巴罗等人还估算这个群体总财富里有约 1/7 来自继承。

门奇克和大卫使用 1947 年至 1978 年在威斯康星州死亡的男性的遗嘱检验记录，估算出平均代际遗赠为 7500 美元（按 1967 美元计算），相当于 1967 年平均广义家庭财富的不到 20%，大约是户

---

① 更多的文献回顾，参见沃尔夫《美国的继承财富》（*Inheriting Wealth in America*）第二章，包含遗产动机的理论基础。

② 参见多萝茜·普罗杰克特和格特鲁德·魏斯的消费者财务特征调查，美国联邦储备委员会技术报告（华盛顿特区：美国联邦储备委员会理事会，1966 年）。

③ Morgan 等人著作：*Income and Welfare in the United States*（New York：McGrawHill Book Company，1962）。

④ 参见 Robin Barlow，Harvey E. Brazer 和 James N. Morgan 著作：*Economic Behavior of the Affluent*（Washington，DC：The Brookings Institution，1966）。

主年龄在 65 岁或以上的广义家庭平均财富的 10%。[①] 赫德和蒙达卡分析了 1964 年富裕人士经济行为调查和 1983 年消费者财务状况调查调查数据。[②] 他们从前者发现，在收入分布最高的 10% 阶层中，只有 12% 的广义家庭从赠与或遗产中获得的财富超过家庭财富的一半。1983 年调查数据的相应数字为 9%。他们从这些结果推断，财富代际转移不是财富的主要来源，即使对于富裕家庭也是如此。

盖尔和肖尔茨利用消费者财务状况调查 1983 年至 1986 年面板数据估算，至少 51% 的广义家庭财富是来自遗产和其他“有意”的财富转移。[③] 他们的方法混合使用直接调查数据和模拟数据。他们估算，生前赠与占总财富的 20%，遗赠（不管是有意还是无意）另外占 31%。从捐赠人而不是受赠人（接收方）估算的生前赠与更高，生前赠与中包含了人寿保险和信托。此外，估算遗产价值时，假设遗产以一个每年 4.5% 的较高收益率累积（本章中使用的基准收益率为 3%），并随时间推移，遗产增长率将等于收入增长率（每年 3.5%）。

布朗和韦斯本纳使用 1998 年消费者财务状况调查数据估算，19% 的广义家庭获得了财富转移，这与我自己的估算非常接近，使用利率资本化过去的遗产数据，可以估算出广义家庭总财富的 20%

---

① 参见 Paul Menchik 和 Martin David 著作：“Income Distribution, Lifetime Saving and Bequests,” 载于 *American Economic Review* 73, no. 4（1983）：673－690。

② 参见 Michael D. Hurd 和 Gabriella Mundaca 著作：“The Importance of Gifts and Inheritances among the Affluent,” 载于 *The Measurement of Saving, Investment, and Wealth*, 主编：Robert E. Lipsey 和 Helen Stone Tice（Chicago：Chicago University Press, 1989）, 737－763。

③ 参见 William G. Gale 和 John K. Scholz 著作：“Intergenerational Transfers and the Accumulation of Wealth,” 载于 *Journal of Economic Perspectives* 8（1994）：145－160。

到25%可追溯到财富转移。[①] 266

凯斯勒和马森对法国数据进行了类似的分析。[②] 在1975年的一项调查中，询问2000户法国家庭是否收到了重要的遗产（超过4000美元）或赠与（超过2000美元）。所有样本的广义家庭中，有36%表示他们已经收到了财富转移。凯斯勒和马森估算，大约35%的个人财富来自遗产和赠与。在那些报告了接受财富代际转移的人中（比普通家庭富裕约2.5倍），40%的个人财富来自遗产和赠与。克莱夫马尔肯计算得出，在1998年广义家庭市场活动和非市场活动调查（HUS）中，34%的瑞典广义家庭报告收到了赠与或遗产。[③] 假设遗产和赠与资本化率为3%，克莱夫马尔肯计算出1998年广义家庭财富总额的19%来自财富转移。

莱特纳和松内加在1992年至2008年健康与退休调查的基础上，为这一课题提供了一些最新证据。[④] 健康与退休调查是一项固定样本调查，始于1992年，样本年龄介于51岁至61岁。它有很多关于遗产和赠与的问题。作者估算，30%～40%的广义家庭最终将获得遗产（到死亡时）。这个数字略高于我估算的30%左右。他们还认为，遗产包含了有意和无意的遗赠，后者是前者的2倍。

---

① 参见Jeffrey R. Brown和Scott J. Weisbenner著作："Intergenerational Transfers and Savings Behavior," 载于*Perspectives on the Economics of Aging*，主编：David A. Wise（Chicago：University of Chicago Press，2004），181－204。

② 参见Denis Kessler和André Masson著作："Les transferts intergenerationales：l'aide，la donation，l'heritage"（Paris：C. N. R. S. Report，1979）。

③ 参见N. Anders Klevmarken著作："On the Wealth Dynamics of Swedish Families 1984－1998"（2001年8月23～25日，瑞典隆德，第21届非人力财富和资本积累阿恩·莱德研讨会上发表的论文）。

④ 参见John Laitner和Amanda Sonnega著作："Intergenerational Transfers in the Health and Retirement Study Data"（Ann Arbor：Michigan Retirement Research Center，2010）。

卡拉吉亚纳基研究了英国继承财富的时间趋势及其对财富总体分布的影响。[1] 她研究了1984年至2005年间年度遗产流的趋势，发现它在此期间显著增长，从1984年的220亿英镑（以2005英镑计算）增加到2005年的560亿英镑。此外，遗产价值的平均值增加了1倍以上，从81000英镑到204100英镑。年度总遗产占GDP的比率从1984年的3%上升到2005年的4.3%。接受遗产的广义家庭比例也有所增长，从1986年至1990年间的0.8%增加到2001年至2005年间的1.4%。

卡拉吉亚纳基报告说，受赠人之间的遗产不平等程度非常大，与广义家庭总财富的不平等程度相当。事实上，对于大多数受赠人
267 而言，收到的遗产相当少，而大额遗产仅限于非常小的人口比例。卡拉吉亚纳基发现，在此期间，受赠人之间遗产不平等现象有所增加，这种影响被获得遗产的人口比例上升的现象抵消。结果，在1996年至2005年，全体人口的遗产不平等略有下降。

卡拉吉亚纳基在1995年、2000年和2005年，调查了一生中收到的遗产对全体人口财富分布的影响。[2] 她发现这些年的遗产占广义家庭财富积累的10%～15%（取决于资本化率），占有遗产继承的广义家庭财富积累的26%～30%。这些数字低于计算得到的美国数字。

皮凯蒂追踪了1820年至2010年法国的年度财富转移（遗产和

① 参见 Eleni Karagiannaki 著作："Recent Trends in the Size and Distribution of Inherited Wealth in the UK"（LSE STICERD Research Paper No. CASE /146, London School of Economics, June 2011）；和"The Impact of Inheritance on the Distribution of Wealth: Evidence from the UK"（LSE STICERD Research Paper No. CASE/148, London School of Economics, June 2011）。

② 参见 Karagiannaki 著作："The Impact of Inheritance"。

赠与）。[①] 他的主要发现是，年度遗产占国民收入的比例，1820 年至 1910 年为 20% ~25%，1950 年降至不到 5%，然后在 2010 年反弹至 15%。值得注意的是，该比例从 1980 年的约 6% 上升至 2010 年的约 13%。这种分析与其他分析的不同之处在于，它只计算年度财富转移流，而不是资本化当前财富转移和过去财富转移的价值，并且它被当成国民收入的部分来计算，而不是当成广义家庭总财富的部分。

媒体对此也有很多报道，声称在法国（以及其他经济合作与发展组织成员国，如美国），遗产的重要性日益提高。然而，遗产与国民收入的比率并不适合做财富转移相对重要性的衡量指标。相反，财富转移应该作为个人财富的一部分来衡量。事实上，皮凯蒂还报告说，私人财富与国民收入的比例从 1980 年的约 300% 上升到 2005 年的约 550%。因此，从 1980 年到 2010 年，年度财富转移与私人财富的比率相当稳定，约为 2%。

阿特金森在英国的研究案例中采用了类似的方法，并报告了非常相似的结论。[②] 他回顾了到 1896 年的遗产税记录，发现在第一次世界大战之前，总遗产占国民收入的 20% 左右。在两次世界大
战期间，这个比例下降到 15%，然后在第二次世界大战之后下降 268
到 10% 左右，在 20 世纪 70 年代后期降到只有 5%。该比率从 1977 年的 4.8% 上升到 2006 年的 8.2%。阿特金森还发现，个人财富与

① 参见 Thomas Piketty 著作："On the Long - Run Evolution of Inheritance: France 1820 - 2050," 载于 *Quarterly Journal of Economics* 126, no. 3 (2011): 1071 - 131。同时参见 Piketty 著作：*Capital in the Twenty - First Century* (Cambridge, MA: Harvard University Press, 2014)。

② 参见 Anthony B. Atkinson 著作："Wealth and Inheritance in Britain from 1896 to the Present" (Centre for Analysis of Social Exclusion Working Paper 178, London School of Economics, November 2013)。

国民收入的比率从20世纪70年代开始增加，扣除通胀因素后，前者的实际增长速度是后者的2倍。因此，2006年遗产与个人财富总额的比率与1976年大致相同。

克劳福德和胡德调查了一生收到的遗产和赠与对财富分布的影响。[①] 他们的数据来源是英格兰老龄化纵向研究，其中包含有关老年人一生收到的遗产和赠与的收据资料。这一群体不太可能会有任何进一步的财富转移。虽然之前的研究只关注可变现财富，但克劳福德和胡德考虑了更广泛的财富衡量标准，包含国家养老金和私人养老金。他们发现，一旦将养老金财富纳入其中，遗产和赠与就不再对财富分布产生降低财富不平等程度的影响。没有养老金财富，包含财富转移，财富的基尼系数从0.57减少到0.52。加上养老金财富，影响变为负。他们认为，后一种影响可以更好地表明遗产对终身收入分布的影响。

一般而言，对广义家庭财富积累中遗产和其他财富转移的重要性的分析是多种多样的。根据此处回顾的研究结果，20%～30%的广义家庭财富来自遗产和其他形式的财富转移。

数据来源和方法

在我的分析中，我使用了消费者财务状况调查数据，涵盖了1989年至2013年。[②] 消费者财务状况调查的一个主要优点是它提

---

① 参见 Rowena Crawford 和 Andrew Hood 著作："Lifetime Receipt of Inheritances and the Distribution of Wealth in England," 载于 *Fiscal Studies* 37, no. 1 (2016): 55－75。

② 有关消费者财务状况调查样本设计，关于数据来源、方法等的详细描述，以及本研究中使用的广义家庭财富的定义，请参阅第二章。

供了有关遗产和赠与的详细信息。数据收集基于回忆。要求受访者登记收到的财富转移的金额和收到的年份。此外，对于选定的持有资产（房地产、企业和信托基金等），要求他们说明该资产的原始来源是否来自遗产或赠与。

为消费者财务状况调查收集的财富转移信息被归类为“一般财富转移”（即任何类型的赠与或遗产），或与房地产和企业相关
的遗产和赠与。原则上，关于一般财富转移的问题也应该包含特定 269
的财富转移，例如房地产和商业。但是，在我的数据分析中，我确实发现两组问题的答案之间存在一些差异。[①] 因此，为保守起见，我仅在没有报告一般财富转移的情况下，将特定财富转移的价值包含在内。

回忆方法可能存在少报、漏报的问题，导致遗产和赠与的估算向下偏倚。很难确定是否根据受访者的财富阶层、收入阶层或人口统计学特征，少报、漏报存在系统性偏倚。

直到调查年度，广义家庭收到的所有财富转移的现值，可以根据每次财富转移的日期和报告价值计算。[②] 财富转移的价值首先转换为 2013 年美元。那么，对于广义家庭 i，直到调查年 y 收到的所有财富转移的现值 PVWTyi 由下式给出：

---

① 报告财富转移的广义家庭比例的差异在 8 个调查年度中从 0～0.2 个百分点不等，但在 1989 年差异达到 0.4 个百分点。

② 实际上，接受日期都就近归入消费者财务状况调查公共使用版本中最接近的第五年，因此会给计算带来一些误差。另外“其他赠与和遗产”类别没有接受日期。

为了保守起见，我假设在这种情况下，财富转移是在调查当年收到的。我还通过将所有赠与和遗产限制在 2000 万美元以内来削减样本（2004 年消费者财务状况调查中有 2 个样本，来自信托基金，2007 年消费者财务状况调查有 1 个样本）。

$$PVWT_{yi} = \sum_{t=t_0}^{y} WT_{ti} \cdot e^{r(y-t)} \quad (7.1)$$

其中 WT_{ti} 是广义家庭 i 在 t 年收到的以 2013 年美元计算的财富转移，t_0 是记录财富转移的最早年份（在调查年度之前约 60 年），r 是资本化率。出于本章的研究目的，我假设实际收益率 r 为 3%。这是所考察期间广义家庭财富的近似回报率。①

请记住，每年都有相当大的样本变化。这是可预期的，因为只有一小部分人口收到遗产和其他财富转移，而且他们的分布非常偏斜。

1989～2013 年遗产和赠与的总体趋势

表 7.1 按类型和来源提供了财富转移的一般统计数据。根据年份的不同，接受了某种财富转移的广义家庭中，有 80%～90% 获
270 得了遗产（见 A 组）。在整整 24 年间，该比率平均为 84.3%。平均来说，收到财富转移的广义家庭中有 14.2% 获得了赠与，5.9% 获得了信托基金或其他类型的财富转移。在接受财富转移的广义家

① 应该指出的是，在这些文献中一直存在的争论是，相对于当前财富，如何来评估过去遗产的价值。特别是，过去遗产所得的股息、利息和资本收益是计入遗产的一部分，还是作为储蓄的一部分？这里的基本程序是使用“普通收益率”，包含股息、利息和资本收益，以资本化财富转移获得的资产。这一数额计入当前财富的“遗产部分”。高于或低于此普通收益率的继承资产的收益被看作隐性储蓄（负储蓄）的一部分。当然，这是一种任意的划分，显示了本分析的缺陷。在以前的研究中，我使用了三个额外的资本化因素：2% 的实际收益率、4% 的实际收益率和特定时期的资本化率。正如沃尔夫和吉特尔曼的著作《遗产和财富分布》（“Inheritances and the Distribution of Wealth”），以及沃尔夫的著作《美国的继承财富》（*Inheriting Wealth in America*）里所显示的结果，这些替代资本化选择得到的结果非常相似。因此，我在这里仅显示 r 等于 3% 的结果。

庭中，这些财富转移平均价值的 78% 来自遗产，7% 来自赠与，15% 来自信托或其他转移（B 组）。随着时间的推移，赠与的重要性急剧上升，占总财富转移的比率从 1989 年的 1.7% 上升到 2013 年的 13.8%，而信托的重要性普遍下降（不过在 2013 年有所上升）。事实上，值得注意的是，报告收到生前赠与的广义家庭占全体广义家庭的比例，从 1989 年的 0.8% 上升到 2007 年的 3%，然后下降到 2013 年的 2.5%，1989 年至 2013 年，受赠人得到的赠与平均价值（以 2013 年美元计算）增长了 7 倍多。遗产没有明显的时间趋势。① 赠与的大幅增加，特别是与遗产相比，可能部分反映了捐赠人预期寿命的增加，以及相对于年轻人，老年人的财富增加。另外，2007 年至 2010 年间赠与的急剧下降，可能可以追溯到那时的大衰退和广义家庭财富大幅下降。

平均而言，所有财富转移的 67.1%（按美元计算）来自父母，15.9% 来自祖父母，14.2% 来自其他亲属，2.8% 来自朋友和其他来源（见 D 组）。财富转移总价值中，父母的贡献从 1989 年的 56.3% 上升到 2013 年的 78%，父母和祖父母合计从 73.8% 增加到 88.1%，而其他亲戚、朋友和其他来源的份额下降。

表 7.1 的 E 组还列出了对一般财富转移问题的回答情况与特定财富转移类型（即房地产和企业）的回答情况。平均而言，在 1989 年至 2007 年间，20.7% 的人对一般财富转移问题的回答为"是"，2.9% 表示自己的住宅来自赠与或继承，3.3% 对接受了其他房地产说"是"，0.5% 的人对自己的企业来自财富转移回答"是"，回答接受了房地产或企业的人有 6.5%。

---

① 2004 年特别异常，来自信托的份额为 28.1%（来自遗产的比例下降到 66.4%）。这反映了当年信托基金两次非常大的财富转移。

表 7.1　1989~2013 年按类型和来源分类的财富转移分布

单位：%

	1989 年	1992 年	1995 年	1998 年	2001 年	2004 年	2007 年	2010 年	2013 年	平均
A. 接受特定财富转移的受赠人百分比[a]										
1. 遗产	88.7	91.4	79.2	79.7	82.4	85.8	82.3	85.8	83.8	84.3
2. 赠与	4.2	7.3	17.2	19.4	17.8	15.4	18.2	13.6	15.2	14.2
3. 信托基金或其他方式	10.7	5.0	8.0	4.4	4.6	4.3	4.5	4.9	6.4	5.9
B. 按类别收到的财富转移现值占总财富转移的百分比[b]										
1. 遗产	76.9	78.6	87.4	79.7	83.6	66.4	78.8	83.7	66.7	78.0
2. 赠与	1.7	2.5	5.6	10.8	7.2	5.5	10.3	6.4	13.8	7.1
3. 信托基金或其他方式	21.4	19.0	7.0	9.5	9.2	28.1	10.9	9.9	19.5	14.9
总计	100.0	100.0	100.0	100.0	100.0	100.0	100.0	100.0	100.0	100.0
C. 按捐赠人分类的财富转移受赠人百分比[a]										
1. 父母	71.3	61.7	68.2	71.3	70.2	66.3	72.6	76.3	73.4	70.2
2. 祖父母	17.4	21.1	16.8	17.4	19.0	19.4	19.6	18.0	18.1	18.5
3. 其他亲属	19.6	30.0	23.8	19.6	16.9	22.9	17.6	13.9	18.7	20.3
4. 朋友和其他人	4.7	5.4	5.0	4.7	3.5	3.3	2.7	2.1	3.3	3.9

续表

	1989 年	1992 年	1995 年	1998 年	2001 年	2004 年	2007 年	2010 年	2013 年	平均
D. 按捐赠人分类的财富转移现值占财富转移总额的百分比[b]										
1. 父母	56.3	61.9	57.8	64.3	73.0	55.0	76.5	80.4	78.3	67.1
2. 祖父母	17.5	11.5	6.8	23.0	15.3	35.3	13.3	10.5	9.8	15.9
3. 其他亲属	16.1	22.0	33.9	9.7	9.9	8.2	9.8	8.5	9.6	14.2
4. 朋友和其他人	10.1	4.6	1.5	3.0	1.7	1.5	0.5	0.5	2.3	2.8
总计	100.0	100.0	100.0	100.0	100.0	100.0	100.0	100.0	100.0	100.0
E. 按来源分类的接受财富转移的广义家庭的百分比										
1. 一般财富转移	23.1	20.5	21.3	20.3	17.8	20.3	21.0	20.4	21.5	20.7
2. 住宅	2.8	2.2	3.2	3.1	3.0	2.7	2.8	3.1	3.7	2.9
3. 其他房地产	4.1	2.3	4.4	3.1	2.7	3.2	3.5	3.1	3.2	3.3
4. 企业	0.6	0.3	0.5	0.4	0.3	0.3	0.7	0.4	0.6	0.5
5. 房地产或企业	7.6	5.0	7.8	6.5	5.9	6.1	6.5	6.3	7.2	6.5

资料来源：作者对来自1983年、1989年、1992年、1995年、1998年、2001年、2004年、2007年、2010年和2013年的消费者财务调查的数据进行计算处理。

注：除E组数据外，表中数据仅针对一般财富转移。

a. 每列的总和可以大于1，因为一个广义家庭可以接收多于一种类型的财富转移。

b. 这些数字基于所有财富转移在调查年份的现值，等于截至调查时广义家庭收到的财富转移，并且从接收后按实际利率3%增长。

以美元计算，平均只有一半左右（52%）的财富转移是传统的子女继承父母财产方式。其余部分由赠与，其他类型的财富转移，以及从祖父母、其他亲属和朋友继承的遗产组成。根据这一课
271 题的理论文献，这是一个重要的发现，即这些研究几乎完全专注于传统的继承形式，从父母传递到子女。然而，这些研究模型漏掉了差不多一半财富转移。

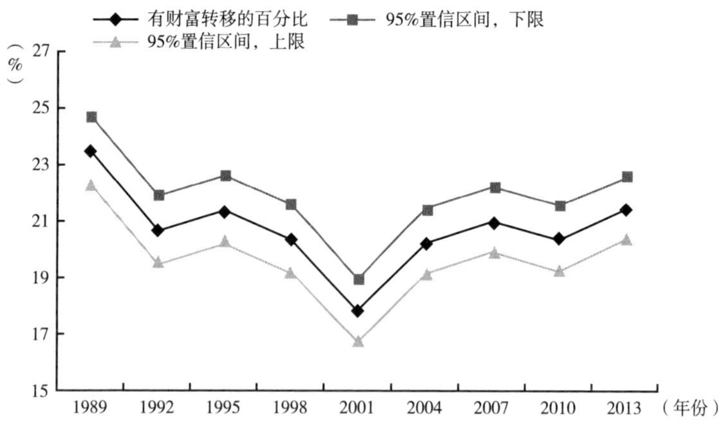

图 7.1　1989～2013 年报告财富转移的广义家庭百分比

平均而言，1989 年至 2013 年，所有广义家庭中有 21% 接受了财富转移（见图 7.1）。这个数字与之前美国调查数据相当，但低于法国和瑞典广义家庭调查的相应数字。接受财富转移的广义家庭比例从 1989 年的 24% 下降到 2001 年的 18%，但随后在 2012 年上升到 22%。1989 年和 2013 年的差异是少了 2 个百分点，这一差异的显著性水平 1%。这里使用一个虚拟变量，如果家庭收到遗产则为 1，如果没有收到则为 0，对一个恒
274 量和一个时间趋势变量进行 Logit 模型回归，产生系数 -3.66，

显著性水平 1%。[①] 结果表明，在整个 24 年期间，接受财富转移的广义家庭比例在下降，这个结果具有统计显著性。

表 7.2 的第 2 行仅显示了受赠人接受的财富转移的平均值（另见图 7.2）。这 9 个年份的平均价值为 489300 美元（按 2013 年美元计算）。这个结果还表明，1989 年至 1998 年，受赠人接受的转移财富的平均值急剧下降，下降超过 16%。然而，从 1998 年到 2013 年，这个情况发生逆转，受赠人的财富转移平均值攀升了 57%。在整个 24 年期间，财富转移平均值上升了 31%。但是，1989 年至 2013 年的变化没有统计显著性，尽管时间趋势系数为正且统计显著性为 5%。从 1989 年到 2013 年，受赠人的财富转移中位数仅增加了 58%（另见图 7.4）。两个年份之间的差异在 1% 水平上具有统计显著性，并且中间值对 9 个年份时间的回归得到的系数为正，显著性水平为 1%。

第 4 行（另见图 7.4）把受赠人财富转移平均值的趋势，与接受财富转移的广义家庭百分比的趋势结合在一起，得到全体广义家庭平均财富转移。从 1989 年到 1998 年，总体财富转移平均值下降了 28%，然后从 1998 年到 2013 年上升了 66%，净增长 20%。相比之下，受赠人的财富转移平均值增加了 31%。但是，在这里，1989 年和 2013 年之间的差异没有统计显著性；时间趋势系数也没有统计显著性。

第 5 行（另见图 7.5）显示了财富转移现值占当前广义家庭净资产的比重。这个比率粗略衡量了财富转移对广义家庭财富积累

---

① 时间趋势系数是根据 1989 年、1992 年、1995 年、1998 年、2001 年、2004 年、2007 年、2010 年和 2013 年（样本量 41，529）的汇总样本估算的。

表 7.2　1989～2013 年全体广义家庭财富转移的时间趋势

单位：千美元（2013 年美元）

变量	1989 年	1992 年	1995 年	1998 年	2001 年	2004 年	2007 年	2010 年	2013 年	未加权平均值，1989～2013 年	双尾 z 检验 1989～2013 年？	时间趋势系数[d]
1. 报告有财富转移广义家庭百分比[a]（%）	23.5 （0.72）	20.7 （0.68）	21.4 （0.69）	20.4 （0.67）	17.9 （0.63）	20.3 （0.66）	21.1 （0.66）	20.4 （0.65）	21.5 （0.63）	20.8	-3.66**	-0.197** （7.17）
2. 财富转移现值平均值，仅限受赠人[b]	434.9 （57.0）	452.6 （106.8）	456.9 （97.8）	363.5 （75.6）	425.4 （39.5）	545.3 （139.3）	533.7 （59.5）	620.0 （118.4）	571.5 （91.9）	489.3	1.71	71.5* （1.98）
3. 财富转移现值中位数，仅限受赠人[b]	74.3 （7.03）	71.5 （5.35）	73.1 （6.79）	79.7 （7.05）	96.9 （7.60）	82.7 （7.86）	100.8 （9.57）	100.7 （7.86）	117.7 （7.23）	88.6	2.61**	5.32** （5.75）
4. 财富转移现值平均值，全体广义家庭[b]	102.3 （19.2）	93.6 （32.6）	97.5 （30.8）	74.0 （23.0）	75.9 （11.1）	110.6 （42.2）	112.4 （18.8）	126.4 （36.1）	122.7 （27.3）	101.7	0.72	12.7 （1.37）

续表

变量	1989 年	1992 年	1995 年	1998 年	2001 年	2004 年	2007 年	2010 年	2013 年	未加权平均值，1989 ~ 2013 年	双尾 z 检验 1989 ~ 2013 年?	时间趋势系数[d]
5. 财富转移现值平均值占净资产的百分比，全体广义家庭[c]（%）	28.9 （11.4）	26.0 （5.4）	31.2 （5.2）	19.1 （26.3）	15.2 （15.9）	22.1 （17.8）	18.7 （6.5）	25.5 （8.3）	24.1 （7.8）	23.4	-0.25	-0.716 （1.09）
样本量	3143	3906	4299	4305	4442	4519	4418	6482	6015			41529

资料来源：作者对来自 1983 年、1989 年、1992 年、1995 年、1998 年、2001 年、2004 年、2007 年、2010 年和 2013 年的消费者财务调查的数据进行计算处理。

注：括号中是标准误差。

a. 这些数字记录了在调查之前的任何时间里，接受过财富转移的广义家庭的比例。

b. 这些数字显示所有财富转移在调查年份的现值，等于截至调查时广义家庭收到的财富转移，并且从接收后按实际利率 3% 增长。

c. 这些数字显示所有财富转移在调查年份的现值与净资产的比率，财富转移现值等于截至调查时广义家庭收到的财富转移，并且从接收后按实际利率 3% 增长。

d. 时间趋势系数是根据 1989 年、1992 年、1995 年、1998 年、2001 年、2004 年、2007 年、2010 年和 2013 年的汇总样本估算的。这个回归使用时间趋势作为自变量，加上一个常数。出现例外情况的是中位数（第 3 组）和财富转移与净资产的比率（第 5 组）。这个回归估算基于年平均值时间序列（9 个数据点）。

t 比率显示在系数估计值下面的括号中。

显著性水平：* 5%；** 1%。

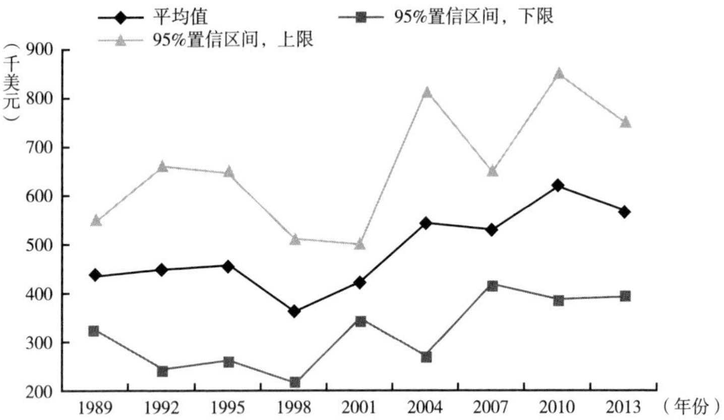

图 7.2　1989～2013 年财富转移的平均值（2013 年美元），仅限受赠人

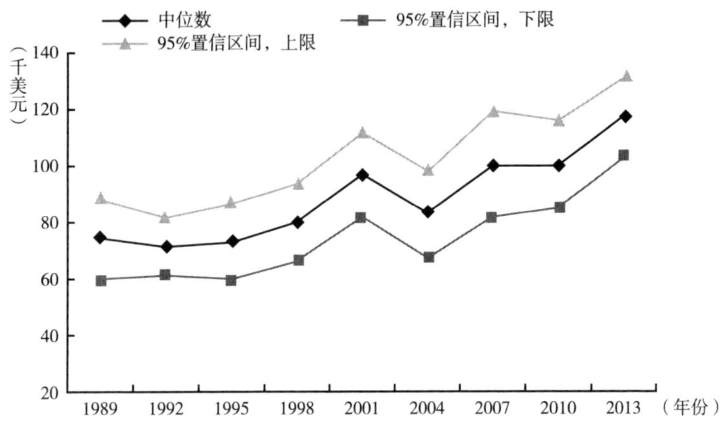

图 7.3　1989～2013 年财富转移的中位数（2013 年美元），仅限受赠人

的重要性，这是最重要的变量。整个 1989 年至 2013 年的未加权平均为 23.4%。这一数字与先前对美国广义家庭和瑞典广义家庭（1998 年为 19%）的估计数相当，但低于 1975 年法国广义家庭的数字

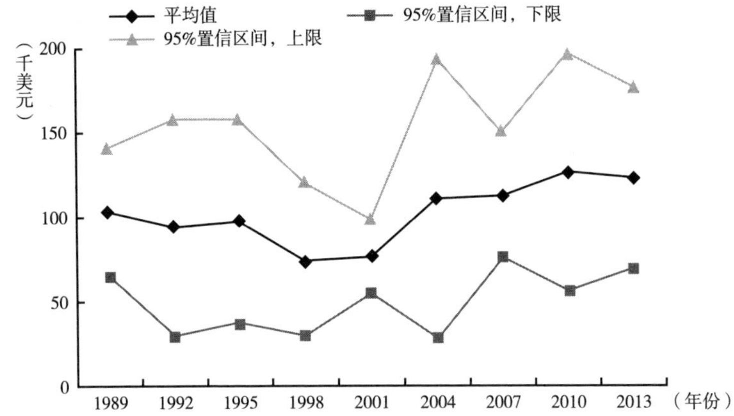

图 7.4 1989～2013 年财富转移的平均值（2013 年美元），全体广义家庭

（35%）。然而，由于 20 世纪 90 年代美国广义家庭的净资产增加，财富转移的平均值下降，在 1989 年至 2001 年这一比例也大幅下降（由 29% 降至 15%）。从 2001 年到 2013 年，财富转移的平均值增加 275
了 62%，而净资产平均值仅增加了 2%，因此该比率攀升至 24%。这一比率似乎对净资产变动比财富转移更敏感，在经济衰退期间上升，在经济上升期间下降。在整个 24 年间，财富转移占净资产的比例从 29% 下降到 24%，但差异没有统计显著性（时间趋势系数也没有）。①

按收入、财富和人口统计学特征分组的财富转移趋势

财富转移接受率根据收入阶层、财富阶层和人口统计学分类不

① 表 7.2 显示了未加权的回归结果。使用加权最小二乘法估算了相同的五个回归，其中每年的权重被正态化，因此它们的总和相同。回归结果几乎与基于未加权的普通最小二乘法报告的结果相同。

同有显著差异（见表7.3）。正如预期的那样，受赠人比例随收入阶
278 层和财富阶层提高而强劲增长。平均而言，在9个年份的调查中，最高收入阶层的财富转移受赠人比例是38%，最低收入阶层则为15%。同样，最高财富阶层有45%的人获得了财富转移，而最低财富阶层这个数字只有9%。最富1%阶层的数字同样是45%。①

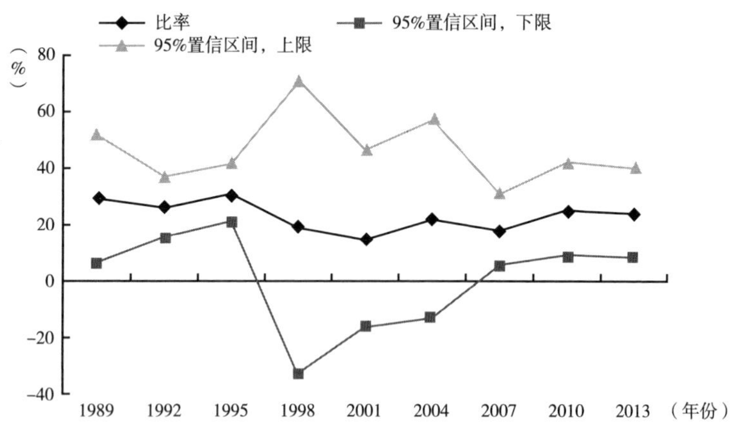

图7.5　1989～2013年财富转移与净资产的比率

非西班牙裔白人（“白人组”）报告财富转移的比例平均是非西班牙裔非洲裔美国人（“黑人组”）比例的2倍多。只有5.6%的西班牙裔广义家庭报告财富转移，而亚裔和其他族裔的这一比例为12.4%。正如预期的那样，受赠率随着年龄的增长而上升。

平均而言，12%的35岁以下广义家庭接受了财富转移，65～74岁年龄段的这一比例为30.8%。75岁及以上年龄组的比例略
279 低，为28.5%。这种状况反映了生命周期的影响（相对于年轻人的

① 除了一个实例外，对于所有收入、财富和人口统计学分组，省略类别和全体其他类别之间的差异的显著性水平为1%。

表 7.3　1989～2013 年获得财富转移的广义家庭百分比

类别	期间平均值	标准误差	双尾 z 检验关于省略类别	变化 1989～2013 年	时间趋势系数[c]	合并样本量
全体广义家庭	20.8	(0.22)		-2.1	-0.197**	41529
A. 收入阶层(按 1998 年美元计算)						
低于 15000 美元	15.0	(0.28)	26.9**	0.9	-0.056	6895
15000～24999 美元	18.2	(0.34)	21.9**	-4.3	-0.413**	5220
25000～49999 美元	20.3	(0.30)	20.7**	-1.7	-0.169*	9579
50000～74999 美元	23.4	(0.37)	16.5**	-5.9	-0.121	5439
75000～99999 美元	25.9	(0.47)	12.6**	-4.0	-0.461**	2859
100000～249999 美元	31.2	(0.48)	7.43**	2.2	-0.269**	4837
250000 美元及以上	38.0	(0.74)	[省略]	-8.4	0.522**	6700
B. 财富阶层(按 1998 年美元计算)						
低于 25000 美元	9.2	(0.20)	52.4**	1.6	-0.040	13183
25000～49999 美元	20.3	(0.40)	31.5**	-2.6	-0.113	2623
50000～99999 美元	21.0	(0.37)	31.1**	-5.3	-0.070	3612
100000～249999 美元	26.2	(0.37)	24.6**	-5.1	-0.322**	5399
250000～499999 美元	33.4	(0.47)	13.4**	-6.6	-0.425**	3756
500000～999999 美元	41.5	(0.55)	3.47**	-3.0	-0.330*	2942
1000000 美元及以上	45.1	(0.58)	[省略]	-0.2	-0.264**	10014
最富 1%	44.5	(0.86)	—	-9.8	-0.348**	5766
C. 种族						
非西班牙裔白人	24.8	(0.26)	[省略]	-0.9	-0.199**	32566

续表

类别	期间平均值	标准误差	双尾 z 检验关于省略类别	变化 1989～2013 年	时间趋势系数[c]	合并样本量
非西班牙裔非洲裔美国人	10.5	(0.28)	34.6**	0.0	-0.013	4352
西班牙裔[a]	5.6	(0.23)	50.2**	0.2	-0.144*	2942
亚裔和其他族裔	12.4	(0.41)	23.5**	-2.7	-0.465**	1668
D. 年龄分组[b]						
35～44 岁	15.9	(0.30)	21.5**	-3.3	-0.443**	8198
45～54 岁	21.1	(0.34)	12.5**	-4.1	-0.381**	9223
55～64 岁	27.7	(0.40)	2.63**	1.4	-0.109	7734
65～74 岁	30.8	(0.44)	(3.67)	-0.3	-0.211*	5226
75 岁及以上	28.5	(0.44)	[省略]	-10.4	-0.289*	3594
E. 受教育水平[b]						
不到 12 年	13.2	(0.28)	31.2**	-5.6	-0.335**	5523
12 年	18.0	(0.29)	22.1**	-1.0	-0.180**	10288
13～15 年	20.6	(0.32)	15.9**	-1.5	-0.268**	8449
16 年或以上	28.5	(0.34)	[省略]	-6.5	-0.413**	17269

资料来源：作者对来自 1989 年、1992 年、1995 年、1998 年、2001 年、2004 年、2007 年、2010 年和 2013 年的消费者财务调查的数据进行计算处理。

注：每年给予同等权重。这些数字记录了申明在调查之前的任何时间接受财富转移的广义家庭比例。

a. 西班牙裔可以是任何说西班牙语的种族。

b. 广义家庭根据户主的年龄和受教育程度进行分类。

c. 时间趋势系数是根据 1989 年、1992 年、1995 年、1998 年、2001 年、2004 年、2007 年、2010 年和 2013 年的汇总样本估算的。这个回归使用时间趋势作为自变量，加上一个常数。

显著性水平：#10%；*5%；**1%。

父母，年龄较大者的父母可能已经去世），以及世代效应（75 岁以上的人的父母比年轻人的父母更可能更穷）。如果 75 岁及以上年龄组可以被认为代表“生命结束期群体”，那么就可以认为平均大约 29% 的广义家庭会在其一生中获得一次财富转移。财富转移的可能性也随着受教育程度提高而增加——从最低受教育程度组的 13.2% 上升到大学及以上学历组的 28.5%。这个结果与收入阶层的模式一致。

从 1989 年到 2013 年，所有收入阶层、财富阶层和人口统计学分组的受赠率普遍下降，只有少数例外。[①] 下降最严重的是最高收入阶层（8.4 个百分点），最富 1% 阶层（9.8 个百分点）和最老年龄组（10.4 个百分点）。

表 7.4 和表 7.5 显示了受赠人财富转移的平均值和中位数。平均而言，受赠人收到的财富转移平均值为 489300 美元，中位数为 88600 美元（均按 2013 年美元计算）。值得注意的是，平均值和中位数之间的巨大差异，与广义家庭财富平均值和中位数的差异量级大致相同，表明财富转移分布存在相当大的偏斜。收入阶层、财富阶层和人口统计学分组的平均值和中位数的情况，与受赠率的模式相似。转移财富价值通常随着广义家庭收入和财富升高而增加，而最高收入阶层和最富阶层则出现一个跳跃式增加。平均而言，最高收入阶层的财富转移平均值是最低收入阶层的 8.9 倍，中位数是其 6.4 倍。最富阶层的财富转移平均值是最穷阶层的 29 倍，中位数是 19 倍。实际上，最富 1% 阶层与最穷阶层的财富转移平均值的

---

① 双尾 z 检验通常表明，1989 年至 2013 年，对于收入、财富和人口统计学分组，财富转移份额的统计显著性在下降。时间趋势系数通常也是负数且具有统计显著性。

比率是 70，而中位数的比率是 40。[①]

白人的财富转移也高于非洲裔美国人，白人的平均值高 84%，中位数高 27%。西班牙裔美国人在财富转移平均值排名第三，亚裔排名第一。毫不奇怪，财富转移的价值随着年龄的增长而增加。平均而言，75 岁及以上广义家庭的财富转移平均值是最年轻分组
282 的 4.8 倍，而财富转移中位数为 4.2 倍。财富转移的价值也随着受教育程度提高而增加，大学及以上学历组尤其高。平均而言，大学及以上学历组广义家庭的财富转移平均值是受教育程度最低的广义家庭的 3.1 倍，而中位数则是 2.5 倍。

1989 年至 2013 年，收入最低的四个阶层和第六个收入阶层显示财富转移平均值上升，而另外两个收入阶层显示下降。[②] 除了最富阶层之外，所有财富阶层的财富转移平均值均增加。最富 1% 阶层的财富转移价值增加了一倍以上。所有收入阶层和除两个财富阶层之外所有财富阶层，财富转移中位数均增加。除了受教育程度最低的分组之外，所有种族、年龄和受教育程度分组的财富转移平均值和中位数都增加了。

表 7.6 列出了通过受赠人财富转移平均值的趋势以及受赠率趋势，得出全体广义家庭每个分组的财富转移平均值趋势。我们现在看到与单独的受赠人数据相比，这里财富转移的差异要大得多，这

---

① 除少数情况外，所有收入，财富和人口统计学分组的省略类别和所有其他类别之间的财富转移平均值差异的显著性水平为 1%。然而，对于收入阶层，财富阶层以及受教育程度分组，财富转移中位数的差异通常在 1% 的水平上具有统计显著性，但对于种族分组或年龄分组，没有统计显著性。

② 1989 年和 2010 年，对于收入、财富和人口统计学分组，财富转移平均值的差异的 z 检验通常具有统计显著性，但其时间趋势系数通常不具有统计显著性。另外，1989 年至 2010 年财富转移中位数的差异的 z 检验通常不具有统计显著性。

反映了受赠率与财富转移的平均值正相关。

平均而言，在这9个年份中，最高收入阶层和最低收入阶层之间的财富转移平均值的比率为80.3，而仅有受赠人的数据显示相应比率为8.9。最富阶层和最穷阶层之间的财富转移平均值比率为148.9，而仅有受赠人的数据显示相应比率为28.9。白人广义家庭和黑人广义家庭的财富转移平均值比率为5.6，而仅有受赠人的数据显示相应比率为1.8。虽然最年长和最年轻年龄组的财富转移平均值的差异与仅有受赠人的数据显示的相应差异大致相同，但在这里大学及以上学历组和受教育程度最低的分组的财富转移平均值比率为7，而仅有受赠人的数据显示相应比率为3.1。①

1989年至2013年，财富转移平均值的变化对于不同收入等级来说有正有负，但对于不同财富阶层，除了两个分组外，变化都为正。白人和亚裔广义家庭的财富转移平均值上升，但黑人和西班牙裔广义家庭的财富转移平均值下降。财富转移平均值通常随年龄增加和受教育程度上升而上升，但最年轻年龄组和65~74岁年龄组，以及大学及以上学历组分组下降。②

表7.7对于本课题讨论至关重要。它显示按社会经济学分类，财富转移占当前净资产的百分比。这里最值得注意的发现是，虽然接受财富转移的广义家庭比例和财富转移的价值几乎都是随着收入和财富阶层的上升而单调上升，财富转移占广义家庭净资产的比例 283
随收入和财富下降而单调下降（两边各有一个例外）。平均而言，财富转移占最低收入阶层净资产的65.8%，而只占最高收入阶层

① 除了一个实例以外，对于所有收入、财富和人口统计学分组，省略类别和所有其他类别之间的财富转移平均值的差异在1%水平上具有统计显著性。

② 时间趋势系数仅在少数情况下具有统计显著性。

表 7.4　1989～2013 年财富转移的平均值，仅限受赠人（按 2013 年美元计算）

类别	期间平均值（千美元）	标准误差	针对省略分组的双尾 z 检验[c]	1989～2013 年变化百分比（%）	时间趋势系数[c]	合并样本量
全体广义家庭	489.3	(33.0)		31.4	71.5*	10225
A. 收入阶层（按 1998 年美元计算）						
低于 15000 美元	360.3	(25.0)	8.99**	33.5	87.3*	1004
15000～24999 美元	267.1	(11.2)	9.23**	7.6	10.7**	907
25000～49999 美元	323.4	(15.3)	9.04**	14.7	16.1#	1984
50000～74999 美元	363.8	(21.8)	8.86**	83.4	-8.1	1326
75000～99999 美元	510.0	(26.7)	8.42**	-2.2	-22.3	825
100000～249999 美元	800.4	(41.7)	7.62**	34.7	-6.7	1654
250000 美元或以上	3203.3	(381.4)	[省略]	-23.3	123.9	2526
B. 财富阶层（按 1998 年美元计算）						
低于 25000 美元	76.1	(3.4)	14.74**	16.6	0.2	1193
25000～49999 美元	137.8	(6.3)	14.21**	5.7	4.1	519
50000～99999 美元	176.8	(7.6)	13.89**	54.1	5.6#	749
100000～249999 美元	259.9	(10.1)	13.47**	28.4	10.9**	1400
250000～499999 美元	401.6	(21.8)	12.66**	28.9	28.3*	1195
500000～999999 美元	721.2	(32.4)	9.66**	17.0	-14.4	1117
1000000 美元或以上	2200.6	(166.3)	[omitted]	-2.3	107.1	4051
最富 1% 阶层	5335.4	(500.9)	—	109.6	322.1#	2296
C. 种族						
非西班牙裔白人	499.7	(35.4)	[省略]	55.4	56.2	9401
非西班牙裔	271.7	(13.1)	6.30**	? -12.4	14.7	432

续表

类别	期间平均值（千美元）	标准误差	针对省略分组的双尾 z 检验[c]	1989～2013 年变化百分比（%）	时间趋势系数[c]	合并样本量
非洲裔美国人						
西班牙裔[a]	350.9	(24.1)	2.25*	? -92.7	6.9#	166
亚裔和其他种族	566.9	(47.1)	-1.02	43.8	81.3	226
D. 年龄分组[b]						
35 岁以下	177.5	(9.5)	8.91**	? -8.9	1.1	917
35～44 岁	321.0	(20.8)	5.75**	26.6	-27.3	1466
45～54 岁	506.3	(50.4)	3.09**	115.3	4.1	2223
55～64 岁	501.8	(40.1)	2.54*	80.5	-27.1	2579
65～74 岁	594.7	(48.2)	1.91#	-34.6	86.0	1892
75 岁以上	790.2	(75.7)	[省略]	116.8	31.1	1148
E. 受教育水平[b]						
不到 12 年	237.5	(9.1)	9.22**	-24.7	0.6	705
12 年	328.4	(23.6)	7.83**	68.0	51.5*	1876
13～15 年	364.7	(25.0)	6.56**	35.9	-31.3	1892
16 年或以上	737.3	(59.0)	[省略]	8.0	79.1	5752

资料来源：作者对来自 1983 年、1989 年、1992 年、1995 年、1998 年、2001 年、2004 年、2007 年、2010 年和 2013 年的消费者财务调查的数据进行计算处理。

注：每年给予同等权重。这些数字仅适用于在调查之前收到财富转移的广义家庭，并且财富转移按实际利率 3% 增长。

a. 西班牙裔可以是任何说西班牙语的种族。

b. 广义家庭根据户主的年龄和受教育水平进行分类。

c. 时间趋势系数是根据 1989 年、1992 年、1995 年、1998 年、2001 年、2004 年、2007 年、2010 年和 2013 年的汇总样本估算的。这个回归使用时间趋势作为自变量，加上一个常数。

显著性水平：#10%；*5%；**1%。

表 7.5　1989～2013 年财富转移中位数，仅限受赠人（按 2013 年美元计算）

类别	期间平均值（千美元）	标准误差	针对省略分组的双尾 z 检验[c]	1989～2013 年变化百分比（%）	z 检验 1989 = 2013 年？[c]	合并样本大小
全体广义家庭	88.6	7.4		35.5	2.61**	10225
A. 收入阶层（按 1998 年美元计算）						
低于 15000 美元	62.3	15.8	2.99**	55.9	1.38	1004
15000～24999 美元	66.5	13.1	2.99**	21.0	0.99	907
25000～49999 美元	80.8	11.8	2.86**	31.2	1.36	1984
50000～74999 美元	87.5	16.1	2.78**	38.0	0.99	1326
75000～99999 美元	108.4	27.8	2.56*	36.5	0.70	825
100000～249999 美元	174.7	37.5	1.92#	14.7	0.38	1654
250000 美元或以上	397.1	106.6	[省略]	13.4	0.25	2526
B. 财富阶层（按 1998 年美元计算）						
低于 25000 美元	24.6	4.2	5.22**	29.2	0.95	1193
25000～49999 美元	50.1	10.9	4.90**	43.3	1.18	519
50000～99999 美元	63.7	15.0	4.70**	27.6	0.51	749
100000～249999 美元	88.7	12.5	4.44**	105.3	3.21**	1400
250000～499999 美元	138.9	22.5	3.76**	66.4	1.87#	1195
500000～999999 美元	230.7	38.2	2.55*	-28.9	-0.93	1117
1000000 美元及以上	477.0	84.1	[省略]	20.1	0.63	4051
最富 1%	986.0	252.5	—	-46.0	-1.14	2296
C. 种族						
非西班牙裔白人	91.7	8.1	[省略]	42.4	2.43*	9401
非西班牙裔非洲裔美国人	72.4	21.5	-0.84	117.5	2.89**	432

续表

类别	期间平均值（千美元）	标准误差	针对省略分组的双尾 z 检验[c]	1989～2013 年变化百分比（%）	z 检验 1989 = 2013 年？[c]	合并样本大小
西班牙裔[a]	56.3	33.1	1.04	130.8	0.66	166
亚裔和其他种族	101.5	56.7	-0.17	44.2	0.58	226
D. 年龄分组[b]						
35 岁以下	35.5	8.7	2.87**	26.7	0.55	917
35～44 岁	55.5	11.2	2.38*	4.6	0.09	1466
45～54 岁	87.5	14.0	1.52	21.2	0.83	2223
55～64 岁	114.5	16.9	0.82	36.8	1.62	2579
65～74 岁	138.3	21.6	0.22	59.3	2.05*	1892
75 岁以上	147.5	36.9	[省略]	49.1	1.07	1148
E. 受教育水平[b]						
不到 12 年	54.6	17.7	3.21**	-3.8	-0.09	705
12 年	66.3	9.0	3.61**	85.8	2.52*	1876
13～15 年	83.5	11.3	2.51*	5.7	0.24	1892
16 年或以上	135.3	17.3	[省略]	40.1	1.81#	5752

资料来源：作者对来自 1989 年、1992 年、1995 年、1998 年、2001 年、2004 年、2007 年、2010 年和 2013 年的消费者财务调查的数据进行计算处理。

注：每年给予同等权重。这些数字仅适用于在调查之前收到财富转移的广义家庭，并且财富转移按实际利率 3% 增长。

a. 西班牙裔可以是任何说西班牙语的种族。

b. 广义家庭根据户主的年龄和受教育程度进行分类。

c. 显著性水平：#10%；*5%；**1%。

表 7.6　1989～2013 年全体广义家庭财富转移平均值（按 2013 年美元计算）

类别	期间平均值（千美元）	标准误差	针对省略分组的双尾 z 检验[c]	1989～2013 年变化百分比(%)	时间趋势系数[c]	合并样本大小
全体广义家庭	102.3	(24.3)	19.9	12.7	41529	
A. 收入阶层(按1998年美元计算)						
低于 15000 美元	23.1	(14.7)	7.65**	41.0	13.9*	6895
15000～24999 美元	56.7	(7.3)	7.68**	-14.2	1.5*	5220
25000～49999 美元	52.3	(11.4)	7.58**	5.8	2.4	9579
50000～74999 美元	67.5	(17.5)	7.44**	44.6	-2.3	5439
75000～99999 美元	179.9	(24.9)	7.08**	-15.1	-11.1*	2859
100000～249999 美元	301.7	(42.8)	6.45**	43.9	-7.3	4837
250000 美元或以上	1855.1	(437.1)	[省略]	-36.9	34.7	6700
B. 财富阶层(按1998年美元计算)						
低于 25000 美元	7.9	(1.4)	12.42**	38.5	0.4	13183
25000～49999 美元	25.5	(4.5)	12.14**	-5.3	0.7	2623
50000～99999 美元	24.2	(5.9)	11.99**	22.8	1.5#	3612
100000～249999 美元	60.1	(8.7)	11.70**	8.8	2.9*	5399
250000～499999 美元	113.7	(23.2)	10.97**	6.3	8.1#	3756
500000～999999 美元	278.7	(42.8)	8.07**	9.3	-7.0	2942
1000000 美元或以上	1176.4	(217.9)	[omitted]	-2.7	13.2	10014
最富 1%	1587.7	(633.9)	—	-73.7	88.2	5766
C. 种族						
非西班牙裔白人	110.5	(29.7)	[省略]	50.1	11.2	32566
非西班牙裔非洲裔美国人	19.7	(6.3)	8.24**	-12.3	1.9	4352

续表

类别	期间平均值（千美元）	标准误差	针对省略分组的双尾 z 检验[c]	1989～2013 年变化百分比（%）	时间趋势系数[c]	合并样本大小
西班牙裔[a]	110.3	(7.1)	8.77**	-92.4	0.3	2942
亚裔和其他种族	53.2	(25.0)	5.70**	20.4	1.4	1668
D. 年龄分组[b]						
35 岁以下	34.5	(4.8)	7.65**	-26.5	-1.5	7553
35～44 岁	55.9	(12.8)	6.03**	4.5	-9.2*	8198
45～54 岁	71.4	(37.3)	3.75**	79.0	-8.1	9223
55～64 岁	82.6	(36.8)	2.13*	90.3	11.9	7734
65～74 岁	343.9	(48.1)	0.99	-35.2	25.4	5226
75 岁以上	149.0	(70.7)	[省略]	51.1	98.3	3594
E. 受教育水平[b]						
不到 12 年	39.5	(5.1)	8.72**	0.0	-0.5	5523
12 年	37.2	(15.6)	7.58**	59.6	8.9*	10288
13～15 年	68.4	(18.2)	6.50**	26.8	-12.2#	8449
16 年或以上	277.6	(54.4)	[省略]	-12.5	10.9	17269

资料来源：作者对来自 1989 年、1992 年、1995 年、1998 年、2001 年、2004 年、2007 年、2010 年和 2013 年的消费者财务调查数据进行计算处理。

注：每年给予同等权重。这些数字显示所有财富转移在调查年份的现值，等于截至调查时广义家庭收到的财富转移，并且从接收后按实际利率 3% 增长。

a. 西班牙裔可以是任何说西班牙语的种族。

b. 广义家庭根据户主的年龄和教育程度进行分类。

c. 时间趋势系数是根据 1989 年、1992 年、1995 年、1998 年、2001 年、2004 年、2007 年、2010 年和 2013 年的汇总样本估算的。这个回归使用时间趋势作为自变量，加上一个常数。

显著性水平：#10%；* 5%；** 1%。

表 7.7 1989~2013 年财富转移占净资产的百分比

类别	期间平均值（%）	标准误差	针对省略分组的双尾 z 检验	1989~2013 年变化（%）	时间趋势系数[c]	合并样本大小
全体广义家庭	23.4	(4.4)		-4.8	-0.72	41529
A. 收入阶层(按 1998 年美元计算)						
低于 15000 美元	65.8	(8.7)	4.50**	-8.1	3.32**	6895
15000~24999 美元	38.0	(8.0)	2.59	7.5	0.87	5220
25000~49999 美元	34.0	(4.2)	2.43**	6.2	1.39#	9579
50000~74999 美元	24.8	(4.0)	1.83	4.6	0.55	5439
75000~99999 美元	25.6	(1.7)	2.92**	-9.8	-1.07	2859
100000~249999 美元	19.1	(1.3)	1.03	8.9	-0.73**	4837
250000 美元或更多	16.6	(2.0)	[省略]	-18.2	-0.67**	6700
B. 财富阶层(按 1998 年美元计算)						
低于 25000 美元	—	—	—	—	—	13183
25000~49999 美元	51.7	(4.0)	6.57**	? -2.0	0.19	2623
50000~99999 美元	35.5	(2.1)	6.67**	5.0	0.59	3612
100000~249999 美元	28.6	(1.7)	3.64**	2.0	0.51	5399
250000~499999 美元	25.9	(1.5)	2.59**	0.9	0.37	3756
500000~999999 美元	31.1	(1.7)	6.61**	1.7	-1.63**	2942
1000000 美元或以上	18.8	(1.3)	[省略]	-3.1	? -0.59**	10014
最富 1%	16.9	(1.5)	—	-7.9	1.05**	5766
C. 种族						
非西班牙裔白人	23.7	(4.8)	[省略]	-0.1	0.8*	32566
非西班牙裔	33.1	(5.3)	1.31	-6.4	1.15	4352

续表

类别	期间平均值（%）	标准误差	针对省略分组的双尾 z 检验	1989～2013 年变化（%）	时间趋势系数[c]	合并样本大小
亚裔和其他种族	16.2	（6.5）	0.92	-4.0	1.23	1668
D. 年龄分组[b]						
非洲裔美国人 西班牙裔[a]	20.6	（2.0）	-0.58	-124.2	0.22	2942
35 岁以下	30.4	（5.7）	1.23	4.3	0.03	7553
35～44 岁	19.8	（3.9）	1.82#	-8.5	1.49*	8198
45～54 岁	20.4	（4.1）	2.01*	11.8	1.11	9223
55～64 岁	17.8	（5.1）	2.06*	7.1	1.34	7734
65～74 岁	25.8	（8.7）	1.42	-36.6	0.02	5226
75 岁以上	42.0	（7.5）	［省略］	8.0	-0.04	3594
E. 受教育水平[b]						
12 年	28.0	（5.2）	0.77	15.9	2.11**	10288
13～15 年	25.0	（7.1）	-0.18	10.1	1.16	8449
16 年或以上	23.6	（2.6）	［省略］	-13.9	-0.53#	17269

资料来源：作者对来自 1989 年、1992 年、1995 年、1998 年、2001 年、2004 年、2007 年、2010 年和 2013 年的消费者财务调查的数据进行计算处理。

注：每年给予同等权重。这些数字显示调查年份所有财富转移现值，这些财富转移是在调查时间之前收到的，并按实际净利率 3% 增长。

a. 西班牙裔可以是任何说西班牙语的种族。

b. 广义家庭根据户主的年龄和受教育程度进行分类。

c. 时间趋势系数是根据 1989 年、1992 年、1995 年、1998 年、2001 年、2004 年、2007 年和 2010 年的汇总样本估算的。这个回归使用时间趋势作为自变量，加上一个常数。

显著性水平：#10%；*5%；**1%。

的16.6%，占倒数第二财富阶层财富的52%，[①] 与之相比，最富裕阶层占19%，最富1%阶层占17%。[②] 这个结果的基本原因如下：虽然富裕分组财富转移的美元价值更高，但贫困家庭收到的小额赠与遗产占其净资产的比例更高。这种关系支持了这个理论，即财富转移倾向于降低财富不平等程度。

财富转移与净资产的比率与收入阶层和财富阶层都成反比，在1989年至2013年变得更加明显。虽然第二个收入阶层的财富转移与净资产的比率上升了7.5个百分点，但最高收入阶层的比率却下降了18.2个百分点。同样，虽然第二个财富阶层的这个比率下降了2个百分点，但最富1%阶层下降了7.9个百分点。[③]

值得注意的是，1998年财富转移占黑人广义家庭财富的比例高于白人广义家庭（平均33.1%对23.7%）。财富转移也占西班牙裔和亚裔美国人财富的一个较小比例。然而，白人和其他三组的比例没有统计学差异。随着时间推移，这一比例在所有四个分组中都有所下降。[④]

虽然财富转移的总价值随着年龄的增长而趋于上升，但财富转移占家庭财富的比例呈现U形模式。年轻广义家庭由于积蓄较少所以比例很高，而且老年广义家庭由于财富转移的绝对价值很高所以比例很高。对于中年广义家庭而言这个比例很低，因为他们收到的财富转移金额相对较少，但他们的储蓄金额很大。最年长年龄组

---

① 财富分布底层的净资产平均值为负。

② 除了三个例外，对于最高收入阶层和低收入阶层之间，最高财富阶层和较低财富阶层之间的财富转移占净资产份额的差异，z检验具有统计显著性。

③ 值得注意的是，对于收入分布最高两个阶层和财富分布最高三个阶层，时间趋势系数都是负数，并具有统计显著性。

④ 只有白人广义家庭的时间趋势系数具有统计显著性（且为正）。西班牙裔家庭的时间趋势系数大幅下降，似乎是由1989年的财富转移平均价值非常高导致的，为1695100美元。不过，这似乎是一个个别的异常值，是1989年该组样本量较小的结果（仅有13个案例）。

和三个中年组的比例有统计性差异。这种模式随着时间的推移表现相当稳定。[①]

不同受教育程度分组的财富转移与净资产的比率相对稳定。受教育程度最高组和其他三个教育程度组的比率没有统计性差异。然而，这种模式随着时间的推移不是很稳定，每年都有相当大的波动。[②] 292

财富转移的不平等与总体财富不平等

接下来我会探寻财富转移的不平等是否会随着时间而改变。表7.8（第Ⅰ组和第Ⅱ组）使用了两个不同的不平等衡量指标，即基尼系数和变异系数（CV）。全体广义家庭财富转移的基尼系数高得出奇，在9个调查年度中平均为0.963。即使将样本限制为受赠人，也只能将基尼系数平均降低到0.822。相比之下，净资产的平均基尼系数为0.837。同样，9个年份里全体广义家庭财富转移的平均变异系数为19.5，而受赠人仅为8.1，而与之相比净资产为6.4。总的来说，没有明确的迹象表明，1989年至2013年，财富转移的不平等有任何明显的上升或下降时间趋势（这种模式随着时间的推移非常不规律）。

去建立一个完整模拟，在财富分布规模上消除财富转移的影响，这超出了本章的研究范围。这样的模拟需要广义家庭储蓄的完整行为模式，特别是收到财富转移对储蓄的完全估算响应函数。还必须要估算不同收入阶层、财富阶层，以及人口统计学分组样本的响应函数。

① 时间趋势系数完全没有统计显著性。

② 时间趋势系数对于最低的两个教育程度分组来说具有统计显著性并为正值，对于大学及以上学历组来说具有统计显著性并为负值。

表 7.8　1989～2013 年财富转移的不平等程度

分类	1989 年	1992 年	1995 年	1998 年	2001 年	2004 年	2007 年	2010 年	2013 年	未加权平均值,1989～2013 年
Ⅰ. *基尼系数*										
A. 财富转移：全体广义家庭	0.959	0.968	0.967	0.959	0.962	0.968	0.961	0.966	0.960	0.963
B. 财富转移：仅受赠人	0.824	0.843	0.844	0.799	0.787	0.840	0.814	0.833	0.814	0.822
C. 净资产	0.828	0.823	0.828	0.822	0.826	0.829	0.834	0.866	0.871	0.837
Ⅱ. *变异系数*										
A. 财富转移：全体广义家庭	13.3	23.4	21.8	22.5	9.9	37.1	11.8	19.9	15.7	19.5
B. 财富转移：仅受赠人	6.0	10.5	9.7	9.4	4.1	11.8	5.2	8.9	7.2	8.1
C. 净资产	6.6	6.4	7.0	6.6	5.4	6.2	6.2	6.6	7.0	6.4
Ⅲ. *分解变异系数*										
A. 变异系数										
1) NW	6.6	6.4	7.0	6.6	5.4	6.2	6.2	6.6	7.0	6.4
2) NWX	9.1	13.0	12.8	9.1	6.4	13.4	7.6	10.5	9.8	10.2
3) WT	13.3	23.4	21.8	22.5	9.9	37.1	11.8	19.9	15.7	19.5
B. 分解 $CV^2(NW)$										
1) $\bar{p}_1^2CV^2(NWX)$	45.5	80.5	77.3	54.2	29.1	104.7	37.9	60.9	55.0	60.6

续表

分类	1989 年	1992 年	1995 年	1998 年	2001 年	2004 年	2007 年	2010 年	2013 年	未加权平均值,1989～2013 年
2) $\bar{p}_2^2$CV^2(WT)	12.0	52.9	46.9	18.9	2.3	76.1	4.9	25.7	14.3	28.2
3) 2CC(NWX, WT)	-14.2	-92.6	-75.9	-29.9	-1.8	-142.6	-4.6	-42.8	-20.1	-47.2
4) CV^2(NW)	43.3	40.8	48.4	43.2	29.6	38.1	38.2	43.8	49.1	41.6
备注：Correl(NWX, WT)	-0.30	-0.71	-0.63	-0.47	-0.11	-0.80	-0.17	-0.54	-0.36	-0.45
C. 百分比分解 CV^2(NW)										
1) $\bar{p}_1^2$CV^2(NWX)	105.1	197.4	159.8	125.4	98.5	274.6	99.2	139.0	111.9	145.7
2) $\bar{p}_2^2$CV^2(WT)	27.6	129.8	97.1	43.7	7.7	199.6	12.8	58.8	29.1	67.3
3) 2CC(NWX, WT)	-32.7	-227.2	-156.9	-69.1	-6.2	-374.2	-12.0	-97.8	-41.0	-113.0
4) CV^2(NW)	100.0	100.0	100.0	100.0	100.0	100.0	100.0	100.0	100.0	100.0
Ⅳ. 基尼系数分解										
1) Gini(NWX)	1.153	1.297	1.330	1.017	0.972	1.122	1.019	1.214	1.148	1.141
2) 百分比差异：Gini(NW)与Gini(NWX)	-28.2	-36.6	-37.7	-19.1	-15.0	-26.1	-18.2	-28.7	-24.2	-26.0

资料来源：作者对来自 1989 年、1992 年、1995 年、1998 年、2001 年、2004 年、2007 年、2010 年和 2013 年的消费者财务调查的数据进行计算处理。

注：缩写：CC：共变系数；CV：变异系数；NW：总净资产（NWX + WT）；NWX：不包含财富转移的总净资产；WT：财富转移。p_1 = E（NWX）/E（NW）；p_2 = E（WT）/E（NW）

一个完整模型将会极其复杂。首先，在没有财富转移的世界中，那些可能留下遗产的人的储蓄行为会受到影响。如果一个家庭为了给予继承人赠与或留下遗产而积累财富，情况更是如此。如果不再允许这种财富转移，这种家庭可能会积累更少的财富。其次，广义家庭储蓄也会对预期的财富转移做出反应。特别是，在其他条件不变的情况下，预期获得遗产或赠与的广义家庭可能会减少储蓄。这种影响应该比实际接受财富转移要弱得多。在有继承遗产的情况下，父母的死亡时间是不确定的。捐赠人的财富能留下多少成为遗产也不清楚，尤其是如果他或她必须支付老年时期医疗费用和护理费用时。而且很难知道捐赠人将在遗嘱里如何分配遗产给可能
293 的继承人。

我通过使用两种分解分析来解决这个问题，在这两种情况下都暗示储蓄不会对财富转移做出反应。[①] 第一个是基于变异系数。对任何变量 $X = X_1 + X_2$，

$$CV_2(X) = p_{12}CV_2(X_1) + p_{22}CV_2(X_2) + 2CC(X_1, X_2),$$

其中 CV 是变异系数（标准差与平均值的比率），CC 是共变系数，定义为 COV（X_1，X_2）/E（X）$_2$，$p_1 = E$（X_1）/E（X），$p_2 = E$（X_2）/E（X）。在这种情况下，X 等于净资产（NW），X_1 等于净资产减去财富转移（NWX），X_2 等于财富转移（WT）。结果显示在表 7.8 的第Ⅲ组中。

有趣的是，所有 9 个年份中，财富转移与不包含财富转移的当

① 参见沃尔夫《美国的继承财富》第 3 章，在这本书中有另外两个步骤被添加到分析中。第一步，重新进行分析，允许储蓄对财富转移有一定范围的反应，但假设财富转移带来的储蓄弹性不因财富阶层而异。第二步，最后提到的假设条件被放宽了，并假设财富分布更高阶层的广义家庭的财富转移带来的储蓄弹性可以更高，重新进行分析。在这两种情况下，结果没有实质性改变。

前财富的相关性均为负值。这一结果表明，平均来看，不包含财富转移的财富较少的广义家庭获得较多的财富转移。相关系数的值随时间变化，但没有表现出任何特定的时间趋势。1998 年的值是 -0.47。2001 年和 2007 年，相关性的绝对值非常低（分别为 -0.11 和 -0.17），但 2004 年的相关性处于最高点，为 -0.80。这 9 个年份的平均值是 -0.45。

在所有 9 个年份中，财富转移和不包含财富转移的净资产负相关，有助于减少总体财富不平等程度（表 7.8 第Ⅲ组的 B 组和 C 组）。财富转移的分布比不包含财富转移的净资产的分布更加倾斜。这 9 个年份都是如此。例如，1998 年，CV 为 9.1，而 CV 为 22.5。CV 在 9 个年份中的平均值为 10.2，而 CV 的平均值为 19.5。

根据经验，这证明每年 CV 都小于 CV。1998 年，CV 为 9.1，而 CV 为 6.6。因此，把财富转移加入不包含财富转移的净资产导致当年财富不平等程度降低 28%。变异系数（CV）在 1989 个年份下降了 28%，1992 年下降了 51%，1995 年下降了 46%。2001 年的百分比下降了 15%，2004 年 54%，2007 年 18%，2010 年 37%，2013 年 28%。平均而言，CV 下降了 37%。从这个角度来看，财富转移的净效应是降低财富不平等程度。

第二个分解分析基于基尼系数。在这种情况下，我会研究当给不包含财富转移的净资产添加财富转移以创建净资产时，不包含财富转移的净资产的基尼系数会发生多大变化。如第Ⅳ组所示，基尼系数在 9 个年份内平均下降了 26%。所有 9 个年份的百分比变化 296
都是负数，在 2001 年最高点 -15% 和 1995 年最低点 -37.7% 之间波动。再次，把财富转移加入不包含财富转移的净资产后的净效应是降低财富不平等程度。

在这个分解分析中，假设捐赠人和受赠人的储蓄行为不受影响。让我们分别考虑赠与和遗产。对于赠与，虽然财富是在转移完成后计算的，但我们的样本中没有谁赠与了特定广义家庭的信息。然而，赠与总是从较富裕的广义家庭流向较不富裕的广义家庭，因为绝大多数此类财富转移是从较年长（通常会更富裕）的人转移到较年轻（通常更穷）的人——主要是从父母转移到子女。这种生前赠与非常可能会降低已测量的财富不平等程度。

而对于遗传，关键在于其和赠与不同，我们不再观察样本中捐赠人的财富，因为捐赠人已经离世。换句话说，在死亡的情况下，样本中的一个观察单元消失了，而赠与中两个观察对象仍然存在。我们之前看到，富裕广义家庭的财富转移绝对值大于贫穷广义家庭，但财富转移使贫困家庭财富增加的比例高于富人。与富人相比，穷人的财富份额提高更多，从而降低了财富不平等程度。

最近的财富转移情况

表 7.9 提供了另一切面数据。在这里，我研究了调查年份前五年和十年发生的财富转移。① 这些数字可能比调查一生中收到的财富转移数字更可靠，因为回忆越是最近发生的事情越是准确。在过去的五年中，报告有财富转移的广义家庭份额跳动很大，从 1989 个年份的 7.7% 到 2010 年的 4.6%，再到 2013 年的 7.8%（第 1 行），而在过去十年中报告财富转移的广义家庭比例，从 1989 年的

① 如前所述，消费者财务状况调查将收到的财富转移结合到调查年度之前的五年间隔内。

表 7.9 1989～2013 年全体广义家庭财富转移最近时间趋势

单位：千美元（按 2013 年美元计算）；%

变量	1989 年	1992 年	1995 年	1998 年	2001 年	2004 年	2007 年	2010 年	2013 年	未加权平均值，1989～2013 年	双尾 z 检验 1989～2013 年？	时间趋势系数[a]
1. 报告过去五年有财富转移的广义家庭百分比	7.7 (0.41)	7.6 (0.40)	6.2 (0.36)	8.1 (0.41)	6.9 (0.37)	7.5 (0.38)	8.4 (0.40)	4.6 (0.30)	7.8 (0.38)	7.2	0.15	-0.126[*]
2. 过去五年收到的财富转移平均值，仅受赠人	202.3 (35.3)	147.5 (17.4)	228.0 (100.9)	153.3 (19.2)	148.2 (13.9)	218.0 (26.5)	185.7 (17.2)	171.7 (14.9)	198.3 (18.5)	183.7	0.10	1.43
3. 过去五年收到的财富转移平均值，全体广义家庭	15.6 (5.2)	11.2 (2.6)	14.2 (12.6)	12.4 (3.0)	10.2 (1.9)	16.3 (3.9)	15.6 (2.8)	7.9 (1.6)	15.6 (2.9)	13.2	0.00	0.70
4. 报告过去十年有财富转移的广义家庭百分比	12.1 (0.93)	13.1 (0.58)	12.2 (0.64)	12.3 (0.80)	11.1 (0.61)	11.5 (0.68)	13.3 (0.57)	10.2 (0.39)	12.6 (0.47)	12.0	0.39	
5. 过去十年收到的财富转移平均值，所有家庭	25.4 (5.6)	22.5 (2.9)	25.2 (15.4)	22.3 (3.4)	20.4 (2.6)	32.7 (5.4)	31.8 (3.4)	21.3 (1.9)	28.4 (3.7)	25.6	0.45	

续表

变量	1989 年	1992 年	1995 年	1998 年	2001 年	2004 年	2007 年	2010 年	2013 年	未加权平均值，1989～2013 年	双尾 z 检验 1989～2013 年？	时间趋势系数[a]
6. 过去五年收到赠与的平均价值，全体广义家庭	0.39 (0.05)	0.12 (0.37)	0.82 (0.34)	1.41 (1.28)	0.65 (0.70)	1.58 (0.22)	2.04 (0.36)	1.34 (0.70)	1.43 (0.46)	1.09	2.02*	
7. 过去一年收到赠与的平均价值，全体广义家庭	1.00 (0.08)	0.88 (0.12)	0.96 (0.10)	0.89 (0.13)	1.24 (0.14)	1.33 (0.15)	1.67 (0.94)	1.33 (0.14)	1.39 (0.22)	1.19	1.69#	
8. 过去一年捐赠平均值，全体广义家庭	1.62 (0.26)	1.28 (0.90)	1.32 (0.36)	1.57 (0.37)	2.23 (0.49)	1.95 (0.48)	2.01 (0.43)	1.73 (0.49)	1.89 (0.47)	1.73	0.20	
样本量	3143	3906	4299	4305	4442	4519	4418	6482	6015			41529

资料来源：作者对来自 1989 年、1992 年、1995 年、1998 年、2001 年、2004 年、2007 年、2010 年和 2013 年的消费者财务调查的数据进行计算处理。

注：在 2007 年 SCF 数据中，前五年是 2003～2007 年。前十年是 1998～2007 年。括号中是标准误差。时间趋势系数是根据 1989 年、1992 年、1995 年、1998 年、2001 年、2004 年、2007 年、2010 年和 2013 年的汇总样本估算的。这个回归使用时间趋势作为自变量，加上一个常数。

显著性水平：#10%；*5%；**1%。

12.1%到2010年的10.2%，然后在2013年达到12.6%（第4行）。在前一时段，时间趋势系数为负，显著性水平为1%。大衰退的影响尤其显著（2007~2010），过去五年的受赠率急剧下降。 297

单独看受赠人数据（第2行），过去五年收到的财富转移平均值没有呈现什么明显趋势，对于全体广义家庭数据，过去五年或过去十年（第3行和第5行）收到的财富转移平均值也没有什么趋势。又一次，大衰退的影响是显而易见的，前五年和前十年的平均值急剧下降。

第6行显示了受赠人登记的过去五年收到的生前赠与的平均值。平均而言，只有15%的财富转移采用赠与的形式（其余部分主要是遗产）。在这种情况下，尽管大衰退期间赠与大幅下降，但在1989年至2013年，赠与的上升趋势有统计显著性（5%水平）。

第7行和第8行显示了捐赠人这一方的结果。① 显而易见的是，捐赠人和受赠人的结果存在巨大的差异——以年化基数来算有超过5倍的差异（按2013年美元计算，平均为1190美元对比210美元）。从理论上讲，这两个数字应大致相等。② 捐赠人这一边的结果应该更可靠，因为赠与人比被赠与人更容易回忆起赠与的情况。此外，由于美国国税局对赠与的限制，捐赠方的记录保存可能

---

① 赠与和捐赠以2000万美元为最高值，以减少异常值的影响。1995年，报告了一笔5000万美元的捐赠；在2007年，有一笔5000万美元的赠与和一笔3500万美元的捐赠；2010年，有一笔6100万美元的捐赠。

② 这两个数字不一定完全相同，因为接收人的数据基于前五年的平均值，而捐赠方数据则仅基于前一年的数字。此外，给予居住在美国以外的人的赠与不会出现在接收方（仅限美国人口）。这些可能包含向欠发达国家的居民汇款，如墨西哥。另外，从居住在国外的人那里收到的赠与不会出现在捐赠方。

比接收方更好。① 不过无论如何，即使在捐赠人一方，赠与价值也相当微不足道——平均约占广义家庭财富的0.3%。然而，给出赠与的时间模式与接受赠与的时间模式非常相似，在2007年至2010年出现大跳水，到2013年略有复苏。

向慈善机构捐赠的时间模式与赠与相似，2007年至2010年大幅下降，2013年温和反弹。平均而言，捐赠比收到的赠与价值大46%。②

表7.10列出了过去五年中接受财富转移的广义家庭比例的概况统计量，按收入阶层、财富阶层和人口统计学分组。应该指出的是，原则上这些数据在连续观测期间是重叠的，因为有三个年份隔开了观测结果，而财富转移则是涵盖前五年的情况。结果模式通常类似于一生中财富转移的受赠率的模式。如表7.3所示，受赠率随着收入阶层和财富阶层的增加而强劲增长。过去9个年份的平均状况是，在过去的五年中，收入最高阶层有13.4%的广义家庭报告了财富转移，而收入最低阶层的这一比例为4.4%；
300 而最富阶层为14.2%，而最穷阶层为3.6%。白人家庭报告财富转移的比例遗产与财富分布 301 平均是非洲裔美国人（8.6%对3.5%）和西班牙裔美国人（2.2%）的2倍多，亚裔（4.4%）的2倍左右。

与表7.3相比，过去五年获得财富转移的模式像是倒U形，从最年轻年龄段的平均6.4%上升到55～64岁年龄段的9.7%，然

① 沃尔夫《美国的继承财富》的第5章中显示的模拟结果也同样表明接收人的赠与存在大量少报漏报现象。

在本书的第五章和第九章中，我调整了收到的赠与数据，以便与捐赠方记录的金额保持一致。

② 我把这些数据用在第五章和第九章我对广义家庭财富增长来源的分析中。

后下降至最年长（75 岁及以上）年龄组的 5%。这种模式主要反映了父母一代的预期寿命。继承遗产的高峰期年龄段介于 55 ~ 64 岁。在过去的五年中，接受财富转移的可能性也随着教育程度上升而增加——从高中学历组以下的 3.3%，到大学及以上学历组的 10.8%。这个结果与收入阶层的对应模式一致。①

表 7.10 的第三列显示仅限受赠人数据，过去五年收到的财富转移平均值的结果，第五列显示了全体广义家庭数据的结果。再一次，结果显示的情形是仅限受赠人（见表 7.4）与该组中的全体广义家庭（见表 7.5）在整个生命周期内收到的财富转移平均值十分类似。

在这两种情况下，平均值都会随着广义家庭收入的增加而上升，而最高收入阶层则会出现大幅跳跃式增长。平均而言，仅限受赠人，最高收入阶层的财富转移平均值是最低收入阶层的 7.3 倍，对应全体广义家庭数据，这个比率是 20.8 倍。财富转移随着财富增加单调增加，并且最富 1% 阶层出现大幅跳跃式上涨。平均而言，仅限受赠人，最富阶层的财富转移平均值是最穷阶层的 15 倍，对应全体广义家庭数据，这个比率是 68 倍。白人的财富转移也高于非洲裔美国人。平均而言，仅限受赠人，这两个分组的财富转移平均值的比率为 1.9，对应全体广义家庭数据，两个分组的比率是 4.5。在全体广义家庭数据中，亚裔的财富转移平均值排名第二，西班牙裔人排在最后。

与受赠率的模式类似，财富转移从最低年龄组到 45 ~ 54 岁年

---

① 除了少数实例，对于所有收入、财富和人口统计学分组，受赠率的差异都在 1% 水平上具有统计显著性——最明显的是最年轻分组和最年长分组之间（结果未显示）。

表 7.10　1989～2013 年过去五年收到的平均财富转移以及给出的赠与和捐赠（期间平均）

类别	接受财富转移的广义家庭百分比[a]	标准误差	财富转移平均值，仅受赠人[b]	标准误差	财富转移平均值，全体广义家庭[b]	标准误差	给出的赠与平均值，全体广义家庭[b]	标准误差	给出的捐赠平均值，全体广义[b]	标准误差	校正净财富转移平均值，全体广义家庭[b,c]
全体广义家庭	7.2	(0.38)	183.7	(29.3)	13.2	(4.0)	1.2	(0.22)	1.7	(0.47)	15.2
A. 收入阶层(1998 年美元)											
低于 15000 美元	4.4	(0.44)	102.5	(15.2)	4.7	(1.6)	0.3	(0.06)	0.2	(0.06)	6.0
15000～24999 美元	5.6	(0.53)	93.6	(9.0)	5.1	(1.1)	0.4	(0.05)	0.4	(0.04)	6.2
25000～49999 美元	7.0	(0.51)	111.2	(9.2)	7.8	(1.4)	0.7	(0.07)	0.8	(0.05)	9.2
50000～74999 美元	8.5	(0.65)	267.4	(64.2)	18.9	(8.1)	1.1	(0.12)	1.6	(0.08)	22.8
75000～99999 美元	10.2	(0.86)	166.3	(13.3)	17.2	(2.8)	1.9	(0.22)	2.3	(0.14)	19.2
100000～249999 美元	12.4	(0.91)	330.4	(41.2)	41.3	(9.3)	3.4	(0.38)	4.5	(0.36)	48.7
250000 美元或以上	13.4	(1.36)	751.7	(205.0)	97.8	(44.0)	13.8	(3.42)	32.4	(9.68)	87.6
B. 财富阶层(按 1998 年美元计算)											
低于 25000 美元	3.6	(0.35)	41.0	(8.8)	1.4	(0.7)	0.3	(0.03)	0.3	(0.02)	1.3
25000～49999 美元	6.7	(0.67)	59.7	(5.2)	3.7	(0.7)	0.5	(0.07)	0.6	(0.05)	3.9
50000～99999 美元	6.3	(0.60)	71.1	(5.9)	4.6	(0.9)	0.7	(0.08)	0.9	(0.06)	4.8
100000～249999 美元	8.9	(0.64)	93.1	(5.8)	8.4	(1.1)	0.9	(0.10)	1.3	(0.07)	9.2
250000～499999 美元	10.9	(0.82)	167.3	(11.2)	18.3	(2.5)	1.5	(0.17)	2.2	(0.11)	21.4
500000～999999 美元	14.2	(1.04)	468.7	(94.5)	61.4	(20.1)	2.5	(0.28)	3.1	(0.21)	76.3
C. 种族											
非西班牙裔白人	8.6	(0.44)	192.6	(31.6)	16.4	(4.9)	1.3	(0.28)	2.1	(0.59)	19.0
非西班牙裔非洲裔美国人	3.5	(0.45)	101.7	(19.7)	3.6	(1.8)	0.7	(0.10)	0.8	(0.12)	3.3

续表

类别	接受财富转移的广义家庭百分比[a]	标准误差	财富转移平均值，仅受赠人[b]	标准误差	财富转移平均值，全体广义家庭[b]	标准误差	给出的赠与平均值，全体广义家庭[b]	标准误差	给出的捐赠平均值，全体广义[b]	标准误差	校正净财富转移平均值，全体广义家庭[b,c]
西班牙裔[a]	2.2	(0.40)	115.3	(13.0)	2.3	(0.8)	0.6	(0.07)	0.4	(0.06)	2.1
亚裔和其他种族	4.4	(0.67)	184.4	(27.4)	8.4	(3.1)	1.5	(0.22)	1.1	(0.39)	9.2
D. 年龄分组[b]											
35 岁以下	6.4	(0.52)	111.1	(13.9)	7.1	(1.9)	0.4	(0.05)	0.5	(0.05)	8.8
35～44 岁	6.8	(0.54)	163.7	(34.1)	11.2	(4.7)	0.6	(0.09)	1.3	(0.26)	13.3
45～54 岁	7.7	(0.59)	263.5	(59.4)	19.8	(8.5)	1.5	(0.17)	2.1	(0.70)	23.2
55～64 岁	9.7	(0.70)	201.8	(28.0)	19.6	(5.1)	1.9	(0.27)	2.6	(0.98)	22.7
65～74 岁	7.4	(0.65)	204.1	(36.3)	15.1	(4.7)	2.0	(0.39)	2.8	(1.21)	15.9
75 岁及以上	5.0	(0.56)	137.7	(22.6)	7.2	(2.8)	1.6	(0.83)	2.3	(0.98)	5.9
E. 受教育水平[b]											
不到 12 年	3.3	(0.40)	74.9	(11.2)	2.7	(1.0)	0.5	(0.07)	0.3	(0.06)	2.8
12 年	6.0	(0.47)	95.9	(12.3)	5.7	(1.6)	0.7	(0.09)	0.8	(0.22)	6.4
13～15 年	7.4	(0.55)	142.9	(18.7)	10.8	(2.8)	0.9	(0.13)	1.2	(0.27)	12.6
16 年或以上	10.8	(0.62)	275.2	(51.1)	29.5	(9.7)	2.3	(0.51)	4.0	(1.11)	33.9

资料来源：作者对来自 1989 年、1992 年、1995 年、1998 年、2001 年、2004 年和 2007 年的消费者财务调查数据进行计算。

注：每年给予同等权重。表 7.6 给出汇总样本容量。

a. 西班牙裔可以是任何说西班牙语的种族。

b. 广义家庭根据户主的年龄和受教育程度进行分类。

c. 净财富转移等于过去五年收到的总财富转移减去以五年为基数的向外给出的赠与和捐赠。设定收到的赠与总额等于给出的赠与总额，据此对消费者财务状况调查微观数据中的个别条目按比例进行了调整。

龄组逐渐上升，然后转为下降。财富转移平均值也随着受教育程度上升而增加，大学及以上学历组尤其高。平均而言，仅限受赠人，大学及以上学历组的财富转移平均值是高中学历组的2.9倍；对应
301 全体广义家庭数据，这个比率是5.2。①

第7列显示了捐赠方在前一年提供的赠与的平均值，第九列显示了捐赠的平均值。它们的模式与第5列的模式非常相似，除了年龄组数据。赠与和捐赠再次出现单调上升，最高收入阶层和最富阶层大幅跳跃式增加。白人的赠与和捐赠大约是黑人的2倍，而亚裔赠与最多（西班牙裔最少）。赠与和捐赠随着年龄的增长而增加，在65～74岁年龄达到顶峰，然后下降。两者都随着受教育水平的提高而增加，大学及以上学历组有一个大幅飞跃。

最后一列显示了社会经济学分类的净财富转移平均值。过去五年的净财富转移，等于这些年来收到的总财富转移减去转换为五年的年度赠与和捐赠。然后调整净财富转移，使收到的赠与总数等于全体居民给予的赠与总数，这可能是两个变量中更可靠的。然后使用这两者的比率，按比例调整消费者财务状况调查微数据中收到的赠与数据。

毫无疑问，这个结果的模式与收到的财富转移总额的模式非常相似，因为与收到的财富转移相比，给予的赠与和捐赠非常少。平均而言，最高收入阶层的净财富转移平均值是最低收入阶层的15倍，而与之相比，收到的（总）财富转移的相应比率为21。最富阶层的净财富转移平均值是最穷阶层的83倍，而两者财富转移的相应比率为68。黑人和白人家庭的净财富转移平均值的比率为

---

① 除了少数实例，对于所有收入、财富和人口统计学分组，平均值的差异都具有统计显著性（通常在1%水平上），最明显的是最年轻分组和最年长分组之间（结果未显示）。

5.8，而总财富转移的相应比率为4.5。大学及以上学历组和高中学历组之间的净财富转移平均值的比率为5.3，而总财富转移的相应比率为5.2。

摘要和结束语

大约1/5的美国广义家庭报告接受了财富转移，这些转移占其总财富的1/4左右。这些数字与之前美国财富转移的研究结果相当。对于中产阶级来说，这个数字接近1/3。在一生中，大约30%的人可以预期获得财富转移。这些财富转移的平均价 304
值约为149000美元（按2013年美元计算），约占其死亡前净资产的42%。

财富转移是否随时间推移变得越来越重要？

在这个问题上，研究证据在很大程度上（但不是彻底）否定这个观点。1989年至2013年，报告有财富转移的广义家庭比例下降了2.1个百分点，这一时间趋势有统计显著性。仅限受赠人数据，在此期间财富转移的平均值和中位数攀升，前者上升31%，后者上升36%。两个数据的时间趋势都具有统计显著性。对于全体广义家庭数据，财富转移平均值的增长速度较慢，为20%，但这一趋势没有统计显著性。最值得注意的是，在此期间财富转移占净资产的比例从29%降至24%，但这一趋势没有统计显著性。

在调查年度前五年报告财富转移的广义家庭比例在2013年与1989年相同，但时间趋势系数为负，且显著性水平为1%。仅限受赠人数据，近期财富转移的平均值在2013年略低于1989年，而对于全体广义家庭数据，2013年与1989年几乎完全相同。大部分证据表明，1989年至2013年财富转移的重要性没有提升。因此，尽管婴儿潮一代正在达到“主要”继承遗产年龄段（见表7.8），并且他们的父母拥有那个年龄段历史上最多的财富，但是对于用财富转移解释他们当前净资产的重要性，2013年其实还低于1989年。

这有几种可能的解释。第一，这些年来寿命增加了。由于老年人的寿命较长，每年的遗赠数量下降。事实上，富裕阶层比贫穷阶层寿命更长，最近的证据表明，近年来贫富阶层的预期寿命差距还在加大。这一趋势也将减少每年收到的遗赠价值。当然，有人可能会认为，随着人们寿命的增长，他们会更倾向于给予生前赠与，尤其是给自己的子女。更多的赠与可能可以抵消每年减少的遗赠。但
305 是，以美元计算，更高价值的赠与不可能完全弥补减少的遗赠，因为赠与的价值远远小于遗产的价值。

第二，由于医疗费用随着年龄的增长而上升，所以人们的寿命越来越长，在死亡时可以转移给孩子们的剩余财富越少。这对于赠与来说也可能是一样的。事实上，老年人的临终医疗费用可能会吃掉其财务资源的很大一部分。联邦医疗保险的共同分担部分和私人医疗保险政策里需要个人支付的部分可能会加剧这一趋势。[*]

第三，遗产中用于慈善捐款的资金份额可能会随着时间的推移而增加。对于富人来说，这种趋势尤其明显。

第四，养老金随着时间的推移而恶化，特别是许多固定收益养老金计划终止，这意味着老年人在死亡时可能没有留下多少钱。虽然固定收益养老金不能直接继承，但它们在受益人活着时为受益人提供收入，从而让受益人有更多可用财务资源来赠与。对于很多人

* 共同分担（co-payment），指医疗保险中需要投保人自行承担的部分。——译注

来说，像401（k）这样的养老金固定缴款计划也随着时间的推移而恶化，导致许多老年人的财富减少。

第五，计息账户和债券等安全金融资产的回报非常低，这可能会迫使老年人取用本金，因为他们无法依靠这些资产产生的利息生活。老年人的股票和共同基金在资产中的份额高于平均水平，但他们的投资策略通常比年轻人更保守。老年人将接受较低的回报率，以换取更高的投资安全性，这也导致他们死亡时拥有相对较少的财富。

随着时间的推移，父母和孩子之间财富的差距可能会产生抵消效应。如果父母和孩子之间的财富差距变大大，父母可能更有可能转移财富，并给予其子女更多的金额（以赠与或遗赠形式）。由于1989年至2013年，老年广义家庭和年轻广义家庭之间的财富差距随着时间的推移上升，我们因此预计财富差距的扩大会导致这一时期的财富转移增加而不是减少。

财富转移导致更严重的财富不平等程度?

这个问题的答案似乎毫无疑问是“不”。事实上，如果有什么影响的话，财富转移倾向于让广义家庭财富分布更平均。确实，接 306
受财富转移的广义家庭比例随着收入阶层和财富阶层的上升而急剧增长，财富转移的平均值和中位数也是如此。然而，财富转移占家庭财富的份额几乎随着收入阶层和财富阶层上升而单调下降。因此，扣除财富转移的净资产与财富转移负相关。

事实上，把财富转移加入广义家庭财富来源中，会极大地降低财富不平等程度。在表面上，这个结果似乎违背了常理。以金钱来衡量，与贫穷广义家庭相比，富裕广义家庭确实获得了更多的遗产和赠与。然而，从财富转移占其拥有财富的比例来看，贫困家庭的比例比富裕家庭的比例更高。也就是说，给穷人的小额赠与比给富人的大额赠与更有意义。

由于财富转移与不包含财富转移的净资产负相关，因此把财富转移加入净资产会降低总体财富不平等程度。奇怪的是，1989 年至 2007 年，美国的财富不平等程度基本保持不变，但如果不是因为遗产和赠与的减轻影响，它应该上升了。此外，2007 年至 2010 年财富不平等程度飙升，而这期间正是财富转移特别是赠与明显下降的时期。

财富转移会抑制财富不平等程度的结论，刚开始可能会让人觉得不可思议，但进一步思考，就会明白这个结论是显而易见的。就赠与而言，这种财富转移通常由较富裕的人提供给较不富裕的人，因为绝大多数此类财富转移是从较年长的人（通常较富）提供给较年轻（且相对较穷）的人——尤其是从父母转移给子女。这种生前赠与将降低财富不平等程度。遗产也是相似的，通常从（较富的）父母流向（较穷的）子女，不过在这种情况下，样本中不再包含死者的财富。

财富转移在对财富分布有平衡作用这个结论，需要多种检验指标。特别是，研究者必须仔细处理假设可以推导到这个结论的反事实（counter factuals）。去除财富转移将影响捐赠人和受赠人的行为。我在表 7.8 中报告的分解分析的隐含假设是，如果财产转移被
307 去除，则对受赠人或捐赠人的储蓄行为没有影响。

如果遗赠动机相对较弱，那么假设去除遗赠对捐赠人的储蓄行为的影响相对较小，这并非没有道理。考虑以下假设：假设遗产税变得和没收充公一样，那些打算留下遗产的人的储蓄行为会发生什么变化？这里有一个早前的研究，研究假设其对储蓄行为的影响相对较小。例如，戴南、斯金纳和泽尔德斯声称：“通过证明生命周

期储蓄和遗赠储蓄的动机相互重叠，无法区分开来，允许这种不确定性解决了关于生命周期储蓄和遗赠储蓄的重要性的争论。今天存储的 1 美元，既可以是为了预防性的生命周期功能，即为未来的意外事件如健康问题或其他紧急情况提供保护，也可以是为了遗赠功能，因为——如果这些意外情况没法发生用掉这些美元，那么它就将用于遗赠给子女或用于其他有价值的事业。"① 在他们的模型中，如果存在没收形式的遗产税和赠与税，除了极富裕阶层之外，其他所有阶层的储蓄行为变化都很小。

这可能会比较有意思，例如考虑一个不允许遗赠的国家的情况。除了极富裕阶层（例如，最富 1% 阶层，或者最富 0.1% 阶层）外，所有广义家庭不会显示很强的遗赠动机。他们储蓄的主要动机是退休保障和预防意外。富裕阶层又将如何做——如果不允许遗赠，他们会少积累财富吗？

一种可能性是，富裕阶层可能会在其一生中花光他们的财富。当然，如果是这种情况，那么财富不平等程度将会极大地降低，比财富转移的降低影响要大得多。但是，这里有几个理由可以说明这种反应可能并不会发生。首先，一个超级富翁曾经向我倾诉，每年花费超过 100 万美元是非常困难的事情，除非用在游艇、艺术品、珠宝等这类"大额消费品"上。具有讽刺意味的是，如果将资金用于这些物品，它们将进入广义家庭资产负债表（它们已经包含在消费者财务状况调查的"其他资产"类别中），因此不会减少广义家庭的财富。

其次，即使是没收式的遗产税，仍有可能通过信托基金转移资

① 参见 Karen E. Dynan，Jonathan Skinner 和 Stephen P. Zeldes 著作："The Importance of Bequests and Life - Cycle Saving in Capital Accumulation：A New Answer，" 载于 *American Economic Review* 92，no. 2（2002）：274 - 278。

308 金。再次，即使没有遗赠动机，也有其他目的可以解释为什么极富裕阶层会储蓄并积累了巨额财富——慈善捐款、基金会以及最近热门的政治捐款。

最后，社会地位、受人尊重和社会声望都与高额财富关联在一起。巨大的财富可能使个人的名字永留青史，以实现不朽。举例来说，考虑一些著名的慈善组织，如福特基金会、斯隆基金会、梅隆基金会，以及最近声名鹊起的盖茨基金会。

随着时间的推移，财富转移是否变得不那么平等了？

财富转移的不平等程度极高，全体广义家庭的平均基尼系数为0.96，受赠人的平均基尼系数为0.82，与之相比，净资产的平均基尼系数为0.84。然而，没有迹象表明财富转移的不平等随着时间的推移而增加（或减少），至少在1989年至2013年期是如此。

其他令人感兴趣的问题

财富转移随着年龄增加而上升?

总财富转移的平均值和中位数随着年龄的增长而增加。年龄组之间的差异通常也具有统计显著性。但与之相反，仅统计过去五年收到的财富转移平均值呈倒U形模式，从最年轻的年龄组开始上升，在中年年龄组（45～54岁年龄组）达到峰值，然后随着年龄的增长而下降。这种模式主要反映了父母一代的预期寿命。

对极富裕阶层而言财富转移有多重要？

与普遍看法相反，极富裕阶层的财富转移占净资产比例非常低，至少根据直接调查证据来看是如此。1989 年至 2013 年，对最富裕阶层（100 万美元或以上）来说，财富转移占净资产的比例平均为 19%，对最富 1% 阶层来说为 17%。与之相比，中产阶级（100000 ~ 249999 美元）的比例为 29%。同样，财富转移占净资产 309
比例平均最高收入阶层（25 万美元或以上）为 17%，而中等收入阶层为 25%（50000 ~ 74999 美元）。

1989 年至 2013 年，对于最高收入阶层和最富阶层而言，接受财富转移的广义家庭比例大幅下降。最高收入阶层的财富转移平均价值也有所下降，但中位数上升。与之相反，最富裕阶层的财富转移平均值增加，而中位数则下降。尽管如此，1989 年至 2013 年，对于最高收入阶层和最富阶层而言，财富转移占净资产的比例仍下降；对于大学及以上学历组而言也有同样的趋势。在最高收入阶层中，财富转移占财富的比例从 1989 年的 32% 急剧下降到 2013 年的 14%；对于最富 1% 阶层来说，这一比例从 23% 跌至 15%；而大学及以上学历组的相应比例从 36% 降至 22%。这个证据表明，至少在这些年里，遗产和赠与作为财富累积的源泉对富人来说变得不那么重要了。

大衰退是如何影响财富转移的？

2007 年至 2010 年，财富中位数急剧下降了 44%，财富平均值下降了 16%，要温和一些。有人认为，生前赠与可能对商业周期特别敏感，特别是对广义家庭财富的变化敏感。如果年轻人因商业周期进入低迷期而变得更穷，那么财富转移的需求可能会增加。但是，如果父母的净资产也下降，那么生前赠与的可能性和规模也可能会下降。由于父母的财富可能在大衰退期间下降，因此继承遗产的规模也会受到影响。①

这一分析结果表明，大衰退的净效应是财富转移的急剧下滑。在过去五年中获得财富转移的广义家庭比例急剧下降，从2007年的8.4%下降到2010年的4.4%，然后在2013年反弹到7.8%。

2007年至2010年，收到遗赠的广义家庭比例实际上略有增加，但收到赠与的比例下降了4个百分点以上。总体而言，这些财富转移的平均价值（以不变美元计算）下降了49%（甚至比这些年净资产中位数下降的百分比还要多）。到2013年，这些财富转移
310 的平均价值又回到了2007年的水平。

① 如果父母财富降至0或以下，遗赠出现的频率也可能下降。由于财富是影响长寿的一个因素，老年人可能变得更穷，因此死亡率也有可能上升。这个因素会增加遗赠的发生数，但不会增加其美元价值。

第八章　社会保障和私人养老金的作用

马丁·费尔德施泰因（Martin Feldstein）发表的论文《社会保障，个人退休金和总资本积累》（“Social Security, Individual Retirementand Aggregate Capital Accumulation”），为研究包含社会保障的广义家庭资产负债表设定了标准研究方法。[①] 在本章中，我将讨论与退休制度创造的财富有关的两个主要问题。

第一个问题，社会保障财富以及相应的私人养老金财富的总体趋势是什么？它们随着时间的推移变得越来越重要了吗？自 1937 年社会保障制度诞生以来，社会保障财富（SSW）的增长速度远远超过传统财富，到 1992 年它的规模几乎与传统广义家庭财富相等。但是，为了保持数据一致性，应该还要加上私人养老金财富，定义为未来固定收益养老金财富的现值。我发现，从 20 世纪 60 年代初到 80 年代初期，私人养老金财富的增长速度甚至超过了社会保障财富。然而，在经历了 20 世纪 80 年代和 90 年代的强劲增长之后，从 2001 年到 2007 年养老金财富的增长显著放缓，并且从 2007 年到 2010 年出现绝对下降，然后从 2010 年到 2013 年再次增长。由于固定收益养老金财富基本上停滞不前，1989 年至 2007

---

① 参见 Martin Feldstein 著作：“Social Security, Individual Retirement and Aggregate Capital Accumulation,” 载于 *Journal of Political Economy* 82, no. 5 (September/October 1974): 905 - 926。

年，总体人口的增广财富（augmented wealth）（净资产、固定收益养老金财富和社会保障财富的总和）中位数，与净资产中位数的增长速度大致相同。但是，从2007年到2010年，虽然净资产中位数下降了44%，但增广财富中位数仅下降了27%；从2010年到2013年，净资产中位数几乎停滞不前，而增广财富中位数增加了6.1%。是社会保障财富的缓冲作用造成了这个差异。

第二个问题，社会保障和固定收益养老金财富怎样影响财富分布？在广义家庭资产负债表中，包含传统财富和社会保障财富，可
311 以降低财富不平等程度的衡量级别。此外，鉴于社会保障财富相对于传统财富的强劲增长，随着时间推移进一步降低了财富不平等程度。然而，不为人所知的是，与社会保障财富相比，养老金财富的分布很不均衡（虽然没有传统的广义家庭财富那么不均衡）。它被纳入广义家庭财富组合也会降低财富不平等程度，但影响远不如社会保障财富。作为结果，整个退休金制度降低财富不平等程度的效果变得相对温和一些。从1989年到2007年，由于固定收益养老金财富基本保持不变，因此全体人口增广财富的不平等程度高于净资产的不平等程度。然而，从2007年到2010年，净资产的不平等程度飙升0.032基尼点，但增广财富的基尼系数仅上升了0.021个点，低于净资产。从2010年到2013年，前者上涨了0.005点，但增广财富却下降了0.003点。这个差异再次归功于社会保障财富的缓冲作用。

本章开始描述与这个主题相关的论文的文献研究①，之后描述

---

① 有关相关文献的更全面研究，请参阅沃尔夫《美国养老金制度的转变：对劳动者有益吗?》（*The Transformation of the American Pension System: Was It Beneficial for Workers?*）第3章（密歇根州卡拉马祖：厄普约翰就业研究所，2011年）。

这个分析的数据源和核算框架。本分析调查了这些年来养老金财富的变化，以及社会保障财富、私人增广财富和（总）增广财富的时间趋势。对结果的敏感性分析中还讨论了退休财富的替代概念。[①]

简要的文献回顾

一些研究记录了美国养老金覆盖面的变化，特别是过去几十年来劳动者的固定收益养老金覆盖率下降的情况。布卢姆和弗里曼使

① 本章借鉴以下内容：Wolff 著作："The Effects of Pensions and Social Security on the Distribution of Wealth in the U. S. " 载于 *International Comparisons of Household Wealth Distribution*（New York：Oxford University Press，1987），208 – 247；参见 Wolff 著作："Methodological Issues in the Estimation of Retirement Wealth，" 载于 *Research in Economic Inequality*，编辑：Daniel J. Slottje（Stamford，CT：JAI Press，1992），31 – 56；参见 Wolff 著作：*Retirement Insecurity：The Income Shortfalls Awaiting the Soon – to – Retire*（Washington，DC：Economic Policy Institute，2002）；参见 Wolff 著作："The Devolution of the American Pension System：Who Gained and Who Lost?" 载于 *Eastern Economics Journal* 29，no. 4（2003）：477 – 495；参见 Wolff 著作："The Transformation of the American Pension System，" 载于 *Work Options for Mature Americans*，编辑：Teresa Ghilarducci 和 John Turner（Notre Dame，IN：University of Notre Dame Press，2007），175 – 211；参见 Wolff 著作："The Adequacy of Retirement Resources among the Soon – to – Retire，1983 – 2001，" 载于 *Government Spending on the Elderly*，编辑：Dimitri B. Papadimitriou（Houndsmill，Hampshire，UK：Palgrave Macmillan，2007），315 – 342；参见 Wolff 著作：*The Transformation of the American Pension System*；参见 Wolff 著作："U. S. Pensions in the 2000s：the Lost Decade?" 载于 *Review of Income and Wealth*，series 61，no. 4（December 2015）：599 – 629，可访问：doi：10. 1111/roiw. 12123；Christian Weller 和 Edward N. Wolff 著作：*Retirement Income：The Crucial Role of Social Security*（Washington，DC：Economic Policy Institute，2005）。参见沃尔夫《退休财富估算中的方法论问题》（"Methodological Issues in the Estimation of Retirement Wealth"），特别是关于退休的定义和估算中涉及的一些问题的讨论。

用了1979年和1988年的当前人口调查数据，并且是第一批提出注意固定收益养老金覆盖率下降的人士。[①] 他们的研究报告说，在此期间，在所有25～64岁年龄组的劳动者中，这些养老金计划的覆盖比例从63%下降到57%。古斯特曼和施泰因迈尔记录了从固定收益养老金计划到固定缴款养老金计划的转变。[②] 根据美国国税局IRS5500文件，他们估算1977年至1985年，从固定收益计划到固定缴款计划的转换，只有大约一半是由行业、规模和工会状况的变化导致固定收益养老金覆盖率下降，而另一半则是由于就业结构的变化，就业人群向具有行业、规模和工会地位的企业移动，这些企
312 业历史上养老金覆盖率前所未有的低。埃文和麦克弗森还发现男性劳动者的固定收益养老金覆盖率明显下降，特别是那些受教育程度低的男性。[③]

美国劳工部的一份报告认为，很大一部分比例的劳动者没有私人养老金。[④] 1997年，所有私营经济部门的领薪劳动者的私人养老金覆盖率为44%。兼职劳动者、临时劳动者、低工资劳动者和少数族裔劳动者的覆盖率特别低。这似乎可归因于401（k）计划的

---

① 参见David E. Bloom和Richard B. Freeman著作："The Fall in Private Pension Coverage in the United States," 载于*American Economic Review Papers and Proceedings* 82（1992）：539－558。

② 参见A. L. Gustman和T. L. Steinmeier著作："The Stampede toward Defined Contribution Pension Plans: Fact or Fiction?"，载于*Industrial Relations* 31（1992）：361－369。

③ 参见W. E. Even和D. A. Macpherson著作："Why Did Male Pension Coverage Decline in the 1980s?" 载于*Industrial and Labor Relations Review* 47（1994）：429－453。

④ 美国劳工部养老金和福利管理局（Pension and Welfare Benefits Administration）："Coverage Status of Workers Under Employer Provided Pension Plans: Findings from the Contingent Work Supplement to the February 1999 Current Population Survey"（Washington, DC: U. S. Department of Labor, 2000）。

激增，以及频繁要求员工为此类计划缴款。报告还指出了种族差异极大，47%的白人劳动者参与了养老金计划，但西班牙裔只有27%。另一项重要发现是，70%参加工会的劳动者享受至少一项养老金计划，而未加入工会的劳动者只有41%。加入养老金计划的比例与工资高度相关。每周收入低于200美元的劳动者只有6%参加了养老金计划，但每周收入1000美元的劳动者中有76%有养老金计划。

根据当前人口调查数据，芒内尔和佩伦报告1979年至2004年间养老金覆盖率大幅下降。[①] 1979年，私营经济部门的25～64岁年龄组非农业领薪劳动者中，51%参加了养老金计划。到2004年，这一数字降至34%。作者还发现，所有五个收入分布五等分阶层的养老金覆盖率都在下降，而对于中间20%阶层来说尤其明显。总体而言，这些研究报告称，在20世纪80年代和90年代，虽然固定收益计划崩溃，但养老金覆盖率总体有所增加，因为有固定缴款计划增加的对冲。不过他们也指出，从2000年到2004年养老金覆盖率下降。从1989年到2001年，观察到广义家庭养老金总体覆盖率上升。随后从2001年到2007年温和下降，从2007年到2010年急剧下降，2013年略有回升。

波特巴发现社会保障财富在财富较少的广义家庭的家庭投资组合中的重要性要高于比较富裕的广义家庭，相应地，固定缴款养老金财富对于后者的重要性要高于前者。[②] 在2008年全体广义家庭

---

① 参见 Alicia H. Munnell 和 Pamela Perun 著作："An Update on Private Pensions"（IB #50, Center for Retirement Research at Boston College, Boston, MA, August 2006）。

② 参见 James M. Poterba 著作："Retirement Security in an Aging Population," 载于 *American Economic Review Papers and Proceedings* 104, no. 5（2014）: 1－30。

中，在财富分布的第30百分位数，社会保障财富占总财富的比例为44%，但在第90百分位数则只有21%。相比之下，个人退休账
313 户资产在总财富中的份额在第30百分位数为0，在第90百分位数为19%。

关于2007年至2009年的金融危机，古斯特曼、施泰因迈尔和塔巴塔巴伊针对股市崩盘对退休储备的影响提供了一个相当乐观的看法。[①] 他们的研究结果表明，虽然2007年至2009年股市暴跌下跌对于快退休的人造成了严重后果，但并没有造成伤筋动骨的财务损失。他们使用健康与退休调查数据计算了三个年龄组的养老金趋势：1992年的51～56岁年龄组，1998年的51～56岁年龄组，2004年的51～56岁年龄组。古斯特曼、施泰因迈尔和塔巴塔巴伊发现养老金覆盖范围比通常以为的要广泛得多。第三个年龄组中，超过3/4的广义家庭要么当时在领取养老金，要么过去有过养老金保险。养老金财富占快退休人员增广财富（包含社会保障财富）的23%。对于接近退休年龄的人来说，固定缴款养老金计划所占份额仍然很小。因此，2004年51～56岁人群持有的养老金财富，有63%是固定收益计划。[②] 老年年龄组的数字甚至更高——第一组为75%，第二组为65%。作者认为，以固定收益养老金财富形式存在的养老金财富所占比例较高，将缓解因股市崩盘导致的整体养老金财富的下降。

---

① 参见 Alan L. Gustman，Thomas L. Steinmeier 和 Nahid Tabataba 著作："How Do Pension Changes Affect Retirement Preparedness? The Trend to Defined Contribution Plans and the Vulnerability of the Retirement Age Population to the Stock Market Decline of 2008－2009"（Michigan Retirement Research Center Working Paper 2009－206，Ann Arbor，MI，October 2009）。

② 这与我计算得到的47～64岁年龄组2001年47%的份额和2007年41%的份额形成鲜明对比。

一些作者调查了 DC 计划是否会取代（挤出）其他资产，以及是否因为它们增加了任何净储蓄。波特巴、梵迪和怀斯得出结论，个人退休账户和 401（k）计划的增长并没有取代其他形式的广义家庭财富，而且实际上相对于没有这些退休计划的广义家庭，它们实际上提高了广义家庭净资产。[①] 他们的结果还表明，从固定收益计划到固定缴款计划的过渡极大地增加了养老金财富。

波特巴等人还研究了从固定收益计划到固定缴款计划的转换是增加还是损害了劳动者的预期退休财富。[②] 曾经由固定收益计划主导的美国私人养老金体系，现在分为固定缴款计划和固定收益计划。固定缴款计划中的财富积累取决于参与者的缴款行为和金融市场的回报，而固定收益计划中的财富积累取决于参与者的劳动力市
场经验和计划条款。使用健康与退休调查数据，作者模拟了固定收 314
益计划和固定缴款计划情况下退休财富的分布情况。特别是，他们研究了资产收益、收入历史和退休计划特征，研究这些因素如何产生不同的退休财富。这个模拟估算在退休时固定缴款财富和固定收益财富的分布。他们发现，根据当前的固定缴款计划，自然累积的平均退休财富会超过私营经济部门的固定收益计划，虽然固定缴款计划可能产生的退休财富更少。当前的固定缴款计划与公共经济部门的固定收益计划差距较小，因为公共经济部门的固定收益计划平

---

① 参见 James M. Poterba, Steven F. Venti 和 David A. Wise 著作：“401（k）Plans and Future Patterns of Retirement Saving,” 载于 *American Economic Review Papers and Proceedings* 87, no. 2（May 1998）：179 - 184；参见 James M. Poterba, Steven F. Venti 和 David A. Wise 著作：“The Transition to Personal Accounts and Increasing Retirement Wealth：Micro and Macro Evidence”（NBER Working Paper 8610, National Bureau of Economic Research, Cambridge, MA, November 2001）。

② 参见 James M. Poterba 等人著作：“Defined Contribution Plans, Defined Benefit Plans, and the Accumulation of Retirement Wealth,” 载于 *Journal of Public Economics* 91, no. 10（2007）：2062 - 2086。

均起来比私营经济部门的更慷慨。

相比之下，盖尔及其同事发现固定缴款计划几乎没有产生净储蓄。例如，恩金和盖尔使用1987年和1991年收入和保障计划参与情况调查（Survey of Income and Program Participation，SIPP）数据发现，与高收入者相比，低收入者持有的401（k）计划更有可能代表净资产的增加，虽然高收入者拥有这类资产的大部分。[①] 总体而言，401（k）计划价值仅有0～30%代表私人储蓄的净增加额。

肯尼克尔和松登发现固定收益计划和社会保障财富对不包含退休财富的净资产有显著的负面影响，但他们得出结论，固定缴款计划对其他资产的影响没有统计显著性。[②] 相比之下，切尔诺茹科夫和汉森使用了1990年收入和保障计划参与情况调查数据，发现401（k）计划对净金融资产的影响在整个资产分布范围为正，且具有统计显著性。[③] 此外，401（k）财富分布下尾的增加几乎完全可以解释为净财富的增加。作者得出结论，401（k）财富积累总体上增加了广义家庭净资产，特别是对于较低财富阶层。但是，有明显的证据表明，在财富分布的上尾，401（k）财富累积取代了其他资产类型。

恩格尔哈特和库马尔使用1992年的健康与退休调查数据中有关养老金和终身收入的详细信息，估算出每1美元的养老金财富会

---

① 参见Eric M. Engen和William G. Gale著作："The Effects of 401（k）Plans on Household Wealth：Differences across Earnings Groups"（油印品，the Brookings Institution，Washington，DC，August 2000）。

② 参见Arthur B. Kennickell和Annika E. Sunden著作："Pensions，Social Security，and the Distribution of Wealth"（油印品，Washington，DC，Federal Reserve Board of Washington，December 1999）。

③ 参见Victor Chernozhukov和Christian Hansen著作："The Effects of 401（k）Participation on the Wealth Distribution：An Instrumental Quantile Regression Analysis，"载于*Review of Economics and Statistics* 86，no. 3（2004）：735－751。

导致非养老金财富下降 0.53～0.67 美元。① 这种替代影响大部分集中在财富分布的上半部分。最后，根据对 1962 年消费者财务特征调查数据和 1983 年消费者财务状况调查数据的回归分析，我发现有力的证据可以证明社会保障财富与非退休财富净资产之间存在 315
替代效应。我也发现 1962 年数据固定收益养老金财富与非养老金净资产之间的关系为负且具有统计显著性，但需要排除净资产分布的最富 5% 阶层的数据。1983 年的数据没有发现具有统计显著性的关系。

各种形式的退休财富和可替代（非养老金）财富之间的替代关系的底线是什么？没有确切的结果，但我猜想社会保障财富和固定收益养老金财富可能代替可变现净资产，固定缴款养老金财富可能对非养老金财富的积累有轻微的影响。

关于退休财富对财富分布的影响，根据 1962 年消费者财务特征调查收集的数据，社会保障财富的纳入导致财富不平等程度的衡量指标急剧下降。② 35～64 岁年龄段家庭净资产和社会保障财富之和的基尼系数为 0.51，与净资产的基尼系数 0.72 相比，下降很显著。除了费尔德施泰因 1962 年发表了一篇关于这一主题的论文之外，在我之前几乎没有对此课题的研究。

我的研究首先集中研究社会保障和私人养老金财富对财富分布的影响。③ 使用 1969 年的经济和社会绩效衡量数据库，我发现虽然社会保障财富非常明显地抑制了增广财富的不平等程度，但养老

① 参见 Gary V. Engelhardt 和 Anil Kumar 著作："Pensions and Household Wealth Accumulation," 载于 *Journal of Human Resources* 46（2011）：203－236。

② 参见 Martin S. Feldstein 著作："Social Security and the Distribution of Wealth," 载于 *Journal of the American Statistical Association* 71（1976）：800－807。

③ 参见 Wolff 著作："The Effects of Pensions and Social Security on the Distribution of Wealth in the U.S"。

金财富的相应影响要小得多。特别是，把社会保障财富加入净资产使总体基尼系数从0.73降至0.48，但将养老金财富增加到净资产和社会保障财富的合计中，将基尼系数提高到0.66。同时加入社会保障和养老金财富会抑制增广财富的不平等程度，但大大低于单独加入社会保障财富的情况。

麦加里和达文波特对1992年健康与退休调查数据进行了分析，发现养老金财富的分布仅比净资产略微平均，但把养老金财富加入净资产中会降低财富不平等程度（增加了养老财富后，最富10%阶层的财富份额从53%下降到45%）。[①] 肯尼克尔和松登使用1992年消费者财务状况调查数据发现，加入私人养老金和社会保障财富会有降低财富不平等程度的净效应，将最富1%阶层非老年广义家庭的所持有的总财富份额从31%降至16%。[②]

总（扩展内涵的）广义家庭财富由养老金财富、社会保障财富和标准净资产组成。古斯曼等人使用1992年健康与退休调查数
316 据来确定养老金、社会保障和健康保险约占51～61岁年龄组全体
广义家庭持有财富的一半。[③] 他们还发现，这些财富成分的比例因财富水平而异，占第45～55财富百分位数家庭所持有财富的60%，而占第90～95百分位数家庭持有财富的48%。古斯曼等人得出的结论是，养老金和社会保障财富（以及健康保险）对于中

① 参见Kathleen McGarry和Andrew Davenport著作："Pensions and the Distribution of Wealth"（NBER Working Paper 6171, National Bureau of Economic Research, Cambridge, MA, September 1997）。

② 参见Kennickell和Sunden著作："Pensions, Social Security, and the Distribution of Wealth"。

③ 参见Gustman等人著作："Pension and Social Security Wealth in the Health and Retirement Study"（NBER Working Paper No. 5912, National Bureau of Economic Research, Cambridge, MA, February 1997）。

产阶级家庭而言比对富裕阶层更重要。在一项后续研究中，古斯特曼和施泰因迈尔发现，平均来说，养老金占累积财富的1/4，社会保障占另外的1/4，其余为传统净资产。[①] 我在本章得出的结论与他们的非常相似。

数据来源和核算框架

本研究依赖于联邦储备委员会进行的1983年、1989年、2001年、2007年、2010年和2013年消费者财务状况调查。[②] 消费者财务状况调查提供了有关养老金计划和社会保障缴款的大量详细信息，应有尽有。它还提供了有关丈夫和妻子的预期养老金和社会保障福利的详细信息。[③]

估算固定收益养老金财富和社会保障财富涉及许多步骤。[④] 与广义家庭净资产的概念一样，固定收益养老金财富和社会保障财富都有其相应公式，但不一定是"正确的"衡量指标。[⑤] 我选择使用养老金和社会保障财富的标准总量衡量指标作为我的主要概念。肯尼克尔和松登使用净社会保障财富概念，即预期社会保障福利的总

① 参见 Alan L. Gustman 和 Thomas L. Steinmeier 著作："Effects of Pensions on Saving: Analysis with Data from the Health and Retirement Study"（NBER Working Paper 6681, National Bureau of Economic Research, Cambridge, MA, August 1998）。

② 有关消费者财务状况调查的技术细节，请参见第二章和附录1。

③ 联邦储备委员会也对1983年的固定收益养老金和社会保障财富做出了自己的估算。我没有在本章中使用这些估算，而是提供了我自己的估算，以确保与其他年份的方法保持一致。此外，1983年47岁以下的广义家庭的养老金和社会保障相关数据相当有限。因此，我没有提供1983年该年龄组的养老金和社会保障财富估算值。

④ 有关详细信息，请参阅本书的附录3。

⑤ 关于这一点的进一步讨论，请参阅沃尔夫《退休财富估算中的方法论问题》（"Methodological Issues in the Estimation of Retirement Wealth"）。

价值与未来社会保障缴款的贴现值之间的差异，[①] 这个公式也是合理的。净社会保障财富的分布效应可能小于总社会保障财富的分布效应，因为其平均值将更小。我更喜欢使用总社会保障财富，因为它是标准概念，并且使用这个概念将使我更容易将我的研究结果与绝大多数其他关于该主题的研究结果进行比较。

还应注意，固定收益养老金财富和社会保障财富的定义基于传统的“持续性关注”（on-going concern）处理。它假设员工持续在其工作地点工作，直到预期退休日期。另一种方法是使用应计值，其中当年的固定收益养老金财富和社会保障财富将根据截至该日期的工作年限估值。应计方法（accrual method）将为当前劳动者估算出较低的固定收益养老金财富和社会保障财富。应计方法和持续
317 性关注处理代表了固定收益养老金财富和社会保障财富估值的两个极端。特别是，后一种处理方法依赖于以下假设：（1）公司或组织持续存在；（2）员工持续在该单位工作。在我的分析中，我将非养老金财富定义为可变现广义家庭财富减去固定缴款养老金财富：

$$NWX = NW - DCW. \tag{8.1}$$

总养老金财富 PW 来自：

$$PW = DCW + DBW. \tag{8.2}$$

私人增广财富 PAW 定义为：

$$PAW = NWX + PW. \tag{8.3}$$

“私人增广财富”一词用于将私人储蓄对财富的贡献，以及私人企

---

① 参见 Kennickell 和 Sunden 著作：“Pensions, Social Security, and the Distribution of Wealth”。

业和政府部门的雇佣合同中包含的由国家提供的社会保险（即社会保障）区分开。退休财富被定义为养老金财富和社会保障财富的总和：

$$RW = PW + SSW \tag{8.4}$$

扩展内涵的广义家庭财富 AW 为：

$$AW = NWX + PW + SSW. \tag{8.5}$$

养老金财富

本章的实证部分讨论三个主要问题。第一个问题是，在 1983 年至 2013 年，退休财富的三个主要组成部分（固定收益养老金财富、固定缴款养老金财富和社会保障财富）的相对重要性有何变化？[①] 第二个问题是，在广义家庭财富组合中增加养老金财富和社会保障财富会如何影响财富平均值和中位数的趋势？我特别关注养老金财富和社会保障财富如何影响 2007 年至 2013 年大衰退期间的财富趋势。[②] 这一点尤其重要，因为全体广义家庭的（传统）净资产中位数从 2007 年到 2010 年实际下降了 44%。第三个问题是，在 318
财富中包含这两种退休财富，对财富不平等程度有什么样的影响，尤其是在经济大衰退时期？这又是一个突出问题，因为以基尼系数衡量的（传统）净资产不平等程度，在 2007 年至 2010 年间从 0.834 攀升至 0.866。

我研究了三个年龄组——低于 47 岁、47 ~ 64 岁和 65 岁以上。

---

① 我在本章中专注于 1983 年至 2013 年这个时段，因为我有这些年的养老金和社会保障财富保持一致的估算值。有关退休财富的长期趋势，请参阅第十二章。

② 我用“大衰退时期”这个词来指从 2007 年到 2013 年这一段时期。

这些年龄段的时间趋势不同。我特别强调了 47～64 岁年龄组，因为从 1983 年到 2013 年，这个群体有完整的数据，并且他们是受养老金制度转变影响最大的年龄组，我将详细讨论之。[①]

我们通过研究养老金财富开始实证分析。在过去三十年中，退休收入体系中最显著的变化之一就是用固定缴款养老金计划取代了许多传统的固定收益养老金计划。本章的第一个重点是分析养老金制度转变对养老金财富增长的影响，以及对 1983 年至 2013 年间财富不平等程度时间趋势的影响。

表 8.1 突出显示了 1983 年至 2013 年养老金的覆盖趋势。在此表和随后的表格中，需要注意的是观察单位是广义家庭（household）。广义家庭按户主年龄分类。这里的图显示，至少在 2007 年之前，全体广义家庭的固定收益养老金覆盖率急剧下降，但同时固定缴款养老金大幅上升，两者对冲。此外，虽然在 20 世纪 90 年代养老金财富平均值迅速增长，但在 2001 年至 2007 年全体广义家庭养老金财富的增长大幅放缓，2007 年至 2010 年呈现绝对下降状况，而到 2013 年又开始复苏。

1983 年至 2001 年，拥有固定缴款养老金账户的广义家庭比例飙升，从 11% 增加到 52.2%，增加 41.1 个百分点（见表 8.1A 组）。大部分增长发生在 1989 年之后。从 2001 年到 2007 年情况发生了变化，这段时期固定缴款养老金覆盖率几乎没有变化。固定收益退休金财富的趋势则不同。1989 年至 2001 年，拥有固定收益养

① 我选择 47 岁作为分隔点。到 47 岁时，大多数劳动者已经累积了 20～25 年的劳动力市场经验，并且处于相当稳定的收入轨迹上，因此可以预测相当可靠的未来收入。其次，对于那些拥有固定收益养老金计划的劳动者来说，大多数计划收益已经分配了，并且有很大可能可以准确预测他们未来的退休福利。

表 8.1 1983～2013 年拥有养老金财产的广义家庭比例

单位：%

	1983 年	1989 年	2001 年	2007 年	2010 年	2013 年	百分点变化				
							1983～1989 年	1989～2001 年	2001～2007 年	2007～2010 年	2010～2013 年
A. 全体广义家庭											
1. 固定缴款(DC)账户	11.1	24.0	52.2	52.6	51.4	50.3	12.9	28.2	0.4	-1.2	-1.1
2. 固定收益(DB)计划	—	45.6	34.4	34.0	35.6	39.0	—	-11.2	-0.5	1.6	3.5
3. 养老金财富	—	56.0	65.6	64.1	62.9	63.6	—	9.6	-1.4	-1.2	0.7
B. 年龄 46 岁及以下											
1. 固定缴款(DC)账户	13.7	31.2	53.8	49.9	47.9	47.3	17.5	22.6	-3.9	-2.0	-0.5
2. 固定收益(DB)计划	-	37.9	22.8	22.6	11.6	19.5	—	-15.1	-0.2	-11.0	7.9
3. 养老金财富	—	52.2	60.7	54.7	52.0	53.0	—	8.6	-6.1	-2.7	1.1
C. 年龄 47～64 岁											
1. 固定缴款(DC)账户	12.3	28.3	62.0	63.8	59.6	58.2	16.0	33.7	1.8	-4.2	-1.4
2. 固定收益(DB)计划	68.5	56.8	45.3	38.8	29.6	36.5	-11.7	-11.5	-6.5	-9.2	7.0
3. 养老金财富	70.3	67.5	75.9	74.1	69.2	69.5	-2.8	8.4	-1.8	-5.0	0.4
D. 65 岁及以上											
1. 固定缴款(DC)账户	2.0	1.3	35.0	40.8	41.0	39.5	-0.7	33.7	5.8	0.2	-1.5
2. 固定收益(DB)计划	67.0	51.3	46.5	50.6	51.5	54.0	-15.7	-4.7	4.1	0.9	2.5
3. 养老金财富	67.8	51.8	62.6	68.5	69.4	69.3	-15.9	10.8	5.9	0.9	-0.1

资料来源：作者对来自 1983 年、1989 年、2001 年、2007 年、2010 年和 2013 年的消费者财务调查数据进行计算。

注：根据户主年龄将广义家庭分为年龄组。

养老金财富 PW = DBW + DCW。

老金计划的广义家庭比例下降了11.2个百分点，从45.6%降至34.4%。[①] 从2001年到2007年几乎没有变化。1989年至2001年，拥有固定缴款计划或固定收益计划两个计划其中一个的广义家庭的比例从56%增加到65.6%。但是，从2001年到2007年，该比例下降了1.5个百分点。

对于47～64岁年龄组（中年人）而言，这个时间模式更为明显。这些家庭里拥有固定缴款计划的比例暴增约50个百分点，从
319 1983年的12.3%飙升至2001年的62%。再一次，从2001年到2007年几乎没有什么变化。固定收益计划的比例从1983年的68.5%急剧下降23个百分点至2001年的45.3%，随后又下降6.5个百分点至2007年的38.8%。总而言之，拥有某种形式养老金财富的广义家庭比例从1983年的70.3%增加到2001年的75.9%，增加了5.6个百分点，但随后在2007年下降到74.1%。

47岁以下年龄组（年轻广义家庭）的时间趋势与之相似。在这个年龄组中，固定缴款或固定收益退休金计划的比例从2001年到2007年急剧下降了6个百分点。65岁及以上年龄组（老年人）的模式有所不同。在这个年龄组中，具有固定缴款计划的比例从1983年的几乎为0增加到2001年的35%，然后在2007年继续上升到40.8%。这种变化在很大程度上是一个世代效应，因为新加入这个年龄组的成员与旧成员相比更有可能拥有固定缴款计划。从1983年到2001年，拥有固定收益计划的比例也下降，从67%下降到46.5%，下降了20.5个百分点，但随后在2007年上升了4.1个百分点，达到51%。这有些令人费解，人们原本预计这个比例在

---

① 对于1983年47岁以下的广义家庭而言，无法估算得到固定收益养老金财富数字，相应的，也无法估算全体广义家庭的数字。

2007 年会继续下降，因为那些新进入老年年龄组的人拥有固定收益计划的比例应该少于原来的成员。[①] 2007 年拥有某种养老金财富的老年人比例略高于 1983 年。

表 8.2 显示固定缴款养老金财富平均持有量的大幅增加，从 1983 年到 2001 年，全体广义家庭的此类财富平均值增加了 13.6 倍，达到 71000 美元。[②] 从 2001 年到 2007 年，固定缴款养老金财富的增长速度放缓，平均值（仅仅）增加了 22.2%。而对于固定收益养老金财富来说，明显呈现相反的趋势。1989 年至 2001 年，该类财富平均值仅上涨了 2.6%。2001 年至 2007 年再次小幅增长了 5.5%。固定缴款养老金计划的普及是否足以弥补传统固定收益养老金覆盖率的下降？从 1989 年至 2001 年，平均养老金财富（固定缴款养老金财富和固定收益养老金财富的总和）攀升 80%。[③] 2001 年至 2007 年，养老金财富增长明显放缓，养老金财富平均值增长 14.2%。1989 年至 2001 年，养老金财富中位数的表现比养老金财富平均值差，仅增长 39%，但从 2001 年到 2007 年增长了 18.6%。

中年广义家庭的结果相似。平均固定缴款养老金财富也是大幅增加，从 1983 年到 2001 年增加了 10.7 倍，达到 127100 美元。从 2001 年到 2007 年，固定缴款养老金财富的增长再次放缓，平均值
上升了 18.4%。另外，固定收益养老金财富平均值在 1983 年至 321
2001 年间增长 9.8%，2001 年至 2007 年下跌了 7.5%。1983 年至 2001 年间，中年广义家庭的平均养老金财富增长了 112%。但从

① 差异无统计显著性，这反映了不同年份间大量抽样变化。

② 若无特别说明，美元都是以 2013 年美元计算。

③ 养老金中位数强烈受到拥有养老金财富的广义家庭比例的影响，因此，这里没有显示全体广义家庭的数据。

表 8.2　1983~2013 年广义家庭养老金财富（PW）平均值和中位数

单位：千美元，以 2013 年美元计算

	1983 年	1989 年	2001 年	2007 年	2010 年	2013 年	百分数变化				
							1983~1989 年	1989~2001 年	2001~2007 年	2007~2010 年	2010~2013 年
A. 全体广义家庭											
1. 固定缴款(DC)养老金财富平均值	5.2	11.9	70.6	86.3	92.0	99.0	128.6	494.4	22.2	6.5	7.7
2. 固定收益(DB)养老金财富平均值	—	63.5	65.2	68.8	53.9	65.6	—	2.6	5.5	-21.7	21.8
3. 养老金财富平均值	—	75.4	135.8	155.1	145.8	164.6	—	80.1	14.2	-6.0	12.9
备注：养老金财富(PW)中位数，仅限养老金财富(PW)持有人	—	63.9	88.6	105.1	78.0	104.0	—	38.7	18.6	-25.8	33.4
B. 年龄 46 岁及以下											
1. 固定缴款(DC)养老金财富平均值	3.3	10.4	37.2	34.5	32.5	36.8	210.8	258.7	-7.2	-5.8	13.4
2. 固定收益(DB)养老金财富平均值	—	28.3	22.9	27.7	10.1	12.8	—	-19.2	21.0	-63.7	27.1
3. 养老金财富平均值	—	38.6	60.0	62.2	42.5	49.6	—	55.5	3.6	-31.6	16.6
备注：养老金财富(PW)中位数，仅限养老金财富(PW)持有人	—	34.7	40.8	47.2	29.8	35.0	—	17.5	15.7	-36.9	17.5

续表

	1983 年	1989 年	2001 年	2007 年	2010 年	2013 年	百分数变化				
							1983～1989 年	1989～2001 年	2001～2007 年	2007～2010 年	2010～2013 年
C. 47～64 岁											
1. 固定缴款(DC)养老金财富平均值	10.9	23.0	127.1	150.4	153.8	140.8	111.3	452.8	18.4	2.3	-8.5
2. 固定收益(DB)养老金财富平均值	101.2	112.7	111.1	102.8	73.6	86.2	11.3	-1.4	-7.5	-28.4	17.1
3. 养老金财富平均值	112.1	135.6	238.2	253.2	227.4	226.9	21.0	75.6	6.3	-10.2	-0.2
备注：养老金财富(PW)中位数，仅限养老金财富(PW)持有人	96.0	112.8	148.9	168.6	135.4	173.7	17.4	32.0	13.3	-19.7	28.2
D. 65 岁及以上											
1. 固定缴款(DC)养老金财富平均值	2.3	2.6	70.5	95.0	112.6	147.8	11.1	2652.3	34.8	18.5	31.2
2. 固定收益(DB)养老金财富平均值	82.7	92.6	100.3	102.5	109.3	129.0	11.9	8.3	2.3	6.6	18.1
3. 养老金财富平均值	85.0	95.2	170.7	197.6	221.9	276.8	11.9	79.4	15.7	12.3	24.7
备注：养老金财富(PW)中位数，仅限养老金财富(PW)持有人	92.9	93.4	142.7	134.9	142.1	175.4	0.6	52.7	-5.5	5.3	23.5

资料来源：作者对来自 1983 年、1989 年、2001 年、2007 年、2010 年和 2013 年的消费者财务调查数据进行计算。

注：根据户主年龄将家庭分为年龄组。养老金财富 PW = DBW + DCW。

2001年到2007年，养老金财富平均值仅增长了6%。从1983年到2001年，账户持有人的养老金财富中位数增长了55%，而2001年到2007年仅增长了13.3%。

对于年轻广义家庭和老年广义家庭来说，明显有类似情形。在前者中，固定缴款养老金财富平均值从1983年到2001年增加了11.3倍，从2001年到2007年下降了7.3%。固定收益养老金财富平均值在1989年至2001年间下降了19.2%，在2001年至2007年间上升了21%。养老金财富平均值在1989年至2001年间增加了55.4%，但在2001年至2007年间仅仅增加了3.7%，而持有者的养老金财富中位数在1989年至2001年间上升了17.5%，在2001年至2007年间上升了15.7%。从1983年到2001年，老年广义家庭的固定缴款养老金财富增加了30.7倍，2001～2007年又增加了34.8%。从1983年到2001年，固定收益养老金财富平均值增长了21.3%，但从2001年到2007年仅增长了2.3%。总的来说，养老金财富平均值在1983年到2001年间翻了一番，然后从2001年到2007年提高了15.7%。另一方面，持有人的养老金财富中位数在1983年到2001年期间增加了53.6%，但在2001年到2007年间下降了5.5%。

在大衰退时期发生了什么？从2007年到2010年，拥有固定缴款账户的广义家庭的比例下降了1.2个百分点，然后从2010年到2013年又下降了1.1个百分点（见表8.1），这是因为很多公司停止了401（k）计划，初创公司的个人退休账户计划放缓了，在某些情况下，劳动者为了应对财务压力而关闭了个人退休账户。到2013年，这个比例降至50.3%。与之相反，固定收益计划的覆盖率实际上升了5个百分点，从2007年的34%上升到2013年的39%。因此，拥有固定缴款计划或固定收益计划其中之一的广义家庭比例在2007年和2013年均约为64%。固定缴款养老金财富平均值在大衰退期间（2007－2013年）增长相当可观，增长了14.7%，2013年达到99000美元。尽管固定收益计划覆盖范围有所扩大，但从2007年到2013年固定收益养老金财富平均值下降了4.7%。到2013年，固定收益养老金财富平均值是65600美元。因此，2013年养老金财富平均值较2007年增长了6.2%，达到164600美元。

中年广义家庭的时间趋势有所不同。2007年至2013年，他们的固定缴款计划覆盖率下降了5.6个百分点，降至58.2%。固定收益计划的覆盖率也有所下降，2013年为36.5%。因此，拥有固定缴款计划或固定收益计划其中之一的广义家庭比例在2013年下降了4.6个百分点至69.5%。固定缴款养老金财富平均值在大衰退时期也下降了6.4%，在2013年降至140800美元，反映了大幅 323
下滑的财富不平等程度变化背后的机制覆盖率。相比之下，从2007年到2013年，固定收益养老金财富平均值急剧下降16.1%，部分反映了固定收益计划覆盖范围的下降。到2013年，固定收益养老金财富平均值为86200美元。因此，养老金财富平均值的绝对值下降了10.4%，降为226900美元。

年轻广义家庭的时间模式和中年广义家庭的时间模式非常相似。到2013年，53%的年轻广义家庭有养老金计划，他们的养老金财富平均值降至49600美元。与之相反，老年家庭的退休金覆盖率在大衰退时期略有增加，到2013年为69.3%，养老金财富平均值大幅上升40%至276800美元。

随着养老金体系的转变，养老金财富的不平等程度是升高了还是降低了？固定缴款计划持有者之间的养老金不平等程度远远高于固定收益计划持有者。因此，向固定缴款计划的转变提高了养老金的整体不平等程度。尽管固定缴款财富本身的不平等程度有所下降，但养老金财富整体不平等程度依然上升了。

表8.3记录了养老金财富的不平等程度。在全体广义家庭中，从1983年到2007年，账户持有人的固定缴款账户不平等程度持续下降。从1983年到2007年，基尼系数大幅下降了0.062。尽管固定缴款养老金财富的不平等程度有所降低，但在2007年其不平等程度仍然非常高。2007年，固定缴款养老金账户持有人的基尼系数为0.728。与之相比，（全体广义家庭）净资产的基尼系数为0.834。但是，从2007年到2010年，这一趋势出现逆转，固定缴款养老金财富的基尼系数上升0.013点至0.741。这种变化可能反映了这样一个事实，即低薪劳动者要么减少对固定缴款账户的缴款，要么从这些账户中提取了资金，特别是个人退休账户，而高薪劳动者继续向固定缴款DC账户缴款。从2010年到2013年，基尼系数降至0.732，但仍高于2007年的水平。这种变化可能是由于低薪劳动者在偿还固定缴款计划的欠款并开始再次缴款。

1989年至2007年，在固定收益计划成员中，固定收益养老金财富的不平等程度也显示出下降趋势，随后转而上升，直至2013年。当我们考虑养老金持有人的养老金财富总额时，我们发现从1989年到2010年，尽管这些年固定缴款养老金财富和固定收益养老金财富的不平等程度下降，但养老金财富总额的不平等程度急剧
324 上升了0.059基尼点。从表面上看，这些结果似乎自相矛盾。但事实是，固定缴款养老金财富的不平等程度远高于固定收益养老金财富的不平等程度。例如，2010年，拥有固定缴款计划的固定缴款养老金财富的基尼系数为0.741，而固定收益计划持有者的固定收益养老金财富的基尼系数为0.593。固定收益养老金财富和固定缴款养老金财富之和的基尼系数，等于单独的固定收益养老金财富和

表 8.3 1983～2013 年养老金持有人的养老金财富不平等程度（基尼系数）

	1983 年	1989 年	2001 年	2007 年	2010 年	2013 年	变化				
							1983～1989 年	1989～2001 年	2001～2007 年	2007～2010 年	2010～2013 年
A. 全体养老金持有人											
1. 固定缴款（DC）账户	0.792	0.750	0.741	0.728	0.741	0.732	-0.042	-0.009	-0.014	0.014	-0.010
2. 固定收益（DB）计划	—	0.606	0.582	0.549	0.593	0.587	—	-0.024	-0.034	0.044	-0.005
3. 养老金财富	—	0.641	0.676	0.661	0.700	0.677	—	0.035	-0.015	0.039	-0.023
备注：全体广义家庭养老金财富（PW）	—	0.799	0.788	0.783	0.815	0.798	—	-0.011	-0.005	0.032	-0.017
B. 养老金持有人：46 岁及以下											
1. 固定缴款（DC）账户	0.778	0.731	0.719	0.693	0.699	0.710	-0.047	-0.012	-0.026	0.007	0.011
2. 固定收益（DB）计划	—	0.576	0.552	0.511	0.574	0.534	—	-0.024	-0.041	0.063	-0.039
3. 养老金	—	0.635	0.672	0.653	0.681	0.672	—	0.037	-0.020	0.028	-0.009
备注：46 岁及以下年龄组的广义家庭养老金财富（PW）	—	0.810	0.801	0.810	0.834	0.826	—	-0.009	0.009	0.024	-0.008

续表

	1983 年	1989 年	2001 年	2007 年	2010 年	2013 年	变化				
							1983~1989 年	1989~2001 年	2001~2007 年	2007~2010 年	2010~2013 年
C 养老金持有人：47~64 岁											
1. 固定缴款（DC）账户	0.732	0.726	0.714	0.681	0.700	0.669	-0.005	-0.012	-0.032	0.018	-0.031
2. 固定收益（DB）计划	0.507	0.537	0.571	0.519	0.572	0.526	0.030	0.034	-0.052	0.053	-0.045
3. 养老金财富	0.524	0.577	0.637	0.617	0.659	0.609	0.053	0.060	-0.020	0.042	-0.050
备注：47~64 岁年龄组全体广义家庭养老金财富（PW）	0.666	0.715	0.724	0.716	0.764	0.728	0.049	0.010	-0.008	0.048	-0.036
D. 养老金持有人：65 岁及以上											
1. 固定缴款（DC）账户	0.687	0.635	0.703	0.736	0.721	0.726	-0.053	0.068	0.033	-0.014	0.004
2. 固定收益（DB）计划	0.458	0.605	0.541	0.556	0.573	0.575	0.147	-0.064	0.015	0.017	0.002
3. 养老金财富	0.466	0.607	0.607	0.642	0.648	0.648	0.141	0.000	0.035	0.006	0.001
备注：65 岁及以上年龄组广义家庭养老金财富（PW）	0.638	0.796	0.754	0.755	0.755	0.756	0.158	-0.042	0.001	0.001	0.001

资料来源：作者对来自 1983 年、1989 年、2001 年、2007 年、2010 年和 2013 年的消费者财务调查数据进行计算。

注：根据户主年龄将广义家庭分为年龄组。养老金财富 PW = DBW + DCW。

固定缴款养老金财富的基尼系数的加权和（加上一个交互作用项），其中权重等于该养老金计划在总养老金财富中的份额。随着时间的推移，固定缴款养老金财富在总养老金财富中的份额不断上升，从 1989 年的 16% 上升到 2010 年的 63%，从而导致整体养老金财富的基尼系数上升，即使这段时间固定缴款养老金财富和固定收益养老金财富各自的基尼系数分别下降。[①] 从 2010 年到 2013 年，养老金财富的基尼系数下降了 0.023 基尼点至 0.677。这种下降反映了三个因素：固定缴款养老金财富不平等程度下降；固定收益养老金财富不平等程度下降；以及固定缴款养老金财富在总养老金财富中的份额下降，从 63% 下降到 60%。

当样本扩展到全体广义家庭（包含无养老金广义家庭），养老金财富不平等程度没有明显上升，基尼系数从 1989 年到 2010 年增加 0.016，与之相比仅包含养老金持有人样本的相关基尼系数增加了 0.059。这个差异主要源于这些年全体广义家庭的养老金覆盖率上升（从 56% 上升到 63%）。从 2010 年到 2013 年，不管是考察全体广义家庭还是仅考察养老金持有人，养老金财富的基尼系数的下降幅度两者相同。

图 8.1a 提供了按区间划分的全体广义家庭养老金财富分布变

---

① 或许可以通过分解分析变异系数，完全看清这种关系。对于任何变量

$X = X_1 + X_2$，$CV^2(X) = p_1^2 CV^2(X_1) + p_2^2 CV^2(X_2) + 2CC(X_1, X_2)$

其中 CV 是变异系数（标准差与平均值的比率），CC 是变异系数，定义为协方差与 X^2 的比率，$p_1 = E(X_1)/E(X)$，$p_2 = E(X_2)/E(X)$，并且“E”是预期值（或平均值）。

交互作用项主要反映固定缴款养老金财富和固定收益养老金财富的相关系数。这个相关系数也随着时间的推移而上升（全体广义家庭的相关系数从 1989 年的 0.07 增加到 2007 年的 0.24）。因此，不断上升的交互作用项也推动了整体养老金财富不平等程度的上升。

化的进一步细节。在 1989 年至 2001 年，所有百分位数的养老金财富均大幅增长，表现为有养老金计划的广义家庭比例增加以及养老金财富价值上升。但是，整体图案是 U 形的。百分比增长率从第 50 百分位数的 214% 下降到第 90 百分位数的 71%，然后在第 99 百分位数上升到 86%。[①] 这些结果说明，养老金财富增长幅度最大的是养老金财富分布的底部和顶部。结果，这些年来整体养老金财富不平等程度显示出小幅下降。从 2001 年到 2007 年，所有百分位数上都显示养老金财富温和增长（从 8% 到 23%）。这些结果符合以下发现：养老金财富的基尼系数在此期间变化很小。2007 年至 2013 年，数据模式非常不同，除了第 85 百分位数及其以上的百分位数，其他所有百分位数的养老金财富都有所下降。在这种情况下，在较低百分位数的养老金财富的百分比变化更低（负得更

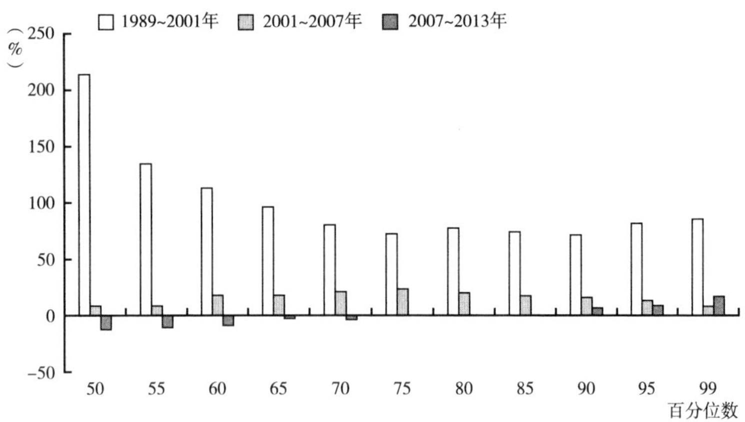

图 8.1a　全体广义家庭 1989 年、2001 年、2007 年和 2013 年的养老金财富（PW）变动百分比（按 2013 年美元计算）

① 仅显示了第 50 百分位数及以上的结果，因为低于该百分位数的值大多为 0。

多）——事实上，百分比变化几乎随着养老金财富分布的百分位 325
数上升而单调上升。这些结果与这六年中养老金财富基尼系数的上升相一致。

在中年广义家庭中，从 1983 年到 2013 年，在账户持有人中固定缴款养老金财富的不平等程度普遍下降。基尼系数下降了 0.063，与拥有养老金账户的全体广义家庭大致相同。固定收益养老金财富的不平等程度在这些年中没有显示出明显的时间趋势，倒是逐年变化还是有一些规律。然而，从 1983 年到 2010 年，养老金持有人的总养老金财富的基尼系数剧烈上升（0.135 基尼点）。这一结果反映出固定缴款养老金财富在总养老金财富中的份额急剧上升，从 1983 年的 10% 上升到 2010 年的 68% 。从 2010 年到 2013 年，与全体广义家庭的基尼系数一样，养老金财富的基尼系数急剧下降了 0.050 基尼点，至 0.609。这种减少反映了与之前相同的因素：固定缴款养老金财富和固定收益养老金财富不平等程度下降，
以及总养老金财富中固定缴款养老金财富比例下降，从 68% 下降 327
至 62% 。

在 47 ~64 岁年龄组的全体广义家庭（包含无养老金财富广义家庭）中，从 1983 年到 2010 年，养老金财富不平等程度的上升不太明显，基尼系数增加了 0.098，与之相比，养老金持有者的相关基尼系数增加了 0.135。主要差异源于 1989 年至 2001 年，这段时期全体广义家庭的养老金财富的不平等程度的上升明显低于养老金持有者（这两者的基尼系数在其他时期的变化非常接近）。1989 年至 2001 年的差异，反映了养老金财富广义家庭比例的大幅增长（增长 8.4 个百分点）。从 2010 年到 2013 年，全体广义家庭养老金财富的基尼系数的下降幅度略低于养老金持有者。

图 8.1b 提供了所有中年广义家庭养老金财富趋势的进一步详

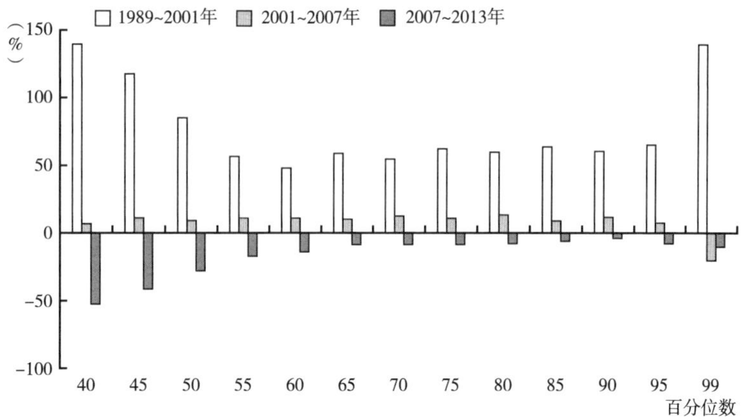

图 8.1b　47～64 岁年龄组 1989 年、2001 年、2007 年和 2013 年养老金财富（PW）变动百分比（按 2013 年美元计算）

细信息。这个群体的模式与全体广义家庭的模式相似。在 1989 年
328 至 2001 年，所有百分位数的养老金财富均大幅增加，反映了拥有一份养老金计划的广义家庭比例增加，同时养老金财富的价值上升。但是，整体图案是 U 形。百分比增长率从第 40 百分位数的 139%下降到第 60 百分位数的 49%，然后在第 99 百分位数上升到 139%。[①] 换句话说，这些年来，养老金财富增长最多的发生在养老金财富分布的底部和顶部。结果就是，整体养老金财富不平等程度在这些年中仅略有增长。从 2001 年到 2007 年，所有百分位数的养老金财富都显示出温和的增长（7%到 15%），养老金财富的基尼系数略有下降。这种趋势在 2007～2013 年再次发生变化，养老金财富在所有百分位数均下降，但在较低的百分位数，百分比变化更低（负得更多）。这些结果再次符合这些年来养老金财富基尼系数增加的情况。

---

① 仅显示了第 40 百分位数及以上的结果，因为低于该百分位数的值大多为 0。

年轻广义家庭的结果相似。在年轻养老金持有人中，养老金财富的不平等程度在 1989 年至 2010 年上升，然后在 2013 年出现小幅下降。所有年轻广义家庭都具有相同的模式。在拥有养老金计划的老年家庭中，养老金财富不平等程度从 1983 年到 2010 年几乎持续上升，然后到 2013 年没有变化。在所有老年广义家庭中，从 1983 年到 1989 年，养老金财富不平等程度急剧上升，随后从 1989 年到 2001 年显著下降并趋于平稳。这种时间趋势模式几乎与这个年龄组养老金覆盖率的时间趋势一模一样。

社会保障财富和增广财富

社会保障财富

增广财富是不包含财富转移的净资产，养老金财富和社会保障
财富的总和。增广财富是衡量可用于保障退休生活的全套资源的最
全面的衡量指标，因此在研究充足退休保障的趋势时，它随着时间
推移发生的变化具有重大意义。此外，分析增广财富的趋势，将使
我们确定，如果把养老金和社会保障财富纳入广义家庭财富的定义
后，对净资产的基本研究结果是否会发生变化。在 20 世纪 90 年 329
代，增广财富平均值迅速增长，在 2001 年至 2007 年缓慢下降，在
2007 年至 2013 年期间出现了巨幅下降。此外，增广财富中位数显
示随着时间推移其比增广财富平均值增长慢。事实上，从 2007 年
到 2013 年，增广财富中位数出现比增广财富平均值更大幅度的下
降。私人增广财富显示了类似的趋势。

在我们继续讨论增广财富之前，让我们首先看看社会保障财富的趋势。在 1989 年至 2001 年间，全体广义家庭社会保障财富平均

值上升了46%（见表8.4），与之对比，养老金财富平均值增加了80%。社会保障财富中位数的增加百分比与社会保障财富平均值的增加百分比非常接近，这反映了社会保障财富不平等程度随时间的推移保持相对恒定（见表8.5和表8.6）。[①] 这一时期社会保障财富的增长在很大程度上反映了实际工资的增长以及居民寿命的延长，特别是在20世纪90年代末。这种增长在一定程度上被两个因素抵消：第一个是接受全额社会保障福利年龄段（65～67岁年龄段）的人口增加，他们是1938年以后出生的人；第二个是少数族裔在劳动力中所占比例增加，其预期寿命和平均水平收益低于白人。

全体广义家庭2007年社会保障财富平均为185800美元（按2013年美元计算）。与之相比，净资产平均值为602500美元，养老金财富平均值为155000美元。2007年，美国社会保障财富中位数为156400美元——为社会保障财富平均值的84%。这表明社会保障财富呈正态分布或接近正态分布。此外，社会保障财富中位数（156400美元）比净资产中位数高36%。2001年至2007年社会保障财富平均值和中位数几乎没有增长。早年的这种转变在很大程度上归因于这10年工资停滞增长，以及领取社会保障福利的年龄全面提高了，其他因素包含劳动力中少数族裔的比例增加，2000年至2007年的失业率高于前十年，以及与20世纪90年代相比退休年龄中位数下降了。后两个因素（高失业率和退休年龄下降）导致整体就业年限缩短。此外，虽然这一时期寿命增加，但相对于20世纪90年代，增长率有所放缓。大衰退时期（2007～2013）社会保障财富平均值和中位数均略有下降，原因可能是失业率上升。

---

① 我将中位数（表8.5）的趋势与平均值（表8.4）的趋势分开显示，因为对于大多数变量来说两种趋势是完全不同的。基尼系数显示在表8.6中。

社会保障财富的不平等程度远低于净资产或养老金财富的不平等程度（见表 8.6）。2007 年，全体广义家庭的社会保障财富的基尼系数为 0.363，而净资产的基尼系数为 0.834，养老金财富的基尼系数为 0.78。从 1989 年到 2013 年，社会保障财富的不平等程度相对来说没有发生变化。 330

1983 年至 2001 年，中年广义家庭的社会保障财富平均值增长了 36%。与之相比，他们的养老金财富平均值增加了 113%。社会保障财富中位数的增长再次非常接近于社会保障财富平均值的增长，这也反映了该年龄组社会保障财富不平等程度保持稳定。[①] 对于全体广义家庭，2001 年至 2007 年社会保障财富几乎没有增加。事实上，中年广义家庭社会保障财富中位数下降了 5.2%。对于全体广义家庭，社会保障财富平均值和中位数在 2007 年至 2013 年下降。

年轻广义家庭和中年广义家庭的社会保障财富平均值和中位数的时间趋势相似。但是，1989 年至 2013 年间，社会保障财富不平等程度呈现或多或少的稳定上升。这种趋势可能反映了年轻劳动者基本工资（underlying wage）分布差异的不断扩大，以及长期失业期（unemployment spell）差距和社会保障覆盖差距都在不断扩大。对于年龄较大的年龄组，情况略有不同。对于他们来说，社会保障财富平均值，特别是中位数，实际上比大衰退期间有所增加。这一结果可能是由于世代效应，新退休人员可能累积了更多的终身收入，因此他们的社会保障福利要多于原来的老年人。此外，在老年

① 1983 年到 1989 年的数据显示，中年广义家庭的社会保障财富平均值和中位数略有下降。根据美国劳工统计局实际小时工资数据系列，社会保障财富的减少可能反映了该期间平均实际工资的下降，以及该时期新的社会保障法律将正常退休年龄从 65 岁增加到 67 岁。

人中，社会保障财富的不平等程度大幅下降，这主要反映了社会保障覆盖面的扩大。[①]

退休财富

退休财富（Retirement wealth，RW）是养老金财富和社会保障财富的组合。在全体广义家庭中，从1989年到2001年，退休财富平均值增长了59%。退休财富的百分比增长低于养老金财富，但高于社会保障财富。这些年来退休财富中位数增长了46.4%。与养老金财富和社会保障财富类似，随后2001年至2007年其增长明显放缓，然后2007年至2013年，退休财富平均值变化不大，但中位数下降了6%。中年和年轻广义家庭趋势模式相似，例外是在2007年至2013年，这两类广义家庭的退休财富平均值和中位数急剧下降。在65岁及以上年龄组中，从1983年到2001年退休财富的增幅也很大，从2001年到2007年增速明显放缓，但在这个年龄组中，退休财富平均值和中位数在2007年至2013年出现了相当大幅的增长（分别增长了27%和23%）。

表8.3显示了养老金财富不平等程度相当高。不过，社会保障
331 财富发挥了适度的缓冲作用，使退休财富的不平等程度得到了显著
降低。事实上，退休财富的不平等程度介于养老金财富和社会保障财富之间。2007年，全体广义家庭的退休财富基尼系数为0.514，

---

① 从1989年到2001年，社会保障财富不平等程度首次大幅下降，这一趋势主要反映了社会保障覆盖面的扩大，然后从2001年到2007年其不平等程度急剧上升，虽然不足以抵消其在20世纪90年代的降幅。

2000年至2007年的变化主要反映了（年度）收入的差异扩大，以及这一年龄组终身收入不平等程度的上升。

表 8.4 1983 ~ 2013 年社会保障财富，私人增广财富和增广财富平均值

单位：千美元，按 2013 年美元计算；%

	1983 年	1989 年	2001 年	2007 年	2010 年	2013 年	百分比变化				
							1983 ~ 1989 年	1989 ~ 2001 年	2001 ~ 2007 年	2007 ~ 2010 年	2010 ~ 2013 年
A. 全体广义家庭											
1. 社会保障财富	—	125.8	183.6	185.8	170.8	179.0	—	46.0	1.2	-8.1	4.8
2. 退休财富	—	201.2	319.4	340.9	316.7	343.6	—	58.8	6.7	-7.1	8.5
3. 不包含养老金的净资产	298.8	336.3	429.6	516.2	413.9	409.9	12.6	27.7	20.2	-19.8	-1.0
4. 净资产	304.0	348.2	500.2	602.5	505.9	508.9	14.6	43.7	20.4	-16.0	0.6
5. 私人增广财富	—	411.5	565.6	671.6	559.7	574.5	—	37.4	18.7	-16.7	2.6
6. 增广财富	—	537.3	749.2	857.4	730.6	753.5	—	39.4	14.4	-14.8	3.1
B. 年龄46 岁及以下											
1. 社会保障财富	—	104.4	144.5	141.3	120.2	127.8	—	38.3	-2.2	-15.0	6.3
2. 退休财富	—	143.0	204.5	203.5	162.7	177.4	—	43.0	-0.5	-20.0	9.0
3. 不包含养老金的净资产	138.6	182.0	193.2	201.4	123.1	162.1	31.3	6.1	4.2	-38.9	31.7
4. 净资产	142.3	192.4	230.4	235.9	155.6	199.0	35.2	19.7	2.4	-34.0	27.9
5. 私人增广财富	—	220.7	253.2	263.5	165.6	211.7	—	14.8	4.1	-37.1	27.8
6. 增广财富	—	325.1	397.7	404.9	285.8	339.5	—	22.3	1.8	-29.4	18.8
C. 年龄47 ~ 64 岁											
1. 社会保障财富	178.2	155.6	242.7	242.4	210.9	214.2	-12.7	56.0	-0.1	-13.0	1.6
2. 退休财富	289.8	291.2	480.9	495.6	438.3	441.1	0.5	65.2	3.1	-11.6	0.6
3. 不包含养老金的净资产	479.4	513.2	660.3	752.4	616.0	521.6	7.0	28.7	14.0	-18.1	-15.3

续表

	1983 年	1989 年	2001 年	2007 年	2010 年	2013 年	百分比变化				
							1983～1989 年	1989～2001 年	2001～2007 年	2007～2010 年	2010～2013 年
4. 净资产	491.8	536.1	787.3	902.8	769.9	662.3	9.0	46.9	14.7	-14.7	-14.0
5. 私人增广财富	591.5	648.8	898.5	1005.6	843.4	748.5	9.7	38.5	11.9	-16.1	-11.3
6. 增广财富	769.2	804.4	1141.2	1248.0	1054.3	962.7	4.6	41.9	9.4	-15.5	-8.7
D. 65 岁及以上											
1. 社会保障财富	157.3	143.4	193.0	190.7	208.1	217.9	-8.8	34.6	-1.2	9.1	4.7
2. 退休财富	242.4	238.6	363.7	388.2	430.0	494.7	-1.6	52.4	6.7	10.8	15.0
3. 不包含养老金的净资产	483.6	507.8	663.3	814.5	671.0	684.7	5.0	30.6	22.8	-17.6	2.0
4. 净资产	488.0	510.4	733.8	909.5	783.7	832.4	4.6	43.8	23.9	-13.8	6.2
5. 私人增广财富	568.6	603.0	834.0	1012.0	893.0	961.4	6.0	38.3	21.3	-11.8	7.7
6. 增广财富	726.0	746.4	1027.0	1202.7	1101.1	1179.4	2.8	37.6	17.1	-8.4	7.1

资料来源：作者对来自 1983 年、1989 年、2001 年、2007 年、2010 年和 2013 年的消费者财务调查数据进行计算。

注：根据户主年龄将广义家庭分为年龄组。

PW = DCW + DBW

RW = PW + SSW

NWX = NW - DCW

PAW = NWX + PW

AW = NWX + PW + SSW

缩写：AW：增广财富；DBW：固定收益养老金财富；DCW：固定缴款养老金财富；NWX：非养老金净资产；PAW：私人增广财富；PW：养老金财富；RW：退休财富；SSW：社会保障财富。

表 8.5 1983～2013 年社会保障财富、私人增广财富和增广财富中位数

单位：千美元，按 2013 年美元计算；%

	1983 年	1989 年	2001 年	2007 年	2010 年	2013 年	百分比变化				
							1983～1989 年	1989～2001 年	2001～2007 年	2007～2010 年	2010～2013 年
A. 全体广义家庭											
1. 社会保障财富	—	112.9	158.8	156.4	142.5	149.7	—	40.6	-1.5	-8.9	5.1
2. 退休财富	—	141.7	207.4	210.9	182.3	198.2	—	46.4	1.7	-13.6	8.7
3. 不包含养老金的净资产	76.4	79.4	76.3	84.5	44.0	41.6	4.0	-3.9	10.7	-47.9	-5.6
4. 净资产	78.1	83.6	96.7	115.2	64.6	63.9	7.0	15.8	19.1	-43.9	-1.1
5. 私人增广财富	—	128.2	133.0	160.5	90.1	102.5	—	3.7	20.7	-43.9	13.8
6. 增广财富	—	252.9	311.9	347.6	254.1	269.5	—	23.3	11.4	-26.9	6.1
B. 年龄46 岁及以下											
1. 社会保障财富	—	98.6	134.7	126.5	106.3	113.2	—	36.6	-6.1	-15.9	6.5
2. 退休财富	—	112.8	153.3	146.7	118.1	124.3	—	35.9	-4.3	-19.5	5.2
3. 不包含养老金的净资产	32.9	27.0	16.8	13.0	1.9	2.0	-17.9	-37.7	-22.5	-85.6	7.0
4. 净资产	34.2	31.3	27.2	24.5	8.3	7.0	-8.5	-13.0	-10.1	-66.0	-16.0
5. 私人增广财富	—	45.5	43.3	39.3	11.6	12.2	—	-4.8	-9.2	-70.5	5.2
6. 增广财富	—	158.0	185.8	175.2	128.1	131.5	—	17.6	-5.7	-26.9	2.7
C. 年龄47～64 岁											
1. 社会保障财富	167.6	155.3	232.0	220.1	194.5	197.8	-7.3	49.4	-5.2	-11.6	1.7
2. 退休财富	231.2	213.0	335.3	339.3	263.9	282.7	-7.9	57.5	1.2	-22.2	7.1
3. 不包含养老金的净资产	141.2	160.2	136.1	161.9	90.1	70.5	13.4	-15.0	18.9	-44.4	-21.7

续表

	1983 年	1989 年	2001 年	2007 年	2010 年	2013 年	百分比变化				
							1983 ~ 1989 年	1989 ~ 2001 年	2001 ~ 2007 年	2007 ~ 2010 年	2010 ~ 2013 年
4. 净资产	142.6	175.3	181.1	232.1	141.3	110.7	23.0	3.3	28.2	-39.1	-21.7
5. 私人增广财富	242.0	255.0	280.3	319.0	195.8	190.8	5.4	9.9	13.8	-38.6	-2.6
6. 增广财富	409.9	419.5	534.4	545.6	394.9	396.2	2.3	27.4	2.1	-27.6	0.3
D. 65 岁及以上											
1. 社会保障财富	145.1	119.1	167.1	149.1	176.0	189.3	-17.9	40.3	-10.8	18.1	7.6
2. 退休财富	207.3	172.6	245.9	238.1	266.2	291.7	-16.7	42.5	-3.2	11.8	9.6
3. 不包含养老金的净资产	137.7	144.0	186.9	214.7	180.0	162.5	4.5	29.8	14.9	-16.1	-9.7
4. 净资产	137.7	144.0	198.4	237.3	208.4	195.0	4.5	37.8	19.6	-12.2	-6.4
5. 私人增广财富	215.7	210.9	290.6	311.5	295.9	290.0	-2.2	37.8	7.2	-5.0	-2.0
6. 增广财富	384.7	349.3	479.3	489.5	505.2	497.5	-9.2	37.2	2.1	3.2	-1.5

资料来源：作者对来自 1983 年、1989 年、2001 年、2007 年、2010 年和 2013 年的消费者财务调查数据进行计算。

注：根据户主年龄将广义家庭分为年龄组。

参见表 8.4 的注释。

PW = DCW + DBW

RW = PW + SSW

NWX = NW - DCW

PAW = NWX + PW

AW = NWX + PW + SSW

缩写：AW：增广财富；DBW：固定收益养老金财富；DCW：固定缴款养老金财富；NWX：非养老金净资产；PAW：私人增广财富；PW：养老金财富；RW：退休财富；SSW：社会保障财富。

表 8.6　1983～2013 年社会保障财富、私人增广财富和增广财富的不平等程度（基尼系数）

	1983 年	1989 年	2001 年	2007 年	2010 年	2013 年	百分点变化				
							1983～1989 年	1989～2001 年	2001～2007 年	2007～2010 年	2010～2013 年
A. 全体广义家庭											
1. 社会保障财富	—	0.370	0.344	0.363	0.369	0.369	—	-0.026	0.019	0.006	-0.001
2. 退休财富	—	0.485	0.493	0.514	0.538	0.539	—	0.009	0.021	0.024	0.001
3. 不包含养老金的净资产	0.802	0.835	0.845	0.857	0.894	0.902	0.033	0.011	0.011	0.037	0.008
4. 净资产	0.799	0.828	0.826	0.834	0.866	0.871	0.029	-0.002	0.008	0.032	0.005
5. 私人增广财富	—	0.793	0.796	0.805	0.840	0.836	—	0.003	0.009	0.035	-0.003
6. NWX + SSW	—	0.676	0.665	0.693	0.708	0.708	—	-0.011	0.028	0.014	0.000
7. 增广财富	—	0.663	0.661	0.684	0.705	0.701	—	-0.002	0.023	0.021	-0.003
B. 年龄 46 岁及以下											
1. 社会保障财富	—	0.306	0.320	0.327	0.347	0.346	—	0.013	0.008	0.020	-0.001
2. 退休财富	—	0.405	0.430	0.440	0.445	0.454	—	0.024	0.010	0.005	0.009
3. 非养老金财产	0.801	0.903	0.892	0.917	1.050	1.024	0.102	-0.011	0.025	0.133	-0.026
4. 净资产	0.797	0.887	0.859	0.880	0.972	0.964	0.089	-0.027	0.021	0.092	-0.008
5. 私人增广财富	—	0.851	0.830	0.850	0.945	0.936	—	-0.021	0.019	0.095	-0.009
6. NWX + SSW	—	0.650	0.612	0.636	0.649	0.683	—	-0.038	0.024	0.013	0.034
7. 增广财富	—	0.642	0.616	0.636	0.652	0.682	—	-0.025	0.020	0.015	0.030
C. 年龄 47～64 岁											
1. 社会保障财富	0.297	0.314	0.297	0.305	0.308	0.304	0.017	-0.017	0.008	0.003	-0.004
2. 退休财富	0.378	0.454	0.464	0.470	0.508	0.485	0.075	0.010	0.007	0.037	-0.023

续表

	1983 年	1989 年	2001 年	2007 年	2010 年	2013 年	百分点变化				
							1983～1989 年	1989～2001 年	2001～2007 年	2007～2010 年	2010～2013 年
3. 不包含养老金的净资产	0.762	0.780	0.823	0.827	0.858	0.882	0.017	0.043	0.004	0.031	0.024
4. 净资产	0.761	0.775	0.798	0.795	0.825	0.838	0.013	0.024	-0.003	0.030	0.013
5. 私人增广财富	0.688	0.721	0.756	0.758	0.795	0.794	0.033	0.034	0.003	0.037	-0.001
6. NWX + SSW	0.607	0.644	0.655	0.673	0.691	0.686	0.037	0.011	0.017	0.019	-0.005
7. 增广财富	0.574	0.619	0.637	0.650	0.678	0.665	0.045	0.018	0.013	0.028	-0.013
D. 65 岁及以上											
1. 社会保障财富	0.412	0.463	0.356	0.415	0.380	0.391	0.051	-0.108	0.059	-0.035	0.012
2. 退休财富	0.378	0.529	0.486	0.535	0.515	0.545	0.151	-0.043	0.049	-0.020	0.030
3. 不包含养老金的净资产	0.777	0.778	0.766	0.790	0.787	0.806	0.001	-0.013	0.024	-0.003	0.020
4. 净资产	0.778	0.778	0.762	0.784	0.781	0.801	0.000	-0.016	0.022	-0.003	0.021
5. 私人增广财富	0.708	0.738	0.724	0.748	0.738	0.752	0.029	-0.013	0.024	-0.011	0.014
6. NWX + SSW	0.638	0.670	0.637	0.678	0.647	0.666	0.032	-0.033	0.041	-0.031	0.020
7. 增广财富	0.599	0.652	0.626	0.665	0.636	0.656	0.053	-0.026	0.039	-0.028	0.019

资料来源：作者对来自 1983 年、1989 年、2001 年、2007 年、2010 年和 2013 年的消费者财务调查数据进行计算。

注：根据户主年龄将家庭分为年龄组。

PW = DCW + DBWRW = PW + SSW

NWX = NW - DCWPAW = NWX + PW

AW = NWX + PW + SSW

缩写：AW：增广财富；DBW：固定收益养老金财富；DCW：固定缴款养老金财富；NWX：非养老金净资产；PAW：私人增广财富；PW：养老金财富；RW：退休财富；SSW：社会保障财富。

而社会保障财富基尼系数为0.363，养老金财富为0.78。

与社会保障财富不同，1989年（或1983年）到2013年，退休财富不平等程度有明显的上升趋势。尽管1989年至2007年养老金财富和社会保障财富的不平等程度有所下降，但全体广义家庭退休财富的基尼系数增加了0.029。对这种结果有两种解释：第一，在此期间养老金财富在总退休财富中的份额上升，从37.5%上升到45.5%（见表8.7）。由于养老金财富比社会保障财富更加分布不均，这种变化具有提高退休财富（两个组件之和）不平等程度的效果。其次，两者之间的相关性从0.26升至0.38。[①] 换句话说，拥有大量养老金财富的广义家庭随着时间的推移往往会有越来越多的社会保障财富，从而导致退休财富分布的偏斜更大。从2007年到2013年，退休财富的基尼系数再增加0.025。两个相同的因素解释了这种变化：（1）退休财富与养老金财富的比率上升（从0.45到0.48）；和（2）养老金财富与社会保障财富之间的相关性增强（从0.38到0.42）。

在年轻广义家庭中，从1989年到2007年退休财富的基尼系数上升了0.035基尼点，这主要是因为社会保障财富的不平等程度上升，然后从2007年至2013年又上升0.014，反映了社会保障财富和养老金财富的不平等程度同时上升。在中年广义家庭中，1983年至2013年退休财富基尼系数大幅增加，增加了0.107，尽管这段时期社会保障财富的不平等程度几乎没有变化。这里的原因是：首先，这些年来养老金财富不平等程度急剧增加（基尼系数从0.67上升至0.73）；其次，养老金财富占总退休财富的比例从39%增加到51%。在老年人广义家庭中，退休财富不平等程度在

① 关于其代数分解分析，请参见第429页脚注①。

这些年中也急剧上升，基尼系数从 0.38 增加到 0.55。同样是上述的两个因素在起作用。进一步，养老金财富和社会保障财富的相关性急剧上升（从 0.15 到 0.37）。

图 8.2a 和图 8.2b 更清楚地描述了退休财富分布的变化。在全体广义家庭中，在 1989 年至 2001 年间退休财富的百分比增长为正，并显示 U 形模式。最低百分位数的退休财富强劲增长，反映了底部阶层社会保障财富的大幅增长，而最高百分位数的退休财富大幅增长，是由于最富阶层养老金财富的大幅增加（主要是固定缴款养老金财富）。中间阶层退休财富的下降反映了这部分群体养
338 老金财富的损失。

表 8.7 1983～2013 年增广财富的构成

单位：%

	1983 年	1989 年	2001 年	2007 年	2010 年	2013 年
A. 全体广义家庭						
1. 非养老金净资产	—	62.6	57.3	60.2	56.7	54.4
2. 固定缴款(DC)财富	—	2.2	9.4	10.1	12.6	13.1
3. 固定收益(DB)财富	—	11.8	8.7	8.0	7.4	8.7
4. 社会保障财富	—	23.4	24.5	21.7	23.4	23.8
增广财富	—	100.0	100.0	100.0	100.0	100.0
备注:PW 与 RW 的比率	—	37.5	42.5	45.5	46.0	47.9
B. 年龄46 岁及以下						
1. 非养老金净资产	—	56.0	48.6	49.7	43.1	47.7
2. 固定缴款(DC)财富	—	3.2	9.3	8.5	11.4	10.9
3. 固定收益(DB)财富	—	8.7	5.7	6.8	3.5	3.8
4. 社会保障财富	—	32.1	36.3	34.9	42.1	37.6
增广财富	—	100.0	100.0	100.0	100.0	100.0
备注:PW 与 RW 的比率	—	27.0	29.3	30.5	26.1	28.0

续表

	1983 年	1989 年	2001 年	2007 年	2010 年	2013 年
C. 年龄47～64 岁						
1. 非养老金净资产	62.3	63.8	57.9	60.3	58.4	54.2
2. 固定缴款(DC)财富	1.4	2.9	11.1	12.1	14.6	14.6
3. 固定收益(DB)财富	13.2	14.0	9.7	8.2	7.0	8.9
4. 社会保障财富	23.2	19.3	21.3	19.4	20.0	22.2
增广财富	100.0	100.0	100.0	100.0	100.0	100.0
备注:PW 与 RW 的比率	38.7	46.6	49.5	51.1	51.9	51.4
D. 65 岁及以上						
1. 非养老金净资产	66.6	68.0	64.6	67.7	60.9	58.1
2. 固定缴款(DC)财富	0.3	0.3	6.9	7.9	10.2	12.5
3. 固定收益(DB)财富	11.4	12.4	9.8	8.5	9.9	10.9
4. 社会保障财富	21.7	19.2	18.8	15.9	18.9	18.5
增广财富	100.0	100.0	100.0	100.0	100.0	100.0
备注:PW 与 RW 的比率	35.1	39.9	46.9	50.9	51.6	55.9

资料来源：作者对来自 1983 年、1989 年、2001 年、2007 年、2010 年和 2013 年的消费者财务调查数据进行计算。

注：根据户主年龄将广义家庭分为年龄组。

PW = DCW + DBW

RW = PW + SSW

NWX = NW - DCWPAW = NWX + PW

AW = NWX + PW + SSW

缩写：AW：增广财富；DBW：固定收益养老金财富；DCW：固定缴款养老金财富；NWX：非养老金净资产；PAW：私人增广财富；PW：养老金财富；RW：退休财富；SSW：社会保障财富。 339

这些年不平等程度也略有上升。但是，从 2001 年到 2007 年，退休财富的变化百分比要小得多。它一直到第 40 百分位数左右都是负数，在此之后总体上是正数。这些变化反映了底部百分位数社会保障财富的下降，以及中上部百分位数养老金财富的增加。毫不奇怪，这一时期的特点是退休财富基尼系数增加。从 2007 年到 2013 年，一直到第 85 百分位数退休财富的变化百分比都为负数，然后转为正，并随着百分位数上升而上升。这种图形主要是由于财富分布的底部 3/4 左右的养老金财富下降。这一时期退休财富不平等程度也显示上升。在第一个时段，中年广义家庭的退休财富百分比增长模式也呈 U 形。在第二个时段，最低百分位数（直到第 40）显示退休财富负增长，在此之后总体上呈现正增长。从 2007 年到 2013 年，所有百分位数
340 都显示退休财富负增长，不过在退休财富分布较低的百分位数下降更严重。这一发现与此期间该年龄组养老金财富平均值相对急剧下降是一致的。

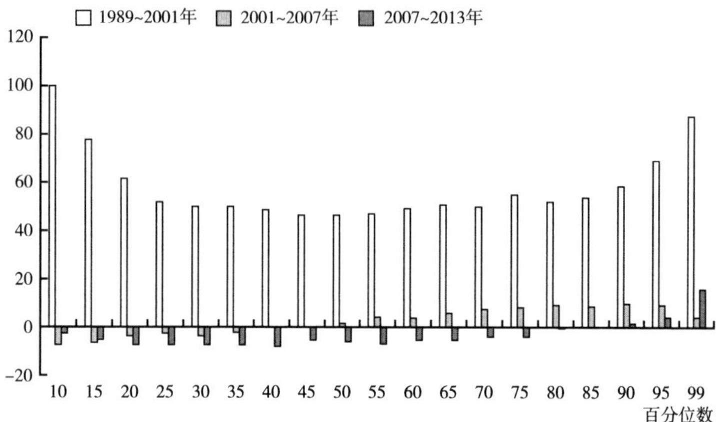

图 8.2a　全体广义家庭 1989 年、2001 年、2007 年和 2013 年退休财富（RW）百分比变动（按百分位数分组，按 2013 年美元计算）

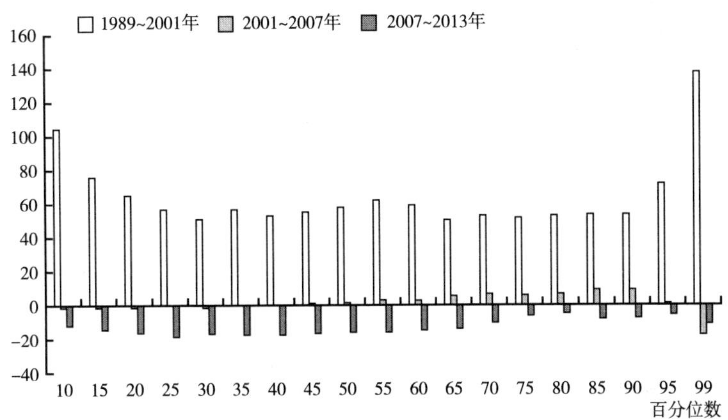

图 8.2b 47～64 岁年龄组广义家庭 1989 年、2001 年、2007 年和 2013 年退休财富（RW）百分比变动（按百分位数分组，按 2013 年美元计算）

增广财富的组成

本分析接下来研究了在广义家庭财富组合里加入退休财富后，对财富平均值和中位数，财富不平等程度，以及财富不平等趋势的影响。我们通过将退休财富的项目连续添加到非养老金净资产（不包含固定缴款养老金财富的净资产）来完成这项研究。首先，我将回顾增广财富构成的趋势。退休财富对财富平均值和中位数财富以及财富不平等的影响将部分反映退休财富在增广财富中的相对重要性。

在全体广义家庭中，增广财富中的非养老金净资产份额几乎持续下降，从 1989 年的 62.9% 下降到 2013 年的 54.4%（见表 8.7 341

和图 8.3a）。[①] 相应地，增广财富的退休财富份额从 37% 上升到 46%。退休财富的大幅增长来自固定缴款养老金财富，固定缴款养老金财富从 1989 年占增广财富的 2.2% 暴增到 2013 年的 13.1%。与之相反，固定收益养老金财富从 11.8% 降至 8.7%，而社会保障财富在增广财富的比例或多或少保持不变——为 23% 至 24%。

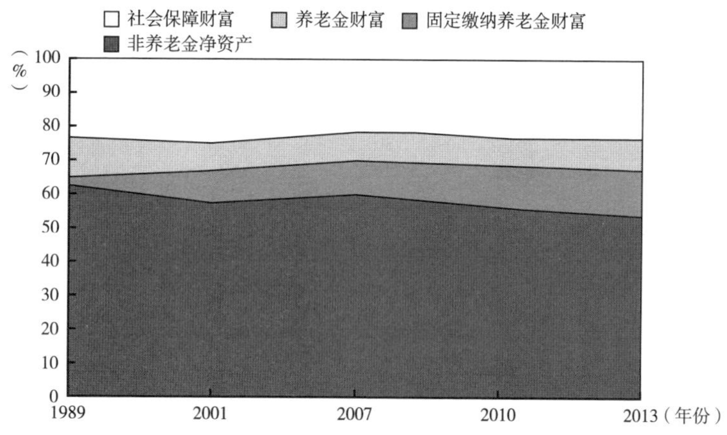

图 8.3a　全体广义家庭增广财富的百分比构成

各个年龄组增广财富不同组成部分的时间趋势很相似，但它们的相对重要性不同。在年轻广义家庭中，社会保障财富占增广财富的比例较高，在 32% 至 42% 之间。中年广义家庭的增广财富中，固定缴款养老金财富比例急剧上升，从 1983 年的 1.4% 上升到 2013 年的 14.6%，而固定收益养老金财富急剧下降——从 13.2% 下降至 8.9%（见图 8.3b）。社会保障财富占增广财富的比例略低，约为 20%。老年人广义家庭增广财富中非养老金净资产的份

① 2007 年的上升趋势反映了 2006 年房地产泡沫的结束。

额也出现急剧下降。固定缴款养老金财富呈现猛烈上涨，从1983 342
年的0.3%上升到2013年的12.5%，因为新进入这个年龄组的人拥有的固定缴款养老金财富比之前的老年人要高。有趣的是，老年人广义家庭增广财富中固定收益养老金财富的比例在2013年与1983年大致相同（约11%）。另外，随着养老金财富的重要性上升，社会保障财富呈现一种下降轨迹，从22%降至19%。

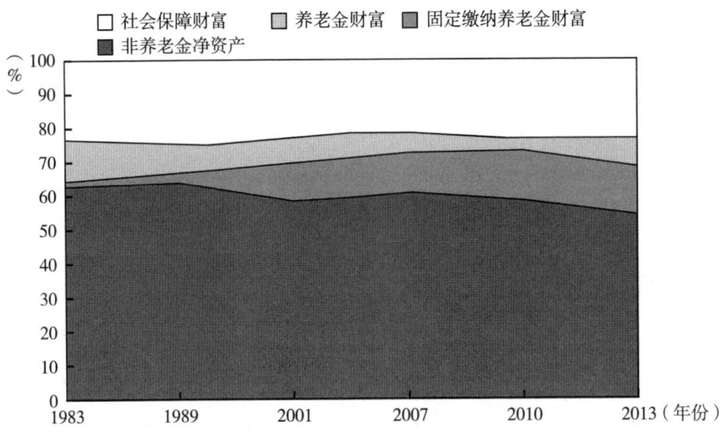

图8.3b　47～64岁年龄组增广财富的百分比构成

增广财富的时间趋势

如表8.4所示，在1989年至2007年，全体广义家庭的非养老金净资产平均值攀升了54%，但从2007年到2013年下降了21%。当把固定缴款养老金财富加入净资产时，我们发现从1989年到2007年净资产的增长速度比非养老金净资产快（73%），从2007年到2013年下降得更少（仅为16%）。造成这种差异的原因是这些年来固定缴款养老金财富在总财富中的份额不断上升。中位数的

343 表现与之类似（见表 8.5）。然而，在第一个时段非养老金净资产中位数上升了 6.4%，净资产中位数上升了 38%。在第二个时段，非养老金净资产中位数下降了 51%，与之相比，净资产中位数下降了 45%。

私人增广财富作为净资产和固定收益养老金财富之和，代表了广义家庭来自私人来源的退休保障资源——他们自己的财富积累和私人养老基金（包含政府的固定收益［DB］计划，但不包含社会保障等公共计划）。使用这个变量还可以让我们在将社会保障财富引入财富概念之前，将养老金，特别是固定收益计划养老金，对财富趋势的影响隔离开来。

结果表明，随着固定收益养老金制度的解体，1989 年至 2007 年全体广义家庭的私人增广财富平均值的增长速度低于广义家庭净资产（分别为 63% 和 73%），但在大衰退时期两者下降幅度大致相同（约 15%）。从 1989 年到 2007 年，私人增广财富中位数的增长幅度也比净资产中位数低（分别为 25% 和 38%），但 2007 年到 2013 年前者的下降幅度比后者低（分别为 36% 和 45%）。

这两项指标之间的差异反映了 1989 年至 2007 年固定收益养老金财富的收益远低于净资产。一般而言，1989 年至 2007 年，广义家庭私人增广财富的表现比传统净资产更差。这一发现表明，1989 年以后固定缴款计划的爆炸性增长未能完全弥补固定收益计划解体的损失，至少在广义家庭财富增长方面是如此。但是，从 2007 年到 2013 年，固定收益养老金财富在增广财富中的份额实际上略有提升，这是因为私人增广财富平均值的下降速度与净资产平均值基本相同。此外，由于与非养老金净资产相比，固定收益财富更集中在中产阶级，所以这些年私人增广财富中位数的下降幅度低于净资产中位数。

另一个值得注意的发现是，从1989年到2007年，私人增广财富的中位数增长速度远低于其平均值增长速度，而2007年至2013年中位数的百分比下降幅度高于平均值。如果与平均值相比，中位数更能反映普通广义家庭的福祉，那么这些结果表明普通广义家庭的福祉增长低于平均值变化代表的普通广义家庭福祉增长。它们也表明私人增广财富不平等程度不断上升。

20世纪80年代和90年代整体净资产的增长强劲，2001年至2007年也是如此。但是2007年到2013年发生了一次崩盘。47～64岁年龄组的模式也是如此。进一步，从1983年到2007年，非养老金净资产平均值增长了57%，而净资产增长了84%。在此期间，非养老金净资产中位数仅上涨了15%，而净资产中位数则上升了 344
63%。全体广义家庭的结果与之相似。这表明固定缴款计划对净资产增长的重要性。这并不是说在没有固定缴款计划的情况下，广义家庭不会用替代工具积累财富。但是，此时的财富积累很可能会减少，因为固定缴款计划可以避税，这意味着，在其他条件不变的情况下，固定缴款计划的财富积累效率高于其他应纳税的投资。雇主提供的固定缴款计划（如401［k］）的价值里还包含了雇主的缴款。

从2007年到2013年，中年广义家庭的净资产平均值下降了27%，而中位数暴跌52%（这两个数字远高于全体广义家庭的数字）。而非养老金净资产平均值的下降幅度甚至超过净资产（31%），中位数也是如此（56%）。这种差异反映了这些年来中年广义家庭增广财富中固定缴款养老金财富的比例不断上升。1983年至2007年间，私人增广财富平均值上升了70%，低于净资产平均值（84%）；而其中位数上升了32%，远低于净资产中位数（63%）。从2007年到2013年，私人增广财富平均值下降了26%，与净资产平均值差不多；而私人增广财富中位数暴跌了 40%，但低于净资产中位数下降幅度（52%）。同样，从 1983 年到 2007 年，47～64 岁年龄组私人增广财富中位数的增长速度远低于平均值的增长速度。2007 年至 2013 年，私人增广财富中位数的下降百分比大于平均值的下降百分比。

在年轻广义家庭（47 岁以下）中，情况有所不同。从 1989 年到 2007 年，私人增广财富平均值增加了 19%，与之相比，净资产平均值增加了 23%。该结果与其他年龄组相似。然而，私人增广财富中位数实际下降了 14%，与之相比，净资产中位数下降了 22%。在 2007 年至 2013 年的大衰退期间，私人增广财富平均值的百分比下降幅度大于净资产平均值百分比的下降幅度（分别为 20% 和 16%），而私人增广财富中位数下降幅度与净资产中位数差不多，都是惊人的 70%。实际上，到 2013 年，年轻广义家庭净资产的中位数暴跌至 7000 美元，私人增广财富中位数降至 12200 美元。这表明，在 20 世纪 90 年代和 21 世纪初期，年轻广义家庭的财富状况开始恶化。

65 岁及以上年龄组广义家庭与中年广义家庭及全体广义家庭的模式相似。从 1983 年到 2007 年，私人增广财富平均值增长了 78%，低于净资产平均值增幅（86%），私人增广财富中位数增长
345 了 44%，再次低于净资产中位数增加的幅度（72%）。从 2007 年到 2013 年，私人增广财富平均值下降了 5.0%，低于净资产平均值降幅（8.5%），私人增广财富中位数下降 7%，再次低于净资产中位数降幅（18%）。

一般来说，在 1989 年（或 1983 年）到 2007 年，广义家庭会感觉私人增广财富的表现比传统净资产差得多（除了年轻广义家庭，他们的私人增广财富中位数下降百分比低于净资产中位数下降

百分比）。这一发现表明，1989 年以后固定缴款计划爆炸性增长未能完全弥补固定收益计划解体的损失，至少在 2007 年前对广义家庭财富增长的影响是如此。然而，在 2007 年至 2013 年的大萧条期间，私人增广财富中位数和平均值百分比的下降小于净资产中位数和平均值百分比的下降（年轻广义家庭除外）。

接下来我开始评估增广财富，即非养老金净资产、养老金财富和社会保障财富之和。增广财富是衡量可用于保障退休生活的全套资源的最全面的衡量指标，因此在研究充足退休保障的趋势时，它随着时间推移发生的变化具有重大意义。20 世纪 90 年代，增广财富增长迅速，但在 2001 年至 2007 年增速明显放缓。实际上，对于年龄较大的年龄组，增广财富中位数几乎没有提高，而在年轻广义家庭中其绝对值实际上是下降的。在大衰退时期，从 2007 年到 2013 年，增广财富中位数和平均值的绝对值均有所下降，唯一的例外是 65 岁及以上的年龄组，该组增广财富中位数保持稳定。

1989 年至 2001 年，全体广义家庭的净资产平均值增加了 44%，而净资产中位数增加了 16%。加入固定收益养老金财富后，我们发现私人增广财富平均值增加了 37%，私人增广财富中位数增加了 4%。如果我们加入社会保障财富，那么增广财富平均值增加 39%，增广财富中位数增加 23%。在 20 世纪 90 年代，社会保障财富快速增长，部分是由于财富分布中间阶层养老金财富增长较慢，因此解释了增广财富比私人增广财富增长更快。

不同年龄组的模式不同。1989 年至 2001 年，在年轻广义家庭中，增广财富平均值增加了 22%，与之相比，净资产平均值增加了 20%；增广财富中位数增加了 18%，与之相比，净资产中位数减少了 13%。在中年广义家庭中，增广财富平均值增长了 42%，与之相比，净资产平均值增长了 47%；增广财富中位数增长了

27%，与之相比，净资产中位数减少了3%。老年广义家庭增广财富平均值增长38%，与之相比，净资产平均值增长44%，增广财富
346 富中位数增长37%，与净资产中位数大致相同。

2001年至2007年情况则不同。增广财富平均值增长放缓，全体广义家庭增长14%，与之相比，1989年至2001年间，其增长了39%。如果将此转换为年增长率，则第一个时段的年增长率为2.77%，第二个时段的年增长率为2.25%。另外，增广财富中位数在第二个时段增速略微快一点，年增长率为1.80%，而1989年至2001年的年增长率为1.75%。但是，有证据显示三个年龄组的增速都在放缓。2001年至2007年，青年广义家庭的增广财富平均值几乎没有变化，而增广财富中位数的绝对值下降；而在20世纪90年代，两者均增长了约20%。在后一个时段，中年广义家庭的增广财富平均值仅增加了9%；在1989年至2001年间增加了42%。而在21世纪第一个十年，增广财富中位数几乎没有变化，而在20世纪90年代增长了27%。对于老年广义家庭来说，在后一个时段增广财富中位数基本保持不变，但在前一个时段增长了37%；2001年至2007年，增广财富平均值的年增长率与20世纪90年代基本相同。

1989年至2007年，全体广义家庭的增广财富平均值增长了60%，低于私人增广财富平均值（63%）或净资产平均值（73%）。另外，在全体广义家庭中，增广财富中位数的增长速度与净资产中位数大致相同（约为37%），比私人增广财富中位数（25%）增长更快。与私人增广财富平均值（和净资产平均值）相比，增广财富平均值增长相对较慢，这是因为这些年社会保障财富平均值增长速度低于净资产平均值增长速度。但是，与私人增广财富中位数（和净资产中位数）相比，增广财富中位数增长较快，

这反映了社会保障财富主要集中在财富分布中间阶层的事实，并且这些年里社会保障财富中位数与净资产中位数的增速相同。

这些年（以及1983年至2007年）中年广义家庭显示了相同模式。在年轻广义家庭中，增广财富平均值增速快于净资产平均值或私人增广财富平均值增速，而增广财富中位数显示正增长，并且私人增广财富中位数和净资产中位数显示负增长。在老年广义家庭中，净资产（NW）中位数和平均值增长的速度快于私人增广财富，但后者的增长百分比高于增广财富。在全体广义家庭中也是如此，增广财富中位数的增长速度低于增广财富平均值，从1989年到2007年，增广财富平均值增长60%，而增广财富中位数仅增长37%。不同年龄组的结果相似。这些结果表明，这些年来增广财富不平等程度加剧。 347

在大衰退时期这种情况再次发生改变。从2007年到2013年，全体广义家庭的增广财富平均值下降了12%，但这个下降百分比低于私人增广财富平均值（14%）和净资产平均值（16%）。更值得注意的是，增广财富中位数下降了22%，尽管这个降幅显著低于私人增广财富中位数（36%）和净资产中位数（45%）。不同年龄组的结果相似。在年轻广义家庭中，增广财富中位数下降了25%，而净资产中位数下降了惊人的71%；在中年广义家庭中，前者下降了27%，而后者则下降了52%；在老年广义家庭中，增广财富中位数实际上升了1.6%，与之相比，净资产中位数下降了18%。这几组对比突出显示了大衰退时期社会保障财富对中产阶级财富的适度影响，当时社会保障财富中位数下降幅度远低于净资产中位数和养老金财富中位数，特别是固定收益养老金财富。实际上，社会保障体系充当了广义家庭财富的缓冲，缓解了大衰退带来的冲击。

增广财富的不平等程度

接下来我会研究1983年至2013年增广财富不平等程度的变化情况。我们可以首先来看一下其组成部分不平等程度的相对水平。2007年，社会保障财富是最平等的组成部分，全体广义家庭的基尼系数均为0.363。养老金财富的为0.783，非养老金净资产为0.857。加入固定缴款养老金财富将基尼系数降至0.834，这表明尽管固定缴款养老金财富不平等程度非常高，但它最终缓解了广义家庭财富的不平等程度。接下来，添加固定收益养老金财富以得到私人增广财富，基尼系数降低至0.805。因此，固定收益养老金财富也会降低广义家庭财富不平等程度。这个结果反映了固定收益养老金财富的分布比净资产更平均的事实。总而言之，将养老金财富加入非养老金净资产使不平等程度降低了0.052点。不过，社会保障财富的影响更大，当把社会保障财富加入非养老金净资产时，基尼系数降低了0.163点。这种效应是因为社会保障财富的不平等程度远低于净资产，以及它与净资产的相关性（虽然为正）较低。最后，将养老金财富和社会保障财富加入非养老金净资产导致基尼系数下降0.173。因此，退休财富降低财富不平等程度的力量显然来自社会保障，而不是私人养老金。三个年龄组的结果相似。

全体广义家庭的净资产不平等程度从1983年到1989年有所增
348 加（0.029基尼点），从1989年到2007年保持相对稳定从2007年到2010年再次大幅飙升（0.032基尼点），从2010年到2013年（0.005基尼积分）略微增长。增加养老金财富和社会保障财富如何影响财富不平等的趋势？

从 1983 年到 2007 年，固定收益计划的减少导致了财富不平等程度的加剧。固定收益财富分布相当均衡，因此当它减少时，它会促使财富不平等程度加剧。此外，随着时间的推移，固定收益养老金财富的均衡效果也逐渐减弱。尽管 1989 年至 2007 年，全体广义家庭净资产的基尼系数增加了 0.006 点，但私人增广财富的基尼系数提高了 0.012 点。另外，将固定收益养老金财富加入净资产导致 1989 年基尼系数下降 0.035，但 2007 年基尼系数仅下降 0.029。然而，从 2007 年到 2013 年，固定收益养老金财富抑制了财富不平等程度的上升。这些年来，私人增广财富的基尼系数上升了 0.032，而净资产的基尼系数上升了 0.037。换句话说，将固定收益养老金财富加入净资产，会使 2007 年基尼系数下降 0.029，2013 年下降 0.035。这种差异反映了这些年来固定收益养老金财富的增长。

对于中年广义家庭而言，从一个更长时间跨度上来看（1983 年至 2007 年），这个结果变得更加显著。对于这一组样本，净资产的基尼系数增加了 0.033 点，而私人增广财富的基尼系数激增了 0.070 点。在这里，我们看到更强有力的证据，证明固定收益养老金财富的降低财富不平等程度效应逐渐消失。增加固定收益养老金财富导致基尼系数在 1983 年下降 0.073，2007 年下降了 0.036。另一方面，从 2007 年到 2013 年，净资产的基尼系数上升 0.043，而私人增广财富的基尼系数仅上升 0.036。增加固定收益养老金财富到净资产，在 2007 年使基尼系数降低了 0.036，在 2013 年使其降低了 0.044。

老年广义家庭的结果与之相似。从 1983 年到 2007 年，私人增广财富不平等程度增加了 0.040 基尼点，而净资产的不平等程度几乎没有变化。从 2007 年到 2013 年，私人增广财富的基尼系数增加了0.003，而净资产增加了0.018。然而，年轻广义家庭的模式有所不同。从1989年到2007年，私人增广财富的基尼系数改变了-0.001，略高于净资产的基尼系数变化-0.007。从2007年到2013年，私人增广财富的基尼系数上升0.086点，略高于净资产的0.084点。

图8.4a显示了1989年至2013年全体广义家庭私人增广财富规模分布变化。1989年至2001年，位于私人增广财富分布较高一端的广义家庭获得了大部分财富增长，而分布在底部一端的广义家
349 庭的财富出现了绝对下降。在这两个极端之间，相对收益并没有显示出明显的模式，这与这些年来基尼系数略有增加的结果一致。从2001年到2007年，私人增广财富最高增幅大致发生在私人增广财富分布的中间阶层，而分布的底端出现了急剧下降。这种模式也与这些年来私人增广财富基尼系数的温和增长一致。与之相反，从2007年到2013年，所有百分位数的私人增广财富的百分比变化都

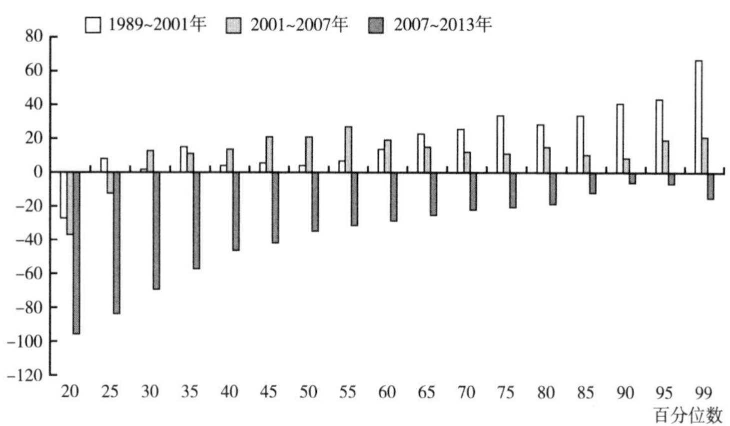

图8.4a 全体广义家庭1989年、2001年、2007年和2013年私人增广财富（PAW）百分比变化（按百分位数分组，按2013年美元计算）

为负。然而，分布百分位数和私人增广财富百分比变化之间存在几乎为正的单调关系，这与近年来私人增广财富不平等程度上升的结果一致。

在中年广义家庭中，在1989年到2001年间，在第45百分位数之前私人增广财富的百分比变化都是负值，之后变为正值（见图8.4b）。在第二个时段，所有百分位数的私人增广财富百分比增长都为正，但没有明显的模式。这些结果与前一个时段基尼系数上 350
升，第二个时段基尼系数变化不大一致。与全体广义家庭的情况一样，从2007年到2013年，所有百分位数的私人增广财富的百分比变化均为负，并且百分位数和百分比变化之间存在几乎为正的单调关系，这再次与这些年私人增广财富不平等程度上升的发现一致。

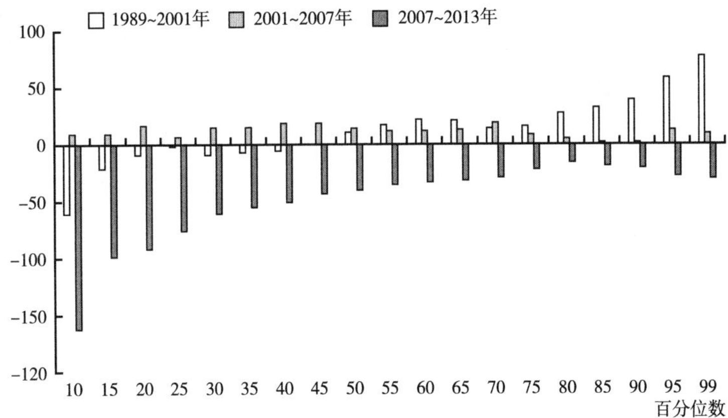

图8.4b　47～64岁年龄组1989年、2001年、2007年和2013年私人增广财富（PAW）百分比变化（按百分位数分组，按2013年美元计算）

我们看到将固定收益养老金财富添加到净资产以得到私人增广财富导致不平等程度衡量指标降低。在这里，显而易见的是，在财富中包含社会保障财富导致财富不平等程度的衡量指标大幅降低。

1989 年至 2007 年，全体广义家庭净资产不平等程度基本没有变化。与之相反，增广财富的不平等程度大幅上升，上升 0.021 基尼点。这无异于说在 1989 年至 2007 年间，退休财富降低财富不平等程度的作用逐渐降低。虽然在 1989 年将退休财富添加到净资产
351 将基尼系数降低了 0.165 点，但是到 2007 年就只降低了 0.15 点。因此，1989 年至 2007 年间添加退休财富到净资产带来的降低财富不平等的作用在下降。相比之下，从 2007 年到 2013 年，增广财富的基尼系数仅增加了 0.017，而净资产的基尼系数增加了 0.037。换句话说，与 1989 年至 2007 年间相比，这些年来的退休财富的影响有所增加。

在年轻广义家庭中，从 1989 年到 2007 年净资产和增广财富的不平等程度均略有下降，但从 2007 年到 2013 年，净资产的基尼系数上升了 0.084，而增广财富的基尼系数仅上升了一半，为 0.046。在中年广义家庭中，从 1989 年到 2007 年净资产的基尼系数增加了 0.020，而增广财富则增加了 0.031 点。事实上，在整个 1983 年至 2007 年间，净资产的基尼系数上升了 0.033 点，但增广财富上升了 0.076 点。在大衰退期间，前者的涨幅大大高于后者，分别为 0.043 和 0.015。在老年广义家庭中，在 1983 年至 2007 年间，净资产的基尼系数几乎没有变化，而增广财富的基尼系数攀升了 0.066 点。与之相反，从 2007 年到 2013 年，增广财富的不平等程度实际上略微下降，而净资产的不平等程度则上升。因此，对于中年和老年广义家庭来说，他们的模式与全体广义家庭相同，即在 1983 年（1989 年）和 2007 年，增广财富的不平等程度比净资产的不平等程度上升更多。从 2007 年到 2013 年，在全体广义家庭和各个年龄组中，增广财富不平等程度的增长均低于净资产。

从 1989 年到 2007 年，由于退休财富不平等程度提升，所以增

广财富的不平等程度上升而净资产的不平等程度保持不变。这个结果适用于全体广义家庭样本、年轻广义家庭样本和中年广义家庭样本（但不适用于老年广义家庭样本）。此外，在全体广义家庭中，非养老金净资产和退休财富的相关系数从 0.18 提高到 0.25，在中年广义家庭中从 0.16 提高到 0.22。[①] 然而，在 2007 年至 2013 年间，增广财富的不平等程度上升幅度低于净资产，是因为这些年来退休财富在增广财富中的份额上升，而非养老金净资产的份额下降。由于退休财富不平等程度远低于非养老金净资产不平等程度，这种转变降低了整体增广财富的不平等程度。这种转变发生在全体广义家庭样本和三个年龄组样本中。另一个因素是，非养老金净资产和退休财富的相关系数略有下降，在全体广义家庭中从 2007 年的 0.25 下降到 2013 年的 0.23，在 47～64 岁年龄组中从 0.22 降至 0.20。

图 8.5a 给出了 1989 年至 2013 年全体广义家庭增广财富分布变化的图形描述。在全体广义家庭中，1989 年至 2001 年间增广财富的百分比变化都为正，形成一个 U 形，低点出现在第 50 百分位数。与之相比，从 2001 年到 2007 年，增广财富的百分比变化在财 352
富分布的底部是负的（一直到第 30 百分位数），然后转为正。此外，百分比增长与初始增广财富水平正相关。这些结果与 1989 年至 2001 年增广财富不平等程度变化不大，2001 年至 2007 年不平等程度上升的结果一致。相比之下，2007～2013 年增广财富的百分比变化均为负值，在财富分布的中间阶层（第 20～75 百分位数）最大，这解释了这些年来增广财富不平等程度极小的增长。

---

① 对于老年广义家庭，增广财富不平等程度上升的主要原因是增广财富中净资产份额增加，从 1989 年的 68% 上升到 2007 年的 76%。由于净资产不平等程度比退休财富的不平等程度更大，这种转变导致在后一年增广财富不平等程度更高。次要原因是非养老金净资产和退休财富的相关性增强。

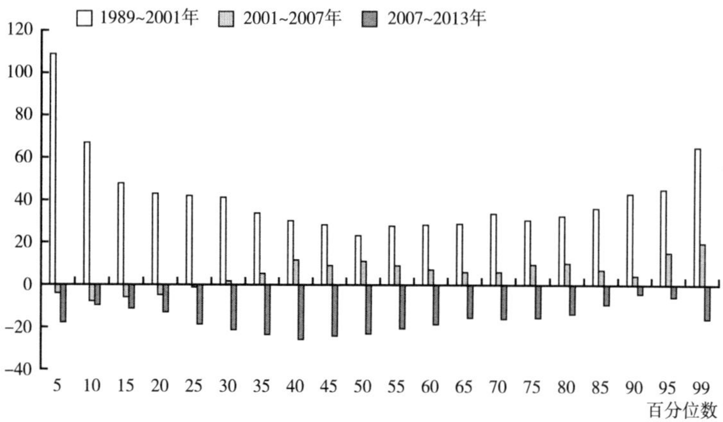

图 8.5a　全体广义家庭 1989 年、2001 年、2007 年和 2013 年增广财富（AW）百分比变化（按百分位数分组，按 2013 年美元计算）

在中年广义家庭中，1989 年至 2001 年间增广财富的百分比变化为正，形成 U 形，最低点出现在第 30 百分位数（见图 8.5b）。在此期间，增广财富的不平等程度温和增加，这反映了这样一个事

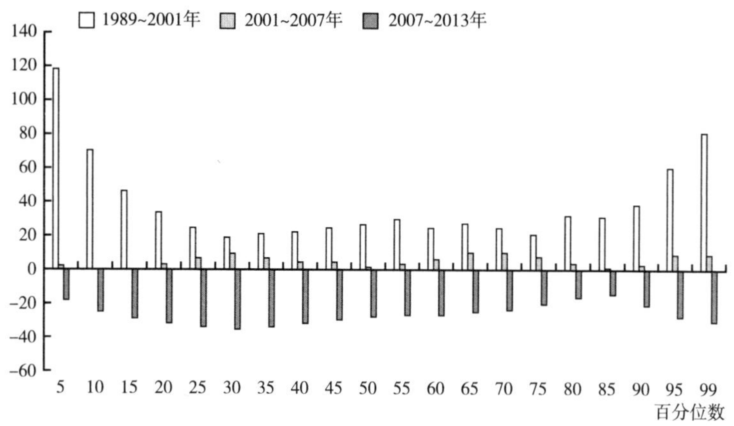

图 8.5b　47～64 岁年龄组 1989 年、2001 年、2007 年和 2013 年增广财富（AW）变化百分比（按百分位数分组，按 2013 年美元计算）

实，即百分比增长更集中在财富分布的70%以上的半部分。从 353
2001年到2007年，增广财富的变化总体上为正，但很小，模式不一。然而，正收益再次集中在财富分布的上尾，导致增广财富不平等程度温和增长。相比之下，2007年至2013年间增广财富的百分比变化均为负，并且在财富分布中间阶层（第20～70百分位数）最大，这解释了这些年来增广财富不平等程度相对较小的增长。

退休财富的替代概念

退休财富没有一个“正确”的概念。[①] 本章使用了标准衡量指
标，即养老金财富和社会保障财富。下面的灵敏度分析介绍了四种 354
退休财富的替代概念，以确定基本结果是否仍然有效，特别是在大衰退时期。

固定缴款养老金计划里的雇主缴款

迄今为止的分析对固定缴款和固定收益退休金财富（以及社会保障财富）的处理方式相同。但是，固定缴款养老金财富与其他两种退休财富之间存在巨大差异。固定收益养老金财富被定义为固定收益养老金未来福利流的贴现，并假设雇员在其预期退休日期之前始终在其雇佣公司工作（即“持续性工作”假设）。社会保障财富的计算也有相同的假设。另外，固定缴款养老金财富的价值仅基于固定缴款计划的当前市场价值。个人就业的时间长度不会增加固定缴款养老金财富的计算价值。

---

① 参见沃尔夫《退休财富估算中的方法论问题》（“Methodological Issues in the Estimation of Retirement Wealth”）。

将未来雇主缴款流量的预测添加到固定缴款账户，使固定缴款养老金财富与固定收益养老金财富具有可比性。在大多数情况下，雇主缴款占雇员工资的一个固定百分比。根据人力资本收益估算函数和持续性工作假设，可以计算雇主对固定缴款计划的未来年度缴款资金流的现值直至退休（称为 DCEMP）。[①] 将 DCEMP 添加到固定缴款养老金财富中使得 DCW 可与固定收益养老金财富相提并论，因为现在两者都反映了由于雇主对退休计划的缴款，个人在退休时的可用退休财富。

然而，即使向固定缴款养老金财富添加 DCEMP，固定缴款和固定收益两种养老金财富之间仍存在一些差异。特别是，固定缴款养老金财富相关的风险更大。固定收益计划中的收益水平由计划条款设置。固定收益养老金财富仅依赖于未来劳动力在公司工作和未来收益。即使公司破产，1974 年成立的联邦养老金福利担保公司（Pension Benefit Guaranty Corporation）也将保证支付一定数额上限的养老金福利。相比之下，固定缴款养老金财富不仅取决于未来劳动力在公司工作和未来收益，还取决于未来的员工缴费，未来的雇主缴费和未来的收益率。实际上，2000 年至 2003 年以及 2007 年
355 至 2010 年的股票市场变动，显示了预测固定缴款养老金财富的未来价值即使在很短的时间段内也是非常难的。固定收益计划的收益比固定缴款计划的收益更加确定。固定缴款计划增加的原因之一就是将风险从雇主转移到雇员。

可以将基本核算框架修改如下：

$$DCEMP = DCEMP_a + DCEMP_b \tag{8.6}$$

① 有关估算 DCEMP 的方法的详细信息，请参见附录 3。

$$DCW^{*} = DCW + DCEMP \tag{8.7}$$

$$PW^{*} = DBW + DCW^{*} \tag{8.8}$$

$$PAW^{*} = NWX + PW^{*} \tag{8.9}$$

$$RW^{*} = PW^{*} + SSW \tag{8.10}$$

$$AW^{*} = NWX + PW^{*} + SSW \tag{8.11}$$

当包含 DCEMP 时，收益通常看起来更多（见表 8.8）。[①] 2001 年，47～64 岁年龄段的 DCEMP 平均值为 39600 美元（按 2013 年美元计算），占固定缴款养老金财富的 31%。1989 年，相应的比例更高，达到 60%。1989 年较高的比率反映了当年固定缴款养老金财富的累积低于 2001 年的累积（2001 年 DCEMP 的绝对值比 1989 年大得多）。2007 年，DCEMP 的平均值为 41500 美元，略高于 2001 年。从 2001 年到 2007 年的变化反映了雇主对固定缴款计划的缴款较少，并且一些公司停止了雇主缴款。到 2007 年，DCEMP 与固定缴款养老金财富的比率已降至 28%。有点令人惊讶的是，这个比率在 2010 年跃升至 36%。这一变化的部分原因反映了在此期间从股市下跌导致固定缴款养老金财富下跌，但它也反映了 DCEMP 平均值的大幅增加，从 41500 美元增加到 55400 美元。而从 2010 年到 2013 年，DCEMP 的平均值降至 31200 美元。这种减少可能反映了许多公司在这些年中停止了 401（k）和其他固定缴款计

① 仅针对 47～64 岁年龄组进行计算。增加 DCEMP 不会影响退休人员的养老金财富价值，因为其固定缴款账户的价值已经确定。此外，DCEMP（以及下面描述的其他组成部分）的价值太不确定，因此无法估算年轻劳动者的数值，因为他们的工作生涯才刚刚开始。

划，或减少了缴款。[①]

2001 年增加 DCEMP 使养老金财富平均值增加了 17%。1989 年的相应数字为 10%。毫不奇怪，1983 年至 2001 年间，增加 DCEMP 通常会促进养老金财富平均值的增长。1983 年至 2001 年，PW* 平均值增加了 148%，PW 增加了 113%。2001 年至 2007 年的情况有所不同。2007 年，包含 DCEMP 使 PW 的平均值提高了
356 16%，几乎与 2001 年相同。结果就是，从 2001 年到 2007 年，PW* 平均值增长了 6.1%，略低于 PW 平均值的增长。从 2010 年到 2013 年，PW* 平均值下降 8.8%，而 PW 平均值基本保持不变。

AW* 与 AW 一样明显增长放缓（见表 8.8 和图 8.6）。从 1983 年到 2001 年，AW* 中位数增加了 37%，与之相比，AW 中位数增长了 30%，但 2001 年至 2007 年 AW* 中位数仅增长 2%，与 AW 中位数增幅大致相同。从 2007 年到 2013 年，AW* 中位数下降了 27%，与 AW 中位数降幅大致相同。与 AW 一样，AW* 中位数的增长速度低于 AW* 平均值，二者 1983 年至 2007 年分别为 40% 和 68%，2007 年至 2013 年分别为 -27% 和 -23%。然而，值得注意的是，与 AW 中位数一样，在 1983 年至 2007 年 AW* 中位数的增长速度高于 NW 中位数，但在 2007 年至 2013 年的百分比下降幅度低于 NW 中位数。

AW* 和 AW 的不平等趋势也非常相似。从 1983 年到 2007 年 AW* 的基尼系数攀升 0.073，与 AW 大致相同，两者都比 NW 高。然后从 2007 年到 2013 年 AW* 的基尼系数增加了 0.014，与 AW

---

① Ngina Chiteji 在著作“The Great Recession, DC Pensions, and the Decline in Retirement Savings”（mimeo, 2015）中，提供了一些密歇根州的相关证据。例如，她在《密歇根州衰退和复苏研究》（Michigan Recession and Recovery Study）中表示，有 21% 的受访者表示他们的雇主在 2012 年减少了养老金缴款。

大致相同，并且低于 NW。与 RW 的情况一样，RW^{*} 抑制不平等程度的作用在 1989 年至 2007 年减小，然后在 2007 年至 2013 年扩大。

固定缴款养老金计划的员工缴款

接下来研究的是为固定缴款计划增加未来员工缴款的贴现值（DCEMPW）。[①] 此变量的引入是添加 DCEMP 的合理延伸。事实上，对于绝大多数公司而言，雇主给固定缴款计划的缴款取决于雇员对公司提供的养老金计划的付款。

新的核算框架变为：

$$DCW^{**} = DCW + DCEMP + DCEMPW \quad (8.12)$$

$$PW^{**} = DBW + DCW^{**} \quad (8.13)$$

$$PAW^{**} = NWX + PW^{**} \quad (8.14)$$

$$RW^{**} = PW^{**} + SSW \quad (8.15)$$

$$AW^{**} = NWX + PW^{**} + SSW \quad (8.16)$$ 357

DCEMPW 在 1989 年略高于 DCEMP，在 2001 年和 2007 年低一些，在 2010 年和 2013 年更高。从 2007 年到 2010 年，DCEMPW 平均值也有大幅增长，与 DCEMP 一样。DCEMPW 平均值从 24900 美元增加到 80100 美元。可能的原因是劳动者们试图补足他们的固定缴款账户的损失价值，损失是这些年来股市下跌所致。与 DCEMP 一样，在 2010 年至 2013 年间，因为公司停止了固定缴款计划并减少了它们的缴款，DCEMPW 出现下降。从 1989 年到 2007

① 有关用于估算 DCEMPW 的方法的详细信息，请参见附录 3。

表 8.8　1983～2013 年 47～64 岁年龄段增广财富的替代衡量指标的时间趋势

数字单位为千美元，按 2013 年美元计算

	1983 年	1989 年	2001 年	2007 年	2010 年	2013 年	百分比变化[a]（%）				
							1983～1989 年	1989～2001 年	2001～2007 年	2007～2010 年	2010～2013 年
A. 平均值											
1. 养老金财富	112.1	135.6	238.2	253.2	227.4	226.9	21.0	75.6	6.3	-10.2	-0.2
2. 养老金财富*	112.1	149.5	277.9	294.7	282.9	258.1	33.4	85.8	6.1	-4.0	-8.8
3. 养老金财富**	—	165.2	290.3	319.6	363.0	319.7	—	75.7	10.1	13.6	-11.9
4. 养老金财富累积				204.7	219.7	207.7					
5. 社会保障财富	178.2	155.6	242.7	242.4	210.9	214.2					
6. 社会保障财富累积	—	—	—	228.8	206.0	198.0					
B. 平均值											
1. 净资产	491.8	536.1	787.3	902.8	769.9	662.3	9.0	46.9	14.7	-14.7	-14.0
2. 增广财富	769.2	804.4	1141.2	1248.0	1054.3	962.7	4.6	41.9	9.4	-15.5	-8.7
3. 增广财富*	769.2	818.3	1180.9	1289.5	1109.8	993.8	6.4	44.3	9.2	-13.9	-10.4
4. 增广财富**	—	834.0	1193.3	1314.4	1189.9	1055.5	—	43.1	10.1	-9.5	-11.3
5. 预计增广财富	—	1011.8	1267.8	1372.3	1310.8	1116.6	—	25.3	8.2	-4.5	-14.8
6. 累积的增广财富	—	—	—	1034.9	887.7	786.5	—	—	—	-14.2	-11.4
C. 中位数											
1. 净资产	142.6	175.3	181.1	232.1	141.3	110.7	23.0	3.3	28.2	-39.1	-21.7
2. 增广财富	409.9	419.5	534.4	545.6	394.9	396.2	2.3	27.4	2.1	-27.6	0.3
3. 增广财富*	410.6	420.9	561.9	573.7	417.7	418.1	2.5	33.5	2.1	-27.2	0.1
4. 增广财富**	—	427.8	570.7	588.4	451.7	439.7	—	33.4	3.1	-23.2	-2.7

续表

	1983 年	1989 年	2001 年	2007 年	2010 年	2013 年	百分比变化[a]（%）				
							1983～1989 年	1989～2001 年	2001～2007 年	2007～2010 年	2010～2013 年
5. 预计增广财富	—	487.0	591.6	607.7	480.1	458.2	—	21.5	2.7	-21.0	-4.6
6. 累积的增广财富				417.7	333.5	309.3	—	—	—	-20.2	-7.2
D. 基尼系数											
1. 净资产	0.761	0.775	0.798	0.795	0.825	0.838	0.013	0.024	-0.003	0.030	0.013
2. 增广财富	0.574	0.619	0.637	0.650	0.678	0.665	0.045	0.018	0.013	0.028	-0.013
3. 增广财富*	0.574	0.618	0.633	0.647	0.679	0.661	0.044	0.016	0.013	0.032	-0.018
4. 增广财富**	—	0.617	0.632	0.643	0.677	0.659		0.015	0.011	0.033	-0.018
5. 预计增广财富	—	0.644	0.640	0.648	0.688	0.667		-0.004	0.008	0.040	-0.021
6. 累积的增广财富	—	—	—	0.668	0.681	0.681				0.013	-0.001

资料来源：作者对来自 1983 年、1989 年、2001 年、2007 年、2010 年和 2013 年的消费者财务调查数据进行计算。

注：根据户主年龄将广义家庭分为年龄组。

AW = NWX + PW + SSW。

AW* = NWX + PW* + SSW。

AWP = NWP + DBW + SSW，NWP 是退休年份的预计净资产，按 2010 年美元计算。AWACC = NW + DBACC + SSWACC。

*：增广财富，包含未来雇主对固定缴款计划的缴款；**：增广财富，包含未来雇主和雇员对固定缴款计划的缴款；aD 组的百分点变化。

缩写：AW：增广财富；AWACC：增广财富累积；AWP：预计增广财富；DBACC：固定收益计划累积；DBW：固定收益养老金财富；NW：净资产；NWP：预计净资产；NWX：非养老金净资产；PW：养老金财富；SSW：社会保障财富；SSWACC：社会保障财富累积。

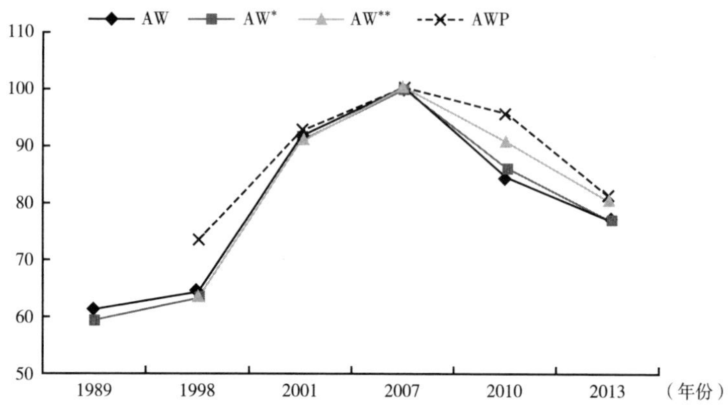

图 8.6　1983～2013 年 47～64 岁替代衡量指标的增广财富（AW）平均值趋势，年龄组（指数，2007 年 =100）

年，PW** 的增长速度略低于 PW*（93% 对 97%），从 2007 年到
360 2013 年几乎保持不变，而此期间 PW* 损失了 12.4%。①

但是，AW** 的时间趋势与 AW 和 AW* 的时间趋势几乎完全相同（见表 8.8 和图 8.6）。从 1989 年到 2001 年 AW** 平均值提高了 43.1%，几乎与 AW 平均值和 AW* 平均值完全相同；从 2001 年到 2007 年 AW** 平均值增长了 10.1%，同样与 AW 和 AW* 几乎相同；从 2007 年到 2013 年，AW** 平均值下降了 19.7%，略低于 AW 和 AW*。从 1989 年到 2001 年 AW** 中位数增长了 33.4%，几乎与 AW* 中位数增幅相等，但高于 AW，从 2001 年到 2007 年仅增长 3.1%，与 AW* 和 AW 相同。从 2007 年到 2013 年，AW** 中位数下降了 20%，与之相比 AW 中位数和 AW* 中位数下降了约 27%。与 AW 和 AW* 一样，AW** 中位数的百分比下降幅度低于 NW 中位数。AW** 与 AW* 和 AW 的不平等趋势也相似（实际上，三个基尼

① 由于存在大量缺失值，因此无法显示 1983 年 DCEMPW 或 PW** 的结果。

系数几乎完全相同）。值得注意的是，再一次，AW^{**} 的不平等程度与 AW 和 AW^{*} 的不平等程度一样，比 NW 从 1989 年到 2007 年的不平等程度上升更多，又低于其从 2007 年到 2013 年的增幅。

退休时的预期财富

第三个替代概念是对退休年份（大多数情况下是 65 岁）的广义家庭总财富的预测。固定收益养老金财富和社会保障财富都是按退休年龄估价。DCEMP 和 DCEMPW 显示预计从当前年龄到退休年龄，雇主和雇员对固定缴款计划的缴款的贴现值。乍一看，明智的做法应该是预计到退休年份的非养老金净资产，然后将其添加到 DBW，SSW，DCEMP 和 DCEMPW 中。

但是，该做法隐性假设在非养老金财富中，固定缴款缴款与储蓄没有替代关系。在其他条件不变的情况下，为固定缴款计划缴款的雇员可能储蓄的其他形式的财富要少于没有为固定缴款计划缴款的雇员。还有，如果雇主也为固定缴款计划缴款，则其他储蓄可能会更少。因为没有办法准确估算固定缴款养老金财富与其他形式财富之间的替代弹性，因此，也没有办法独立预测退休年龄时的非养老金财富。

另一个办法是根据广义家庭的财富构成和按资产类型划分的历
史收益率来预测广义家庭净资产。这种方法的缺点是，虽然可以在 361
此基础上预测未来资本收益，但很难预测未来的储蓄率。[①] 因此，用这种方法预测未来净资产只能得到部分答案。

---

① 这个过程需要广义家庭微观模拟模型，例如城市研究所和社会保障事务管理局使用的 MINT 模型（相关案例参见 Karen Smith，Eric Toder 和 Howard Iams，“Lifetime Redistribution of Social Security Retirement Benefits”）（油印品，华盛顿特区，社会保障事务管理局，2001 年）。

另一种替代方法是基于47～64岁年龄组净资产的历史变化数据，直接预测净资产（包含DCW，DCEMP和DCEMPW）。此外，这些计算是针对7个收入阶层进行的（使用财富阶层分类得到的结果与此非常相似）。例如，使用消费者财务状况调查1983年至2007年47～64岁年龄组的数据，我计算出该年龄组的净资产年平均实际增长率为2.54%。这种方法还避免了确定固定缴款计划缴款与其他形式的储蓄之间是否存在替代关系的难题。

在这个预测中，我使用以下五个时期按收入阶层划分的实际增长率：1983～1989年、1989～2001年、2001～2007年、2007～2010年和2010～2013年。在2013年之后的时期，我使用了1983年至2013年的净资产平均年增长率，来预测2013年之后的净资产。

表8.8中的结果显示了预计的增广财富，其中

$$AWP = NWP + DBW + SSW + DCEMP + DCEMPW \tag{8.17}$$

NWP等于退休年份的预计净资产（见图8.6）。[1] 2001年、2007年、2010年和2013年AWP平均值和AW**平均值之间的百分比差异非常小——从4%到10%不等。这些较小的差异反映了这样一个事实，即大部分中年广义家庭接近退休年龄，因此他们目前的净资产接近退休时的净资产水平。1989年的差异大得多，为21%，因为这个年龄组的净资产平均增长率远高于后续时期（1989年至2001年每年为3.2%）。

因此，从1989年到2007年，AWP的增长速度低于AW**。虽然AW**平均值增加了58%，但AWP平均值仅增长了36%；AW**中位数增加了38%，但AWP中位数仅增加了35%。AWP的

① 因为没有1983年的DCEMPW数据，所以无法计算1983年的AWP。

基尼系数高于 AW** 的基尼系数，特别是在 1989 年，这反映了高收入广义家庭的净资产增长更快。作为结果，从 1989 年到 2007 年，AW** 的基尼系数上升了 0.026 点，而 AWP 的基尼系数仅增加了 0.004。同样，从 2007 年到 2013 年，虽然 AW** 的基尼系数提高了 0.016 点，但 AWP 的基尼系数上涨 0.019。但是，在 2007 年 362
至 2013 年间，AW** 和 AWP 的基尼系数上升幅度都小于 NW 的基尼系数（0.043 点）。

退休财富的应计价值

第四种替代衡量指标基于固定收益养老金财富和社会保障财富的应计价值。这显示了基于个人迄今为止的工作历史得到的每个计划的价值。对于固定收益养老金财富，其价值是基于消费者财务状况调查问卷中如下问题的答案："如果您现在离开这份工作，您将有资格从该计划中获得什么——得到或转存一个一次性支付或结算，还是从此之后可以得到定期付款?"固定收益养老金财富的应计价值的计算与固定收益养老金财富的计算完全相同，除了用退休时的应计收益取代预期收益。固定收益退休财富的总应计价值（DBACC）是当前工作的未来应计 DB 收益的总现值，加上先前工作的未来 DB 收益的总现值，包含当前收到的 DB 收益。

对于社会保障财富，其应计价值（SSWACC）基于个人的指数化月均收入计算，该收入根据个人迄今为止的工作历史和基本保险金额（PIA）的相应值计算得出。① 因此 DBACC 和 SSWACC 使退休财富可以与净资产相比较，因为这三个数据在当前日期都有价值。这类似于 NWP，DBW 和 SSW 之间的关系，此时，它们都按退

① 只有 2007 年、2010 年和 2013 年的计算值，只是因为早些年缺乏可比数据。

休之日的价值计算。然后，增广财富的应计值由下式给出：

$$AWACC = NW + DBACC + SSWACC \tag{8.18}$$

2007 年至 2013 年，固定收益养老金财富下降了 16%，因为许多计划都停止了，并且收益水平被冻结，DB 计划的应计价值实际上升了 23%。这个差异可能是由于法律规定（至少在美国），即使一个计划终止，也无法消除甚至减少 DB 应计价值。因此，这些年来 DBACC 与固定收益养老金财富的比率从 53% 上升到 78%。这些年来 PWACC 与养老金财富的比率非常高，从 81% 到 97%——反
363 映了固定缴款养老金财富在养老金财富中的主导地位。

与社会保障财富一样，在 2007 年至 2013 年间 SSWACC 的平均值下降。两者的百分比下降幅度非常相似。实际上，在三个时期内 SSWACC 平均值非常接近社会保障财富平均值，两者比率范围从 92% 到 98%。这个年龄段的许多劳动者即将结束其工作生涯，因此社会保障体系的进一步积累相对较小。实际上，2013 年这一年龄组男性劳动者的应计基本保险金额与完全基本保险金额的比率为 0.79，女性劳动者为 0.75。此外，社会保障福利计算公式是渐进的，相对于低收入劳动者的缴款提供更多的福利。

AWACC 的时间趋势也与增广财富的时间趋势非常相似，至少在 2007 年至 2013 年是如此（见表 8.8）。从 2007 年到 2013 年，增广财富平均值和 AWACC 平均值分别下降 23% 和 24%，中位数分别下降了 26% 和 27%。这两个中位数的下降幅度远低于净资产中位数。关于不平等趋势，首先要注意的是 AWACC 的基尼系数高于增广财富。这个差异反映了与增广财富相比，在 AWACC 中固定收益财富的权重较低，会降低财富不平等程度。在 2007 年至 2013 年间，增广财富的基尼系数增加了 0.015，而 AWACC 的基尼系数则

增加了0.012。在这两种情况下，增广财富的基尼系数上升幅度显著低于净资产。

结　论

从1983年到2013年这30年的研究成果，围绕着增广财富的四个组成部分展开：非养老金财富、传统固定收益养老金财富、固定缴款养老金财富和社会保障财富。固定收益养老金财富和社会保障财富发挥了“均衡器”的作用，降低财富不平等程度并提高了中位数。与之相反，非养老金净资产和固定缴款财富是“不平等增加器”，增加了不平等程度并降低了中位数。随着固定收益计划的减少并被固定缴款计划所取代，财富中位数增长放缓，财富不平等程度上升。这些年来社会保障财富保持稳定，但在大衰退期间相对增长，有助于缓和财富中位数的急剧下降和财富不平等程度的急剧上升。

从1983年到2013年，传统的固定收益养老金体系转变，固定缴款养老金覆盖率提高，固定收益计划覆盖的广义家庭份额急剧下 364
降，固定缴款计划覆盖的广义家庭份额急剧增加。随着固定缴款养老金财富的下降，固定收益养老金财富急剧上升。

基于传统的财富衡量标准，1983年至2007年是一个财富强劲的增长期，中年广义家庭的净资产平均值激增了84%。[①] 但是，对于私人增广财富来说，其增长幅度稍微温和一些，只有70%。社会保障财富平均值增长速度较慢，在此期间增长了36%，而且，

① 本节重点介绍47~64岁年龄组的结果，因为这是受养老金制度转型影响最大的年龄组，其相关数据涵盖了1983年至2013年。

增广财富平均值总计增长了62%。

当我们研究中位数时，增长就没有这么强劲了。净资产中位数增加了63%，私人增广财富中位数增加了32%，而增广财富中位数上升了33%。平均值和中位数的趋势差异反映了固定收益养老金财富的相对下降和固定缴款养老金财富的相应增加。此外，私人增广财富中位数和增广财富中位数的增幅只有净资产中位数的一半，再次反映了固定收益养老金财富的相对下降。

在1983年至2007年间显示出相对健康的趋势，但在细分时段里隐藏了重要差异。实际上，本章的主要发现之一是，与20世纪80年代和90年代相比，2001年至2007年间，养老金财富、私人增广财富和增广财富的增长明显放缓。事实上，固定缴款养老金体系在20世纪80年代和90年代看起来非常成功，其时股票市场正在蓬勃发展，但从2001年到2007年则变得很平常，即使在金融危机爆发前也是如此。特别是在中年广义家庭中，平均养老金财富的年增长率下降了76%，从1983年至2001年间的4.2%，下降到2001年至2007年期的1%。

同样，增广财富平均值的年增长率从1983年至2001年间的2.2%下降到2001年至2007年间的1.5%，而增广财富中位数的年均增速则显示出更急剧的下降，从1.5%降至0.3%。2001年至2007年增广财富中位数的缓慢增长，再次反映了固定收益养老金财富（DBW）的相对下降和固定缴款养老金财富的相应上升。大衰退期间养老金财富平均值下降10%，净资产平均值下降27%，净资产中位数下降了惊人的52%。私人增广财富中位数和平均值下降程度与净资产相同。然而，由于在这些年中社会保障财富的相
365 对增加，及其集中在财富分布的中间阶层，增广财富中位数“仅”下降了27%。

退休财富确实对财富不平等程度产生了显著影响。将退休财富添加到净资产大大降低了基尼系数。大多数降低财富不平等程度的效果来自于增加了社会保障财富。然而，从 1983 年到 2007 年，退休财富降低财富不平等程度的作用减弱了。从 1983 年到 2007 年，中年广义家庭的净资产基尼系数上升了 0.033 点，而增广财富的基尼系数则上升了 0.076 点。换句话说，将退休财富加入净资产中后，1983 年整体基尼系数减少了 0.187，但 2007 年只减少了 0.145。这是固定收益养老金财富相对下降和固定缴款养老金财富相应上升的结果。

与之相反，从 2007 年到 2013 年，中年广义家庭净资产的基尼系数跃升 0.043，但增广财富的基尼系数仅上升了 0.015。对此的解释是，社会保障财富在增广财富中的份额不断上升，而非养老金净资产在增广财富中的份额不断下降。由于社会保障财富的不平等程度远低于非养老金净资产，因此这些年来它的相对增长对增广财富不平等程度的加剧产生了一种抑制作用。

这些结果的一个重要先决条件是，现在高收入广义家庭和低收入广义家庭的预期寿命存在非常大（且不断扩大）的差距。[1] 因此，在收入（或财富）层次上使用有条件的死亡率将降低固定收益养老金财富和社会保障财富预期的抑制财富不平等程度的作用。随着时间推移，寿命差异越来越大，增广财富的这两个组成部分的财富再分配效应也会随之减弱。 366

① 参见 Barry Bosworth，Gary Burtless 和 Kan Zhang 著作：“Later Retirement, Inequality in Old Age, and the Growing Gap in Longevity between Rich and Poor”（Washington, DC: Economic Studies at Brookings, 2016）。

思想會

A CENTURY OF WEALTH IN AMERICA

美国家庭财富百年史

（1900～2013）

［美］爱德华·N. 沃尔夫（Edward N. Wolff）/著

徐飞 /译

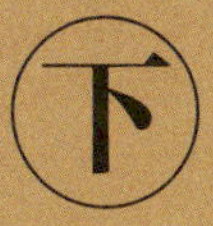

目 录

上 册

第一部分 个人财富的研究进展

第二部分 财富不平等程度变化背后的机制

下　册

第三部分　谁是富人，谁是穷人

第四部分　长期财富

第五部分　税收政策和相关结论

第三部分

谁是富人，谁是穷人

第九章　社会经济学群体之间的财富差异

众所周知，不同人口统计学群体的收入存在巨大差异。本章记录了不同人口统计学群体持有财富的类似差异，并分析这些差异的基本趋势和来源。本章基于不同选定样本组之间资本升值、储蓄和财富代际转移净值的差异进行分解分析。本章使用的另一种方法，是使用广义家庭财富构成连续多年的总体平均份额来标准化广义家庭财富构成，以分析总体财富平均值的趋势和财富不平等程度的趋势。

收入阶层在社会经济学变量中至关重要。虽然收入和财富高度相关，但相关并非一致。因此，按照收入阶层来研究财富趋势很有意义。早期研究表明，从 2007 年到 2013 年，中等收入家庭的财富急剧下降。[①] 在本章中，我使用分解分析来证明，资本增值、储蓄和净财富转移的差异可以解释按收入阶层分组持有财富的时间趋势。然后，我使用恒定的收入分布来标准化财富趋势，以了解收入分布的变化如何影响整体财富平均值。

一个相关分析是按受教育程度对样本进行分组。确实，受教育程度与收入密切相关，但这种相关远不是完美状态。因此，按照接

---

① 参见 Wolff 著作："Household Wealth Trends in the United States, 1962 - 2013: What Happened over the Great Recession?"（National Bureau of Economic Research, Cambridge, MA: NBER Working Paper No. 20733, December 2014）。

受教育的年份来研究财富趋势很有意义。使用分解分析，我将证明上述三个因素的差异可以解释按受教育程度分组的持有财富的时间趋势。然后，我使用恒定的受教育程度分布来标准化财富趋势，以了解教育分布的变化如何影响这些时间趋势。

标准莫迪利亚尼－布伦伯格生命周期模型预测在退休之前，财
369 富将随着年龄的增长而上升，在退休后转为下降。[①] 不同年份的横截面年龄－财富关系图证实了这种普遍模式。特别引人注目的是，这些关系图并不随着时间的推移而改变。特别是，战后时期持有财富逐渐向美国老年人转移。我将再次运用分解分析的方法证明，使用上述三个因素可以解释按年龄组划分的持有财富的时间趋势。然后，我使用恒定的年龄分布来标准化财富趋势，以了解年龄分布的变化如何影响总体财富平均值的时间趋势。[②]

虽然自 1983 年以来，黑人和西班牙裔家庭与白人家庭相比，在相对收入、相对持有财富和相对住房自有率方面稳步增长，但是，到 2013 年，少数族裔和白人之间的财富差距仍远远大于收入差距。本章的分析表明，资本升值、储蓄和财富转移的差距解释了大部分

① 参见 Franco Modigliani 和 Richard Blumberg 著作："Utility Analysis and the Consumption Function: An Interpretation of Cross－Section Data," 载于 *Post Keynesian Economics*，编辑：Kenneth K. Kurihara（New Brunswick, NJ: Rutgers University Press, 1954），388－436。

② 本节部分借鉴了 Daphne T. Greenwood 和 Edward N. Wolff 著作："Relative Wealth Holdings of Children and the Elderly in the United States, 1962－1983," 载于 *The Vulnerable*，编辑：John Palmer, Timothy Smeeding 和 Barbara Torrey（Washington, DC: The Urban Institute Press, 1988），123－148；Robert Haveman 等人著作："Disparities in Well－Being among U. S. Children over Two Decades: 1962－1983," 载于 *The Vulnerable*，149－170；Wolff 著作："Income, Wealth, and Late－Life Inequality in the U. S. ," 载于 *Annual Review of Gerontology and Geriatrics*，编辑：Stephen Crystal 和 Dennis Shea（New York: Springer Publishing Co. , 2002），31－58。

种族/族裔的财富差距。我还使用恒定的种族/族裔组合来标准化财富趋势，以了解种族/族裔构成的变化如何影响整体财富时间趋势。[①]

我将全体人口分为三种基本广义家庭类型：已婚夫妇、单身男性和单身女性。大多数分析表明，20 世纪 80 年代收入不平等上升，特别是最穷 20% 阶层的收入增长份额下降，可归因于全体人口中女性户主家庭比例的增大。这里有一个对持有财富的类似分析，该分析基于按连续几年的广义家庭类型来标准化广义家庭构成，这个分析显示，随着时间的推移，财富不平等变化中只有一小部分是随着时间推移家庭构成的变化造成的。财富不平等增加的大部分是在分组内部。

另一个研究的角度是考察有孩子的家庭的相对福祉。在过去的四十年里，数据显示，有孩子家庭的经济状况相对于无子女家庭下滑。例如，在 1974 年至 1992 年，以不变价格计算，前者的收入中位数下降了 2%，而后者的收入中位数增长了 16%。已婚夫妇和女户主的广义家庭均出现了这样的下滑。有孩子的家庭的持有财富也比没有孩子的家庭少。1992 年，有子女的已婚夫妇的净资产平均为无子女的非老人已婚夫妇净资产的 64%，以及老年家庭净资产 370
的 63%。有子女家庭与无子女家庭相比，贫困率的绝对数字和相对数字都有所增加。[②]

另一个重要的社会经济学分组是房主和租房者。鉴于房主的社

---

① 本节部分借鉴了 Maury Gittleman 和 Edward N. Wolff 著作："Racial Differences in Patterns of Wealth Accumulation," 载于 *Journal of Human Resources* 39, no. 1 (Winter 2004): 193 - 227；以及 Gittleman 和 Wolff 著作："Racial and Ethnic Differences in Wealth," 载于 *Race and Economic Opportunity in the Twenty - First Century*, ed. Marlene Kim (New York: Routledge, 2007), 29 - 49。

② 本节部分借鉴了 Wolff 著作："The Economic Status of Parents in Postwar America," 载于 *Taking Parenting Public: The Case for a New Social Movement*, 编辑：Sylvia Hewlitt, Nancy Rankin 和 Cornel West (Lanham, MD: Rowman and Littlefield, 2002), 59 - 82。

会地位与财富紧密相关（富裕家庭更有可能拥有自己的房屋），因此辨别这两个群体的财富很重要。在过去的三十年里，房主的财富增长比租房者的财富要多得多。

本章的主要发现就是，在大衰退时期，贫困阶层、低端中产阶级，甚至中产阶级广义家庭的财务资源几乎是争先恐后地消失了。相似的结果还包括年轻广义家庭组、少数族裔组、受教育程度较低组、单身带孩子的女性组，以及租房者组。

不同收入阶层的持有财富差异巨大，同时财富几乎伴随收入阶层上升而单调上升。2013 年，按收入划分，最富 1% 阶层和五等分最穷 20% 阶层的净资产平均值的比率为 156∶1。从 1983 年到 2013 年，财富差距逐渐呈现扇状扩大趋势。此外，在 2007 年至 2010 年时段，种族/族裔分组之间持有财富的差异显著扩大。以家中净资产和净权益来衡量，西班牙裔受到大衰退的冲击尤为严重。年轻广义家庭（45 岁以下）也受到大衰退暴击，从 2007 年到 2010 年他们的相对财富和绝对财富急剧减少。从 2010 年到 2013 年，种族/族裔财富差异基本保持不变，而年轻广义家庭的净资产有所恢复。

2013 年，拥有大学及以上学历的人的净资产平均值是高中未毕业学历的人的 10 倍，是高中毕业生的 6 倍，几乎是上了大学课程但未毕业组的 4 倍。1983 年至 2013 年，大学及以上学历的人的财富增长远远超过其他三个受教育程度分组。2013 年，已婚夫妇分组拥有最高的财富平均值，是有孩子的已婚夫妇的 1.4 倍，是单身女性分组的 4.2 倍，是有孩子的单身女性的 14 倍。从 1983 年到 2013 年，这种差距一直在扩大，单身母亲的净资产大幅下降（22%）。房主和租房者之间的净资产平均值差距也很大，比率大
371 约是 10∶1，而在这整个三十年间，租房者的净资产中位数和财务资源几乎为 0。

收入阶层的财富扩大

本分析的第一部分着眼于按收入阶层划分的持有财富。收入和财富不是独立的，因为财富的一部分（如金融资产）会产生收入。然而，确定不同收入百分位数的财富如何随着时间的推移而演变非常有意思。

2013 年的财富排名几乎完全与收入等级相对应（见表 9.1）。差异巨大。按收入排名，广义家庭的最富 1% 阶层的财富平均值是五等分最穷 20% 阶层的 156 倍，是五等分次穷 20% 阶层的 135 倍，是第五等分中间 20% 阶层的 89 倍，以及五等分次富 20% 阶层的 44 倍。所有分位数分组的净资产平均值，从 1983 年到 2007 年都显示正增长，从 2007 年至 2013 年都显示下降。[①] 在 1983 年至 2013 年的整个 30 年间，净资产平均值的相对增长与收入排名正相关，除了五等分最穷 20% 阶层和最富 1% 阶层（见图 9.1）。增长百分比的范围，从五等分次穷 20% 阶层的最低点 -6%（这是 30 年来唯一一个净资产平均值下降的分组），到最富裕 5% 阶层的最高点 98%。收入阶层的净资产平均值差异随着时间的推移而扩大，就像孔雀开屏，最富 1% 阶层和五等分次穷 20% 阶层的净资产平均值的比率从 79 上升到 135，最富 1% 阶层和五等分中间 20% 阶层净资产平均值的比率从 64 上升到 89。

净资产中位数显示相似结果。2013 年净资产中位数的排名再次与收入阶层排名完全平行。不同收入阶层差异巨大的情形再次

① 这里“分位数分组”是一个通用术语，指所有百分位数分组，例如五等分次穷 20% 阶层，或最富 5% 阶层等。

出现，收入最高百分位数的财富中位数为五等分最穷20%阶层的7299倍，是五等分次穷20%阶层的584倍，是五等分中间20%阶层的162倍，是五等分次富20%阶层的55倍。从1983年到2007年，除了最低的两个五等分20%阶层之外，所有分组的净资产中位数均有所增加，然后从2007年到2013年均有所减少。从1983年到2013年，除了最富1%阶层，净资产中位数增长百分比与收入排名正相关。但是，这些年底部三个五等分20%阶层显示财富的绝对损失，五等分最穷20%阶层的净资产中位数下降
372 85.3%至1000美元，五等分次穷20%阶层下降64%至12500美元，五等分中间20%阶层下降25.8%至45000美元，然后在大衰退时期又下降44%。

表9.1 1983～2013年按收入等级划分的广义家庭财富和住房自有率

（千美元，按2013年美元计算）

收入分位数分组	1983年	1989年	2001年	2007年	2010年	2013年	改变[a] 1983～2013年（%）
A. 净资产平均值							
五等分最穷20%阶层	57.5	42.7	64.0	109.9	117.0	88.1	53.3
五等分次穷20%阶层	109.0	143.6	141.8	144.0	129.9	102.3	-6.2
五等分中间20%阶层	135.2	191.5	202.8	217.1	197.0	155.4	14.9
五等分次富20%阶层	209.8	240.0	363.8	401.2	290.4	312.8	49.1
五等分最富20%阶层	1008	1134	1798	2153	1817	1904	88.8
最富10%阶层	1631	1859	2914	3636	3009	3174	94.6
最富5%阶层	2682	2948	4686	5900	4970	5315	98.2
最富1%阶层	8639	8627	11141	16094	12293	13775	59.4
与五等分最富20%阶层的比率							
五等分最穷20%阶层	0.06	0.04	0.04	0.05	0.06	0.05	-0.01

续表

收入分位数分组	1983 年	1989 年	2001 年	2007 年	2010 年	2013 年	改变[a] 1983～2013 年（%）
五等分次穷 20% 阶层	0.11	0.13	0.08	0.07	0.07	0.05	-0.05
五等分中间 20% 阶层	0.13	0.17	0.11	0.10	0.11	0.08	-0.05
五等分次富 20% 阶层	0.21	0.21	0.20	0.19	0.16	0.16	-0.04
五等分最富 20% 阶层	1.00	1.00	1.00	1.00	1.00	1.00	0.00
最富 10% 阶层	1.62	1.64	1.62	1.69	1.66	1.67	0.05
最富 5% 阶层	2.66	2.60	2.61	2.74	2.73	2.79	0.13
最富 1% 阶层	8.57	7.61	6.20	7.47	6.76	7.23	-1.33
B. 净资产中位数							
五等分最穷 20% 阶层	6.8	1.3	2.9	3.4	1.0	1.0	-85.3
五等分次穷 20% 阶层	34.3	53.7	38.2	32.2	20.2	12.5	-63.5
五等分中间 20% 阶层	60.7	77.7	71.9	80.3	55.1	45.0	-25.8
五等分次富 20% 阶层	106.6	120.0	165.7	212.1	108.8	132.2	24.0
五等分最富 20% 阶层	321.7	372.6	540.8	631.3	543.8	569.5	77.0
最富 10% 阶层	516.1	626.4	1053	1214	1214	1091	111.4
最富 5% 阶层	871.5	1036.3	1849	2725	2366	2400	175.4
最富 1% 阶层	4751	3539	7070	9174	6581	7299	53.6
与五等分最富 20% 阶层的比率							
五等分最穷 20% 阶层	0.02	0.00	0.01	0.01	0.00	0.00	-0.02
五等分次穷 20% 阶层	0.11	0.14	0.07	0.05	0.04	0.02	-0.08
五等分中间 20% 阶层	0.19	0.21	0.13	0.13	0.10	0.08	-0.11
五等分次富 20% 阶层	0.33	0.32	0.31	0.34	0.20	0.23	-0.10
五等分最富 20% 阶层	1.00	1.00	1.00	1.00	1.00	1.00	0.00
最富 10% 阶层	1.60	1.68	1.95	1.92	2.23	1.92	0.31
最富 5% 阶层	2.71	2.78	3.42	4.32	4.35	4.21	1.51
最富 1% 阶层	14.77	9.50	13.07	14.53	12.10	12.82	-1.95
C. 财务资源平均值							
五等分最穷 20% 阶层	27.4	20.5	30.3	56.7	74.9	49.7	81.5
五等分次穷 20% 阶层	58.5	86.1	75.0	68.6	61.8	49.9	-14.7

续表

收入分位数分组	1983 年	1989 年	2001 年	2007 年	2010 年	2013 年	改变[a] 1983～2013 年（%）
五等分中间 20% 阶层	77.8	118.3	133.0	124.7	120.5	97.1	24.8
五等分次富 20% 阶层	122.9	152.9	253.0	252.8	192.8	217.4	76.9
五等分最富 20% 阶层	816.6	929.1	1533	1760	1496	1627	99.2
最富 10% 阶层	1381	1580	2540	3080	2547	2762	100.0
最富 5% 阶层	2335	2592	4160	5135	4305	4685	100.7
最富 1% 阶层	7913	7967	10148	14664	11052	12549	58.6
五等分最穷 20% 阶层	0.03	0.02	0.02	0.03	0.05	0.03	0.00
五等分次穷 20% 阶层	0.07	0.09	0.05	0.04	0.04	0.03	-0.04
五等分中间 20% 阶层	0.10	0.13	0.09	0.07	0.08	0.06	-0.04
五等分次富 20% 阶层	0.15	0.16	0.17	0.14	0.13	0.13	-0.02
五等分最富 20% 阶层	1.00	1.00	1.00	1.00	1.00	1.00	0.00
最富 10% 阶层	1.69	1.70	1.66	1.75	1.70	1.70	0.01
最富裕 5% 阶层	2.86	2.79	2.71	2.92	2.88	2.88	0.02
最富 1% 阶层	9.69	8.58	6.62	8.33	7.39	7.71	-1.98
D. 财务资源中位数							
五等分最穷 20% 阶层	0.9	0.0	0.1	0.2	0.0	0.1	-89.3
五等分次穷 20% 阶层	6.7	7.7	5.7	2.7	1.1	1.1	-83.5
五等分中间 20% 阶层	12.4	22.4	22.2	17.4	9.3	10.9	-12.3
五等分次富 20% 阶层	32.0	39.4	79.6	84.5	40.1	57.0	78.1
五等分最富 20% 阶层	170.2	208.0	378.8	355.5	333.2	391.6	130.0
最富 10% 阶层	312.3	448.7	765.6	844.9	878.0	819.0	162.3
最富裕 5% 阶层	653.9	736.1	1530	1994	1770	1930	195.2
最富 1% 阶层	4206	2934	5755	8058	5361	6550	55.7
与五等分最富 20% 阶层的比率	0.01	0.00	0.00	0.00	0.00	0.00	-0.01
五等分最穷 20% 阶层							
五等分次穷 20% 阶层	0.04	0.04	0.01	0.01	0.00	0.00	-0.04
五等分中间 20% 阶层	0.07	0.11	0.06	0.05	0.03	0.03	-0.05
五等分次富 20% 阶层	0.19	0.19	0.21	0.24	0.12	0.15	-0.04

续表

收入分位数分组	1983 年	1989 年	2001 年	2007 年	2010 年	2013 年	改变[a] 1983 ~ 2013 年 (%)
五等分最富 20% 阶层	1.00	1.00	1.00	1.00	1.00	1.00	0.00
最富 10% 阶层	1.83	2.16	2.02	2.38	2.64	2.09	0.26
最富 5% 阶层	3.84	3.54	4.04	5.61	5.31	4.93	1.09
最富 1% 阶层	24.70	14.11	15.19	22.67	16.09	16.73	-7.97
E. 住房自有率(百分比)							
五等分最穷 20% 阶层	40.2	33.2	40.5	41.5	37.3	37.6	-2.6
五等分次穷 20% 阶层	52.3	56.8	57.7	56.1	56.5	54.3	1.9
五等分中间 20% 阶层	60.3	63.4	66.8	68.9	71.1	63.2	2.9
五等分次富 20% 阶层	75.3	74.8	82.2	84.5	81.0	80.8	5.5
五等分最富 20% 阶层	88.9	87.8	92.7	93.4	91.5	91.0	2.1
最富 10% 阶层	89.1	92.0	94.4	94.3	92.0	93.7	4.5
最富 5% 阶层	90.5	92.8	96.3	95.2	94.6	96.1	5.6
最富 1% 阶层	95.2	88.4	95.5	97.5	96.8	95.2	-0.1
与五等分最富 20% 阶层的比率	0.45	0.38	0.44	0.44	0.41	0.41	-0.04
五等分最穷 20% 阶层							
五等分次穷 20% 阶层	0.59	0.65	0.62	0.60	0.62	0.60	0.01
五等分中间 20% 阶层	0.68	0.72	0.72	0.74	0.78	0.69	0.02
五等分次富 20% 阶层	0.85	0.85	0.89	0.90	0.89	0.89	0.04
五等分最富 20% 阶层	1.00	1.00	1.00	1.00	1.00	1.00	0.00
最富 10% 阶层	1.00	1.05	1.02	1.01	1.01	1.03	0.03
最富 5% 阶层	1.02	1.06	1.04	1.02	1.03	1.06	0.04
最富 1% 阶层	1.07	1.01	1.03	1.04	1.06	1.05	-0.03

资料来源：作者对来自 1983 年、1989 年、2001 年、2007 年、2010 年和 2013 年的消费者财务调查数据进行计算。

注：a. 住房自有率变化和相应比率变化的百分点。

财务资源平均值和中位数的模式与之相似。相应的排名与收入阶层完全一致，并且不同收入阶层差异巨大。所有收入阶层的财务

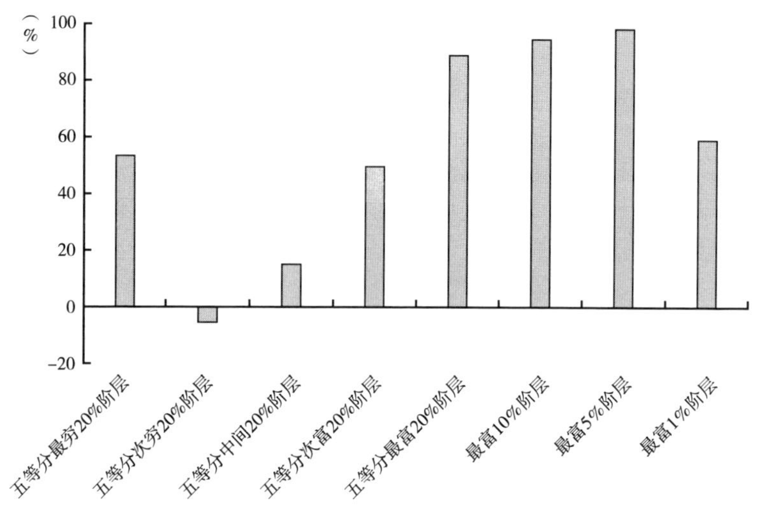

图 9.1　1983～2013 年按收入阶层划分的净资产平均值变化百分比

资源平均值在 1983 年至 2007 年时段显示增长，在 2007 年至 2013 年显示降低；而对于财务资源中位数，从 1983 年至 2007 年，除了五等分最穷两个 20% 阶层以外，所有收入阶层均出现增加，而从 2007 年到 2013 年，除了五等分最富 20% 阶层之外，所有收入阶层均出现下降。1983 年至 2013 年财务资源中位数和平均值的百分比变化与收入阶层直接相关，除了五等分最穷 20% 阶层和最富 1% 阶层的财务资源平均值的百分比变化。五等分最穷三个 20% 阶层再次显示财务资源中位数绝对下降，五等分最穷 20% 阶层下降 89.3%，降到几乎为 0，五等分次穷 20% 阶层下降 83.5% 至 1100 美元，五等分中间 20% 阶层下降 12.3% 至 10900 美元，然后在大衰退时期又下降 38%。

按收入阶层分组的住房自有率的差异没有按净资产或财务资源分组的差异那么大。2013 年，住房自有率仍然与收入阶层直接相
375

关，但差异范围较小，从五等分最穷 20% 阶层的 38% 到最富 1% 阶层的 95% ——有 2.5 倍的差异。自 1983 年至 2007 年，所有收入阶层的住房自有率均有所提高，然后除了一个分组例外，从 2007 年到 2013 年均出现下降。在大衰退时期，五等分最穷 20% 阶层的住房自有率下降了 4 个百分点，五等分中间 20% 阶层下降了 5.7 个百分点。在 30 年的时间里，所有收入阶层的住房自有率都有所上升，只有五等分最穷 20% 阶层例外，这个阶层下降了 2.6 个百分点。

不同收入阶层的财富随时间的变化，在很大程度上反映了相应资产价格的变动和财富构成的差异，如表 9.2 2007 年的数据所示。房屋价值占收入分布五等分底部 4 个 20% 阶层总资产价值的接近 50%，占五等分最富 20% 阶层的 24.7%，占最富 5% 阶层的 16.9%，仅占最富 1% 阶层的 11%。流动资产占总资产的份额趋于随着收入阶层上升而下降，而养老金账户占总资产的份额从五等分最穷 20% 阶层到五等分次富 20% 阶层逐渐上升，然后转而逐渐下降。公司股票和金融证券占总资产的份额在收入阶层达到五等分次富 20% 阶层时基本保持水平，然后随着收入阶层上升稳步上升，在最富 1% 阶层超过 25%。总股票占总资产的份额也是类似模式。对于收入分布五等分最穷 20% 阶层，非法人企业股权和非住宅房地产占资产的比例相当高，这个比例在五等分次穷 20% 阶层下降，然后保持稳定到五等分次富 20% 阶层，然后随着收入阶层上升再次增加，在最富 1% 阶层达到 46.3%。

相对负债随着收入阶层上升呈现一种 U 形模式。债务与净资产的比率从五等分最穷 20% 阶层的 17.4%，上升到五等分次富 20% 阶层的最高点 35.9%，然后下降到最富 1% 阶层的 3.9%。与之相似，债务与收入的比率从收入分布五等分最穷 20% 阶层的 137.7%

表 9.2　2007 年按收入阶层分组的广义家庭财富构成（占总资产的百分比）

单位：%

资产	所有	最穷 20% 阶层	次穷 20% 阶层	中间 20% 阶层	次富 20% 阶层	最富 20% 阶层	最富 10% 阶层	最富 5% 阶层	最富 1% 阶层
主要住宅	32.8	49.7	55.5	51.6	47.2	24.7	20.2	16.9	11.2
流动资产（银行存款、货币市场基金和人寿保险退保现值）	6.6	8.0	10.7	8.2	7.0	5.9	5.8	5.7	5.6
养老金账户	12.1	1.8	8.6	11.7	16.2	12.1	11.2	10.6	7.3
公司股票，金融证券	15.5	10.3	9.5	8.2	10.9	18.2	20.3	22.8	27.6
共同基金和个人信托非法人企业股权	31.3	29.0	14.1	18.4	17.5	37.4	40.5	42.1	46.3
其他房地产									
杂项资产	1.7	1.2	1.5	1.8	1.2	1.8	1.9	1.9	2.0
总资产	100.0	100.0	100.0	100.0	100.0	100.0	100.0	100.0	100.0
备注（选定的百分比比率）									
债务/净资产比率	18.1	17.4	23.9	35.6	35.9	12.7	9.4	7.2	3.9
债务/收入比率	118.7	137.7	109.6	148.7	170.9	97.6	78.6	63.0	32.4
房屋净值/总资产[a]	21.4	41.2	42.3	31.4	27.2	16.2	14.0	12.1	8.6

续表

资产	所有	最穷 20% 阶层	次穷 20% 阶层	中间 20% 阶层	次富 20% 阶层	最富 20% 阶层	最富 10% 阶层	最富 5% 阶层	最富 1% 阶层
主要住宅债务/房屋价值	34.9	17.0	23.9	39.1	42.3	34.4	30.8	28.2	23.8
所有股票/总资产[b]	16.8	7.5	10.3	10.1	16.0	18.8	20.2	21.6	23.6
净资产年收益率(%)[c]									
2001～2007 年	4.04	4.24	3.97	4.47	4.26	3.94	3.88	3.81	3.74
2007～2010 年	-7.28	-8.30	-8.19	-8.57	-8.34	-6.83	-6.65	-6.56	-6.43
2010～2013 年	6.20	5.46	5.26	6.09	6.53	6.22	6.18	6.17	6.22

资料来源：作者对 2007 年消费者财务状况调查数据的计算。

注：a. 主要住宅总价值减去主要住宅抵押负债，然后与总资产的比率。

b. 包含直接拥有的和通过共同基金、信托和个人退休账户、基奥计划、401（k）计划和其他退休账户间接拥有的股票。

c. 基于此时段平均财富构成和资产类型的收益率计算。

上升到五等分次富20%阶层的170.9%的峰值，然后下降到最富1%阶层的32.4%。中低收入广义家庭的资产更集中在住房上，其相对债务高于高收入广义家庭，而高收入广义家庭的资产更集中于金融资产和商业股权。因此，前者在房价上涨和通胀强劲时受益，
376 而后者则从股价上涨中受益。

因此，2001年至2007年，低收入和中等收入阶层的净资产收益率普遍高于最富10%阶层，尽管这种差异并不像财富阶层分组那样显著。[①] 收益率最高是收入分布五等分中间20%阶层，每年4.47%，最低是收入分布最高1%阶层，每年3.74%。收益率差异反映了这些年来房价飙升的幅度大于股票价格，低收入和中等收入阶层的住宅集中度较高，而高收入阶层的股票集中度较高，还有中等收入阶层的相对负债较高。

从2007年到2010年，低收入和中等收入群体的收益率比高收入群体低约2个百分点。造成这种情况的原因有几个：与高收入阶层相比，低收入和中等收入群体的投资更多集中在住房上；前者的相对负债程度要高得多；2007年至2010年房价急剧下跌，导致中等收入房主的房屋净值损失相对较大，约为30%，高于其他房主（约20%）。[②] 收入阶层的差异再次小于财富阶层之间的差异，特别是收入分布最高1%阶层和收入分布五等分中间三个阶层之间的差异。从2010年到2013年，收入分布五等分收入较高的3个20%阶层的收益率高于收入较低的2个20%阶层，尽管这一差异相对较小。这种模式反映了高收入广义家庭投资组合中较高的股票份额，以及这些年来股票价格的急剧上涨。

---

① 参见第三章，特别是表3.10。

② 参见第三章，表3.8。

表 9.3 显示了按收入阶层，将净资产平均值变化分解为资本增值、储蓄和财富转移净值的结果。不同收入阶层的收益率差异相对较小，因此收益率的差异在解释收入阶层的财富差异变动中起着相对较小的作用。

首先看 2001 年至 2007 年时段，我们发现收入分布五等分最穷 20% 阶层的模拟财富平均值增长了 94.6%（实际增长了 72%）。其中，资本收益贡献了约 1/3，隐含储蓄的贡献略高于一半，财富转移净值的贡献约为 14%。资本收益的贡献数字远低于全体广义家庭的贡献数字（78%）。隐含的年度储蓄收益率高到不可思议的 38.9%。 378
在前面的研究中，我已经提出这些超多的收益可以通过这些家庭未报告的财富转移（主要是未报告的生前赠与）来解释。[①] 换句话说，这个收入样本的实际储蓄可能要小得多，而财富转移净值要大得多。但是，不管何种假设，都无法用目前可得到的数据进行确认。

表 9.3　2001 ~ 2013 年按收入阶层划分的财富趋势

收入阶层	时段			FFA
	2001 ~ 2007 年	2007 ~ 2010 年	2010 ~ 2013 年	2010 ~ 2013 年
I.　财富组件对增长百分比的贡献时段内模拟净资产（NW）平均值（%）				
A. 收入分布五等分最穷 20% 阶层				
模拟净资产（NW）平均值增长百分比	94.6	10.6	-18.1	-2.1
资本收益的贡献（损失）	31.1	-23.1	17.0	17.0
财富转移净值的贡献	14.0	2.0	8.6	10.3
储蓄的贡献（隐含）	49.5	31.7	-43.7	-29.3
备注：年度储蓄率（隐含）[a]	38.9	83.2	-124.8	-70.0

① 参见 Wolff 著作：*Inheriting Wealth in America: Future Boom or Bust?*（New York: Oxford University Press, 2015），第 5 章。

续表

收入阶层	时段			FFA
	2001～2007年	2007～2010年	2010～2013年	2010～2013年
B.收入分布五等分次穷20%阶层				
模拟净资产(NW)平均值增长百分比	20.1	-0.1	-12.9	4.2
资本收益的贡献(损失)	32.5	-22.0	19.0	19.0
财富转移净值的贡献	-2.7	-1.1	-2.6	-3.1
储蓄的贡献(隐含)	-9.7	22.9	-29.3	-11.7
备注:年度储蓄率(隐含)[a]	-7.3	36.1	-43.5	-14.5
C.收入分布五等分中间20%阶层				
模拟净资产(NW)平均值增长百分比	29.3	-7.5	-15.8	0.8
资本收益的贡献(损失)	31.8	-21.5	20.1	20.1
财富转移净值的贡献	1.3	-1.0	0.2	0.2
储蓄的贡献(隐含)	-3.9	15.0	-36.1	-19.6
备注:年度储蓄率(隐含)[a]	-2.5	21.5	-49.3	-22.4
D.收入分布最富1%阶层				
模拟净资产(NW)平均值增长百分比	52.5	-7.5	26.1	50.8
资本收益的贡献(损失)	25.5	-18.7	20.7	20.7
财富转移净值的贡献	-0.5	-0.4	-0.2	-0.2
储蓄的贡献(隐含)	27.6	11.6	5.5	30.3
备注:年度储蓄率(隐含)[a]	27.6	36.7	13.3	60.8
Ⅱ.模拟最富1%阶层和收入分布五等分最穷20%阶层的净资产(NW)平均值的比率变化(%)				
A.实际比率	-15.9	-28.3	48.9	48.9
B.模拟比率	-21.6	-16.3	54.0	54.0
C.对百分比变化的贡献模拟最富1%与收入分布五等分最穷20%阶层净资产比率(百分点)[b]				
1.收益率差异	-2.5	3.4	6.6	5.2
2.财富转移净值与净资产的比率的差异	-6.4	-1.9	-17.5	-17.6

续表

收入阶层	时段			FFA
	2001～2007年	2007～2010年	2010～2013年	2010～2013年
3.储蓄与净资产的比率的差异	-7.7	-17.7	61.4	58.2
总计	-16.6	-16.2	50.5	45.8
D.模拟实际百分比变化的百分比最富1% 阶层与收入分布五等分最低20% 阶层净资产比率[c]				
1.收益率差异	-11.7	20.6	12.3	9.6
2.财富转移净值与净资产的比率的差异	-29.4	-11.3	-32.5	-32.5
3.储蓄与净资产的比率的差异	-35.8	-108.3	113.7	107.8
剩余	-23.1	-0.9	6.4	15.2
Ⅲ.模拟最富1%阶层和收入分布五等分次低20%阶层的净资产(NW)平均值的比率变化(%)				
A.实际比率	42.2	-15.3	42.3	42.3
B.模拟比率	27.0	-7.4	44.7	44.7
C.对百分比变化的贡献模拟最富1% 与收入分布五等分次低20% 阶层净资产比率(百分点)[b]				
1.收益率差异	-7.3	3.0	2.7	2.3
2.财富转移净值与净资产的比率的差异	2.5	0.6	4.2	4.1
3.储蓄与净资产的比率的差异	30.0	-11.6	43.5	40.0
总计	25.3	-7.9	50.4	46.4
D.模拟实际百分比变化的百分比模拟最富1% 与收入分布五等分次低20% 阶层净资产比率(百分点)[c]				
1.收益率差异	-26.9	41.2	6.1	5.1
2.财富转移净值与净资产的比率的差异	9.3	8.1	9.3	9.3
3.储蓄与净资产的比率的差异	111.4	-156.6	97.4	89.5
剩余	6.3	7.3	-12.8	-3.9
Ⅳ.模拟最富1% 阶层和收入分布五等分中间20% 阶层的净资产(NW)平均值的比率变化(%)				

续表

收入阶层	时段			FFA
	2001～2007年	2007～2010年	2010～2013年	2010～2013年
A. 实际比率	34.9	-15.8	42.1	42.1
B. 模拟比率	18.0	0.0	49.7	49.7
C. 对百分比变化的贡献模拟最富1%与收入分布五等分中间20%阶层净资产比率(百分点)[b]				
1. 收益率差异	-5.7	3.0	0.9	0.8
2. 财富转移净值与净资产的比率的差异	-1.5	0.6	-0.2	-0.2
3. 储蓄与净资产的比率的差异	23.5	-4.0	52.4	48.7
总计	16.3	-0.3	53.1	49.3
D. 模拟实际百分比变化的百分比模拟最富1%与收入分布五等分中间20%阶层净资产比率(百分点)[c]				
1. 收益率差异	-31.9	9138.5	1.8	1.7
2. 财富转移净值与净资产的比率的差异	-8.2	1988.9	-0.4	-0.5
3. 储蓄与净资产的比率的差异	131.0	-12197.6	105.5	98.0
剩余	9.1	970.2	-6.9	0.8

注：根据广义家庭的收入将广义家庭分为不同的分组。然后，基于这一时期相应分组财富平均值的变化进行分解分析。该方法是随着时间推移增加广义家庭样本的年龄。例如，2001年25～29岁年龄组的广义家庭，在2007年年龄段为31～35岁。我还假设第一个年份（例如，2001年）的年龄分布在此时段（例如2001～2007年时段）保持不变。2007年的总体模拟财富平均值，等于2007年按年龄组划分的财富平均值（例如，31～35岁年龄组），用2001年相应年龄组（在这种情况下，为25～29岁年龄组）的广义家庭比例加权处理。

a. 储蓄率等于总储蓄除以第一年收入平均值和第二年模拟收入平均值的平均值。

b. 项目为正表示该组成部分增加净资产平均值比率，而为负表示该组成部分降低净资产平均值比率。

c. 如果模拟净资产的百分比变化为正，则组成部分（包含剩余）总和为100%，如果模拟净资产的百分比变化为负，则组成部分（包含剩余）总和为-100%。

缩写：FFA，美国财政账户；NW，净资产。

收入分布五等分次穷 20% 阶层的模拟净资产增长率为 20.1%。资本增值本身会导致财富平均值增长约 32.5 个百分点。财富转移净值为负，导致 2.7 个百分点的下降。结果，隐性储蓄导致财富平均值下降 9.7 个百分点，隐性年度储蓄率为 -7.3%。在收入分布五等分中间 20% 阶层中，资本收益贡献其模拟财富平均值增长的比例略超过 100%，财富转移净值为正（但很小），因此隐性储蓄轻微为负。隐性储蓄率是 -2.5%。相比之下，在收入分布最富 1% 阶层中，模拟财富增长率为 52.5%。其中，资本增值和隐性储蓄各贡献一半，隐性储蓄率相当高，为 27.6%。

从 2007 年到 2010 年，收入分布五等分最穷 20% 阶层的财富平均值模拟增长率为 10.6%，远低于前一个时期。资本损失导致增长减少 23.1 个百分点，财富转移净值为正，但很小，因此，在这种情况下，隐性储蓄贡献了 31.7 个百分点的正增长，隐性储蓄率达到了惊人的 83%。同样，这里模拟得到的高储蓄成分很可能反映了未报告的财富转移。由于资本损失和隐性储蓄的抵消效应，收入分布五等分次穷 20% 阶层的财富平均值几乎没有变化。对于收入分布五等分中间 20% 阶层和最富 1% 阶层，模拟财富平均值均减少了 7.5 个百分点。在这两种情况下，资本损失本身就已经大于财富平均值的下降，因此隐性储蓄贡献了强有力的正增长。

根据调整后的美国财政账户 2010 年至 2013 年数据，结果显示收入分布五等分最穷 20% 阶层的模拟财富平均值略微下降 2.1%。此时，资本收益导致 17 个百分点的增长，财富转移净值导致 10.3 个百分点的增长，所以隐性储蓄导致 29 个百分点的下降。对于收 381
入分布五等分次穷 20% 阶层，模拟财富增长率为 4.2%，其中资本增值带来增长，但被储蓄的大幅下降所抵消。[①] 收入分布五等分中间20%阶层的模拟财富增长接近0，资本收益和负储蓄正好相互抵消。与之相反，在收入分布最富20%阶层，财富暴增了51个百分点。[②] 大约40%的增长是得益于资本收益，另外60%左右来自隐性储蓄。

2001年至2007年，收入分布最富1%阶层和最穷20%阶层之间的模拟财富平均值的比率下降了21.6%（实际值下降19%），前者的模拟财富平均值增长了52.5%，后者增加了94.6%（Ⅱ组）。主要因素是最穷20%阶层的较高的（隐性）储蓄率，这解释了两个阶层模拟财富平均值比率下降的36%。他们更高的收益率又贡献了另外12%，他们更高的财富转移净值与财富的比率再贡献了29%（还有23%没有得到解释）。在2007年至2010年时段，收入分布最富1%阶层的模拟财富平均值下降了7.5%，而收入分布五等分最穷20%阶层增加10.6%，因此模拟比率下降了16.3%（实际比率下降了28.3%）。这种模式密切反映了这些分组的平均实际收入变化，即收入分布最富阶层下降了28%，而收入分布五等分最穷20%阶层基本没有变化。到目前为止，模拟财富平均值比率趋势的最大影响因素是隐性储蓄率的差异，这一点有利于收入分布五等分最穷20%阶层。这种影响部分被收入分布最富1%阶层的较高财富回报率（1.87个百分点的差异）所抵消。

2010年至2013年间，收入分布最富1%阶层的平均收入飙升了19%，而收入分布五等分最穷20%阶层的平均收入则下降了

---

① 未调整消费者财务状况调查数据表明五等分次穷20%阶层的模拟财富平均值负增长（－12.9%），年度储蓄率为－43.5%，这些结果似乎不可信。

基于未调整消费者财务状况调查数据得到的五等分中间20%阶层结果类似（财富平均值下降15.8%，储蓄率为－49.3%）。

② 即使未调整消费者财务状况调查数据也表明最富1%阶层的财富平均值增长了26%。

3.3%。结果，前者的模拟财富平均值增加了51%（根据美国财政账户数据），后者下降了2.1%，因此模拟财富平均值比率如火箭般飙升了54%（实际比率上升了49%）。再一次，储蓄率的差异——这次有利于收入分布最富1%阶层——解释了超过100%的财富变化。收入分布最富1%阶层的较高收益率加速了这一趋势，但部分被收入分布五等分最穷20%阶层较高的财富转移净值与财富的比率抵消。 382

2001年至2007年间，收入分布最富1%阶层和五等分次穷20%阶层的模拟净资产平均值的比率的时间趋势表现为增长了27个百分点（见表9.3组Ⅲ）。隐性储蓄率的差异解释了这一趋势的100%以上，这种差异对收入分布最富1%阶层有利。收入分布五等分次穷20%阶层的收益更高，部分抵消了这种影响。2007～2010年和2010～2013年时段收入分布最富1%阶层与五等分次穷20%阶层的模拟净资产平均值的比率的时间趋势，与收入分布最富1%阶层与五等分最穷20%阶层的模拟净资产平均值的比率的趋势相似。储蓄率的差异再一次解释了这一比率随时间变化的大部分份额。

收入分布最富1%阶层和五等分中间20%阶层的模拟财富平均值的比率的时间趋势与最富1%阶层与五等分次穷20%阶层的比率的时间趋势非常相似，在2001年至2007年时段增加，在2007年至2010年之间逐渐趋于稳定，然后从2010年到2013年飙升（组Ⅳ）。再一次，储蓄率的差异几乎完全解释了2001～2007年和2010～2013年时段的时间趋势。2007～2010年，收入分布最富1%阶层的收益率较高（负数较小，差异为2.14个百分点），这扩大了贫富差距。收入分布五等分中间20%阶层的储蓄与净资产的比率更高，完全抵消了这种影响。

如前所述，收入与财富紧密相关。尽管如此，在这里思考一个反事实问题（counterfactual question）应该很有趣：如果收入分布随着时间的推移保持不变，但收入阶层的净资产平均值发生了变化（实际上确实发生了变化），那么发生了什么？为了回答这个问题，我基于2001年收入分布（根据固定美元收入分类）对样本进行了标准化处理，选择2001年是因为该时期接近考察时期的中点。[①]然后我根据每个收入分组的广义家庭在2001年的相应份额对每年的净资产重新设置权重，重新计算净资产平均值和中位数，以及基尼系数[②]（结果显示在表9.4B组）。毫不奇怪，由于收入随着时间的推移而增加，重新设置权重后，净资产中位数和平均值在2001年之前增加，在2001年之后减少，因为高收入广义家庭拥有更多的财富。重新加权的结果依然显示1983年至2007年财富增长强劲，2007年至2013年大幅下降。

净资产中位数和平均值的变化率，尤其是后者，在依据收入阶层标准化后，几乎一直低于实际值。1983年至2013年，标准化的
383 净资产平均值仅增长了11.5%，与之相比，实际净资产平均值增加了67.4%；标准化净资产中位数下降了25.5%，而实际净资产中位数下降了18.2%。在此时段实际净资产的收益部分与收入增加有关。如果控制了收入影响，那么结果是增长减少了。在整整30年的时间跨度里，实际净资产平均值增长的74%归因于收入增加（1～52.6/204.9）。

---

① 为此，我按2013年美元计算，将广义家庭划分为7个收入分组：15000美元以下；15000～24999美元；25000～49999美元；50000～74999美元；75000～99999美元；100000～249999美元；250000美元或更多。

② 这个程序假设，在其他条件不变的情况下，改变收入分布不会改变按收入阶层和其他特征分组的净资产平均值。

表 9.4　1983～2013 年净资产趋势：实际值和依据 2001 年社会人口统计特征标准化后的值

单位：千美元，按 2013 年美元计算

变量	1983 年	1989 年	2001 年	2007 年	2010 年	2013 年	百分比变化[a]（%）		
							1983～2007 年	2007～2013 年	1983～2013 年
A. 实际净资产									
1. 中位数	78.0	83.5	96.7	115.1	64.6	63.8	47.5	-44.6	-18.2
2. 平均值	303.8	348.1	500.0	602.3	505.7	508.7	98.2	-15.5	67.4
3. 基尼系数	0.799	0.832	0.826	0.834	0.866	0.871	0.035	0.034	0.072
B. 根据2001 年收入分布标准化的净资产									
1. 中位数	93.5	98.2	96.7	112.4	69.7	69.6	20.2	-38.0	-25.5
2. 平均值	458.3	433.6	500.0	574.1	515.3	510.9	25.3	-11.0	11.5
3. 基尼系数	0.828	0.840	0.826	0.833	0.861	0.864	0.005	0.020	0.036
C. 根据2001 年龄分布标准化的净资产									
1. 中位数	89.5	91.7	96.7	106.3	54.5	52.5	18.9	-50.7	-41.4
2. 平均值	322.5	361.5	500.0	573.3	462.6	462.0	77.8	-19.4	43.3
3. 基尼系数	0.789	0.824	0.826	0.837	0.874	0.879	0.048	0.049	0.091
D. 根据 2001 年种族/族裔构成标准化的净资产									
1. 中位数	70.6	85.5	96.7	117.6	70.9	72.6	66.6	-38.2	2.8
2. 平均值	289.8	345.9	500.0	609.0	527.5	534.6	110.1	-12.2	84.5
3. 基尼系数	0.803	0.827	0.826	0.834	0.862	0.866	0.031	0.035	0.063

续表

变量	1983 年	1989 年	2001 年	2007 年	2010 年	2013 年	百分比变化[a]（%）		
							1983～2007 年	2007～2013 年	1983～2013 年
E. 根据 2001 年受教育程度分布标准化的净资产									
1. 中位数	89.4	108.8	96.7	112.1	58.8	56.0	25.4	-50.1	-37.4
2. 平均值	359.5	452.8	500.0	589.6	477.2	466.9	64.0	-20.8	29.9
3. 基尼系数	0.803	0.825	0.826	0.836	0.869	0.875	0.033	0.044	0.073
F. 根据 2001 年家庭类型和父母状态分布标准化的净资产									
1. 中位数	64.7	79.5	96.7	105.6	58.5	58.6	63.3	-44.6	-9.4
2. 平均值	285.2	348.7	500.0	576.5	480.5	491.2	102.1	-14.8	72.2
3. 基尼系数	0.812	0.830	0.826	0.836	0.870	0.875	0.024	0.040	0.063

资料来源：作者对来自 1983 年、1989 年、2001 年、2007 年、2010 年和 2013 年的消费者财务调查数据进行计算。

注：a. 基尼系数的变化。

然而，根据 2001 年的收入分布标准化人口权重，估算的基尼系数只有很小的变化——0.5 个基尼系数点或更小。标准化对因收入较低在 2001 年之前较不富裕的广义家庭给予较低的权重，对因收入较高较富裕的广义家庭给予较高的权重。似乎主要是后一种操作影响了估算的 2001 年前的基尼系数。相反，标准化降低了估算的 2001 年后的基尼系数，因为它给因收入较高而较富裕的广义家庭较低的权重。在整个三十年期间，针对收入分布变化标准化的基尼系数仅增加 0.036，与之相比实际增长 0.072。结果就是，这段时间收入分布发生的变化恰好贡献了财富不平等程度上升幅度的一半。

财富从年轻人转向老年人

如表 9.5 所示，1983 年至 2013 年间的横断面年龄 - 财富关系图基本是生命周期模型预测的驼峰形状。在 65 岁之前，财富平均值随着年龄的增长而增加，到 65 岁左右转为下降。财务资源具有几乎一模一样的图像，但峰值通常略高于净资产。住房自有率的图形也类似，但峰值年龄之后的下降幅度要比相关财富数值小很多（2004 年他们实际上随着年龄的增长而稳步上升）。2013 年，老年人（65 岁及以上）的财富是非老年人的 2 倍，其住房自有率要高出 24 个百分点。

尽管年龄 - 财富关系图明显相似，但 1983 年至 2007 年时段不同年龄组的相对财富持有量发生了显著转移（见图 9.2 和图 9.3）。年龄最小的年龄组（35 岁以下）的相对财富占总平均值的比例从 1983 年的 21% 扩大到 1989 年的 29%，但随后在 2007 年萎缩至 17%。2007 年，年龄最小的年龄组的财富平均值为 102400 美元 385

表 9.5　1983～2013 年年龄－财富关系图和按年龄组划分的住房自有率

年龄	1983 年	1989 年	1992 年	1995 年	1998 年	2001 年	2004 年	2007 年	2010 年	2013 年
A. 净资产平均值(与总体平均值的比率)										
总体	1.00	1.00	1.00	1.00	1.00	1.00	1.00	1.00	1.00	1.00
35 岁以下	0.21	0.29	0.20	0.16	0.22	0.19	0.14	0.17	0.11	0.12
35～44 岁	0.71	0.72	0.71	0.65	0.68	0.64	0.65	0.58	0.42	0.64
45～54 岁	1.53	1.50	1.42	1.39	1.27	1.25	1.21	1.19	1.14	0.99
55～64 岁	1.67	1.58	1.82	1.81	1.91	1.86	1.91	1.69	1.80	1.52
65～74 岁	1.93	1.61	1.59	1.71	1.68	1.72	1.57	1.86	1.73	2.01
75 岁及以上	1.05	1.26	1.20	1.32	1.12	1.20	1.19	1.16	1.35	1.17
B. 财务资源平均值(与总体平均值的比率)										
总体	1.00	1.00	1.00	1.00	1.00	1.00	1.00	1.00	1.00	1.00
35 岁以下	0.17	0.28	0.18	0.14	0.21	0.19	0.12	0.15	0.10	0.10
35～44 岁	0.59	0.68	0.69	0.62	0.67	0.61	0.64	0.54	0.40	0.63
45～54 岁	1.53	1.48	1.45	1.43	1.31	1.27	1.24	1.19	1.15	1.00
55～64 岁	1.72	1.60	1.89	1.86	1.99	1.94	1.97	1.80	1.87	1.55
65～74 岁	2.12	1.69	1.60	1.75	1.66	1.74	1.61	1.86	1.74	2.04
75 岁及以上	1.10	1.27	1.14	1.26	1.00	1.11	1.08	1.10	1.27	1.10

续表

年龄	1983 年	1989 年	1992 年	1995 年	1998 年	2001 年	2004 年	2007 年	2010 年	2013 年
C. 住房自有率(%)										
总体	63.4	62.8	64.1	64.7	66.3	67.7	69.1	68.6	67.2	65.1
35 岁以下	38.7	36.3	36.8	37.9	39.2	40.2	41.5	40.8	37.5	35.6
35 ~ 44 岁	68.4	64.1	64.4	64.7	66.7	67.6	68.6	66.1	63.8	61.7
45 ~ 54 岁	78.2	75.1	75.5	75.4	74.5	76.1	77.3	77.3	75.2	69.1
55 ~ 64 岁	77.0	79.2	77.9	82.3	80.6	83.2	79.1	80.9	78.1	74.2
65 ~ 74 岁	78.3	78.1	78.8	79.4	81.7	82.5	81.2	85.5	82.5	85.8
75 岁及以上	69.4	70.2	78.1	72.5	76.9	76.2	85.1	77.0	81.3	80.1

资料来源：作者对来自 1983 年、1989 年、1992 年、1995 年、1998 年、2001 年、2004 年、2007 年、2010 年和 2013 年的消费者财务调查的数据进行计算处理。

注：广义家庭根据户主的年龄进行分类。

（按 2013 年美元计算），仅略高于 1989 年该年龄组的财富平均值（99500 美元）。教育贷款在 21 世纪第一个十年显著扩大，但 2007 年这一年龄组的债务总额中有 74% 是抵押贷款债务，只有 9.5% 是学生贷款。[①]

下一个年轻年龄组（35～44 岁）的净资产平均值与总平均值
386 的比率从 1983 年的 0.71 下跌到 2007 年的 0.58，其中大部分发生在 2004 年至 2007 年间。45～54 岁年龄组的相对财富比率也随着时间的推移而稳定的下降，从 1983 年的 1.53 下降到 2007 年的 1.19，而 55～64 岁年龄组的相对财富比率从 1983 年的 1.67 增加到 2004 年的 1.91，但随后下降到 2007 年的 1.69。65～74 岁年龄组的相对净资产比率从 1983 年的 1.93 下降到 2007 年的 1.86。最老年龄组的相对净资产比率从 1983 年的 1.05% 上升到 2007 年的 1.16%。

财务资源平均值的结果与净资产平均值非常相似。从 1983 年到 1989 年，最年轻组的平均财务资源与总平均值的比率从 17% 上升到 28%，然后在 2007 年暴跌至 15%。对于35～44 岁年龄组，明显是相同模式。在 1983 年至 2007 年时段，45～54 岁和 65～74 岁年龄组的相对平均财务资源也在下降，而55～64 岁年龄组的相对平均财务资源上升，2007 年最大年龄组的相对平均财务资源与 1983 年相同（高于平均值 10%）。

住房自有率的变化往往与净资产趋势同步。虽然整体住房自有
387 率在 1983 年至 2007 年间增加了 5.2 个百分点（从 63.4% 增加到 68.6%），但是最年轻分组里拥有自己住宅的广义家庭比例仅增加了 2.1 个百分点。35～44 岁广义家庭的住房自有率实际上下降了

① 但是，该年龄组中有 1/3 的广义家庭报告有未偿还的学生贷款。

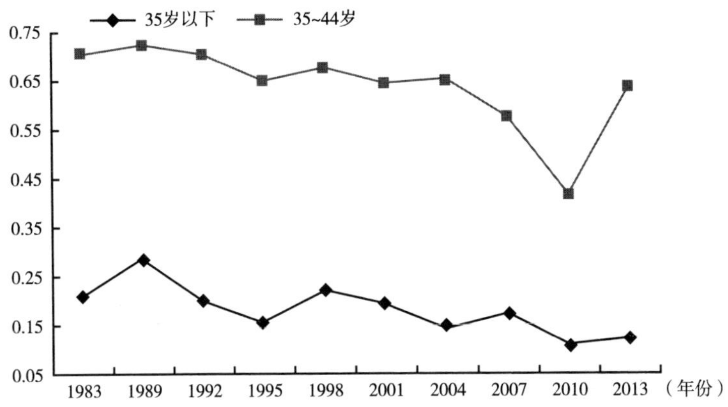

图 9.2　1983～2013 年年轻年龄组净资产平均值与总体净资产平均值的比率

2.3 个百分点，45～54 岁年龄组下降 0.9 个百分点。老年人年龄组的住房自有率出现大幅增长：55～64 岁年龄组增长 3.9 个百分点，65～74 岁年龄组增长 7.1 个百分点，最老年龄组增长 7.6 个百分点。[①] 到2007 年，住房自有率随年龄增长而单调上升至 65～74 岁年龄组，然后在年龄最大的年龄组出现下降。统计数据显示，1983 年至 2007 年，住房所有权从年轻广义家庭转向年长广义家庭。

从 2007 年到 2010 年，相对财富比率的变化更为急剧。35 岁以下年龄组的相对财富比率从 0.17 暴跌至 0.11，而 35～44 岁年龄组的相对财富比率从 0.58 暴跌到 0.42，而 45～54 岁年龄组的相对财富比率从 1.19 下降至 1.14。按 2013 年美元价值计算，最年轻年 388

① 与种族分类里的少数族裔一样，75 岁及以上年龄组的样本量相对较小，因此 2001 年至 2004 年住房自有率的大幅上升（大约 9 个百分点）可归因于抽样变异（样本量见第二章，附录表 2.1）。

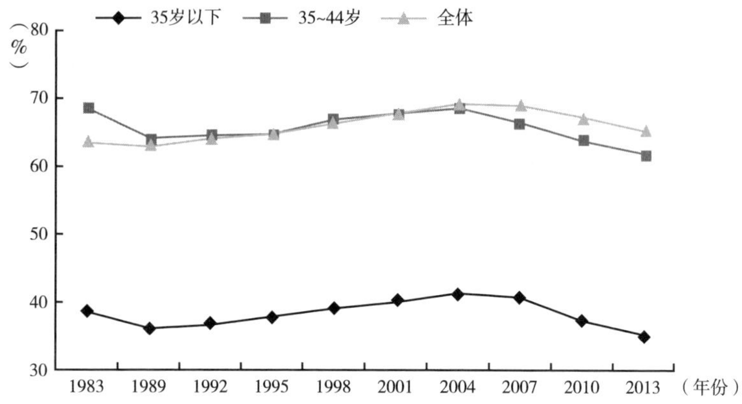

图 9.3　1983～2013 年年轻年龄组和全体广义家庭的住房自有率

龄组的平均财富在 2010 年几乎损失了一半，从 2007 年的 102400 美元到 2010 年的 55400 美元，是它三十年间的倒数第二低点（最低点发生在 1995 年），[①] 而 35～44 岁年龄组的相对财富从 346900 美元缩水到 211200 美元，这是 1983 年至 2010 年整个时段的最低点。造成这些财富急剧下降的一个可能原因是，年轻家庭更有可能在房地产周期的峰值时段购买住宅。与之相反，55～64 岁年龄组的相对净资产比率从 1.69 大幅增加至 1.80（虽然它按 2013 年美元计算从 1015300 美元减少到 910900 美元），最年长年龄组从 1.16 增加到 1.35（再次，其绝对值从 698400 美元下降到 684700

① 与 2007 年一样，债务的主要来源是抵押贷款债务，占 2010 年最年轻年龄组债务总额的 70%。但是，教育贷款现在占总负债的 15%，2007 年还仅仅是 9.5%，该年龄组中有 40% 的广义家庭在 2010 年报告了未偿还的学生贷款。住房自有率的下降也反映了负储蓄，从 2007 年到 2013 年，35 岁以下广义家庭组的住房自有率从 40.8% 下降到 35.6%，35～44 岁年龄组从 66.1% 降至 61.7%。

美元)，而 65 ~ 74 岁年龄组的相对财富比率从 1.86 下降到 1.73（绝对值同样出现下降，从 1120200 美元降到 873500 美元）。财务资源的变化模式非常相似。从 2007 年到 2010 年，所有年龄组的住房自有率均出现下降（除了最年长年龄组），最年轻年龄组的下降幅度最大（3.3 个百分点）。

不同年龄组的相对财富状况的变化，在很大程度上取决于相对资产价格的变动和资产构成的差异。表 9.6 中突出显示了 2007 年资产构成的情况。对于 35 岁及以下年龄组，住宅占总资产价值的 50% 以上，这个比例随年龄增长下降，至 55 ~ 64 岁年龄组约为 25.6%，然后上升到 75 岁及以上年龄组的 30.2%。流动资产占总资产的份额在各年龄组都差不多，约为 6%，最年长年龄组份额为 10.5%，这可能反映了老年人在财务上相对保守。养老金账户占总资产的比例，从最年轻组的 6% 上升到 55 ~ 64 岁年龄组的 15.8%，然后下降到最年长年龄组的 5%。这种模式可能反映了人们在退休前累积退休资产，退休后随着不断使用，这些退休资产转而下降。[①] 公司股票和金融证券的份额随年龄增长而稳步上升，从最年轻年龄组的 4.2% 上升到最年长年龄组的 25.6%。总股票占总资产的份额也显示类似的模式。非法人企业股权和非住宅房地产占总资产的份额各年龄组差不多，约为 30%。

随着年龄的增长，债务显而易见地减少。债务与净资产的比率
从最年轻年龄组的 92.7% 下降到最年长年龄组的 2.1%，债务与收 389
入的比率从 167.5% 下降到 29.9%，主要住宅债务占房屋价值的比
例从 65.4% 降到 4.9%。得益于后者的影响，房屋净值占总资产的
比例，从最年轻年龄组的 18.8% 上升到最年长年龄组的 28.7%。

① 由于 401（k）计划和其他固定缴款养老金计划直到 1989 年之后才被广泛引入工作场所，因此这种模式也可能部分是因为世代效应。

表 9.6　2007 年按年龄分组的广义家庭财富构成（占总资产的百分比）

单位：%

资产	所有	35 岁以下	35～44 岁	45～54 岁	55～64 岁	65～74 岁	75 岁及以上
主要住宅	32.8	54.3	43.7	33.8	25.6	28.2	30.2
流动资产（银行存款、货币市场基金和人寿保险退保现值）	6.6	5.7	5.4	6.4	6.3	6.1	10.5
养老金账户	12.1	6.0	10.7	13.0	15.8	12.9	5.0
公司股票、金融证券、共同基金和个人信托	15.5	4.2	8.6	13.1	16.4	20.5	25.6
非法人企业	31.3	28.7	30.1	32.0	34.4	30.2	27.1
股权和其他房地产							
杂项资产	1.7	1.2	1.5	1.7	1.5	2.1	1.6
总资产	100.0	100.0	100.0	100.0	100.0	100.0	100.0
备注（选定比率，%）							
债务/权益比率	18.1	92.7	41.3	20.2	11.9	7.1	2.1
债务/收入比率	118.7	167.5	156.5	118.2	100.0	79.7	29.9
房屋净值/总资产[a]	21.4	18.8	21.3	20.9	18.1	23.4	28.7
主要住宅债务/住宅价值	34.9	65.4	51.4	38.3	29.2	16.9	4.9

续表

资产	所有	35 岁以下	35～44 岁	45～54 岁	55～64 岁	65～74 岁	75 岁及以上
所有股票/总资产[b]	16.8	5.9	11.2	15.1	19.4	21.5	20.0
净资产年收益率(%)[c]							
2001～2007 年	4.04	7.90	5.63	4.25	3.68	3.38	2.53
2007～2010 年	-7.28	-13.49	-9.56	-7.54	-6.64	-6.50	-6.47
2010～2013 年	6.20	10.70	7.50	6.51	5.92	5.71	5.32

资料来源：作者对 2007 年消费者财务状况调查的计算。根据户主的年龄将家庭分为年龄组。

注：a. 主要住宅总价值减去主要住宅抵押债务，然后与总资产的比率。

b. 包含直接拥有的和通过共同基金、信托、个人退休账户、基奥计划、401（k）计划和其他退休账户间接拥有的股票。

c. 基于此时段平均财富构成和资产类型的收益率计算。

390 因此，较年轻的广义家庭更着重投资在住宅上，债务更为沉重，而老年广义家庭的投资组合则更倾向于金融资产，特别是公司股票。因此，当住房价格上涨和通货膨胀强劲时，年轻广义家庭比较受益，而老年广义家庭则比较受益于股票价格上涨。1983~2007年时段，各年龄组相对净资产的变化在很大程度上是由投资组合构成差异和相对资产价格变动带来的。与之相反，当资产价格下降，特别是房价下跌时，较年轻年龄组的较高杠杆使其变得更加脆弱。

从2007年到2010年房价急剧下降，结果导致最年轻房主的房屋净值损失（53%）远高于所有年龄组房主的平均跌幅（29%），[①]这一因素导致净资产出现更大幅度的下降。实际上，就财富组合的年收益率而言，这一组在2001年至2007年时段收益率最高，为7.90%；在2007年至2010年时段最低，为-13.49%。此外，最年轻年龄组非常高的杠杆加上资产价格普遍下降，也导致其财务资源损失更为巨大。

35~44岁年龄组的情况非常相似。2007年他们的债务与权益比率是41.3%，他们的抵押贷款债务与房屋价值的比率为51.4%，他们主要住宅占总资产的比例为43.7%，所有这些都远高于整体水平。与最年轻年龄组一样，2007年至2010年房价下跌导致该组房屋所有者的房屋净值大幅下降48%，这导致该组相对净资产急剧下降，同时其高于平均水平的整体杠杆也导致了其财务资源相对更加恶化。就其财富组合的年收益率而言，该组从2001年至2007年时段的第二高，即5.63%，落到2007年至2010年时段的第二低，为-9.56%。

2010年至2013年时段，最年轻年龄组的净资产实际增长率为

① 参见第三章，表3.8。

11%，同时相关指标都略有上升。[①] 从表面上看，人们预期上涨幅度可能会更大，因为这个年龄组的收益率每年强劲增长 10.7%，是所有年龄组中最高的。然而，进一步调查表明，该群体的净资产没有增加更多，主要原因是其住房自有率持续下降，下降了近 2 个百分点。财务资源的结果与之相似。

35～44 岁年龄组的净资产恢复了很大一部分，从 2010 年到 2013 年，其增长率达到惊人的 54%（扣除通胀因素后）。该年龄组房屋所有者的平均房屋净值增长了 36%，虽然住房自有率实打实下降了 2 个 391
百分点，但这个年龄组全体广义家庭的平均房屋净值增长了 32%。这些年，这一年龄组的财富组合年平均收益率为 7.5%，因此，其他房地产的平均值增加了 39%，商业股权的平均值增加了 137%[②]，养老金账户平均值增加了 42%，公司股票和共同基金平均值增加了 40%。从 2010 年到 2013 年，这个年龄段的财务资源也恢复了很多。

而更大年龄组的模式就有些复杂。2010 年至 2013 年，45～54 岁年龄组显示了净资产出现相对下降，55～64 岁和 75 岁及以上年龄组也是如此，但 65～74 岁年龄组的净资产相对大幅增加。财务资源的结果与之类似。

我们再次将净资产平均值的变化分解为资本增值、储蓄和财富转移净值三个部分（见表 9.7）。[③] 如前所述，不同年龄组的收益率差异很大，因此收益差异在解释按年龄组划分的财富相对变动方面将发挥重要作用。

---

① 与 2007 年和 2010 年一样，抵押贷款债务占这一年龄组总债务的大部分，为 64%，但学生贷款占其总债务的 20%，高于 2010 年的 15%，该年龄组 41% 的广义家庭报告 2013 年有未偿还的学生贷款。

② 这个结果可能主要是由于抽样变异性造成的。

③ 该方法论遵循第五章的描述。

首先来看一看2001年至2007年时段，我们发现最小年龄组（35岁以下）的模拟财富平均值增加了1倍多。最年轻年龄组的实际净资产平均值仅增长5.6个百分点。这种巨大的差异是模拟算法对该组样本在模拟时段有效老龄化（*aging*）的结果。因此，在此时段，一个年龄组有效上升到年龄较大（且更富裕）的年龄组。对于年龄最小的年龄组而言，财富的增长尤为巨大，而加上2001年至2007年这么长的时段，进一步放大了财富的增长。在这种模拟增长中，资本收益解释了60%（这一时期的收益率相当高，为每年7.9%），财富转移净值解释了16.3%，隐性储蓄解释了剩下的28%。该年龄组资本收益的数字远低于全体广义家庭资本收益的数字（78%）。而隐性年储蓄率相当高，为17.4%。估算里出现的大量收益，可能是由这个年龄组家庭收到却未报告的生前赠与导致的。

下一个年龄组，35～44岁年龄组的净资产模拟增长率与之相比较低，为71.1%。事实上，从年龄组来看，我们可以看到模拟数据的增长率随着年龄阶段上升而逐渐下降，45～54岁年龄组下降到
392 50.3%，55～64岁年龄组下降22.6%，65～74岁年龄组为-0.2%，但是最年长年龄段，又增加到16.4%。与之相反，净资产平均值的实际增长百分比，从最年轻年龄组的5.6%，上升到45～54岁年龄组的15.6%，到55～64岁年龄组下降到8.8%，到65～74岁年龄组又攀升到28.9%，然后下降到最年长年龄组的18.1%。资产升值的重要性也随着年龄的增长而增加，从两个最年轻分组的56%，增加到45～54岁年龄组的58%，再到三个最年长年龄组的100%或100%以上。与之相反，财富转移净值的贡献随着年龄的增长而下降，从最年轻分组的16.3个百分点，下降到最年长两个分组的负数。这里隐藏的道理是，赠与通常从老年广义家庭流向年轻广义家庭（特别是从父母转移到子女）。

表 9.7　2001～2013 年按年龄组划分的财富分解趋势

年龄组	时段			FFA
	2001～2007 年	2007～2010 年	2010～2013 年	2010～2013 年
Ⅰ. 按财富构成划分的模拟净资产平均值增长百分比				
A. 年龄在35 岁以下				
模拟净资产(NW)平均值增长百分比	107.4	-34.7	88.0	124.9
资本收益的贡献(损失)	60.6	-33.3	37.9	37.9
财富转移净值的贡献	16.3	-0.8	2.1	2.6
(隐性)储蓄的贡献	30.5	-0.6	48.0	84.5
备注:(隐性)年度储蓄率[a]	17.4	-0.8	32.4	21.6
B. 年龄35～44 岁				
模拟净资产(NW)平均值增长百分比	71.1	-3.8	86.7	123.3
资本收益的贡献(损失)	40.1	-24.9	25.2	25.2
财富转移净值的贡献	5.8	-0.3	3.1	3.7
(隐性)储蓄的贡献	25.2	21.4	58.4	94.4
备注:(隐性)年度储蓄率[a]	13.1	26.9	42.7	57.8
C. 年龄45～54 岁				
模拟净资产(NW)平均值增长百分比	50.3	-10.0	13.9	36.3
资本收益的贡献(损失)	29.0	-20.2	21.6	21.6
财富转移净值的贡献	3.3	0.3	1.9	2.2
(隐性)储蓄的贡献	17.9	9.9	-9.5	12.5
备注:(隐性)年度储蓄率[a]	14.5	20.3	-16.5	18.0
D. 年龄55～64 岁				
模拟净资产(NW)平均值增长百分比	22.6	-1.8	-10.6	6.9
资本收益的贡献(损失)	24.7	-18.1	19.4	19.4
财富转移净值的贡献	1.8	0.4	1.8	2.2
(隐性)储蓄的贡献	-3.9	15.8	-31.9	-14.7
备注:(隐性)年度储蓄率[a]	-5.3	46.8	-89.7	-34.6

续表

年龄组	时段			FFA
	2001～2007年	2007～2010年	2010～2013年	2010～2013年
E. 年龄65～74岁				
模拟净资产（NW）平均值增长百分比	-0.2	-29.3	8.8	30.2
资本收益的贡献（损失）	22.5	-17.7	18.7	18.7
财富转移净值的贡献	-0.5	-0.1	0.6	0.7
（隐性）储蓄的贡献	-22.1	-11.5	-10.5	10.8
备注：（隐性）年度储蓄率[a]	-44.8	-52.3	-38.1	32.8
F. 年龄75岁及以上				
模拟净资产（NW）平均值增长百分比	16.4	-1.8	-11.9	5.1
资本收益的贡献（损失）	16.4	-17.6	17.3	17.3
财富转移净值的贡献	-0.3	-0.8	0.0	0.0
（隐性）储蓄的贡献	0.3	16.7	-29.2	-12.2
备注：（隐性）年度储蓄率[a]	0.7	81.7	-137.8	-48.1
Ⅱ. 55～64岁和35岁以下净资产（NW）平均值的比率的变化百分比				
A. 实际比率	3.0	76.6	-48.7	-48.7
B. 模拟比率	-40.9	50.4	-52.5	-52.5
C. 对模拟55～64岁和35岁以下净资产（NW）平均值的比率的百分比变化的贡献（百分点）[b]				
1. 收益率差异	-12.8	28.0	-5.4	-9.8
2. 财富转移净值与净资产的比率的差异	-4.3	2.4	0.2	0.2
3. 储蓄与净资产（NW）比率的差异	-33.7	27.2	-129.2	-37.9
总计	-50.8	57.5	-134.4	-47.5
D. 模拟55～64岁和35岁以下净资产的比率中，实际变化的百分比[c]				
1. 收益率差异	-31.3	55.6	-10.4	-18.7
2. 财富转移净值与净资产的比率的差异	-10.5	4.7	0.4	0.5
3. 储蓄与净资产（NW）比率的差异	-82.4	53.9	-246.3	-72.3
剩余	24.1	-14.2	156.2	-9.5

续表

年龄组	时段			FFA
	2001 ~ 2007 年	2007 ~ 2010 年	2010 ~ 2013 年	2010 ~ 2013 年
Ⅲ. 55 ~ 64 岁和35 ~ 44 岁净资产(NW)平均值的比率的变化百分比				
A. 实际比率	1.0	46.1	-51.5	-51.5
B. 模拟比率	-28.3	2.1	-52.1	-52.1
C. 对模拟 55 ~ 64 岁和 35 ~ 44 岁净资产(NW)平均值的比率的变化百分比的贡献(百分点)[b]				
1. 收益率差异	-7.5	6.9	-1.8	-2.9
2. 财富转移净值与净资产的比率的差异	-1.6	0.7	0.0	0.0
3. 储蓄与净资产(NW)比率的差异	-14.8	-7.0	-52.4	-44.8
总计	-23.9	0.6	-54.2	-47.7
D. 模拟 55 ~ 64 岁和 35 ~ 44 岁净资产的比率中,实际变化的百分比[c]				
1. 收益率差异	-26.4	332.4	-3.5	-5.6
2. 财富转移净值与净资产的比率的差异	-5.6	34.5	0.0	0.0
3. 储蓄与净资产(NW)比率的差异	-52.4	-339.4	-100.4	-86.0
剩余	-15.7	72.4	3.9	-8.4

资料来源：作者对 2001 年、2007 年、2010 年和 2013 年消费者财务状况调查的计算。

注：根据户主的年龄将广义家庭分为年龄组。因此，基于该时期内该群体财富平均值的变化进行分解。

该方法是随着时间推移增加广义家庭样本的年龄。例如，2001 年 25 ~ 29 岁年龄组的广义家庭，在 2007 年年龄段为 31 ~ 35 岁。我还假设第一个年份（例如，2001 年）的年龄分布在此时段（例如 2001 ~ 2007 年时段）保持不变。2007 年的总体模拟财富平均值等于 2007 年按年龄组划分的财富平均值（例如，31 ~ 35 岁年龄组），用 2001 年相应年龄组（在这种情况下，为 25 ~ 29 岁年龄组）的广义家庭比例加权处理。

a. 储蓄率等于总储蓄除以第一年收入平均值和第二年模拟收入平均值的平均值。

b. 项目为正表示该组成部分增加净资产平均值比率，而为负表示该组成部分降低净资产平均值比率。

c. 如果模拟净资产的百分比变化为正，则组成部分（包含剩余）总和为 100%，如果模拟净资产的百分比变化为负，则组成部分（包含剩余）总和为 -100%。

缩写：FFA：美国财政账户；NW：净资产。 394

因此，模拟储蓄的贡献同样随着年龄的增长而下降，从35岁及以下年龄组的30.5%下降到65～74岁年龄组的－22.1%，不过在最年长年龄组又转为正值。隐性年度储蓄率同样随着年龄的增长而下降，从最年轻分组的17.4%降至65～74岁年龄组－44.8%。最年轻的三个年龄组（和最年长年龄组）的净隐性储蓄为正，55～64岁和65～74岁年龄组为负。

从2007年到2010年，所有年龄组的模拟财富增长均为负值。下降幅度范围从最年轻年龄组的－34.7%到55～64岁和75岁及以上年龄组的－1.8%。所有年龄组的资本收益均为负数。对于35岁及以下年龄组，资本损失解释了模拟财富平均值的几乎全部减少额（该组的年收益率为－13.5%）。对于35～44岁年龄组，资本损失会导致其模拟净资产下降24.9个百分点，但隐性储蓄贡献的21.4个百分点对冲了这个下降。对于接下来的两个年龄组和最年长年龄组，资本损失超过了他们的财富下降额，模拟储蓄再次做出了正贡献。然而，对于65～74岁年龄组，负资本收益解释了其财富损失的60%，然后负储蓄解释了剩下的40%的损失。

这种情况在2010～2013年时段出现转变，所有年龄组的模拟净资产平均值均出现正增长。与2001年至2007年时段一样，根据调整后的美国财政账户数据，模拟财富增长百分比随年龄增长而下降，从35岁及以下年龄组的124.9%，到35～44岁年龄组的
395 123.3%，到最年长年龄组的5.1%。虽然最年轻的两个分组的收益率为正而且很高，分别为10.7%和7.5%，但资本增值对于财富增长的贡献对于前一组仅为43%，对于后一组仅为29%，模拟储蓄在很大程度上弥补了差异。对于45～54岁年龄组，资本收益解释了模拟财富增长的60%，储蓄解释了34%（财富转移净值占6%）；对于65～74岁年龄组，资本收益解释了模拟财富增长的

62%，储蓄贡献了36%百分比（财富转移净值的贡献很小）。对于55～64岁和75岁及以上年龄组，资本收益超过了模拟财富的增长额，隐性储蓄为负。

2001年至2007年，55～64岁年龄组与35岁以下年龄组的模拟财富平均值的比率下降了40.9%，前者的模拟财富平均值增加了22.6%，后者增加了107.4%（见表9.7的第Ⅱ组）。[①] 而实际比率恰恰相反，是略有增加。这个差异是由于这些年来35岁以下年龄组的模拟财富增长率远高于的其实际财富平均值增长率。主要因素是较年轻分组的较高（隐性）储蓄率，它解释了下降的82%。他们较高的收益率解释了下降的另外31%，财富转移净值与财富的比率解释了11%（还有24%未得到解释）。在2007年至2010年时段，老年年龄组的模拟财富平均值基本没有变化，而年轻年龄组的模拟财富平均值下降了35%，因此模拟比率攀升了50%（实际比率上升了77%）。[②] 老年年龄组相当高的收益（较小负值，差异有6.85个百分点）及其较高的隐性储蓄率同样对净资产比率的急剧上升各自贡献了差不多一半的力量。

在2010年至2013年时段，在调整后的美国财政账户数据的基础上，35岁及以下年龄组的模拟财富平均值飙升了124.9%，而55～64岁年龄组的模拟财富平均值仅上升了6.9%，因此模拟比率暴跌了52.5%（实际比率下降了48.7%）。储蓄率的差异——这次有利于较年轻年龄组——解释了这个下降的大部分（72%），而较年轻年龄组的财富年度收益率较高（4.78个百分点的差异）则解

① 我选择55～64岁年龄组作为这些比较的基础，因为除了几个年份以外，这个年龄组的财富普遍达到了顶点（见表9.5）。

② 如表9.5所示，35岁以下年龄组的财富平均值与总体财富平均值的比率从2007年的0.17暴跌至2010年的0.11。

释了另外19%。

55～64岁年龄组和35～44岁年龄组的模拟净资产平均值的比
396 率的时间趋势与之相似（见表9.7，Ⅲ组）。对于2001年至2007年时段，模拟比率下降了28.3%，这其中储蓄率差异贡献了52%，收益率差异贡献了26%。2007年至2010年时段，模拟比率仅上升了2.1%（相比之下，55～64岁与35岁以下年龄组的财富的模拟比率为50.4%）。此时，较年长年龄组较高的收益率本应该会使该时段的比率变化增加6.9个百分点，但这个增幅几乎正好完全被较年长年龄组较高的储蓄与净资产比率所抵消。在2010年至2013年时段，两个年龄组之间模拟财富平均值的比率下降了52.4%（与55～64岁年龄组和35岁以下年龄组的比率下降幅度几乎相等）。再一次，基于调整后的美国财政账户数据，这一时间趋势的大部分（86%）可以通过较年轻年龄分组较高的隐性储蓄来解释。

年龄分布的变化在解释广义家庭财富趋势方面发挥了什么作用？回答这个问题的一种方法，是标准化选定年份的年龄分布（2001年是一个很好的选择，因为它接近考察时段的中点），就像之前对收入阶层所做的分析一样。我使用五年的年龄间隔，以相应的2001年广义家庭的份额为权重重新计算每个年龄段里每个年份的净资产。然后我重新计算净资产中位数和平均值，以及基尼系数。[①] 结果见表9.4C组。毫不奇怪，由于1983年至2013年人口的平均年龄在持续上升，因此重新加权计算的净资产平均值和中位数，在2001年之前上升，在2001年以后下降，

---

① 我再次假设，在其他条件不变的情况下，改变收入分布不会改变按收入阶层和其他特征分组的净资产平均值。

因为老年广义家庭拥有更多财富。最终结果完全印证这一点。重新加权计算的结果依然清晰表明 1983 年至 2007 年财富强劲增长，2007 年到 2010 年出现一次崩盘，2010 年到 2013 年几乎没有变化。

尽管年龄分布随时间变化相对很缓慢，但其对增长率的影响相当大。特别是，年龄标准化后，净资产中位数和平均值的变化率一致降低，尤其是前者。财富中位数的年增长率降低约 1 个百分点，而财富平均值的年增长率则降低约 0.5 个百分点。实际净资产随时间推移而增加，其部分原因仅仅就是由于人口不断老龄化，生命周期财富不断积累。一旦扣除了人口老龄化的影响，就会发现相应增长幅度变得相当小。从 1983 年到 2007 年，实际净资产平均值增长了 98%，但标准化净资产仅增长了 78%。这个结果意味着净资产 397
平均值增长的 21%（1 - 77.8/98.2）是由这些年来人口自然老化［“老龄化效应”（aging effect）］造成的。2007 年至 2013 年时段，实际净资产平均值下降了 15.5%，但标准化净资产下降了 19.4%，因此老龄化效应再次帮助提高了净资产平均值。在整整三十年间，净资产平均值实际增长的 36%（1 - 43.3/67.4）可归因于老龄化效应。同样，这些年里，实际净资产中位数下降了 18.2%，而标准化净资产中位数下降了 41.4%，因此这里的老龄化效应部分抵消了净资产中位数的下降。①

以 2001 年年龄分布为权重来标准化处理，估算的基尼系数只有微小的差异——一个基尼点或更小。对于 2001 年之前的数

---

① 应该注意的是，这些按年龄和收入等各种特征进行的分解分析并不能叠加，因为这些特征在统计上并不是相互独立的。例如，随着时间的推移，收入平均值和中位数的上升，部分是由人口的逐渐老龄化导致的，因为老年人的收入（以及财富）通常比年轻人高。

据，标准化为较年轻较贫困的广义家庭提供较低的权重，为较富裕较年长的广义家庭提供较高的权重。由于估算的2001年之前的基尼系数降低，因此前一种效应似乎占主导地位。相反，标准化提高了2001年以后的基尼系数，因为它给予年轻广义家庭更大的权重，同时也降低了老年广义家庭的权重。又一次，前一种效应似乎占主导地位。在整个30年期间，依据年龄分布变化标准化后的基尼系数提高了0.091，与之相比，实际增长为0.072。

大衰退时期种族差异扩大了

不同种族/族裔的财富持有存在令人震惊的差异。在表9.8中，广义家庭分为三组：非西班牙裔白人，非西班牙裔非洲裔美国人和西班牙裔美国人。[①] 2007年，非西班牙裔黑人（“黑人”）和非西班牙裔白人（“白人”）广义家庭的收入平均值的比率已经很低，为0.48，而收入中位数的比率为0.60；2007年两者财富平均值和中位数的比率甚至更低，分别为0.19和0.06，而两者财务资源的比率更低，分别为0.14和0.01（见图9.4）。[②] 2007年黑人广义家庭的住房自有率为48.6%，略低于白人住房自有率的2/3，黑人广义家庭净资产为零或为负数的比例为33.4%，是白人的相应比例的2倍多。

---

① 剩余的分组，美国印第安人和亚裔因其样本量小而被排除在外。

② 应该强调的是，这里的观察单位是广义家庭，其中包含狭义家庭（共同生活在一起的两个或更多个有家庭关系的人）以及单身成人。众所周知，非洲裔美国人广义家庭中的女户主的比例远高于白人广义家庭。

这种差异部分是非洲裔美国广义家庭收入和财富相对较低导致的。

在 1982 年至 2006 年时段，白人广义家庭的平均实际收入增加了 42%，中位数增加了 10%，而此时段黑人广义家庭的前者仅增加了 28%，后者增加了 18%。结果，收入平均值的比率从 398
1982 年的 0.54 下降到 2006 年的 0.48，而收入中位数的比率从 0.56 上升到 0.60。[①] 平均值比率与中位数比率的时间趋势相反，反映了这样一个事实：一部分数量相对较少的白人广义家庭在这些年中增加了大量收入——这是白人广义家庭收入不平等程度扩大的结果。

1983 年至 2001 年间，白人的平均净资产（按定值美元计算）增长了 73%，而黑人广义家庭仅增加了 31%，因此两者净资产比率从 0.19 降至 0.14。这个比率的下滑主要发生在 1998 年至 2001 年之间，当时白人净资产飙升了 34%，而黑人净资产仅上升了 5%。实际上，1998 年至 2001 年黑人广义家庭的净资产平均值年增长率还略高，为 1.55%，而前 15 年的年增长率为 1.47%。1998 年至 2001 年时段的差异是由于白人广义家庭财富大幅增加。但是，在 2001 年至 2007 年时段，黑人广义家庭的净资产平均值增长了惊人的 58%，而白人财富仅增长了 20%，因此到 2007 年，净资产比率重新回到 0.19，与 1983 年相同。

目前尚不清楚，1998 年至 2001 年种族贫富差距的急剧下降和 2001 年至 2007 年时段的反转，有多少是由非洲裔美国人群体的实际财富变化造成的，又有多少是由抽样变异导致的。[②] 两个群体之间的一个显著差异是，白人财富组合中的股票比例高得多，而黑人

---

① 1988 年黑人广义家庭的收入数字似乎是一个异常值。那一年黑人的低收入，可能反映了黑人（和西班牙裔）的样本规模太小，以及前后调查之间的抽样变异（样本量参见第二章，附录表 2.1）。

② 非洲裔美国人的样本量在所有年份都相对较小，如第二章附录表 2.1 所示。

表 9.8　1983～2013 年按种族/族裔划分的广义家庭收入和财富

单位：千美元，按 2013 年美元计算

组成部分	1983 年	1989 年	1992 年	1995 年	1998 年	2001 年	2004 年	2007 年	2010 年	2013 年
A. 收入平均值										
白人	72.8	79.8	79.3	72.8	82.7	99.8	96.0	103.7	92.7	99.9
黑人	39.2	35.5	39.7	35.2	40.6	48.3	47.0	50.1	44.3	41.5
西班牙裔	44.1	36.4	37.4	47.2	44.5	49.5	47.4	52.1	52.4	44.8
比率										
黑人/白人	0.54	0.45	0.50	0.48	0.49	0.48	0.49	0.48	0.48	0.42
西班牙裔/白人	0.60	0.46	0.47	0.65	0.54	0.50	0.49	0.50	0.57	0.45
B. 收入中位数										
白人	51.2	53.1	48.8	48.9	52.9	57.9	59.2	56.2	54.5	54.0
黑人	28.5	20.2	27.7	26.0	28.6	32.9	34.5	33.7	32.1	30.0
西班牙裔	34.0	25.5	26.0	33.6	32.9	31.6	32.1	39.3	36.3	32.0
比率：										
黑人/白人	0.56	0.38	0.57	0.53	0.54	0.57	0.58	0.60	0.59	0.56
西班牙裔/白人	0.66	0.48	0.53	0.69	0.62	0.55	0.54	0.70	0.67	0.59
C. 净资产平均值										
白人	355.0	420.1	406.5	370.5	458.7	612.7	658.5	732.7	646.4	656.2
黑人	66.8	70.4	75.6	62.3	83.3	87.3	125.1	137.8	92.8	84.5
西班牙裔	57.7	69.1	90.4	78.4	113.2	105.4	141.1	191.4	99.4	98.2
比率										
黑人/白人	0.19	0.17	0.19	0.17	0.18	0.14	0.19	0.19	0.14	0.13

续表

组成部分	1983 年	1989 年	1992 年	1995 年	1998 年	2001 年	2004 年	2007 年	2010 年	2013 年
西班牙裔/白人	0.16	0.16	0.22	0.21	0.25	0.17	0.21	0.26	0.15	0.15
D. 净资产中位数										
白人	102.2	121.4	101.9	93.2	116.7	140.0	145.9	161.4	110.5	116.8
黑人	6.8	3.1	17.1	11.2	14.3	14.0	14.6	10.4	6.7	1.7
西班牙裔	4.0	2.5	6.1	7.6	4.3	3.9	6.8	10.2	2.9	2.0
比率										
黑人/白人	0.07	0.03	0.17	0.12	0.12	0.10	0.10	0.06	0.06	0.01
西班牙裔/白人	0.04	0.02	0.06	0.08	0.04	0.03	0.05	0.06	0.03	0.02
E. 财务资源平均值										
白人	261.6	317.5	313.0	288.0	364.1	486.3	496.4	556.5	513.2	530.1
黑人	33.7	34.5	43.0	32.4	53.7	56.9	75.9	79.4	50.7	53.3
西班牙裔	17.1	33.8	58.0	44.7	72.0	67.7	82.6	108.2	57.0	58.2
比率										
黑人/白人	0.13	0.11	0.14	0.11	0.15	0.12	0.15	0.14	0.10	0.10
西班牙裔/白人	0.07	0.11	0.19	0.16	0.20	0.14	0.17	0.19	0.11	0.11
F. 财务资源中位数										
白人	28.4	38.4	31.3	27.6	53.7	55.4	44.5	49.0	35.6	40.8
黑人	0.0	0.0	0.2	0.3	1.7	1.4	0.3	0.6	0.3	0.2
西班牙裔	0.0	0.0	0.0	0.0	0.0	0.3	0.1	0.4	0.1	0.2
比率										
黑人/白人	0.00	0.00	0.01	0.01	0.03	0.03	0.01	0.01	0.01	0.00

续表

组成部分	1983 年	1989 年	1992 年	1995 年	1998 年	2001 年	2004 年	2007 年	2010 年	2013 年
西班牙裔/白人	0.00	0.00	0.00	0.00	0.00	0.01	0.00	0.01	0.00	0.00
F. 住房自有率(百分比)										
白人	68.1	69.3	69.0	69.4	71.8	74.1	75.8	74.8	74.6	73.1
黑人	44.3	41.7	48.5	46.8	46.3	47.4	50.1	48.6	47.7	44.0
西班牙裔	32.6	39.8	43.1	44.4	44.2	44.3	47.7	49.2	47.3	43.9
比率										
黑人/白人	0.65	0.60	0.70	0.67	0.64	0.64	0.66	0.65	0.64	0.60
西班牙裔/白人	0.48	0.57	0.62	0.64	0.61	0.60	0.63	0.66	0.63	0.60
G. 净资产为零或为负数的广义家庭百分比										
白人	11.3	12.1	13.8	15.0	14.8	13.1	13.0	14.5	17.9	16.3
黑人	34.1	40.7	31.5	31.3	27.4	30.9	29.4	33.4	32.9	40.0
西班牙裔	40.3	39.9	41.2	38.3	36.2	35.3	31.3	33.5	34.6	33.9
比率										
黑人/白人	3.01	3.38	2.28	2.09	1.85	2.35	2.27	2.30	1.84	2.46
西班牙裔/白人	3.55	3.31	2.98	2.56	2.45	2.69	2.41	2.30	1.93	2.09

资料来源：作者对来自 1983 年、1989 年、1992 年、1995 年、1998 年、2001 年、2004 年、2007 年、2010 年和 2013 年的消费者财务调查的数据进行计算处理。

注：广义家庭分为四个种族/族裔群体：（1）非西班牙裔白人；（2）非西班牙裔黑人；（3）西班牙裔；（4）美国印第安人、亚裔和其他人。对于 1995 年、1998 年和 2001 年，分类方案没有明确指出前两个类别的非西班牙裔白人和非西班牙裔黑人，因此一些西班牙裔可能将自己归类为白人或黑人。

广义家庭财富组合中的住宅比例则高得多。2001 年，住宅占黑人广义家庭总资产的 46%，而白人的仅占 27%，而（总）股票占白人总资产的 25%，而仅占黑人广义家庭的 15%。[①] 此外，虽然 2001 年黑人广义家庭的债务比率远远高于白人广义家庭（两者债务与资产的比率分别为 0.324 和 0.115），但 2004 年黑人广义家庭的债务比率下降至 0.297，但随后在 2007 年又回升至 0.356。对白人广义家庭而言，债务与资产比率在 2004 年首先上升至 0.140，随后在 2007 年略微下降至 0.134。对于财富中位数，黑人与白人的比率从 1983 年的 7% 增加到 2001 年的 10%，但随后在 2007 年下降到 6%，略低于 1983 年。此时，在 1983 年至 2001 年时段，白人广义家庭的财富中位数增长了 37%，而黑人广义家庭则增加了 1 倍多。然而，在 2001 年至 2007 年，黑人广义家庭的净资产中位数实际下降了 26%，部分反映了黑人广义家庭净资产为零或为负数 399
的比例上升。

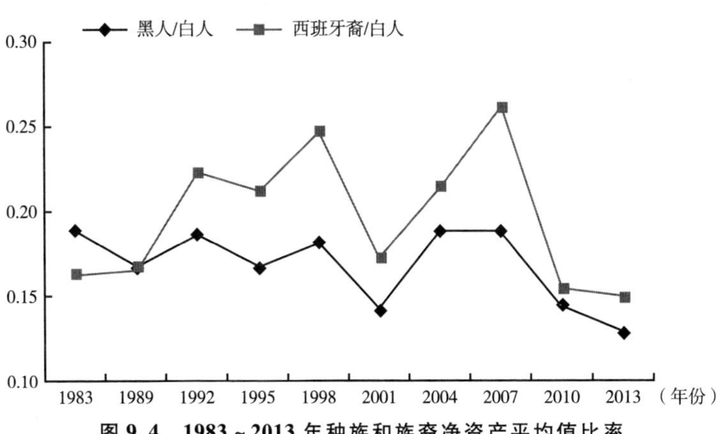

图 9.4　1983～2013 年种族和族裔净资产平均值比率

① 此外，请参阅 Gittleman 和 Wolff 的著作："Racial Differences in Patterns of Wealth Accumulation"，以获取收入动态追踪调查中的其他证据。

1983 年至 2001 年时段，黑人和白人广义家庭的平均财务资源增加幅度差不多，因此其比率基本保持不变。2001 年至 2007 年，黑人的增长速度更快，因此比率增加到 0. 14。主要原因是黑人广义家庭总资产中的住宅价值所占份额较大，同时这些年房价飙升。

黑人广义家庭的财务资源中位数也从 1983 年的几乎为 0 增加到 2001 年的 1400 美元，相应的比率也从 0 增加到 3%。然而，从 2001 年到 2004 年，黑人的财务资源中位数降到只有 300 美元，相应比率下降到 1%。下降的原因是黑人中产广义家庭的债务增长速度快于白人，这主要是抵押贷款债务迅速增加造成的。随后，在 2007 年，黑人的财务资源中位数略微恢复至 600 美元，但两个种族的财务资源中位数比率仍为 1%。

在 1983 年至 2001 年时段，黑人广义家庭的住房自有率从 44. 3% 增长到 47. 4%，但其与白人广义家庭住房自有率的比率在
402 2001 年略微下滑至 0. 64。1998 年至 2001 年时段的变化主要反映了白人住房自有率大幅上升了 2. 3 个百分点。然而，从 2001 年到 2004 年，黑人住房自有率飙升至略高于 50%，白人住房自有率上升至 75. 8%。黑人住房自有率大幅提升，比较可能是由抵押贷款公司和银行的贷款行为导致的，特别是，向黑人家庭出售次级抵押贷款，以便通过更高的利率、抵押贷款发放的收费和其他收费获利。作为结果，到 2004 年，二者住房自有率的比率略有回升，达到 0. 66。2004 年至 2007 年时段，黑人和白人广义家庭的住房自有率都略有下降，两者住房自有率的比率略微下降至 0. 65。

相比之下，报告净资产为 0 或为负数的黑人广义家庭比例从 1983 年的 34. 1% 下降到 2001 年的 30. 9%（与白人广义家庭的相

应比率也下降）。[1] 但是，到 2007 年，净资产为零或为负数的黑人广义家庭比例上升至 33.4%（虽然相对而言低于白人）。财富为零或为负数的广义家庭的比例有很大可能反映了住房市场的繁荣/萧条周期。例如，如果一个家庭在 2001 年购买了住宅，则其住宅价值随房价飙升而大幅上涨，随后又随着房价崩盘而暴跌，导致净资产急剧下跌。

对于西班牙裔来说，情况有所不同。2007 年，西班牙裔与（非西班牙裔）白人的收入平均值比率为 0.50，几乎和黑人与白人的相应比率相等。然而，前两者收入中位数的比率为 0.70，比黑人和白人的相应比率要高。两者净资产平均值的比率为 0.26，而黑人和白人的相应比率为 0.19，两者财务资源平均值的比率为 0.19，而黑人和白人的相应比率为 0.14。两者净资产中位数和财务资源中位数的比率分别为 0.06 和 0.01，几乎与黑人和白人的相应比率相等。西班牙裔住房自有率为 49.2%，几乎与黑人广义家庭相同，33.5% 的西班牙裔广义家庭报告财富为零或为负数，与非洲裔美国人几乎相等。

1983 年至 2007 年时段西班牙裔广义家庭相关指标的变化通常都为正。西班牙裔广义家庭收入平均值增长了 18%，收入中位数增长了 16%，因此西班牙裔广义家庭与白人广义家庭收入平均值的比率从 60% 降至 50%，但收入中位数的比率则从 66% 上升到 70%。事实上，从 2004 年到 2007 年，西班牙裔的收入中位数飙升了 22%，而白人的收入中位数则下降了 5%。[2] 403

① 如前所述，黑人和西班牙裔样本的收入和财富数据每年都有很大差异。这可能反映了这两个分组的样本量太小和相关的抽样变异，以及十个调查中有关种族和族裔问题措辞的一些变化（样本量见第二章，附录表 2.1）。

② 与之相反，根据当前人口调查数据，西班牙裔广义家庭收入中位数从 2003 年到 2006 年仅增长了 4.4%，而非西班牙裔白人仅增长了 0.1%。目前尚不清楚为什么消费者财务状况调查和当前人口调查数据之间存在如此大的差异。

在1983年至1998年时段，西班牙裔广义家庭的财富平均值几乎翻了一番，而财务资源平均值增长了3倍以上，但在1998年至2001年时段，两者的绝对值都有所下降。作为结果，西班牙裔广义家庭与白人广义家庭的净资产平均值比率从1983年的16%上升到1998年的25%，然后在2001年下降到17%，两者财务资源平均值的比率从1983年的7%上升到1998年的20%，然后在2001年跌至14%。不过，2004年两个数字都有所回升。2001年至2004年，西班牙裔的净资产平均值攀升34%，财务资源平均值提升了22%，与白人的相应的比率分别提高到了21%和17%。2004年至2007年，西班牙裔又出现了一次财富快速增长。西班牙裔美国人净资产平均值增长36%，财务资源平均值提高31%，与白人的相应比率分别攀升至26%和19%，远高于黑人广义家庭与白人广义家庭的相应比率。从2001年到2007年，西班牙裔住房自有率跳升约5个百分点，可以反映出其财富的上升。

从1983年到2007年，西班牙裔的财富中位数基本保持不变，财务资源中位数也是如此（几乎为0），因此西班牙裔和白人的财富中位数和财务资源中位数的比率基本保持不变。与之相反，1983年至1998年时段，西班牙裔广义家庭的住房自有率从32.6%上升到44.2%，西班牙裔与白人的住房自有率的比率从0.48增加到0.61。1998年至2001年时段，西班牙裔的住房自有率没有增加，因此两个群体之间的住房自有率的比率回落至0.60。但是，在2001年至2007年间，西班牙裔住房自有率再次上升至49.2%，与黑人广义家庭大致相同，其与白人广义家庭住房自有率的比率回到0.66。

随着时间的推移，西班牙裔广义家庭净资产为零或为负数的百分比相当稳定的下降，从1983年的40.3%下降到2004年的

31.3%，与白人广义家庭的相应比率从 3.55 下降到 2.41。同样，这个比率首先从 1998 年的 2.45 飙升到 2001 年的 2.69，然后在 2004 年又恢复到 2.41。然而，从 2004 年到 2007 年，西班牙裔广义家庭财富为零或为负数的比例上升到 33.5%，几乎与黑人广义家庭相同，但其与白人广义家庭的比率下降到 2.30。

尽管从 2001 年到 2007 年取得了一些进展，但非洲裔美国人和西班牙裔美国人与非西班牙裔白人之间的财富差距仍大大超过 403
2007 年相应的收入差距。虽然二者收入平均值的比率均约为 50%，但财富平均值的比率为 19% 至 26%。2007 年，黑人和西班牙裔广义家庭的财务资源中位数依然均几乎为零，而净资产为零或为负数的均约为 33%，而白人广义家庭为 14.5%（这个差异直接映射了贫困率的差距）。由于黑人和西班牙裔股票持有率相对较低，所以他们未能在 1998 年至 2001 年财富激增的盛宴上分一杯羹，但在 2001 年至 2007 年时段他们反而因此（加上他们的财富组合里房产所占比例相对较高）受益。然而，从 2001 年到 2007 年，所有这三个种族/族裔群体的负债资产比都出现增加。[①]

---

① 产生贫富差距的一个重要原因是遗产差异。根据消费者财务状况调查的数据，1998 年有 24.1% 的白人广义家庭报告在 1998 年或更早的时候接受了遗产，相比之下，黑人广义家庭的这一比例为 11%，白人继承者的平均遗赠金额为 115000 美元（1998 年现值），与之相比，黑人继承者的平均遗赠金额为 32000 美元。因此，遗产差异似乎在解释巨大的贫富差距方面起着至关重要的作用，特别是鉴于在收入水平相近的情况下，黑人家庭比白人家庭储蓄更多。相关案例参见 Francine D. Blau 和 John W. Graham 著作："Black - White Differences in Wealth and Asset Composition，" 载于 *Quarterly Journal of Economics* 105，no. 1（May 1990）：321 - 339；参见 Melvin L. Oliver 和 Thomas M. Shapiro，*Black Wealth*，*White Wealth*（New York：Routledge，1997）；以及 Gittleman 和 Wolff 著作："Racial Differences in Patterns of Wealth Accumulation"。

2010 年，种族/族裔分组的财富情况发生了根本性的变化。虽然 2007 年至 2010 年黑人广义家庭与白人广义家庭的收入平均值和收入中位数的比率变化都很小（特别是收入平均值，两组都出现下降），但两者之间的净资产平均值的比率从 0.19 降至 0.14，财务资源平均值从 0.14 降到 0.10。最可能的原因是黑人广义家庭的杠杆较高，并且他们的房产占总资产的比例较高（见表 9.9）。2007 年，非洲裔美国人广义家庭的债务与净资产之比为惊人的 0.553，而白人为 0.154，前者住房占总资产的比例为 54%，后者为 30.8%。黑人的抵押贷款债务与住宅价值的比率也比白人高得多，二者分别为 0.49 和 0.32。2007 年到 2010 年，房屋价格的大幅跳水导致黑人房主的房屋净值损失相对较大，为 26%，而白人房主则为 24%。这一因素反过来导致黑人广义家庭的净资产平均值下降幅度大于白人广义家庭。[①] 事实上，2007 年至 2010 年黑人广义家庭净资产的年收益率是惊人的 -9.92%，与之相比白人广义家庭为 -7.07%。此外，非洲裔美国人广义家庭相对于白人广义家庭的较高的杠杆，以及资产价格的大幅下降，导致前者的财务资源平均值的相对损失比后者更大。[②]

在大衰退的早期阶段，实际上西班牙裔广义家庭在广义家庭财富方面受到的打击要大于黑人广义家庭。从 2007 年到 2010 年，西班牙裔广义家庭的收入平均值略有上升，与白人广义家庭的相关比率从 0.50 增加到 0.57。另外，西班牙裔的收入中位数下降，因此
404 西班牙裔和白人广义家庭的收入中位数的比率也下降。但是，就定

① 不幸的是，没有数据可以将白人、黑人和西班牙裔房主的实际房价下降数据区分开。

② 两组的相对住房自有率几乎没有变化——两组都有一定的损失——不过，对于净资产为零或为负的广义家庭比例，白人广义家庭比黑人广义家庭上升幅度更大。

值美元计算的净资产平均值而言，西班牙裔几乎下降了一半，与白人广义家庭净资产平均值的比率从 0.26 下降到 0.15。在考察黑人广义家庭时，也是相同的因素在起作用。2007 年，西班牙裔美国人的债务与权益比率为 0.51，与之相比白人的约为 0.15，而其住房占总资产的比例为 52.5%，而白人的为 30.8%（见表 9.9）。西班牙裔美国人的抵押贷款债务与房屋价值之比也高于白人，为 0.452 对比 0.324。作为结果，西班牙裔房主的房屋净值下降了 47%，而白人房主则下降了 24%，而这个因素是西班牙裔净资产 405
大幅下降的主要原因，无论是绝对还是相对而言。实际上，这些年西班牙裔广义家庭净资产年收益率是令人惊讶的 -10.76%，相比之下白人广义家庭为 -7.07%。西班牙裔广义家庭的整体高杠杆是导致财务资源平均值（以不变价格计算）下跌将近 50% 的主要原因，其与白人广义家庭财务资源平均值相应的比率也从 0.19 下降到 0.11。

表 9.9　2007 年不同种族和族裔广义家庭财富构成（占总资产的百分比）

单位：%

资产	所有	非西班牙裔白人	非洲裔美国人	西班牙裔
主要住宅	32.8	30.8	54.0	52.5
流动资产（银行存款、货币市场资金和人寿保险退保现值）	6.6	6.6	7.6	3.9
养老金账户	12.1	12.5	12.3	7.7
公司股票、金融证券、共同基金和个人信托	15.5	17.1	3.4	2.5
非法人企业股权其他房地产	31.3	31.3	20.9	32.9
其他资产	1.7	1.7	1.8	0.4
总资产	100.0	100.0	100.0	100.0

续表

资产	所有	非西班牙裔白人	非洲裔美国人	西班牙裔
备注(选定的百分比比率)				
债务/权益比率	18.1	15.4	55.3	51.1
债务/收入比率	118.7	109.0	152.2	187.9
房屋净值/总资产[a]	21.4	20.8	27.3	28.8
主要住宅债务/房屋价值	34.9	32.4	49.4	45.2
所有股票/总资产[b]	16.8	18.3	5.0	5.1
净资产年收益率(百分比)[c]				
2001～2007年	4.04	3.87	6.00	6.51
2007～2010年	-7.28	-7.07	-9.92	-10.76
2010～2013年	6.20	6.12	7.14	7.48

注：a. 主要住宅总价值减去主要住宅抵押债务，然后与总资产的比率。

b. 包含直接拥有的和通过共同基金、信托、个人退休账户、基奥计划、401（k）计划和其他退休账户间接拥有的股票。

c. 基于此时段平均财富构成和资产类型的收益率计算。

有两个原因可以解释西班牙裔净资产的极端下降。首先，相当大一部分西班牙裔房主是在2001年至2007年时段购房，当时房价正上升到顶峰。这反映在这一时期他们的住房自有率急剧上升。作为结果，他们的房屋净值出现了不成比例的大幅度下降。其次，与白人房主相比，西班牙裔房主非常集中在亚利桑那州、加利福尼亚州、佛罗里达州、亚利桑那州和内华达州等地区，而这些地区也是房屋价格暴跌幅度最大的地区。

从2007年到2010年，西班牙裔广义家庭的住房自有率急剧下降1.9个百分点。实际上，从1983年到2007年，西班牙裔广义家庭的住房自有率赶上了白人广义家庭，但在2010年又倒退回2004年水平。截至2009年，西班牙裔美国人的抵押贷款拖欠率在所有种族/族裔中最高。

这个情况在 2010 年至 2013 年大衰退的后半期是否有相对改善？从绝对数量和相对于白人的角度来看，黑人广义家庭的收入平均值和中位数在这时段继续遭受中等程度的损失。黑人广义家庭的净资产平均值持续下降，下降 9%，黑人与白人广义家庭的净资产平均值的比率从 0. 14 进一步下降至 0. 13。他们的净资产中位数实际上从 6700 美元下降到 1700 美元，相对于白人家庭的比率从 0. 06 降到了 0. 01。黑人广义家庭的财务资源平均值略有增加，但与白人广义家庭财务资源平均值的比率保持不变，而他们的财务资源中位数略有下降，与白人广义家庭财务资源中位数的比率也略有下降。

其中一个最值得注意的现象是，黑人住房自有率从 47. 7% 急剧下降到 44%，紧随其后，2007 年至 2010 年相对温和减少了 0. 9 个百分点，黑人广义家庭与白人广义家庭住房自有率的比率从 2010 年的 0. 64 降至 2013 年的 0. 60。同样引人注目的是没有净资 406
产的黑人广义家庭的比例急剧上升，从 2010 年的 32. 9% 增加到 2013 年的 40%。因此，从 2010 年到 2013 年时段，黑人广义家庭几乎所有的指标，无论是绝对的还是相对的，都进一步恶化。

鉴于黑人广义家庭财富组合的年收益率为 7. 14%，而与之相比白人广义家庭的年收益率为 6. 12%，因此这些年来黑人广义家庭净资产的绝对值和相对指标的下降实际上有些令人惊讶。这里的关键是他们的住房自有率急剧下降。事实上，这导致黑人财富组合里的房屋净值大幅下跌，整体下跌 26%，黑人房主财富组合里的房屋净值则下跌 20%。

西班牙裔的收入变化与之非常相似，但财富变化却不同。从 2010 年到 2013 年，西班牙裔的收入平均值下降了 15%，与白人广义家庭收入平均值的比率大幅下降，从 0. 57 下降到 0. 45。其收入中位数的情况非常相似。另外，2010年至2013年时段，西班牙裔广义家庭的净资产平均值保持稳定，与白人广义家庭净资产平均值的比率也保持稳定，但他们的财富中位数从2900美元下降到2000美元。在2010年至2013年时段，西班牙裔广义家庭的财务资源平均值基本保持不变，与白人财务资源平均值的比率也是如此，他们的财务资源中位数略有增加。

然而，与黑人广义家庭一样，他们的住房自有率继续下降，从47.3%降至43.9%（回到1992年水平），他们的住房自有率与白人广义家庭的比率从0.63降至0.60。从2010年到2013年，西班牙裔财富为零或为负数的比例实际上略有下降。总体而言，西班牙裔广义家庭的财富组合年均收益率为7.48%，而黑人广义家庭的年收益率为7.14%。与黑人广义家庭的主要差异是，他们的房屋净值下降幅度要小得多——总体上只有5%——而且西班牙裔房主样本组实际增加了1.6%。

表9.10显示了按种族和族裔划分的净资产平均值变化的分解分析，把这个变化分解为资本增值（重估）、储蓄和财富转移净值三个部分的结果。[①] 按顺序考虑这三个群体，我们发现在2001年至2007年时段，白人广义家庭的资本收益解释了广义家庭财富平均值模拟增长的29.8%（解释了总增长的88%）。这个数字略高于全体广义家庭的数字（78%）。隐性储蓄仅有微弱的贡献（2.8%），财富转移净值也是如此（9%），隐性年储蓄率的贡献仅为0.9%。从2007年到2010年，模拟的白人广义家庭财富平均值
408 下降了6.4个百分点。资本损失会导致他们的财富平均值下降19.1个百分点，因此这一时段的隐性储蓄对财富平均值的增长贡

① 这遵循第五章中的方法论。

献了 12.6 个百分点，隐性储蓄率贡献了 31.1%（与全体广义家庭的 21% 相比）。财富转移净值的影响可以忽略不计。根据消费者财务状况调查未经调整数据得到的 2010 年至 2013 年结果显示财富平均值增加 5.6 个百分点，资本收益导致增加 20.2 个百分点，这些年非常高的负储蓄导致财富平均值下降 16.1 个百分点（与全体广义家庭的情况非常相似）和 -36% 的储蓄率。调整后的美国财政账户数据展现了不同的 2010 年至 2013 年时段景象：财富平均值增长 26.3 个百分点，隐性储蓄贡献 4.3 个百分点，储蓄率为 8.0%。后者的调查结果对于 2010 年至 2013 年时段来说似乎更加合理。

表 9.10　2001～2013 年按种族/族裔分组的财富趋势分解分析

种族/族裔	时段			FFA
	2001～2007 年	2007～2010 年	2010～2013 年	2010～2013 年
I. 此时段财富构成不同部分对净资产平均值模拟增长的贡献(百分比)				
A. 白人广义家庭				
净资产(NW)平均值模拟增长百分比	29.8	-6.4	5.6	26.3
资本收益(损失)的贡献	26.1	-19.1	20.2	20.2
财富转移净值的贡献	2.8	0.1	1.5	1.8
(隐性)储蓄的贡献	0.9	12.6	-16.1	4.3
备注:年度储蓄率(隐性)[a]	0.9	31.1	-35.8	8.0
B. 黑人广义家庭				
净资产(NW)平均值模拟增长百分比	64.8	-40.0	-1.7	17.6
资本收益(损失)的贡献	43.3	-25.8	23.9	23.9
财富转移净值的贡献	-4.5	-1.8	-2.8	-3.4
(隐性)储蓄的贡献	26.0	-12.4	-22.8	-2.9
备注:年度储蓄率(隐性)[a]	8.2	-13.9	-16.3	-1.7

续表

种族/族裔	时段			FFA
	2001～2007年	2007～2010年	2010～2013年	2010～2013年
C. 西班牙裔广义家庭				
净资产（NW）平均值模拟增长百分比	136.8	-42.4	8.8	30.2
资本收益（损失）的贡献	47.8	-27.6	25.1	25.1
财富转移净值的贡献	3.5	-1.3	0.6	0.7
（隐性）储蓄的贡献	85.5	-13.5	-16.9	4.3
备注：年度储蓄率（隐性）[a]	28.3	-16.5	-11.3	2.4
Ⅱ. 白人与黑人净资产平均值比率变化百分比转移到NW				
3. 储蓄与净资产比率的差异	-13.9	43.2	7.3	6.1
合计	-19.6	63.3	7.6	6.7
D. 模拟白人与黑人净资产的比率中，实际变化的百分比[c]				
1. 收益率差异	-43.7	27.2	-57.2	-52.3
2. 财富转移净值与净资产比率的差异	16.8	8.7	60.8	60.7
3. 储蓄与净资产比率的差异	-65.3	77.2	99.4	82.3
剩余	-7.7	-13.1	-3.0	9.3
Ⅲ. 白人与西班牙裔净资产（NW）平均值的比率的变化百分比				
A. 实际比率	-34.2	69.9	2.8	2.8
B. 模拟比率	-45.2	62.7	-3.0	-3.0
C. 对白人与西班牙裔净资产（NW）平均值的比率的变化百分比的贡献（百分点）[b]				
1. 收益率差异	-5.8	20.6	-4.7	-4.6
2. 财富转移净值与净资产比率的差异	0.2	3.9	0.8	0.8
3. 储蓄与净资产比率的差异	-29.5	47.9	0.5	0.0
合计	-35.2	72.3	-3.3	-3.7
D. 模拟白人/西班牙裔净资产的比率中，实际变化的百分比[c]				
1. 收益率差异	-12.8	32.8	-155.4	-153.7

续表

种族/族裔	时段			FFA
	2001～2007 年	2007～2010 年	2010～2013 年	2010～2013 年
2. 财富转移净值与净资产比率的差异	0.3	6.2	27.9	27.9
3. 储蓄与净资产比率的差异	-65.4	76.4	16.0	1.3
剩余	-22.2	-15.3	11.5	24.4

资料来源：作者对 2001 年、2007 年、2010 年和 2013 年消费者财务状况调查的计算。

注：根据户主的种族/族裔，将广义家庭分为不同的分组。然后，基于该时期内该分组财富平均值的变化进行分解分析。该方法是随着时间推移增加广义家庭样本的年龄。例如，2001 年 25～29 岁年龄组的广义家庭，在 2007 年年龄段为 31～35 岁。我还假设第一个年份（例如，2001 年）的年龄分布在此时段（例如 2001～2007 年）保持不变。2007 年的总体模拟财富平均值等于 2007 年按年龄组划分的财富平均值（例如，31～35 岁年龄组），用 2001 年相应年龄组（在这种情况下，为 25～29 岁年龄组）的广义家庭比例加权处理。

a. 储蓄率等于总储蓄除以第一年收入平均值和第二年模拟收入平均值的平均值。

b. 项目为正表示该组成部分增加净资产平均值比率，而为负表示该组成部分降低净资产平均值比率。

c. 如果模拟净资产的百分比变化为正，则组成部分（包含剩余）总和为 100%，如果模拟净资产的百分比变化为负，则组成部分（包含剩余）总和为 -100%。

缩写：FFA：美国财政账户；NW：净资产。

两个少数族裔分组的结果差异很大。2001 年至 2007 年，黑人广义家庭的模拟财富增长 64.8%（实际增长为 71%）。在模拟增长中，资本收益解释了增长的 67%，估算储蓄解释了 40%（财富转移净值解释了 -7%）。隐性储蓄率是 8.2%。有趣的是，尽管黑人广义家庭的财富组合收益率很高（每年 6.0%），但资本增值并不足以解释其财富的巨大飞跃。所以其隐性储蓄率非常高。这种非常高的财富增长可以再一次解释为这些家庭收到的未报告的财富转移（尤其是未报告的生前赠与）。

2007 年至 2010 年，模拟财富平均值下降了 40%（实际数字是 -42%）。资本损失解释了财富暴跌的 64%，负储蓄解释了 31%（另外 5% 来自负财富转移净值）。估算的储蓄率是 -13.9%。再一次，这里黑人广义家庭持有财富非常大的负回报率（每年 -9.9%）不足以解释其财富的全部下跌。作为结果，其隐性储蓄率是一个达到极致的负数（与之相反，白人的隐性储蓄率是正 31.1%）。在 2010 年至 2013 年时段，基于调整后的综合美国财政账户数据，黑人广义家庭模拟财富平均值增长了 17.6 个百分点。资本收益将导致财富增加 23.9 个百分点，但这被估算储蓄抵消了 -2.9 个百分点贡献，被财富转移净值抵消了 -3.4 个百分点。同样有趣的是，在所有三个时段，黑人广义家庭财富转移净值都是负值。显而易见的原因是他们报告的遗产继承水平太低。而其收到和
411 给出的赠与的数量级与白人广义家庭相同。

如表 9.10 组 Ⅱ 所示，在 2001 年至 2007 年间，白人与黑人的模拟财富平均值的比率下降了 21 个百分点（实际比率下降了 30 个百分点）。黑人广义家庭相对于白人广义家庭的较高收益率（差异为 2.1 个百分点）解释了这个比率下降的 43.7%，而黑人广义家庭较高的估算储蓄率解释了这个比率下降的 65.3%（这些被白人广义家庭较高的财富转移净值比率所抵消）。从 2007 年到 2010 年，白人与黑人的模拟财富平均值的比率发生逆转，上升了 56 个百分点（实际上升 53 个百分点）。此时，白人广义家庭的收益率高出 2.9 个百分点（即较小负值），而这一因素解释了这个比率增长的 27%。但是，虽然收益差别相当大，但是这里种族贫富差距大幅上升的主要因素是储蓄率的差异，这解释了这个比率变化的 77%（剩余部分是由财富转移净值比率的差异和剩余导致的）。从 2010 年到 2013 年，模拟的种族财富比率持续上升（7.4 个百分点）。此时，储

蓄率的差异和财富转移净值与净资产的比率贡献了相同的影响，而收益率的差异（对黑人广义家庭有利）则部分抵消了这些影响。

西班牙裔的结果与黑人相似。从 2001 年到 2007 年，西班牙裔广义家庭的模拟财富增长率达到惊人的 136.8%（实际增长率为 82%，如IC 组所示）。在模拟增长中，资本收益仅解释了 35%（尽管每年收益率高达 6.5%），而估算储蓄的贡献解释了大头，为 62%（转移财富净值占 3%）。隐性储蓄率高达 28.3%。再一次，这里的高储蓄率可能是由于这些广义家庭收到的未报告的生前赠与。

从 2007 年到 2010 年西班牙裔模拟财富平均值下降了 42.4%（实际数字为 48%）。在这种情况下，资本损失解释了下降的大部分（65%），而负储蓄解释了 32%（其余 3% 来自负财富转移净值）。隐性储蓄率是 -16.5%。这里西班牙裔持有财富的非常大的负收益率（每年 -10.8%）又一次不足以解释他们财富的全部下降。因此，隐性储蓄率是非常大的负值，就像黑人广义家庭一样。 412
在 2010 年至 2013 年时段，基于调整后的美国财政账户数据，西班牙裔广义家庭的模拟财富平均值增长了 30 个百分点。此时，资本收益解释了财富平均值激增的 83%，估算储蓄解释了 14%，财富转移净值解释了 2%。

从 2001 年到 2007 年，白人与西班牙裔的模拟财富平均值比率下降了 45.2 个百分点（实际比率下降 34.2 个百分点）（见组Ⅲ）。西班牙裔广义家庭较高的收益率（差异有 2.6 个百分点）解释了这个下降的 12.8%，而西班牙裔广义家庭较高的估算储蓄率解释了大部分——65.4%（白人较高的财富转移净值比率略微抵消了部分影响）。2007 年至 2010 年，与黑人广义家庭一样，两者模拟财富平均值的比率再次逆转，飙升了 62.7 个百分点（实际上涨 69.9 个百分点）。此时，白人的收益率高 3.7 个百分点（较小负值），这个因素解释了比率飙升的1/3。但是，储蓄率的差异又是主要因素，解释了这个比率变化的76%（剩余部分再次归因于财富转移净值的比率的差异和剩余）。从2010年到2013年，模拟财富的比率和实际财富的比率基本保持不变。

美国人口种族和族裔的构成变化如何影响广义家庭财富趋势？为了回答这个问题，我将2001年的种族/族裔分布标准化，就像我对收入阶层和年龄阶层所做的那样。然后我根据每个分组广义家庭2001年相应份额对每年的净资产重新设置权重，重新计算净资产平均值和中位数，以及基尼系数。结果见表9.4D组。因为1983年到2013年时段，西班牙裔人口比例大幅上升，从占全体广义家庭的3.5%上升到10.6%；黑人广义家庭的比例温和增加，从12.7%上升到14.6%，再加上西班牙裔和黑人广义家庭拥有的财富少于白人，因此在2001年之前的年份中，重新加权计算会降低净资产中位数和平均值，而在2001年之后会增加这两个数值。重新加权计算的结果仍显示1983年至2007年财富增长强劲，而2007年至2013年所有分组财富均出现大幅下滑。

与使用年龄来标准化不同，种族和族裔标准化后的净资产中位数和平均值的变化率均高于实际变化率。1983年至2013年，标准化净资产平均值增加了85个百分点，而实际净资产平均值增加了
413 67个百分点；标准化净资产中位数略微增加，而与之相比，实际净资产中位数下降18个百分点。这里的原因是，因为少数族裔的财富低于白人广义家庭，在其他条件不变的情况下，总人口中少数族裔的比例越来越高，财富平均值和中位数的增长就越来越低。如果假设随着时间的推移种族/族裔的构成保持不变，则净资产平均值和中位数的增长速度将快于实际。

根据 2001 年的种族和族裔构成对人口权重再一次进行标准化，估算的基尼系数与原来相比只有很小的差异。标准化在 2001 年之前给予少数族裔亦即较贫困广义家庭更大的权重，而给予白人家庭/较富裕家庭的权重较小。前一种影响似乎主导了 1983 年基尼系数计算，但后一种影响似乎主导了 2001 年的计算。2001 年之后，标准化给富裕的白人广义家庭提供了更大的权重，给少数族裔提供了更低的权重。此时，前一种影响在 2010 年和 2013 年占主导地位，降低了基尼系数。在整个 30 年期间，种族/族裔构成变化标准化的基尼系数提高了 0.063，低于实际增长的 0.072。

大学及以上学历阶层远离其他学历阶层

2013 年，具有大学及以上学历的个人的净资产平均值远远超过其他受教育程度较低的人——是低于高中学历组的人的 10 倍，是高中学历组的人的 6 倍，几乎是上了大学课程但未毕业组的人的 4 倍（见表 9.11）。* 1983 年至 2007 年，所有四个受教育程度分组的净资产平均值都增加，然后在 2007 年至 2013 年时段下降，与整体净资产平均值的模式一模一样。特别是高中学历组的净资产平均值在后一个时段暴跌 1/3。在整整 30 年的时间里，大学及以上学历组的净资产增长了 52.2%，远高于其他三个分组（见图 9.5）。事实上，低于高中学历组的净资产平均值下降了 12%，高中学历组下降了 7%，而那些上了大学课程但未毕业组的收入则温和上涨了 3%。

---

* 根据美国统计局 2018 年数据，美国人 90% 有高中学历，61% 上过某种大学课程（包含上了正规大学但没有毕业，或者上了大学培训课程）但只有 34% 拥有大学学历。——译注

表 9.11　1983～2013 年按受教育程度分组的广义家庭财富和住房自有率

单位：千美元，按 2013 年美元计算

受教育程度	1983 年	1989 年	2001 年	2007 年	2010 年	2013 年	变化[a]（%）
							1983～2013 年
A. 净资产平均值							
高中未满 4 年	120.7	153.9	126.1	142.1	92.4	106.8	-11.6
高中 4 年	197.5	254.8	226.3	274.4	224.4	183.1	-7.3
大学 1～3 年	278.1	371.0	330.0	355.8	271.8	285.1	2.5
大学 4 年或以上	729.7	897.2	1132.7	1357.7	1122.6	1110.3	52.2
与大学 4 年的比例							
高中未满 4 年	0.17	0.17	0.11	0.10	0.08	0.10	-0.07
高中 4 年	0.27	0.28	0.20	0.20	0.20	0.16	-0.11
大学 1～3 年	0.38	0.41	0.29	0.26	0.24	0.26	-0.12
B. 净资产中位数							
高中未满 4 年	43.7	40.8	23.8	20.2	7.4	6.8	-84.4
高中 4 年	73.8	83.9	60.8	80.3	44.1	41.0	-44.4
大学 1～3 年	73.2	97.5	86.3	87.9	44.0	33.0	-54.9
大学 4 年或以上	195.8	272.5	278.0	324.6	226.3	233.0	19.0
与大学 4 年的比例							
高中不到 4 年	0.22	0.15	0.09	0.06	0.03	0.03	-0.19
高中 4 年	0.38	0.31	0.22	0.25	0.20	0.18	-0.20

续表

教育程度	1983 年	1989 年	2001 年	2007 年	2010 年	2013 年	变化[a]（%）
							1983～2013 年
大学 1～3 年	0.37	0.36	0.31	0.27	0.19	0.14	-0.23
C. 财务资源平均值							
高中不到 4 年	64.4	93.5	70.9	67.7	41.8	57.1	-11.4
高中 4 年	125.6	175.1	154.5	173.2	146.6	119.8	-4.6
大学 1～3 年	196.1	282.4	246.3	243.6	191.2	217.4	10.9
大学 4 年或以上	591.9	733.3	939.7	1084.7	902.9	924.2	56.1
与大学 4 年的比例							
高中不到 4 年	0.11	0.13	0.08	0.06	0.05	0.06	-0.05
高中 4 年	0.21	0.24	0.16	0.16	0.16	0.13	-0.08
大学 1～3 年	0.33	0.39	0.26	0.22	0.21	0.24	-0.10
D. 财务资源中位数							
高中不到 4 年	4.0	5.2	1.2	0.3	0.0	0.2	-96.2
高中 4 年	15.6	21.8	11.6	13.9	3.7	3.9	-75.0
大学 1～3 年	19.0	32.0	31.2	19.1	6.2	8.8	-54.0
大学 4 年或以上	88.2	130.4	155.7	165.3	108.9	124.1	40.8
与大学 4 年的比例							
高中未满 4 年	0.04	0.04	0.01	0.00	0.00	0.00	-0.04
高中 4 年	0.18	0.17	0.07	0.08	0.03	0.03	-0.15

续表

教育程度	1983 年	1989 年	2001 年	2007 年	2010 年	2013 年	变化[a]（%）
							1983～2013 年
大学 1～3 年	0.22	0.25	0.20	0.12	0.06	0.07	-0.15
E. 住房自有率（%）							
高中未满 4 年	61.3	54.1	58.8	52.4	54.2	51.6	-9.7
高中 4 年	64.8	66.7	65.8	70.1	65.1	64.6	-0.2
大学 1～3 年	58.2	66.5	63.7	64.7	64.5	58.8	0.6
大学 4 年或以上	69.1	76.7	78.0	78.4	76.7	75.2	6.1
与大学 4 年的比例							
高中未满 4 年	0.89	0.71	0.75	0.67	0.71	0.69	-0.20
高中 4 年	0.94	0.87	0.84	0.89	0.85	0.86	-0.08
大学 1～3 年	0.84	0.87	0.82	0.82	0.84	0.78	-0.06

资料来源：作者对来自 1983 年、1989 年、2001 年、2007 年、2010 年和 2013 年的消费者财务调查数据进行计算。

注：根据户主的受教育程度对广义家庭进行分类。

a. 住房自有率变化和比率变化的百分点。

净资产中位数的变化也呈现类似模式。但是，此时低于高中学历组的净资产（NW）中位数随着时间推移不断下降，2013 年跌至 6800 美元。而高中学历组的净资产中位数 2007 年至 2013 414
年下降了差不多一半。在整个三十年期间，低于高中学历组的净资产中位数下降了 84.4%，高中学历组下降了 44.4%，上了大学课程但未毕业组下降了 54.9%，而大学及以上学历组则上升了 19%。

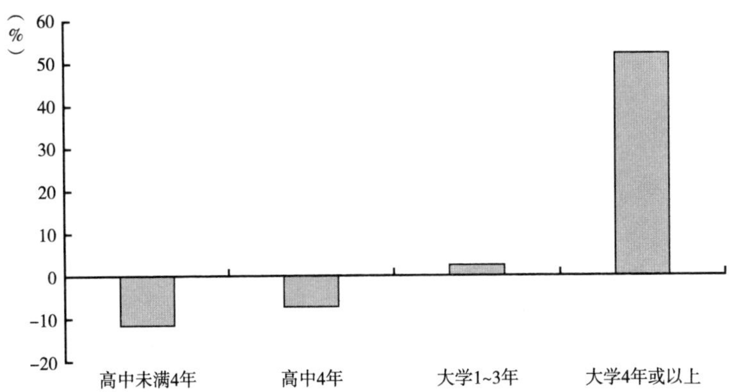

图 9.5　1983～2013 年按受教育程度分组净资产平均值变化

财务资源中位数和平均值的模式与净资产的相似。对于低于高中学历组和高中学历组来说，财务资源中位数几乎持续下降，前者几乎为零，后者为 3900 美元。住房自有率显示出不同的模式。1983 年，四个受教育程度群体的住房自有率相似。低于高中学历组和高中学历组均超过 60%，而大学及以上学历组则为 69.1%。但是，从 1983 年到 2013 年，随着时间的推移，低于高中学历组的住房自有率几乎呈现持续下降。对于高中学历组来说，住房自有率从 1983 年的 64.8% 上升到 2007 年的 70.1%，然后在 2013 年下降 416

到65%。同样，对于那些上了大学课程但未毕业组来说，住房自有率从1983年的58.2%上升至2007年的64.7%，然后在2013年下降到58.8%。大学及以上学历组的时间模式也是如此，住房自有率从1983年的69.1%上升至2007年的78.4%，然后在2013年下降到75.2%。2013年只有大学及以上学历群体的住房自有率高于1983年（增加了6个百分点）。

不同受教育程度分组的财富构成存在显著差异（见表9.12）。2007年房屋占总资产的比例，受教育程度最低组为55%，高中学历组为45.9%，上了大学课程但未毕业组为38%，大学及以上学历组为27.7%。养老金账户占总资产的比例从受教育程度最低组的6.9%上升到大学及以上学历组的13.2%，与此类似，股票和金融证券的比例从7.8%上升到18.4%，商业和非住宅房地产的比例从22.5%上升到32.4%，股票合计的比例从7%上升到20%。前三个教育程度分组的债务与净资产比率保持相对平稳（约25%），但大学及以上学历组则低得多（15%）。最低三个受教育程度分组的资产更多地集中在住宅上，其债务权益比率高于大学及以上学历组，而大学及以上学历组的资产则更集中于金融资产和商业股权。

因此，从2001年至2007年，这三个较低受教育程度分组的净资产收益率通常高于大学及以上学历组，虽然差距不大（约为1个百分点）。从2007年到2010年，收益率随着受教育水平的提高而上升，从低于高中学历组的-8.76%上升到大学及以上学历组的-6.91%。这种差异与收入阶层之间差异的数量级大致相同。从2010年至2013年，收益率随着受教育程度提升而提升，最低和最高之间的差异为1个百分点——这主要反映了受教育程度较高的广义家庭财富组合中股票的比例较高。

表9.13显示了按受教育程度分组，将各组净资产平均值变化

分解为资本增值、储蓄和财富转移净值三部分的结果。[1] 首先看一下 2001 年至 2007 年时段，我们发现低于高中学历组广义家庭模拟财富平均值增长了 43.1%，资本收益解释了其中的 72%。这个数字与全体广义家庭的数字大致相同（78%）。隐性储蓄贡献了另外 417
37%，但财富转移净值为负，导致增长率下降了 4.1 个百分点。隐性的年度储蓄率为 10%，很强劲。[2] 在高中学历组中，资本增值解释了他们模拟财富平均值增长略微超过了 100%，隐性储蓄带来了一点负面贡献，财富转移净值提供了一点正贡献。隐性年度储蓄率是 -2.3%。在上了大学课程但未毕业组中，资本收益解释了模拟 418
财富平均值增长的 92%，储蓄再次负贡献，但此时财富转移净值是正值（但很小）。在大学及以上学历组中，资本增值解释了其模拟财富增长的 66%，以及储蓄增加的 27%，财富转移净值也带来了小小的正贡献。在这种情况下，隐性储蓄率相当大，为 11.4%。

表 9.12　2007 年按教育程度分组的广义家庭财富构成（占总资产的百分比）

资产	所有	高中未满 4 年	高中 4 年	大学 1～3 年	大学 4 年或更多
主要住宅	32.8	54.5	45.9	38.0	27.7
流动资产（银行存款、货币市场基金和人寿保险退保现值）	6.6	7.0	7.2	6.4	6.4
养老金账户	12.1	6.9	9.6	10.7	13.2
公司股票、金融证券、共同基金和个人信托	15.5	7.8	9.1	10.0	18.4

① 这遵循第五章中的方法论。

② 再一次，该组估算的高隐性储蓄率，可能反映了该组少报漏报了收到的生前赠与。

续表

资产	所有	高中未满 4 年	高中 4 年	大学 1～3 年	大学 4 年或更多
非法人企业股权其他房地产	31.3	22.5	26.9	33.8	32.4
杂项资产	1.7	1.2	1.3	1.1	1.8
总资产	100.0	100.0	100.0	100.0	100.0
备注（选定比率，%）					
债务/权益比率	18.1	24.0	27.5	24.9	14.8
债务/收入比率	118.7	104.0	130.3	130.7	113.1
房屋净值/总资产[a]	21.4	41.3	29.4	23.3	18.1
主要住宅债务/房屋价值	34.9	24.2	36.0	38.6	34.6
股票合计/总资产[b]	16.8	7.3	10.2	10.9	19.9
净资产年收益率（%）[c]					
2001～2007 年	4.04	4.52	4.69	4.61	3.78
2007～2010 年	-7.28	-8.76	-8.28	-8.08	-6.91
2010～2013 年	6.20	5.22	5.79	6.11	6.28

资料来源：作者对 2007 年消费者财务状况调查数据的计算。

注：根据户主的受教育程度对广义家庭进行分组。

a. 主要住宅总价值减去主要住宅抵押债务，然后与总资产的比率。

b. 包含直接拥有的和通过共同基金、信托、个人退休账户、基奥计划、401（k）计划和其他退休账户间接拥有的股票。

c. 基于此时段平均财富构成和资产类型的收益率计算。

从 2007 年到 2010 年，低于高中学历组的模拟财富平均值下降了 27.2 个百分点。资本损失本身会导致 23.1 个百分点的下降，此时隐性储蓄贡献了 -2.9 个百分点，隐性储蓄率是 -4.0%。财富转移净值是负值，但影响很小。对于高中学历组，模拟财富平均值下降了 10.9 个百分点。资本损失将导致 22 个百分点的下降，因此隐性储蓄产生强劲的影响，贡献了 11.4 个百分点。其他两个受教育程度分组的结果相似。资本损失超过了模拟财富的下降，隐性储蓄做出了正贡献。

2010 年至 2013 年，基于调整后的美国财政账户数据得到的结果显示，在低于高中学历组财富平均值增加的 48 个百分点中，资本收益带来其中的 17 个百分点，隐性储蓄的贡献非常高，带来 30.7 个百分点。隐性年度储蓄率也非常高，为 23.7%。对于高中学历组来说，模拟财富增长了微不足道的 1.8 个百分点，资本增值贡献为正，但被负储蓄几乎相等的负贡献抵消了。[①] 在上了大学课程但未毕业组中，模拟财富增长率为 33.2 个百分点，其中约 2/3 来自资本收益，1/3 来自储蓄。大学及以上学历组的结果与之相似。[②]

如表 9.13 组Ⅱ所示，在 2001 年至 2007 年时段，大学及以上学历组和低于高中学历组的财富平均值的比率基本没有变化，尽管后者财富的年收益率略高于前者（差异为 0.74 个百分点）。在 2007 年至 2010 年时段，两个分组的模拟财富比率攀升了 22.7 个百分点（实际比率上升了 27 个百分点）。这些年大学及以上学历组的收益率较高（较小负值）——差异为 1.85 个百分点——这解 419
释了增长的 30%。大学及以上学历组较高的储蓄率解释了另外 67% 的增长，其较高的财富转移率贡献较小的一部分（8%）。在 2010 年至 2013 年时段，模拟比率下降了 11.7 个百分点（实际比率下降了 14.4 个百分点）。低于高中学历组的隐性储蓄率较高，本来会导致此比率的下降幅度超过 12%，但大学及以上学历组较高的收益率部分抵消了这个影响。

2001 年至 2007 年和 2007 年至 2010 年，大学及以上学历组与高

① 未调整消费者财务状况调查数据显示模拟财富平均值负增长（-15%）且年储蓄率为 -51%，这些结果似乎不太可信。

② 根据未调整消费者财务状况调查数据，隐性储蓄率为 -31%，这似乎不太可信。

中学历组的模拟财富平均值比率几乎没有变化（见组Ⅲ）。但是，2010 年至 2013 年时段，模拟比率急剧上升了 28.2%（实际比率上升了 21%）。尽管这些年来大学及以上学历组的收益率略高（高出 0.49 个百分点），但根据调整后的美国财政账户数据，大学及以上学历组较高的储蓄率解释了这一增长的大部分（91%）。

表 9.13　按教育程度分解分析 2001～2013 年财富趋势

教育程度	时段			FFA
	2001～2007 年	2007～2010 年	2010～2013 年	2010～2013 年
I. 此时段财富构成不同部分对净资产平均值模拟增长的贡献（百分比）				
A. 高中未满 4 年				
净资产（NW）平均值模拟增长百分比	43.1	－27.2	23.7	48.0
资本收益（损失）的贡献	31.1	－23.1	17.0	17.0
财富转移净值的贡献	－4.1	－1.1	0.3	0.4
（隐性）储蓄的贡献	16.1	－2.9	6.5	30.7
备注：年度储蓄率（隐性）[a]	10.0	－4.0	6.0	23.7
B. 高中 4 年				
净资产（NW）平均值模拟增长百分比	31.2	－10.9	－14.9	1.8
资本收益（损失）的贡献	32.5	－22.0	19.0	19.0
财富转移净值的贡献	2.2	－0.2	0.9	1.1
（隐性）储蓄的贡献	－3.5	11.4	－34.8	－18.3
备注：年度储蓄率（隐性）[a]	－2.3	19.2	－51.0	－22.4
C. 大学 1～3 年				
净资产（NW）平均值模拟增长百分比	34.6	－17.1	11.4	33.2
资本收益（损失）的贡献	31.8	－21.5	20.1	20.1
财富转移净值的贡献	3.8	0.4	1.5	1.8
（隐性）储蓄的贡献	－1.1	4.0	－10.2	11.4
备注：年度储蓄率（隐性）[a]	－0.8	7.0	－14.4	13.4

续表

教育程度	时段			FFA
	2001～2007年	2007～2010年	2010～2013年	2010～2013年
D. 大学4年或以上				
净资产(NW)平均值模拟增长百分比	38.8	-10.6	9.2	30.6
资本收益(损失)的贡献	25.5	-18.7	20.7	20.7
财富转移净值的贡献	2.8	0.0	1.5	1.8
(隐性)储蓄的贡献	10.5	8.1	13.0	8.1
备注:年度储蓄率(隐性)[a]	11.4	22.5	-30.9	16.1
Ⅱ. 大学4年+组与高中未满4年组的净资产(NW)平均值的比率的百分比变化				
A. 实际比率	6.3	27.2	-14.4	-14.4
B. 模拟比率	-3.0	22.7	-11.7	-11.7
C. 对大学4年+组与高中未满4年组的净资产比率的贡献(百分点)[b]				
1. 收益率的差异	-4.0	6.8	2.7	3.0
2. 资产转移净值与净资产的比率的差异	4.5	1.9	0.9	0.9
3. 储蓄与净资产的比率的差异	-3.9	15.2	-17.8	-15.6
合计	-3.4	23.9	-14.2	-11.7
D. 大学4年+组与高中未满4年组实际净资产平均值的比率的百分比变化[c]				
1. 收益率的差异	-130.6	30.0	22.7	25.7
2. 资产转移净值与净资产的比率的差异	147.6	8.3	7.7	7.7
3. 储蓄与净资产的比率差异	-128.3	66.8	-151.3	-133.3
剩余	11.3	-5.1	20.9	-0.2
Ⅲ. 大学4年+组与高中4年组净资产(NW)平均值比率的变化百分比				
A. 实际比率	-1.2	1.1	21.2	21.2
B. 模拟比率	5.8	0.3	28.2	28.2
C. 对大学4年+组与高中4年组净资产(NW)平均值比率的变化百分比的贡献(百分比)[b]				
1. 收益率的差异	-5.8	3.6	2.5	2.1
2. 资产转移净值与净资产的比率的差异	0.4	0.3	0.5	0.5

续表

教育程度	时段			FFA
	2001～2007年	2007～2010年	2010～2013年	2010～2013年
3.储蓄与净资产的比率差异	10.3	-3.8	27.8	25.8
合计	4.9	0.1	30.8	28.4
D. 模拟大学4年+组与高中4年组净资产(NW)平均值比率的变化百分比中,实际变化的百分比[c]				
1.收益率的差异	-99.6	1307.8	8.9	7.5
2.资产转移净值与净资产的比率的差异	6.5	97.3	1.8	1.8
3. 储蓄与净资产的比率差异	177.1	-1381.0	98.4	91.4
剩余	16.0	75.9	-9.1	-0.6

资料来源：作者对2001年、2007年、2010年和2013年消费者财务状况调查的计算。

注：根据户主的受教育程度将广义家庭分为不同的分组。然后，基于这一时期相应分组财富平均值的变化进行分解分析。该方法是随着时间推移增加广义家庭样本的年龄。例如，2001年25～29岁年龄组的广义家庭，在2007年年龄段为31～35岁。我还假设第一个年份（例如，2001年）的年龄分布在此时段（例如2001～2007年时段）保持不变。2007年的总体模拟财富平均值等于2007年按年龄组划分的财富平均值（例如，31～35岁年龄组），用2001年相应年龄组（在这种情况下，为25～29岁年龄组）的广义家庭比例加权处理。

a. 储蓄率等于总储蓄除以第一年收入平均值和第二年模拟收入平均值的平均值。

b. 项目为正表示该组成部分增加净资产平均值比率，而为负表示该组成部分降低净资产平均值比率。

c. 如果模拟净资产的百分比变化为正，则组成部分（包含剩余）总和为100%，如果模拟净资产的百分比变化为负，则组成部分（包含剩余）总和为-100%。

421 缩写：FFA：美国财政账户；NW：净资产。

为了确定受教育程度分布变化对广义家庭财富趋势的影响，我再次根据2001年的受教育程度分布对数据进行标准化处理。然后我根据每个受教育程度分组广义家庭2001年相应份额对每年的净资产设置权重，重新计算净资产平均值、净资产中位数和基尼系数。结果显示在表9.4的E组中。毫不奇怪，在1983年至2013年时段，因为人口受教育程度越来越高，而受教育程度更高的广义家庭拥有更高的财富，所以重新加权计算会增加 2001 年之前的净资产中位数和平均值，会降低 2001 年之后的净资产中位数和平均值。结果正是如此，毫发不差。重新加权计算的结果依然显示 1983 年至 2007 年财富增长强劲，2007 年至 2013 年大幅下降。

与年龄标准化一样，对于净资产中位数和平均值的变化率来说（特别是前者），按受教育程度标准化后的数字全部低于实际值。1983 年至 2013 年，标准化净资产平均值仅增长了 29.9%，而实际净资产平均值增加了 67%，标准化净资产中位数下降了 37.4%，而实际净资产中位数下降了 18%。这里的原因是这段时间内净资产增长的一部分是来自总体人口的受教育程度的提高。当控制受教育程度变化的影响时，结果是增长变小了很多。在整整三十年的时间里，实际净资产平均值的增量里有 56%（1 - 29.9/67.4）要归因于教育程度的提高。 422

根据 2001 年的受教育程度分布标准化人口权重估算的基尼系数只有很小的变化——0.5 个基尼点数或更小。标准化给予 2001 年之前因受教育程度较低而较不富裕的广义家庭较低的权重，给予因受教育程度较高而更富裕的广义家庭较高的权重。后者的影响在估算 1983 年基尼系数时似乎占主导地位，但前者的影响在 2001 年显得尤为突出。相反，标准化提高了 2001 年以后的基尼系数，因为它给予受教育程度较低的广义家庭更大的权重，同时也降低了受教育程度较高广义家庭的权重。在这种情况下，前者的影响似乎在这 30 年中一直占主导地位。在整个 30 年间，用受教育程度分布变化标准化的基尼系数增加 0.073，与实际增加的 0.072 相差不大。

单身母亲组掉队了

2013年，已婚夫妇组作为一个分组记录的净资产平均值最高，其后依次是有孩子的已婚夫妇组、单身男性组、单身女性组、单身母亲组（见表9.14）。单身母亲组的净资产只有已婚夫妇的7%。[①]与整体净资产平均值相比，所有分组的净资产平均值从1983年到2007年都上升，然后从2007年到2013年下降。1983年至2013年，单身男性组的净资产平均值增幅最大，为195.5%，其次是有孩子的已婚夫妇组、全体已婚夫妇组，然后是全体单身女性组（见图9.6）。另外，单身母亲组的净资产大幅下降了21.8%。1983年至2013年时段，相对于已婚夫妇组，有孩子的已婚夫妇组和单身男性组的净资产有所上升，而单身女性组和单身母亲组则进一步下降（最后一组净资产占已婚夫妇组净资产的比例从17%下降到7%）。

净资产中位数的时间趋势相似，只有单身母亲组除外，其净资产中位数从1983年到2013年几乎持续下降。在过去的三十年中，单身男性组的净资产中位数增加了1倍以上；全体已婚夫妇组增加了8.5%；但对于有孩子的已婚夫妇组则出现急速下降，下降了37.4%；全体单身女性组下降了42.3%；单身母亲组则下
423 降了惊人的93.2%，到2013年单身母亲组净资产中位数仅为500美元。[②]

① 平均来说，有孩子的家庭平均比没有孩子的家庭更年轻，因此这两个分组的净资产差异部分是由老年家庭更高的财富导致的。

② 有孩子的已婚夫妇在过去的30年里也变老了，这部分解释了他们净资产平均值的增加，但并不能解释为什么他们的净资产中位数下降如此之多。

表 9.14 1983～2013 年按家庭类型和子女状况分组的广义家庭财富和住房自有率

单位：千美元，按 2013 年美元计算

家庭类型	1983 年	1989 年	2001 年	2007 年	2010 年	2013 年	变化[a]1983～2013 年(%)
A. 净资产平均值							
已婚夫妇(全体)	407.2	477.3	746.8	823.6	709.1	725.5	78.2
有孩子的已婚夫妇	252.9	306.5	548.5	574.1	488.3	507.6	100.7
单身男性(全体)	104.7	226.2	281.0	360.6	272.5	308.5	194.5
单身女性(全体)	152.8	143.0	176.8	249.0	196.4	171.5	12.2
单身母亲	68.5	55.6	82.5	111.2	72.8	53.6	-21.8
与全体已婚夫妇组的比例							
有孩子的已婚夫妇	0.62	0.64	0.73	0.70	0.69	0.70	0.08
单身男性(全体)	0.26	0.47	0.38	0.44	0.38	0.43	0.17
单身女性(全体)	0.38	0.30	0.24	0.30	0.28	0.24	-0.14
单身母亲	0.17	0.12	0.11	0.13	0.10	0.07	-0.09
B. 净资产中位数							
已婚夫妇(全体)	115.0	139.0	189.8	176.4	111.7	124.7	8.5
有孩子的已婚夫妇	84.9	95.4	123.3	107.2	45.5	53.1	-37.4
单身男性(全体)	11.5	24.6	35.1	48.5	30.2	25.2	118.5
单身女性(全体)	35.1	22.5	27.6	46.6	24.3	20.2	-42.3
单身母亲	7.3	0.4	0.9	1.2	0.3	0.5	-93.2

续表

家庭类型	1983 年	1989 年	2001 年	2007 年	2010 年	2013 年	变化[a]1983～2013 年(%)
与全体已婚夫妇组的比例							
有孩子的已婚夫妇	0.74	0.69	0.65	0.61	0.41	0.43	-0.31
单身男性(全体)	0.10	0.18	0.19	0.28	0.27	0.20	0.10
单身女性(全体)	0.31	0.16	0.15	0.26	0.22	0.16	-0.14
单身母亲	0.06	0.00	0.00	0.01	0.00	0.00	-0.06
C. 财务资源平均值							
已婚夫妇(全体)	300.2	363.0	595.7	632.4	554.4	590.0	96.5
有孩子的已婚夫妇	161.8	216.0	430.5	427.5	376.3	411.3	154.2
单身男性(全体)	74.8	182.5	220.1	275.3	204.4	246.2	229.2
单身女性(全体)	102.2	86.8	120.4	147.8	121.0	110.2	7.8
单身母亲	32.0	30.7	55.2	51.0	36.4	25.4	-20.7
与全体已婚夫妇组的比例							
有孩子的已婚夫妇	0.54	0.60	0.72	0.68	0.68	0.70	0.16
单身男性(全体)	0.25	0.50	0.37	0.44	0.37	0.42	0.17
单身女性(全体)	0.34	0.24	0.20	0.23	0.22	0.19	-0.15
单身母亲	0.11	0.08	0.09	0.08	0.07	0.04	-0.06
D. 财务资源中位数							
已婚夫妇(全部)	31.3	42.2	84.4	52.6	29.8	42.5	35.8
有孩子的已婚夫妇	14.3	25.5	53.5	20.7	6.6	16.1	12.2
单身男性(全体)	5.0	11.0	9.0	12.8	3.2	4.1	-17.5

续表

家庭类型	1983 年	1989 年	2001 年	2007 年	2010 年	2013 年	变化[a]1983～2013 年(%)
单身女性(全体)	6.1	2.5	4.6	5.8	1.0	1.9	-68.3
单身母亲	0.1	0.0	0.0	0.0	0.0	0.0	-100.0
与全体已婚夫妇组的比例							
有孩子的已婚夫妇	0.46	0.60	0.63	0.39	0.22	0.38	-0.08
单身男性(全体)	0.16	0.26	0.11	0.24	0.11	0.10	-0.06
单身女性(全体)	0.19	0.06	0.05	0.11	0.03	0.05	-0.15
单身母亲	0.00	0.00	0.00	0.00	0.00	0.00	0.00
E. 住房自有率(%)							
已婚夫妇(全体)	64.8	66.7	65.8	70.1	65.1	64.6	-0.2
有孩子的已婚夫妇	75.7	77.1	82.5	79.0	77.5	75.5	-0.1
单身男性(全体)	58.2	66.5	63.7	64.7	64.5	58.8	0.6
单身女性(全体)	69.1	76.7	78.0	78.4	76.7	75.2	6.1
单身母亲	28.9	38.4	51.7	51.4	48.9	46.8	17.9
与全体已婚夫妇组的比例							
有孩子的已婚夫妇	1.17	1.16	1.25	1.13	1.19	1.17	0.00
单身男性(全体)	0.90	1.00	0.97	0.92	0.99	0.91	0.01
单身女性(全体)	1.07	1.15	1.19	1.12	1.18	1.16	0.10
单身母亲	0.45	0.58	0.79	0.73	0.75	0.72	0.28

资料来源：作者对来自 1983 年、1989 年、2001 年、2007 年、2010 年和 2013 年的消费者财务调查数据进行计算。

注：a. 住房自有率变化和比率变化的百分点。

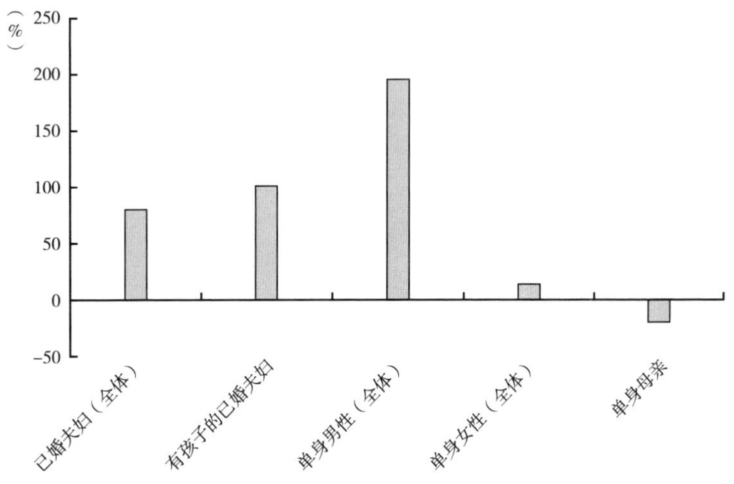

图 9.6　1983～2013 年按家庭类型和子女状况分组的净资产平均值变化

财务资源平均值与净资产平均值的时间趋势相同，1983 年到 2007 年时段不断上升，然后 2007 年到 2013 年时段不断下降。1983～2013 年，全体已婚夫妇组、有孩子的已婚夫妇组，特别是单身男性组财务资源平均值都是强力上升。全体单身女性组上升了 7.8%，而单身母亲组下降了 20.7%，2013 年为 25400 美元。前三个分组的财务资源中位数随着时间推移趋势相同，从 1983 年到 2007 年上升，然后转为下降；单身女性组的财务资源中位数随着时间的推移而下降；对于单身母亲组而言，在整个时段财务资源中位数几乎一直为零。1983 年至 2013 年间，全体已婚夫妇组的增长幅度最高，为 35.8%；其次是有孩子的已婚夫妇组，为 12.2%；单身男性组的财务资源中位数下降了 17.5%；全体单身女性组暴跌了 68.3%（单身母亲组则一直为 0）。

有孩子的家庭在住房自有率方面表现要好得多。2013 年，有孩子的已婚夫妇组的住房自有率最高，为 75.5%；紧随其后的是 426
单身女性组，为 75%；全体已婚夫妇组为 65%；单身男性组为 58.8%；单身母亲组落后并不多，为 46.8%。2013 年已婚夫妇组、有孩子的已婚夫妇组和单身男性组的住房自有率与 1983 年大致相等。在这 30 年中，单身女性组住房自有率上升了 6.1 个百分点，单身母亲组住房自有率上升了 17.9 个百分点。

1983 年至 2013 年间，没有孩子的已婚夫妇组（最富分组）占全体广义家庭的比例轻微上升，从 29% 上升到 31%，而有孩子的已婚夫妇组（第二富裕分组）的比例从 31% 下降到 26%，单身男性分组（第三富裕分组）的比例从 8% 增加到 15%（见表 9.14，F 组）。没有孩子的单身女性组（财富第二低分组）的比例从 23% 下降到 19%，而单身母亲组的比例稳定保持在 8%。这 30 年来的净效应是净资产平均值增长百分比略有下降，从 72% 降至 64%，但净资产中位数下降幅度很大，从 9% 降至 18%。这些人口结构变化也导致财富不平等程度略微上升 0.072 基尼点，相比之下，在用 2001 年人口结构标准化的人口结构中，基尼点数上升 0.063。

在五个家庭类型分组中，单身女性组房主自住住房占总资产的比例最高；没有孩子的已婚夫妇组和单身男性组的金融资产和股票合计占总资产的比例最高；已婚夫妇（有子女和无子女）的商业股权和其他房地产占总资产的比例最高（见表 9.15）。单身母亲组的债务占净资产比例最高（0.36），其次是有孩子的已婚夫妇组（0.28）。因此，由于债务与权益比率较高，在 2001 年至 2007 年时段，有孩子的已婚夫妇组和单身母亲组的净资产收益最高，在 2007 年至 2010 年这两个分组净资产收益率最低

（即负值最多），然后在 2010 年至 2013 年这两个分组又成为收益最高的分组。

租房者饱受打击

根据消费者财务状况调查数据，整体住房拥有率从 1983 年的 63.4% 上升到 2007 年的 68.6%，2013 年降至 65.1%（见表 9.16）。① 实际拥有的住房数量从 1983 年的 5320 万增加到 2007 年的 7970 万，然后在 2013 年略微增加，为 7980 万。在大衰退时期
427 发生了什么？如果从 2007 年到 2013 年住房自有率保持不变，那么此时拥有的住宅数量应该达到 8410 万。失踪的 440 万套住宅去哪了？据核心逻辑公司（Core Logic）的数据，从 2008 年 9 月到 2013 年的金融危机期间，似乎有大约 440 万套住宅因丧失抵押品赎回权
429 而失去所有权，这可以解释“消失”住宅的大部分。②

以美元来计算（2013 年美元），住宅所有者的平均房屋价值在 1983 年至 2007 年间翻了一番多，但从 2007 年到 2013 年下降了 23%。由于同样的原因，住宅所有者的房屋净值平均值从 1983 年到 2007 年的增长幅度较小，为 68%，这是因为抵押贷款债务与住宅价值的比率上升；然后在 2007 年至 2013 年间房屋净值平均值比房屋价值下降更多，下降了 28%。房屋净值中位数的时间趋势与之类似。

---

① 事实上，根据表 9.5，住房自有率在 2004 年达到顶点。

② 参见 www.corelogic.com/research/foreclosure－report/national－foreclosure－report－MAY－2013.pdf。这个总额不包含所谓的短售（short sales）（房屋的售价低于未偿还的抵押贷款）。许多房屋被银行和其他金融机构收回，有些房屋可能被出售给投资者或投机商，成为出租房产。其他房屋可能已经被遗弃、征用或者只是空置。

表 9.15　2007 年按家庭类型和子女状况分组的广义家庭财富构成（占总资产的百分比）

单位：%

资产	所有	没有孩子的已婚夫妇	有孩子的已婚夫妇	单身男性	没有孩子的单身女性	单身母亲
主要住宅	32.8	26.5	36.6	30.7	43.0	54.1
流动资产（银行存款、货币市场基金和人寿保险退保现值）	6.6	6.3	6.1	8.3	8.3	6.4
养老金账户	12.1	13.1	11.1	13.6	11.3	8.7
公司股票、金融证券、共同基金和个人信托	15.5	18.7	11.4	18.6	15.4	11.5
非法人企业股权、其他房地产	31.3	33.6	33.4	26.7	20.6	16.6
杂项资产	1.7	1.8	1.4	2.0	1.3	2.6
总资产	100.0	100.0	100.0	100.0	100.0	100.0
备注（选定的百分比比率）						
债务/权益比率	18.1	11.2	27.7	17.0	13.0	35.8
债务/收入比率	118.7	92.2	144.1	104.1	103.3	148.9
房屋净值/总资产[a]	21.4	19.4	19.9	20.2	34.5	33.3
主要住宅债务/房屋价值	34.9	26.7	45.5	34.2	19.8	38.4
股票合计/总资产[b]	16.8	19.7	13.5	21.0	14.6	11.5
净资产年收益率（百分比）[c]						
2001～2007 年	4.04	3.58	4.93	3.62	3.16	4.89
2007～2010 年	-7.28	-6.70	-7.98	-7.03	-7.25	-9.32
2010～2013 年	6.20	5.54	6.55	6.18	5.80	6.87

资料来源：作者对 2007 年消费者财务状况调查数据的计算。

注：a. 主要住宅总价值减去主要住宅抵押负债，然后与总资产的比率。

b. 包含直接拥有的和通过共同基金、信托、个人退休账户、基奥计划、401（k）计划和其他退休账户间接拥有的股票。

c. 基于此时段平均财富构成和资产类型的收益率计算。

表 9.16　1983～2013 年按房屋所有权状况分组的广义家庭财富

单位：千美元，按 2013 年美元计算

	1983 年	1989 年	2001 年	2007 年	2010 年	2013 年	变化[a]1983～2013 年(%)
A. 总体趋势							
住房自有率(%)	63.4	62.8	67.7	68.6	67.2	65.1	1.74
住宅数量拥有量(以百万计)	53.2	58.5	72.1	79.7	79.1	79.8	50.0
平均房价(仅限房主)	166.1	196.8	238.5	339.9	279.0	262.6	58.1
平均房屋净值(仅限房主)	131.4	141.4	158.7	221.3	163.9	159.4	21.3
房屋价值中位数(仅限房主)	125.4	131.5	161.8	224.7	181.6	170.0	35.6
房屋净值中位数(仅限房主)	93.6	93.9	92.1	118.0	80.1	80.0	-14.5
B. 净资产平均值							
房主	447.9	498.1	709.3	846.2	727.3	745.9	66.5
租房者	54.0	94.3	62.8	69.3	51.7	65.9	22.1
租房者与房主比率	0.12	0.19	0.09	0.08	0.07	0.09	-0.03
C. 净资产中位数							
房主	154.2	177.8	199.3	238.4	166.0	172.5	11.8
租房者	1.9	0.9	0.3	0.0	0.1	0.1	-94.7
租房者与房主比率	0.01	0.01	0.00	0.00	0.00	0.00	-0.01

续表

	1983 年	1989 年	2001 年	2007 年	2010 年	2013 年	变化[a]1983～2013 年(%)
D. 财务资源平均值							
房主	316.5	356.7	550.5	624.9	550.0	586.5	85.3
租房者	54.0	95.9	62.8	69.3	48.4	65.9	22.1
租房者与房主比率	0.17	0.27	0.11	0.11	0.09	0.11	-0.06
E. 财务资源中位数							
房主	43.2	53.9	80.2	78.7	49.0	61.3	41.9
租房者	1.9	0.9	0.3	0.0	0.0	0.1	-94.7
租房者与房主比率	0.04	0.02	0.00	0.00	0.00	0.00	-0.04

资料来源：作者对来自 1983 年、1989 年、2001 年、2007 年、2010 年和 2013 年的消费者财务调查数据进行计算。

注：a. 住房自有率变化和比率变化的百分点。

毫不奇怪，住宅所有者的净资产平均值比租房者高得多，在1983年至2013年时段，两者的比率大约为10比1。两组之间的净资产中位数差距更大，约为100比1。事实上，这些年租房者的净资产中位数几乎为零。财务资源定义为净资产减去房屋净值。因此，对于租房者而言，财务资源等于净资产。令人惊讶的是，在2013年租房者与住宅所有者的财务资源平均值的比率仅略高于二者净资产平均值的比率，分别为0.11和0.09（财务资源中位数的比率与净资产中位数的大致相同，均为0）。换句话说，住宅所有者会比租房者积累更多非住宅资产，并且要多得多。这有几种可能的解释。第一，未来的房主养成了为他们住宅首付款储蓄的习惯（至少，当需要首付时）。第二，因为需要支付每月抵押贷款和可能的维修保养费，这意味着房主必须具有充足的财务资源以支付这些费用。第三，房主可能比租房者拥有更多财务知识和技能，这使他们更有可能进行投资。

另一个可能存在的事实是，住宅拥有者与租房者相比会有更高的收入，年龄更大，更多是白人，或者受教育程度更高，这使住宅所有者拥有更多的净资产和财务资源。表9.17根据这些特征标准化了租房者与房主的净资产平均值的比率，以及其与财务资源平均值的比率。首先，关于收入差异，房主在每个收入阶层上都比租房者拥有更多的净资产和财务资源，但收入阶层越高，二者差距越小。实际上，对于最高收入阶层，租房者和房主的财务资源基本相等。这些结果表明，即使没有自己的住宅，高收入家庭也有很强的储蓄动机。

其次，房主年龄平均比租房者年龄更大。在这个方面，每个年龄组房主的净资产和财务资源都高于租房者。除了最老年龄组
430 （75岁及以上）之外，各年龄组的比率没有太大差异，最老年龄组

表 9.17　2013 年按收入阶层和人口统计特征分组的房主与租房者财富平均值对比

单位：千美元，按 2013 年美元计算

类别	净资产(NW)		比率	不包含房屋净值的净资产(FR)		比率
	房主	租房者		房主	租房者	
全体广义家庭	745.9	65.9	0.088	586.5	65.9	0.112
A. 收入阶层						
低于 15000 美元	291.5	1.9	0.006	182.6	1.9	0.010
15000～24999 美元	183.4	11.3	0.062	78.7	11.3	0.143
25000～49999 美元	178.7	16.1	0.090	88.1	16.1	0.183
50000～74999 美元	281.1	67.4	0.240	179.2	67.4	0.376
75000～99999 美元	420.4	116.0	0.276	295.7	116.0	0.392
100000～249999 美元	843.8	339.9	0.403	661.3	339.9	0.514
250000 美元或以上	6010.3	4938.1	0.822	5284.5	4938.1	0.934
B. 年龄分组						
35 岁以下	141.3	18.2	0.129	88.0	18.2	0.207
35～44 岁	495.6	58.4	0.118	383.4	58.4	0.152
45～54 岁	688.3	102.4	0.149	546.5	102.4	0.187
55～64 岁	1007.2	77.7	0.077	813.2	77.7	0.096
65～74 岁	1178.2	124.6	0.106	946.0	124.6	0.132
75 岁及以上	695.2	205.8	0.296	506.5	205.8	0.406

续表

类别	净资产(NW)		比率	不包含房屋净值的净资产(FR)		比率
	房主	租房者		房主	租房者	
C. 种族/族裔						
白人(非西班牙裔)	860.5	101.4	0.118	688.1	101.4	0.147
黑人(非西班牙裔)	178.8	10.5	0.059	108.0	10.5	0.097
西班牙裔	214.7	6.8	0.032	123.6	6.8	0.055
D. 教育程度						
高中未满4年	195.3	12.2	0.062	99.1	12.2	0.123
高中4年	270.6	23.4	0.086	172.6	23.4	0.135
大学1～3年	451.4	48.1	0.107	336.1	48.1	0.143
大学4年或以上	1416.3	180.5	0.127	1168.9	180.5	0.154

资料来源：作者对2013年消费者财务状况调查的计算。

注：广义家庭根据户主的年龄和教育程度进行分组。

的差距非常的小。这个年龄组的租房者似乎累积足够的储蓄来保障他们退休后的生活。再次，在种族/族裔分组中，租房者和房主之间净资产和财务资源的比率都非常小。有趣的是，白人的财务资源 431
比率高于黑人或西班牙裔，这表明即使在租房者中，白人家庭的储蓄倾向也强于少数族裔。最后，即使控制受教育程度的影响，房主的财务资源也高于租房者。不同受教育水平的差异非常有限，不过大学及以上学历组的差异更小。[①]

摘要和结论

大衰退时期见证了贫困阶层、中低阶层，甚至中产阶级广义家庭财务资源的消失。对于年轻广义家庭、少数族裔、受教育程度较低的分组、单身母亲组以及租房者也是如此。

第五章强调了在导致富裕阶层和中产阶级之间贫富差距的问题上，杠杆差异的作用以及由此产生的净资产收益率差异的作用。在本章中，在解释年轻家庭（35 岁以下和 35 ~ 44 岁）和少数族裔财富相对跌幅更大方面，这两个因素发挥了特别重要的作用。[②] 在 2007 年至 2010 年间，资本损失几乎完全解释了 35 岁以下年龄组的模拟净资产平均值的下降，并且解释了 35 ~ 44 岁年龄组模拟净资产平均值下降超过 100%。在 2007 年至 2010 年，收益的差异解释了 35 岁以下年龄组相对于 55 ~ 64 岁年龄组净资产下降的一半，以及 35 岁年龄组相对于 55 ~ 64 岁年龄组财富下降的全部（实际上

① 关于住房自有率对财富积累的影响更加系统的分析，请参阅 Alexandra Killewald 和 Brielle Bryan 著作："Does Your Home Make You Wealthy?" 载于 *The Russell Sage Foundation Journal of the Social Sciences* 2，no. 6，（October 2016）：110 – 128。

② 收入分组和受教育程度分组之间的收益率差异要小得多。

超过 100%）。

资本升值还解释了 2001 年至 2007 年黑人广义家庭模拟净资产平均值增长的 67%，以及随后 2007 年至 2010 年模拟净资产平均值暴跌的 64%；在西班牙裔中，前一时段相应的数字为 35%，后一时段为 65%。在 2001 年至 2007 年，黑人与白人广义家庭的模拟净资产比率上升了 21 个百分点，其中收益率的差异解释了这个上升的 44%；2007 年至 2010 年这个比率下降了 56 个百分点，收益率差异解释了这个下降的 27%。在解释西班牙裔与白人的财富平均值的比率变化时，收益的差异发挥的作用较小。2001 年至 2007 年时段，西班牙裔与白人广义家庭净资产平均值比率增长 45 个百分
432 点，收益差异解释了 13%；2007 年至 2010 年，这个比率暴跌 65 个百分点，收益差异解释了 33%。

毫不奇怪，财务资源和净资产的平均值和中位数都随着收入阶层上升而单调上升。这里的差异很大：收入最高 1% 阶层和收入分布五等分中间 20% 阶层的净资产平均值之比为 89 比 1，净资产中位数之比为 162 比 1，财务资源平均值之比为 129 比 1，财务资源中位数之比为 602 比 1。1983 年至 2013 年间，净资产和财务资源的平均值和中位数增长百分比同样几乎也随收入阶层上升而单调上升，表明在此时段财富差异呈现扇状扩大趋势。从 1983 年到 2013 年，除了收入分布五等分次穷 20% 阶层之外，净资产和财务资源平均值的绝对值都在上升。另外，1983 年至 2013 年，收入分布五等分最低三个 20% 阶层的净资产和财务资源中位数的绝对值下降。事实上，到 2013 年，收入分布五等分最低两个 20% 阶层的财务资源中位数接近于零，收入分布五等分中间 20% 阶层的财务资源中位数只有 11000 美元。不同收入阶层的收益率差异相对较小，因此储蓄率的差异解释了收入阶层净资产相对变动的大部分。

大衰退给年轻广义家庭带来了沉重打击。35 岁以下和全体广义家庭的净资产比率从 1983 年的 0.21 降至 2007 年的 0.17，然后在 2010 年暴跌至 0.11。按（实际）美元计算，从 2007 年到 2010 年，他们的净资产平均值猛跌了 46%。在 35～44 岁年龄组中，他们与全体广义家庭净资产的比率从 1983 年的 0.71 下降到 2007 年的 0.58，然后在 2010 年进一步下降到 0.42。按美元计算，他们的财富在接下来三年中下降了 39%。财务资源也有类似的趋势。有两个因素可以解释 2007 年至 2010 年年轻家庭遭受的损失，一是其住宅占其财富组合的比例较高，二是其非常高的杠杆。就收益率而言，最年轻年龄组的年收益率为 -13.49%，35～44 年龄组的收益率为 -9.56%，与之相比全体广义家庭的收益率为 -7.28%。2013 年 35 岁以下年龄组的净资产比率略微恢复至 0.12，而 35～44 岁年龄组的净资产比率则回升至 0.64。这些趋势部分反映了其财富组合的高年收益率——35 岁以下年龄组为 10.7%，35～44 岁年龄组为 7.5%，与之相比全体广义家庭为 6.2%。

从 2001 年到 2007 年，55～64 岁和 35 岁以下年龄组的模拟财富平均值比率下降了 40.9 个百分点。这一趋势主要是由储蓄率的差异导致的。从 2007 年到 2010 年，这个模拟比率跃升了 50.4 个
百分点。这种贡献均等地来自较年长年龄组较高（即较少负值） 433
收益及较高的隐性储蓄率。从 2010 年到 2013 年，模拟比率暴跌了 52.5 个百分点，主要是储蓄率差异导致的。

2001 年至 2007 年，55～64 岁年龄组与 35～44 岁年龄组的模拟净资产比率下降了 28.3 个百分点，储蓄率差异解释了这个下降的 52%，收益率差异解释了 26%。从 2007 年到 2010 年，这个模拟比率基本保持不变，因为较年长年龄组较高的收益几乎完全被较年轻年龄组较高的隐性储蓄所抵消。在 2010 年至 2013 年时段，这

两个年龄组之间的模拟财富平均值比率直线下降了52.1个百分点，储蓄率的差异解释了这个变化的86%。

自1983年至2007年波动多年后，财富持有的种族差异在2007年几乎与1983年完全相同。然而，大衰退对非洲裔美国广义家庭的打击比白人广义家庭严重得多，两个分组财富平均值比率从2007年的0.19降至2010年的0.14，反映出黑人财富下降了33%（以不变价格计算）的事实。2007年至2010年黑人广义家庭遭受的相对（和绝对）损失可归因于黑人住宅占其财富组合的比例高于白人，并且其杠杆远高于白人（两者的债务与净资产比率分别为0.55和0.15）。这些因素导致各自财富组合的收益率差异很大（年收益率 -9.92%对 -7.07%）。从2010年到2013年，尽管黑人广义家庭财富组合的收益率高于白人（7.14%对6.12%），但两者的财富比率下滑至0.13。这一趋势反映出这些年来黑人广义家庭的负储蓄率明显高于白人。

从1983年到2007年，西班牙裔广义家庭财富相对于（非西班牙裔）白人广义家庭有相当大幅度的上升。两者的净资产平均值比率从0.16增加到0.26，西班牙裔家庭的住房自有率从32.6%上升到49.2%，住房拥有率与白人广义家庭的比率从48%增加到66%。但是，在2007年至2010年时段，财富出现逆转，西班牙裔广义家庭遭受了巨大损失，其净资产平均值下降了一半，净资产平均值与白人广义家庭的比率从0.26降至0.15，其住房自有率下降
434 了1.9个百分点，房屋净值暴跌47%。在这三年中西班牙裔广义家庭遭受的相对（和绝对）损失也主要是由于他们的财富组合中住宅份额更大，他们的杠杆更高（债务与权益比率为0.51对0.15）。这些因素导致2007年至2010年他们各自投资组合的回报率存在巨大差异（每年 -10.76%对比 -7.07%）。从2010年到

2013年，他们的相对净资产保持不变，尽管他们财富组合的收益率高于白人（每年7.48%对比6.12%）。这一结果反映出西班牙裔比白人有更高的负储蓄。

2013年，大学及以上学历组的净资产平均值是低于高中学历组的10倍，是高中学历组的6倍，几乎是上了大学课程但未毕业组的4倍。这些财富梯度虽然很大，但依然远远小于收入阶层。1983年至2013年，大学及以上学历组的净资产增长了52%，低于高中学历组广义家庭减少了12%，高中学历组减少了7%。1983年至2013年，净资产中位数低于高中学历组下降了84%，高中学历组减少了44%，上了大学课程但未毕业组减少了55%，但此时大学及以上学历组增加了19%。住房自有率在各受教育程度分组的差异要小得多。但是，2013年只有大学及以上学历组住房自有率高于1983年（上升6个百分点）。受教育程度分组的收益率差异相对较小，因此储蓄率的差异可以解释随着时间推移各组相对净资产变化的大部分。

根据家庭类型和子女状况分组，财富阶层也有明显等级排名。2013年，已婚夫妇组的净资产平均值最高，其次是有孩子的已婚夫妇组、单身男性组、单身女性组，然后是单身母亲组。各组差距非常大，第一组和最后一组之间的净资产平均值比率几乎为14比1。这些年来，单身母亲组的净资产下降了21.8%。在同一时期，单身母亲组的净资产中位数下降了93.2%，到2013年下降到仅为500美元。

房主的净资产平均值比租房者大得多（并不奇怪）——大约10比1。两个分组净资产中位数的差距甚至更大。事实上，1983年至2013年时段，租房者的净资产中位数几乎为零。即使在控制
了收入、年龄、种族和教育的影响，租房者和房主之间的财富差距 435
仍然非常大。

第十章　谁是富人？收入最高和财富最多美国人的人口统计学特征

本章研究了富裕阶层的人口统计学特征。他们是谁？他们通常是老年人还是中年人？他们的种族组成是什么？他们都受过高等教育吗？他们为别人工作还是拥有自己的企业？他们在哪些行业工作，是哪种职业？这些模式会随着时间而改变吗？特别是，他们是否已经从“食利者”（rentier）财富转向企业财富？他们的人口统计学特征与普通人群相比如何？本章选择了从 1983 年至 2013 年的年份进行经验性分析。

这里有几个问题特别令人感兴趣。第一，随着这一时期财富不平等程度大幅上升，尤其是华尔街和专业人员工资记录创下新高，富裕阶层的构成是否已经从传统的“息票收集者”（coupon - clippers）转变为企业家？第二，伴随着这种趋势，是否富裕阶层从事的主要行业已经变成金融业和专业服务业？第三，随着 20 世纪 90 年代和 21 世纪第一个十年的高科技繁荣，以及以亚马逊、脸书、谷歌等为代表的年轻软件开发商崛起，富裕阶层的构成是否发生了相应的变化，变得更为年轻，远离中年和老年群体？第四，娱乐业和体育业收入丰厚，我们是否发现越来越多的非洲裔美国人加入富裕阶层？第五，自 20 世纪 80 年代以来，我们观察到教育溢价不断上升，富裕阶层的构成是否已经明显转向受过大学教育的劳动

者？第六，健康与财富之间存在强烈相关性，随着时间的推移，富人的健康状况有所改善吗？ 436

在本章中，富裕阶层的定义是财富分布的最高百分位（1%）和收入分布的最高百分位（1%），他们的构成在 1983 年至 1992 年间经历了重大变化。[1] 不满 45 岁的广义家庭数量增加，占富裕阶层的比例从 9.9% 增长至 15%。此外，收入排名最高 1% 阶层里，35 岁以下年龄组的占比从 1.6% 增加到 5.7%，而 35 ~ 44 岁年龄组攀升更快，从 16.3% 增加到 25.5%。

在教育方面，尽管在这段时间内总体人口受教育程度显著提高，但财富排名前 1% 的富人的受教育程度没有相应提升。事实上，这个群体大学学历的比例有所下降。收入排名前 1% 广义家庭的受教育程度趋势与之相同。

在这段时期，非西班牙裔黑人广义家庭在最富 1% 阶层中的比例实际上下降，而西班牙裔的比例从几乎为零增加到接近 1%，亚裔和其他种族的比例从 1.6% 增加到 4.8%。收入最高 1% 阶层的结果与之相似。事实上，在此期间，非西班牙裔黑人家庭的比例从 1.2% 下降到 0.1%，而在这两个年份里西班牙裔的比例始终为零。

还有证据表明，企业经营行为在进入富人阶层方面发挥了更大的作用。在财富排名最富 1% 广义家庭中，自营收入（包含个体劳动者、合伙企业和非法人企业所有权）占总收入的比例从 27% 急剧上升至 40%。许多新晋富翁也更倾向于依靠工资和薪水作为收入来源。薪资占他们总收入的份额从 24% 上升到 30%。与之相反，

---

① 参见 Wolff 著作："Who Are the Rich? A Demographic Profile of High - Income and High - Wealth Americans，" 载于 *Does Atlas Shrug? The Economic Consequences of Taxing the Rich*，编辑：Joel Slemrod（New York：Russell Sage Foundation and Harvard University Press，2000），74 - 113。

各种形式的财产收入，如股息和资本收益则急剧下降，占总收入的比例从 46% 降至 27%。

按收入排名前 1% 广义家庭也显示其对薪资收入的依赖程度大幅上升，薪资占总收入的比例从 35% 上升至 44%。值得注意的是，这一发现的报道要早于皮凯蒂和赛斯好几年，他们后来报道称，在收入分布最高 1% 阶层的总收入中，劳动收入所占比例有所上升；[1]
437 自营收入占总收入的比例有所下降，从 26% 降到 24%。财产收入（包含利息、股息、资本收益、租金、特许权使用费和信托收入）占总收入的比例从 36% 降至 30%。

有确凿的证据显示富人广义家庭财富组合发生了变化。1983 年至 1992 年，虽然财富排名前 1% 阶层的总财富中商业股权持有比例保持不变，但他们持有商业股权占全体广义家庭持有商业股权总价值的比例急剧增长，从 52% 上升到 62%。此外，收入最高 1% 广义家庭中，商业股权占总财富的比例从 28% 上升到 32%，其持有商业股权占商业股权总价值的比例从 39% 飙升至 48%。与之相反，在这一时期，不管是以何种标准衡量的富裕阶层，他们持有的股票、共同基金以及信托基金均大幅下降，同时他们持有的这些资产占这类资产总发行在外价值的比例也大幅下降。这在一定程度上归因于金融证券持有量的大幅增加，不管是金融证券占最富 1% 阶层总资产的比例，还是最富 1% 阶层金融证券持有量占全体广义家庭持有总量的比例都大幅上升。

本章的主要重点是确定这些趋势是否持续到 2013 年。2001 年和 2013 年被纳入分析中，这样，这四个年份就大致相隔十年

---

① 参见 Thomas Piketty 和 Emmanuel Saez 著作："Income Inequality in the United States, 1913 – 1998，"载于 *Quarterly Journal of Economics* 118, no. 1 (2003): 1 – 39。

（这样也与消费者财务状况调查相对应）。分析回顾了调查的这四个年份里最富裕广义家庭和收入最高广义家庭的特征。

财富排名最富1%广义家庭的特征

富人真的和我们其他人不一样吗？表10.1提供了1983年、1992年、2001年和2013年以净资产衡量的最富1%阶层广义家庭的人口统计学特征，以全体广义家庭作为对比。A组显示了四个年份的年龄分布（见图10.1a和图10.1b）。1983年，富裕阶层平均比其他广义家庭分组成员年龄大得多。最富1%阶层广义家庭户主的年龄平均值为57.3岁，而年龄中位数为56岁，该年全体广义家 438
庭户主的年龄平均值为46.8岁，中位数为44岁。全体广义家庭里有8%的年龄在25岁以下，22.6%的年龄在25～34岁，19.5%的年龄在35～44岁，而富裕阶层没有25岁以下的。富裕阶层只有0.7%在25～34岁年龄组，9.2%在35～44岁。与之相反，全体广义家庭有42.8%的年龄在45～74岁，但富裕阶层有84.1%属于这一年龄组。富裕阶层75岁及以上年龄组的比例略低于全体广义家庭——5.9%对比7.1%。

1983年至1992年，总体人口年龄有所增加，户主的年龄平均值从46.8岁上升到48.4岁，年龄中位数从44岁上升到45岁。但是，尽管有这种趋势，最富1%阶层35岁以下年龄组的比例从0.7%增加到2.2%，35～44岁年龄组的比例从9.2%增加到12.8%。这一结果与以下观察一致：华尔街、娱乐业和其他专业人士的巨额薪酬，创造了一个全新的年轻富裕阶层。

最富1%阶层里45～54岁年龄组的比例急剧下降，从32.9%降至24.6%，65～74岁年龄段的比例与总体人口统计趋势相比显著下降。富裕阶层里 55～64 岁年龄组的百分比有所上升，从 29.4% 上升至 31.3%，不过这应该是世代效应引起的，因为该年龄组在 1983 年最富 1% 阶层中占比很大（当时的年龄在 45～54 岁）。该年龄组由在大萧条期间（1928 年至 1937 年）出生的人组成。75 岁及以上年龄组的比例也从 5.9% 增加到 9.8%，相对于总体人口统计趋势而言有所增加。

从 1992 年到 2013 年，所有户主的年龄平均值从 48.4 岁上升到 51.1 岁，年龄中位数从 45 岁上升到 51 岁。最富 1% 阶层的年龄平均值和年龄中位数继续上升，前者从 58.1 岁上升至 61.3 岁，后者从 58 岁上升至 63 岁。虽然在 1992 年至 2013 年，最富 1% 阶层 35 岁以下年龄组的比例保持不变，但相对于总体人口统计趋势而言却增加了（最富 1% 阶层的比例与总体人口的比例之间的差异从 -18.4 上升到 -13.6）。最富 1% 阶层 35～44 岁年龄组的比例下降，但与总体人口统计趋势保持大致相同；而 45～54 岁年龄组的比例下降了近一半，相对于总体人口统计趋势下降。最富
439 1% 阶层中增长最多的是 65～74 岁年龄组，从 1992 年的 19.3% 上升到 2013 年的 30.6%，相对于总体人口趋势而言也有所增加。因此，如果有什么区别的话，那就是在 1992 年至 2013 年极富裕阶层年龄显著变大了。

富裕阶层的受教育程度也显然高于整体人口水平（表 10.1B 组，图 10.2a 和图 10.2b）。1983 年，虽然全体广义家庭里 21.2% 的户主是大学及以上学历（或更高学位），但最富 1% 阶层中 75.7% 的人是大学及以上学历（或读过研究生课程）。1983 年，29% 的广义家庭户主未能高中毕业，但富裕阶层中只有不到 3% 属于这一类。

表 10.1　1983 年、1992 年、2001 年和 2013 年最富 1%财富所有者和全体广义家庭的人口统计学特征和工作特征（除平均值和中位数外都是百分比）

单位：%

	1983 年			1992 年			2001 年			2013 年		
	最富 1%	全体	差异	最富 1%	所有	差异	最富 1%	所有	差异	最富 1%	所有	差异
A. 户主年龄												
低于 25 岁	0.0	8.0	-8.0	0.2	5.2	-5.0	1.4	5.6	-4.2	0.0	5.0	-5.0
25~34 岁	0.7	22.6	-21.8	2.0	20.4	-18.4	2.0	17.2	-15.2	2.2	15.8	-13.6
35~44 岁	9.2	19.5	-10.3	12.8	22.7	-9.9	11.6	22.1	-10.5	8.3	17.3	-9.0
45~54 岁	32.9	15.6	17.2	24.6	16.4	8.2	28.6	20.7	7.9	13.9	19.6	-5.8
55~64 岁	29.4	15.1	14.4	31.3	13.4	17.9	30.5	13.2	17.3	34.3	18.7	15.6
65~74 岁	21.8	12.1	9.7	19.3	12.7	6.6	19.3	10.7	8.6	30.6	12.9	17.8
75 岁及以上	5.9	7.1	-1.2	9.8	9.2	0.6	6.6	10.4	-3.8	10.7	10.7	0.0
全体年龄组	100.0	100.0	0.0	100.0	100.0	0.0	100.0	100.0	0.0	100.0	100.0	0.0
年龄平均值(岁)	57.3	46.8	10.5	58.1	48.4	9.8	56.9	49.0	8.0	61.3	51.1	10.1
年龄中位数(岁)	56.0	44.0	12.0	58.0	45.0	13.0	57.0	47.0	10.0	63.0	51.0	12.0
B. 户主受教育程度												
0~11 年	2.7	29.0	-26.3	1.8	21.1	-19.3	2.2	18.1	-15.9	1.1	12.4	-11.3
高中学历组	10.0	30.2	-20.1	9.2	28.9	-19.7	7.6	29.6	-22.0	4.7	29.9	-25.2
大学 1~3 年	11.6	19.6	-8.1	15.6	21.0	-5.4	8.4	22.6	-14.2	11.4	24.2	-12.8
大学及以上学历组	40.0	10.6	29.4	32.9	16.5	16.3	39.7	17.6	22.1	33.7	20.0	13.6
读过研究生课程组	35.7	10.6	25.1	40.6	12.5	28.1	42.1	12.0	30.1	49.2	13.5	35.7
全体教育程度分组	100.0	100.0	0.0	100.0	100.0	0.0	100.0	100.0	0.0	100.0	100.0	0.0
受教育程度平均值(年限)	15.5	12.2	3.3	15.6	12.9	2.7	15.7	13.1	2.6	16.0	13.5	2.5

续表

	1983 年			1992 年			2001 年			2013 年		
	最富 1%	全体	差异	最富 1%	所有	差异	最富 1%	所有	差异	最富 1%	所有	差异
教育程度中位数（年限）	16.0	12.0	4.0	16.0	13.0	3.0	16.0	13.0	3.0	16.0	14.0	2.0
C. 种族												
白人（非西班牙裔）	97.9	80.9	17.0	94.2	75.3	18.9	95.7	76.2	19.5	93.9	70.1	23.8
黑人（非西班牙裔）	0.5	12.7	-12.2	0.1	12.6	-12.5	0.0	13.0	-13.0	1.7	14.6	-12.9
西班牙裔	0.0	3.5	-3.5	0.9	7.6	-6.6	2.2	8.0	-5.8	1.0	10.6	-9.6
亚裔和其他	1.6	2.8	-1.2	4.8	4.6	0.2	2.1	2.8	-0.7	3.4	4.7	-1.2
全体种族	100.0	100.0	0.0	100.0	100.0	0.0	100.0	100.0	0.0	100.0	100.0	0.0
D. 婚姻状况												
已婚，有配偶[a]	88.1	60.8	27.3	83.4	57.6	25.7	89.0	60.3	28.7	88.1	57.2	31.0
男性，分居、离婚或鳏居	3.2	6.8	-3.6	7.0	8.6	-1.5	6.2	7.5	-1.3	7.3	7.7	-0.3
男性，从未结婚	1.3	6.3	-5.0	2.3	6.5	-4.2	2.5	6.1	-3.6	1.1	7.5	-6.4
女性，分居、离婚，或寡居	7.4	19.9	-12.5	7.3	19.4	-12.1	2.3	17.5	-15.2	3.4	18.7	-15.3
女性，从未结婚	0.0	6.2	-6.2	0.0	7.9	-7.9	0.0	8.6	-8.6	0.0	8.9	-8.9
全体婚姻分组	100.0	100.0	0.0	100.0	100.0	0.0	100.0	100.0	0.0	100.0	100.0	0.0
E. 户主就业状况（仅限年龄小于65 岁）												
全职	86.4	75.8	10.6	76.7	74.9	1.9	76.2	79.1	-2.9	77.8	70.7	7.1
兼职	4.6	4.0	0.6	8.6	4.5	4.1	7.5	6.2	1.2	9.5	8.0	1.5
失业或暂时失业下岗	0.0	8.8	-8.8	1.4	7.1	-5.7	0.1	4.3	-4.2	0.0	6.2	-6.2
退休	3.6	7.3	-3.7	9.7	3.8	5.9	11.6	3.2	8.4	8.0	4.7	3.4
非劳动力	5.4	4.1	1.3	3.6	9.8	-6.1	4.6	7.2	-2.6	4.7	10.4	-5.7
全体（未满 65 岁）	100.0	100.0	0.0	100.0	100.0	0.0	100.0	100.0	0.0	100.0	100.0	0.0

续表

	1983 年			1992 年			2001 年			2013 年		
	最富 1%	全体	差异	最富 1%	所有	差异	最富 1%	所有	差异	最富 1%	所有	差异
F. 户主的工作行业(有工作且年龄小于65 岁)												
农业	9.2	3.9	5.3	1.4	2.7	-1.3	1.8	1.9	-0.1	2.7	2.6	0.1
采矿和建筑业	11.5	8.9	2.6	4.7	7.4	-2.7	9.9	10.5	-0.6	7.0	11.1	-4.1
制造业	19.5	23.7	-4.2	21.8	28.3	-6.5	17.2	18.7	-1.5	12.6	13.1	-0.5
交通、通信、公用事业、个人服务和专业服务	23.4	32.0	-8.6	22.5	25.5	-3.0	28.7	32.4	-3.7	46.2	40.3	5.9
贸易(批发和零售)业	11.3	15.5	-4.2	13.3	14.9	-1.5	14.6	15.6	-1.0	10.3	15.2	-4.9
金融、保险、房地产商业和维修服务	25.0	8.7	16.3	35.8	13.8	22.0	27.8	16.0	11.8	21.2	11.5	9.7
公共行政	0.0	7.2	-7.2	0.4	7.4	-7.0	0.0	5.0	-4.9	0.0	6.2	-6.2
全体就业人员	100.0	100.0	0.0	100.0	100.0	0.0	100.0	100.0	0.0	100.0	100.0	0.0
G. 户主职位(有工作且年龄小于65 岁)												
自雇经营者[b]	37.5	15.4	22.1	68.9	17.2	51.7	71.9	16.7	55.2	84.4	15.3	69.1
专业人士[c]	6.4	15.0	-8.6	26.5	25.5	0.9	27.7	27.1	0.6	13.4	34.3	-20.9
经理和管理人员	55.2	13.9	41.3									
销售和文员[d]	1.0	13.0	-12.1	2.8	22.4	-19.6	0.1	18.5	-18.4	2.2	14.9	-12.7
技师[e]	0.0	16.9	-16.9	1.8	10.6	-8.8	0.0	12.8	-12.8	0.0	14.4	-14.1
其他蓝领[f]	0.0	25.8	-25.8	0.0	18.1	-24.3	0.1	15.0	-14.9	0.0	9.4	-9.4
服务人员				0.0	6.2	-6.2	0.2	9.8	-9.6	0.0	11.9	-11.9
全体就业人员	100.0	100.0	0.0	100.0	100.0	0.0	100.0	100.0	0.0	100.0	100.0	0.0
H. 户主健康状况												
非常好	61.2	37.9	23.3	55.9	34.6	21.3	60.5	29.1	31.4	45.1	23.9	21.3

续表

	1983 年			1992 年			2001 年			2013 年		
	最富 1%	全体	差异	最富 1%	所有	差异	最富 1%	所有	差异	最富 1%	所有	差异
好	32.1	39.6	-7.5	31.8	40.9	-9.1	30.7	46.1	-15.3	44.8	48.8	-4.0
一般	5.9	15.4	-9.6	7.8	17.5	-9.7	4.5	19.0	-14.6	9.0	21.0	-12.1
不佳	0.8	7.1	-6.2	4.5	7.0	-2.5	4.3	5.8	-1.5	1.1	6.3	-5.2
全体	100.0	100.0	0.0	100.0	100.0	0.0	100.0	100.0	0.0	100.0	100.0	0.0
I.收到的遗产												
获得财富转移的百分比				47.6	20.7	26.9	43.9	17.9	26.1	47.4	21.5	26.0
财富转移的平均值[g]				5356	453	4903	2259	425	1834	5812	571	5240

资料来源：作者对 1983 年、1992 年、2001 年和 2013 年消费者财务状况调查的计算。

注：最富 1% 阶层的下限（以当时美元计算）如下：

1983 年 1550000 美元

1992 年 2420000 美元

2001 年 5840000 美元

2013 年 7770000 美元

除非另有说明，否则所有计算均针对户主。

a. 1992 年、2001 年和 2013 年数据包含“同性伴侣”。

b. 任何职业的自雇经营者均单独归于此类。

c. 1983 年的数据包含技术工人。

d. 1992 年、2001 年和 2013 年的数据包含技术工人。

e. 1983 年数据包含安保服务人员。

f. 包含操作员（机器操作员和运输设备操作员）、工人和农场劳动者。

g. 仅限受赠人。现值按 2013 年美元计算，单位：千美元，按 3% 实际利率估算。

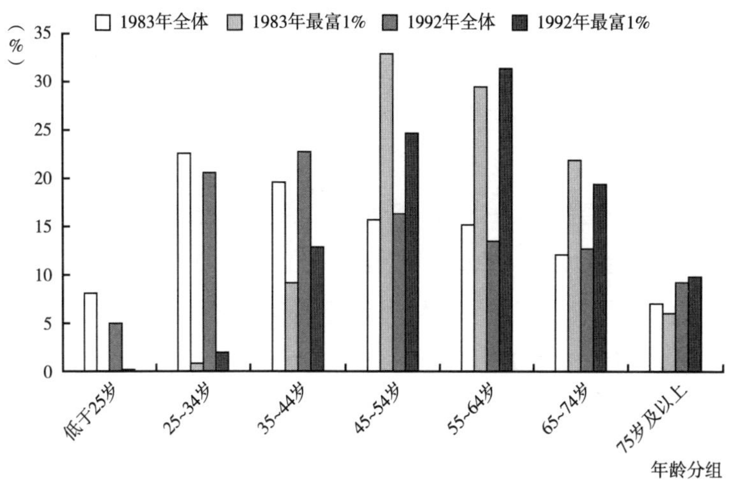

图 10.1a　1983 年和 1992 年全体广义家庭和最富 1%财富持有者年龄分布

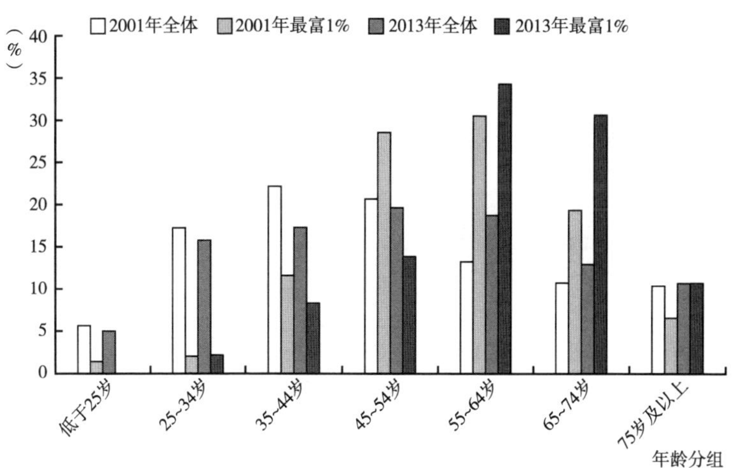

图 10.1b　2001 年和 2013 年全体广义家庭和最富 1%财富持有者年龄分布

1983 年至 1992 年，全体人口的总体受教育程度在增加。高中及以上学历的户主比例从 71% 增加到 79%，大学及以上学历的比例从 21.2% 增加到 29%，受教育程度平均值从 12.2 年上升到 12.9 年，受教育程度中位数从 12 年增加到 13 年。然而，有些令人惊讶的是，富裕阶层大学及以上学历组的比例实际上从 76% 降至 73%，
445 尽管这一分组里已经完成了一些毕业论文的人的比例增加了。在富裕阶层中，大学“辍学”（大学 1~3 年）的占比增幅特别大，从 1983 年的 11.6% 增加到 1992 年的 15.6%——或许是“比尔·盖茨现象”。无论如何，没有清晰的证据表明，1983 年至 1992 年，更多的教育可以帮助其进入最富裕 1% 财富持有人行列。

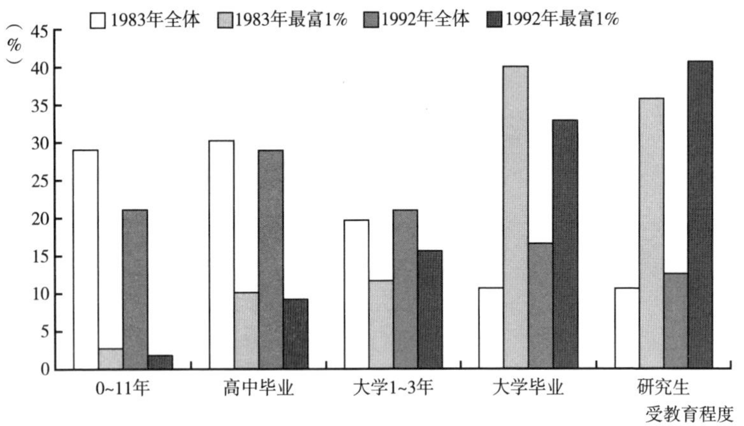

图 10.2a　1983 年和 1992 年全体广义家庭和最富 1%财富持有者教育程度分布

从 1992 年到 2013 年，总体人口受教育水平持续提高，受教育年限平均数从 12.9 年上升到 13.5 年，受教育年限中位数从 13 年上升到 14 年。富裕阶层的受教育程度仍然高于整体人口，并扩大了他们的领先地位，特别是在研究生受教育程度上。这些年来，最

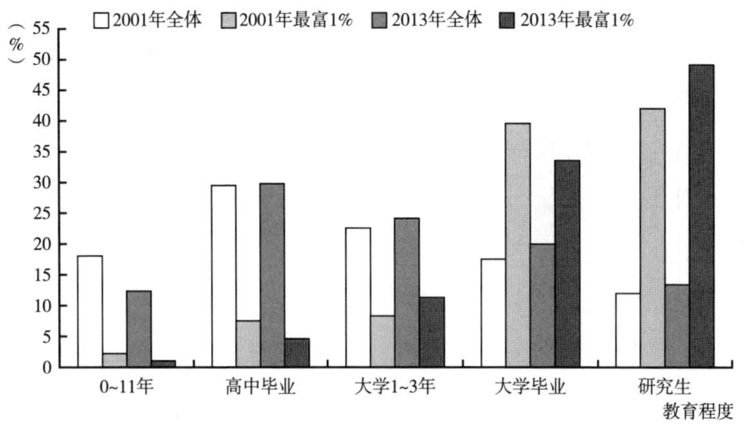

图 10.2b　2001 年和 2013 年全体广义家庭和最富 1%财富持有者教育程度分布

富 1% 阶层就读研究生的比例从 40.6% 跃升至 49.2%，大学及以上学历组的比例从 73.5% 上升到 82.9%。

富裕阶层的种族构成也与总体人口的种族构成有很大不同（表 10.1C 组、图 10.3a 和图 10.3b）。1983 年全体人口中 80.9% 的广义家庭是非西班牙裔白人，而富裕阶层 97.9% 属于这一分组。16.2% 的广义家庭被归类于黑人或西班牙裔，而最富 1% 阶层里只 446
有 0.5% 归于这一分组。

从 1983 年到 1992 年，家庭的总体种族构成发生了相当大的变化，非西班牙裔白人从 80.9% 下降到 75.3%，黑人保持在 12.5% 左右，西班牙裔从 3.5% 增加到 7.6%，亚裔和其他族裔从 2.8% 上升到 4.6%。在此期间，最富 1% 阶层的白人广义家庭比例确实有所下降，从 97.9% 降至 94.2%。然而，黑人的比例也从 0.5% 下降到 0.1%，而西班牙裔比例从 0 增加到 0.9%。最富 1% 财富持有者里亚裔和其他族裔的增长最为显著，从 1.6% 增加到 4.6%。

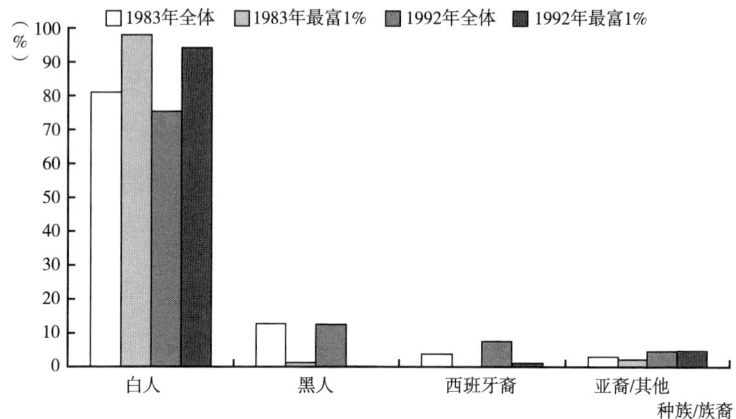

图 10.3a 1983 年和 1992 年全体广义家庭和最富 1%财富持有者种族分布

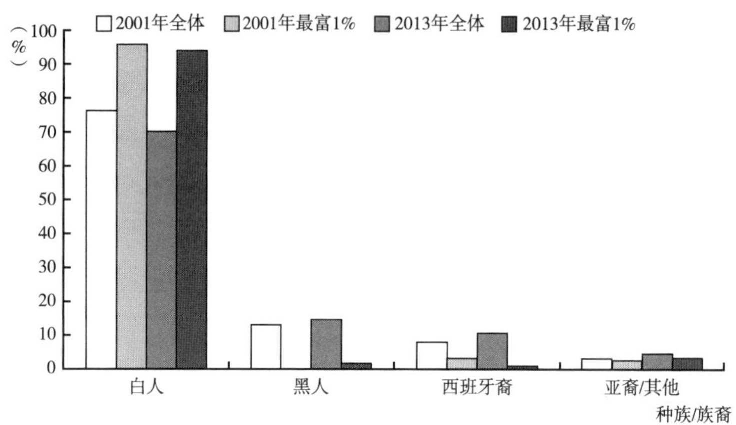

图 10.3b 2001 年和 2013 年全体广义家庭和最富 1%财富持有者种族分布

截至 2013 年，最富 1% 阶层里白人比例与 1992 年基本持平，但总体人口里白人的比例从 75.3% 降至 70.1% 。最富 1% 阶层里黑人的比例增加少许到 1.7%，而西班牙裔的比例保持不变（虽然他们占总人口比例增加到 10.6%），亚裔和其他族裔的比例下降。

D 组显示了两个分组的婚姻状况。1983 年，最富 1% 阶层结婚率远高于总体人口（88.1% 对 60.8%）。单身男性占该分组的 4.5%（与之相比单身男性占总体人口 13.1%）；有过婚史的女性（分居、离婚或寡居）占该分组的 7.4%（相比之下其占总体人口的 19.9%）；并且最富 1% 阶层里没有未婚女性（相比之下，总体人口里有 6.2%）。

1983 年至 1992 年，最富 1% 财富持有者中已婚家庭的比例从 88.1% 下降到 83.4%，而未婚男性的比例从 4.5% 增加到 9.3%，前一下降幅度恰好与后一上升幅度相同。最富 1% 阶层有过婚史的女性的比例几乎没有变化，在此时期富裕阶层里依旧没有未婚女性。

从 1992 年到 2013 年，最富 1% 阶层里已婚家庭的比例回到了
1983 年的水平，为 88.1%，但已婚夫妇占总体人口的比例有所下 448
降。单身男性的比例基本保持不变，有过婚史的女性的比例下降到 3.4%，未婚女性的比例保持在零。

表 10.1 中接下来的三组数据提供了就业统计数据。E 组表格是年龄小于 65 岁的人，F 组和 G 组表格是 65 岁以下有工作的人。如 E 组所示，1983 年非老年户主中，最富 1% 阶层全职工作的比例要远高于全体人口全职工作的比例（86.4% 对 75.8%）。与之相反，非老年户主中，最富 1% 阶层没有报告失业或临时失业，与之相比，全体广义家庭中这一比例为 8.8%。1983 年，非老年富裕阶层中只有 3.6% 报告退休，而全体人口中这一比例为 7.3%。

1983 年至 1992 年，非老年最富 1% 阶层中的全职工作比例急剧下降，从 86.4% 降至 76.7%。这一变化被该分组中兼职工作比例大幅增加所抵消，从 4.6% 上升到 8.6%，还有退休人员比例增

加，从3.6%上升到9.7%。这些结果表明，在此期间，最富1%阶层引人注意地大幅减少了他们的工作量。而从1992年到2013年相对而言几乎没有变化。

1983年，25%的最富1%阶层家庭报告从事金融、保险、房地产、商业和维修服务业工作，而全体劳动人口只有8.7%从事上述行业（表10.1F组、图10.4a和图10.4b）。[①] 最富1%阶层从事农业、采矿业和建筑业的比例也很高（有20.7%，全体劳动人口从事这些行业的比例为12.8%）。与之形成对比的是，最富1%阶层在制造业、运输业、通信业、公用事业、个人服务和专业服务、批发和零售业的占比低于平均值。此外，1983年没有公共行政人员是最富1%阶层（公共行政人员占全体劳动人口的7.2%）。

据推测，1983年至1992年，最富1%阶层最显著的变化是金融、保险和房地产（以及商业）从业人员的比例大幅增加，从25%增加到35.8%（最富1%阶层在这些行业的比例与全体劳动人口在这些行业的比例的差异也有很大增长，从16.3%增加到22%）。最富1%阶层里农业的比例急剧下降，从9.2%下降到
449 1.4%，采矿和建筑业的比例从11.5%下降到4.7%。富裕阶层在交通、通信、公用事业、个人服务和专业服务这些企业类型中工作的比例仍然相对保持不变，在贸易和公共管理的比例也是如此（后者基本为零）。

G组报告了65岁以下有工作的户主的职业构成（见图10.5a和图10.5b）。在这里，我将所有自雇经营者分成一个单独的类别。因此，举例来说，一个律师如果是一位自雇经营者，那么就把他归

---

① 行业分类直接由消费者财务状况调查数据提供，不可能进一步细分（1983年除外）。

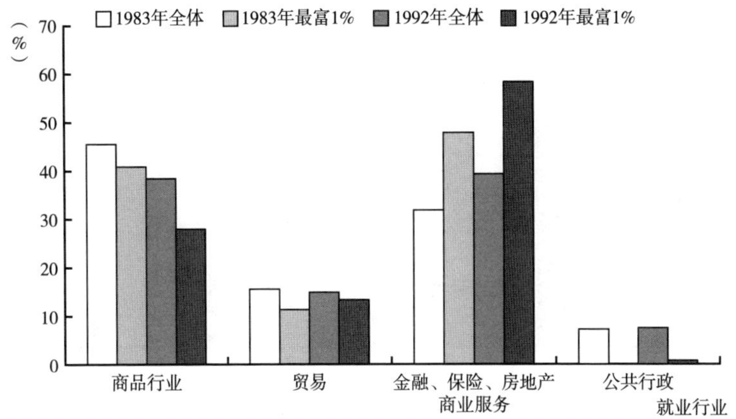

图 10.4a　1983 年和 1992 年全体广义家庭和最富 1%财富持有者的就业行业

类到自雇经营者，而不是专业人士类别。在职业构成方面，结果表明，1983 年最富 1%阶层的自雇经营者业比例偏高——占 37.5%，而在全体劳动人口中其占比为 15.4%。对于经理和管理人员来说也是如此——占 55.2%，而在全体劳动人口中的比例为 13.8%。相比之下，只有 6.4%的最富 1%阶层将自己归类为专业人士，与之相比全体劳动人口中的比例为 15%。此外，几乎没有销售、文 450
员、技师或其他蓝领劳动者出现在 1983 年最富 1%阶层中。

1983 年至 1992 年，最显著的变化是自雇经营者在最富 1%阶层中的比例大幅增加——几乎翻了一番，从 37.5%增加到 68.9%——而与之相比，全体劳动人口中自雇经营者只是温和增长，从 15.4%增加到 17.2%。[①] 这一结果倾向于印证了我们对最富

① 虽然 1992 年消费者财务状况调查数据中的“自营职业者”类别存在一些问题，但我试图使该定义尽可能与 1983 年消费者财务状况调查的概念保持一致。事实上，所有劳动者中自营职业者的比例显示两个年份之间只有温和增长，这表明这个定义应该具有可比性。

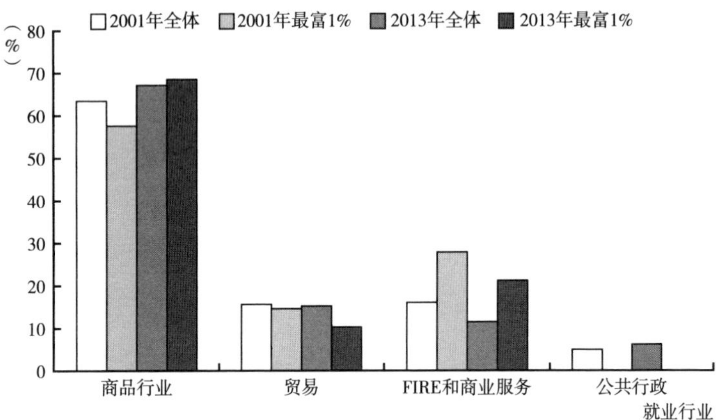

图 10.4b　2001 年和 2013 年全体广义家庭和最富 1%财富持有者的就业行业

1%阶层企业家活动增加的猜测。相应地，专业人士和管理人员的比例急剧下降，从 61.6%降至 26.5%。[①] 最富 1%阶层中销售和文员、技师的比例略有增长，从 1%增长至 4.6%。

在最富 1%阶层的劳动者（实际上是户主）中，自雇经营者的比例继续扩大，首先在 2001 年达到 71.9%，然后在 2013 年达到惊人的 84.4%。在全体劳动人口中，自雇经营者的比例实际上从
451 1992 年的 17.2%下降到了 2013 年的 15.3%。所以，从 1992 年到 2013 年，最富 1%阶层里除自雇经营者外所有其他职业的比例都出现下降（而服务从业者一直为 0）。

组 H 显示有关健康状况的统计数据（另见图 10.6a 和图 10.6b）。这是一个自我报告的类别，因此分类主观因素比较重。尽管如此，结果依然显示最富 1%阶层比平均人口更健康。1983

① 1992 年消费者财务状况调查没有专业人士的单独类别。

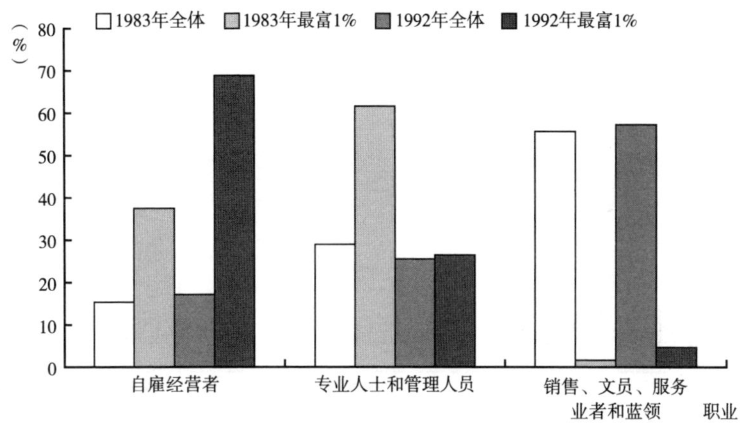

图 10.5a　1983 年和 1992 年全体广义家庭和最富 1%财富持有者的职业分布

年，61.2%的富人认为自己的健康状况非常好，而全体人口的这一比例为 37.9%。最富 1%阶层中只有 6.7%表示健康状况一般或差，而在全体受访者中这一比例为 22.5%。

1983 年至 1992 年，最富 1%阶层和总体人口的健康状况似乎略有恶化。在全体人口中，报告健康状况非常好的比例从 37.9%下降到 34.6%，而报告健康状况一般或差的比例从 22.6%上升到 452
24.5%。在最富 1%阶层中，健康状况非常好的比例从 61.2%下降到 55.9%，而健康状况一般的比例则从 5.9%增长到 7.8%，健康状况不佳的比例为 0.8%增长到 4.5%。

2001 年最富 1%阶层报告的健康状况非常好的比例高达 60.5%，与 1983 年基本相同。然而，报告健康状况一般或不佳的比例也从 1983 年的 6.7%上升到 2001 年的 8.8%。随后情况从 2001 年到 2013 年发生了巨大变化，2013 年只有 45.1%的富人表示健康状况非常好，10.1%表示健康状况一般或不佳。目前尚不清楚

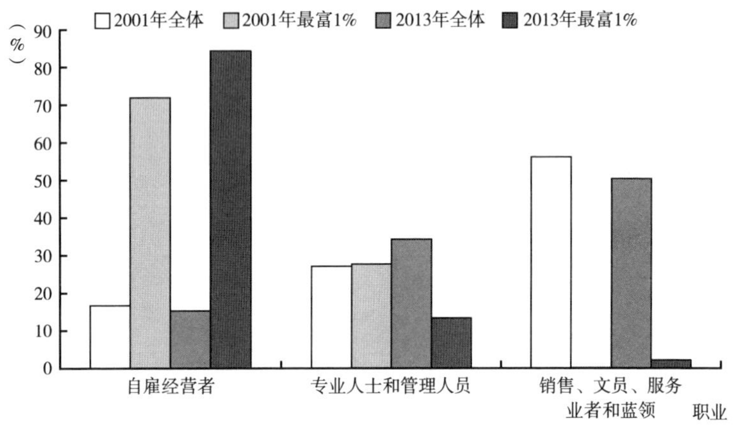

图 10.5b 2001 年和 2013 年全体广义家庭和最富 1%财富持有者的职业分布

从 2001 年到 2013 年，最富 1% 阶层的健康状况报告恶化是因为健康状况的真正下降，还是调查的应答模式发生了变化。但是，一个相关因素是这些年来最富 1% 阶层显著老龄化，年龄平均值上升了 4.4 岁，年龄中位数上升了整整 6 岁。有趣的是，在全体人口中，1983 年至 2013 年间健康状况似乎一直在稳步恶化，“非常好”的
453 比例从 37.9% 降至 23.9%，“一般”或“不佳”的比例从 22.5% 上升至 27.3%。因此，2013 年最富 1% 阶层与总体人口之间的健康差异与 1983 年大致相同。

表 10.1 中的最后一组数据显示了 1992 年、2001 年和 2013 年有关财富转移（遗产和生前赠与）的一些统计数据。[①] 这些结果是基于受访者的回忆；也就是说，要求受访者说出在调查之前任何时

① 1983 年消费者财务状况调查没有财富转移的数据。有关计算中使用的方法论的详细信息，请参见第七章。

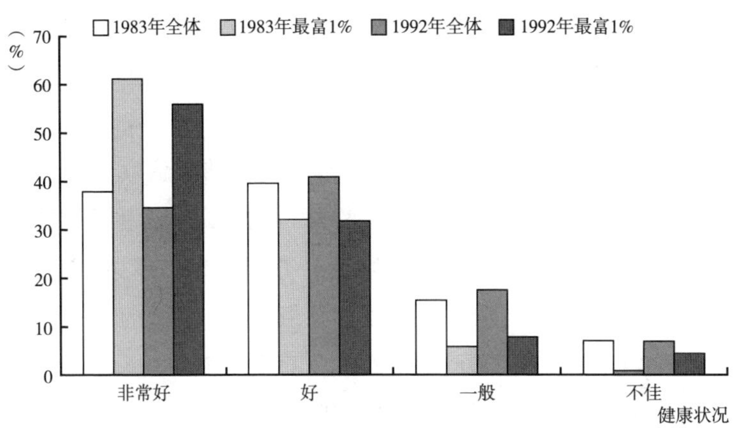

图 10.6a　1983 年和 1992 年全体广义家庭和最富 1%财富持有者健康状况

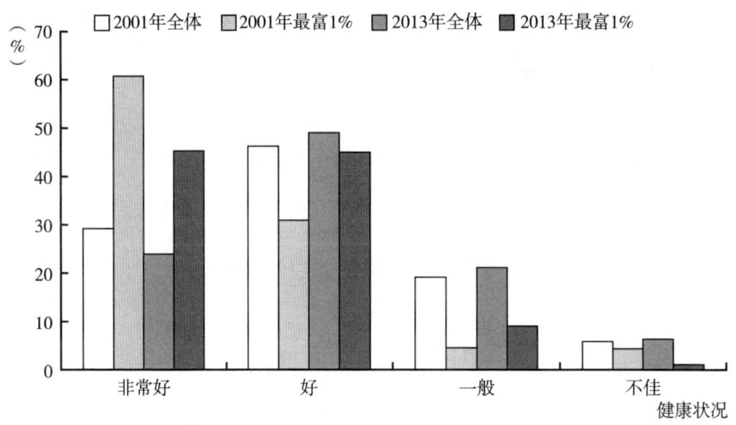

图 10.6b　2001 年和 2013 年全体广义家庭和最富 1%财富持有者健康状况

期收到的任何财富转移的金额和日期。然后，这些财富转移的价值按实际利率 3%随时间累积，以计算得到调查年度这些财富转移的现值。然后将调查年度的现值转换为2013年美元。

尽管“回忆”数额有一些麻烦，但结果清楚表明，在1992年，最富1%比全体人口更有可能获得财富转移（47.6%对20.7%），并且最富1%收到的财富转移的平均价值（只考察受赠人）要高得多，最富1%阶层收到的财富转移的平均值几乎是全体人口平均值的12倍。因此，财富转移（全体广义家庭）的总体平均值是27倍。与全体人口相比，最富1%阶层的财富转移价值要高得多，这可以部分由该分组的年龄来解释：最富1%阶层的年龄要大得多，而财富转移随着年龄的增长而增加。这个因素只解释了两个分组之间差异的一小部分。此外，尽管最富1%阶层获得的财富转移比贫困阶层多，但财富转移占贫困阶层净资产的比例要高于最富1%阶层。1992年至2013年间，最富1%阶层的财富转移平均值增加了8.5%，而全体人口的财富转移平均值增加了26%，因此两组之间的比率从27.3%降至22.5%。

表10.2显示了1983年按净资产排名前1%家庭的总资产构成，及其与全体广义家庭的对比（见图10.7a和图10.7b）。表10.2显示的结果表明，最富1%阶层拥有的财富形式与其他阶层截然不同。与全体广义家庭的平均财富组合相比，最富1%阶层的总资产中下列资产的比例更高：非住宅房地产（19.6%对14.9%）、公司股票和共同基金（17.1对9.0%）、商业股权（32.2%对18.8%）
455 和个人信托基金（6.9对2.6%）；而他们的下列资产所占比例较低：主要住宅（8.1对30.1%）和流动资产（8.5对17.4%）。最富1%阶层的债务与净资产比率也比较低，为5.7%。此外，最富1%阶层拥有总净资产的33.8%，但他们拥有40%的非住宅房地产，57.5%的股票和共同基金，41.9%的金融证券，52.1%的商业股权和80%的个人信托基金权益。

表 10.2 1983 年、1992 年、2001 年和 2013 年最富 1%财富所有者和全体广义家庭的财富构成（占总资产的百分比）

单位：%

财富构成	1983 年			1992 年			2001 年			2013 年		
	最富 1%占总资产百分比	全体广义家庭占总资产百分比	最富 1%与总价值比率	最富 1%占总资产百分比	全体广义家庭占总资产百分比	最富 1%与总价值比率	最富 1%占总资产百分比	全体广义家庭占总资产百分比	最富 1%与总价值比率	最富 1%占总资产百分比	全体广义家庭占总资产百分比	最富 1%与总价值比率
主要住宅	8.1	30.1	8.2	7.6	29.8	8.4	8.4	28.2	8.5	8.7	28.5	9.8
其他房地产[a]	19.6	14.9	40.0	20.0	14.7	45.7	11.4	9.8	33.1	10.8	10.2	33.7
非法人商业股权[b]	32.2	18.8	52.1	32.8	17.7	62.0	32.9	17.2	54.4	36.1	18.3	62.8
流动资产[c]	8.5	17.4	14.9	6.9	12.2	18.9	5.7	8.8	18.3	6.1	7.6	25.6
养老金账户[d]	0.9	1.5	17.9	3.0	7.2	14.1	5.5	12.3	12.7	9.2	16.5	17.8
金融证券[e]	5.7	4.2	41.9	10.0	5.1	65.5	4.4	2.3	55.1	2.5	1.5	54.7
公司股票和共同基金净资产	17.1	9.0	57.5	12.2	8.1	50.1	21.7	14.8	41.9	19.8	12.7	49.8
个人信托	6.9	2.6	80.0	4.6	2.7	56.5	7.4	4.8	44.0	5.0	3.2	49.5
杂项资产[f]	1.0	1.3	22.7	2.8	2.5	38.1	2.6	1.8	39.4	1.9	1.5	39.4
总资产总额	100.0	100.0	29.6	100.0	100.0	32.5	100.0	100.0	28.4	100.0	100.0	31.9
主要住宅抵押债务	0.7	6.3	3.2	1.2	9.8	4.3	1.5	9.4	4.4	1.4	11.2	4.1
所有其他债务[g]	4.7	6.8	21.4	5.1	6.0	28.7	1.0	3.1	9.1	1.1	4.0	8.9
总债务	5.4	13.1	12.7	6.3	15.7	13.6	2.4	12.5	5.6	2.6	15.2	5.4
房屋净值[h]	7.4	23.8	9.6	6.2	20.1	10.5	7.0	18.8	10.6	7.3	17.3	13.4

续表

财富构成	1983 年			1992 年			2001 年			2013 年		
	最富 1% 占总资产百分比	全体广义家庭占总资产百分比	最富 1% 与总价值比率	最富 1% 占总资产百分比	全体广义家庭占总资产百分比	最富 1% 与总价值比率	最富 1% 占总资产百分比	全体广义家庭占总资产百分比	最富 1% 与总价值比率	最富 1% 占总资产百分比	全体广义家庭占总资产百分比	最富 1% 与总价值比率
投资型资产[i]	81.4	49.6	50.1	79.7	48.3	55.1	77.8	48.8	45.4	74.2	45.9	51.6
生命周期资产[j]	17.6	49.0	5.1	17.5	49.3	5.2	19.6	49.4	11.3	24.0	52.6	14.6
备注：												
债务/净资产比率（百分比）	5.7	15.1		6.8	18.7		2.5	14.3		2.6	17.9	

资料来源：作者对 1983 年、1992 年、2001 年和 2013 年消费者财务状况调查的计算。

注：a. 在 2001 年和 2013 年，这等于其他住宅房地产的总价值加上非住宅房地产的净资产。

b. 非法人农业企业和非法人非农业企业以及内部持股公司的净权益。

c. 支票账户、储蓄账户、定期存款、货币市场基金、存款证明和人寿保险的退保现值。

d. 个人退休账户（IRA）、基奥计划、401（k）计划、固定缴款养老金计划的累计价值，以及其他退休账户。

e. 公司债券、政府债券（包含储蓄债券）、公开市场票据和其他票据。

f. 黄金和其他贵金属、特许权使用费、珠宝、古董、毛皮、向亲朋好友提供的贷款、期货合约和其他资产。

g. 除主要住宅外的所有不动产的抵押债务；信用卡、分期付款和其他债务。

h. 主要住宅总价值减去其抵押债务。

i. 定义为非住宅房地产、商业股权、金融证券、股票、共同基金和个人信托的总和。

j. 定义为主要住宅、流动资产和养老金账户的总和。

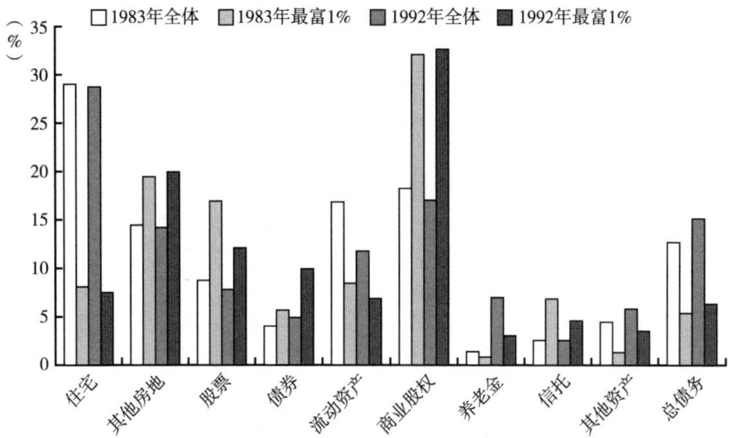

图 10.7a　1983 年和 1992 年全体广义家庭和最富 1%财富持有者财富构成（占总资产的比例）

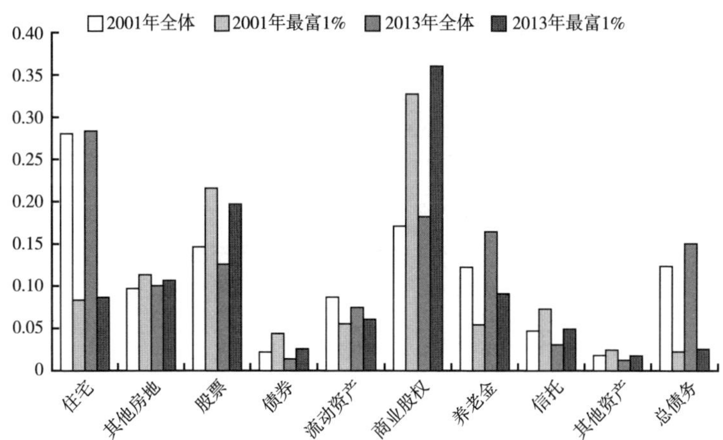

图 10.7b　2001 年和 2013 年全体广义家庭和最富 1%财富持有者财富构成（占总资产的比例）

表10.2接下来下三列显示了1992年的相应统计数据。整体财富组合中最显著的变化是流动资产占总资产的份额急剧下降（从17.4%降至12.2%），而相应的养老金账户形式的财富比例上升（从1.5%增加到7.2%），这表明非税资产替代了应税资产。债务
458 与净资产的比率也从15.1%上升到18.7%。

在最富裕的1%广义家庭中（两个年份的样本可能不同），财富构成的主要变化是股票和共同基金（从17.1%到12.2%）和个人信托基金（从6.9%到4.6%）占总资产的份额下降，相应的金融证券的份额（从5.7%到10.0%）和养老金账户份额（0.9%到3.0%）上升。考虑到这些年来股票市场的强劲表现，财富构成里金融证券替代了股票真是一个小意外，而转向养老金账户可能是由于他们的税收倾向改变。有趣的是，在这一时期，投资型房地产和商业股权占总资产的份额基本保持不变，这表明最富1%阶层中的
459 企业家增长微乎其微，至少从这个维度来看是这样。在1983年至1992年间，最富1%阶层拥有的总净资产份额从33.8%增加到37.2%，非住宅房地产的比例从40%增加到45.7%，金融证券的份额从41.9%增加到65.5%，净商业股权从52.1%增加到62%。相比之下，他们的股票合计和共同基金份额从57.5%下降到50.1%，个人信托基金权益的份额从80%降至56.5%。

表10.2最后三列显示了2013年的相应统计数据。1992年至2013年，在全体广义家庭中，最显著的财富组合变化是非住宅房地产（从14.7%降至10.2%）、流动资产（从12.2%降至7.6%）、金融证券（从5.1%降至1.5%）占总资产的份额的下降，相应的养老金账户（从7.2%降至16.5%）以及公司股票和共同基金（从8.1到12.7%）的份额上升。债务与净资产的比率略有下降，从18.7%降至17.9%。在最富1%阶层，非住宅房地产

（从 20% 降至 10.8%）和金融证券（从 10% 降至 2.5%）占总资产的份额大幅下降，抵消了商业股权（从 32.8% 升至 36.1%）、养老金账户（从 3% 升至 9.2%），股票和共同基金（从 12.2% 到 19.8%）的增长。债务与净资产比率也从 6.8% 降至 2.6%。而最富 1% 阶层持有净资产占总净资产的份额略有下降，从 1992 年的 37.2% 降到 2013 年的 36.7%，其流动资产占总流动资产的份额从 18.9% 上升至 25.6%，其养老金账户占总养老金账户的份额从 14.1% 上升至 17.8%。相比之下，他们的非住宅房地产份额从 45.7% 大幅下降到 33.7%，金融证券的份额也从 65.5% 降至 54.7%。

如果我们将财富组合划分为“投资型资产”（其中包含非住宅房地产、商业股权、金融证券、公司股票、共同基金和个人信托），以及“生命周期资产”（其中包含房主自住住房、流动资产和养老金账户），我们可以看到最富 1% 阶层的财富组合明显偏向前者。1983 年，最富 1% 阶层的资产有 81.5% 是投资型资产，而生命周期资产仅占 17.5%。[①] 最富 1% 阶层拥有全部投资类资产的 50%，而生命周期资产仅为 5%。到 2013 年，随着富人将更多资金投入养老金账户，最富 1% 阶层的投资型资产占总资产的份额下 460
降了一点至 74.2%，而生命周期资产的份额上涨至 24.0%。最富 1% 阶层依然拥有全部投资类资产的 50%，但他们拥有生命周期资产的份额增加到 14.6%。

表 10.3 显示了 1983 年全体广义家庭和按净资产排名最富 1% 阶层的家庭总收入构成（见图 10.8a 和图 10.8b）。在全体广义家庭中，主要收入来源是薪资，占总收入的 62.9%。自雇经营或自

---

① 我在此细分中忽略了杂项资产。

营收入，包含合伙企业和非法人企业的净利润，排名第二，占12.4%。这两种劳动收入合计占全部收入的75.3%。退休收入，包含社会保障和养老金福利，占8.2%。剩下唯一一项其他重要收入是利息收入，占总收入的5.3%。

在最富1%广义家庭中，主要收入来源是自营收入，占总收入的27.4%。其次是薪资，占23.6%。总利息收入占12.7%，股息占另外12%，资本收益占13.2%，租金、特许权使用费和信托收入占7.8%。其他收入所占份额极少。总而言之，最富1%阶层广义家庭获得了超过50%的股息和资本收益，22.4%的自营收入，24.5%的利息收入，30.8%的租金，特许权使用费和信托收入。

1983年至1992年，个人收入总体构成的最大变化是薪资的比例从62.9%下降到58.5%。自雇经营收入增加，从12.4%上升到13.8%，这在一定程度上弥补了薪资比例的下降。退休收入也从8.2%降至6.6%，但这被“其他收入”类别的巨额增长（从0.3%上升至8%）所抵消。[①] 个人收入的其他组成部分的变化相对较小。

在最富1%广义家庭中，最重要的变化是自营收入占总收入的份额从1983年的27.4%上升到1992年的39.5%。这一变化符合表10.1的结果，表10.1显示了最富1%阶层中自雇经营者大幅增加。此外，薪资从23.6%增加到29.6%。总的来说，劳动收入从
461 51.0%上升到69.1%。财产收入总收入的比例下降，特别是总利息、股息和资本收益（合计份额从46%降至27%）。1992年，最富1%阶层收获了总薪资收入的6.4%（1983年为3.8%），全部自雇经营收入的36.2%（1983年为22.4%），总利息收入的25.6%

① 我怀疑这是大部分退休收入的错误分类造成的，例如401（k）计划等固定缴款养老金计划的收益。

表 10.3 1983 年、1992 年、2001 年和 2013 年最富 1%财富持有者和全体广义家庭的收入构成（百分比）

	1983 年			1992 年			2001 年			2013 年		
	最富 1%	全体广义家庭	最富 1%占全部收入的份额	最富 1%	全体广义家庭	最富 1%占全部收入的份额	最富 1%	全体广义家庭	最富 1%占全部收入的份额	最富 1%	全体广义家庭	最富 1%占全部收入的份额
收入构成												
总收入[a]	100.0	100.0	10.1	100.0	100.0	12.6	100.0	100.0	15.5	100.0	100.0	14.7
薪资	23.6	62.9	3.8	29.6	58.5	6.4	31.6	68.3	7.2	29.3	63.3	6.9
自雇经营收入[b]	27.4	12.4	22.4	39.5	13.8	36.2	25.8	11.7	34.2	35.6	13.5	39.7
租金、特许权使用费和信托收入	7.8	2.6	30.8	7.0	3.4	26.0						
总利息	12.7	5.3	24.5	8.2	4.1	25.6	6.2	2.7	35.7	4.8	1.5	48.6
股息	12.0	2.3	53.9	4.3	1.7	31.7	3.1	1.5	32.3	6.2	2.0	47.3
资本收益	13.2	2.6	50.9	7.4	2.4	38.7	30.3	6.7	69.6	21.2	4.6	68.8
失业补助和工伤补助	0.0	0.9	0.0	0.0	0.5	0.0	0.0	0.2	0.0	0.0	0.6	0.3
赡养费[c]	0.3	1.5	1.9	0.0	0.4	0.0	0.0	0.4	0.2	0.1	0.4	3.1
公共援助[d]	0.0	1.0	0.0	0.0	0.6	0.1	0.0	0.3	0.0	0.0	0.7	0.1
退休收入[e]	2.5	8.2	3.0	1.1	6.6	2.2	1.8	7.6	3.7	2.2	11.4	2.9
其他收入	0.4	0.3	15.0	2.8	8.0	4.5	1.2	0.7	25.4	0.5	1.9	4.2

资料来源：作者对 1983 年、1992 年、2001 年和 2013 年消费者财务状况调查的计算。

注：a. 定义为收入各组成部分的总和。

b. 包含来自非法人企业的净利润和合伙企业。

c. 包含子女抚养费。

d. 包含抚养未成年儿童家庭援助（Aid to Families with Dependent Children）、贫民食物券、补充性保障收入（supplemental security income）和其他福利。

e. 包含社会保障、养老金福利、年金、残疾抚恤金和其他形式的退休收入。

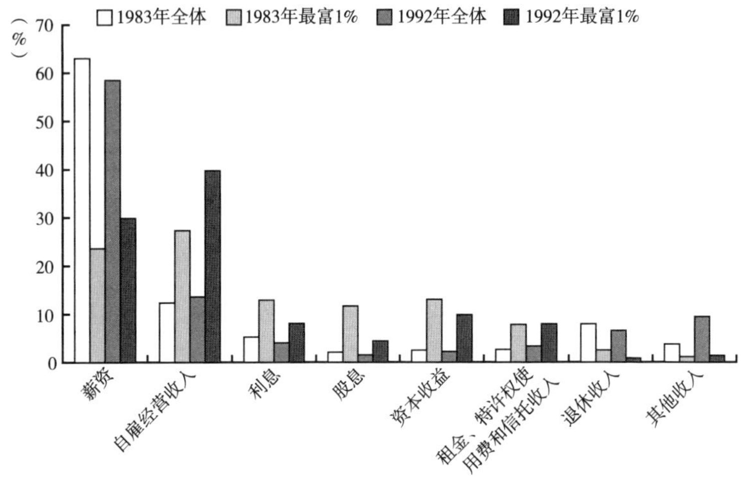

图 10.8a　1983 年和 1992 年全体广义家庭和最富 1% 财富持有者的收入构成（占总收入的比例）

（与 1983 年份额大致相同）。然而，他们在总股息和总资本收益中的份额急剧下降，他们在租金、特许权使用费和信托收入中的份额也下降了。至少从表面上看，这里的证据似乎确实支持了前面的假设，即在 1992 年最富 1% 阶层更具企业家精神，更不愿意依赖财产财富来获得支持收入。[①] 此外，他们更倾向于依靠薪资收入而不是财产收入。

① 另一方面，见 Joel Slemrod 著作：“High - Income Families and the Tax Changes of the 1980s：The Anatomy of Behavioral Responses”（NBER Working Paper No. 5218，August 1995）。史莱姆罗德认为，在此期间报告的自营职业收入增长的很大一部分，是公司出于税收考虑转换为 S 公司和合伙企业造成的。特别是，1986 年的《税收改革法》导致个人收入的最高边际税率低于公司利润的最高边际税率。由于 S 公司和合伙企业的收入被视为个人收入而非公司收入，因此许多公司转为 S 公司。在这种情况下，所谓企业家增多可能仅仅是由于收入的重新分类。

从1992年到2013年，在全体广义家庭中，薪资占个人总收入的份额反弹至1983年的水平，即63.3%。利息占总收入的比例下 463
降，但资本收益的比例有所上升，而退休收入的比例从6.6%大涨至11.4%。其他收入占总收入的比例急剧下降。在最富1%阶层中，薪资占总收入中的比例几乎没有变化。利息的比例下降，但股息的比例上升。资本收益的比例从7.4%飙升至21.2%。自2001年起收入定义发生了变化，自雇经营收入和业主收入分为租金、特许权使用费和信托收入。在1992年至2001年间这些合并收入急剧下降，从46.5%降至25.8%，但随后在2013年反弹至35.6%，与1983年的水平大致相同。但我们乍一看，表格10.1里最富1%阶层就业成员中自雇经营者的比例自1992年后持续上升，那么这一 462
合并收入在总收入中所占比例的下降似乎令人惊讶。1992年至2013年，该群体中的就业成员年龄超过65岁的人数也显著增加，其中很大一部分已经退休。最富1%阶层的资本收益急剧上升对这一结果也有贡献。最富1%财富持有者的资本收入占总资本收入（全体广义家庭）的份额也大幅增加。他们在总利息收入中的份额从1992年的26%上升到2013年的48.6%，他们的股息份额从31.7%上升到47.3%，他们的资本收益份额从38.7%上升到68.8%，以及合并业主自雇经营收入、租金、特许权使用费和信托收入的份额从34%上升到39.7%。

按收入排名的收入最高1%广义家庭的特征

下一组表格显示了一组类似的统计数据，只是这里的富人定义为收入分布最高1%的广义家庭。这种定义与基于财富的富人定义之间的一个重要区别是，这一定义中的老年人较少。绝大部分老年

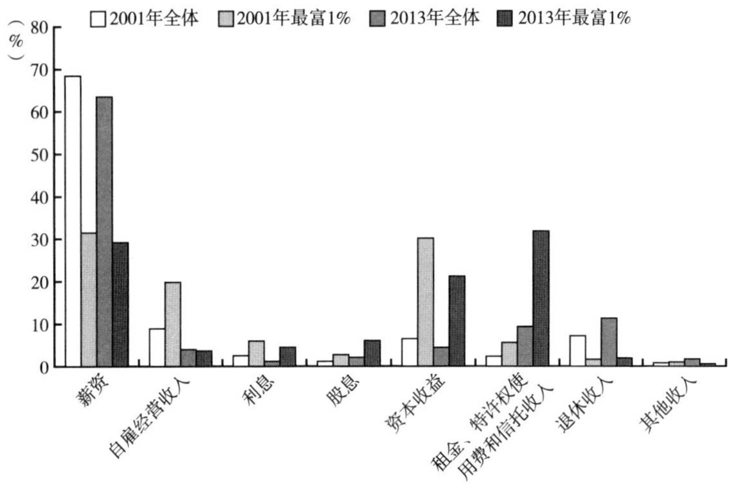

图 10.8b　2001 年和 2013 年全体广义家庭和最富 1% 财富持有者的收入构成（占总收入的比例）

人已退休，因此他们只有很少的或根本没有劳动收入，但总的来说，老年群体成员积累了相当多的财富。

表 10.4 通过展示四个年份里收入和财富的联合分布来说明这些差异。联合分布令人惊讶地分散。例如，在所有年份中，收入分布的第六个十分位（百分位为 50～60）的广义家庭，出现在财富分布里除了最富百分位之外的所有财富分布百分位中，并且从财富分布的第一个十分位到第九个十分位，其分布几乎完全相同。两个分布的最富阶层广义家庭汇集在了一起。例如，收入分布最高百分位广义家庭，仅出现在 1983 年和 1992 年的财富分布最富 5% 分布中，仅出现在 2001 年和 2013 年最富 10% 分布中，而财富分布的最富百分位广义家庭，仅出现在 1983 年和 2001 年收入分布的最高十分位分布中和 1992 年和 2013 年的前两个十分位分布中。然而，广
465 义家庭收入和财富之间的整体相关性（从原始微数据计算）出人意

表 10.4　1983 年、1992 年、2001 年和 2013 年收入和财富的百分位联合分布（百分比）

收入百分位	财富百分位												
	0~10	10~20	20~30	30~40	40~50	50~60	60~70	70~80	80~90	90~95	95~99	99~100	总计
A. 1983 年													
0~10	3.2	2.0	1.3	1.2	0.8	0.7	0.3	0.3	0.1	0.1	0.0	0.0	10.0
10~20	2.3	1.8	1.4	1.2	0.8	0.8	0.8	0.5	0.2	0.1	0.0	0.0	10.0
20~30	1.4	1.9	1.3	1.0	1.0	0.9	1.1	0.6	0.6	0.1	0.1	0.0	10.0
30~40	1.3	1.3	1.2	1.2	0.9	1.0	1.1	0.9	0.8	0.3	0.1	0.0	10.0
40~50	0.7	1.0	1.5	1.4	1.3	1.3	0.9	0.8	0.7	0.3	0.1	0.0	10.0
50~60	0.6	1.1	1.1	1.2	1.1	1.5	1.1	0.7	1.0	0.4	0.2	0.0	10.0
60~70	0.2	0.5	1.1	1.2	1.4	1.2	1.4	1.2	1.0	0.5	0.3	0.0	10.0
70~80	0.2	0.2	0.6	1.1	1.4	1.5	1.3	1.5	1.5	0.5	0.4	0.0	10.0
80~90	0.0	0.2	0.4	0.3	1.1	0.8	1.4	2.2	1.9	1.2	0.6	0.0	10.0
90~95	0.1	0.0	0.0	0.1	0.2	0.3	0.6	0.8	1.2	0.9	0.7	0.1	5.0
95~99	0.0	0.0	0.0	0.0	0.1	0.1	0.1	0.5	1.1	0.6	1.2	0.2	4.0
99~100	0.0	0.0	0.0	0.0	0.0	0.0	0.0	0.0	0.0	0.0	0.3	0.6	1.0
总计	10.0	10.0	10.0	10.0	10.0	10.0	10.0	10.0	10.0	5.0	4.0	1.0	100.0
注:总体相关系数:0.610													
B. 1992 年													
0~10	3.1	2.3	1.1	1.1	1.2	0.7	0.3	0.2	0.1	0.1	0.0	0.0	10.0
10~20	2.2	2.0	1.3	1.0	1.0	0.9	0.7	0.6	0.3	0.1	0.0	0.0	10.0
20~30	1.2	1.7	1.3	1.0	1.1	1.1	0.9	0.9	0.6	0.1	0.0	0.0	10.0
30~40	0.8	1.4	1.4	1.1	1.0	1.1	1.3	0.8	0.8	0.2	0.0	0.0	10.0
40~50	0.9	1.2	1.7	1.0	1.2	1.0	0.9	0.7	1.1	0.3	0.1	0.0	10.0
50~60	0.6	0.6	1.3	1.3	1.0	1.1	1.1	1.1	1.2	0.4	0.2	0.0	10.0

续表

收入百分位	财富百分位												
	0～10	10～20	20～30	30～40	40～50	50～60	60～70	70～80	80～90	90～95	95～99	99～100	总计
60～70	0.7	0.4	0.9	1.5	1.2	1.2	1.4	0.8	1.1	0.6	0.2	0.0	10.0
70～80	0.3	0.2	0.5	1.1	1.2	1.6	1.4	1.6	1.4	0.6	0.2	0.0	10.0
80～90	0.1	0.1	0.3	0.7	1.0	1.0	1.5	2.1	1.5	1.0	0.6	0.1	10.0
90～95	0.1	0.0	0.1	0.0	0.2	0.4	0.5	0.9	1.0	0.9	0.8	0.1	5.0
95～99	0.0	0.0	0.0	0.1	0.0	0.0	0.2	0.2	0.9	0.8	1.5	0.3	4.0
99～100	0.0	0.0	0.0	0.0	0.0	0.0	0.0	0.1	0.0	0.0	0.4	0.5	1.0
总计	10.0	10.0	10.0	10.0	10.0	10.0	10.0	10.0	10.0	5.0	4.0	1.0	100.0
注:总体相关系数:0.639													
C. 2001 年													
0～10	0.9	4.0	1.4	1.1	1.0	0.9	0.3	0.1	0.2	—	0.0	0.0	10.0
10～20	1.2	2.3	1.5	1.0	0.8	0.9	0.7	0.4	0.1	0.0	0.0	—	10.0
20～30	1.5	1.3	1.6	1.4	1.3	1.0	1.2	0.9	0.4	0.1	0.0	—	10.0
30～40	1.2	0.9	1.3	1.1	1.0	0.8	0.7	0.6	0.6	0.2	0.0	0.0	10.0
40～50	1.9	0.7	1.7	1.7	1.2	1.1	1.0	1.0	1.0	0.3	0.0	0.0	10.0
50～60	1.2	0.4	1.0	1.3	1.1	1.1	1.0	1.0	0.9	0.3	0.1	0.0	10.0
60～70	1.0	0.2	0.8	1.1	1.6	1.3	1.1	1.3	1.1	0.5	0.3	0.0	10.0
70～80	0.7	0.1	0.4	0.7	1.0	1.3	1.6	1.4	1.8	0.6	0.3	0.0	10.0
80～90	0.4	0.0	0.3	0.5	0.7	1.2	1.5	2.1	2.1	1.0	0.6	0.0	10.0
90～95	0.0	0.0	0.0	0.2	0.1	0.4	0.7	0.8	1.0	1.0	0.7	0.1	5.0
95～99	0.0	—	—	0.0	0.0	0.1	0.2	0.2	0.7	0.9	1.5	0.4	4.0
99～100	0.0	—	0.0	—	—	0.0	—	0.0	—	0.1	0.4	0.5	1.0
总计	10.0	10.0	10.0	10.0	10.0	10.0	10.0	10.0	10.0	5.0	4.0	1.0	100.0

注:总体相关系数:0.496

续表

收入百分位	财富百分位												
	0～10	10～20	20～30	30～40	40～50	50～60	60～70	70～80	80～90	90～95	95～99	99～100	总计
D. 2013 年													
0～10	1.2	2.1	3.6	1.3	1.3	0.7	0.5	0.4	0.2	0.0	0.0	0.0	10.0
10～20	1.0	1.6	2.6	1.3	1.1	1.1	0.6	0.5	0.3	0.1	0.0	—	10.0
20～30	1.2	2.0	2.5	1.5	1.3	1.1	0.8	1.2	0.4	0.2	0.0	—	10.0
30～40	1.7	1.4	1.3	1.7	1.4	1.3	1.0	0.8	0.7	0.1	0.0	0.0	10.0
40～50	1.5	1.0	1.1	1.7	1.5	1.4	1.5	1.3	0.9	0.1	0.0	—	10.0
50～60	1.8	1.1	0.5	1.4	1.3	1.5	1.3	1.2	0.9	0.4	0.1	0.0	10.0
60～70	1.1	0.9	0.2	1.2	1.2	1.5	1.5	1.5	1.3	0.4	0.1	0.0	10.0
70～80	1.1	0.4	0.2	0.7	1.2	1.5	1.9	1.7	1.8	0.7	0.5	0.0	10.0
80～90	0.7	0.3	0.0	0.6	0.9	1.1	1.8	1.9	2.6	1.3	0.7	0.1	10.0
90～95	0.1	0.1	0.0	0.0	0.2	0.3	0.4	1.0	1.7	1.3	0.7	0.1	5.0
95～99	0.1	—	—	0.0	0.0	0.1	0.2	0.2	0.7	1.1	1.8	0.5	4.0
99～100	—	—	—	—	—	—	—	—	0.0	0.1	0.6	0.5	1.0
总计	10.0	10.0	10.0	10.0	10.0	10.0	10.0	10.0	10.0	5.0	4.0	1.0	100.0

注：总体相关系数：0.571

资料来源：作者对 1983 年、1992 年、2001 年和 2013 年消费者财务状况调查的计算。

料的低——1983 年为 0.610，1992 年为 0.639。然后，相关系数在 2001 年降至 0.496，但在 2013 年有所回升至 0.571。后两年相关系数较低的可能原因是最高百分位中退休人员集中度变得更高，而他们相应的收入更低。

尽管这些相关系数相对较低，但基于最高收入者的分析结果从定性上来说与基于最富 1% 财富持有者的分析结果非常相似。表 10.5 显示了按收入排名的最高 1% 广义家庭的人口统计特征。如组 A 所示，1983 年按收入排名前 1% 的全体广义家庭中只有 1.6% 未满 35 岁，相比之下该年龄段占全体广义家庭的 30.6%（见图 10.9a 和图 10.9b）。此外，虽然 19.5% 的广义家庭年龄在 35～44 岁，但最高 1% 广义家庭中只有 16.3% 属于该年龄组。相比之下，45～54 岁、65～74 岁，特别是 55～64 岁年龄组在收入最高 1% 广义家庭中的比例过高。最高 1% 阶层年龄平均值为 55.3 岁，而总体年龄平均值为 46.8 岁，最高 1% 阶层年龄中位数为 56 岁，而总体年龄的中位数为 44 岁。

1983 年至 1992 年，收入最高 1% 广义家庭中 35 岁以下年龄组的比例从 1.6% 升至 5.7%，但该年龄组在总人口中的比例却在下降。35～44 岁年龄组的比例也大幅上升，从 16.3% 上升到 25.5%（相对于其占总人口比例增加幅度而言，这个增加幅度更大）。接下来三个年龄较大的年龄组中最高 1% 阶层的百分比均出现下降，其占最高 1% 阶层的比例也均下降，而且变化幅度大于该年龄组占总人口比例变化。对于变化净值，虽然总体人口呈现老龄化态势，但最高百分位的年龄平均值下降了 3.4 岁，年龄中位数下降了 5 岁。[①]

① 正如乔尔·史莱姆罗德（Joel Slemrod）在著作："On the High - Income Laffer Curve"（Working Paper No. 93 - 5, University of Michigan Business School, The Office of Tax Policy Research, Ann Arbor, MI, March 1993）中所述，1977 年至 1983 年，最富 1% 阶层"年轻化"是一个持续的趋势。

表 10.5　1983～2013 年收入最高 1%广义家庭和全体广义家庭的人口统计学特征和工作特征（百分比分布，平均值和中位数除外）

单位：%

	1983 年			1992 年			2001 年			2013 年		
	最高 1%	全体	差异	最高 1%	全体	差异	最高 1%	全体	差异	最高 1%	全体	差异
A. 户主年龄												
低于 25 岁	0.0	8.0	-8.0	0.5	5.2	-4.7	0.0	5.6	-5.6	0.0	5.0	-5.0
25～34 岁	1.6	22.6	-21.0	5.2	20.4	-15.2	2.2	17.2	-15.1	1.3	15.8	-14.5
35～44 岁	16.3	19.5	-3.2	25.5	22.7	2.8	26.4	22.1	4.3	20.7	17.3	3.4
45～54 岁	28.6	15.6	13.0	25.8	16.4	9.4	35.9	20.7	15.3	29.6	19.6	10.0
55～64 岁	33.8	15.1	18.8	29.1	13.4	15.7	24.4	13.2	11.2	22.8	18.7	4.0
65～74 岁	16.8	12.1	4.6	10.1	12.7	-2.5	9.1	10.7	-1.6	21.2	12.9	8.4
75 岁及以上	2.9	7.1	-4.3	3.7	9.2	-5.5	2.0	10.4	-8.4	4.4	10.7	-6.3
全体年龄组	100.0	100.0	0.0	100.0	100.0	0.0	100.0	100.0	0.0	100.0	100.0	0.0
年龄平均值(岁)	55.3	46.8	8.5	51.9	48.4	3.5	51.8	49.0	2.9	55.1	51.1	4.0
年龄中位数(岁)	56.0	44.0	12.0	51.0	45.0	6.0	52.0	47.0	5.0	53.0	51.0	2.0
B. 户主受教育程度												
0～11 年	0.1	29.0	-28.9	0.7	21.1	-20.4	0.6	18.1	-17.5	0.3	12.4	-12.1
高中学历	3.8	30.2	-26.4	4.6	28.9	-24.3	7.0	29.6	-22.6	2.8	29.9	-27.1
大学 1～3 年	10.4	19.6	-9.3	11.5	21.0	-9.5	5.6	22.6	-17.1	11.1	24.2	-13.1
大学及以上学历	33.6	10.6	22.9	32.7	16.5	16.2	33.3	17.6	15.7	30.9	20.0	10.9
读过研究生课程组	52.1	10.6	41.5	50.5	12.5	38.0	53.5	12.0	41.5	55.0	13.5	41.5
全体受教育程度分组	100.0	100.0	0.0	100.0	100.0	0.0	100.0	100.0	0.0	100.0	100.0	0.0
受教育程度平均值(年)	16.1	12.2	3.9	16.0	12.9	3.1	16.1	13.1	3.0	16.2	13.5	2.7
受教育程度中位数(年)	16.0	12.0	4.0	16.0	13.0	3.0	17.0	13.0	4.0	17.0	14.0	3.0

续表

	1983 年			1992 年			2001 年			2013 年		
	最高 1%	全体	差异	最高 1%	全体	差异	最高 1%	全体	差异	最高 1%	全体	差异
C. 种族												
白人（非西班牙裔）	97.0	80.9	16.1	94.1	75.3	18.8	95.4	76.2	19.1	95.8	70.1	25.7
黑人（非西班牙裔）	1.2	12.7	-11.5	0.1	12.6	-12.5	2.1	13.0	-10.9	0.3	14.6	-14.3
西班牙裔	0.0	3.5	-3.5	0.0	7.6	-7.6	2.0	8.0	-6.0	0.9	10.6	-9.7
亚裔和其他	1.8	2.8	-1.0	5.8	4.6	1.2	0.6	2.8	-2.2	3.0	4.7	-1.6
全体种族	100.0	100.0	0.0	100.0	100.0	0.0	100.0	100.0	0.0	100.0	100.0	0.0
D. 婚姻状况												
已婚，有配偶[a]	91.9	60.8	31.1	87.6	57.6	30.0	90.9	60.3	30.6	84.1	57.2	27.0
男性，分居、离婚或鳏居	6.1	6.8	-0.7	6.7	8.6	-1.9	6.3	7.5	-1.2	10.2	7.7	2.6
男性，从未结婚	2.0	6.3	-4.3	1.5	6.5	-5.0	0.3	6.1	-5.8	3.8	7.5	-3.7
女，分居、离婚或孀居	0.1	19.9	-19.8	2.1	19.4	-17.3	2.5	17.5	-15.0	1.6	18.7	-17.1
女性，从未结婚	0.0	6.2	-6.2	2.1	7.9	-5.8	0.0	8.6	-8.6	0.2	8.9	-8.7
全体婚姻状况分组	100.0	100.0	0.0	100.0	100.0	0.0	100.0	100.0	0.0	100.0	100.0	0.0
E. 户主就业状况（仅限年龄小于65 岁）												
全职	92.1	75.8	16.3	87.4	74.9	12.6	85.0	79.1	5.9	92.0	70.7	21.3
兼职	3.1	4.0	-1.0	7.4	4.5	2.9	3.9	6.2	-2.4	6.4	8.0	-1.6
失业或暂时失业下岗	0.0	8.8	-8.8	2.2	7.1	-5.0	1.2	4.3	-3.1	0.0	6.2	-6.2
退休	4.8	7.3	-2.4	1.8	3.8	-2.0	4.9	3.2	1.7	1.5	4.7	-3.2
非劳动力	0.0	4.1	-4.1	1.3	9.8	-8.4	5.1	7.2	-2.1	0.1	10.4	-10.3
全体（未满 65 岁）	100.0	100.0	0.0	100.0	100.0	0.0	100.0	100.0	0.0	100.0	100.0	0.0
F. 户主的工作行业（有工作且年龄小于65 岁）												
农业	0.6	3.9	-3.3	1.1	2.7	-1.7	0.5	1.9	-1.4	0.3	2.6	-2.3

续表

	1983 年			1992 年			2001 年			2013 年		
	最高 1%	全体	差异	最高 1%	全体	差异	最高 1%	全体	差异	最高 1%	全体	差异
采矿和建筑业	9.1	8.9	0.2	5.8	7.4	-1.5	3.3	10.5	-7.1	3.5	11.1	-7.6
制造业	20.0	23.7	-3.7	13.3	28.3	-15.1	9.8	18.7	-8.9	8.6	13.1	-4.5
交通，通信、公用事业、个人服务和专业服务	29.5	32.0	-2.5	47.4	25.5	21.9	36.5	32.4	4.2	41.9	40.3	1.6
贸易（批发和零售）业	8.3	15.5	-7.2	5.3	14.9	-9.6	12.7	15.6	-2.9	8.4	15.2	-6.8
金融、保险、房地产商业和维修服务	32.4	8.7	23.7	26.5	13.8	12.7	36.9	16.0	20.9	37.3	11.5	25.8
公共行政	0.0	7.2	-7.2	0.6	7.4	-6.8	0.2	5.0	-4.8	0.0	6.2	-6.2
全体就业人员	99.9	99.9	0.0	100.0	100.0	0.0	100.0	100.0	0.0	100.0	100.0	0.0
G. 户主职位（有工作且年龄小于65 岁）												
自雇经营[b]	26.6	15.4	11.3	63.7	17.2	46.5	59.2	16.7	42.5	55.8	15.3	40.4
专业人士[c]	12.0	15.0	-3.0	34.1	25.5	8.6	38.1	27.1	11.0	38.9	34.3	4.6
管理和行政人员	58.1	13.9	44.1									
销售和文员[d]	3.2	13.0	-9.8	2.2	22.4	-20.1	2.7	18.5	-15.8	5.3	14.9	-9.6
技师[e]	0.0	16.9	-16.9	0.0	10.6	-10.6	0.0	12.8	-12.8	0.0	14.1	-9.4
其他蓝领[f]	0.0	25.8	-25.8	0.0	18.1	-24.3	0.0	15.0	-15.0	0.0	9.4	-9.4
服务人员				0.0	6.2	-6.2	0.0	9.8	-9.8	0.0	11.9	-11.9
全体就业人员	100.0	100.0	0.0	100.0	100.0	0.0	100.0	100.0	0.0	100.0	100.0	0.0
H. 户主健康状况												
非常好	63.1	37.9	25.2	64.3	34.6	29.7	54.1	29.1	25.0	52.3	23.9	28.4
好	33.1	39.6	-6.5	32.5	40.9	-8.4	40.0	46.1	-6.1	43.1	48.8	-5.7

续表

	1983 年			1992 年			2001 年			2013 年		
	最高 1%	全体	差异	最高 1%	全体	差异	最高 1%	全体	差异	最高 1%	全体	差异
一般	2.9	15.4	-12.5	3.1	17.5	-14.4	3.9	19.0	-15.2	3.8	21.0	-17.3
不佳	0.8	7.1	-6.3	0.1	7.0	-6.9	2.1	5.8	-3.7	0.8	6.3	-5.5
全体	100.0	100.0	0.0	100.0	100.0	0.0	100.0	100.0	0.0	100.0	100.0	0.0
I. 收到的遗产												
				39.2	20.7	18.5	30.0	17.9	12.2	28.9	21.5	7.4
收到遗产百分比遗产平均值[g]				4940	453	4487	2238	425	1812	7303	571	6731

资料来源：作者对 1983 年、1992 年、2001 年和 2013 年消费者财务状况调查的计算。

注：收入最高 1% 阶层的门槛（以当时美元计算）如下：

1983 年 170000 美元

1992 年 285000 美元

2001 年 500000 美元

2013 年 682000 美元

除非另有说明，否则所有计算均针对户主。

a. 1992 年包含“同性伴侣”。

b. 任何职业的自雇经营者均单独归于此类。

c. 1983 年的数据包含技术工人。

d. 1992 年的数据包含技术工人。

e. 1983 年数据包含安保服务人员。

f. 包含操作员（机器操作员和运输设备操作员），工人和农场劳动者。

g. 仅限受赠人。现值按 2013 年美元计算，单位：千美元，按 3% 实际利率估算。

这种趋势在1992年后逆转，特别是在2001年之后。到2013年，最富1%阶层的年龄平均值增长到55.1岁，大约与1983年一样，年龄中位数为53岁，仍然低于1983年。这些年来总体人口在老龄化，因此相对于全体人口而言，1992年和2013年几乎没有变化。35岁以下的富人收入份额（1.3%）基本降至1983年水平（1.6%），尽管相对于总人口趋势，1992年至2013年收入变化不大。最大的变化是65~74岁年龄组，1992年占收入最高1%广义家庭的10.1%，2013年份额升至21.2%，相对于整个人口，他们的比例也有所增加。 469

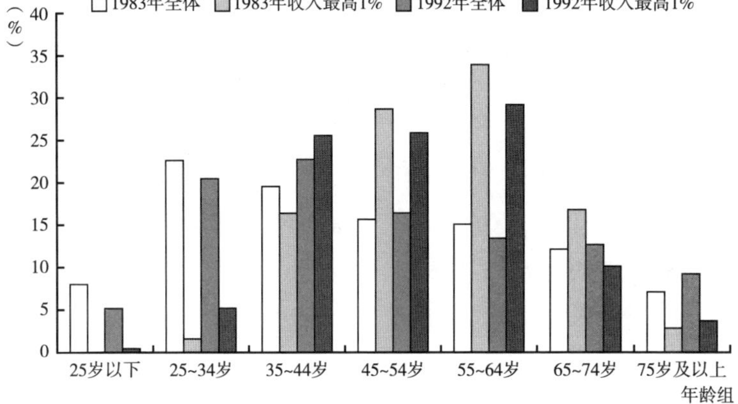

图10.9a　1983年和1992年全体广义家庭和收入最高1%广义家庭的年龄分布

表10.1和表10.5的比较表明，以收入为衡量标准的富裕广义家庭往往比以财富为衡量标准的富裕广义家庭年轻。在这四个年份里都是如此。1992年，财富分布最高百分位里有14.8%低于45岁，而收入分布最高百分位里有31.2%属于这一年龄组。与之相反，虽然财富分布最高百分位里的广义家庭中有29.1%是65岁及以上，但收入分布最高百分位广义家庭里只有13.8%属于这个年

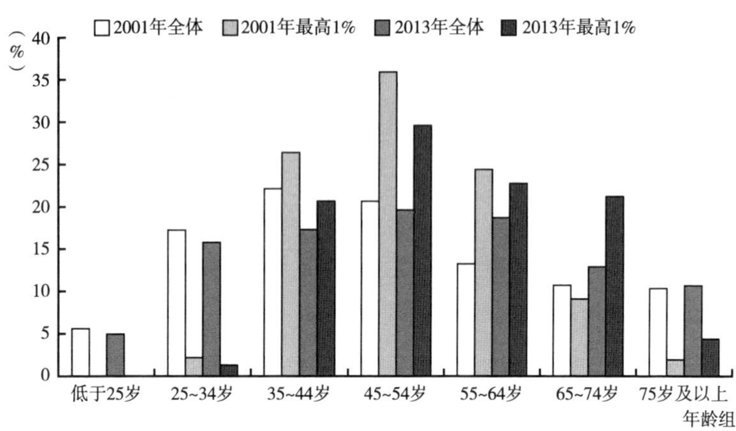

图 10.9b　2001 年和 2013 年全体广义家庭和收入最高 1% 广义家庭的年龄分布收入

龄段。2013 年，最富 1% 阶层年龄中位数为 63 岁，而收入最高 1% 阶层年龄中位数仅为 53 岁，前者的年龄平均值为 61.3 岁，而后者的年龄平均值为 55.1 岁。

1983 年，收入最高 1% 收入者中有超过 50% 读过研究生课程，85.7% 是大学及以上学历，与之相比，全体人口中这一比例为 21%（见表 10.5B 组、图 10.10a 和图 10.10b）。实际上，该分组中只有 3.9% 的人没有上大学，相比之下，全体户主的这一比例为
475 59.2%。然而，尽管 1983 年至 1992 年总体人口受教育程度普遍提高，但最富 1% 阶层的受教育程度略有下降。读过研究生课程组的比例从 52.1% 下降到 50.5%，具有大学及以上学历组的比例从 85.7% 下降到 83.2%，从未上过大学的比例从 3.9% 上升到 5.3%。最富 1% 阶层里大学辍学的比例也有小幅增长。

1992 年至 2013 年，收入较高的富人受到更好的教育。到 2013 年，55% 的人读过研究生课程，与之相比，1992 年的比例为

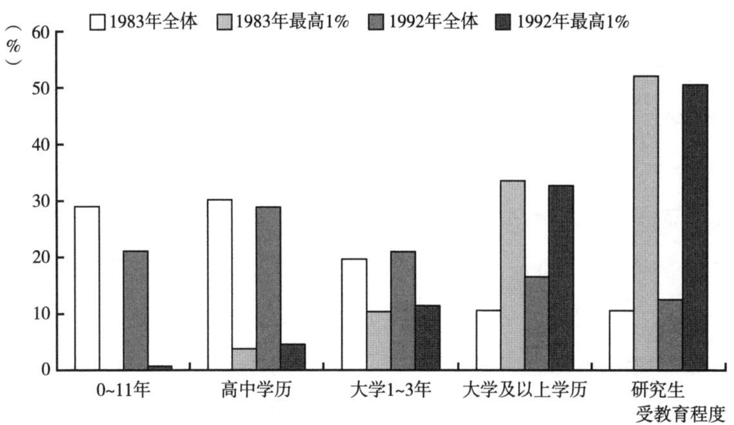

图 10.10a　1983 年和 1992 年全体广义家庭和收入最高 1% 阶层的受教育程度分布按收入计算

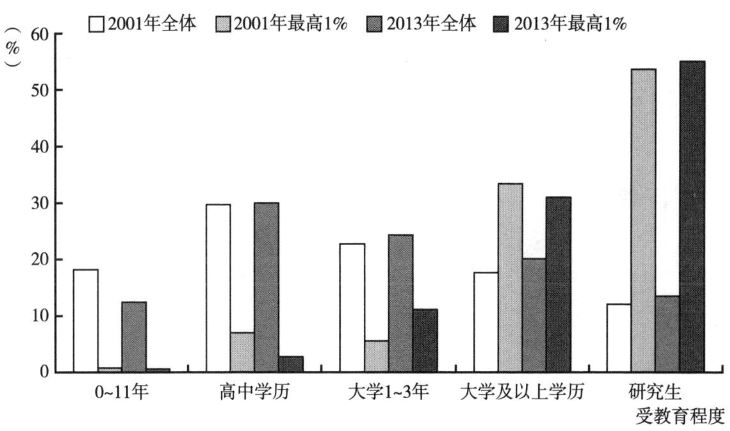

图 10.10b　2001 年和 2013 年全体广义家庭和收入最高 1% 广义家庭的受教育程度分布

50.5%；有 85.9% 的人有大学及以上学历，而 1992 年为 83.2%。这个分组的受教育程度也比以财富为衡量的富人分组要好一些。例如，在 1983 年和 1992 年，收入分布最高 1% 阶层都有超过 50% 读过研究生课程，而财富分布最高1%阶层的在两个年份的相应比例分别为36%和41%。2013年，收入分布最高1%阶层的受教育程度中位数为17年，而财富分布最高1%阶层的受教育程度中位数为16年。

1983年，收入分布最高1%广义家庭中有97%是非西班牙裔白人，而其在总体人口的比例为80.9%（见表10.5C组、图
476 10.11a和图10.11b）。非西班牙裔黑人只占收入最高1%广义家庭的1.2%（与12.7%的人口比例相比），西班牙裔为0（人口比例为3.5%），亚裔和其他族裔占1.8%。1983年至1992年，白人广义家庭在总体人口中的比例下降了5.6个百分点，但他们在收入最高1%阶层的比例仅下降了2.9个百分点。黑人家庭仅占收入最高1%阶层的0.1%，低于1983年的1.2%，而西班牙裔家庭在收入最高1%阶层的比例仍然为0，尽管他们的人口比例增加了1倍以上。但是，亚裔和其他族裔在收入最高1%阶层比例中从1.8%增加到5.8%。

1992年至2013年，收入分布最高百分位的白人比例上升至

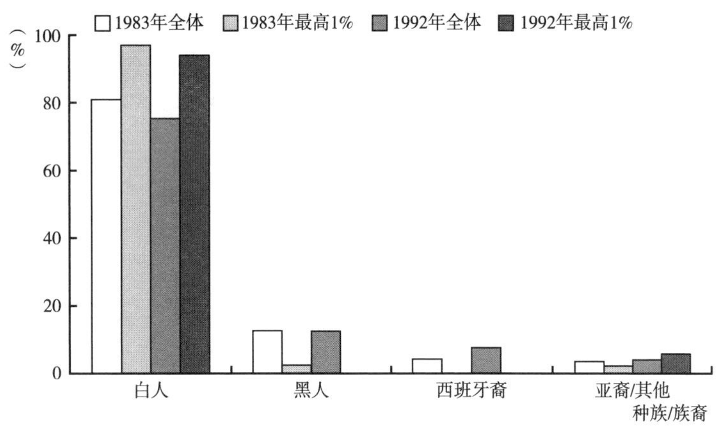

图10.11a　1983年和1992年全体广义家庭和收入最高1%广义家庭的种族分布

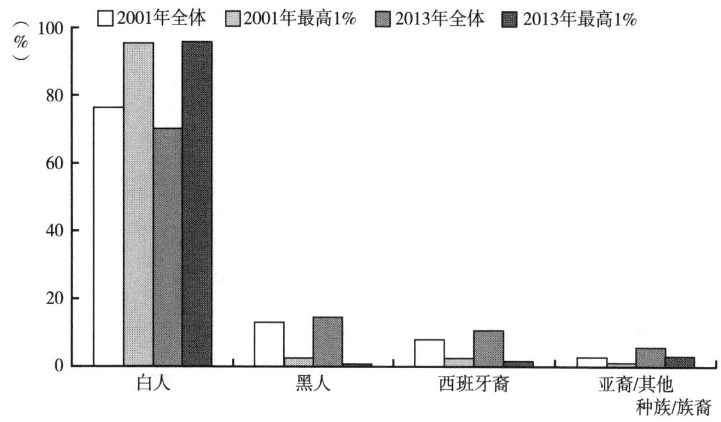

图 10.11b 2001 年和 2013 年全体广义家庭和收入最高 1%广义家庭的种族分布

95.8%，略低于 1983 年的比例，但与其占总人口的比例的差异大幅上升，从 18.8 个百分点上升到 25.7 个百分点。最高百分位的黑人家庭比例下降到 0.3%，西班牙裔略微上升至 0.9%，亚裔和其他族裔下降至 3%。在所有四个年份里，收入分布最高百分位的种族构成与财富分布最高百分位几乎完全相同。

如表 10.5 中的 D 组所示，1983 年收入分布最高百分位里 91.9%是已婚夫妇（相比于全体人口的 60.8%），8%是单身男性户主，几乎没有单身女性户主（相比其占总人口的 26%）。1983 年到 1992 年，已婚家庭占收入最高 1%阶层的比例从 91.9%下降到 87.6%，户主为单身女性的家庭比例从 0.1%提高到 4.2%，户主为单身男性的比例几乎没有变化。

从 1992 年到 2013 年，收入分布最高百分位的已婚夫妇比例略有下降，为 84.1%，而单身男性的比例上升至 14%，单身女性的比例下降至 1.8%。但是，相对于整体人口趋势，以收入衡量的最富1%阶层的婚姻构成几乎没有变化。收入分布最高百分位和财富分布最高百分位之间的主要差异是，后者里分居、离婚或寡居的女性比例更高，特别是1983年和1992年。

1983年，86%的非老年收入最高1%广义家庭的户主是全职
478（相比之下，全体非老年广义家庭的比例为75.8%），4.6%是兼职，3.6%是退休人员（见表10.5E组）。1983年至1992年最引人注目的变化是，收入最高1%广义家庭里全职工作户主的比例从92.1%下降到87.4%，这个下降几乎正好被兼职户主相应上升比例所抵消，兼职户主从3.1%上升到7.4%。收入最高百分位的退休人员比例也从4.8%降至1.8%，这个下降被两个上升所抵消，一个是失业比例上升，从0到2.2%，另一个是非劳动力比例上升，从0到1.3%。[*]

这种趋势在1992年至2013年发生了逆转，到2013年，全职户主占非老年收入分布最高1%阶层的比例反弹至92%，与1983年大致相同，兼职户主的比例略微下降至6.4%，非工作者（失业、退休或非劳动力）下降到1.6%。这些趋势与最富1%财富持有者相反，1983年至2013年该分组的全职工作比例下降了8.6个百分点，退休人员比例上升了4.4个百分点。收入分布最高百分位全职工作比例高于财富分布最高百分位（户主年龄低于65岁），而退休人员比例低于财富分布最高百分位（除了1983年）。

1983年，收入分布最高百分位有工作的户主中，有32.4%报告从事金融、保险、房地产或商业服务行业，而在全体劳动者中这个比例仅为8.7%（F组）。与之相反，这些富裕劳动者中有8.3%

---

* 非劳动力（not in the labor force）指既没有工作也不是失业状态的人，根据美国劳工统计局的定义，其包含退休人员、学生、照顾孩子或家人的人等这些既不工作也不找工作的人。——译注

从事贸易行业，而全体劳动者中有15.5%，收入最高1%阶层从事公共行政行业的为0，而全体劳动者从事公共行政行业的为7.2%。1983年至1992年出现的最显著变化是，在收入最高百分位中，从事运输、通信、公用事业、个人服务和专业服务领域的劳动者比例大幅增加，从29.5%增加到47.4%（并且相对于全体劳动者的就业份额增长也很大，两者差异从-2.5%增至21.9%）；收入最高1%广义家庭从事金融、保险、房地产和商业服务的比例下降了6个百分点（相对于整体趋势下降）。1992年，这两个经济部门合计共占全体户主为劳动者的富裕广义家庭的近3/4。与之相反，收入分布最高百分位劳动者从事采矿业和建筑业、制造业和贸易业的比例不管是绝对值还是相对值都出现下降。 479

这些趋势基本上从1992年持续到2013年。收入最高1%阶层中从事交通、通信、公用事业、个人服务和专业服务行业的份额下降了一点到41.9%，而从事金融、保险、房地产和商业服务行业的比例上升到37.3%，这两个群体合计占收入最高阶层全体劳动者的79.2%。除贸易行业以外，劳动者从事其他行业的比例持续下降。

对比收入分布最高百分位和财富分布最高百分位的行业构成，1983年，前者有较大比例从事交通业、通信业、公用事业、个人服务业和专业服务业，但2013年情况则相反。除了1992年以外，在其他年份里，收入分布最高百分位从事金融、保险、房地产和商业服务行业的比例都高于财富分布最高百分位。[①] 而财富分布最高百分位里从事农业、采矿业、建筑业和制造业的要远多于收入分布最高百分位。对这些差异的一个可能解释是，当前财富在很大程度

---

① 与高收入群体相比，1992年最富有群体从事于金融和商业服务行业的比重更大，这可能反映了1989年的股市衰退，1991~1992年的经济衰退，以及随后金融部门就业岗位的萎缩。以就业为标准来衡量，金融业在此后恢复发展。

上反映了过去一段时期的收入。因此，这个结果表明这四个行业是战后初期高收入的主要来源，但随着时间的推移（可能从20世纪60年代开始）其收入逐渐降低，而金融、商业和专业服务业的收入逐渐增加。这一假设也可能解释了自1983年以来这四个行业作为高收入和高财富来源的重要性的下降。

1983年，收入分布最高百分位中自雇经营者的比例远高于平均水平——26.6%对比全体劳动者的15.4%，同样的还有管理人员和行政人员——58%对比13.9%（参见表10.5组G）。但是，收入最高1%广义家庭阶层只有12%将自己归类为专业人士，与之相比全体劳动者中这一比例为15%。这些结果与表10.1的结果相似，该表格中根据财富分布划分最富1%阶层。此外，正如我们在表10.1中看到的那样，在收入分布最高百分位中自雇经营者的比例显著上升，从1983年的26.6%增长到1992年的63.7%。与之相比，收入分布最高百分位中非自雇经营者职业，包含专业人士、管理和行政人员等的比例急剧下降，从70.1%降至34.1%。

1992年至2013年，这些趋势是反向的。自雇经营者在收入分
480 布最高百分位中的比例大幅下降，从63.7%降至55.8%。这个趋势与最富1%财富持有者的趋势相反，收入最高1%阶层里自雇经营者的比例增长到84.4%。另一方面，收入分布最高百分位中，专业人士和管理和行政人员的比例从34.1%上升至38.9%，而在财富分布最高百分位中这些职业的比例从27.7%下降到13.4%。

正如我们在表10.1中所看到的，最富1%阶层（以收入衡量）似乎比普通人口更健康。1983年，63.1%的最富1%阶层表示他们的健康状况非常好，而总人口中这一比例为37.9%（见表10.5H组）。收入最高1%阶层中只有3.7%表示他们的健康状况是一般或不佳，而在全体受访者中这一比例为22.5%。1983年至1992年，

虽然整体人口健康状况似乎有所恶化，收入最高百分位的健康状况反而略有上升，其中报告健康状况非常好的比例上升了1.2个百分点，并且报告健康状况一般或不佳的比例下降0.6个百分点。1992年至2013年，收入分布最高百分位中报告健康状况非常好的比例从64.3%降至52.3%，但因为整体人口的健康状况也有所下降，因此相对于全体人口而言，收入最高1%阶层的健康状况保持不变。这些趋势与最富1%财富持有者的趋势非常相似。

1992年，相对于全体人口而言，收入分布最高百分位中的广义家庭更容易获得财富转移——39.2%对比20.7%（见表10.5I组）。此外，收入最高百分位的财富转移平均值远远大于全体人口（差异有21倍）。然而，收入分布最高百分位中获得财富转移的比例小于财富分布最高百分位（39.2%对47.6%），并且收入分布最高百分位的财富转移平均值小于财富分布最高百分位。收入分布最高百分位中接受财富转移比例从1992年的39.2%下降到2013年的28.9%，但其平均值增长了47.8%（以不变价格计算）。相比之下，财富分布最高百分位中2013年获得财富转移的比例与1992年几乎完全相同，而财富转移平均值增长了8.5%。

如表10.6所示（也见图10.12a和图10.12b），1983年收入最高1%广义家庭持有这些财富的比例要高于全体人口：非住宅房地产（19.2%对14.9%），股票和共同基金（18.0%对9.0%），商 481
业股权（27.9%对18.8%）和信托基金（7.8%对2.6%）；而收入最高1%广义家庭持有下面这些财富的比例要低于全体人口：主要住所（8.9%对30.1%）和流动资产（9.4%对17.4%）。总体而言，收入最高1%阶层的财富里有79%是投资型资产，与之相比，全体人口中的该比例为49.6%；收入最高1%阶层生命周期资产仅为19.7%，而在全体人口中为49.0%。收入最高1%阶层的债

表 10.6　1983 年、1992 年、2001 年和 2003 年收入最高 1%广义家庭和全体广义家庭财富构成（占总资产的百分比）

单位：%

财富构成	1983 年			1992 年			2001 年			2013 年		
	收入最高 1%：占总资产百分比	全体广义家庭：占总资产百分比	收入最高 1%资产价值与全体的比率	收入最高 1%：占总资产百分比	全体广义家庭：占总资产百分比	收入最高 1%资产价值与全体的比率	收入最高 1%：占总资产百分比	全体广义家庭：占总资产百分比	收入最高 1%资产价值与全体的比率	收入最高 1%：占总资产百分比	全体广义家庭：占总资产百分比	收入最高 1%资产价值与全体的比率
主要住宅	8.9	30.1	7.9	8.4	29.8	7.4	11.3	28.1	8.4	11.0	28.4	9.3
其他房地产	19.2	14.9	33.9	16.4	14.7	29.2	9.7	9.8	20.8	9.3	10.1	21.9
非法人商业股权	27.9	18.8	39.2	32.5	17.7	48.0	31.0	17.5	37.0	34.1	18.7	43.5
流动资产	9.4	17.4	14.3	7.4	12.2	15.9	6.9	8.8	16.5	6.9	7.5	21.8
养老金账户	1.3	1.5	23.2	4.5	7.2	16.2	8.2	12.3	13.9	9.0	16.4	13.1
金融证券	6.1	4.2	38.7	10.4	5.1	53.4	4.7	2.3	42.9	2.8	1.5	45.4
公司股票和共同基金	18.0	9.0	52.6	12.7	8.1	40.8	20.0	14.7	28.6	20.6	12.6	38.9
净资产个人信托	7.8	2.6	78.2	4.4	2.7	42.8	5.4	4.7	23.9	4.4	3.2	33.2
杂项资产	1.3	1.3	26.3	3.2	2.5	33.7	2.8	1.8	31.8	1.9	1.5	30.6
总资产	100.0	100.0	25.7	100.0	100.0	25.5	100.0	100.0	20.9	100.0	100.0	23.9
主要住所负债	1.1	6.3	4.6	2.2	9.8	5.9	2.8	9.4	6.2	2.5	11.2	5.4

续表

财富构成	1983 年			1992 年			2001 年			2013 年		
	收入最高 1%：占总资产百分比	全体广义家庭：占总资产百分比	收入最高 1% 资产价值与全体的比率	收入最高 1%：占总资产百分比	全体广义家庭：占总资产百分比	收入最高 1% 资产价值与全体的比率	收入最高 1%：占总资产百分比	全体广义家庭：占总资产百分比	收入最高 1% 资产价值与全体的比率	收入最高 1%：占总资产百分比	全体广义家庭：占总资产百分比	收入最高 1% 资产价值与全体的比率
所有其他债务	5.3	6.8	20.6	6.0	6.0	26.2	1.5	3.1	10.3	1.5	4.0	9.2
总债务	6.4	13.1	12.9	8.2	15.7	13.6	4.3	12.5	7.2	4.0	15.1	6.4
房屋净值	7.8	23.8	8.7	6.2	20.1	8.1	8.5	18.7	9.6	8.5	17.2	11.8
投资型资产	79.0	49.6	42.1	76.5	48.3	41.4	70.8	49.0	27.8	71.2	46.1	36.8
生命周期资产	19.7	49.0	4.9	20.3	49.3	4.5	26.4	49.1	10.3	26.9	52.4	12.3
备注：												
债务/净资产比率（百分比）	6.8	15.1		8.8	18.7		4.5	14.3		4.2	17.8	

资料来源：作者对 1983 年、1992 年、2001 年和 2013 年消费者财务状况调查的计算。

注：有关资产定义的详细技术信息，请参见表 10.2 的脚注。

务/权益比率也比较低——6.8%对15.1%。此外，收入分布最高百分位拥有总净资产的27.6%，但他们拥有非住宅房地产的33.9%，股票和共同基金的52.6%，金融证券的38.7%，商业股权的39.2%和个人信托基金权益的78.2%。这些结果与表10.2（基于财富分布最高百分位）非常相似。

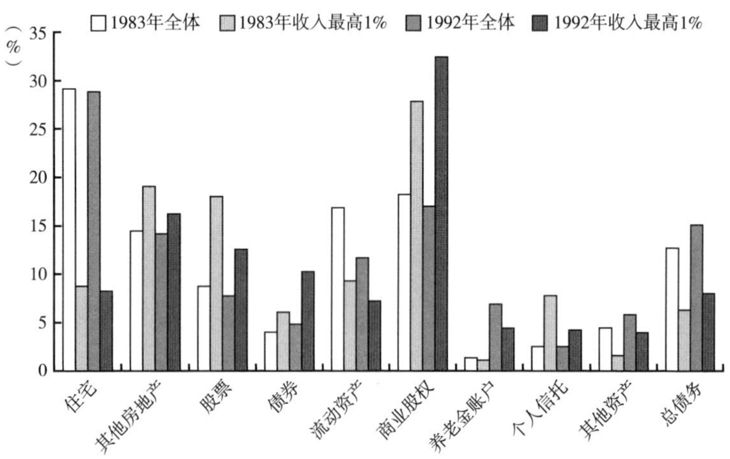

图10.12a 1983年和1992年全体广义家庭和收入最高1%广义家庭的财富构成（占总资产的比例）

1983年至1992年，收入分布最高百分位财富构成的重大变化

483 是下面这些资产比例下降：股票和共同基金资产份额（从18.0%降至12.7%），投资型房地产（从19.2%降至16.4%），个人信托基金（从7.8%降至4.4%）；而相应下面这些资产比例上升：商业股权（从27.9%升至32.5%），金融证券（6.1%至10.4%）和养老金账户（1.3%至4.5%）。1983年至1992年，收入最高1%阶层拥有的净资产份额保持27.6%不变，拥有的商业股权份额从39.2%急剧上升至48%，拥有的金融证券份额从38.7%升至

53.4%。与之相反，他们拥有的公司股票和共同基金净资产份额从52.6%下降到40.8%，拥有的个人信托基金份额从78.2%降至42.8%，拥有的养老金资产份额从23.2%降至16.2%。

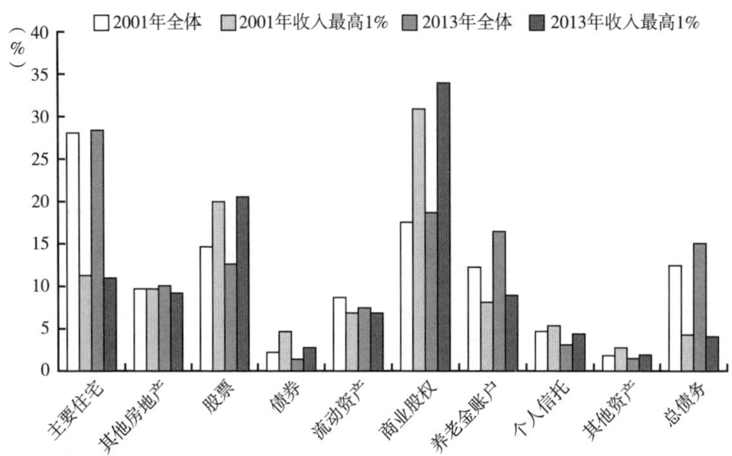

图 10.12b　2001 年和 2013 年全体广义家庭和收入最高 1%广义家庭的财富构成（占总资产的比例）

1992 年至 2013 年，收入最高 1%阶层持有的其他房地产占总资产的比例从 16.4%下降到 9.3%，金融证券比例从 10.4%下降到 2.8%，而公司股票和共同基金占总资产的比例则从 12.7%上升到 20.6%，养 484
老金账户资产从 4.5%增加到 9%。其财富组合中持有的投资型资产比例从 76.5%下降至 71.2%，而生命周期资产中的比例则从 20.3%上升至 26.9%。债务与净资产比率也从 8.8%降至 4.2%。1992 年至 2013 年，收入最高 1%阶层拥有的净资产份额略微下降至 27.1%，除流动资产和生命周期资产外，所有资产类别的份额都出现下降。

这些结果表明，最富 1%阶层的企业家活动有所增加，收入分布最高百分位的财富组合中，商业股权比例从 1983 年的 27.9%上升到 2013 年的 34.1%，而财富分布最高百分位的相应比例从

32.2%上升到36.1%。此外，财富分布最高百分位和收入分布最高百分位持有的商业股权价值占全体广义家庭商业股权价值的比例都出现上涨。

1983年，收入最高1%广义家庭的主要收入来源是薪资，占其中收入的34.5%（见表10.7、图10.13a和图10.13b）。所有权（自雇经营）收入排名第二，为25.9%，随后是资本收益11.7%，利息10.2%，股息9.4%。收入最高1%阶层拥有全部股息和资本收益的一半以上，拥有自营收入、利息和租金，特许权使用费和信托收入的约1/4。（他们也拥有全部赡养费的11.5%！）从1983年到1992年，收入最高1%阶层最重大的变化是薪资占总收入的比例从34.5%增加到44.1%。但是，自营收入有所下降，从25.9%降至23.5%，尽管如此，合计劳动收入从60.4%上升至67.6%。财产收入（包含利息，股息，资本收益，租金、特许权使用费和信托收入）占总收益的比例从36.3%降至30.3%。

1992年，收入最高1%阶层拿到了总薪资收入的11.8%（1983年为7%），全部自雇经营收入的26.7%（与1983年相同），全部利息收入的32.1%（1983年为25.1%，有所上升）。但是，虽然他们在总股息中的份额急剧下降，但他们在资本收益中的份额实际上有所增加，他们在租金、特许权使用费和信托收入中的份额也大幅上升。

从1992年到2013年，收入最高1%阶层薪资占总收入的比例从44.1%下降到38.9%，但仍高于1983年的水平。自雇经营，租
485 金、特许权使用费和信托收入占总收入的比例略有上升，从31.5%上升到33.1%。[①] 利息占其总收入的百分比下降，但资本收

---

① 消费者财务状况调查在2001年和2013年的公共使用样本中合并了这两个收入类别。

表 10.7 1983 年、1992 年、2001 年和 2013 年收入最高 1%广义家庭和全体广义家庭的收入构成（百分比）

单位：%

<table>
<tr><th rowspan="2">财富构成</th><th colspan="3">1983 年</th><th colspan="3">1992 年</th><th colspan="3">2001 年</th><th colspan="3">2013 年</th></tr>
<tr><th>收入最高 1%</th><th>全体广义家庭</th><th>收入最高 1%占全部收入的份额</th><th>收入最高 1%</th><th>全体广义家庭</th><th>收入最高 1%占全部收入的份额</th><th>收入最高 1%</th><th>全体广义家庭</th><th>收入最高 1%占全部收入的份额</th><th>收入最高 1%</th><th>全体广义家庭</th><th>收入最高 1%占全部收入的份额</th></tr>
<tr><td>总收入</td><td>100.0</td><td>100.0</td><td>12.8</td><td>100.0</td><td>100.0</td><td>15.7</td><td>100.0</td><td>100.0</td><td>20.4</td><td>100.0</td><td>100.0</td><td>19.8</td></tr>
<tr><td>薪资</td><td>34.5</td><td>62.9</td><td>7.0</td><td>44.1</td><td>58.5</td><td>11.8</td><td>45.2</td><td>68.3</td><td>13.5</td><td>38.9</td><td>63.3</td><td>12.2</td></tr>
<tr><td>自营职业收入</td><td>25.9</td><td>12.4</td><td>26.7</td><td>23.5</td><td>13.8</td><td>26.7</td><td rowspan="2">24.4</td><td rowspan="2">11.7</td><td rowspan="2">42.6</td><td rowspan="2">33.1</td><td rowspan="2">13.5</td><td rowspan="2">48.5</td></tr>
<tr><td>租金、特许权使用费和信托收入</td><td>5.0</td><td>2.6</td><td>25.1</td><td>8.0</td><td>3.4</td><td>36.8</td></tr>
<tr><td>总利息</td><td>10.2</td><td>5.3</td><td>24.8</td><td>8.3</td><td>4.1</td><td>32.1</td><td>3.5</td><td>2.7</td><td>27.0</td><td>3.1</td><td>1.5</td><td>40.8</td></tr>
<tr><td>股息</td><td>9.4</td><td>2.3</td><td>53.7</td><td>4.3</td><td>1.7</td><td>39.1</td><td>2.0</td><td>1.5</td><td>27.8</td><td>4.8</td><td>2.0</td><td>47.5</td></tr>
<tr><td>资本收益</td><td>11.7</td><td>2.6</td><td>57.3</td><td>9.7</td><td>2.4</td><td>63.4</td><td>23.2</td><td>6.7</td><td>70.2</td><td>17.1</td><td>4.6</td><td>72.9</td></tr>
<tr><td>失业补助和工伤补助</td><td>0.0</td><td>0.9</td><td>0.1</td><td>0.0</td><td>0.5</td><td>0.5</td><td>0.0</td><td>0.2</td><td>0.3</td><td>0.0</td><td>0.6</td><td>1.0</td></tr>
<tr><td>赡养费</td><td>1.4</td><td>1.5</td><td>11.5</td><td>0.1</td><td>0.4</td><td>2.0</td><td>1.0</td><td>0.4</td><td>2.6</td><td>0.9</td><td>0.4</td><td>1.6</td></tr>
<tr><td>公共援助</td><td>0.0</td><td>1.0</td><td>0.0</td><td>0.0</td><td>0.6</td><td>0.1</td><td>0.7</td><td>0.3</td><td>20.6</td><td>2.0</td><td>0.7</td><td>20.9</td></tr>
<tr><td>退休收入</td><td>1.7</td><td>8.2</td><td>2.6</td><td>0.7</td><td>6.6</td><td>1.8</td><td>0.0</td><td>7.6</td><td>0.0</td><td>0.0</td><td>11.4</td><td>0.0</td></tr>
<tr><td>其他收入</td><td>0.1</td><td>0.3</td><td>6.3</td><td>1.3</td><td>8.0</td><td>2.6</td><td>0.0</td><td>0.7</td><td>15.5</td><td>0.0</td><td>1.9</td><td>14.7</td></tr>
</table>

资料来源：作者对 1983 年、1992 年、2001 年和 2013 年消费者财务状况调查的计算。

注：有关收入定义的详细技术信息，请参见表 10.3 的脚注。

益的比例却在上升。2013 年收入最高 1% 阶层拥有利息、股息和资本收益的份额都高于 1992 年。

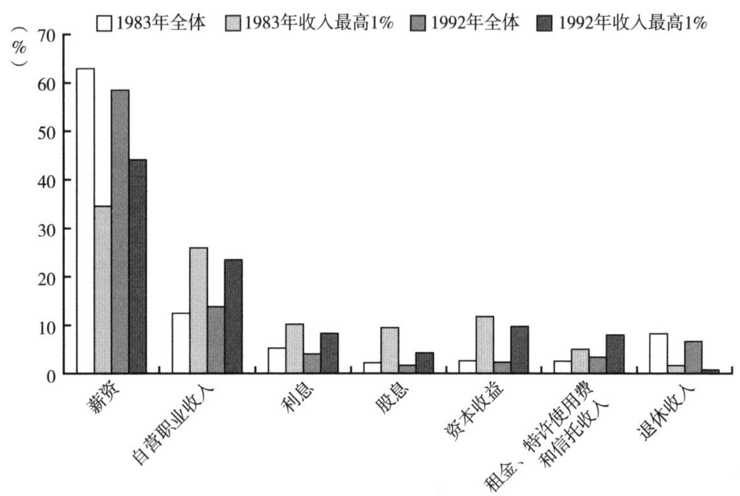

图 10.13a　1983 年和 1992 年全体广义家庭和收入最高 1% 广义家庭的收入构成（占总收入的比例）

从 1983 年到 2013 年，最富 1% 阶层显示了劳动收入替代财产收入的趋势。在收入分布最高百分位中，薪资比例从 34.5% 增长到 38.9%，自营职业收入，租金、特许权使用费和信托收入从 30.9% 增加到 33.1%。在财富分布最高百分位中，薪资占总收入的比例从 24% 提高到 29%，而自营职业收入、租金、特

486 许权使用费和信托收入的比例保持不变。相比之下，收入最高 1% 阶层的利息、股息和资本收益总和的比例从 1983 年的 31.3% 降至 2013 年的 25%，其在财富最高 1% 阶层中的比例从 37.9% 降至 32.2%。

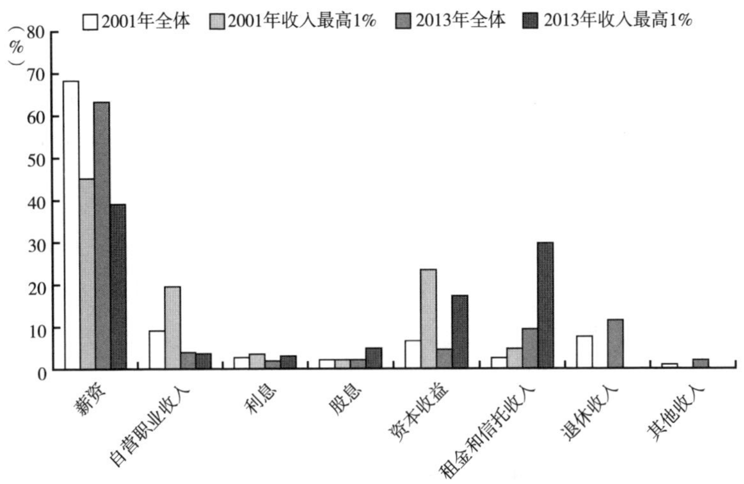

图 10.13b 2001 年和 2013 年全体广义家庭和收入最高 1%广义家庭的收入构成（占总收入的比例）

结束语

结果表明，最富 1% 阶层的特征与全体人口相比存在显著差异，并且从 1983 年到 2013 年，最富 1% 阶层的构成发生了一些重要变化。首先，平均来说，最富 1% 阶层比全体人口年龄大，不过 488
1983 年至 1992 年间，年轻家庭在财富分布最高百分位和收入分布最高百分位中的比例显著上升。尽管有关于“互联网泡沫百万富翁”的炒作，但最富 1% 阶层在 1992 年至 2013 年变得更加老龄化。

其次，最富 1% 阶层的受教育程度要高于全体人口。但是，虽然 1983 年至 1992 年全体人口的总体受教育程度显著上升，但财富分布最高百分位和收入分布最高百分位的受教育程度都没有相应上升。从1992年到2013年，这种趋势发生逆转，最富1%阶层受到更好的教育。再次，最富1%阶层几乎完全是一块白人飞地，虽然到2013年，有一些黑人出现在财富分布最高百分位（1.7%）。在此期间，亚裔美国人（和其他种族）与其占总人口的比例相比，在最富1%阶层的比例实实在在地增长了。

不管是按收入还是按财富来衡量的最富1%阶层，他们主要由已婚夫妇组成，特别是与全体人口相比。1983年，男性（包含已婚和未婚）在收入分布最高百分位的广义家庭中占99.9%，但到2013年，这一数字略微下滑至98.2%。此外，在收入分布最高百分位中，已婚夫妇的比例从1983年到2013年几乎持续下降。

最富1%阶层的劳动参与率和就业特征都发生了一些重要变化。虽然财富分布最高百分位和收入分布最高百分位中，绝大多数65岁以下户主是全职劳动者，但在1983年至2013年全职劳动者在财富分布最高百分位中的份额下降。但是，在收入分布最高百分位中，2013年全职劳动者的比例与1983年相同。

此外，尽管在1983年至2013年，至少在财富分布最高百分位中，劳动力明显减少，但收入统计数据表明，在不管是按财富衡量还是按收入衡量的最富1%阶层中，相对于其他形式的收入而言，家庭收入明显更加依赖劳动收入。这些年来，劳动收入（包含薪资收入和自营职业收入）占财富分布最高百分位总收入的比例大幅跃升，而在收入分布最高百分位也是如此。富裕广义家庭中，妻子参加工作的数量大幅增加促成了这一趋势。

还有证据表明，企业家活动在推动进入富人阶层方面发挥了更
489 大的作用。从1983年到2013年，不管是按收入衡量还是按财富衡量的最富1%阶层，自营职业者所占比例都大幅增加。在1983年至2013年，他们在财富分布最高百分位中的份额增加了1倍以上，

从38%增加到84%；收入分布最高百分位也有相应增加，比例从27%增加到56%。与之相反，在全体人口中的劳动者中，2013年的自营职业者比例与1983年相同，为15%。

富人的资产负债表中也有一些确凿的证据。在按财富排名最富的1%广义家庭中，商业股权占总资产的份额从1983年的32%上升到2013年的36%，以及其占全体广义家庭商业股权总价值的比例从52%增加到63%。在按收入排名的最富裕的1%广义家庭中，商业股权占总资产的份额从28%提高到34%，其占全体广义家庭商业股权总价值的比例从39%增加到44%。如第二章所述，2013年，财富分布最高百分位广义家庭中有77%的广义家庭拥有自己的企业（相比全体人口的10%）。最富1%阶层的企业家活动明显增加可能是造成过去三十年财富不平等程度加剧的一个因素。它还具有税务影响，因为对食利者征税和对企业家征税会对投资、风险承担等产生完全不同的影响。

我们应谨慎解释这些结果。1986年《税收改革法》对税法的改变，强烈激励了经营者将普通公司转变为S类型公司和合伙企业，这些公司和合伙企业被归类为非法人企业（相应收入作为自营职业收入）。①* 这种转换可能导致了最富1%阶层财富构成里商业股权的重要性日益提高，而公司股票持有量相应下降。

不管最富1%阶层自营职业收入和非法人企业股权的重要性日益上升背后的理由是什么，这一群体似乎越来越不依赖财产收入。尤其是利息、股息和资本收益形式的财产收入急剧下降，从1983年至2013年，财富最高财富百分位这类收入从38%降至32%，收

---

① 参见Slemrod著作："High - Income Families and the Tax Changes of the 1980s"。

* S类型公司是满足《美国国内税收法》要求的一种特殊股份公司，可以当作合伙人企业看待，享受合伙人企业税收政策。——译注

490 入分布最高百分位的这类收入从31%降至25%。①

这个国家巨大的传统财富来源，特别是农业、采矿业、建筑业、制造业和贸易，似乎随着时间的推移而逐渐减少，并被金融业、商业和专业服务业所取代。1983年，前者占据了财富分布最高百分位职业的52%，2013年仅占33%，而从事金融业，商业和专业服务业（以及运输业、通信业、公用事业和个人服务业）的比例从48%上升到67%。收入分布最高百分位的结果更为明显，从事这些传统行业的比例从38%下降到21%，从事后者的比例从62%上升到79%。

总而言之，这项研究表明，富人比一般人更健康、更聪明（至少是受过更好的教育）、更年长。此外，相对于全体人口，富人更倾向于从事金融业、商业和专业服务，在这段时间里，他们越来越依赖劳动收入，相应地减少财产收入作为他们财富的来源。最后，最值得注意的是，相对于全体人口，富人更有可能成为自营职业者，而这种差异在1983年至2013年不断扩大。因此，尽管首席执行官、明星运动员和娱乐明星的消息占据了媒体版面，但本研究最值得注意的发现是，最富1%阶层特别是以财富衡量的最富1%阶层中，自营职业者出现了惊人的增长。这些自营职业者可能拥有自己的企业，包含医生、律师和投资银行家的合伙企业。此外，正如我们从最近的首次公开募股中看到的那样，许多这些小型非法人
491 企业的价值可以高得吓人。

① 如前所述，在2001年和2013年的消费者财务状况调查中，不可能将租金，特许权使用费和信托收入与自营职业收入分开。

第十一章　资产贫困的持续存在

我们的焦点现在从财富分布（和收入分布）的最高端转移到低端。本章研究 1962 年到 2013 年，贫困阶层的财富状况。就本章而言，贫困的标准根据美国人口普查局的标准来确定。[①] 在财富分析之后我们讨论了所谓的资产贫困，考察了其 1983 年至 2013 年的趋势。

以前的研究表明，以财富为衡量标准的贫困家庭比以收入为衡量标准的贫困家庭更富裕一些。[②] 1962 年，贫困家庭收入平均值与非贫困家庭收入平均值的比率为 0.19，而两者财富平均值的比率为 0.29。到 1983 年相应的比率分别为 0.16 和 0.19。平均而言，老年穷人比年轻穷人更富裕，特别是以收入为衡量标准而言。但是，在 1962 年至 1983 年，以财富为衡量标准的穷人变得更穷，在此期间，他们的实际收入增长了 6%，他们的实际财富减少了

---

① 人口普查局使用一系列货币收入门槛，这些门槛因家庭规模和构成而异，以确定谁处于贫困状态。如果一个家庭的总收入低于该家庭的贫困门槛，那么该家庭及其中的每一个人都被认为处于贫困状态。官方贫困线没有地理位置上的变化，但是使用消费物价指数（CPI－U）对通货膨胀进行了更新。官方贫困定义使用税前货币收入，不包含资本收益或非现金福利（如公共住房、医疗补助和贫民食物券）。详细信息请参阅 https：//www. census. gov/topics/income－poverty/poverty/guidance/pov erty－measures. html。

② 参见 Wolff 著作："Wealth Holdings and Poverty Status in the United States，" 载于 *Review of Income and Wealth* series 36，no. 2（June 1990）：143－165。

11%。将养老金财富和社会保障财富纳入广义家庭财富组合，缩小了贫困人口与非贫困人口之间的贫富差距，特别是对于65岁以下的家庭。我们还将年金流从广义家庭财富划为广义家庭收入来计算了替代贫困率。1962年和1983年使用替代贫困率计算得到的贫困率相对于仅依据收入计算的贫困率有15%～21%不等的差异。

资产贫困有几种定义方式。例如，其中一个定义是维持三个月
492 正常消费的财务资源。在过去30年，尽管广义家庭净资产中位数急剧上升，但资产贫困令人惊讶地持续存在（至少在2007年以前）。在大衰退时期，资产贫困率飙升。

在1983年至1998年间，尽管美国总资产大幅增长，但资产贫困水平实际上依然在上升，总体比率为37%。[①] 虽然全体人口资产贫困率已经很高了，但其中不同细分群体的资产贫困率更高。1998年，资产贫困率最高的弱势群体分别是：黑人和西班牙裔组（61%）；户主年龄小于25岁年龄组（73%）；25～34岁年龄组（60%）；高中辍学者组（59%）；租房者组（63%）；有孩子的非老年女性户主组（64%）。

穷人的财富

一些关于贫困的早期研究侧重考察其在家庭中的持续性。贝恩

---

① 参见 Robert Haveman 和 Edward N. Wolff 著作："The Concept and Measurement of Asset Poverty: Levels, Trends and Composition for the U. S., 1983－2001," 载于 *Journal of Economic Inequality* 2, no. 2（August 2004）: 145－169；以及"Who Are the Asset Poor? Levels, Trends and Composition, 1983－1998," 载于 *Inclusion in the American Dream: Assets, Poverty, and Public Policy*, 编辑：Michael Sherraden（New York: Oxford University Press, 2005）, 61－86。除了显示资产贫困的总体趋势外，这两篇文章还描述了1983～1998年各种社会经济学群体（例如按种族、年龄、受教育程度和家庭结构划分）的资产贫困模式。

和埃尔伍德估计了家庭贫困期的动态变化。① 比奇、桑顿、阿格内洛和林克研究了收入分布和商业周期中的贫困率。② 拉格尔斯和威廉姆斯使用月度数据估算了贫困的持续时间。③ 贝恩和埃尔伍德，以及拉格尔斯和威廉姆斯的研究结果表明，大多数落入贫困状态的家庭只持续了很短一段时间。此外，在某个特定时间点的贫困家庭，其大部分会持续一段贫困时期才能脱贫。

这些研究的一个意义是，当前收入可能不是贫困状况的最佳指标。更好的贫困状况衡量指标，以及更全面的家庭福祉衡量指标，应该是家庭收入和家庭财富的联合指数，因为财富反映了终身收入的累积（到当前年龄）。因此，一些根据当前收入衡量贫困家庭，可能在早前的年份里享受了一段相对富裕的时期。对于这些家庭而言，贫困可能是一种短暂的现象，是由临时失业、疾病，或最近家庭状况的变化（如离婚等）因素导致的。这些家庭可能拥有相对较高的财富。对于其他人来说，贫困可能是他们生命中或多或少的持久性特征。这些家庭可能是 493
一对无工作的父母，带着几个孩子，他/她们可能有很长的低收入的历史。因此，即使相对于当前收入，他/她们的财富持有量也可能很低。研究贫困阶层持有财富的一个目标，是评估这一群体贫困的持续性。

---

① 参见 Mary Jo Bane 和 David T. Ellwood 著作：“Slipping into and out of Poverty：The Dynamics of Spells，” 载于 *Journal of Human Resources* 21，no. 1（1986）：1－23。

② 参见 Charles M. Beach 著作：“Cyclical Sensitivity of Aggregate Income Inequality，” 载于 *Review of Economics and Statistics* 59（1977）：56－66；参见 James R. Thornton，J. Agnello 和 Charles R. Link 著作：“Poverty and Economic Growth：Trickle Down Peters Out，” 载于 *Economic Inquiry* 16（1978）：385－394。

③ 参见 Patricia Ruggles 和 Robertson Williams 著作：“Longitudinal Measures of Poverty：Accounting for Income and Assets over Time，” 载于 *Review of Income and Wealth* 35，no. 3（1989）：225－243。

本章深入探讨了贫困家庭和非贫困家庭的相对财富持有量与收入的比较，以及两组之间财富构成的差异。特别是，贫困阶层是否能够积累流动财富和投资型财富？他们的财富是否主要用于满足眼前的消费需求，例如住房和耐用消费品？贫困家庭是否受到严重的信贷约束，因此债务净资产比率低于非贫困家庭？

无论是在财富水平还是财富构成方面，贫困阶层的相对财富都因年龄的不同而不同。本章研究了贫困家庭和非贫困家庭之间的相对财富差异和相对收入差异，老年家庭的这些差异是否大于年轻家庭。另一个因素是养老金和社会保障财富。它是扩大还是缩小了贫困人口与非贫困人口之间的相对财富差异？

我还根据收入和财富的综合指数提出了几项新的贫困状况衡量指标。在第一组计算中，广义家庭财富被转换为年金流，作为家庭收入的一部分。在第二组计算中，估算了自住房屋的租金，并包含在广义家庭收入中。[①] 在第三组计算中，使用低收入和低财富的联合标准来确定贫困状况。结果表明，贫困率计算与相关定义关系很大。

本章的分析涵盖的时期从 1962 年至 2013 年。它比较了 1982 年贫困家庭和非贫困家庭的收入，并提供了贫困阶层和非贫困阶层的相对财富情况。此外，我们扩展广义家庭资产负债表，使其包含养老金和社会保障财富，并根据家庭收入和家庭财富来制定贫困率
494 的替代算法。

---

① 对于自住住房，估算租金是业主的估算净收入。它的计算方法是用住房服务（房屋出租）的估算产出减去与房主自住住房相关的费用，如折旧、维护费和修理费、财富税和抵押贷款利息等。在国民账户中，估算的依据是将自住房产与同等条件的租赁房产相匹配，以确定这个房产的租赁价值。

比较收入统计

在分析开始之前，比较一下消费者财务状况调查与当前人口调查报告关于贫困率和家庭收入平均值的数据是有用的（见表11.1）。[①] 1982 年的官方贫困统计数据表明，全体家庭中，有12.2%的家庭收入低于（美国）官方收入贫困线。消费者财务状况调查的计算表明广义家庭的贫困率为14.2%。[②] 另外，官方统计的个人贫困率为15%，与之相比消费者财务状况调查计算的个人贫困率是14.9%。

在表11.1中，第2列和第3列数据显示了根据当前人口调查和消费者财务状况调查计算的全体人口和穷人收入平均值各组成部分的比较。两组样本的收入平均值几乎完全相同，大多数组成部分也非常接近。两组样本的工资收入以及自营职业收入不同，但总劳动收入（两组数据的总计）比较接近。但是，消费者财务状况调查的财产收入较高，这可能是由于消费者财务状况调查使用分层样本的缘故（当前人口调查使用代表性样本）。不过，总而言之，消费者财务状况调查的收入数据和贫困率与当前人口调查保持一致。

---

① 我使用“人口普查收入”来计算，美国人口普查收入等于消费者财务状况调查收入减去资本收益，赠与、贫民食物券和其他非货币援助。资本收益能够直接识别，但赠与、贫民食物券和其他非货币援助都包含在其他类别中，不能单独识别。因此，贫困线计算基于消费者财务状况调查收入减去资本收益。贫困线的定义基于收入、家庭单位的大小、65岁及以上的户主，以及18岁以下的相关儿童的数量。

② 广义家庭包含狭义家庭成员和无家庭关系的个人。后者的收入可能低于前者。

表 11.2 提供了贫困广义家庭和非贫困广义家庭的比较收入统计数据。1982 年是有完整数据的第一年，贫困阶层的平均总收入仅为贫困线以上广义家庭的 16%。在 65 岁以下广义家庭样本中和 65 岁及以上广义家庭样本中，这一比率也是 16%。在全体广义家庭样本和年龄低于 65 岁的样本中，贫困广义家庭和非贫困广义家庭收入中位数的比率，与收入平均数的比率基本相同。但是，对于 65 岁及以上的广义家庭，这一比例为 0.36。这一比率要高得多，原因是非贫困老年广义家庭收入中位数相对较低，而不是贫困老年家庭收入中位数相对较高。

对于 65 岁以下的家庭，差异主要由劳动收入的差异带来。只
495 有约 57% 的贫困广义家庭报告有工资收入，与之相比，89% 的贫
困线以上广义家庭有薪资收入。在那些有工作的样本中，低于贫困线和高于贫困线的样本的平均薪资收入的比率为 0.16。65 岁以下分组中，7% 的贫困广义家庭有自营职业收入，而非贫困家庭为约 17%。贫困线以下和以上的自营职业者平均自营职业收入的比率为
496 0.12。只有约 14% 的贫困广义家庭获得了财产收入，与之相比，
约 55% 的非贫困广义家庭获得了财产收入。报告有财产收入的广义家庭中，非贫困广义家庭的股息、利息和租金收入是贫困广义家庭的 10 倍之多。

财产收入差异在老年分组中更为明显。有约 20% 的贫困老年广义家庭获得了某种形式的财产收入，相比之下，有约 75% 的非贫困老年广义家庭获得了财产收入。在财产收入受益人中，两组收入比率为 0.08。超过 90% 的老年贫困家庭获得了某种形式的社会保障或养老金收入。然而，非贫困老年广义家庭的退休收入几乎平均是贫困广义家庭的 2 倍。

表 11.1　1982 年当前人口调查与消费者财务调查收入数据比较

组成部分	CPSa （狭义家庭）	SCF （广义家庭）	比率： SCF/CPS
1. 贫困率			
a. 个人	0.150	0.149	0.99
b. 狭义家庭(广义家庭)	0.122	0.142	1.16
2. 全体家庭样本,狭义家庭(广义家庭)按收入类型划分的收入平均值			
a. 薪资	20543(美元)	17451(美元)	0.85
b. 自营职业收入[a]	1643	3442	2.10
c. 股息、利息和租金[b]	1753	2800	1.60
d. 社会保障[c]、养老金、年金、赡养费和其他收入	2739	2779	1.02
e. 其他转移收入[d]	685	524	0.77
f. 总收入	27390	27039	0.99
3. 贫困广义家庭样本,狭义家庭(广义家庭)按收入类型划分的收入平均值			
a. 薪资	2329(美元)	1799(美元)	0.77
b. 自营职业收入[a]	65	154	2.37
c. 股息、利息和租金[b]	105	85	0.81
d. 社会保障[c]、养老金、年金、赡养费和其他收入	1059	1447	1.37
e. 其他转移收入[d]	1591	1473	0.93
f. 总收入	5019	4958	0.99

资料来源：美国人口普查局：《贫困人口特征：1982 年》，《当前人口报告，P-60 系列，第 144 册》（华盛顿特区：美国政府印刷局，1984 年）。收入数据是 1982 年的。

注：a. 在消费者财务状况调查中，此条目还包含合伙人企业和非法人企业的净利润。

b. 在消费者财务状况调查中，此条目还包含信托收入。

c. 社会保障收入包含退休和未亡家属福利，永久性伤残保险金和铁路职工退休福利。

d. 在当前人口调查中，此条目被定义为抚养未成年儿童家庭援助（AFDC）、补充性保障收入（SSI）、失业保险、工伤补助、退伍军人补助和其他（现金）公共援助的总和；在消费者财务状况调查中，此条目被定义为贫困儿童援助（Aid to Dependent Children，ADC）、抚养未成年儿童家庭援助、贫民食物券、补充性保障收入和其他公共援助的总和。

1962 年，贫困广义家庭的平均收入是非贫困广义家庭的 19%。这个比例略高于 1983 年。两组家庭收入中位数的比率为 0.17，与 1983 年的比率相同。两组 65 岁及以上家庭的收入平均值的比率略低于 65 岁以下家庭。然而，与 1983 年一样，老年样本收入中位数的比率明显较高，而且与 1983 年一样，这是由于非贫困老年家庭收入中位数相对较低。

贫困样本和非贫困样本的总收入平均值的比率 1982 年为 0.16 到 2000 年，下滑至 0.12，不过其收入中位数的比率仍为 0.17。收入平均值比率下降的主要原因是贫困阶层中有自营职业收入和有财产收入的比例急剧下降。在非老年样本中，贫困样本与非贫困样本平均收入的比率也有所下降，从 1982 年的 0.16 下降到 2000 年的 0.11，而收入中位数的比率基本保持不变。这里主要是贫困阶层的自营职业收入和财产收入下降导致的。在老年样本中，收入平均值的比率从 0.16 降至 0.14，而收入中位数的比率则从 0.36 急剧下降至 0.26。后者是由于非贫困样本收入中位数增长幅度比贫困样本高得多。

尽管有大衰退的影响，2012 年贫困阶层的财富相对有所复苏。贫困样本和非贫困样本的总体收入平均值的比率从 2000 年的 0.12
497 增加到 2012 年的 0.13，收入中位数的比率从 0.17 增加到 0.20；非老年样本收入平均值的比率为 0.11 至 0.13，收入中位数的比率为 0.16 至 0.20（主要是因为非老年贫困阶层报告的自营职业收入比例较高）；虽然老年样本的收入平均值的比率保持不变，但其收入中位数的比率从 0.26 上升到 0.28（主要是由于老年贫困样本的退休收入所占比例较高）。

表 11.2　1961 年、1982 年、2000 年和 2012 年按收入类型、贫困状况和年龄划分的广义家庭收入

收入构成	收益率			不同收入构成平均值的比率，仅限受益人	收益率			不同收入构成平均值的比率，仅限受益人
	低于贫困线	高于贫困线	比率		低于贫困线	高于贫困线	比率	
	1961 年				1982 年			
1. 所有年龄段								
薪资					0.442	0.779	0.57	0.16
自营职业收入[a]					0.051	0.159	0.32	0.12
股息、利息和租金					0.151	0.582	0.26	0.10
退休收入[b]					0.351	0.283	1.24	0.39
总收入[c]	1.000	1.000	1.00	0.19	1.000	1.000	1.00	0.16
备注：收入中位数				0.17				0.17
2. 65 岁以下								
薪资					0.572	0.892	0.64	0.16
自营职业收入[a]					0.067	0.172	0.39	0.12
股息、利息和租金					0.135	0.546	0.25	0.10
退休收入[b]					0.161	0.132	1.22	0.44
总收入[c]	1.000	1.000	1.00	0.21	1.000	1.000	1.00	0.16
备注：收入中位数				0.21				0.17

续表

收入构成	收益率			不同收入构成平均值的比率，仅限受益人	收益率			不同收入构成平均值的比率，仅限受益人
	低于贫困线	高于贫困线	比率		低于贫困线	高于贫困线	比率	
	1961 年				1982 年			
3. 65 岁及以上								
薪资					0.056	0.272	0.21	0.08
自营职业收入[a]					0.005	0.099	0.05	0.02
股息、利息和租金					0.198	0.747	0.27	0.08
退休收入[b]					0.910	0.961	0.95	0.54
总收入[c]	1.000	1.000	1.00	0.18	1.000	1.000	1.00	0.16
备注：收入中位数				0.35				0.36
	2000 年				2012 年			
1. 所有年龄段								
薪资	0.525	0.811	0.65	0.16	0.518	0.752	0.69	0.14
自营职业收入[a]	0.019	0.089	0.21	0.15	0.038	0.091	0.42	0.16
股息，利息和租金	0.093	0.396	0.23	0.13	0.056	0.305	0.18	0.29
退休收入[b]	0.383	0.294	1.30	0.37	0.337	0.360	0.94	0.32
总收入[c]	1.000	1.000	1.00	0.12	1.000	1.000	1.00	0.13
备注：收入中位数				0.17				0.20
2. 65 岁以下								
薪资	0.659	0.948	0.69	0.16	0.621	0.893	0.70	0.14

续表

收入构成	收益率			不同收入构成平均值的比率，仅限受益人	收益率			不同收入构成平均值的比率，仅限受益人
	低于贫困线	高于贫困线	比率		低于贫困线	高于贫困线	比率	
	2000 年				2012 年			
自营职业收入[a]	0.020	0.092	0.21	0.05	0.041	0.100	0.40	0.10
股息、利息和租金	0.070	0.355	0.20	0.05	0.049	0.270	0.18	0.07
退休收入[b]	0.232	0.112	2.08	1.35	0.198	0.165	1.20	0.71
总收入[c]	1.000	1.000	1.00	0.11	1.000	1.000	1.00	0.13
备注：收入中位数				0.16				0.20
3. 65 岁及以上								
薪资	0.044	0.296	0.15	0.11	0.032	0.321	0.10	0.04
自营职业收入[a]	0.015	0.079	0.19	0.03	0.027	0.064	0.43	0.15
股息、利息和租金	0.176	0.551	0.32	0.08	0.089	0.413	0.22	0.35
退休收入[b]	0.930	0.980	0.95	0.35	0.995	0.960	1.04	0.29
总收入[c]	1.000	1.000	1.00	0.14	1.000	1.000	1.00	0.14
备注：收入中位数				0.26				0.28

资料来源：作者对 1983 年、2001 年和 2013 年消费者财务状况调查和 1962 年消费者财务特征调查的计算。年龄分组基于户主。

注：a. 包含合伙企业和来自非法人企业的净利润。

b. 包含社会保障和养老金福利、年金、残疾抚恤金和其他形式的退休收入。

c. 定义为收入各组成部分之和。

贫困阶层和非贫困阶层的相对持有财富

我们从1983年开始了一项对贫困广义家庭和非贫困广义家庭的持有财富模式的比较研究。本章里令人惊讶的发现之一就是贫困阶层高达约38%的住房自有率（见表11.3）。[①] 在非贫困广义家庭中，住房自有率约为68%，几乎是贫困广义家庭的2倍。此外，非贫困广义家庭拥有的住宅价值平均值是贫困房主的2倍。超过50%的贫困广义家庭拥有汽车，而与之相比，非贫困家庭的这一比例为90%，贫困广义家庭的车辆平均价值只有非贫困广义家庭的一半。

接近36%的贫困广义家庭至少持有一种流动资产，而非贫困广义家庭则约为81%。非贫困储户的平均流动资产几乎是贫困广义家庭的八倍。拥有养老金账户的贫困广义家庭比例为15%，与之相比非贫困广义家庭的比例为44%，贫困养老金领取者的平均养老金价值只有非贫困养老金领取者的一半。

贫困广义家庭拥有自己企业的比例不到非贫困广义家庭的1/3，拥有投资型房地产的比例也是如此。拥有自己企业的贫困广义家庭的平均非法人企业股权价值略高于非贫困广义家庭平均非法人企业股权价值的一半。只有6%的贫困广义家庭拥有某种形式的金融资

---

① 在罗伯特·艾弗里等人的《1983年消费者财务状况调查》（1984年美联储公报，第679～692页）中，作者根据消费者财务状况调查报告，家庭收入为9999美元或更少的家庭的住房拥有率相似，为36%。住房自有率的进一步细分显示，在老年贫穷阶层中，住房自有率为63%，而非老年贫困阶层则为30%。住房自有率也因地理区域而异。在城市贫穷人口中，这一比例仅为24%；在郊区这一比例为41%；在农村地区，这一比例为49%。在农村地区的老年贫穷人口中，住房自有率几乎达到75%。

表 11.3　1983 年、2001 年和 2013 年按财富构成和贫困状况划分的广义家庭财富

财富构成	1983 年				2001 年				2013 年			
	拥有率			平均价值比率，仅限持有人	拥有率			平均价值比率，仅限持有人	拥有率			平均价值比率，仅限持有人
	低于贫困线	高于贫困线	比率		低于贫困线	高于贫困线	比率		低于贫困线	高于贫困线	比率	
房主自住住房	0.383	0.676	0.57	0.57	0.331	0.729	0.45	0.38	0.322	0.704	0.46	0.49
交通工具	0.519	0.898	0.58	0.48	0.536	0.895	0.60	0.42	0.624	0.901	0.69	0.43
流动资产[a]	0.355	0.806	0.44	0.13	0.650	0.960	0.68	0.16	0.755	0.964	0.78	0.21
养老金账户[b]	0.151	0.443	0.34	0.50	0.108	0.585	0.19	0.23	0.061	0.561	0.11	0.30
非法人企业	0.049	0.157	0.31	0.53	0.026	0.133	0.20	0.28	0.038	0.114	0.33	0.85
投资型房地产	0.063	0.210	0.30	0.27	0.038	0.187	0.20	0.24	0.033	0.197	0.17	0.37
证券、股票、共同基金和信托基金	0.062	0.295	0.21	0.09	0.070	0.465	0.15	0.33	0.080	0.307	0.26	0.28
抵押债务	0.118	0.414	0.29	0.59	0.138	0.493	0.28	0.44	0.141	0.475	0.30	0.51
所有其他债务[c]	0.430	0.671	0.64	0.22	0.477	0.680	0.70	0.38	0.476	0.671	0.71	0.63

资料来源：作者对 1983 年，2001 年和 2013 年消费者财务状况调查的计算。

注：a. 支票账户、储蓄账户、定期存款、货币市场基金、存款证明和人寿保险的退保现值。

b. 个人退休账户（IRA）、基奥计划、401（k）计划、固定缴款养老金计划的累计价值，以及其他退休账户。

c. 除主要住宅外的所有不动产的抵押债务；信用卡、分期付款和其他债务。

产（证券、股票、共同基金和信托基金）。此外，贫困广义家庭拥
500 有的金融资产平均持有量不到非贫困线广义家庭的10%。

在债务方面，约12%的贫困广义家庭与31%的贫困房主持有抵押贷款债务，与之相比，非贫困广义家庭为41%，非贫困房主为61%。低于贫困线和高于贫困线的抵押贷款人之间未偿还抵押贷款平均价值的比率接近60%。43%的贫困广义家庭持有某种形式的其他债务，而非贫困广义家庭则为67%。但是，有债务的贫困家庭的其他债务平均值仅为非贫困广义家庭的1/5。

1983年，贫困广义家庭持有的总资产平均值是非贫困广义家庭的18%（见表11.4）。两组样本之间总债务的比率略低，为0.15，因此可变现财富（NWB，包含所有耐用品和家庭普通财产的净资产）平均值的比率略高，为0.19。这一比率高于收入平均值的比率（0.16）。[①] 可变现财富中位数的比率与平均值的比率几乎相同。当计算净资产时排除耐用消费品和家庭普通财产时，情况就不同了，这可以更好地衡量可支配财富，而不是可变现财富。两组样本的净资产平均值的比率为0.14，低于可变现财富的比率或收入的比率。贫困阶层净资产中位数几乎为零，因此两组样本之间净资产中位数的比率仅为0.02。

贫困广义家庭的可变现财富主要由三个部分组成：房主自住住房、耐用消费品和家庭普通财产。（全体）贫困广义家庭的住宅价值平均值是非贫困广义家庭的27%，贫困广义家庭的耐用品和家庭普通财产的平均值是非贫困广义家庭的52%。两组样本房

① 贫困和非贫困广义家庭的净资产平均值的比率大于两者收入平均值的比率，这一情况在很大程度上是一个统计假象。在贫困率计算中，广义家庭按收入排名，因此除非收入和财富完全相关，否则其净资产的相对差距必然小于收入差距。

主自住住房平均净权益的比率为 0.28，略高于住宅总价值的比率，因为贫困阶层的抵押贷款债务与住宅价值的比率相对较低。自住住房、耐用品和家庭普通财产共占贫困广义家庭总资产的 2/3，而非贫困线广义家庭的这一比例是 1/3 强。贫困阶层持有的唯一另一种有可观数量的其他资产是非法人企业股权，占其总资产的 16%。

所有其他资产合计仅占贫困阶层总资产的 16%。贫困家庭的活期存款、储蓄存款和其他流动资产的平均余额仅为非贫困家庭的 9%。两组样本之间金融证券、股票和其他资产的平均持有 502
量的比率仅为 0.02。两组样本财产收入的比率为 0.03，也是这个水平。

按年龄组划分的财富状况对比

贫困家庭和非贫困家庭按年龄组划分的财富持有模式差异很大。两个群体中都是年轻家庭的平均财富最低。然而，在贫困家庭中，中年家庭的财富高于老年家庭，而非贫困家庭的情况则相反。因此，贫困家庭和非贫困家庭的平均财富持有量的差异随年龄增长急速扩大。1983 年，两组样本的平均可变现财富净资产的比率从年轻家庭的 0.32 下降到中年家庭的 0.22，然后降至老年家庭的 0.12。平均净资产的模式略有不同，两组样本之间平均净资产的比率，年轻家庭与中年家庭基本相等，而老年家庭则非常低。净资产中位数是另一种情况。贫困样本和非贫困样本可变现财富中位数的比率，中年家庭显著低于年轻家庭，但老年家庭的比率略高于中年家庭。相比之下，三个年龄组的净资产中位数的比率依次上升。这个差异可以追溯到这样一个事实，即老年贫困样本的净资产和可变现财富平均值实际上低于中年贫困样本，而后者的净资产和可变现财富中位数高于前者。

按资产类型划分的财富也显示出巨大的差异。贫困家庭和非贫困家庭财富（不管是可变现财富还是净资产）的比率，老年家庭显著低于年轻家庭，但自住住房总价值和净值的比率则不然。贫困样本和非贫困样本非法人企业股权比率，中年家庭远高于年轻组或老年组。然而，贫困样本和非贫困样本的流动资产、投资型房地产，以及股票和金融证券的相对持有量随着年龄的增长而急剧下降，这些资产主要解释了财富随着年龄增长的总体模式。①

其他年份的相对财富

1962 年，以收入衡量的贫困广义家庭的财富状况比 1983 年
503 好。贫困和非贫困广义家庭的可变现财富平均值的比率 1962 年为 0.29，而 1983 年为 0.19，净资产的比率 0.26，而 1983 年为 0.14（见表 11.4）。但是，这两年可变现财富中位数与净资产中位数的比率大致相同。虽然这两个年份里，贫困样本和非贫困样本的住房价值和耐用品加家庭普通财产价值的平均值的比率非常接近，但以下几个分组在 1962 年的比率明显更高：流动资产（0.24 对 0.09），非法人企业（0.42 对 0.17），投资型房地产（0.18 对 0.08）和金融资产（0.16 对 0.02）。这两个年份的总债务平均值的比率相似。

---

① 乍一看，贫困和非贫困广义家庭的总体债务比率低于三个年龄组的贫困和非贫困广义家庭债务比率似乎有些奇怪。但是，这不是错误。贫困广义家庭的总体债务平均值是三个年龄组中每组贫困广义家庭债务平均值的加权平均值，类似于非贫困广义家庭的总体债务平均值。因此，总体比率可能低于（或高于）三个分组中某个分组。

表 11.4 1962 年、1983 年、2001 年和 2013 年按财富构成、贫困状况和年龄分组的广义家庭财富平均值

（贫困广义家庭与非贫困广义家庭的比率）

财富构成	所有年龄组	35 岁以下	35 ~ 64 岁	65 岁及以上	所有年龄组	35 岁以下	35 ~ 64 岁	65 岁及以上
	1962 年				1983 年			
房主自住住房	0.29	0.30	0.22	0.39	0.27	0.20	0.31	0.31
耐用消费品和家庭普通财产	0.50	0.55	0.51	0.56	0.52	0.58	0.52	0.53
流动资产[a]	0.24	0.08	0.18	0.22	0.09	0.14	0.11	0.06
非法人企业	0.42	0.40	0.58	0.14	0.17	0.11	0.25	0.05
投资型房地产	0.18	0.00	0.11	0.20	0.08	0.21	0.10	0.03
金融证券、股票、共同基金和信托	0.16	0.06	0.16	0.10	0.02	0.11	0.01	0.02
总债务	0.18	0.20	0.20	0.27	0.15	0.17	0.17	0.20
房屋净值[b]	0.33	0.60	0.24	0.38	0.28	0.26	0.32	0.30
总资产	0.28	0.28	0.28	0.20	0.18	0.27	0.22	0.12
可变现财富净值[c]	0.29	0.31	0.29	0.20	0.19	0.32	0.22	0.12
净资产	0.26	0.17	0.26	0.18	0.14	0.18	0.19	0.09
备注								
可变现财富净值中位数	0.20	0.42	0.23	0.29	0.20	0.36	0.16	0.19
净资产中位数	0.03	0.07	0.08	0.24	0.02	0.01	0.05	0.11
	2001 年				2013 年			
房主自住住房	0.17	0.19	0.17	0.24	0.22	0.17	0.23	0.40
交通工具	0.25	0.22	0.30	0.21	0.30	0.33	0.33	0.24
流动资产[a]	0.11	0.12	0.13	0.10	0.16	0.21	0.20	0.19

续表

财富构成	所有年龄组	35 岁以下	35~64 岁	65 岁及以上	所有年龄组	35 岁以下	35~64 岁	65 岁及以上
	2001 年				2013 年			
养老金账户[d]	0.04	0.03	0.04	0.08	0.03	0.02	0.04	0.05
非法人企业	0.06	0.36	0.05	0.00	0.28	0.30	0.32	0.42
投资型房地产	0.05	0.13	0.05	0.04	0.06	0.03	0.12	0.02
金融证券、股票、共同基金和信托	0.05	0.21	0.05	0.03	0.07	0.17	0.10	0.07
总债务	0.16	0.21	0.15	0.12	0.23	0.21	0.25	0.20
房屋净值[b]	0.20	0.25	0.20	0.25	0.27	0.37	0.27	0.44
总资产	0.09	0.20	0.09	0.09	0.15	0.18	0.18	0.20
包含交通工具的净资产[e]	0.09	0.20	0.09	0.10	0.15	0.17	0.18	0.20
净资产	0.09	0.20	0.08	0.09	0.14	0.14	0.17	0.20
备注								
包含交通工具的净资产中位数	0.09	0.02	0.04	0.12	0.15	0.15	0.04	0.20
净资产中位数	0.00	0.00	0.01	0.11	0.00	0.00	0.00	0.21

资料来源：作者对 1983 年，2001 年和 2013 年消费者财务状况调查和 1962 年消费者财务特征调查的计算。

注：a. 支票账户、储蓄账户、定期存款、货币市场基金、存款证明和人寿保险的退保现值。在 1962 年和 1983 年，该类别还包含个人退休账户和基奥账户。

b. 1962 年和 1983 年，在计算自住住房净权益时，总抵押贷款债务按比例分配给自住住房和其他房地产。2001 年和 2013 年，自住住房的抵押贷款债务直接根据调查数据计算得出。

c. 可变现财富等于净资产 + 耐用消费品 + 家庭普通财产。

d. 仅限 2001 年和 2013 年，个人退休账户、基奥计划、401（k）计划、固定缴款养老金计划的累计价值，以及其他退休账户。

e. 包含交通工具的净资产（NWA）等于净资产 + 交通工具。

贫困广义家庭的住房自有率从1983年的38%下降到2001年的33%，拥有住房的贫困样本的房屋价值平均值与非贫困样本的房屋价值平均值的比率从57%下降到38%（见表11.3）。这些年里，拥有某种形式流动资产的贫困广义家庭所占比例几乎翻了一番，拥有这些账户的贫困广义家庭账户平均价值与非贫困广义家庭的比率略有上升，从0.13上升到0.16。在此期间，拥有养老金账户的贫困广义家庭比例从15%降至11%，贫困养老金持有者的账户平均值与非贫困养老金持有者账户平均值的比率从0.50降至0.23。这些年里，拥有企业和投资型房地产的贫困阶层的比例也有所下降，这些资产的平均价值与非贫困样本的比率也有所下降，但拥有金融资产的贫困广义家庭的比例上升了一些，其金融资产平均值与非贫困广义家庭的比率也上升了一些。1983年到2001年，虽然贫困广义家庭的住房自有率下降，但有抵押债务和其他债务的贫困广义家庭的比例有所上升，而低于贫困线的贷款者的抵押债务平均值相对于高于贫困线的贷款者出现下降。总而言之，贫困广义家庭相对于非贫困广义家庭，其净资产平均值相对下降，从1983年的0.14降至2001年的0.09（见表11.4）。房主自住住房和非公司经济实体的相对价值下降是整体净资产相对下降的主要原因。中年家庭相对净资产的下降尤为明显。这主要是住宅价值和商业股权价值相对下降导致的。

与收入一样，在2013年，贫困广义家庭的相对净资产有所回升。2013年贫困和非贫困广义家庭的净资产比率增加到0.14，与
1983年水平相同（见表11.4）。这种反弹主要是由于房屋净值相 506
对价值的上升，从2001年的0.20上升到2013年的0.27，重回1983年水平。尽管贫困样本的住房自有率略有下降（非贫困样本的下降幅度略大一些），但情况依然如此。贫困广义家庭中非法人

企业价值平均值也显示出相对于非贫困广义家庭的急剧增长，从2001年的0.06增加到2013年的0.28，贫困样本和非贫困样本之间的流动资产比率也从0.11增加到0.16。净资产平均值的相对增长在中年组（从2001年的0.08增至2013年的0.17）和老年组（从0.09增至0.20）中尤其迅猛，主要是由于住宅（特别是老年组）、流动资产、企业和金融资产的相对价值的增加。相比之下，年轻家庭的净资产平均值比率下降（从0.20降至0.14），主要原因是房屋、非公司经济实体、非房地产和金融资产价值的相对下降。①

加入养老金和社会保障财富

在此分析中，我们在广义家庭财富组合中增加两种财富形式：固定收益养老金和社会保障。② 这两种财富与表11.3中所示的财富形式不同，因为它们既没有市场价值也没有现金退保价值。

---

① 观察贫困家庭财富分布前10%的财富将会非常有趣。1983年，这个群体的净资产平均值是202000美元，比全体非贫困样本的净资产平均值高出近25%，后者的净资产平均值为187000美元。对于贫困人口中的最富10%阶层，房屋净值平均为79000美元，即净资产平均值的39%。非法人企业股权价值平均为73000美元，远高于非贫困样本该资产的平均价值，其投资型房地产的平均价值为27000美元。非法人企业股权和投资型房地产共同占贫困人口中的最富10%阶层净资产的49%，而他们当中有39%持有某种投资。因此，似乎以净资产来衡量，贫困人口中大约有10%相对富裕，而4%至5%的贫困人口是“有地无钱”，他们收入很低但拥有非常高价值的商业资产 。

② 关于估算固定收益养老金和社会保障财富的方法论的细节，参见附录3和沃尔夫著作：“The Effects of Pensions and Social Security on the Distribution of Wealth in the U. S.” 载于 *International Comparisons of Household Wealth Distribution*（New York：Oxford University Press，1987），208 - 247。请注意，表11.5中所用的1983年数据所使用的方法论与2001年和2013年估算所使用的方法论不同。因此，我使用符号DBWA和SSWA来指1983年的估算。

估算固定收益养老金财富和社会保障财富的价值，是基于这些财富来源产生的预期收入流的现值。[①] 1983 年有 5% 的贫困样本报告收到固定收益退休金福利（包含私人养老金和政府养老金），而非贫困样本的这一比例为 12%（见表 11.5）。由于 36% 的贫困广义家庭里至少有一个家庭成员在 65 岁或以上，而非贫困广义家庭的这一比例为 41%，这一结果意味着 15% 的老年贫困家庭获得了某种形式的养老金，而非贫困老年家庭的这一比例为 28%。只有 7% 的贫困广义家庭报告他们在退休时可以期望获得某种形式的养老金福利，而非贫困家庭则为 26%。总共有 11% 的贫困广义家庭目前正在接受或预计会获得固定收益退休金福利，与之相比，非贫困广义家庭的这一比例为 37%。[②] 因此，非贫困广义家庭报告某种形式的固定收益养老金财富的相对数量超过贫困家庭的 3 倍。 507

贫困和非贫困样本的养老金财富平均值也存在很大差异。在当前受益人中，贴现率（r）为 1% 的固定收益养老金财富的平均值为 24350 美元，而非贫困样本的平均值为 125182 美元。在未来受益人中，两组样本养老金财富平均值有 3 倍以上的差异。总的来说，当前受益人和未来受益人的平均养老金财富，非贫困广义家庭大约是贫困广义家庭的 4 倍。

随着贴现率的上升，所有分组的养老金财富平均值都会下降。对于未来受益人的养老金财富而言，贴现率较高的养老金财富的折

① 参见 Martin Feldstein 著作："Social Security, Individual Retirement and Aggregate Capital Accumulation," 载于 *Journal of Political Economy* 82, no. 5（September/October 1974）：905 - 926。

② 应该指出的是，在 1983 年领取或预期会领取养老金福利的广义家庭数量，会少于当时领取和预期会领取养老金福利的广义家庭之和，因为一个广义家庭里可能有一个配偶目前正在领取福利，而另一个预期会领取福利。

表 11.5　1983 年、2001 年和 2013 年按贫困状况分组的养老金和社会保障财富（所有美元数字均为当时美元）

	1983 年受益人			2001 年受益人			2013 年受益人		
	当前	未来	全部	当前	未来	全部	当前	未来	全部
Ⅰ. 贫困家庭									
A. 固定收益（DB）养老金财富									
1. 拥有固定收益（DB）养老金财富的广义家庭比例	0.053	0.066	0.112	0.030	0.082	0.112	0.018	0.045	0.062
2. DBWA 平均值（仅限受益人）									
(a) r = 0.01	24350	43808	37900						
(a) r = 0.02	21785	31772	29485						
(a) r = 0.03	19637	23143	21582						
3. DBW 平均值（仅限受益人）				24061	57858	48755	43442	59803	55220
B. 社会保障财富									
1. 拥有社会保障财富的广义家庭比例	0.189	0.635	0.812	0.174	0.667	0.842	0.155	0.718	0.874
2. SSWA 平均值（仅限受益人）									
(a) r = 0.01	66908	54811	65584						
(a) r = 0.02	60876	38804	56204						
(a) r = 0.03	55687	28006	49067						
3. SSW 平均值（仅限受益人）				89998	80980	82850	104194	92152	94293
Ⅱ. 非贫困家庭									
A. 固定收益（DB）养老金财富									

续表

	1983 年受益人			2001 年受益人			2013 年受益人		
	当前	未来	全部	当前	未来	全部	当前	未来	全部
1. 拥有固定收益(DB)养老金财富的广义家庭比例	0.115	0.258	0.367	0.109	0.271	0.380	0.145	0.234	0.379
2. DBWA 平均值(仅限受益人)									
(a)r=0.01	125182	157785	149859						
(a)r=0.02	114418	127401	123783						
(a)r=0.03	105097	101723	103727						
3. DBW 平均值(仅限受益人)				169635	139465	148099	242445	172573	199262
B. 社会保障财富									
1. 拥有社会保障财富的广义家庭比例	0.144	0.848	0.958	0.199	0.776	0.976	0.237	0.739	0.976
2. SSWA 平均值(仅限受益人)									
(a)r=0.01	87304	81436	87463						
(a)r=0.02	81263	64153	74550						
(a)r=0.03	75853	51404	64593						
3. SSW 平均值(仅限受益人)				166904	150547	153891	240085	185874	199031

资料来源：作者对 1983 年、2001 年和 2013 年消费者财务状况调查数据的计算。年龄分组基于户主。

注：变量 r 是计算 DBWA 和 SSWA 的贴现率。对于 1983 年数据，单独计算了 DBWA 和 SSWA 的当前受益人和未来受益人。该列不一定等于前两列之和，因为单个广义家庭可能同时拥有当前受益人和未来受益人。

在 2001 年和 2013 年，固定收益养老金财富和社会保障财富是按广义家庭计算的，对广义家庭按受益人身份分类是基于户主的受益人身份。

缩写：DBW 和 DBWA，固定收益养老金财富；SSW 和 SSWA，社会保障财富。

旧远远大于当前受益人，因为需要等待的年份更多。在预期得到养老金福利的贫困家庭中，随着贴现率从约 1% 上升至约 3%，他们的养老金平均价值下降了 47%。如果贴现率从 1% 上升到 3%，则在所有贫困样本和非贫困样本中，养老金财富持有者的养老金财富平均值的比率从 0.25 降至 0.21。

贫困家庭和非贫困家庭持有社会保障财富比固定收益养老金财富更为普遍。1983 年，19% 的贫困广义家庭当前正在领取社会保障福利。此外，在 64% 的贫困广义家庭中，丈夫或妻子在退休时有望领取社会保障福利。合计总共有 81% 的贫困样本当前正在领取或预计未来会领取社会保障福利。在非贫困家庭中，14% 的人当前正在领取社保福利，85% 的人预计将来会领取，96% 的样本当前正在领取或期待未来会领取社保福利。贫困与非贫困样本的社会保障覆盖率之比为 0.85，远高于固定收益养老金覆盖率的相应比率。

贫困与非贫困社保受益人的平均社会保障财富的比率也远远高于相应固定收益养老金财富的比率。在当前受益人中，该比率为 0.77（贴现率为 1%），未来受益人的相应比率为 0.67。针对当前受益人和未来受益人合计社保财富，两个样本的比率为 0.75，并
510 且这个比率不随贴现率变化而变化。

表 11.5 还显示了 2001 年和 2013 年的结果。[①] 2001 年，11% 的贫困广义家庭正在领取或预计会领取固定收益养老金，与 1983 年相同，38% 的非贫困家庭正在领取或预计会领取固定收益养老金，与 1983 年大致相同。但是，2001 年两组样本的全体受益人的

① 对于 2001 年和 2013 年，我根据实际收入的历史趋势和当前法律规定的社会保障福利计算公式，以及 2% 的实际贴现率，计算了一个养老金财富和一个社会保障财富估算值。详细信息，请参阅本书的附录 3。

固定收益养老金财富平均值的比率更高，为 0.33，而 1983 年则为 0.21 至 0.25。2001 年贫困广义家庭的社会保障覆盖率为 0.84，而 1983 年为 0.81，非贫困广义家庭的社会保障覆盖率为 0.98，而 1983 年为 0.96。2001 年，贫困广义家庭和非贫困广义家庭的当前和未来受益人的社会保障财富平均值的比率均为 0.54，1983 年这一比率比较低，为 0.75。

到 2013 年，只有 6% 的贫困广义家庭领取或预计会领取固定收益养老金，远低于 2001 年。这一结果主要反映了这些年来低收入工人逐渐失去了固定收益养老金计划。[①] 与之相反，38% 的非贫困广义家庭是当前或未来固定收益养老金受益人，几乎与 2001 年完全相同。贫困和非贫困样本全体受益人的固定收益养老金财富平均值的比率为 0.28，低于 2001 年。2013 年贫困广义家庭的社会保障覆盖率为 87%，与之相比，2001 年为 84%；非贫困广义家庭的覆盖率为 98%，与 2001 年完全相同。贫困家庭和非贫困家庭全体社保受益者的社会保障财富平均值的比率从 2001 年的 0.54 下滑至 2013 年的 0.47。

表 11.6 计算了贫困家庭和非贫困家庭的增广财富，其中增广财富的定义是可变现财富、固定收益养老金财富和社会保障财富之和。1983 年，贫困和非贫困全体家庭（包含受益人和非受益人）的固定收益养老金财富平均值的比率在 0.07 和 0.08 之间，具体取决于贴现率。贫困样本和非贫困样本社会保障财富平均值的比率在 0.63 和 0.64 之间，大大高于养老金或可变现财富的相应比率。向广义家庭财富组合中增加平均养老金财富，使贫困和非贫困样本的财富平均值的比率从 0.19 降到 0.16 左右。增加社会保障财富产生

① 详细信息，请参阅第八章。

了相反的效果，将两组样本之间的财富平均值的比率提高到约
511 0.29。因此，将两种类型的财富加入广义家庭财富组合的总效果是均衡的。

表 11.6　1983 年、2001 年和 2013 年按贫困状况和年龄分组的财富平均值，包含养老金和社会保障财富（所有美元数字均为当时美元）

构成	所有年龄			比率:低于贫困线/高于贫困线	
	贫困	非贫困线	所有年龄	65 岁以下	65 岁及以上
Ⅰ. 1983 年					
1. 可变现净资产(NWB)	30302	163062	0.19	0.25	0.12
2. 贴现率 r = 0.01					
(a)养老金(DBWA)	5517	69208	0.08	0.09	0.03
(b)社会保障财富(SSWA)	63501	100151	0.63	0.66	0.43
(c)NWB + DBWA	35719	232270	0.15	0.17	0.10
(d)增广财富	99220	332421	0.30	0.34	0.17
AWB = NWB + DBWA + SSWA					
3. 贴现率 r = 0.02					
(a)养老金(DBWA)	4245	54998	0.08	0.09	0.03
(b)社会保障财富(SSWA)	53254	83790	0.64	0.69	0.44
(c)NWB + DBWA	34447	218060	0.16	0.18	0.10
(d)AWB = NWB + DBWA + SSWA	87701	301850	0.29	0.34	0.17
4. 贴现率 r = 0.03					
(a)养老金财富(DBWA)	3302	45428	0.07	0.09	0.03
(b)社会保障财富(SSWA)	45638	71419	0.64	0.71	0.44
(c)NWB + DBWA	33504	208490	0.16	0.18	0.10
(d)AWB = NWB + DBWA + SSWA	79142	279909	0.28	0.33	0.17
Ⅱ. 2001 年					
1. 可变现净资产(NW)	36787	432460	0.09	0.08	0.09
(a)养老金财富(DBW)	5478	56217	0.10	0.13	0.04

续表

构成	所有年龄			比率:低于贫困线/高于贫困线	
	贫困	非贫困线	所有年龄	65 岁以下	65 岁及以上
(b)社会保障财富(SSW)	69724	150148	0.46	0.46	0.47
(c)NW + DBW	42265	488677	0.09	0.08	0.09
(d)AW = NW + DBW + SSW	111989	638825	0.18	0.17	0.11
Ⅲ. 2013 年					
1. 可变现净资产(NW)	81975	576391	0.14	0.13	0.20
(a)养老金财富(DBW)	3450	75471	0.05	0.07	0.02
(b)社会保障财富(SSW)	82395	194325	0.42	0.48	0.28
(c)NW + DBW	85425	651862	0.13	0.13	0.19
(d)AW = NW + DBW + SSW	167819	846187	0.20	0.20	0.20

资料来源：作者对 1983 年、1992 年、2001 年和 2013 年消费者财务状况调查的计算。年龄分组基于户主。

对于贫困和非贫困广义家庭固定收益养老金和社会保障财富的差异，65 岁以下的广义家庭要远低于 65 岁及以上的老年广义家庭。在 65 岁以下的广义家庭中，将这两种财富添加到家庭财富组合中，使两个分组相对财富差距从 0.25 缩小到 0.32 到 0.34 一个范围区间。在老年样本中，差距从 0.12 缩小到 0.16 或 0.17。因此，就退休财富降低财富不平等程度的效应而言，在年轻广义家庭中比在老年广义家庭中大。

2001 年，全体年龄组贫困和非贫困样本的净资产平均值的比率为 0.09，而 1983 年可变现财富的比率为 0.19。但是，差异主要是由净资产中排除了耐用消费品和家庭普通财产造成的。2001 年贫困和非贫困样本养老金财富的比率略高，为 0.10，与之相比，1983 年为 0.07 或 0.08，但 2001 年社会保障财富的比率相当的低，2001 年与 1983 年分别为 0.46 和 0.64。在净资产中增加养老金财富，对贫困与非贫困样本的净资产比率的影响非常小，不过 1983 年的比率降低了。加入社会保障财富后，两个分组的平均财富的比率从 0.09 增加到 0.18，与 1983 年的程度相同。

与 1983 年一样，比较 2001 年贫困和非贫困样本的固定收益养老金财富的差异，非老年分组比老年分组小，这与 1983 年不同，当时非老年分组和老年分组的差距大致相同。在 65 岁以下的广义家庭中，把固定收益养老金财富和社会保障财富加入广义家庭财富组合中，使贫困样本和非贫困样本的相对财富比率从 0.08 增加到 0.17，与 1983 年相同。但是，在老年分组中，这一比率仅上升了 0.02，远低于 1983 年。与 1983 年一样，对于增加养老金和社会保障财富的降低财富不平等程度效应来说，年轻分组要大于老年分组。

到 2013 年，贫困与非贫困样本的净资产比率至从 2001 年的 0.09 上升至 0.14。另一方面，养老金财富的比率下降了一半，从 0.10 降至 0.05，社会保障财富比率也从 0.46 降至 0.42。与 2001 年一样，将固定收益养老金财富添加到到净资产中，几乎没有改变贫困与非贫困样本净资产的比率。另外，增加社会保障财富，将该财
513 富比率从 0.14 提高到 0.20，与 2001 年的程度大致相同。

贫困率的替代算法

贫困阈值的替代定义可以影响贫困率的估算。官方贫困率衡量标准完全基于广义家庭收入。然而，贫困作为一个概念应该合理的反映出贫困户缺少的维持最低福利水平的总体经济资源。本节分析提出了同时基于家庭可支配收入和可支配财富的替代贫困衡量标准。与完全基于收入的衡量指标相比，这种联合指标可以更好地衡

量可用经济资源。

在计算替代贫困率时可以使用两种技术。第一种是以给定的利率将持有财富转换为年金或收入流。为此，仅使用财务资源（定义为净资产减去房屋净值）是有意义的，因为财富的其他组成部分都是直接用于消费需求。此外，假设年金的支付方式与债券息票一样，因此净资产的资本价值保持不变。计算中使用了三种替代利率：0.03、0.05 和 0.07。

在表 11.7 中，A 组、B 组和 C 组的第一行显示了如果从财务资源计算出年金，加入家庭收入后，根据人口普查局的算法（假设官方贫困线保持不变），贫困率将是多少。该程序提高了收入的衡量指标，因此降低了贫困率的衡量指标。然而，因为财务资源里包含租金、利息、股息和非法人企业盈利等形式的收入，因此这样处理存在一些重复计算。因此，在第 2 行中，从“总”年金值中减去财产收入。另一个未被计入货币收入的收入来源是房主自住住房的估算租金。其原因是住房所有者的住房支出通常低于相似住宅的租户支出，因为房主积累了房屋权益，并且拥有自己住宅的资本收益，这种差异应该算作房主收入的一部分。总估算租金应当计算为房主自住住房总价值的年金收入流（见第 3 行）。1983 年计算的净估算租金定义为总估算租金减去实际支付的抵押贷款利息，房主保险和财产税（第 4 行）。[①] 对于 2001 年和 2013 年，使用房屋净值的收益来衡量净估算租金。在第 5 行中，贫困率计算基于家庭收入，从财务资源计算得到的 514
总年金和总估算租金之和，而在第 6 行，使用相应收入的净值。

这些计算颇有启迪。假设利率为 3%，扩大收入定义范围对 1983 年的总体贫困率相对没有影响。1983 年，财务资源估算的平

① 1962 年没有这些数据。

均年金占贫困家庭平均收入的10%，基于家庭收入和年金总额计算的贫困率为基于家庭收入计算的贫困率的94%（A组第1行）。1983年，自有住房的平均（总）估算租金相当于家庭平均收入的7%，根据家庭收入和总估算租金之和调整后的贫困率为基于收入计算的贫困率的94%（A组第3行）。在收入中包含总年金和总估算租金导致贫困率从基线贫困率下降10%（A组第5行）。但是，老年家庭的贫困率指标下降幅度要大得多，因为他们有较高的住房拥有率，拥有可观的净资产的人数也相对较多。在收入中包含总年金和总估算租金导致老年家庭的贫困率指标降低了19%。但是，当使用来自财务资源的净年金和净估算租金来代替总年金和总估算租金后，老年样本的贫困率指标仅下降了11%（A组第6行）。

假设利率为5%，1983年财务资源折算的平均年金占贫困样本平均家庭收入的16%，平均估算租金占11%。加入总年金和总估算租金导致贫困指标下降16%，而包含相应的净值导致贫困指标下降10%。在老年人口中，这样操作贫困指标下降幅度更大，分别为41%和22%。假设利率为7%，财务资源的总年金相当于贫困家庭收入的23%，而总估算租金占16%。加入总年金和总估算租金导致贫困率指标下降了18%，加入相应净值导致贫困率指标下降13%。对于老年样本，相应的下降幅度分别为44%和33%。①

① 在频谱的另一端出现了这个问题，就是低收入高财产穷人的相对数量。这些可以被认为是“有地无钱”，他们拥有高价值资产但收入很低。按3%的年金利率计算，1983年只有15%的贫困人口的年金收入比率超过0.20，只有6%的比率超过0.50。按5%的年金利率计算，20%的贫困家庭的年金收入比率高于0.20，10%的贫困家庭的年金收入比率大于0.50。按7%的年金利率计算，25%的贫困家庭的年金收入比率高于0.20，14%的年金收入比率大于0.50。因此，似乎只有相对较小比例的穷人明显拥有净资产，这证实了第653页脚注①中报告的结果。

表 11.7　1962 年、1983 年、2001 年和 2013 年基于家庭收入和家庭财富计算的替代贫困率（收入贫困率的相对贫困率）

构成	1962 年	1983 年			2001 年			2013 年		
	全部年龄组	65 岁以下	65 岁及以上	全部年龄组	65 岁以下	65 岁及以上	全部年龄组	65 岁以下	65 岁及以上	全部年龄组
Ⅰ. 家庭收入(Y)	1.000	1.000	1.000	1.000	1.000	1.000	1.000	1.000	1.000	1.000
Ⅱ. 家庭收入(Y)+年金财富										
A. 利率 0.03										
1. Y + 从财务资源计算的总年金	0.872	0.967	0.840	0.941	0.980	0.880	0.958	0.988	0.912	0.975
2. Y + 从财务资源计算的净年金	0.909	0.975	0.885	0.957	0.992	1.019	0.997	1.021	0.954	1.010
3. Y + 估算租金总额	0.941	0.945	0.908	0.937	0.957	0.792	0.921	0.950	0.709	0.908
4. Y + 估算租金净值[a]		0.993	0.961	0.986	0.967	0.798	0.930	0.975	0.717	0.930
5. Y + 从财务资源计算的总年金 + 租金总额	0.814	0.928	0.809	0.904	0.923	0.692	0.873	0.949	0.657	0.898
6. Y + 从财务资源计算的净年金 + 租金净值		0.969	0.885	0.952	0.945	0.819	0.918	0.995	0.694	0.943

续表

构成	1962 年	1983 年			2001 年			2013 年		
	全部年龄组	65 岁以下	65 岁及以上	全部年龄组	65 岁以下	65 岁及以上	全部年龄组	65 岁以下	65 岁及以上	全部年龄组
B. 利率 0.05										
1. Y + 从财务资源计算的总年金	0.805	0.941	0.824	0.916	0.969	0.843	0.942	1.002	0.890	0.982
2. Y + 从财务资源计算的净年金	0.827	0.940	0.822	0.917	0.979	0.958	0.975	1.025	0.927	1.007
3. Y + 估算租金总额	0.909	0.917	0.798	0.890	0.924	0.684	0.872	0.919	0.622	0.867
4. Y + 估算租金净值[a]		0.970	0.943	0.964	0.947	0.689	0.891	0.954	0.645	0.900
5. Y + 从财务资源计算的总年金 + 租金总额	0.736	0.902	0.592	0.838	0.899	0.607	0.836	0.936	0.600	0.877
6. Y + 从财务资源计算的净年金 + 租金净值		0.935	0.779	0.903	0.927	0.671	0.871	0.982	0.651	0.925
C. 利率 0.07										
1. Y + 从财务资源计算的总年金	0.768	0.919	0.738	0.882	0.958	0.812	0.927	1.005	0.874	0.982
2. Y + 从财务资源计算的净年金	0.786	0.919	0.747	0.884	0.967	0.897	0.952	1.022	0.905	1.002

续表

构成	1962年	1983年			2001年			2013年		
	全部年龄组	65岁以下	65岁及以上	全部年龄组	65岁以下	65岁及以上	全部年龄组	65岁以下	65岁及以上	全部年龄组
3. Y + 估算租金总额	0.872	0.892	0.745	0.859	0.902	0.639	0.845	0.894	0.545	0.833
4. Y + 估算租金净值[a]		0.951	0.886	0.936	0.933	0.648	0.871	0.944	0.588	0.882
5. Y + 从财务资源计算的总年金 + 租金总额	0.691	0.886	0.561	0.819	0.865	0.555	0.798	0.912	0.526	0.845
6. Y + 从财务资源计算的净年金 + 租金净值		0.915	0.674	0.865	0.899	0.603	0.835	0.979	0.591	0.911
Ⅲ. 综合收入和财富标准										
1. $Y < Y_p$ 和 $NW < NW_{.5}$		0.871	0.768	0.850	0.894	0.731	0.859	0.900	0.601	0.848
2. $Y < Y_p$ 和 $NW < NW_{.25}$		0.662	0.504	0.629	0.663	0.407	0.607	0.544	0.240	0.491
3. $Y < Y_p$ 和 $NW < NW_{.20}$		0.604	0.473	0.577	0.568	0.306	0.512	0.362	0.092	0.315

资料来源：作者对1983年、1992年、2001年和2013年消费者财务状况调查的计算。年龄分组基于户主。

注：财务资源 = 净资产房屋净值。

Yp = （官方）以收入衡量的贫困线。

$NW_{.5}$ = 净资产中位数。

$NW_{.25}$ = 净资产第25百分位数。

$NW_{.20}$ = 净资产第20百分位数。

a. 对于2001年和2013年，我在计算中使用房屋净值而不是房屋价值总额。

1962 年的结果更加显著。假设利率为 3%，将年金加入收入，
515 可以使全体广义家庭的贫困率指标降低 13%；而包含净年金流将导致的贫困率下降 9%，这两个比例均高于 1983 年。增加总年金流和总估算租金使贫困率指标降低 19%，也大大高于 1983 年。添加总年金流量和总估算租金，假设利率为 5%，贫困率下降 26%；假设利率为 7%，贫困率下降 31%。

2001 年的结果大致与 1983 年的结果相当。假设利率为 5%，包含总年金和总租金使非老年样本贫困率下降 10%；与 1983 年相同，包含净年金和净租金使贫困率下降 7%，大致与 1983 年相同。在老年样本中包含总年金和总租金，使 2001 年的贫困率降低了 39%，与之相比 1983 年为 41%；包含净年金和净租金使贫困率降低 33%，与之相比 1983 年为 22%。相比之下，2013 年的结果显示，非老年样本贫困指标降低幅度要小得多，这反映了大衰退时期的金融崩盘。假设利率 5%，包含总年金和总租金仅使贫困率降低 6%，与之相比 2001 年为 10%；包含净年金和净租金使贫困率下降 2%，与之相比 2001 年为 7%。在老年广义家庭中，2013 年与 2001 年的结果非常相似，因为老年广义家庭更能抵御金融危机的有害影响。

用于计算替代贫困率的第二种方法是基于家庭收入和家庭净资产的联合阀值。在本分析中，用于衡量广义家庭财富的三个阈值分别是：财富整体分布的中位数，第 25 百分位数和第 20 百分位数。贫困被定义为收入和财富的不足。根据这种联合阀值计算的替代贫困率远低于人口普查局仅依据家庭收入计算的贫困率（见表 11.7 第Ⅲ组）。1983 年，使用广义家庭收入和财富中位数的联合贫困标准导致贫困率指标降低 15%；使用广义家庭收入和财富分布第 25 百分位数联合贫困标准使贫困率降低 37%；而使用广义家庭收入

和财富分布第20百分位数联合贫困标准使贫困率降低了42%。老年广义家庭贫困率的降低幅度明显大于非老年广义家庭，这是因为前者的相对财富更多。 518

谁是资产贫困？1983～2013年资产贫困的水平、趋势和构成

从1983年到2007年，广义家庭财富的强劲增长产生了这样一种印象，那就是美国广义家庭表现不错，特别是在获取财富方面。但是对于许多广义家庭来说，情况绝对不是这样。在大衰退时期资产贫困状况甚至进一步恶化。表11.7引入了联合收入和财富标准来衡量贫困率。本节将“资产贫困”概念作为经济困难的衡量标准，这个概念与更常用的“收入贫困”概念不同，并与之相辅相成。

资产贫困衡量的是，在某个临时困难时期，哪些美国广义家庭缺乏维持基本消费水平的资产。我需要强调，这种贫困概念仅基于资产持有量，并不考虑广义家庭的收入水平。这里的核心问题是，如果在某个临时时期，某个广义家庭无法获得其他收入来源，特别是净收入，那么该广义家庭持有的资产是否能够使其维持最低消费水平下的生活。因此，这种衡量指标是标准的收入贫困衡量指标的补充。收入贫困指标将贫困广义家庭定义为其年收入不能维持其社会公认的最低消费水平，避开了其拥有的资产；而资产贫困指标定义贫困广义家庭为其财富和资产不能维持其在上述最低消费水平下生活，避开了其家庭收入。

在大致讨论了贫困衡量指标之后，本章将着重讨论美国官方收入贫困指标，该指标可作为一个基础来评估美国最不富裕

的一批公民的状态。四种替代资产贫困指标采用了财富的替代概念，但使用相同的贫困截止阈值。该分析还采用绝对美元截止阀值来衡量资产贫困，不考虑家庭规模。这些指标表明，虽然美国整体资产大幅增长，至少从1983年到2007年是这样，但是资产贫困水平实际上在不断上升。而在大衰退时期，资产
519 贫困急剧上升。

本章分析提供了2001年全体人口资产贫困的详细信息，以及按种族、年龄、受教育程度、职业和家庭类型划分的分组样本的详细信息。有了这些详细信息，我们对1983年至2013年的资产贫困趋势进行了调查。并将资产贫困趋势与收入贫困趋势进行比较，探讨资产贫困和收入贫困的普遍性和构成差异，并制定收入贫困和资产贫困的联合衡量标准。

贫困的概念：需求和资源

虽然减贫是世界各国和国际组织的普遍目标，但显然还没有一种普遍接受的方法来确定谁是贫困户。一些人认为应该建立一种多维贫困概念，来反映社会福祉的多个方面。在这个背景下，被剥夺社会联系的人（与朋友和家人）被描述为社会孤立，因此在这个维度属于贫困。相似的，生活在肮脏住房中的人被视为“住房贫困”，缺少健康的人被视为“健康贫困”。经济学家倾向于选择一个经济困难概念，反映这个家庭的可用资源，或其“经济地位”或“经济福祉”，这个概念可以某种方式来衡量。收入通常被视为可用资源的衡量标准，然后将其与家庭的收入需求进行比较。这一经济概念是美国官方贫困衡量标准的基础，也是国家研究委员会（NRC）专家组报告提出的

对其进行修订的基础。①

事实上，所有经济学贫困指标都将贫困家庭确定为那些经济地位（根据其控制的资源定义）低于某种最低可接受水平的家庭。这样一种贫困指标有两个要素，即对“经济资源”的精确定义，和衡量最低可接受水平的社会福祉（或“必需品”）的指标，该衡量指标可以与“资源”概念相匹配。② 这种衡量指标并未界定人们在商品和服务上的偏好（例如，是必需品还是奢侈品），也未区分人们在工作与休闲上的偏好。此外，它允许根据广义家庭的规模和组成进行区分，并且它允许获取这些资源的跨时期的变化和（至少是原则上）一个人“享受”这些资源成果的能力（例如，一个人的健康状况）。虽然它确 520
实将“获取资源”与“经济地位”或“社会福祉”联系起来，因此排除了许多可能影响“效用”的因素，但与“掌控资源”无关。

在这种经济观点中，对于确定哪种具体的经济福利指标最能界定那些经济地位低于某种最低可接受水平的家庭，有着巨大分歧。例如，美国官方的贫困衡量指标基于一个家庭的年度现金收入，并将其与某些最低年收入标准或“贫困线”进行比较。另一种衡量指标——同样是合理的——是年消费水平，它更好地反映了一个家

① 贫困与家庭援助小组的报告中描述了这一拟议的修订，该小组由美国国家科学院国家研究委员会下属国家统计委员会任命［参见康斯坦斯·F. 奇特罗和罗伯特·T. 迈克尔编辑《衡量贫困的新方法》（*Measuring Poverty: A New Approach*）（华盛顿特区：国家科学院出版社，1995 年）］。

② 阿马蒂亚·森（Amartya Sen）认为必需品标准（或贫困线）“自带某些绝对正当性，”因为低于这个水平导致“一个人无法充分参与社会活动，或因为无法满足传统而遭受公共羞辱”。参见：《重新审视不平等》。（*Inequality Reexamined*）（马萨诸塞州剑桥：拉塞尔·塞奇基金会和哈佛大学出版社，1992 年），第 167 页。

庭获取的资源，还有一个衡量指标是家庭产生收入的能力，这是一个更全面的指标。①

1983～2013年美国官方贫困和收入中位数数据

美国对贫困的官方定义在制定国家社会政策时起着特殊的作用。这里有一个例子，20世纪60年代的“向贫困宣战”运动，其最重要的一个贡献就是设立官方的国家“贫困线”。这个官方衡量指标（包含国家研究委员会［NRC］对其的修订）有几个清晰的特征。第一，它是一个“收入”贫困的衡量指标，其目的是确认哪些家庭没有足够的年现金收入（在某些情况下，包含现金收入的近似品，例如贫民食物券等）来满足其年度基本需求，这个年度基本需求是事先制定的。其本质是对比每个居住单位的2个数字指标——其年收入水平和依据一个居住单位的规模和构成，保证其最低消费水平所需要的收入水平。这个衡量标准仅依靠年收入作为资源的指标，它忽略了很多潜在的公用设施资源和福利资源（例如社会融入，或者“安全”），这些资源与年收入流的关联不大。第二，与欧洲通常采用的相对贫困指标不同（贫困线的定义相对于收入中位数），美国指标使用绝对贫困衡量指标。因此，只有低于绝对贫困阈值的家庭把其收入提高到阈值以上，财富不平等程度降低才能被贫困率降低所反映。货币收入最低的家庭与社会其他家庭之间的差距越来越大，不会影响

① 参见Robert Haveman和Melissa Mullikin著作：“Alternative Measures of National Poverty：Perspectives and Assessment，”载于*Ethics，Poverty and Inequality and Reform in Social Security*，编辑：Erik Schokkaert（London：Ashgate Publishing Ltd.，2001），在文中作者讨论了这些替代贫困率的优缺点。

官方贫困率。 521

美国指标所依赖的经济资源概念（年度现金收入）一直受到批评。同样，贫困率的分母——最低收入需要指标——的任意性也受到批评。① 鉴于其薄弱的概念基础和其美元阈值所依赖的粗糙的经验证据，美国官方贫困线基本上是一种武断的概念。最后，该标准根据家庭规模和家庭构成的差异对贫困线进行的调整，其概念基础和经验基础也很脆弱。②

① 相关案例参见 Patricia Ruggles 著作：*Drawing the Line*：*Alternative Poverty Measures and Their Implications for Public Policy*（Washington，DC：Urban Institute Press，1990）。

② 对官方衡量指标最基本的批评集中在它所依据的基本社会目标上：现金收入可能不是衡量社会福祉或社会地位的最重要指标。同样，在评估贫困趋势时，也许应该考虑到总体生活水平的总趋势，就像考虑贫困的相对衡量指标一样。除了不考虑官方措施所依据的社会目标外，大多数其他对官方衡量指标的批评集中在用年收入来衡量"经济资源"的充分性上。目前作为贫困率分子的现金收入，虽然可能反映了家庭持有的现金收入可以满足其生活必需的程度，但它不能显示家庭可以支撑的消费支出水平。对于许多家庭来说，年收入随着时间的推移而大幅波动。失业、裁员、决定参加职业中期培训或改变工作、健康原因，还有特别是来自农业和自营职业的收入流，都可能导致广义家庭的货币收入从一年到下一年发生大幅度变化。即使作为一个家庭满足其生活必需能力的指标，当前现金收入也存在缺陷——它既没有反映接收的实物转移价值（例如，贫民食物券和医疗补助计划，这两者是美国给予低收入家庭的经济福祉），也没有反映家庭应承担的税款。虽然税收制度的一个组成部分，劳务所得税抵免，已经扩展成为低收入工作人口的主要政府补助形式，但符合条件的退还税款被视为负税收，因此没有包含在官方贫困标准使用的收入定义中。同样，当前现金收入——官方贫困衡量指标——反映了个人持有的资产的利息和股息资金流，但并没有反映资产本身的价值，也没有反映休闲时间（或自愿非工作时间）的价值。（对于国家研究委员会提议修订的官方贫困措施而言，这种情况较少，因为它试图在评估资源与需求之间的关系时考虑一些实物福利。）官方的贫困衡量指标也没有提到家庭处理各种来源的收入的隐含价值的差异。公共转移、市场工作和金融资产回报等对家庭福祉的贡献被一视同仁。

表 11.8　1983～2013 年官方家庭收入贫困率和家庭收入中位数

年份	官方家庭贫困率（%）	家庭收入中位数[a]（千美元，按 2013 年美元计算）
1983	12.3	54.6
1989	10.3	62.1
1992	11.9	59.5
1995	10.8	61.6
1998	10.0	66.7
2001	9.2	67.6
2004	10.2	66.7
2007	9.8	68.9
2010	11.8	64.4
2013	11.2	63.8

资料来源：美国人口普查局：https：//www2. census. gov/programs － surveys/cps/tables/time － series/historical － poverty － people/hstpov4. xls 和 https：//www2. census. gov/programs － surveys/cps/tables/time － series/historical － income － families/f05. xls，2017 年 4 月 12 日采集。

注：a. 基于消费者物价指数 CPI－U－RS 修正。

尽管存在批评，美国官方的贫困衡量标准为判断资产贫困提供了一条基线。表 11.8 显示了 1983 年至 2013 年，美国家庭贫困百分比的相关数据，这里的年份与本章使用的资产贫困指标相对应，还有这些年份以定值美元计算的家庭收入中位数的官方数据。

自 20 世纪 80 年代初以来，以贫困率和收入中位数代表的社会福祉指标都跟随宏观经济状况发展。在 20 世纪 80 年代初的严重衰
522 退结束时，家庭收入贫困率超过 12%。[①] 在这次经济衰退之后几年的经济增长中，贫困率稳步下降，到 1989 年降到 10.3% 的水平。

① 这些数字不应与公布的贫困率数字相混淆，它们是基于个人（即“人头数”）的数据。

到 1992 年，随着 20 世纪 90 年代早期的经济衰退浮现，家庭贫困率再次上升。然而，在 20 世纪 90 年代的长期经济扩张中，收入贫困率再次下降，1995 年降至 10.8%，1998 年降至 10%，2001 年降至自 20 世纪 70 年代以来的最低水平——9.2%。贫困率在 2007 年保持在低位，为 9.8%，但随后在大衰退中飙升至 2010 年的 11.8%。到 2013 年，它略微下降到 11.2%。

在此期间家庭收入中位数的变化模式与之平行相伴，该数值从 1983 年的 5460 美元（2013 年美元）增加到 1989 年的 62100 美元，然后在 20 世纪 90 年代早期的经济衰退期间跌至 59500 美元。在 20 世纪 90 年代以及 21 世纪初期的持续经济增长导致家庭收入中位数在 2001 年增加到 67600 美元，然后到 2007 年涨到 68900 美元。大衰退导致家庭收入中位数下降，2010 年降至 64400 美元，2013 年降至 63800 美元。

资产贫困：相关概念

这里使用的资产贫困定义和衡量指标认为某些处于脆弱经济地位的家庭缺乏由持有资产组成的“安全网”。[①] 如果没有其他收入来源支持，如劳动收入或公共转移，则只剩下资产来避免穷困潦倒。一个广义家庭，如果其资产不足以维持其在一段时间（三个月）内的基本生活需求，则被认定为资产贫困。这项措施并没有考虑该个体的年收入状况，因此仅仅用来补充根据收入流来判定贫困的相关指标。

---

① 资产贫困的概念首先由 Melvin L. Oliver 和 Thomas M. Shapiro 在著作 *Black Wealth, White Wealth*（New York：Routledge，1997）中提出。

比收入贫困指标或资产贫困标准更严格的指标，是在界定贫困的同时考虑收入和资产状况（见表11.7）。这种联合收入/资产衡量标准标记既没有足够的收入也没有足够的资产来维持一定时期内的最低消费水平为贫困广义家庭。① 使用这个贫困标准，如果某个广义家庭的年收入未超过贫困线，且其资产未超过0.25的贫困线，那么该广义家庭就被视为贫困家庭。②

如果一个广义家庭或某一个人获得的财富类资源不足以在一段

---

① 或者，可以这样定义贫困广义家庭，其在一段时期内的收入加上他们的资产不足以维持他们在一段规定时间内的必需消费水平，如我在表11.7中所示。与收入/资产联合贫困衡量指标相比，这个衡量指标的要求要低一些。

② 两个经济学文献研究了经济福祉的资源流（收入）维度和资源存量（财富）维度之间的关系。Bron Weisbrod 和 W. Lee Hansen 在他们的文章中提出了经济福祉的“收入－净资产”衡量指标，参见：“An Income-Net Worth Approach to Measuring Economic Welfare,” 载于 *American Economic Review* 58，no.5（1968）：1315－1329。

在这个框架中，经济福祉是通过在年度收入中增加资产持有的年度价值来衡量的，资产的年度价值通过将资产价值平摊到预期剩余寿命年度内计算。他们提出了该年度资产价值的水平和分布估算值，其显示老年家庭的经济福祉水平大幅提高，因为他们资产更多，分摊年份更少。后来的分析改进了收入－净资产衡量指标，并用它来衡量美国贫困家庭。在对全体家庭进行衡量时，收入－净资产贫困率低于收入贫困率，尤其是老年家庭的贫困率大幅下降。参见 Marilyn Moon 著作：*The Measurement of Economic Welfare*：*Applications to the Aged*（New York：Academic Press，1977）；参见 Donald L. Lerman 和 James J. Mikesell 著作：“Impacts of Adding Net Worth to the Poverty Definition,” 载于 *Eastern Economic Journal* 14，no.4（1988）：357－70；以及 Michael S. Rendall 和 Alden Speare Jr. 著作：“Comparing Economic Well-Being among Elderly Americans,” 载于 *Review of Income and Wealth* 39，no.1（1993）：1－21。

另一个理解收入和储蓄（持有财富）的关联的方法是经验观察，观察发现财富与长期收入的比例跟随终身收入单调上升，这与生命周期假设预测的结果完全相反，生命周期假设认为即使不同家庭的终身收入不同，这个比率都应该是恒定的。詹姆斯·齐利亚克实证调查了这些潜在的解释，并得出结论认为，测试资产转移收入部分说明了低长期收入样本的低流动财富，而高劳动力市场收入部分说明了为什么高长期收入家庭的财富与长期收入的比率高于 （转下页注）

有限时间内满足其基本需求，则该广义家庭或个人就被定义为资产贫困。显然，这个定义留下了许多需要判断的问题。 523

关于“基本需求”，我首先假设广义家庭需求可以通过获取财务资源来满足，包含收入或者可以用货币来估值的实物资产（例如住宅）。显然，没有普遍接受的衡量基本需求的标准，因为世界各国和各种研究分析使用的贫困阈值千差万别。如前所述，一些标准通过参考某个国家某个时点的指标，例如收入中位数，来衡量最低充足水平。另一些则使用专业制定的最低消费标准。我对资产贫困的定义，是要求人们选择最低限度可接受的需求标准。

关于时间长度，贫困阈值表明一年内各种规模的广义家庭的基本资源需求水平；这是一个以年为时间长度的“资源需求”概念。当把该标准与一年内的收入流进行对比，就得到了收入贫困标准。出于此目的，那么问题来了：如何使用这些年度阈值来表明财富类资源存量的充足性？当缺少其他资源时，一个广义家庭应该拥有多少资产存量才能满足这一个年度的基本需求？预期资产持有量可以提供安全网的时间有多长？

第三个问题涉及用于衡量资产贫困的财富概念。需要考虑以下因素：房产权益是否应包含在资产定义中？当家庭处于缺少足够收入的时期时，是否期望家庭出售住宅以获得缓冲保护？如何处理预期养老金形式的资产或其他形式的退休储蓄资产？为了支持当前的需求，是否应该期望家庭牺牲这些保障未来安全的收益？最后，在衡量可用资产持有量时，应该如何处理债务？净资产会是合理的衡量指标吗？

（接上页注②）预期。参见“Income Transfers and Assets of the Poor,”载于 *Review of Economics and Statistics* 85，no. 1（February 2003）：63 - 76。这些方法补充了我在这里使用的收入 - 资产联合贫困指标，并建议进一步研究相对于成为收入贫困或者资产贫困其中之一，成为资产 - 收入联合贫困的可能性的决定因素。

资产贫困的衡量指标

根据这些考虑，我基于以下选择提出并应用资产贫困①的两个主要指标。

首先，虽然没有普遍接受标准可以用来界定满足基本需求的财
524 务资源的最低数量，但我使用了美国国家科学院专家组提出的根据家庭规模划分的贫困阈值。② 专家组建议，贫困阈值应是一个美元金额，代表食品、衣服、住所（包含公用设施），加上一小部分额外金额，以满足其他基本日常需求（如家庭用品、个人护理和非工作相关的交通）。我使用来自美国消费者支出调查的数据，为两个成人和两个孩子组成的参考家庭设定了一个阈值，然后调整此阈值以反映不同家庭规模的需求和生活成本的地区差异。这些阈值基于三参数等价尺度，以反映不同大小和结构的家庭的需求。③ 2001 年两个成年人加两个孩子构成的参考家庭的贫困阀值为 17653 美元，而 2001 年的官方收入贫困阀值为 17960 美元。

其次，有必要规定一段时间，预计在这段时间内资产可以缓冲

① 卡内和沃尔夫还使用收入动态追踪调查数据分析了资产贫困的水平和趋势。参见 Asena Caner 和 Edward N. Wolff 著作："Asset Poverty in the United States, 1984 - 99: Evidence from the Panel Study of Income Dynamics," 载于 *Review of Income and Wealth* series 50, no. 4 (December 2004): 493 - 518；以及 "The Persistence of Asset Poverty in the United States, 1984 - 2001," 载于 *Trends in Poverty and Welfare Alleviation Issues*, 编辑：Marie V. Lane (Hauppauge, NY: Nova Science, 2006), 51 - 80。

② 参见 Citro 和 Michael 著作：*Measuring Poverty: A New Approach*。

③ 这里使用的等价尺度是奇特罗和迈克尔推荐的双参数量表（同上）。单亲广义家庭的量表等于 $[A + 0.8 + 0.5^{*}(C - 1)]^{0.7}$，其他广义家庭等于 $[A + 0.5^{*}(C - 1)]^{0.7}$，A 和 C 分别代表家庭单位中的成人和儿童人数。

收入损失。我提出以下标准：如果所有其他经济支持来源都失效，一个家庭应该有一个资产缓冲，使其成员能够满足其基本需求三个月时间（一年的1/4），也就是贫困线阈值。为了与此标准保持一致，我将某个时间点的资产存量与年度特定家庭规模的贫困阈值的25%进行比较。因此，一个四人家庭的资产需求将等于4413美元（0.25×17653美元）。根据这一标准，2001年净资产低于4413美元的四口之家将被宣布为“资产贫乏”。相似的，资产低于2303美元的一口之家或资产低于6229美元的六人家庭也在基本需求阈值之下。请再次注意，在衡量资产贫困时，不会考虑其他来源的支持资源，例如工作收入或其他形式的收入，等等。

最后，有必要规定用于构建资产贫困衡量标准的“财富”的定义。此处使用的主要资产衡量标准是净资产，定义为所有可变现或可替代资产的当前价值减去债务的当前价值。[①] 我用这个净资产概念作为财富的主要衡量标准，因为它代表财富是一种可以迅速变现的价值储存手段，因此可以作为消费的潜在支持来源。这个概念最能反映与家庭财产相关的福利水平；因此它只包含可以迅速货币化的资产。

该资产贫困指标被视为家庭长期经济安全的指标。一组几乎是
净资产的资产组合是某个时间点的存量资产，它反映了在先前很长 525
一段时间内的储蓄和其他资产积累决策。这里的问题是，如果其他经济支持来源（如收入）消失，这些先前的决策是否能够为一个

① 请注意，净资产不包含社会保障财富和固定收益养老金财富（即未来预期社会保障支付和固定收益养老金支付的现值）。未来的预期支付不能用于为当前消费提供资金。但是，固定缴款养老金可以变现用以支持消费，虽然有罚款。还可以排除可能拥有的交通工具的价值。排除交通工具的理由是，对于大多数家庭，特别是贫困家庭而言，汽车往往是上下班的必需品，因此不能随时出售以满足消费需求。

家庭提供足够的缓冲使其维持自己的生活？与将一年的收入流与基本需求标准进行比较的收入贫困标准相比，这种资产贫困标准反映了一个家庭满足最低消费标准的长期能力。

第二个主要的财富衡量标准是基于更严格的资产定义，名为流动资产，其定义是可以轻松货币化的现金或金融资产，不包含个人退休账户（IRA）和养老金资产。[①] 这一衡量指标从净资产里减去了住房和房地产的权益、固定缴款养老金计划的退保现值、非法人企业的净权益，以及信托基金的权益。它还忽略了所有形式的债务，包含抵押贷款和消费债务。这项衡量指标被看作合理的代表了一个家庭“勉强度日”的“紧急可用基金”。[②]

鉴于这些假设，资产贫困的两个主要标准是：（1）如果一个家庭的净资产低于其家庭规模和构成的贫困线的25%，那么这个家庭就是资产贫乏——净资产<0.25特定家庭的贫困线；（2）如果一个家庭的流动资源低于其家庭规模和构成的贫困线的25%，那么这个家庭就是资产贫困——流动资源<0.25特定家庭的贫困线。

为了便于对比，我还在表11.9中使用了另外两个资产贫困定义。第一个是财务资源（净资产减去房屋净值）不到其家庭规模和构成的贫困线的25%。在这个定义中，假定一个广义家庭不幸需要出售其住宅，以确保必要的财务资源，使其能在没有收入来源的情况下平稳度过一段时间。第二个是“绝对”标准，定义为流动资源低于5000美元。从某种意义上说，这个指标是满足紧急消费需求的门槛。

---

① “流动资源”不应与第三章中使用的“流动资产”相混淆。

② 资产衡量指标在本章附录中有更全面的定义。

如前所述，本章还提供了有关广义家庭既是收入贫困又是资产贫困的证据，这是衡量联合收入/资产贫困的标准。在这一指标中，收入贫困指标与基于净资产的资产贫困指标相结合。根据这个定 526
义，如果一个家庭的收入没有达到收入贫困标准，并且其资产没有达到净资产贫困标准，那么这个家庭就是收入/资产联合贫困。

表 11.9　1983～2013 年按贫困定义分组的广义家庭资产贫困率（数字为百分比）

单位：%

年份	净资产 0.25 贫困线	财务资源 <.25 贫困线	流动资源 <.25 贫困线	流动资源 <5000 美元
1983	22.4	36.9	33.2	40.1
1989	24.7	37.3	36.4	39.2
1992	24.0	37.9	37.5	40.5
1995	25.3	40.0	43.8	51.5
1998	25.5	36.8	39.7	45.3
2001	24.5	40.9	37.5	42.8
2004	24.7	43.6	42.9	47.5
2007	25.2	41.7	42.9	45.7
2010	30.4	46.3	47.9	50.2
2013	31.2	46.8	47.1	48.7

资料来源：作者对来自 1983 年、1989 年、1992 年、1995 年、1998 年、2001 年、2004 年、2007 年、2010 年和 2013 年的消费者财务调查的数据进行计算处理。

1983～2013 年资产贫困趋势

1983 年至 2013 年选定年份的资产贫困总体估算水平见表 11.9（同时参见图 11.1）。正如预期的那样，这种最全面的资产衡量标准产生了最低的贫困率。数值范围从 1983 年的低点 22.4% 到 2013 年的 31.2%。经历了 20 世纪 80 年代初的经济衰退后，1989 年净资产贫困率上升了大约2个百分点，然后在20世纪90年代初的经济衰退期间略有下降，然后在20世纪90年代末的长期增长期间再次上升。按照这一标准，1998年的资产贫困水平是1983～2001年记录的最高水平。到2001年，净资产贫困率降至24.5%。然后，尽管净资产中位数增长强劲，但2007年资产贫困率实际略微上升至25.2%。然后大衰退到来，2010年资产贫困率飙升至30.4%。之后它又增长了一点，2013年达到了31.2%，这是三十年以来的最高点。

当用流动资产概念作为经济资源的定义时，资产贫困率大幅上
527 升。按照这一标准，资产贫困率就是在1983年最低，为33%，
1995年达到近44%。从20世纪80年代的低水平开始，流动资产贫困率在整个20世纪90年代大幅上升。即使在20世纪90年代末的上升期，流动资产贫困率也接近40%。到2001年，这一比率略微下降到37.5%。然而，它在21世纪第一个十年的初期和中期再次上升，2007年为42.9%，然后在2010年急剧上升到47.9%，尽管它在2013年略微下降到47.1%。其他两项资产贫困率指标显示了大致相同的时间趋势。

对于所有这四项衡量指标，2007年的资产贫困率超过了其1983年的水平和20世纪90年代初经济衰退期间的水平。此外，所有四项衡量指标都显示2007年至2010年资产贫困率急剧上升。
528 有趣的是，资产贫困率的时间模式并未密切反映宏观经济状况，与
收入贫困率或家庭收入中位数的趋势也并不平行。

不同人口统计学分组样本里资产贫困的普遍性

表11.10列出了1983年、1992年、2001年以及2013年（这

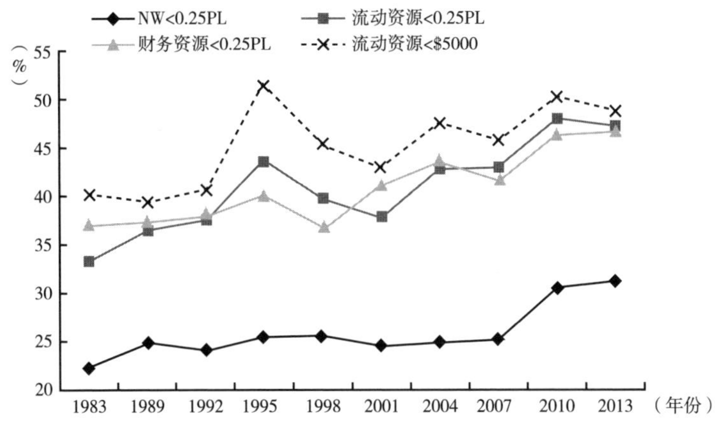

图 11.1 1983～2013 年按贫困定义和年份分组的广义家庭资产贫困率

是可获得有效数据的最后一年），不同人口统计学分组和劳动力市场分组的资产贫困的描述性统计数据。这里讨论的人口分组包含种族/族裔划分、户主年龄、户主受教育程度、住房保有状况、婚姻状况和孩子状况。

表中显示的种族之间的贫困率差异非常大，少数族裔分组（黑人/西班牙裔）的资产贫困率是白人的两倍多。① 根据净资产标准和三个月缓冲期标准，在 1983 年至 2001 年白人的资产贫困率范围是 17% 到 19%，而黑人/西班牙裔的资产贫困率范围是 43% 至 47%（见图 11.2）。2013 年，白人的资产贫困率

① 出于两个原因，我将非洲裔美国人和西班牙裔美国人合并为一个分组。第一个原因是这两组的样本量相对较小，以及相关的抽样变异。第二个原因是消费者财务状况调查中关于种族和族裔问题措辞的一些变化。特别是在 1995 年和 1998 年的调查中，种族问题没有在前两个类别中清晰指出非西班牙裔白人和非西班牙裔黑人，因此一些西班牙裔可能将自己归类为白人或黑人。在前面这种情况下，没有办法纠正分类。

为23%，与之相比少数族裔为55%。使用流动资产衡量标准，从1983年到2001年，大约30%的白人广义家庭处于资产贫困状态，而约有62%的黑人/西班牙裔广义家庭没有足够的流动性金融储备，以在3个月的时间内维持他们生活在贫困线水平。在2013年各自相关数字分别为38%和72%。

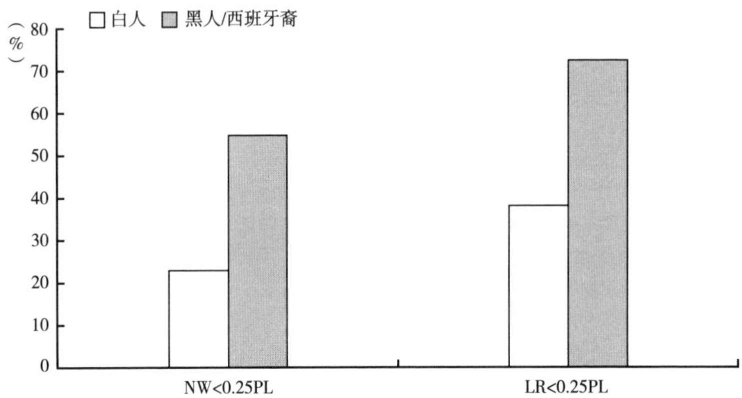

图11.2　2013年按种族分类的资产贫困率

基于储蓄行为的生命周期模型，年轻人借钱支持消费并投资在人力资本上，而那些处于高收入时期的人则为退休进行储蓄。[①] 与此模型框架相一致，我们预计户主为年轻人的家庭资产贫困率较高，而户主处于高收入时期或在这个时期之后，其资产贫困率较低。如表11.10所示，此处看到的模式与生命周期模型框架一致

① 参见Franco Modigliani和Richard Blumberg著作："Utility Analysis and the Consumption Function：An Interpretation of Cross-Section Data，"载于*Post Keynesian Economics*，编辑：Kenneth K. Kurihara（New Brunswick，NJ：Rutgers University Press，1954），388－436。

表 11.10　1983～2013 年按人口统计学分组的广义家庭资产贫困率（数字为百分比）

单位：%

分组	类别	净资产 <.25 贫困线					流动资源 <.25 贫困线				
		1983 年	1992 年	2001 年	2013 年	变化，1983～2013 年	1983 年	1992 年	2001 年	2013 年	变化，1983～2013 年
	全体广义家庭	22.4	24.0	24.5	31.2	8.8	33.2	37.5	37.5	47.1	13.9
种族	白人	17.1	19.1	18.0	22.9	5.8	26.9	29.8	30.4	38.2	11.3
	黑人/西班牙裔	47.4	43.2	46.7	54.7	7.3	63.8	66.8	62.1	72.4	8.6
年龄	低于 25 岁	55.6	66.9	72.1	73.5	17.9	56.1	70.3	72.3	72.8	16.7
	25～34 岁	36.3	41.8	44.3	54.8	18.5	44.8	49.4	51.5	58.2	13.4
	35～49 岁	17.7	21.7	22.5	35.0	17.3	30.9	39.2	39.3	52.8	21.9
	50～61 岁	13.8	13.9	13.7	23.6	9.8	26.2	26.2	28.7	45.8	19.6
	62 岁或以上	9.9	10.6	10.8	13.7	3.8	22.5	26.7	24.0	32.3	9.8
受教育程度	低于高中学历	29.8	37.6	40.1	47.8	18.0	50.0	62.8	60.1	76.5	26.5
	高中学历	20.9	26.4	27.8	35.2	14.3	33.6	40.9	45.8	58.5	24.9
	大学 1～3 年	25.5	20.8	25.4	36.3	10.8	31.1	33.7	36.8	51.0	19.9
	大学及以上学历	11.3	14.0	11.0	17.9	6.6	11.8	18.5	15.8	23.2	11.4
保有住宅	房主	3.6	4.7	5.8	10.7	7.1	22.6	25.4	24.7	34.3	11.7
	租房者	54.8	58.4	63.6	69.6	14.8	51.7	58.9	64.2	71.0	19.3

续表

分组	类别	净资产<.25贫困线					流动资源<.25贫困线				
		1983年	1992年	2001年	2013年	变化，1983～2013年	1983年	1992年	2001年	2013年	变化，1983～2013年
家庭类型	低于65岁,已婚,有孩子	21.6	21.6	22.3	34.2	12.6	37.6	37.9	42.2	52.2	14.6
	低于65岁,已婚,没有孩子	12.9	20.4	18.9	24.8	11.9	19.9	27.6	26.7	36.3	16.4
	低于65岁,女户主有孩子	48.1	49.7	55.8	64.6	16.5	63.4	66.5	71.2	84.5	21.1
	低于65岁,男户主	37.8	33.5	35.4	42.9	5.1	38.5	43.3	41.6	57.0	18.5
	65岁或以上,已婚	5.5	4.9	4.8	6.2	0.7	17.4	16.0	15.6	21.0	3.6
	65岁或以上,女户主	15.3	13.8	18.3	16.9	1.6	29.0	32.8	33.5	40.2	11.2
	65岁或以上,男户主	21.1	21.2	14.6	15.3	-5.8	40.2	36.1	30.2	34.1	-6.1
备注	净资产为零或者为负数的资产贫困率	69.1	75.0	71.7	69.9	0.9	46.6	48.0	46.8	46.4	-0.2

资料来源：作者对1983年、1992年、2001年和2013年消费者财务状况调查的计算。

注：缩写：LT，小于。

(另请参见图 11.3)。无论采用何种衡量标准，户主为 25 岁以下的广义家庭都具有相当高的资产贫困率——例如，2001 年超过 72% 的样本没有足够的净资产或流动资产来维持三个月在贫困线的消费水平。这两种资产贫困率随着年龄的增长而单调下降。对于户 529
主年龄较大的广义家庭 35 ~ 49 岁，净资产贫困率约为年轻广义家庭的三分之一，而黄金年龄组的流动资产贫困率约为最年轻分组的一半。在两个标准中，62 岁或以上的人的资产贫困率都为最低，其在整个期间的平均值，净资产指标约为 11%，流动资产指标约为 24%。

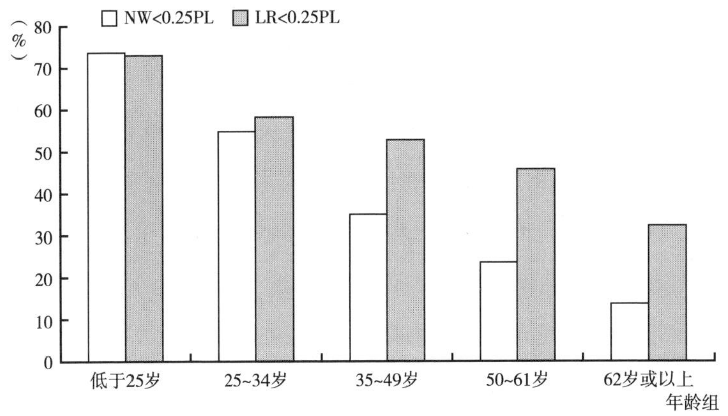

图 11.3 2013 年按年龄组划分的资产贫困率

与年龄一样，资产贫困率随户主受教育程度上升而单调下降(参见图 11.4)。户主有大学及以上学历的广义家庭的资产贫困率约为户主低于高中学历的家庭的 1/4。例如，2001 年户主低于高中学历的家庭中有 60% 处于流动资产贫困状态，但大学及以上学历户主中只有约 16% 的流动资产不足维持其 3 个月的贫困线标准消费需求。 531

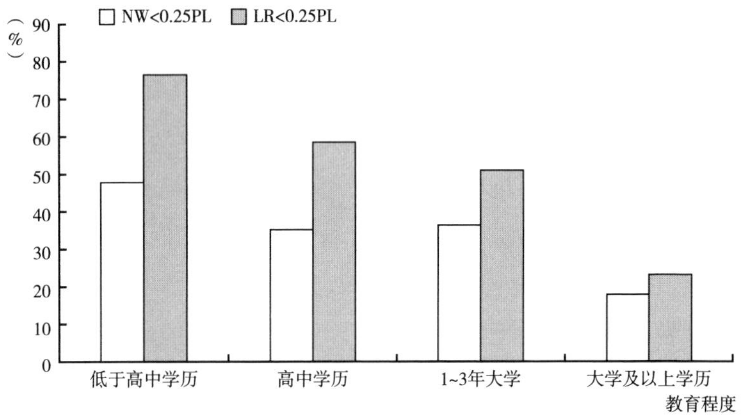

图 11.4　2013 年按受教育程度划分的资产贫困率

2001 年以住房所有权衡量的资产贫困率模式也很显著（见图 11.5）。对于房主来说，包含房屋净值的净资产衡量标准显示其资产贫困率为 6%，而与之相比租房者为 64%。当使用不包含房屋净值的流动资产贫困率指标时，住房所有权类别之间的资产贫困率差距变小，但租房者的资产贫困率仍然是房主的 2 倍。事实上，2001 年，近 2/3 的租房者没有足够的流动资产，无法为他们提供三个月的贫困线消费缓冲。显而易见，住房所有权不仅仅意味着房屋净值，而且与各种金融资产的所有权相关。

表 11.10 还表明，资产贫困率因家庭类型不同而有很大差异（也可见图 11.6）。最低的资产贫困率出现在 65 岁或以上的已婚夫
532 妇家庭分组中。使用三个月缓冲标准，老年已婚夫妇的资产贫困率，将房屋净值纳入资产定义为 5%，使用流动资产定义为 21%。根据这两个资产贫困指标，有子女的已婚夫妇家庭的贫困率分别约在 22% 和 52% 之间，而没有子女的已婚夫妇的贫困率分别约在

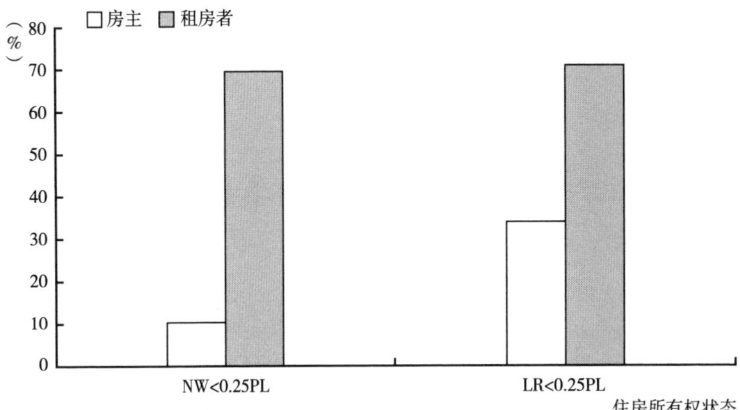

图 11.5　以住房所有权划分的资产贫困率

13%和36%之间。女性单亲广义家庭的资产贫困率是所有家庭分组中最高的，使用净资产标准衡量其四年贫困率平均值为55%，使用流动资源标准衡量其四年贫困率平均值为71%。

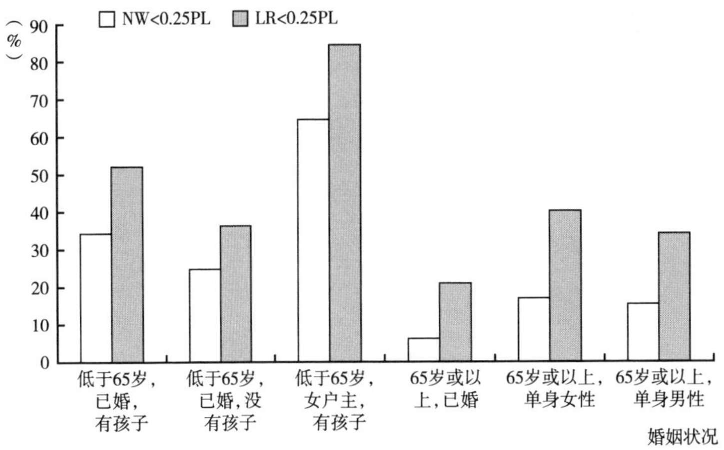

图 11.6　按年龄和婚姻状况分组的资产贫困率

净资产为零或负值的资产贫困阶层所占比例也非常的高（表11.10的最底一栏）。平均而言，在四年中，使用净资产标准定义这一类别有71%属于资产贫困。对于这些广义家庭而言，如果来自劳动力市场或公共部门的收入消失，其不存在提供支持的资产缓
533 冲。以流动资源指标来衡量的资产贫困广义家庭中，平均47%没有净资产缓冲。那些没有资产缓冲的广义家庭处于最严重的资产贫困状态。

不同人口统计学分组的资产贫困时间趋势

表11.10还显示了1983年至2013年资产贫困率的百分点变化。请注意，第一年正处于经济衰退中，而2013年正处于经济复苏中。[①] 鉴于这些年份宏观经济状况不同，有人预计在此期间资产贫困率将会下降。但不管是使用净资产还是流动资源的贫困标准，贫困率的时间模式都未能满足这种预期。记录显示这两种标准的资产贫困率分别增加了8.8个百分点（39%）和13.9个百分点（42%）。2013年，全国有31.2%的家庭处于净资产贫困状态，47.1%家庭处于流动资源贫困状态。

在这三十年中，除了一个分组以外，其他所有人口统计学分组
534 的净资产贫困率和流动资源贫困率都在上升。值得注意的是，2013年资产贫困率最高的人口统计学分组，1983年至2013年的资产贫困率上升幅度最大，而1983年资产贫困率最低的分组上升幅度最小。这30年里，使用净资产贫困标准，少数族裔资产贫困率上升幅度略高于白人，但如果使用流动资源标准，则结果相反。年轻广

① 大衰退时期的“官方”结束日期是2009年6月。有关详细信息，请参阅第一章和第二章。

义家庭的资产贫困率上升幅度远高于老年广义家庭。最年轻的年龄组（25 岁以下）的净资产贫困率飙升 18 个百分点，流动资源贫困率飙升 17 个百分点。与之相反，62 岁及以上年龄组分别增长 4 个百分点和 10 个百分点。

受教育程度较低的广义家庭的资产贫困率上升幅度远高于受过更好教育的广义家庭。1983 年至 2013 年，低于高中学历组的净资产贫困率上升了 18 个百分点，流动资源贫困率上升了 27 个百分点，而大学及学历组的相应数字分别为 7 个和 11 个百分点。 535

租房者资产贫困率上升幅度比房主高出将近 2 倍。在两种指标的基础上，租房者的资产贫困率在这段时间内大幅上升。净资产贫困率上升了 15 个百分点（27%），流动资源贫困率从 1983 年的 51.7% 上升到 2013 年的 71%，即在此期间增长了 37%。与之相反，房主的资产贫困率上升了 7.1 个百分点，几乎增长了 2 倍，因为 1983 年的基数非常低，为 3.6%。表面上的原因是抵押贷款债务占房屋价值的百分比高速增长，在 30 年间几乎翻了一番。当自有住宅的净资产价值被排除在资产之外（流动资源贫困指标）时，房主的资产贫困率上升了 12 个百分点，或者说 51.7%。

非老年有孩子的女户主家庭在所有年份中资产贫困率最高，在这 30 年间，其资产贫困率增长百分点数高于所有其他家庭分组，净资产贫困率上升 16.5 个百分点，流动资源贫困率上升 21.1 个百分点。有孩子和没有孩子的非老年已婚夫妇的贫困率上升幅度一般排在第二位。有孩子的分组净资产贫困率上升 12.6 个百分点，流动资源贫困率上升 14.6 个百分点，无子女分组分别增加 11.9 个百分点和 16.4 个百分点。年龄在 65 岁及以上的已婚夫妇，在所有年份中资产贫困率最低，1983 年至 2013 年贫困率的百分点增幅第二低，分别上升 0.7 个和 3.6 个百分点。老年单身男性分组的资产贫困率实际上有所下降（净资产贫困率为 -5.8 个百分点，流动资源贫困率为 -6.1 百分点）。65 岁及以上的女户主家庭——主要是寡妇——资产贫困率温和增长。

总之，1983～2013 年，整体资产贫困显著增长。然而，在人口分组中，贫困率变化模式差异很大。下列分组的资产贫困率大幅上升：年轻分组相对于老年分组，受教育程度低的分组相对于受教育程度高的分组；租房者相对于房主；带孩子的女户主分组相对于
536 其他分组，特别是相对于老年分组。

概率分析

这种按家庭类型划分的贫困率交叉表并不能表明在这两种贫困率指标下，种族、年龄、受教育程度、房主和家庭类型等特征与贫困概率的独立关系。为了估计这些社会经济学特征在任何贫困率指标下对贫困概率的独立影响，本研究为每年的观察结果都建立了相应的概率模型。因变量被定义为处于贫困状态（使用多种贫困指标，包含收入贫困、资产贫困、联合收入/资产贫困），这些家庭的特征作为解释变量。

表 11.11 显示了 1983 年、2001 年和 2013 年符合净资产贫困状况的概率模型。它使用表 11.10 中的个体特征作为变量。[①] 被排除的特征通常是资产贫困率最低的特征（例如，在住房所有权分类下是房主）。除家庭类型外，这三个年份内的概率结果非常一致。结果表明，黑人或西班牙裔（相对于白人或其他人）与净资产贫

① 请注意，基于收入的贫困和基于收入与资产的联合贫困得到的结果相似，此处未显示。

困概率正相关且具有统计显著性。此外，年龄组的相关系数为正，并且通常随年龄增长而下降（相对于最老年龄组，其不包含在内）。2001 年，它们在所有年龄组都有统计显著性，1983 年和 2013 年，除 50～61 岁年龄组以外的所有年龄组都具有统计显著性。受教育程度的相关系数为正且显著性水平为 1%，但随着受教育水平上升而下降（相对于大学及以上学历组，其被排除在外），除了 1983 年 1～3 年大学教育组。显著性水平都是 1%。在 1% 的显著性水平上，作为租房者（相对于房主）的相关系数在三个年份里都非常高。

最后，在家庭类型分组中，1983 年和 2001 年有一些显著的变化。[①] 1983 年，相对于 65 岁以下的单身男性，所有家庭类型的相关系数为正且具有统计显著性。在这两个年份里，相关系数最大的是 65 岁以下有孩子的女户主家庭。虽然 1983 年已婚夫妇组的资产贫困率明显高于单身男性组，但到 2001 年，这种差异消失了。在 1983 年至 2001 年，已婚夫妇减少了他们的债务或比单身男性增加了更多的储蓄。有趣的是，1983 年 65 岁及以上已婚的广义家庭以及老年单身女性户主的相关系数均为正且有统计显著性，但 537
是到 2001 年这些系数变为负数。在老年已婚夫妇组，它变为负且有统计显著性。在 2001 年至 2013 年间显著的变化是，2013 年已婚夫妇且有孩子组的相关系数为正且显著性水平为 1%，单身女性组和 65 岁及以上单身男性组的相关系数为负面且显著性水平为 1%。

① 应该指出的是，由于基本案例（65 岁以下的单身男性）的资产贫困在 1983 年至 2001 年基本保持不变（见表 11.10），系数的变化反映了这些分组的资产贫困倾向变化，而不是基本案例的。

表 11.11　1983 年、2001 年和 2013 年概率模型 B-estimates

（括号中为标准误差）

变量	1983 年		2001 年		2013 年	
截距	-3.501 (0.237)	***	-2.690 (0.092)	***	-2.091 (0.053)	***
黑人或西班牙裔	0.658 (0.073)	***	0.316 (0.032)	***	0.444 (0.023)	***
年龄小于 25 岁	0.588 (0.215)	***	1.067 (0.095)	***	0.753 (0.064)	***
年龄 25～34 岁	0.807 (0.210)	***	0.879 (0.086)	***	0.589 (0.050)	***
年龄 35～49 岁	0.362 (0.210)	*	0.404 (0.085)	***	0.158 (0.048)	***
年龄 50～61 岁	0.230 (0.210)		0.147 (0.086)	*	-0.065 (0.047)	
低于高中学历	0.623 (0.093)	***	1.208 (0.043)	***	0.982 (0.034)	***
高中学历	0.409 (0.091)	***	0.664 (0.037)	***	0.705 (0.026)	***
大学 1～3 年	0.421 (0.097)	***	0.476 (0.039)	***	0.519 (0.027)	***
租房者	1.794 (0.068)	***	1.713 (0.029)	***	1.507 (0.022)	***
65 岁以下已婚有子女	0.921 (0.106)	***	0.042 (0.044)		0.174 (0.033)	***
65 岁以下已婚无子女	0.660 (0.116)	***	0.003 (0.046)		0.032 (0.034)	
65 岁以下有子女的女户主	1.084 (0.125)	***	0.330 (0.054)	***	0.554 (0.043)	***
65 岁以下无子女的女户主	0.742 (0.111)	***	0.083 (0.051)	*	0.335 (0.038)	***

续表

变量	1983 年		2001 年		2013 年	
65 岁或以上已婚	0.517 (0.258)	**	-0.452 (0.109)	***	-0.512 (0.067)	***
65 岁或以上女户主	0.784 (0.241)	***	-0.068 (0.101)		-0.321 (0.064)	***
65 岁或以上男户主	1.039 (0.509)	**	0.026 (0.125)		-0.279 (0.086)	***
观察数量	4262		22210		30075	
沃尔德	1715.1	***	6452.9	***	10291.3	***
卡方	1090.5	***	10783.4	***	15449.2	***

资料来源：作者根据 1983 年、2001 年和 2013 年的消费者财务调查计算。

注：资产贫困基于：净资产 <.25 贫困线。被排除的分组：白人和其他种族组；62 岁及以上年龄组；大学及以上学历组；房主组；65 岁以下的男户主组。

*** 显著性水平 1%；** 显著性水平 5%；* 显著性水平 10%。

资产贫困与收入贫困的趋势比较

一个有趣的课题是研究资产贫困与官方收入贫困衡量标准的趋势差异。表 11.12 列出了 1983 年、1992 年、2001 年和 2013 年美国收入贫困的模式。根据这两个贫困指标，从 1983 年到 2013 年，整体资产贫困率上升了约 40%，而收入贫困率从 14.7% 降至 13.6%，即下降了 7.5%。

对于表 11.12 中显示的几乎所有分组，在 1983 年至 1992 年之间收入贫困上升，在某些情况下上升幅度很显著。主要的例外是那些户主年龄在 50～61 岁的家庭，完整的有孩子的非老年家庭、老年已婚夫妇和单身男性。两种资产贫困指标的模式大致相同，只有少数几个分组出现下降。在此较早时期，资产贫困和收入贫困的趋势非常相似。

1992 年至 2001 年的第二个时期，收入贫困和资产贫困趋势出现了巨大的差异。在此期间，整体资产贫困率略有上升，而收入贫困率从 16% 大幅下降至 13.2%，即下降了 17.5%。在表 11.10 和表 11.12 所示的 19 个分组中，在此期间有 14 个分组的净资产贫困率上升，12 个分组的流动资产贫困率上升。但是，在同一时期，19 个分组中有 16 个分组的收入贫困率降低。显然，在 20 世纪 90 年代经济增长期间，收入贫困样本所获得的收入增长并没有找到方式变为资产贫困样本持有的资产。这种模式与穷人储蓄率低的证据是一致的，即使在收入增加时也是如此。

在 2001 年至 2013 年的第三个时期，尽管 2007 年至 2009 年出现了严重衰退，但整体收入贫困率只是略有上升，而总体净资产贫
539 困率上升了 28%，流动资源贫困率则上升了 26%。这些年间，除了一个分组外（老年女性户主组），所有分组的净资产贫困率都上升，并且 18 个分组的流动资产贫困率上升（唯一的例外是 25 岁以下广义家庭组）。与之相反，仅有 11 个分组收入贫困率上升，而
540 有 8 个分组降低。

表 11.12　1983～2013 年按人口统计学分组的广义家庭收入贫困率（数字为百分比）

单位：%

分组	类别	1983 年	1992 年	2001 年	2013 年	变化，1983～2013 年
	全体广义家庭	14.7	16.0	13.2	13.6	-1.1
种族	白人	10.9	11.0	8.6	9.3	-1.6
	黑人/西班牙裔	32.8	34.6	27.5	25.1	-7.8

续表

分组	类别	1983 年	1992 年	2001 年	2013 年	变化，1983～2013 年
年龄	低于 25 岁	26.7	43.1	33.6	45.6	19.0
	25～34 岁	13.1	16.8	13.6	16.9	3.8
	35～49 岁	11.8	12.3	10.5	12.0	0.2
	50～61 岁	12.0	9.8	10.9	10.7	-1.3
	62 岁及以上	17.8	18.1	13.5	10.2	-7.6
教育程度	低于高中学历	29.5	36.9	35.6	32.5	3.0
	高中学历	11.8	15.3	12.1	15.5	3.7
	大学 1～3 年	10.0	12.4	9.6	12.0	2.0
	大学及以上学历	3.1	4.0	3.2	6.2	3.1
保有住宅	房主	9.1	9.3	6.7	7.2	-2.0
	租房者	24.5	27.8	26.8	25.8	1.3
家庭类型	低于 65 岁，已婚，有孩子	9.7	9.1	10.0	10.7	1.0
	低于 65 岁，已婚，没有孩子	4.9	6.7	4.8	5.3	0.5
	低于 65 岁，女户主有孩子	39.8	42.8	38.2	36.7	-3.1
	65 岁或以上，已婚	11.6	6.8	7.1	5.7	-6.0
	65 岁或以上，女户主	28.4	29.5	24.4	14.3	-14.1
	65 岁或以上，男户主	31.0	15.0	11.7	11.2	-19.7
		37.9	43.2	42.5	42.1	4.2

资料来源：作者对 1983 年、1992 年、2001 年和 2013 年消费者财务状况调查的计算。

注：收入贫困基于美国国家科学院三参数尺度［参见康斯坦斯·F·奇特罗和罗伯特·T·迈克尔编辑的《衡量贫困：一种新方法》（华盛顿特区：国家科学院出版社，1995)］。

缩写：LT，小于。

我接下来转向制定一个联合收入/资产贫困指标。鉴于已经使用 2 个资源衡量指标——年收入和资产——分析贫困的普遍程度，因此也可以把这两个指标联合起来，用来估算既是收入贫困也是资产贫困的家庭的比例及其构成。表 11.13 根据经修订的贫困线和净资产贫困标准，对1983年、2001年和2013年的贫困率进行了比较。

1983年，美国有14.7%家庭的收入低于贫困线，22.4%的家庭是资产贫困，7.6%的家庭既是资产贫困也是收入贫困。这些联合贫困家庭包含52%的收入贫困家庭和34%的资产贫困家庭。30%的家庭是收入贫困或资产贫困。1983年至2001年间，联合贫困率从7.6%增加到7.9%，即增加了约4%，这表明资产贫困率随时间的上升趋势强于这些年来收入贫困率的下降趋势。2001年，60%的收入贫困家庭处于联合贫困状态，32%的资产贫困家庭是资产/收入联合贫困。要么是收入贫困或资产贫困家庭的比例仍保持在30%。这18年间，越来越多的收入贫困家庭同时也是资产贫困，而资产贫困家庭中，同时也是收入贫困的比例较小。

2001年至2013年，联合贫困率再次上升，从7.9%上升至8.7%，即增加了10%。2013年，64%的收入贫困家庭处于联合贫困状态，资产贫困家庭的这个比例是28%——这两个数字均高于2001年。收入贫困或资产贫困家庭的比例为36%，与之相比2001年为30%。2001年至2013年，越来越多的收入贫困家庭同时也是资产贫困，而资产贫困家庭同时也是收入贫困的比例增大。

特定分组的资产/收入联合贫困率特别高，这包含少数族裔，25岁以下的广义家庭、户主学历低于高中学历的家庭、租房者和有孩子的女户主家庭。所有这些分组在1983年、2001年和2013年的联合贫困率都超过15%。除少数族裔和单身未婚母亲组外，所有这些分组在1983年至2013年联合贫困率都出现大幅上升。到
541 2013年，收入贫困或资产贫困的家庭的比例在这些分组里特别高：少数族裔（61%），25岁以下年龄组（83%），25～34岁年龄组（58%），低于高中学历组（60%），租房者（72%）和女性户主家庭（74%）。

表 11.13　1983 年、2001 年和 2013 年按人口统计学分组的广义家庭资产贫困率和收入贫困率

单位：%

分组	类别	1983 年				2001 年				2013 年			
		资产贫困和收入贫困	仅资产贫困	仅收入贫困	资产贫困或收入贫困	资产贫困和收入贫困	仅资产贫困	仅收入贫困	资产贫困或收入贫困	资产贫困和收入贫困	仅资产贫困	仅收入贫困	资产贫困或收入贫困
	全体广义家庭	7.6	14.8	7.2	29.5	7.9	16.6	5.3	29.8	8.7	22.5	5.0	36.2
种族	白人	4.5	12.6	6.5	23.6	4.0	14.0	4.6	22.6	5.0	17.9	4.4	27.3
	黑人/西班牙裔	21.7	25.6	11.1	58.5	20.3	26.4	7.2	53.9	18.8	35.9	6.2	61.0
年龄	低于 25 岁	18.7	36.9	7.9	63.6	26.9	45.2	6.6	78.7	36.2	37.3	9.4	82.9
	25～34 岁	9.5	26.7	3.6	39.9	10.5	33.8	3.1	47.4	13.9	40.9	3.0	57.8
	35～49 岁	5.8	11.8	6.0	23.7	7.0	15.5	3.5	26.0	8.5	26.5	3.5	38.5
	50～61 岁	6.0	7.8	6.0	19.8	4.9	8.8	5.9	19.7	6.0	17.6	4.6	28.2
	62 岁或以上	5.2	4.6	12.6	22.4	5.1	5.7	8.4	19.2	3.3	10.4	6.9	20.6
受教育程度	低于高中学历	15.1	14.7	14.4	44.2	22.2	17.9	13.4	53.6	20.2	27.6	12.3	60.1
	高中学历	6.0	15.0	5.9	26.8	7.2	20.6	4.9	32.7	10.4	24.7	5.1	40.2
	大学 1～3 年	5.3	20.3	4.7	30.3	5.1	20.3	4.5	29.9	8.3	28.0	3.6	40.0
	大学及以上学历	1.8	9.6	1.4	12.7	1.9	9.1	1.3	12.3	3.1	14.8	3.1	21.0
保有住宅	房主	0.4	3.2	8.7	12.3	0.6	5.2	6.0	11.8	0.9	9.8	6.2	16.9
	租房者	20.0	34.8	4.5	59.3	23.0	40.6	3.8	67.3	23.2	46.5	2.6	72.2

续表

分组	类别	1983 年				2001 年				2013 年			
		资产贫困和收入贫困	仅资产贫困	仅收入贫困	资产贫困或收入贫困	资产贫困和收入贫困	仅资产贫困	仅收入贫困	资产贫困或收入贫困	资产贫困和收入贫困	仅资产贫困	仅收入贫困	资产贫困或收入贫困
家庭类型	低于 65 岁，已婚，有孩子	5.1	16.5	4.6	26.3	6.5	15.8	3.5	25.8	7.9	26.4	2.8	37.1
	低于 65 岁，已婚，没有孩子	2.0	10.9	2.9	15.8	2.8	16.1	2.0	20.9	3.3	21.5	2.1	26.8
	低于 65 岁，女户主有孩子	28.7	19.4	11.0	59.2	27.9	27.9	10.2	66.1	27.8	36.8	8.9	73.5
	65 岁或以上已婚	2.0	3.6	9.6	15.2	2.6	2.2	4.5	9.3	1.4	4.8	4.2	10.4
	65 岁或以上，女性户主	9.8	5.5	18.6	33.9	9.6	8.7	14.8	33.1	3.7	13.3	10.7	27.6
	65 岁或以上，男性户主	11.8	9.2	19.2	40.2	6.5	8.2	5.3	19.9	3.6	11.7	7.6	23.0

资料来源：作者根据 1983 年、2001 年和 2013 年的消费者财务调查计算。

注：收入贫困基于美国国家科学院三参数量表；资产贫困基于：净资产 <.25 贫困线。

从1983年到2013年，除少数族裔外，所有6个分组显示成为收入贫困或资产贫困的概率显著提高。

这些联合收入/资产贫困常见模式也通过各种指标反映在穷人人口构成中（见表11.14）。1983年，少数族裔占全体家庭的16%，他们占所有收入贫困或所有资产贫困家庭的35%左右，但占联合贫困家庭的47%。2001年，少数族裔占既是收入贫困也是资产贫困家庭的54%，但是到2013年，尽管他们在总人口中的比例有所上升，但这一数字下降到46%。1983年，35岁以下广义家庭占总人口的31%，但占资产贫困的57%，占收入贫困的35%，占联合贫困的48%。2001年，他们占全体广义家庭的份额下降到23%，而他们占联合贫困的比例依然很高，为42%。2013年，虽然他们占全体广义家庭的份额再次下降，但他们在联合贫困家庭中的比例攀升至超过一半（51%）。

1983年，户主没有高中学历的家庭占全体家庭29%，但占联合贫困的58%。1983年至2001年，他们在全体广义家庭中所占的比例下降了11个百分点，降至18%，而他们占联合贫困家庭的比例仅下降了7个百分点，降至51%。到2013年，虽然他们占全体家庭的比例进一步下降到12%，他们在联合贫困家庭的比例相对减少到42%。租房者在这三个年份里占全体家庭的约1/3，但其既是资产贫困也是收入贫困的比例在1983年和2001年接近95%，在2013年是86%。

1983年和2001年，有孩子非老年女户主家庭占全体广义家庭的9%，但1983年有33%，2001年有30%是联合贫困。到2013年，这一分组占全体广义家庭的8%，却占联合收入/资产贫困的27%。显然，这种联合贫困标准确定的穷人，其构成中这些弱势群体所占权重，要高于由收入贫困标准或资产贫困标准确定的穷人。 544

表 11.14　1983 年、2001 年和 2013 年人口统计学分组的广义家庭资产和收入贫困的构成（百分比）

单位：%

分组	类别	全体广义家庭的百分比	资产和收入贫困	资产贫困	收入贫困	所有资产贫困	所有收入贫困
I. 1983 年	全体广义家庭	100.0	100.0	100.0	100.0	100.0	100.0
种族	白人	80.9	47.7	69.2	73.1	61.9	60.0
	黑人/西班牙裔	16.3	46.6	28.2	25.2	34.4	36.2
年龄	低于 25 岁	8.0	19.8	20.0	8.9	19.9	14.5
	25～34 岁	22.6	28.4	40.8	11.3	36.6	20.1
	35～49 岁	27.6	21.1	22.1	23.2	21.8	22.1
	50～61 岁	18.4	14.5	9.7	15.3	11.3	14.9
	62 岁或以上	23.5	16.2	7.3	41.2	10.3	28.4
受教育程度	低于高中学历	29.0	57.7	28.8	58.3	38.6	58.0
	高中学历	30.2	23.7	30.6	24.7	28.2	24.2
	大学 1～3 年	19.6	13.7	26.9	13.0	22.4	13.3
	大学及以上学历	21.2	4.9	13.7	4.1	10.7	4.5
保有住宅	房主	63.4	3.5	13.7	77.1	10.3	39.2
	租房者	36.6	96.5	86.3	22.9	89.7	60.8

续表

分组	类别	全体广义家庭的百分比	资产和收入贫困	资产贫困	收入贫困	所有资产贫困	所有收入贫困
家庭类型	低于 65 岁,已婚,有孩子	31.0	20.9	34.6	20.0	30.0	20.5
	低于 65 岁,已婚,没有孩子	20.0	5.4	14.8	8.0	11.6	6.6
	低于 65 岁,女户主,有孩子	8.7	32.9	11.4	13.4	18.7	23.4
	65 岁或以上,已婚	9.8	2.5	2.4	13.1	2.4	7.7
	65 岁或以上,女户主	9.1	11.8	3.4	23.6	6.2	17.5
	65 岁或以上,男户主	0.4	0.6	0.2	1.0	0.3	0.8
II. 2001 年	全体广义家庭	100.0	100.0	100.0	100.0	100.0	100.0
种族	白人	76.2	38.9	64.1	66.4	56.0	49.9
	黑人/西班牙裔	21.0	54.1	33.3	28.7	40.0	43.9
年龄	低于 25 岁	5.6	19.3	15.3	7.1	16.6	14.4
	25～34 岁	17.2	22.9	35.1	10.2	31.2	17.8
	35～49 岁	33.6	29.9	31.3	22.3	30.8	26.8
	50～61 岁	19.0	11.9	10.0	21.3	10.6	15.7
	62 岁或以上	24.6	16.0	8.4	39.1	10.8	25.3
受教育程度	低于高中学历	18.1	51.0	19.6	46.1	29.7	49.0
	高中学历	29.6	27.1	36.7	27.5	33.6	27.2
	大学 1～3 年	22.6	14.6	27.6	19.2	23.4	16.5
	大学及以上学历	29.6	7.3	16.2	7.2	13.3	7.2

续表

分组	类别	全体广义家庭的百分比	资产和收入贫困	资产贫困	收入贫困	所有资产贫困	所有收入贫困
保有住宅	房主	67.7	5.6	21.1	76.9	16.1	34.2
	租房者	32.3	94.4	78.9	23.1	83.9	65.8
家庭类型	低于65岁，已婚，有孩子	26.9	22.1	25.6	18.0	24.4	20.4
	低于65岁，已婚，没有孩子	22.3	7.8	21.6	8.5	17.2	8.1
	低于65岁，女户主，有孩子	8.5	30.2	14.3	16.5	19.4	24.7
	65岁或以上，已婚	11.2	3.6	1.5	9.6	4.2	6.0
	65岁或以上，女户主	7.2	8.8	3.8	20.1	9.7	13.3
	65岁或以上，男户主	2.7	2.3	1.3	2.7	2.2	2.5
Ⅲ. 2013年	全体广义家庭	100.0	100.0	100.0	100.0	100.0	100.0
种族	白人	70.1	43.8	60.5	67.0	55.9	52.2
	黑人/西班牙裔	25.3	45.5	33.4	26.4	36.8	38.6
年龄	低于25岁	5.0	23.5	9.3	10.7	13.3	18.8
	25～34岁	15.8	27.6	31.3	10.4	30.3	21.4
	35～49岁	26.7	33.0	39.4	23.6	37.6	29.5
	50～61岁	23.7	13.1	14.8	17.7	14.3	14.8
	62岁或以上	28.8	9.5	11.3	34.1	10.8	18.4

续表

分组	类别	全体广义家庭的百分比	资产和收入贫困	资产贫困	收入贫困	所有资产贫困	所有收入贫困
受教育程度	低于高中学历	12.4	42.1	22.2	44.9	27.7	43.1
	高中学历	29.9	35.5	32.5	30.3	33.3	33.6
	大学1~3年	24.2	21.7	28.1	16.5	26.3	19.9
	大学及以上学历	33.5	10.7	19.4	18.6	17.0	13.6
保有住宅	房主	65.1	7.3	29.3	84.8	23.2	35.5
	租房者	34.9	86.3	66.7	17.0	72.1	61.1
家庭类型	低于65岁,已婚,有孩子	25.3	24.4	31.4	15.4	29.5	21.1
	低于65岁,已婚,没有孩子	20.3	8.5	21.2	9.2	17.7	8.7
	低于65岁,女户主,有孩子	7.8	27.3	13.9	15.3	17.6	22.9
	65岁或以上,已婚	11.5	1.8	2.4	9.5	2.2	4.6
	65岁或以上,女户主	9.0	3.0	4.2	15.5	3.9	7.6
	65岁或以上,男户主	3.1	1.1	1.4	4.2	1.3	2.3

资料来源：作者根据1983年、2001年和2013年的消费者财务调查计算。

注：收入贫困基于美国国家科学院三参数量表；资产贫困基于：净资产 <.25 贫困线。由于排除了某些类别，这些类别的总和不一定为100。

本章小结

基于美国人口普查局官方的家庭收入贫困阈值，本章的分析得出了一些有趣的发现。

贫困家庭的财富相对于非贫困家庭的财富从1962年下降到1983年处于下降趋势，然后继续下降到2001年，但在2013年有所恢复。贫困样本和非贫困样本的净资产（不包含耐用品和家庭普通财物）比率急剧下降，从1962年的0.26降至1983年的0.14，然后在2001年降至0.09。然而，2013年该比率反弹至0.14，与1983年相同。

1983年，广义家庭财富组合中增加固定收益（DB）养老金财富，使贫困样本和非贫困样本的财富平均值比率从0.19降至约0.16，但在2001年和2013年，这一比率上升且其并未影响贫困样本和非贫困样本之间的财富平均值比率。另外，社会保障财富增加到广义家庭财富组合中，将贫困样本和非贫困样本之间1983年的平均财富比率从约0.16（取决于贴现率）提高到约0.29，2001年的从0.09提高到0.18，2013年的从0.13提高到0.20。总而言之，将固定收益（DB）养老金和社会保障财富加入广义家庭财富组合的净效应是降低了财富不平等程度。

本章中的替代贫困率计算显示，在广义家庭收入中包含净资产的年金流和房主自住住房的估算租金，依据官方贫困线，将贫困率指标降低了约10%。当年金流和估算租金被纳入2001年的数据时，总体贫困率指标下降了13%，高于1983年。但是，在2013年，该测算使整体贫困率下降了10%，与1983年相同。

最后一个有趣发现是这些研究结果显示贫困的顽固存在。根据

1983 年的数据，只有 10% 至 15% 的收入贫困家庭拥有大量财富。其中，4% 至 5% 的人拥有大量房地产或非法人企业股权，他们的"收入贫困"是因为这些资产带来的巨额损失。这一群体中的其余家庭很可能新近才落入贫困阶层，主要是由于收入突然减少。但是，绝大多数低于收入贫困线的家庭财富水平很低，很可能在相当 545
长的一段时间内处于贫困线以下或低收入水平。

20 世纪 80 年代后半期的美国经济繁荣，以及 20 世纪 90 年代和 21 世纪初的经济蓬勃发展给人留下了一种美国广义家庭表现良好的印象，特别是在获得财富方面。本章将资产贫困概念作为经济困难的衡量标准，与常用的收入贫困概念不同，并与之互补。结果显示，1983 年至 2007 年间，面对美国总体资产大幅增长和标准收入贫困率下降，资产贫困水平从 22.4% 上升至 25.2%。在大衰退时期，资产贫困率进一步飙升，2013 年达到 31.2%。这些年来流动资源贫困率也在上升，从 1983 年的 33% 增加到 2007 年的 43%，然后到 2013 年的 47%。

数据显示黑人和西班牙裔的资产贫困率是白人的 2 倍多。资产贫困率随着年龄和受教育程度增长而单调下降；租房者的贫困率远高于房主；在家庭类型分组方面，老年夫妇组低至 5%，而女性单亲组为 50% 至 65%，具体取决于年份。

资产贫困的研究结果令人沮丧，不管使用哪种衡量标准，其都显示美国人口非常高的资产贫困率。2007 年，即使在大衰退开始之前，四分之一的美国家庭的净资产不足以支持他们维持三个月贫困线水平的生活，超过五分之二家庭拥有的流动资产不足支持他们维持三个月贫困线水平的生活。

虽然整体人口资产贫困水平非常高，但在其背后很多人口统计学分组的资产贫困率更高。使用净资产贫困标准，2013 年一些最弱势的财富分组的资产贫困率：黑人和西班牙裔（55%）；户主年龄低于25岁（74%）；户主年龄在25岁至34岁（55%）；户主学历低于高中学历（48%）；租房者（70%）；和有孩子的非老年女性户主（65%）。

在这些群体中也发现了最极端形式的贫困——联合收入/资产贫困——的集聚现象。2013年，联合收入/资产贫困的总体比率为
549 8.7%，而黑人和西班牙裔广义家庭为19%；户主年龄小于25岁的为36%；户主在25～34岁年龄组为14%；低于高中学历组为20%；租房者为23%；有孩子的非老年女性户主为28%。

附表11.1　资产概念的定义

净资产	=房主自住住房的总价值
	+广义家庭拥有的其他房地产
	+现金和活期存款
	+定期和储蓄存款
	+定期存单和货币市场账户
	+政府、企业和外国债券
	+其他金融证券
	+人寿保险计划的退保现值
	+固定缴款养老金计划的退保现值，包含个人退休账户、基奥计划、401(k)计划等
	+公司股票和共同基金
	+非法人企业的净权益
	+信托基金的权益
	-抵押债务
	-消费债务，包含汽车贷款和信用卡余额
	-其他债务
流动资源	=现金和活期存款
	+定期和储蓄存款
	+定期存单和货币市场账户
	+政府、企业和外国债券
	+其他金融证券
	+人寿保险计划的退保现值
550	+公司股票和共同基金

第四部分

长期财富

第十二章　广义家庭总财富的长期趋势

本章的主要研究目的是揭示 1900 年到 2013 年美国广义家庭总财富的估计数。[①] 由于整个时期里没有统一的数据集，这项研究的主要贡献是使用各种会计框架和数据来源，为整个时期开发出一套保持前后一致的估计数。我还提供了这一时期人均财富和户均财富增长的数据，以及总财富构成的趋势。

在此期间，扣除通胀因素后，每户可变现财富以平均每年 1.26% 的速度增长，扣除通胀因素后，这相当于 113 年以来广义家庭平均财富增长了 3 倍多。事实上，实际人均财富蓬勃发展，增长了 6.5 倍，但增长速度并不统一。特别是在 1949 年至 1969 年和 1989 年至 2007 年，每个广义家庭的实际财富增长迅速，而在 1900 年至 1929 年和 1969 年至 1989 年增长缓慢，并且在 1929 年至 1949 年和 2007 年至 2013 年显示出绝对下降。此外，这 113 年间，实际人均财富比实际人均可支配收入和实际人均 GDP 增长要快一些。

---

① 本章和第十三章借鉴了之前的三种著作：Wolff 著作："Trends in Aggregate Household Wealth in the U. S. , 1900 – 1983," 载于 *Review of Income and Wealth* series 35, no. 1 (March 1989): 1 – 30; Wolff 著作：*Top Heavy*: *A Study of Increasing Inequality of Wealth in America* (New York: The Twentieth Century Fund Press, 1995); Wolff 和 Marcia Marley 著作："Long-Term Trends in U. S. Wealth Inequality: Methodological Issues and Results," 载于 *The Measurement of Saving*, *Investment*, *and Wealth*, 编辑：Robert E. Lipsey 和 Helen Tice (Chicago: Chicago University Press, 1989), 765 – 843。

本章还研究了此类家庭福祉估算的相关性。

这段时期家庭财富构成发生了巨大变化。自住住房总量作为可变现资产的一部分仅仅温和增长，从 1900 年的 17% 增加到 1979 年的 22%，但随后在 2013 年下降至 15%。流动资产（包含固定缴款退休账户）占总资产的比例稳步上升，从 1900 年的 8% 上升到
553 2013 年的 23%。而在另一方面，金融证券从 8% 下滑到 5%。股票占总资产的比例随着时间的推移而不断波动，从 1900 年占总资产的 15% 增长到 1929 年的 31%，1933 年降至 21%，之后降至 1949 年的 14%，1965 年升至 27%，1979 年降至最低点 12%，然后在 2013 年升至 32%。这个比例往往跟随股市变化而变化。

也许最显著的变化是非法人企业股权的重要性，1900 年其占总资产的 1/3 以上，但在这 100 年里稳步下降，2013 年仅总资产的 6%。债务占总资产的比例从 1900 年的 5% 稳步上升至 2013 年的 18%，最后，在此期间养老金储备和社会保障财富相对于可变现资产增加。到 2013 年，养老金储备的量级大致与商业股权和耐用消费品相同，而社会保障财富则超过总有形资产。本章的分析为这些趋势提供了一些解释。

本章详细介绍了广义家庭财富的替代概念。广义家庭财富的标准概念仅包含资产（和负债），这些资产可被替代，可以很容易按某个市场价值变现。我扩大了财富的概念，使其不仅包含原来的标准构成，还包含未来收入流的索偿权利（claims）。此类权利包含养老金和社会保障权利和信托收入。我还认为，由于数据的局限性，广义家庭财富的经验测度通常不能与广义家庭财富理论模型的隐性结论精确匹配。我讨论了这些经验测度与这些行为模型隐性结论之间的对应关系，例如生命周期模型或流动性约束模型。

本章的其余部分介绍了 1900 年至 2013 年[1]的总广义家庭资产负债表数据，以及基于替代财富定义估计的净资产和总资产。[2]

广义家庭财富的替代定义

与其他经济概念一样，没有一个唯一的广义家庭财富衡量指标可以满足所有用途。本节制定广义家庭财富的四种替代衡量指标。 554
表 12.1 列出了这些指标。

第一个衡量指标（W1）定义为有形资产和金融资产的变现价值（减去负债）。第二个衡量指标（W2）是一个略宽泛的概念，定义为 W1 加上信托基金的全部储备价值，减去信托基金的变现价

---

① 参见 Raymond W. Goldsmith，Dorothy S. Brady 和 Horst Mendershausen 著作：*A Study of Saving in the United States*（Princeton，NJ：Princeton University Press，1956）；参见 Goldsmith 著作：*The National Wealth of the United States in the Postwar Period*（Princeton，NJ：Princeton University Press，1962）；参见 Goldsmith，Robert E. Lipsey 和 Morris Mendelson 著作：*Studies in the National Balance Sheet of the United States*（Princeton，N. J.：Princeton University Press，1963）；参见 Richard Ruggles 和 Nancy Ruggles 著作："Integrated Economic Accounts for the United States，1947 - 1980，" 载于 *Survey of Current Business* 62（May 1982）：1 - 53；参见 John Musgrave 著作："Fixed Reproducible Tangible Wealth in the United States：Revised Estimates，" 载于 *Survey of Current Business* 66（January 1986）：51 - 75；以及美国联邦储备委员会美国财政账户，参见：https：//www. federalreserve. gov/releases/z1/current/html/default. htm。这些来源的财富概念、资产和负债定义，或方法论等方面并不完全一致。我调整了已发布的数据，以尽可能提高其可比性。

② 关于调整每个资产类型的详细描述，参见沃尔夫和马利著作："Long-Term Trends in U. S. Wealth Inequality，" 附录 A。调整后的广义家庭总资产负债表数据有这些年份：1922 年、1929 年、1939 年、1945 年、1949 年、1953 年、1962 年、1969 年、1972 年、1979 年、1981 年、1983 年、1989 年、1992 年、1995 年、1998 年、2001 年、2004 年、2007 年、2010 年和 2013 年。这些对应于可获得分布数据的年份。此外，我还将戈德史密斯关于 1900 年、1912 年和 1933 年的总估算值纳入进来。

值或精算价值。很明显，W1 与 W2 之间的区别在于对信托基金的处理。W1 用其精算价值或变现价值衡量信托基金，而 W2 则将信托基金的全部价值分配给其受益人。对于由受益人完全控制的信托基金，信托基金的变现价值等于其全部权益价值。但是，另外一些受益人和所有者不同的两方信托或三方信托，对受益人而言没有变现价值。在这种情况下，本研究考虑分配信托基金的精算价值给受益人，精算价值被定义为在第二方和/或第三方的预期寿命期间信托基金全部价值的贴现。W1 包含精算价值，W2 包含全部信托权益。①

W1 和 W2 都用退保现值衡量养老金，从历史记录来看这一直都很少。第三个衡量指标（W3）定义为 W2 加上养老金储备的总价值，减去养老金的退保现值。在 W3 中，当前受益人和未来受益人都估算了养老金储备，因此养老金储备的处理方式与信托权益相似。第四个衡量指标（W4）定义为 W3 加上未来社会保障福利的预期现值。尽管社会保障财富的概念和衡量指标存在一些难题，但我仍将这一概念包含在内，因为它广泛出现在广义家庭财富的相关著作里。②

指标 W1、W2 和 W3 都基于财富的实际累积。它们之间的区别在于对个人无法完全控制的累积资产的替代处理不同。总体广义家庭资产负债表数据对这些资产的处理方式不同。美国财政账户（以前称为“基金流”）数据和戈德史密斯的估计值包含信托基金

---

① 表 12.1 中显示的财富概念与本文先前使用的财富概念有细微差别。我保留了原始符号。例如，W2 接近 NWA，但信托和养老金都作为其对应的国家资产负债表数据中相应储备的一部分进行估值。与其相反，在 NWA（和 NW）中，受访者直接报告了信托资产的价值和固定缴款养老金计划的未偿还价值。另一个区别是 W2 包含所有耐用消费品的价值，而 NWA 仅包含交通工具的价值。

② 相关案例参见本书的第八章和附录 3。

和退休基金的全部价值，与 $W3$ 一样。[①] 另一方面，拉格尔斯夫妇的估算仅包含养老金的退保现值，但包含广义家庭信托的全部价值，与 W2 一样。[②]* W4 与前三个衡量指标的不同之处是，该指标向广义家庭退休财富中加入与累积储备无关的财富。只要广义家庭 555
行为可能受到社会保障财富或养老金财富的影响，这项衡量指标就是有其意义的。

表 12.1　财富的主要定义

W1	W1 定义为总资产的变现价值(CSV)减去负债，衡量广义家庭或个人当前可用的财富。资产包含房主自住住房、其他房地产、所有耐用消费品、活期存款和货币、定期和储蓄存款、债券和其他金融证券、公司股票、非法人企业股权、信托基金权益、保险的退保现值，以及养老金的退保现值。负债包含抵押债务、消费债务和其他债务。信托以其精算价值计量，其金额根据年份不同大约占信托总储备金的 40% 至 60%。(有关“精算价值”的解释，请参阅本章正文“广义家庭财富的替代定义”。)养老金以其退保现值计算，这占其总储备金的很小一部分，为 5% 左右。所有其他有形资产、金融资产和负债均按全额计算。
W2	W2 是比 W1 更广泛的财富衡量标准，定义为 W1 加上信托基金的全部储备减去其在 W1 中的精算价值。
W3	W3 扩展财富概念包含养老金财富，定义为 W2 加上养老金储备的总值减去养老金的退保现值(退保现值包含在 W1 和 W2 中)。
W4	W4 等于 W3 加上预期未来社会保障福利的现值。

---

① 参见 Raymond W. Goldsmith, Dorothy S. Brady 和 Horst Mendershausen 著作：*A Study of Saving in the United States* (Princeton, NJ: Princeton University Press, 1956)；参见 Goldsmith 著作：*The National Wealth of the United States in the Postwar Period* (Princeton, NJ: Princeton University Press, 1962)；参见 Goldsmith, Robert E. Lipsey 和 Morris Mendelson 著作：*Studies in the National Balance Sheet of the United States* (Princeton, N. J.: Princeton University Press, 1963)。

② 参见拉格尔斯夫妇著作：“Integrated Economic Accounts for the United States, 1947 - 1980”。

* 拉格尔斯夫妇指著名经济学家夫妻南希·拉格尔斯和理查德·拉格尔斯。——译注

广义家庭财富的所有四项衡量指标都具有可操作性，它们都可以从现有数据中估算出来。然而，这些衡量指标与行为模型所暗示的财富概念之间的关系并不总是能清楚地描述出来。如果样本显示有强烈的流动性约束，或者如果广义家庭样本只有短期计划，那么退保现值财富概念，如 W1 或 W2，适合用于分析样本行为。据我所知没有行为模型与 W3 衡量标准相对应。如果包含养老金储备，那么某种形式的预期社会保障金也应该被包含在内，即使社会保障没有养老金那样多的储蓄量。引入 W3 是为了独立分析养老金对家庭总财富的影响。一些研究人员在行为模型中使用 W4，认为广义家庭将未来的养老金和社会保障福利视为一种财富形式，这会影响
556 当前的储蓄行为和劳动力参与决策。

人均财富和户均财富的趋势

表 12.2 显示了 1900 年至 2013 年，以 W1，W2，W3 和 W4 指标来衡量，所选年份的总广义家庭资产和净资产。[①] 这些金额由时值美元计价（current dollars）。我们先来比较这四个系列的指标。在整个 1900 年至 2013 年，W1 和 W2 一直都非常接近，因为两者之间的差异是信托基金的全部权益价值与其精算价值之间的差额，相对于广义家庭总资产而言，这个值非常小。在 1921 年之前，W2 和 W3 完全相同。然后，在剩余时段里，这两组指标以不断增长的速度发散，反映出养老金储备在广义家庭财富中的相对重要性日益增加。到 1983 年，养老金储备已经增长到 W2 资产总额的 10.9% 和 W2 净资产的 13.1%。随着固定收益养老金系统的缩减，从

① 有关资产负债表结构的详细信息，请参见附录 12.1。

1989 年前后开始，养老金储备与 W2 的比率逐渐下降，2013 年降到 5.7%[①]

W2 和 W4 在 20 世纪 30 年代中期之前非常接近，直到社会保障体系开始建立。到 1939 年，社会保障财富已经占到传统可变现资产（W2）的 12%，到 1945 年达到 30%。1945 年至 1983 年间，社会保障财富相对于 W2 继续增加，但增长率低于前半个时期。到 1983 年，社会保障财富已经增长到 W2 总资产的 48% 和 W2 净资产的 57%。随着社会保障体系的成熟，社会保障财富的增长速度进一步放缓，而净资产增长速度则有所增加。结果，到 2013 年，社会保障财富与 W2 的比例下降到 21%。

通过计算各种财富系列数据的年增长率，我们得到了另一个观察视角。在整个 1900 年至 2013 年间，净资产 W2（名义价值）年均增长率为 6%，W3 的增长率为 6%，W4 为 6.2%。但是，在 20 世纪 50 年代末和 60 年代初期，增长率明显下降。我曾用 1962 年对这个数据系列进行分区。1900 年至 1962 年，W2（和 W1）每年增长 5%，W3 增长 5.1%，W4 增长 5.6%。与之相比，从 1962 年到 1983 年，W1 和 W2 的年增长率加速到 8.2%，W3 加速到 8.5%，W4 加速到 8.8%。

广义家庭总财富增长加速的大部分是由于通货膨胀率的上升。为了纠正这个问题，我将这些名义价值使用消费者价格指数 557
（CPI）作为广义家庭财富的修正参数，将其转换为定值美元。这种修正参数为广义家庭经济部门提供了最好的福祉衡量指标，因为它允许人们根据可交换的消费品的数量来阐释实际财富数字。

---

① 有关美国固定收益养老金减少以及被固定缴款养老金替代的讨论，请参见第八章。

559 因此，如果房价相对于 CPI 上涨，则可以将此解释为实际财富增加，因为广义家庭现在需要购买更多的消费品来换取住宅。[①]

表 12.2 使用财富定义 W1，W2，W3 和 W4，1900～2013 年广义家庭资产负债表总资产和总净资产

单位：十亿，时值美元

年份	W1	W2	W3	W4	百分比差异	
					W3 - W2	W4 - W2
I. 总资产						
1900	80.5	81.5	81.5	81.5	0.0	0.0
1912	157.3	159.7	159.7	159.7	0.0	0.0
1921	280.6	286.3	286.3	286.3	0.0	0.0
1922	309.5	315.6	315.9	315.9	0.1	0.1
1929	465.5	475.7	477.2	477.2	0.3	0.3
1933	316.0	323.0	325.6	325.6	0.8	0.8
1939	370.3	382.2	387.6	434.0	1.4	13.6
1945	637.2	652.6	663.3	856.5	1.6	31.2
1949	854.4	866.8	886.1	1125.5	2.2	29.8
1953	1141.0	1159.4	1195.0	1601.0	3.1	38.1
1958	1632.9	1662.6	1731.7	2317.8	4.2	39.4
1962	1927.6	1967.6	2071.4	2811.3	5.3	42.9
1965	2381.3	2428.7	2575.8	3250.1	6.1	33.8
1969	3104.2	3158.9	3366.3	4727.2	6.6	49.6

① 对于 GDP 数据，我使用 GDP 平减指数作为价格指数，因为它为整个国民生产提供最好的修正指数。对比 1900～2013 年的 CPI 和 GDP 平减指数，显示二者存在显著差异。举例来说，在 1900 年至 1945 年，GDP 平减指数和 CPI 几乎以同样的速度增长；在 1945 年至 1962 年，GDP 平减指数的增长速度几乎比 CPI 的增长速度快了整整一个百分点；在 1962 年至 1969 年，二者几乎完全一样；在 1969 年到 1983 年，CPI 的增长速度比 GDP 平减指数快 0.3 个百分点；从 1983 年至 2013 年，CPI 增长速度要快 0.5 个百分点。在整个 1900～2013 年，GDP 平减指数和 CPI 的增长速度几乎完全一样，为每年 3%。

续表

年份	W1	W2	W3	W4	百分比差异	
					W3 - W2	W4 - W2
1972	3907. 8	3983. 2	4293. 3	6055. 6	7. 8	52. 0
1976	5550. 1	5629. 5	6073. 3	8748. 8	7. 9	55. 4
1979	8161. 1	8255. 7	8920. 3	12995. 0	8. 1	57. 4
1981	9996. 3	10118. 1	11012. 4	15873. 2	8. 8	56. 9
1983	11251. 6	11425. 7	12676. 3	18118. 1	10. 9	58. 6
1989	—	20535. 9	21951. 8	30924. 3	6. 9	50. 6
1992	—	23879. 1	25605. 7	—	7. 2	—
1995	—	29185. 4	31193. 0	—	6. 9	—
1998	—	39194. 9	41477. 9	—	5. 8	—
2001	—	44983. 6	47683. 6	63017. 6	6. 0	40. 1
2004	—	57645. 6	60883. 4	—	5. 6	—
2007	—	70525. 5	74160. 2	90741. 5	5. 2	28. 7
2010	—	64868. 9	69209. 0	84865. 7	6. 7	30. 8
2013	—	81118. 9	85702. 9	102655. 3	5. 7	26. 5
年增长率(百分比)						
1900 ~ 1962	5. 12	5. 14	5. 22	5. 71		
1962 ~ 1983	8. 40	8. 38	8. 63	8. 87		
1983 ~ 2007	—	7. 58	7. 36	6. 71		
2007 ~ 2013	—	2. 33	2. 41	2. 06		
1900 ~ 2013	—	6. 11	6. 16	6. 32		
Ⅱ. 净资产						
1900	76. 4	77. 4	77. 4	77. 4	0. 0	0. 0
1912	149. 6	152. 0	152. 0	152. 0	0. 0	0. 0
1921	NA	NA	NA	NA	NA	NA
1922	292. 7	298. 8	299. 1	299. 1	0. 1	0. 1
1929	425. 7	435. 9	437. 4	437. 4	0. 3	0. 3
1933	288. 7	295. 7	298. 3	298. 3	0. 9	0. 9
1939	342. 2	354. 1	359. 5	405. 9	1. 5	14. 6
1945	608. 3	623. 7	634. 4	827. 6	1. 7	32. 7
1949	793. 0	805. 4	824. 7	1064. 1	2. 4	32. 1
1953	1033. 9	1052. 3	1087. 9	1493. 9	3. 4	42. 0
1958	1454. 3	1484. 0	1553. 1	2139. 2	4. 7	44. 2
1962	1671. 6	1711. 6	1815. 4	2555. 3	6. 1	49. 3

续表

年份	W1	W2	W3	W4	百分比差异	
					W3 - W2	W4 - W2
1965	2039.3	2086.7	2233.8	2908.1	7.0	39.4
1969	2649.3	2704.0	2911.4	4272.3	7.7	58.0
1972	3314.9	3390.3	3700.4	5462.7	9.1	61.1
1976	4687.8	4767.2	5211.0	7886.5	9.3	65.4
1979	6824.8	6919.4	7584.0	11658.7	9.6	68.5
1981	8422.5	8544.3	9438.6	14299.4	10.5	67.4
1983	9402.1	9576.2	10826.8	16268.6	13.1	69.9
1989	—	16925.1	18341.0	27313.5	8.4	61.4
1992	—	19559.4	21286.1	—	8.8	—
1995	—	23879.5	25887.1	—	8.4	—
1998	—	32715.6	34998.7	—	7.0	—
2001	—	36593.5	39293.5	54627.6	7.4	49.3
2004	—	45973.4	49211.1	—	7.0	—
2007	—	55189.1	58823.8	75405.1	6.6	36.6
2010	—	50178.1	54518.3	70175.0	8.6	39.9
2013	—	66488.6	71072.5	88024.9	6.9	32.4
年增长率(百分比)						
1900~1962	4.99	4.99	5.09	5.64		
1962~1983	8.22	8.22	8.50	8.81		
1983~2007	—	7.30	7.05	6.39		
2007~2013	—	3.10	3.15	2.58		
1900~2013	—	5.98	6.04	6.23		

资料来源：作者的计算。

由于我对作为福祉衡量指标的财富感兴趣，我还提供了人均和户均实际财富衡量指标。在这里，衡量指标单位的选择取决于对家庭单位财富分布的评估。如果财富是广义家庭的“公共利益”，那么选用户均衡量指标可以更好地代表福祉。另外，如果财富是家庭内的私人利益，那么人均衡量指标可能更为可取。有形资产，特别是自有住房和汽车等耐用消费品，可能是广义家庭的公共利益，因为所有成员可以从这些资产中获益。但是，金融资产和权益更具有私人利益的性质，因为其归于家庭成员的利益与家庭单位的规模成反比。[①] 另外，为了便于比较，我提供了人均实际 GDP 和人均实际家庭可支配收入的数据。

表 12.3 和图 12.1 显示了该财富指标的结果，以及 1900 年至 2013 年的实际 GDP 和实际家庭可支配收入。在整个时期，实际人均 W2 年均增长率为 1.79%，但增长不均匀。1900 年至 1929 年间，人均实际 W2 增长率略高，每年增长 1.86%。在大萧条和第二次世界大战期间（1929 年至 1949 年），年增长率明显下降至每年 0.40%。在 20 世纪 50 年代和 60 年代的经济高增长时期，人均实际 W2 的增长速度加速至每年 2.37%。从 1969 年到 1989 年，年增长率稍微下降至每年 2.12%——这一时期包含 20 世纪 70 年代的滞胀。然后从 1989 年到 2007 年它再次回升到 2.92%，这是 100 多年来的最高水平。然而，在 2007 年至 2013 年的大衰退期间，人均实际 W2 绝对值下降。

与其他衡量指标相比，这揭示了一些引人注意的差异。在这 100 多年里，人均 W3 的平均增长率为每年 1.85%，略高于 W2。但是，在战后时期（1949 ~ 1969 年），两者差异非常明显，W3 年

① 更好的方法是考虑使用相等的类指数，例如贫困阈值，来比较家庭财富。这样的指数随着家庭规模的扩大而增加，而不是按比例增加，以反映消费节约和家庭单位内的资源共享。格林 - 伍迪和沃尔夫遵循这种方法来追踪 1962 年至 1983 年美国广义家庭财富的变化。我不能在这里使用这种方法，因为它需要按家庭规模划分的财富分布数据。参见 Daphne T. Greenwood 和 Edward N. Wolff 著作："Relative Wealth Holdings of Children and the Elderly in the United States, 1962 - 1983," 载于 *The Vulnerable*，编辑：John Palmer，Timothy Smeeding 和 Barbara Torrey（Washington，DC：The Urban Institute Press，1988），123 - 148。

增长率比 W2 高 0.25 个百分点。人均实际 W4 的增长速度远远快
于人均 W2，这 100 多年里平均每年增长 2.06%。在社会保障制度
560 落成的 1929 年至 1949 年间，这种差异特别显著。在这一时期，人
均实际 W4 年增长率为 1.78%，而人均实际 W2 增长率平均每年仅
为 0.40%。在接下来的 20 年里，实际 W4 比实际 W2 的增长快了
几乎整整 1 个百分点，而在 1969～1989 年，差异仅为每年 0.11 个
百分点。相比之下，从 1989 年到 2007 年，随着社会保障财富增长
放缓和可变现财富加速增长，W2 增长速度超过 W4，每年快 0.87 个
百分点。从 2007 年到 2013 年，W4 下降速度每年比 W2 快 0.28%。

在整个 1900 年至 2013 年间，人均实际 W2 的增长速度略快于
562 人均实际可支配收入和人均实际 GDP。前者以每年 1.79% 的速度
增长，而后两者的增长分别为每年 1.66% 和 1.69%。从 1900 年到
1969 年以及从 2007 年到 2013 年，人均实际可支配收入增长速度
超过实际人均 W2，但从 1969 年到 2007 年的情况则相反。事实上，
在 1929 年至 1949 年，实际可支配收入增长率是实际 W2 的 2 倍
以上，而在 1969 年至 1989 年间，W2 增长速度更快。几乎每个
563 时段实际 GDP 的增长速度都快于 W2，除了 1900 年至 1929 年时
段，此时 W2 的增长速度略快，还有 1989 年至 2007 年时段，此
时两者差异超过一个百分点。在 1929 年至 1949 年间，实际 GDP
增长率几乎是实际 W2 的 3 倍。另外，在整个 113 年时间里，实
际人均 W4 比实际可支配收入或实际人均 GDP 增长快得多。W4
在几乎所有时段都比 GDP 增长快，除了 1969 年至 1989 年时段，
此时二者不相上下，还有 2007 年至 2013 年时段，此时人均 GDP
基本保持不变，而人均 W4 下降。除了 1900～1929 年和 2007～
2013 年时段，W4 在每个时段的增长率都高于实际可支配收入。

表 12.3 使用财富定义 W1，W2，W3 和 W4，1900 ~ 2013 年人均和户均实际财富（以 1967 年美元计算）

年份	W1	W2	W3	W4		
I. 人均净资产						
1900	4016	4069	4069	4069		
1912	5411	5498	5498	5498		
1921	5298	5409	5414	5414		
1929	6815	6978	7002	7002		
1933	5925	6069	6122	6122		
1939	6285	6504	6603	7455		
1945	8065	8270	8411	10973		
1949	7445	7561	7742	9990		
1953	8058	8201	8479	11643		
1958	9603	9799	10255	14125		
1962	9891	10128	10742	15120		
1965	11106	11364	12166	15838		
1969	11905	12151	13083	19198		
1972	12604	12891	14070	20771		
1976	12610	12824	14017	21215		
1979	13949	14142	15501	23829		
1981	13435	13630	15056	22810		
1983	13419	13668	15453	23220		
1989	—	18583	20243	29980		
1992	—	18307	20004	—		
1995	—	20015	21799	—		
1998	—	24444	26361	—		
2001	—	24874	26870	37333		
2004	—	28952	31161	—		
2007	—	31421	33670	43311		
2010	—	26807	29146	37573		
2013	—	30689	33041	41607		
II. 年增长率(%)						
1900 ~ 1929	1.82	1.86	1.87	1.87	2.02	1.75
1929 ~ 1949	0.44	0.40	0.50	1.78	0.92	1.22

续表

	人均W1	人均W2	人均W3	人均W4	可支配人均收入	人均GDP
1949～1969	2.35	2.37	2.62	3.27	2.37	2.38
1969～1989	—	2.12	2.18	2.23	1.84	2.23
1989～2007	—	2.92	2.83	2.04	1.36	1.84
2007～2013	—	-0.39	-0.31	-0.67	0.03	0.00
1900～2013	—	1.79	1.85	2.06	1.66	1.69
	户均W1	户均W2	户均W3	户均W4	户均GDP	
1900～1929	1.32	1.36	1.37	1.37	1.25	
1929～1949	-0.32	-0.36	-0.26	1.02	0.46	
1949～1969	1.88	1.91	2.16	2.80	1.91	
1969～1989	—	1.71	1.72	1.74	1.55	
1989～2007	—	2.76	2.66	1.88	1.68	
2007～2013	—	-0.60	-0.52	-0.88	-0.21	
1900～2013	—	1.26	1.32	1.53	1.16	

资料来源如下：

1900～1969年

a. 人口：美国人口普查局：《美国历史统计：殖民地时代至1970年》，第2部分（华盛顿特区：美国政府印刷局，1975年），A册6-8，下载地址：

https：//www2. census. gov/library/publications/1975/compendia/hist_ stats_ colonial - 1970/hist_ stats_ colonial - 1970p1 - chA. pdf。

b. 广义家庭：同上，A册350～352。

c. 消费物价指数：同上，E册135。

d. GNP和GNP隐含价格平减指数：同上，F册1～5。

e. 可支配个人收入：同上，F册9。1900年和1912年的数字基于插值估算。

1969～2013年

人口和广义家庭户数：美国人口普查局，当前人口调查，参见http：//www. census. gov/hhes/www/income/data/historical/index. html。消费者物价指数：美国劳工统计局，参见http：//www. usinflationcalculator. com /inflation/consumer - price - index - and - annual - percent - changes - from - 1913 - to - 2015/ GDP。量化指数，参见：http：//www. bea. gov/iTable/index_ nipa. cfm。

可支配个人收入：美国财务账户，表B. 101，参见http：// www. federalreserve. gov/releases/Z1/Current/data. htm。

注：除了国民生产总值（GNP）之外，所有数据都使用消费者价格指数（CPI）修正，国民生产总值（GNP）由隐含的GNP平减指数修正。

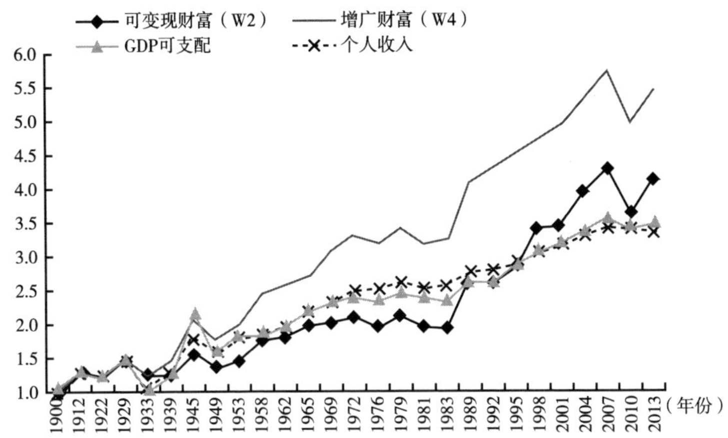

图 12.1　1900～2013 年户均实际可变现财富、增广财富，GDP 和可支配个人收入（指数，1900＝1）

如表 12.3 所示，在整个 1900～2013 年，每户实际 W2 增长速度远远低于人均实际 W2。它每年只增加 1.26%，比人均 W2 慢了 0.5 个百分点。两组数据之间的差异反映了广义家庭数量的增长速度快于人口增长速度（或者说，相当于广义家庭单位平均规模在下降）。实际上，在六个时段里，户均实际财富增长也低于人均实际财富增长。与人均实际财富一样，1989 年至 2007 年户均实际财富增长率最高，其次是 1949～1969 年、1969～1989 年，然后是 1900～1929 年。事实上，在 1929～1949 年和 2007～2009 年，户均实际 W2 下降了。在前一个时段，下降的原因是实际可变现财富积累相当缓慢，这是大萧条和第二次世界大战的结果，而且广义家庭数量的增长速度超过了人口（每年有 0.76 个百分点的差异）。与之相比，除了 2007～2013 年之外，户均实际 W4 在每个时段都有所增加。

深入研究 2007 年至 2013 年的大衰退时期也可能会有所收获。

这里的时间趋势与第二章中显示的消费者财务状况调查结果差异很大。美国年度财务账户资产负债表数据显示，2007年至2010年广义家庭财富W2平均值下降14.9%。相比之下，消费者财务状况调查数据显示每户净资产平均值下降16%。这些结果非常接近，引人注意。但是，从2010年到2013年，美国财政账户显示增长了13.3%，而与之相比，消费者财务状况调查数据增长了0.6%。这三年的美国财政账户数据与消费者财务状况调查数据大相径庭。

图12.2显示了2003年至2014年的季度美国财政账户结果。这些数字表明财富峰值出现在2008年第一季度，为576000美元
564 （按2013年美元计算）。随后急剧下降24%，至最低点2009年第一季度452000美元。随着资产市场的复苏，广义家庭财富平均值开始增加，到2013年第二季度达到574000美元，几乎与之前的高点相当。事实上，美国财政账户广义家庭财富平均值在此之后继续飙升，在2014年第一季度达到653000美元，然后略有下降。这些结果显示了广义家庭财富数据的波动性，主要是因为它们在很大程度上反映了股票市场的不稳定性。因此，消费者财务状况调查进行调查的实际月份会影响调查结果。但是，从美国财政账户数据中可以明显看出，2013年每个季度的财富平均值大大高于2010年每个季度的财富平均值。

对比财富平均值得到的发现也很有意思。年度美国财政账户数据显示，2007年户均W2的美国财政账户财富平均值为541000美元（2013年美元）。与之相比消费者财务状况调查的户均净资产平
565 均值为602000美元。基于两个原因人们原本预计美国财政账户平均值会更高。首先，W2包含所有耐用品的价值，但净资产不包含耐用品；其次，不可能将非营利组织持有的金融证券、股票和养老金储备排除在美国财政账户广义家庭经济部门（sector）之外。这

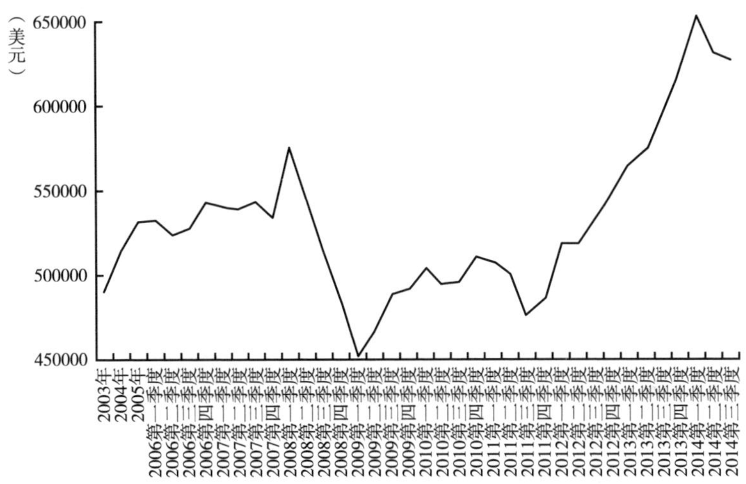

图 12.2　2003～2014 年来自 FFA 的广义家庭财富（W2）平均值（2013 年美元）

个问题会使美国财政账户平均值相对于消费者财务状况调查平均值向上偏倚。然而，消费者财务状况调查显示的房主自住住房的价值远高于美国财政账户。[①] 在对其他经济部门进行估算后，广义家庭经济部门和非营利经济部门的财富被估算为剩余。目前尚不清楚在这种情况下会产生怎样的偏倚。因此，2010 年后非营利经济部门的金融资产激增，可能导致 2010 年至 2013 年消费者财务状况调查结果与美国财政账户结果出现差异。

在这两个来源中，消费者财务状况调查数据可能通常优于美国财政账户数据，至少在 2013 年之前如此。消费者财务状况调查通常导致广义家庭财富平均值的估计值高于美国财政账户。由于美国财政账户的估算向上偏倚，因此消费者财务状况调查数据优于美国

① 见附录表 12.1。

财政账户数据。此外，相对于调查数据，美国财政账户低估了住宅价值，而2013年消费者财务状况调查的财富平均值数据导致2010年至2013年的分解分析结果不现实。进一步，从2013年消费者财务状况调查可以看到，2010年至2013年间户均实际财富基本没有增长，这似乎让这样一个证据浮出了水面，即资产价格，特别是股票价值在这些年里强劲增长。因此，2013年美国财政账户广义家庭财富平均值数据优于消费者财务状况调查数据。[①]

财富构成的变化

在整个20世纪和进入21世纪初期，广义家庭财富的构成也发生了巨大的变化。我首先将可变现（W2）资产分为三个部分：有形资产、固定索赔资产（fixed - claim assets）和权益（见图12.3）。[②] 在本分析中，我还将人寿保险和养老金计划的退保现值而不是权益包含在固定索赔资产中。有形资产保持相对稳定，从1900年到20世纪40年代中期约占总资产的三分之一，然后急剧上升，在1981年到49%的峰值，但到2013年下降到三分之一。相比之下，固定索赔资产占总资产的比例从1900年的16%上升到1945年的34%，然后在1962年下降到大约25%，此后保持平稳。1900年，权益几乎
566 占总资产的一半，然后在资产中的比例持续下降到1983年降到25%左右，但在此之后转而上升，到2013年达到38%。

① 无法根据美国财政账户数据估算财富中位数。因此，也可能是这种情况：2010年至2013年消费者财务状况调查财富中位数趋势是有效的，但财富平均值的趋势则不然。值得注意的是，正如第二章所讨论的那样，2010年至2013年消费者财务状况调查财富平均值的趋势与另一个调查来源收入动态追踪调查非常吻合。但是，这一发现也引发了对2013年收入动态追踪调查数据有效性的质疑。

② 在财富构成计算中，W2不包含杂项资产。

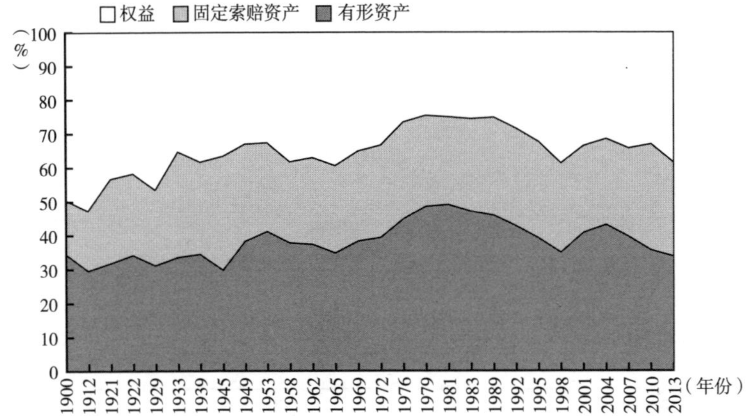

图 12.3　1900～2013 年总资产的主要资产组合占总资产 W2 的百分比

1900 年至 1912 年，房主自住住房（的总价值）占总资产的份额从 17% 降至 13%，然后一直到 1945 年都保持相对稳定（见图 12.4 和表 12.4）。在战后的房地产繁荣时期，房主自住住房占总资产的比例几乎持续上升，1979 年达到顶峰 22%。之后，它转而下降，在 1998 年降到 15%，在 2004 年反弹到 19%，然后在 2013 年下降到 15%。这种年份波动往往反映房价的周期性变化。[①] 总房地产占资产的比例显示出类似的时间趋势，从 1900 年的 27% 下降到 1912 年 567
的 21%，从 1945 年的 23% 上升到 1981 年的 38%，1998 年下降到 28%，2004 年增加到 36%，然后在 2013 年下降到 28%。

---

① 值得注意的是，美国财政账户数据显示的总资产中的房屋比例远低于消费者财务状况调查数据。例如，如果我从 W2 中排除耐用消费品，得到一个与消费者财务状况调查类似的净资产财富衡量指标，2007 年美国财政账户数据显示房屋占总资产的比率为 19%，而消费者财务状况调查的比率为 33%。如前所述，与消费者财务状况调查相比，美国财政账户低估了房主自住住房的价值（见附录表 12.1）。

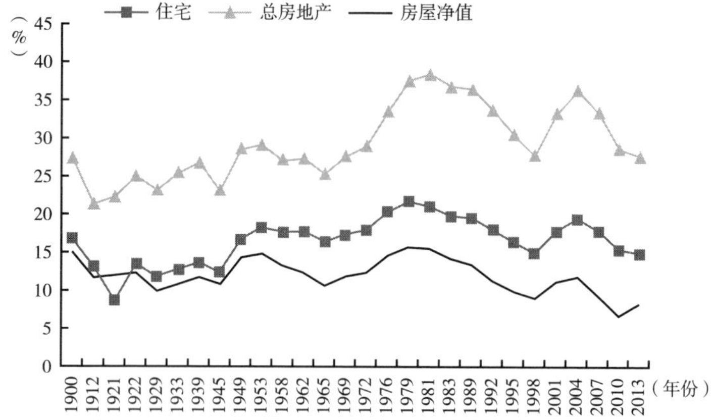

图 12.4　财富构成：房主自住住房、房地产总额和房屋净值占总资产 W2 的百分比

房屋净值（即房主自住住房总价值减去抵押贷款债务）的趋势与之相似，只是要弱一些。[①] 房屋净值占总资产的份额从 1900 年的 15% 下降到 1929 年的 10%，从 1945 年的 11% 上升到 1981 年的 15%，1998 年下降到 9%，2004 年反弹到 12%，然后 2013 年降至 8%。然而，更值得注意的是，在 1983 年之后，这一系列数据与住宅占总资产的份额的差距不断扩大。两者之间的差异从 1983 年的 5.5 个百分点增加到 2010 年的 8.7 个百分点，不过 2013 年下降了些许到 6.6 个百分点。

在金融资产中，最大的相对增长出现在流动资产中，其占所
568 有资产的比例从 1900 年 8% 上升到 1945 年的 21%，1958 年下降到

① 汇总数据提供广义家庭经济部门的总抵押债务。我根据房主自住住房和其他房地产的总价值，按比例分割总抵押贷款，来估算房主自住住房抵押贷款的价值。

表 12.4 1900～2013 年可变现广义家庭总财富的构成（占总资产的百分比）

单位：%

年份	耐用消费品	总房屋价值	银行存款和其他流动资产	非住宅房地产和非法人商业股权	公司股票和金融证券	总债务	房屋净值
1900	7.4	16.7	7.7	45.1	23.1	5.0	15.0
1929	8.2	11.6	11.4	26.8	42.0	8.4	9.9
1949	10.0	16.6	19.0	30.5	23.9	7.1	14.2
1969	10.9	17.2	19.3	30.5	31.3	14.4	11.7
1989	9.6	19.5	21.7	25.0	24.2	17.6	13.2
2007	6.5	17.8	20.3	22.4	33.0	21.7	9.3
2013	6.3	14.8	22.8	19.2	36.9	18.0	8.2

注：财富组合份额计算中不包含杂项资产。

房屋总价值：房主自有住房的总价值。

非住宅房地产和非法人企业股权：非住宅房地产的总价值加上非法人农业和非农业企业的净权益。

存款和其他流动资产：现金、货币、活期存款、定期存款、货币市场基金、保险和养老金计划的退保现值，以及个人退休账户。

公司股票和金融证券：公司股票，包含共同基金；公司债券、政府债券、公开市场票据、票据和其他固定利息金融证券；个人信托的净权益和遗产。

债务总额：抵押贷款、分期付款、消费债务和其他债务。

房屋净值：房主自住住房总价值减去按比例分摊的抵押债务（在房主自住住房和其他房地产之间按比例分摊）。

17%，然后稳定增长，到 2013 年为 23%（见图 12.5）。① 相比之下，金融证券占总资产的比例从 1900 年的 8% 增加到 1933 年的 14%，然后稳定下降，1981 年为 5%，1995 年反弹到 8%，2001 年回落到 5%，2010 年再次上升到 8%，然后在 2013 年回落至 5%。

① 此类别包含金融机构存款、货币市场基金、人寿保险的退保现值，以及此处固定缴款养老金计划如 401（k）计划和个人退休账户的价值。这与第三章中消费者财务状况调查使用的流动资产定义不同，它包含了固定缴款养老金计划。

公司股票的表现更加不稳定。它占总资产的比例从 1900 年的 15% 增长到 1929 年的 31%，伴随当时股市达到顶点，然后到 1933 年跌至 21%，1949 年降至 14%，1965 年升至 27%，1979 年再次降至 12%，随着股市接近另一个高峰，1998 年回升至 33%，2004 年再次下跌至 24%，然后在 2013 年再次飙升至 32%。

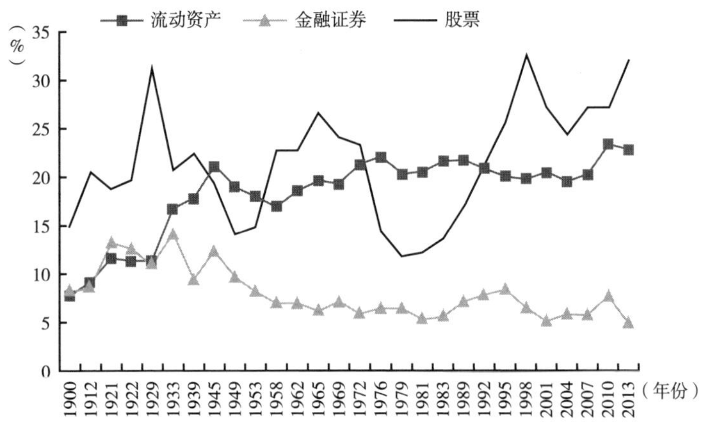

图 12.5　财富构成：流动资产、金融证券和公司股票占总资产 W2 的百分比

有意思的是，金融资产（银行存款、其他流动资产、公司股票和金融证券之和）的分析结果与戈德史密斯对 1688 年至 1979 年
569 长期分析的结果非常吻合。[①] 戈德史密斯将金融资产与非金融资产的比率称为“金融相关率”。他的结论是，这一比率在发展中国家开始时远低于 1，然后在发展过程中逐渐增加到 1。在美国，这个比率从 1900 年的 0.45 增加到 1929 年的 1.15，1949 年回落至 0.75，然后总体上升，到 2013 年为 1.48。

① 参见 Goldsmith 著作：*Comparative National Balance Sheet*。

也许广义家庭财富组合中最显著的变化是非法人企业股权重要性的变化（见图 12.6）。该类资产 1900 年占总资产的 33% 以上，但在这 100 多年里几乎稳步下降，到 2013 年降至 6%。耐用消费品占总资产的比例从 1900 年的 7% 上升到 1953 年的 12%，保持在 570
这个水平到 1976 年，然后开始下降，在 2013 年降至 6%。债务占总资产的比例在这 100 多年上半段保持波动，从 1900 年的 5% 升至 1933 年的 9%，再降至 1945 年的 4%。然后它在战后时期稳定上升，从 1945 年的 4% 上升到 2010 年的 23%，但随后大幅下降至 2013 年的 18%。

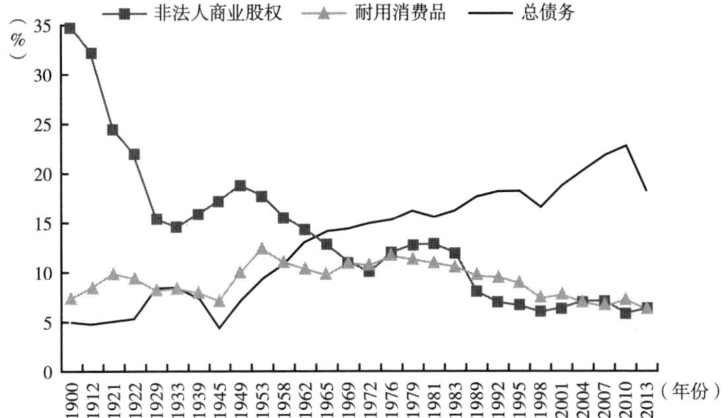

图 12.6　财富构成：非法人企业股权、耐用消费品和广义家庭债务总额占总资产 W2 的百分比

最后，在 20 世纪 80 年代初之前，固定收益退休金储备和社会保障财富都相对于可变现资产（W2）增加，然后转为下降。作为增广财富（W4）的一部分，其中包含养老金和社会保障财富，前者从 1900 年的几乎为零增长到 1983 年的 7.3%，然后下降到 2013 年的 4.7%，反映了固定收益养老金体系的消融（见图 12.7），后者从 1933 年的零急剧上升至 1939 年的 11%，随着社会保障系统建 571

立，1979 年达到峰值 31%，然后随着系统的成熟，几乎持续下降，2013 年下降到 17%（见图 12.7）。社会保障财富在 20 世纪中期以相对较快的速度增长，养老金储备在后来的年份里开始快速增长。到 2013 年，养老金储备的估算值的数量级与商业股权和耐用消费品大致相同，而社会保障财富的数量级与流动资产相当。

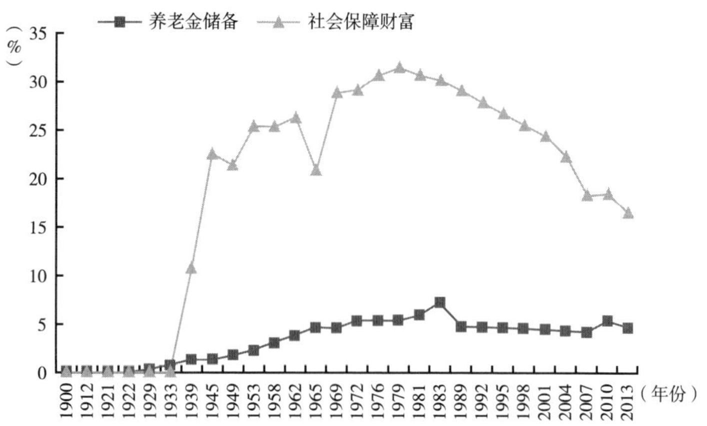

图 12.7　财富构成：养老金储备和社会保障财富占总资产 W4 的百分比

对总体财富构成变化的原因进行全面分析超出了本章的范围。
572 但是，本章分析中能看出显而易见的几个因素。

资产价格的相对变化似乎对财富构成的变动有很大影响。这个因素似乎与公司股票密切相关，公司股票在总体财富组合中的份额在 1929 年达到最高 31%，与股市的高峰期一致，然后在大萧条期间跌至 1933 年的 21%。后期在 1965 年、1998 年和 2013 年出现的高峰，也都与股价上涨有关。1965 年至 1979 年房地产总价值急剧上升，以及这些年来房主自住住房总值和净值均稳步上升，这也与房地产价格的大幅上涨有关。相似的，1979 年到 1998 年的下降、

1998 年到 2004 年的上升，以及随后从 2004 年到 2013 年的下降，都与住房和其他房地产价格的变动直接相关。

非法人企业股权占总资产的比例长期下降，在很大程度上可以由两个因素来解释。经济的结构性转变是主要方面，特别是 20 世纪美国经济农业份额下降。例如，非法人农业商业股权占总资产中的份额从 1900 年的 27% 下降到 1983 年的 6% 。此外，在战后时期，小型非法人企业的重要性下降。非法人非农业企业股权占总资产的比例从 1949 年的 9.3% 下降到 1972 年的 3.7% ，不过到 1983 年其增加到 5.9% 。

广义家庭行为的变化以及制度变化也会影响财富构成。金融机构储蓄和其他流动资产的相对急剧增长，以及相应的金融证券相对下降表明，广义家庭偏好可能已从风险较高的非流动资产转向风险较低的流动资产。养老金储备和社会保障财富相对于可变现资产的快速相对增长，至少在 20 世纪 80 年代初期之前是这样，这显示出了美国退休制度系统性变化的重要影响。

负债与资产的比率上升表明广义家庭更愿意承担债务，以及更高的信贷额度。为了证明这一点，我将总债务分为两部分——房主自住住房的抵押贷款债务和其他债务，后者包含其他房地产的抵押债务。住房抵押贷款债务占总资产的比例从 1900 年的 1.7% 增长到 2010 年的 8.7% ，这一比例在 2013 年降至 6.6% ，或许更有趣的是，其占房主自住住房总价值的比例从 20 世纪初的 10.4% 上涨 573
到 2010 年的 57% ，2013 年这一比例下滑至 44% 。因此，在这 113 年的时期里，房主似乎越来越愿意并且能够获得抵押贷款债务。其他债务（包含非住宅房地产抵押贷款债务）与总资产的比率也随着时间的推移而增长，从 1900 年的 3.3% 增加到 2010 年的 14% ，不过 2013 年再次下降至 11.5% 。因此，房地产和消费更容易获得抵押贷款，以及更多的广义家庭愿意接受债务，似乎是广义家庭债务急剧增加的原因。

关于广义家庭总财富的趋势的总结

从1900年到2013年，扣除通胀因素后，平均广义家庭财富增长3倍多。事实上，这些年来实际人均财富增加了6.5倍。此外，实际可变现财富（W2）的增长速度略高于实际可支配收入。扣除通胀因素后，W2与可支配收入的比率从1900年的4.6下降到1983年的3.6，但随后转而上升，在2013年为5.4。在整整113年中，这一比率相当温和地上升了18%，而在此期间的某些时段，这一比率则在下降。但是，我的分析并没有发现任何证据支持皮凯蒂或赛斯和祖克曼关于财富与收入比率大幅上升的著名发现，至少在此期间如此。①

我们可以从中得出广义家庭财富与家庭福祉的关系吗？某些资产如房主自住住房和耐用消费品等直接为广义家庭提供服务。实际上，国民账户以房主自住住房估算租金形式直接估算前者。在1900年至2013年间，扣除通胀因素后，房主自住住房总价值与可支配个人收入的比率上升了21%，而耐用消费品与可支配收入的比率上升了16%。这个结果表明家庭福祉的相应增加。如果是这样，个人收入的增长可能使家庭实际福祉提高水平被低估。

---

① 很难直接与其他两个研究进行比较，因为财富和收入的定义以及周期划分都是如此不同。参见Thomas Piketty著作：*Capital in the Twenty-First Century*（Cambridge，MA：Harvard University Press，2014）；参见Emmanuel Saez和Gabriel Zucman著作：“Wealth Inequality in the United States since 1913：Evidence from Capitalized Income Tax Data，”载于*Quarterly Journal of Economics* 131，no. 2（May 2016）：519－578。

另外，从1900年到2013年，债务总额与可支配收入的比率几乎翻了五倍。这一趋势很可能是美国家庭在此期间储蓄率（相 574
对于收入）下降的征兆。这一结果与许多其他研究的结果一致，其中广义家庭储蓄被定义为当前收入（不包含资本收益）减去当前支出。本章的分析将广义家庭储蓄定义为广义家庭财富的变化。我没有从资产（和负债）的名义变化或升值变化（即资本收益和损失）中分离出实际变化。然而，这里的证据强烈表明储蓄相对于可支配收入的下降倾向。这有两个可能的原因。首先，信贷获得变得容易（反映在债务与资产比率上升），使预防性储蓄的需求减少，因为家庭在需要时随时可以贷款。其次，以养老金储备和社会保障财富形式制度化退休储蓄的增长，在一定程度上降低了个人退休储蓄的需要。事实上，W3增长速度快于W2，而W4增长超过W3。此外，在过去的113年中，W4的增长速度远远超过个人收入。如果W4是比W2更适合作为广义家庭福祉的衡量指标，那么个人收入的增长可能会低估家庭福祉的实际增长。①

关于总财富构成的变化，很明显有几个因素在起作用。价格变化似乎对几种资产很重要，特别是公司股票，其价值总是随着时间的推移而波动。经济中的结构性变化，例如农业的相对下降以及随之而来的小农场数量的下降，也直接影响到财富构成的变化。还有证据表明各种资产类型之间的替代关系——特别是远离风险较高的非流动资产，变为相对无风险的流动资产。制度性改变，例如从非法人企业转变为公司形式的企业，更容易获得的信贷，无论是有担保的还是无担保的，以及退休金系统的增长，也

① 当然，这种评估仅基于平均财富的增长。这种增长是否会增加全国福祉也取决于其分布如何随时间而变化。另外，有关储蓄率趋势的更多讨论，请参阅第五章。

在财富构成变化中发挥了重要作用，同时也影响了消费者行为的变化。消费者更愿意接受债务，更加厌恶风险和非流动资产。最后，广义家庭财富构成的变化也反映了广义家庭财富分布的变化，特别是20世纪上半叶财富不平等程度的下降，以及随后在21世
575 纪初的上升。

附录12.1　1900年至2013年特定年份广义家庭总体资产负债表的构建

关于广义家庭总财富，有几个的历史时间序列数据可用，但没有一个涵盖从1900年到2013年的整个时期。此外，这些数据来源相互之间并不完全一致，因此需要进行一些调整以使其具有可比性。在此期间的某些年份是根据遗产税数据的可用性而选择的，因为在第十三章中，广义家庭总体资产负债表数据将用于构建广义家庭财富集中度的估计值。

新的广义家庭资产负债表的构建依赖于以下数据来源：1900～1958年：戈德史密斯、布洛迪和孟德斯豪森的论文，以及戈德史密斯、利普西和门德尔森的论文提供了完整的广义家庭资产负债表估算值。这些来源的数据将被统称为“戈德史密斯数据”。这些是
576 1900年至1946年非无形资产的唯一可用数据来源。[①] 1925～1985

① 除了信托账户数据外，全体广义家庭资产负债表数据都来自Goldsmith，Lipsey和Mendelsen著作：*Studies in the National Balance Sheet of the United States*，42－85，118－119。1945年以前的个人信托数据来自Goldsmith，Brody和Mendershausen著作《美国储蓄研究》（*A Study of Saving in the United States*）第42～53页，1945～1958年的数据来自Goldsmith，Lipsey和Mendelsen著作的第120页。

年：马斯格雷夫提供了这段时期每一年有形资产的估计数。[1] 1946～2013 年：美国联邦储备理事会的美国财政账户提供了完整的资产负债表数据。[2] 但是，美国财政账户的广义家庭经济部门不仅包含广义家庭，还包含信托基金和非营利组织。对于有形资产，这可以得到纠正，因为美国财政账户（FFA）的数据来源是马斯格雷夫的系列数据，该数据报告了定义范围更窄的广义家庭经济部门的单独估算值。对于非无形资产，必须进行其他调整。1946～1980：拉格尔斯夫妇（RR）为所有资产和负债提供了定位范围更窄的广义家庭经济部门总体资产负债表数据。[3] 拉格尔斯夫妇的估算基于从美国财政账户广义家庭资产负债表数据中分离非营利组织和信托基金数据。他们还使用了一个财富概念，其中仅包含养老金和保险的退保现值，因此与 W2 一致。

本章提供的总体广义家庭资产负债表估算值结合了这些来源的数据。1925 年至 1983 年有形资产的数据以马斯格雷夫的数据为基础。1922 年的数据来自对马斯格雷夫数据的估算。对于 1949 年之前的数据，使用马斯格雷夫的数据而不是戈德史密斯的数据的理由是，马斯格雷夫提供了整个时期（1925 年至 1985 年）一致的数据，马斯格雷夫 1963 年的数字基于修正和改良后的数据，戈德史密斯没有这些数据。对 1949 年以前的非有形资产的估算是基于戈

---

① 参见 John C. Musgrave 著作："Fixed Reproducible Tangible Wealth in the United States: Revised Estimates," 载于 *Survey of Current Business* 66（January 1986）：51－75。这些数据来自他修订的有形财富系列（第 65 页表 10 和第 73 页表 18）。

② 这些账户信息可在以下网址获得：http：//www. federalreserve. gov/releases/Z1/Current/data. htm。数据来自表 B. 101《广义家庭和非营利组织资产负债表》和表 L. 117《私人和公共养老基金》。

③ 参见 Richard Ruggles 和 Nancy Ruggles 著作："Integrated Economic Accounts for the United States, 1947－1980," 载于 *Survey of Current Business* 62（May 1982）：1－53。见表 2. 40，《广义家庭经济部门资本账户》。

德史密斯的数据，1949 年至 1980 年大多数金融资产估算来自拉格尔斯夫妇的数据，1981 年和 1983 年所有资产数据，以及 1949 年至 1980 年间一些非无形资产数据来自美国财政账户。拉格尔斯夫妇的数据提供单独的信托基金类别，而美国财政账户广义家庭经济部门数据包含由信托基金持有的金融资产，特别是股票和债券。需要单独的信托基金资产类别，因为它在所有权和控制权方面与其他家庭资产不同。

为了创建一致的总资产负债表系列，需要对这些基本数据源进行一些调整。幸运的是，在 1946 年到 1958 年，所有以下四个来源都有广义家庭资产负债表数据：马斯格雷夫、戈德史密斯、拉格尔斯夫妇和美国财政账户。戈德史密斯和马斯格雷夫的有形资产数据方面存在重大差异（例如，住宅数据的差异在 10% 到 32% 之间），另外，戈德史密斯的数据与拉格尔斯夫妇和美国财政账户在金融资产方面的数据存在重大差异（对于某些资产，差异高达 80%）。这些差异可追溯到以下源头：首先，戈德史密斯、拉格尔斯夫妇和美国财政账户之间的资产分类存在若干差异。这些差异不会影响财富总额，只会影响资产类别的构成。其次，广义家庭财富的定义存在一些差异。戈德史密斯的总财富概念对应于 W3，其中包含总养老金储备，而拉格尔斯夫妇的定义对应于 W2，其中仅包含养老金的退保现值。再次，存在一些方法上的差异。例如，戈德史密斯将所有农业经济部门的净资产归于广义家庭经济部门，而拉格尔斯夫妇认为其中一小部分代表企业股权而不是非企业股权，其价值只能通过公司股票纳入广义家庭经济部门。最后，估算差异的很大一部分归因于戈德史密斯研究对基本数据的修正。

本研究分两个阶段进行数据调整。第一阶段，我纠正了各种数据来源和新分类方案之间资产类别的定义差异。在新分类方案中，资产类别分为三大类：有形资产、金融固定索赔资产和权益。负债分为抵押债务、消费债务和其他债务。这意味着对拉格尔斯夫妇分 577
类方案只需要轻微调整。但是，需要对戈德史密斯的类别进行一些重大调整。

第二阶段，我修正了戈德史密斯与拉格尔斯夫妇和美国财政账户的方法差异，特别是关于每个资产类别中所包含的项目。戈德史密斯在以下资产方面与拉格尔斯夫妇和美国财政账户不同：农业权益、非法人企业股权、个人信托、保险和养老金。此外，拉格尔斯夫妇还在其有形资产类别中包含普通家庭财物，其中包含服装和食品等项目。1983 年，这些普通家庭财物的价值约为 2538 亿美元，约占 11.8 万亿美元广义家庭资产总值的 2%。我从新的资产负债表中删除了家庭普通财物类别，因为该类别在早些年份并不存在。我还为财富概念 W4 添加了社会保障财富，这不属于任何原始数据来源。

新估算的总广义家庭净资产与戈德史密斯和拉格尔斯夫妇的估算值之间的差异因年份和财富概念而不同。关于戈德史密斯的数据，W3 的总净资产数字与拉格尔斯夫妇的差异在 3% 到 6% 之间，具体取决于年份，而对于 W2，差异在 7% 到 8% 之间。W2 的总财富数字与拉格尔斯夫妇的相差 2% 至 6%，而 W3 的差异在 4% 至 12% 之间。对于 W1 和 W4，新估算的数据与戈德史密斯和拉格尔斯夫妇之间的百分比差异要大得多。

新总量估算值的准确性，取决于将戈德史密斯数据与拉格尔斯夫妇和美国财政账户数据调整一致的假设的合理性，以及原始来源的准确性。总的来说，我假设处理原始汇总数据源的技术和假设都是正确的。对于一个重要的类别——房主自住住房，可以将总体广义家庭资产负债表估算值与从广义家庭调查数据得出的估算值进行比较（见附录表12.1）。后面的数字来自1950年、1960年、1970年和1980年的美国住房普查以及1962年的消费者财务特征调查（SFCC）和1983年的消费者财务状况调查。普查数据中的住房价值记录在有限数量的分组中，最后一组是开口式区间。每年普查数
578 据的房主自住住房总价值的估算，首先是将帕累托分布匹配到住房价值分布的上限以获得开口式分类的平均值，然后对每个住房价值类别求和得到总价值。对于1962年的消费者财务特征调查和1983年的消费者财务状况调查，房主自住住房的总价值直接由微观数据计算得出。附录表12.1中这些调查数据的估算值与资产负债表的数字进行了比较。调查数据和美国财政账户的估算总量的差异在－15%和35%之间。调查数据得出的估算值总是低于美国财政账户数据，不过1962年和1983年调查数据估算值更高。

附表12.1　房主自住住房和土地的价值：比较住户调查数据和总资产负债表估算得出的总价值

年份	住户调查数据（十亿美元）[a]	FFA资产负债表数据（十亿美元）[b]	百分比差异
1950	130.8	177.0	35.3
1960	353.4	372.9	5.5
1962	473.9	403.8	－14.8
1970	626.8	689.9	10.1
1980	2234.3	2568.9	15.0
1983	3363.2	3060.0	－9.0

注：a. 对于1950年、1960年、1970年和1980年，这些数字来自相应的美国人口普查局住房普查（第一卷，第1部分），分别是：1950年表16；1960年表8；1970年表5和1980年表5。1962年数据基于作者对消费者财务特征调查数据的计算，1983年数字来自作者对消费者财务状况调查数据的计算。

b. 资金流转资产负债表数据来自美国财政账户广义家庭经济部门。参见联邦储备理事会，美国经济资产负债表，1946～1985（华盛顿特区：理事会，1986年）。

人们通常认为金融资产，例如股票和债券，由于财富分布的上限存在少报和漏报的情况，因此总体资产负债表估算值应该比调查估算值更可靠。对于房地产，通常假设相反——调查估算值比总资产负债表估算值更可靠，因为广义家庭通常非常准确的评估其房产的当前市场价值。对于流动金融资产，例如银行存款，对于美国财政账户的方法产生的估算值是否比调查估算值更可靠存有争议。科廷、贾斯特和 579
摩根认为，对于这样的流动资产，美国财政账户的估算价值高于其真实价值，因为它将广义家庭账户作为剩余处理——在对其他经济部门（如公司、政府和金融机构）进行估算之后剩下的部分。[①] 他们的证据不言而喻，即相比其他金融资产，如股票和债券，广义家庭应该更懂自己银行账户的价值。因此，如果调查数据的股票估算值接近总资产负债表的估算值，例如 1983 年消费者财务状况调查数据，但流动资产估算值只有 30% 或 40%，那么美国财政账户的总流动资产估算值很可能被高估了。虽然对于那些包含大量富人样本的调查数据（例如 1983 年的消费者财务状况调查）可能是如此，但不清楚调查估算值是否通常都比美国财政账户的估算值好，特别是当调查数据更多地受到少报漏报，价值缺失，以及顶级财富持有者的样本不足的影响时。总之，从可靠的宏观数据和微观数据来源得出的总体广义家庭财富估算值之间的比较表明，本章中使用的总资产负债表数据来源可能会略微低估房地产资产价值并高估流动资产价值。[②]

---

① 参见 Richard T. Curtin，F. Thomas Juster 和 James N. Morgan 著作："Survey Estimates of Wealth：An Assessment of Quality，" *The Measurement of Saving，Investment，and Wealth*，载于 Studies of Income and Wealth，编辑：Robert E. Lipsey and Helen Tice（Chicago：Chicago University Press，1989），473 – 548。

② 本书附录 2 还讨论了 1962 年至 1983 年国家资产负债表数据和广义家庭调查数据的汇总财富总额的比较，其中使用总资产负债表数字来校正调查估算值中的缺失值和少报漏报情况。

本章接下来详细介绍用于调整广义家庭资产负债表原始来源数据的过程，以创建广义家庭财富的新系列数据 W1，W2，W3 和 W4。讨论按资产和负债两个分类来组织。

房地产

此类别包含房主自住住房、租户住房和住宅用地。1925 年至 1983 年房主自住住房和租户住房的估算值直接来自马斯格雷夫关于建筑物净值部分的系列数据。马斯格雷夫的数据也是美国财政账户有形资产的数据源。1922 年的数字是通过对 1925～1929 年数据进行回归分析，从得到的时间趋势估算值外推算得出的。戈德史密斯的数据仅用于 1900 年和 1912 年的住宅建筑。在 1922～1959 年，
580 马斯格雷夫的数据优于戈德史密斯的数据，这样可以与以后年份数据保持一致，因为自戈德史密斯的研究之后，基础工作表有很好的更新和修订。因此，有形资产系列数据 1900 年和 1912 年的估算值与其余年份不一致。戈德史密斯的数据一直低于马斯格雷夫的数据，在这两个系列都有数据的每一个年份，两者差异在 10% 到 32% 之间。

我的房地产类别定义与戈德史密斯、美国财政账户和拉格尔斯夫妇的定义存在一些差异。戈德史密斯在房地产经济部门中包含住宅和非住宅，他的土地估算值同时包含这两种类型的财产。在 1900 年至 1945 年，他的数据把非住宅建筑价值转移到非法人企业股权类别。另外，拉格尔斯夫妇和美国财政账户数据把租户住房包含在非法人企业类别中的，我将其转移到房地产类别。

新的广义家庭资产负债表中使用的住宅用地估算值同时包含租户住房用地和自住住房用地。对于戈德史密斯的数据，他从总土地

估算值里剥离非住宅房地产土地并转移到非法人企业股权里。在1949年至2013年，我使用了美国财政账户对自住住房土地的估算值。美国财政账户的总估算值一律偏高，差异在5%到17%之间。在1922年至1945年，戈德史密斯对自住住房土地的估算值直接纳入新的资产负债表系列里，出租住房土地的估算是假设每年出租住房土地与自住住房土地的比率与出租住房建筑与自住住房建筑的比率都相同。

1949年至1983年，拉格尔斯夫妇与美国财政账户对自住住房土地价值的估算值存在很大差异，其差异介于－1%和48%之间，但没有系统性的趋势。这些差异没有直观显然的解释。美国财政账户数据用于新的资产负债表系列。至于戈德史密斯的数据，1949～1983年的出租住房土地估算是假设出租住房土地与自住住房土地的比率与出租住房建筑与自住住房建筑的比率相同。然后从非法人企业类别的总数中减去租房土地的估算值。 581

耐用消费品

机动车辆和其他耐用消费品类别的数据直接来自马斯格雷夫的系列数据，该数据与住房建筑系列数据一样，1925年至1984年这一时期完整存在。1922年估算值是从1925年至1929年的时间趋势外推算得出的。戈德史密斯的数据和马斯格雷夫的数据非常接近，最大差异为9%。马斯格雷夫的数据用于新的资产负债表系列，因为它们基于修订和更新的数据。

固定权利资产

此类别包含活期存款和货币、其他金融机构的存款、联邦政府证券、州和地方政府证券、公司和外国债券、抵押贷款、公开市场票据和其他金融工具。在构建新资产负债表系列里的这些类别时，我使用了戈德史密斯 1900～1945 年的数据和拉格尔斯夫妇 1949～1980 年的数据。如前所述，美国财政账户的“广义家庭经济部门”也包含个人信托和非营利组织，他们的数据无法直接使用。因为拉格尔斯夫妇的系列数据于 1980 年结束，所以有必要对这些类别以后年份的数据进行估算。对于三个债券和证券类别中的每一个，我首先计算了 1946～1980 年间拉格尔斯夫妇数字与相应美国财政账户数字之比的平均值。联邦证券和公司债券类别的这一比率呈上升趋势，在此期间结束时接近于 1。这表明，在 1980 年这两个类别的信托和非营利组织持有量基本上为零。由于这似乎不太可能，我决定忽略这个比率的趋势分量，而是依赖于这个比率在战后时期的平均值。因此，我将 1981 年和 1983 年的美国财政账户数字乘以平均比率，以获得缩小定义范围的广义家庭经济部门的估算值。对于两种流动资产类别（活期存款和其他金融机构的货币和存款），我使用了拉格尔斯夫妇数据与相应美国财政账户数据的比率的趋势回
582 归来估算 1981 年和 1983 年的数值。

戈德史密斯数据和拉格尔斯夫妇数据在固定权利资产类别的定义方面没有重大区别。少数资产从戈德史密斯的农业权益类别转移到广义家庭固定权利资产类别，以保持与我对家庭部门持有的农业资产的定义保持一致。这些调整在随后的农业权益部分进行了解释。尽管进行了这一调整，戈德史密斯数据和拉格尔斯夫妇数据之间的州和地方政府证券仍存在很大的差异。这些通常由公司债券类别差异的绝对值抵消。对于重叠年份（1949 年、1953 年和 1958 年），戈德史密斯对州和地方政府证券的估算更高，差异从 20 亿美元到 60 亿美元不等。除了 1958 年，拉格尔斯夫妇估算的公司债

券类别数字更高。这些差异相对于总资产来说很小，而且由于我没有独立信息来源，因此我没有对这两个系列数据进行任何修正。

公司股票

我在广义家庭资产负债表中使用了戈德史密斯和拉格尔斯夫妇的公司股票估算值。虽然在重叠年份里，戈德史密斯的估算与拉格尔斯夫妇的估算存在较大差异，但其百分比差异没有明显的趋势。因此，我没有对此类别的拉格尔斯夫妇数据或戈德史密斯数据进行修正。如前所述，美国财政账户广义家庭资产负债表包含非营利部门和个人信托，其广义家庭经济部门也包含这两样。因此，美国财政账户的估算值为广义家庭的公司股票持有量提供了上限。在所有年份，戈德史密斯和拉格尔斯夫妇的广义家庭公司股票数据均低于美国财政账户数据。使用拉格尔斯夫妇估算值与相应美国财政账户数字之比的趋势回归来得到1981年和1983年估算值。

农业权益

新的广义家庭资产负债表系列基于戈德史密斯1900年至1949
年的数据以及1953年至1983年的美国财政账户数据。一旦对定义 583
差异进行了调整，拉格尔斯夫妇系列和美国财政账户数据就相似了。在调整之前，戈德史密斯的农业权益数据和拉格尔斯夫妇的或美国财政账户数据存在巨大差异，无论是与总资产的关系，还是以百分比来衡量。每年戈德史密斯估算值比拉格尔斯夫妇估算值高约30%。

这种程度的差异有两个原因。首先，通过检查各自农业经济部门资产负债表发现，显然戈德史密斯在农业权益类别里，包含了农业家庭的全部住宅资产。与之相比，拉格尔斯夫妇仅在其中包含与农业经营相关的资产，而农业家庭拥有的所有其他资产都包含在广义家庭经济部门中。美国财政账户的方法更接近拉格尔斯夫妇的方法，但是美国财政账户未在农业权益里包含自有农场住房。其次，拉格尔斯夫妇没有将农业经济部门的所有净资产归于广义家庭经济部门，而是将部分资产分配给企业经济部门，而戈德史密斯认为农场不算企业法人。1958 年，两个来源都有农业资产负债表数据，很明显，拉格尔斯夫妇将农业权益总值的 92% 转移到了广义家庭经济部门，8% 转移到了企业经济部门。我调整了戈德史密斯和美国财政账户的农业权益估算值，以与拉格尔斯夫妇的数据保持一致。经过这些调整后，戈德史密斯的数据和拉格尔斯夫妇的数据之间的差异变得非常小，数据重叠的年份（1949 年、1953 年和 1958 年）里的差异从 0 到 8% 不等，而调整数据前的差异范围为 28% 到 32%。

非法人企业股权

1900 年至 1945 年，戈德史密斯的数据被用于新的家庭资产负债表系列，并对之前讨论的定义差异进行了调整。随后几年，新的资产负债表数字基于美国财政账户系列数据，隐含的假设是信托基金和非营利组织持有的这一资产可以忽略不计。我决定在这个类别不使用拉格尔斯夫妇数据，因为对 1949 ~ 1958 年间的估算，即使纠正了概念差异，拉格尔斯夫妇的数字仍然比美国财政账户的数据低
584 13% 至 14%，比戈德史密斯的数据低 6% 至 12%。

信托基金权益

戈德史密斯的资产负债表中信托基金价值估算与拉格尔斯夫妇

的不同。戈德史密斯把信托基金分配在所有金融类别中，与美国财政账户方法相似，不过他1956年分册的估算数据包含对每种资产类别的单独信托估算，他1963年出版物包含一个单独的信托资产负债表，覆盖1945～1958年。美国财政账户资产负债表没有将此类别与广义家庭资产分开，也没有报告任何一年的信托估算值。而在另一方面，拉格尔斯夫妇资产负债表将信托基金记录为单独的类别。我遵循拉格尔斯夫妇的方法，将信托基金记录为一个单独的类别，因为有必要区分信托基金的精算价值和完全价值。因此，我从戈德史密斯的资产类别中减去属于信托基金的估算金额，来调整戈德史密斯的资产负债表。戈德史密斯和拉格尔斯夫妇对总信托权益估算之间的差异相对较小，1949年、1953年和1958年的差异从2%到14%不等。

W1指标仅包含信托基金的精算价值。根据1965年所得税申报表数据与美国财政账户数据的对比，史密斯和富兰克林估算信托基金的精算价值约为信托基金权益的54%，这里使用这一比例来估算信托基金的精算价值。① W2指标包含戈德史密斯和拉格尔斯夫妇估算的信托基金权益总价值。

人寿保险权益

这三个基本数据来源的保险权益概念差异很大。保险权益是指政府雇员保险计划和私人保险计划的总和。美国财政账户包含该类别人寿保险的全部准备金或权益，而拉格尔斯夫妇使用退保现值（CSV）的概念。拉格尔斯夫妇估算人寿保险的退保现值为每年美国

① 参见James D. Smith和Stephen D. Franklin著作：“The Concentration of Personal Wealth，1922－1969，”载于*American Economic Review* 64（May 1974）：162－167。

财政账户总保险准备金的95%左右。与美国财政账户一样，戈德史密斯在其广义家庭经济部门估算中记录了全部保险准备金。在比较
585 来自不同来源的估算值时，我发现戈德史密斯对私人保险准备金的估算值大大高于美国财政账户报告的政府保险系统和私人保险系统的准备金数字。1946年至1958年间，美国财政账户的总储备金估算值与戈德史密斯私人储备金估算值的比率从0.94下降至0.79。戈德史密斯的数字较高是因为他将保险公司的退休基金和保险公司的总净资产都纳入其中。[①] 这些项目未包含在美国财政账户或拉格尔斯夫妇估算中。戈德史密斯类别中的这两个附加组件随着时间推移而增加，1958年达到美国财政账户私人寿险准备金的45%。较窄的美国财政账户定义用于新资产负债表中的保险权益，而人寿保险养老金储备则包含在养老金储备类别中。通过减去这两个额外成分来调整戈德史密斯的数据。此外，我遵循拉格尔斯夫妇的惯例，在此类别中仅包含人寿保险准备金的退保现值。

养老金

戈德史密斯的资产负债表与拉格尔斯夫妇和美国财政账户的资产负债表在养老金类别的定义方面存在差异。拉格尔斯夫妇和美国财政账户仅包含私人和政府养老金系统的养老金储备。戈德史密斯的概念范围更广，还包含失业保险系统的储备以及老年和幸存者保险信托基金（OASI）系统的储备等。[②] 因此，戈德史密斯和美国财

---

① 参见Goldsmith著作：*Studies in the National Balance Sheet of the United States*，第5、181页。

② 参见Goldsmith著作：*Studies in the National Balance Sheet of the United States*，第71页。

政账户计算的养老金储备数字存在显著差异，不过在 1949 年至 1958 年间两个系列之间的百分比差异从 54% 下降到 22%。我对戈德史密斯数据的第一次调整就是删除了此类别的非养老金储备。

与人寿保险一样，拉格尔斯夫妇使用了退保现值概念。每年养老金的退保现值估算相当于养老金总储备的 5% 左右。与之相反，戈德史密斯将全部养老金储备纳入其广义家庭资产负债表中。对于 W1 和 W2，我使用养老金退保现值。W3 和 W4 财富指标包含戈德史密斯数据和美国财政账户数据中报告的全部养老金储备。随着养老金财富的增加，这些养老金指标之间的差异出现了量级变化。例如在 1983 年，养老金储备总额为 13164 亿美元，占净资产的 586
9.3%，而其退保现值为 658 亿美元，低于净资产的 1%。

社会保障财富

社会保障财富，定义为未来社会保障福利的预期价值，其总估算值在任何资产负债表来源里都找不到。费尔德施泰因计算了年度总社会保障财富，用于分析 1929 年至 1971 年美国的储蓄行为。① 莱默尔和列斯诺伊校正和更新了费尔德施泰因的估算值。② W4 系列假设社会保障财富在 1936 年之前为零；从 1936 年到 1978 年，使用了莱默尔和列斯诺伊的“固定比率”估算值。③ 固定比率假设

① 参见 Martin Feldstein 著作：“Social Security, Individual Retirement and Aggregate Capital Accumulation,” 载于 *Journal of Political Economy* 82, no. 5 (September / October 1974): 905 - 926。

② 参见 Dean R. Leimer 和 Selig D. Lesnoy 著作：“Social Security and Private Saving: New Time-Series Evidence,” 载于 *Journal of Political Economy* 90 (June 1982): 606 - 621。

③ 莱默尔和列斯诺伊系列数据使用 1972 年美元，W4 系列使用 CPI 转换为名义价值。

导致莱默尔和列斯诺伊计算的总估算值是替代社会保障系列数据中最小的。

1981 年和 1983 年 W4 系列社会保障财富估算是根据两个来源计算的：莱默尔和列斯诺伊系列的时间趋势外推和直接从 1983 年消费者财务状况调查计算得到估算值。1983 年消费者财务状况调查的总社会保障估算值，按社会保障福利平均值的实际增长率为 0% 至 3% 计算，在 34678 亿美元和 71014 亿美元之间。基于莱默尔和列斯诺伊系列的社会保障财富的时间趋势预测，1981 年为 48000 亿美元，1953 年为 60000 亿美元。对于 W4 系列，我使用时间趋势估算 1981 年数据，根据 1983 年消费者财务状况调查直接计算得到 1983 年的估算值为 54418 亿美元，实际社会保障福利的平均增长率假定为每年 2% 。[①]

负债

此类别包含抵押贷款债务，消费债务和所有其他广义家庭债务。在这些类别的定义方面，戈德史密斯、拉格尔斯夫妇和美国财政账户的数据之间没有重大差异。对于新的家庭资产负债表，
587 1900～1945 年使用戈德史密斯的数据，1949 年及之后使用美国财政账户和拉格尔斯夫妇的估算。对于重叠年份，戈德史密斯和拉格尔斯夫妇的估算差异相当小，介于 1% 和 6% 之间。

1983 年至 2013 年广义家庭资产负债表

这些年份唯一可用的数据来源是美国财政账户的表 B. 101。如

① 1989 年至 2013 年的总社会保障财富估算值来自第八章。

前所述，该经济部门包含广义家庭和非营利组织。因此，有必要去除后者的资产和负债，以获得“纯粹的”广义家庭经济部门。一些资产和负债很容易被识别为属于非营利经济部门。其中包含：非营利组织拥有的房地产、设备和知识产权；分类账资产侧的其他贷款和预付、抵押贷款以及消费信贷；分类账负债侧的债务证券和应付账款。不幸的是，无法确定（甚至无法估算）其他资产，如存款、债务证券、公司权益、共同基金份额和养老金储备等在非营利经济部门的份额。在负债侧，不可能将非营利组织的贷款区分开。因此，我将这些项目留在了广义家庭资产负债表中。总体来说，这将导致高估广义家庭经济部门的负债。

因此，我将1983年美国财政账户数据与之前的研究中的1983年资产负债表数据进行了基准对比。[①] 这个对比是逐个部分的对比。因此，美国财政账户中的每个资产和负债类别都设置为等于早期数据中的相应条目。[②] 根据美国财政账户数据得出的每个组成部分的增长率，然后以此为基准逐年更新1983年的数据。 588

---

① 参见 Wolff 著作：“Trends in Aggregate Household Wealth in the U. S. , 1900 – 1983”。

② 美国财政账户可见：http：//www. federalreserve. gov/releases/Z1/Current/data. htm。数据来自表 B. 101《广义家庭和非营利组织资产负债表》和表 L. 117《私人和公共养老基金》。除了信托基金权益之外，每种资产和负债类别都可以实现这一点。在美国财政账户中，信托基金中的资产合并到资产负债表中的相应资产类别（例如，公司权益）。我在调整后的美国财政账户系列数据中遵循了这个惯例。因此，无法为 W1 系列数据提供新的估算值。在表 B. 101 中，“养老金权益”一行包含固定缴款和固定收益养老金储备。在我的会计框架中，固定缴款养老金的价值包含在流动资产中。我的“养老金储备”类别仅限于固定收益养老金的储备金。可以根据表 L. 117 中的数据将总养老金权益分成这两个部分。

第十三章　广义家庭财富集中度的长期趋势

在本章中，我基于遗产税数据和选定指标的广义家庭财富调查数据，为1922年至2013年广义家庭财富分布构建了一个合理一致的时间序列。[①] 主要目的是通过调节和校正不同来源的财富集中数据，来扩展和改进这些财富数据，以提高可比性。我根据不同的来源和不同的估算技术估算了财富集中和财富不平等程度的替代衡量指标。我还根据广义家庭财富的不同概念得到了替代估算值，包括退休财富。

对遗产税数据系列的分析表明，财富集中度非常高。从1922年到2013年，最富1%财富持有者拥有至少四分之一的财富总额。从1922年至20世纪70年代中期财富集中度呈现下降趋势，然后转为上升，一直到2013年。在20世纪70年代中期之前，这个世纪的财富不平等程度显现下降趋势，这与其他研

---

① 1922年至1983年的数据点集基于遗产税记录。此外，在1962年、1969年、1983年、1989年、1992年、1995年、1998年、2001年、2004年、2007年、2010年和2013年，我们使用微数据来源提供了更详细的估算值（参见第二章）。

究人员的发现一致。[1]

1929 年至 20 世纪 70 年代中期，财富集中度出现了不稳定的下降趋势，此后，在 20 世纪 80 年代，财富不平等程度急剧上升，然后保持平稳直到 2007 年，然后再次飙升。从 1922 年到 20 世纪 70 年代中期的房地产数据系列中，即使使用了不同的调整程序和财富概念，财富不平等的下行趋势基本保持不变。有两个因素会影响财富不平等程度衡量指标的实际趋势。（1）社会保障财富的增加，这个因素加速了 20 世纪 20 年代中期到 70 年代中期财富集中度的下降；（2）用以估算财富集中度的遗产数据发生了转变，从原来基于个人为观察单位变为以相应的广义家庭为观察单位。以广 589
义家庭为基础的数据系列显示，第二次世界大战期间和之后的财富不平等程度下降程度降低了。20 世纪 70 年代中期以来，用最富 1% 阶层占总财富份额不断上升来表现财富不平等程度上升，显示了一幅更加生动的财富不平等程度的上升图像。

本章描述了所述年份财富集中度估算值的时间序列。我从遗产税数据中获得最富财富持有者调整后的财富集中度估算值，将之与其他来源数据如广义家庭调查数据和合成数据库等进行比较。与总广义家庭资产负债表数据一样，我对规模分布数据进行了多次转换和调整，以提高遗产税数据系列的一致性，从

---

① 参见 Robert J. Lampman 著作：*The Share of Top Wealthholders in National Wealth, 1922 – 1956*（Princeton, N. J.: Princeton University Press, 1962）；参见 Jeffrey G. Williamson 和 Peter A. Lindert 著作："Long-Term Trends in American Wealth Inequality," 载于 *Modeling the Distribution and Intergenerational Transmission of Wealth*，编辑：James D. Smith（Chicago: University of Chicago Press, 1980），9 – 94；参见 James D. Smith 著作："Recent Trends in the Distribution of Wealth in the U. S.: Data Research Problems and Prospects," 载于 *International Comparisons of the Distribution of Household Wealth*，编辑：Edward N. Wolff（New York: Oxford University Press, 1987），72 – 89。

而使不同数据来源的估算值可以相互比较。我总结了数据调整情况，并报告了最富1%阶层财富份额的不同系列数据。[1] 为了确定财富集中度水平和趋势估算值的敏感性，我分析了兰普曼和史密斯的估算和其他调查数据估算里，不同财富定义和估算过程的影响。

本分析进行了多次比较。我比较了不同财富概念的财富集中度估算值，例如标准财富概念和包含退休财富在内的更广泛的财富概念，同时比较了来自遗产税数据和广义家庭调查数据的相应估算值。我还转换兰普曼的1922年至1953年遗产税数据估算值，以得到最富1%和最富0.5%阶层估算值，以便与史密斯的估算值进行比较。然后我将调整后的估算值与原始公布的估算值进行比较，并且为了测试我报告的财富集中度趋势的可靠性，我将遗产税数据从以个体为单位初步转换为以广义家庭为单位，并比较由此得到的广义家庭时间趋势和个体时间趋势。对于这些不同的调整和转换，我随后计算财富集中度的上限和下限以测试结果对各种假设和各种财富定义的敏感度。

本章最后考虑了两个一般性问题：广义家庭财富不平等程度的估算时间趋势对替代估算，修正和调整操作的敏感性；以及这些估算得到财富不平等程度估算值和趋势，如何因广义家庭财富的定义不同而不同，尤其是在将社会保障财富和养老金财富纳入广义家庭
590 财富中后。

---

① 有关规模分布数据的调整和估算的更详细解释，参见 Wolff 和 Marcia Marley 的著作：“Long－Term Trends in U. S. Wealth Inequality：Methodological Issues and Results，”附录 B，载于 *The Measurement of Saving*，*Investment*，*and Wealth*，编辑：Robert E. Lipsey 和 Helen Tice（Chicago：Chicago University Press，1989），765－843。

1922～2013 年的财富集中度

20 世纪和 21 世纪广义家庭财富分布的可用信息，主要来自从 1922 年至 1982 年的选定年份的国家遗产税记录中收集的极富裕阶层的遗产数据，以及从 1953 年开始的选定年份的横截面广义家庭调查。此外，还有使用与人口普查数据，遗产数据和其他来源数据合并的所得税数据构建的合成数据库。①

表 13.1 和图 13.1 显示兰普曼和史密斯对 1922 年至 1976 年最富 0.5% 阶层的原始财富集中度估算值。② 这些估算值显示整个时期的财富集中度很高。除了 1949 年和 1976 年之外，这些年份里最富 0.5% 阶层拥有的财富都超过了 20%。但是，这个结果还表明，半个世纪以来财富集中度显著下降，最富 0.5% 阶层的份额从 1929 年最高的 32.4% 下降到 1976 年的 14.4%。特别的是，如史密斯的结果所示，第二次世界大战期间最富财富持有者的财富份额大幅下降，而在 20 世纪 70 年代中期又出现了一次大幅下降。

本节探讨表 13.1 中财富集中度对以下因素的敏感性：史密斯

---

① 1969 年经济和社会绩效衡量指标（MESP）样本参见附录 2，以及 Wolff 著作："Estimates of the 1969 Size Distribution of Household Wealth in the United States from a Synthetic Database," 载于 *Modeling the Distribution and Intergenerational Transmission of Wealth*，编辑：James D. Smith（Chicago：University of Chicago Press，1980），223－271。还有格林伍德的 1973 年数据库，参见 Daphne Greenwood 著作："An Estimation of U. S. Family Wealth and Its Distribution from Microdata，1973，" 载于 *Review of Income and Wealth* series 29，no. 3（1983）：23－43。

② 遗产税数据仅提供了最富裕阶层的信息。最富裕阶层的份额估算与更全面的财富不平等程度衡量指标（如基尼系数）之间没有确切的映射关系。

和兰普曼估算假设之间的差异；调整总资产负债表系列；增加退休财富（W3 和 W4）；广义家庭成员数量的变化和家庭成员之间财富
591 构成的变化；使用的数据和方法的差异（特别是，将遗产数据估算与广义家庭调查和其他来源的数据进行比较）。

表 13.1　最富 0.5%阶层个人财富持有者持有净资产占总广义家庭净资产份额的估算

	1922 年	1929 年	1933 年	1939 年	1945 年	1949 年	1953 年
兰普曼	29.8	32.4	25.2	28.0	20.9	19.3	22.7
	1958 年	1962 年	1965 年	1969 年	1972 年	1976 年	
史密斯	21.4	22.2	25.4	21.8	21.9	14.4	

资料来源：1922～1953 年：兰普曼的最富 0.5% 阶层的基本变量，来自罗伯特·兰普曼，《1922～1956 年最富财富持有者的国民财富份额》（普林斯顿，新泽西州：普林斯顿大学出版社，1962 年），第 202 页；1958～1976 年：詹姆斯·史密斯：《1958～1976 年美国个人财富集中趋势》，《收入和财富评论》第 30 册，第 4 卷（1984），第 422 页。

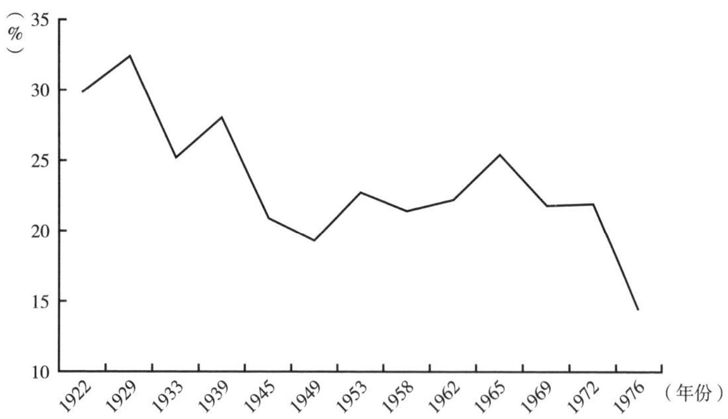

图 13.1　兰普曼/史密斯综合数据：最富 0.5%个人持有财富占总财富的份额

来自遗产税数据的未经调整的财富集中度估算

遗产档案显示死者的财富。对活着的人口的财富估算是使用遗产乘数法得出的，该方法按年龄和性别对人口分组，并通过该分组的生存概率的倒数，用逝者的数据对每个分组进行加权。由于富人的预期寿命较长，所使用的生存概率高于普通人群。该方法产生的某个点的估算值可能具有非常大的方差，特别是对于年轻人而言，因为他们的样本很少。事实上，50 岁以下人士的乘数接近 2000。阿特金森和肖罗克斯批评遗产估算值会过高估算财富不平等程度的下降。① 遗产税的估算值是基于个人而不是广义家庭，592
随着时间的推移，婚姻习俗和家庭关系发生了变化。已婚妇女比过去继承更多财富，财富水平高于以往，因此即使广义家庭财富不平等程度没有发生变化，这也会降低个人财富集中度。例如，1929 年至 1953 年，兰普曼报告说，在最富裕阶层已婚女性的比例从 8.5% 上升至 18% 。

兰普曼和史密斯使用的遗产税文件并未包含所有资产，而本书作者对养老金和信托使用了不同的假设。例如，在史密斯的估算中，养老金仅包含它们的退保现值，并且很大一部分比例的信托——那些不直接受逝者控制的信托——按其精算价值计算，因为这是遗产档案对它们的衡量指标。因此，史密斯的财富定义对应于

---

① 参见 Anthony B. Atkinson 著作："The Distribution of Wealth in Britain in the 1960's—The Estate Duty Method Reexamined," 载于 *The Personal Distribution of Income and Wealth*，编辑：James D. Smith（New York：Columbia University Press，1975）；以及 Anthony F. Shorrocks 著作："U. K. Wealth Distribution：Current Evidenceand Future Prospects," 载于 *International Comparisons of the Distribution of Household Wealth*，编辑：Edward N. Wolff（New York：Oxford University Press，1987），29 - 50。

范围较窄的“可用”财富概念，就如我的 W1 指标。[①] 另外，兰普曼使用的财富衡量指标包含养老金和信托的全部价值（如 W3）。史密斯报告的财富集中度估算与兰普曼相比向下偏倚，因为他缺少一部分信托基金的价值。

另一项资产，即人寿保险，在遗产档案中被夸大了，兰普曼和史密斯都承认这个问题存在并做出了调整。另一个不同之处是兰普曼在表 13.1 中报告的财富集中度估算是基于戈德史密斯对广义家庭总财富的估算（见第十二章附录）。与之相比，史密斯的估算是基于拉格尔斯夫妇的汇总数据。[②] 此外，兰普曼使用戈德史密斯的年终总财富估算值，而史密斯使用年中总财富估算值。[③] 最后，史密斯和兰普曼都未在他们的财富估算中包含预期的社会保障福利。

从遗产税数据得到的调整后的财富集中度估算值

为了得出比表 13.1 更为一致的广义家庭财富集中度系列数据，并为了包含社会保障财富，我对兰普曼和史密斯的数字进行了一系列调整。首先，我使用调整后的总家庭资产负债表总额得出财富集
593 中估算值。其次，对排除在遗产文件之外的资产——信托、养老金和社会保障财富——进行了估算。对每一个资产都做了几个替代假设，为每个资产类别中的最富裕阶层的持有量设置了上限和下限。表 13.2 和表 13.3 仅报告了设计的替代方案中选定的几个财富集中

---

① 有关财富的替代定义，请参见第十二章表 12.1。

② 参见 Richard Ruggles 和 Nancy Ruggles 著作：“Integrated Economic Accounts for the United States，1947－1980，”载于 *Survey of Current Business* 62（May 1982）：1－53。尽管尝试了几种替代分组，但使用拉格尔斯夫妇发布的数据无法准确再现史密斯报告的汇总数据。二者最大的差异在于杂项资产类别。

③ 我使用了第十二章的年终资产负债表数据，因为 1922 年至 1945 年没有年中数据。

度。其他估算假设得出的估算值要么与表 13.1 中的估算值没有显著区别（差异小于 2%），要么处于其他数据序列的区间内。

表 13.2 显示了来自 W1，W2，W3 和 W4 的遗产数据估算值的最富裕阶层的调整后财富集中份额，以及来自广义家庭调查数据的最富 0.5% 和最富 1% 广义家庭的财富集中度估算值。[①]

在原始兰普曼数据中，对于 1922 年至 1953 年，每年为按比例分组的人口提供估算数。他的样本是所有总资产超过 6 万美元的财富持有人。因此，在这一时期内他的样本所代表的人口分组和表 13.2 报告的人口分组不同，从 1929 年相差 0.3%，到 1958 年相差 1%。在表 13.2 中，第二列是兰普曼数据的人口百分比，然后是相应人口百分比财富概念 W1，W2，W3 和 W4 的财富份额。

通过比较不同财富定义的财富集中度估计值，显示出最高财富持有者的估计份额对不同的估算假设和包含退休财富的敏感性。财富概念 W1 和 W2 显示了替代假设中因处理信托方式不同而产生的差异。W2 代表信托持有的上限，因为其计算假设最富 1% 阶层拥有信托资产总额的 100%。W1 代表一个合理的下限，因为它以低得多的精算价值评估信托价值，并假设富人的所有信托持有信息都包含在遗产文件中。与之相反，兰普曼假设基本遗产数据中只包含总信托的约 10%，史密斯估算认为精算价值占所有信托价值的 54%。[②] 表 13.2 显示 W1 的财富集中度估算值与史密斯使用的财富定义相对应。对于 W2 而言，由于其假设最富 1% 阶层持有 100%

---

① 除了兰普曼和史密斯的数据外，我还将 1981 年 Marvin Schwartz 的遗产税数据纳入进来，参见："Trends in Personal Wealth, 1976 - 1981," *Statistics of Income Bulletin* 3 (Summer 1983): 1 - 26。

② 但是，一些信托根本没有包含在史密斯的遗产档案中。因此，他的数字低于"真实的"精算值。另外，兰普曼认为存在大量的赠与财富转移以避免税收，因此将信托数据向上调整。

的信托，并且W2包含信托的全部价值，因此其显示最高的财富集
594 中度。此外，W2不包含退休财富，但养老金退保现值除外，它占总财富的份额微不足道。表13.2的结果表明，因为信托的上下限假设，最富裕阶层持有的财富份额相差约2个百分点。

表13.2 基于不同财富定义的最富阶层的总净资产份额：调整后的系列数据

年份	比例 最富百分比	财富定义			
		W1	W2	W3	W4
A. 来自遗产税数据的估算值[a]					
1922	0.5%	26.8	28.4	28.0	28.0
1929	0.3%	27.3	29.1	28.5	28.5
1939	0.6%	27.2	29.8	28.8	25.9
1945	0.7%	22.3	24.4	23.7	18.9
1949	0.8%	21.9	23.2	22.6	18.4
1953	1.0%	26.6	28.4	27.4	21.3
1958	0.5%	20.8	22.7	21.5	16.4
	1.0%	25.9	27.7	26.6	20.7
1962	0.5%	23.0	25.0	23.4	17.5
	1.0%	29.1	31.1	29.5	22.4
1965	0.5%	25.4	27.7	25.7	18.9
	1.0%	31.3	33.6	31.5	23.6
1969	0.5%	22.5	24.5	22.6	16.4
	1.0%	28.2	30.2	28.3	20.9
1972	0.5%	21.8	24.0	21.9	15.8
	1.0%	27.6	29.8	27.6	20.3
1976	0.5%	12.6	14.6	13.2	9.8
	1.0%	17.3	19.1	17.8	13.4
1981	0.8%	19.7	21.2	19.5	14.0
	2.0%	28.4	29.7	27.8	20.4

续表

年份	比例 最富百分比	财富定义			
		W1	W2	W3	W4
B. 来自广义家庭调查数据的估算值[b]					
1962	0.5%	22.4	24.8	23.2	16.7
	1.0%	31.0	33.2	31.4	22.7
1983	0.5%	23.2	24.9	22.0	15.1
	1.0%	31.2	27.7	29.2	20.5

资料来源：1922～1953 年的遗产数据来源：罗伯特·兰普曼：《1922～1956 年最富阶层持有的国民财富份额》（新泽西州普林斯顿：普林斯顿大学出版社，1962 年）；1953～1976 年数据：詹姆斯·史密斯，《1958～1976 年美国个人财富集中趋势》，《收入和财富评论》30 卷，第 4 册（1984），第 419～428 页，以及《美国财富分布的最新趋势：数据研究问题和前景》，载于《广义家庭财富分布的国际比较》，爱德华·沃尔夫主编（纽约：牛津大学出版社，1987 年），第 72～89 页；1981 年数据：马文·史瓦兹柏格，《1976～1981 年个人财富趋势》，《收入统计公报》（3）（1983 年夏季）：第 1～26 页。

注：广义家庭调查数据的来源是 1962 年的消费者财务特征调查和 1983 年的消费者财务状况调查。财富集中估算值来自作者的计算。

调整方法和操作流程在“1922～2013 年的财富集中度”一节中有介绍。由于对信托和养老金的假设不同，这些数字与文中的数字略有不同，这是为了保持遗产数据估算值和调查数据估算值的一致。

a. 数据按年份和人口百分比记录。

b. 数据按年份和广义家庭百分比记录。

W3 和 W4 的估算值表明，当广义家庭资产负债表中包含退休财富时，财富集中度降低。W3 包含全部养老金储备，包含在总资产负债表数据中。但是，这里有一个主要问题，即关于最富阶层拥有的养老金占总额百分比的信息非常少。我对这一份额做出了替代假设，假设最富 1% 财富持有者的份额从最低 3% 到最高 15% 不等。不同的假设对总财富集中度影响不大。在表 13.2 中报告的 W3 估算值中，假设最富 1% 阶层持有的养老金总额的份额随着时间的推移而下降，因为随着时间推移养老金在增长。增加养老金财富对财富集中度的影响微乎其微，因为其相对于总资产规模来说较小。

另外，社会保障财富的增加（在W4中）显著降低了财富不平等程度，因为它的规模相对较大。社会保障财富的加入让最富1%阶层的净资产份额下降了4～8个百分点。这意味着最富1%阶层持有的总净资产份额下降了20%到33%。

接下来，我使用帕累托分布将表13.2中显示的兰普曼和施瓦茨的财富集中度份额标准化为最富0.5%和最富1%人口。该技术假设帕累托分布代表了每年财富分布的上尾。标准化结果见表13.3，如图13.1所示。

对于最富0.5%阶层的财富份额，兰普曼和史密斯原始估算值与修正后的W1估算值的差异，主要反映了戈德史密斯和拉格尔斯夫妇的广义家庭经济部门资产负债表估算值之间的差异。[①] 我对W1的财富集中度估算值（最富0.5%阶层）低于兰普曼的数据，而W2则高于他的数据。基于史密斯数据的W1新财富集中度估算值，在某些年份高于其原始估算值，而某些年份则低于其原始估计
596 值。总体来说，调整使财富集中度有1～2个百分点的变化。

表13.3　1922～1981年，按替代财富定义，人口中最富0.5%和1%阶层拥有的总资产份额

年份	财富定义							
	W1		W2		W3		W4	
	最富0.5%	最富1.0%	最富0.5%	最富1.0%	最富0.5%	最富1.0%	最富0.5%	最富1.0%
1922	28.8	37.1	30.3	38.3	29.9	37.9	29.9	37.9
1929	31.7	35.8	33.2	37.3	27.7	36.7	32.7	36.7
1939	26.7	35.9	29.1	38.1	28.3	37.1	25.6	33.4

① 表13.3报告了总资产的集中度数据，而表13.1报告了净资产的集中度数据。

续表

年份	财富定义							
	W1		W2		W3		W4	
	最富 0.5%	最富 1.0%	最富 0.5%	最富 1.0%	最富 0.5%	最富 1.0%	最富 0.5%	最富 1.0%
1945	20.6	27.0	22.6	28.9	21.9	28.1	17.7	22.4
1949	18.2	23.9	20.2	25.7	19.6	25.0	16.3	20.5
1953	21.2	26.5	22.9	28.1	22.2	27.3	17.9	21.6
1958	20.3	25.4	22.0	27.0	21.0	26.0	16.4	20.7
1962	22.4	28.4	24.2	30.1	22.8	28.8	17.6	22.5
1965	24.2	29.9	26.2	31.9	24.5	30.2	18.7	23.4
1969	21.7	27.3	23.4	29.0	21.8	27.4	16.4	21.0
1972	21.0	26.8	23.0	28.6	21.2	26.8	15.9	20.5
1976	12.8	17.3	14.4	18.9	13.3	17.7	10.1	13.8
1981	16.0	22.0						

资料来源：对于兰普曼和施瓦茨的数据（1922 年、1929 年、1939 年、1945 年、1949 年、1953 年和 1981 年），我使用帕累托分布得到最富 0.5% 和 1.0% 财富持有者的份额。

注：1981 年的数字仅针对 W1 计算。

a. 数据按年份和人口百分比记录。

表 13.3 对四种财富指标进行了比较，证实了前面的结果。向传统财富增加退休财富降低了财富集中度指标，增加养老金财富对降低财富集中度指标的效果相对较小。但是，自 1935 年社会保障推出以来，社会保障财富的增加非常大而且相当稳定。[①] 我对遗产税估算值的调整并不能解释遗产少报漏报或未归档的遗产数据。这两项遗漏都会使报告的财富集中度结果向下偏倚。我在遗产数据和调查数据的比较中讨论了这种偏倚的程度（见表 13.5）。

① 值得注意的是，表 13.3 和表 13.4 中报告的 W4 的集中度份额，取决于计算总社会保障财富所使用的增长率假设，以及最富 1% 阶层所持有的社会保障财富的假设份额。本书附录 3 中解释了 W4 集中度估算的基本假设。

财富不平等程度的长期趋势：个人对比广义家庭

对遗产数据的上述调整，可以检查财富集中度估算值对不同财
597 富总量，估算方法和调整方法的敏感性。这些调整并未显著改变财富集中趋势。表 13.3 和图 13.2 显示，财富集中度在 1922 年至 1939 年达到顶峰，在第二次世界大战期间显著下降，在 1949 年至 1965 年间有所增加，在 1972 年略有下降，在 1976 年降至历史最低点，然后 1981 年部分反弹。

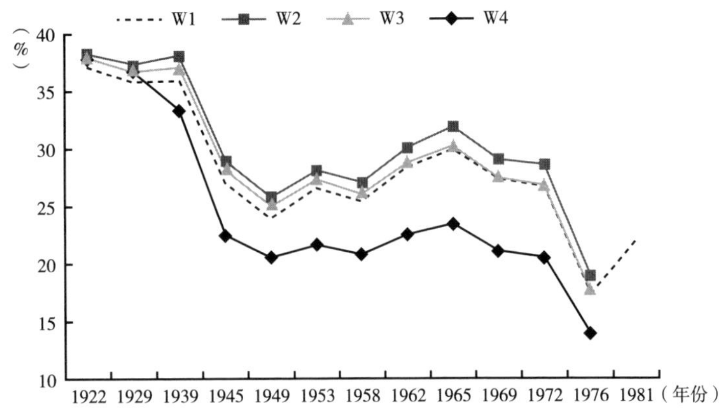

图 13.2　1922 年至 1981 年最富 1%个人财富持有者的总财富份额（作者的估算）

表 13.2 的广义家庭调查数据没有证实 20 世纪 70 年代财富集中度出现了大幅永久性下降。对比最富 1%广义家庭的 1962 年和 1983 年调查数据显示，这两年的财富集中度水平相似。造成这种差异的一个可能原因是遗产数据和调查数据的观察单位不同。遗产档案记录个人财富，而调查数据则以广义家庭为单位。如前所述，
598 在广义家庭成员之间平等分配财富可以降低遗产集中度的估算，但

不会改变广义家庭财富集中度。在表 13.4 中，我初步分析了财富集中度趋势对观察单位变化的敏感性（见图 13.3）。这里显示的是最富 1% 广义家庭的财富集中度估算值，而不是最富 1% 个人。

表 13.4　1922～1976 年替代财富定义的最富 1%广义家庭的总资产份额的下限估算值

年份	财富定义			
	W1	W2	W3	W4
1922	24.0	25.5	25.2	25.2
1929	29.1	30.7	30.2	30.2
1939	22.7	25.3	24.5	22.2
1945	18.6	20.7	20.1	16.2
1949	16.8	18.8	18.3	15.2
1953	20.0	21.7	21.1	17.0
1958	18.5	20.0	19.1	15.0
1962	20.5	22.1	20.9	16.1
1965	22.1	23.9	22.4	17.1
1969	20.0	21.6	20.7	15.4
1972	18.5	20.2	18.6	14.0
1976	11.3	12.7	11.7	9.0

资料来源：广义家庭份额数据来自个人财富持有者的遗产税数据。

为了将遗产数据更改为以广义家庭为单位的数据，必须对广义家庭内的财富分配做出某些假设。对于表 13.4 中显示的数值，其假设最富裕阶层样本中，所有已婚妇女的丈夫都是该样本中的富人，并且假设其余已婚男性的妻子的财富为零。已婚男性占样本的 55%～59%，而已婚女性占 9%～18%。这种假设导致从遗产税数据里的个人样本形成的广义家庭数量最少，因此在考虑已婚妇女的前提下形成的广义家庭财富集中度最高。但是，由于假设样本中的

已婚男性的妻子财富为零，因此得到的最富 1% 广义家庭持有的总
599 财富估算值非常低。

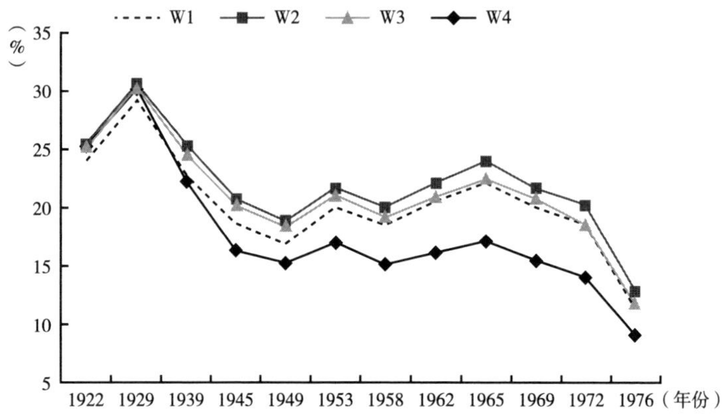

图 13.3　1922～1976 年最富 1% 广义家庭拥有的总资产份额：估算值的下限（百分比）

表 13.4 和图 13.3 的结果表明，1922 年至 1953 年个人财富集中度下降，其一部分原因是已婚妇女财富的变化。在此期间，最富 1% 广义家庭占总资产的份额下降了 4 个百分点，与之相比，而最富 1% 个人占总资产的份额下降了 10 个百分点。1929 年和 1949 年似乎是异常值，1929 年是一个峰值，1949 年是一个低谷。在 1958 年至 1976 年期间，我根据史密斯的数据估算，富裕阶层中已婚妇女的比例保持相对稳定，为 18%。① 因此，对于史密斯的数据，最富 1% 广义家庭和最富 1% 个人的财富集中度估算值没有显著差异。

虽然兰普曼发现的财富集中度下降似乎是已婚妇女财富状况的
600 变化导致的，但将遗产数据转化为以广义家庭为单位的数据无法在

① 这一结果是基于对兰普曼 1953 年结果与施瓦茨 1976 年和 1981 年估算值的比较。已婚妇女占样本的比例在 1953 年为 18%，1976 年为 16.8%，1981 年为 18%。

史密斯的研究结果中发现的财富不平等程度急剧下降的现象。可能存在一些其他解释。1976 年的遗产估算值可能是不正确的，特别是在股票持有方面。这些结果不仅表明股票价值显著下降，而且还表明人口当中最富 1% 阶层持有的股票份额大幅下降，从 1972 年的 57.4% 降至 1976 年的 37.6%。如果这一下降代表财富组合的转换，那么应该会增加一些其他资产。但是，这并没有发生。较不富裕阶层拥有的股票数量可能出现大幅增长，但其他数据来源没有证据证明这一点。在 20 世纪 70 年代，股票价格相对于房地产价格出现了大幅下跌，但这两者的相对价格变化并不足以说明 1972 年至 1976 年财富集中度的下降量级。最后一种可能性是，遗产数据中全部资产的少报漏报程度有所增加。没有明显的理由可以解释 20 世纪 70 年代的增长，不过在 20 世纪 80 年代早期的增长可能是因为遗产税纳税申报中的排除赠与的情况大幅增加。

比较不同数据源的财富不平等程度估算

遗产税数据并未校正少报漏报或通过赠与转移财富的情况。为了检查少报漏报的程度，我们比较了 1962 年和 1983 年的遗产税估算值和广义家庭调查估算值（见表 13.5）。后者的财富集中度估算值基于 1962 年的消费者财务特征调查（SFCC）和 1983 年的消费者财务状况调查（SCF），这两项调查均已根据总广义家庭资产负债表每项资产的总额进行了调整。[1] 1962 年消费者财务特征调查（SFCC）的广义家庭财富集中度估算值显著高于遗产数据的财富集

---

① 关于调整的讨论参见本书附录 1 和 Wolff 著作："Estimates of Household Wealth Inequality in the United States, 1962 - 83，" 载于 *Review of Income and Wealth* series 33，no. 3（September 1987）：231 - 256。遗产税数据是我对史密斯数据中最富 1% 阶层广义家庭份额的估算。1962 年，两个数据来源都有估算。

中度估算值，高出 7 个百分点。造成这种差异的一个可能原因是将遗产数据转换为以广义家庭为单位时采用的保守假设。如果假设遗产样本中的最富裕阶层的所有已婚男子的妻子拥有财富，那么财富集中度估算值会更高，但也不足以说明这个差异。遗产数据估算值
601 和调查数据估算值之间差异的另一个可能原因是，遗产数据存在严重的少报漏报问题。表 13.5 和表 13.6 中的结果表明需要进一步研究观察单位（广义家庭和个人对比）对财富不平等程度衡量指标的影响，以及需要进一步协调遗产税数据和广义家庭调查数据对财富不平等程度的估算值。

表 13.5　基于遗产税数据和广义家庭调查数据的最富阶层财富份额比较（占总资产百分比）

单位：%

财富定义	遗产税数据			调查数据	
	1962 年	1972 年	1976 年	1962 年	1983 年
A. 最富1% 广义家庭					
W1	20.5	18.5	11.3	27.8	28.2
W2	22.1	20.2	12.7	29.9	29.5
W3	20.9	18.6	11.7	28.5	26.9
W4	16.1	14.0	9.0	22.3	19.7
	遗产税数据				
	1962	1972	1976	1981[a]	
B. 最富1% 个人					
W1	28.4	26.8	17.3	22.0	
W2	30.1	28.6	18.9		
W3	28.8	26.8	17.7		
W4	22.5	20.5	13.8		

资料来源：对于广义家庭来说，遗产估算值来自表 13.4，调查估算值来自表 13.2。对个人来说，遗产估算值取自表 13.3。

注：a. 1981 年的数字仅针对 W1 计算。

表 13.6 报告了其他来源的财富集中度估算值。其结果表明，许多调查没有对富人进行充分的增加取样，以捕获财富分布的上尾。例如，1979 年收入调查和发展计划（ISDP）的数据仅捕获 66% 的净资产，而 1979 年总统养老金政策委员会的广义家庭调查估算的总广义家庭财富仅占我的总净资产数据的52%。① 相比之下，1962 年（未经调整的）消费者财务特征调查捕获了总净资产的 79%，而 1983 年（未经调整的）消费者财务状况调查捕获了的 89%。② 每个调查所得到的财富集中度估算值，会随着样本少报漏报和偏倚的程度而变化。1979 年的收入调查和发展计划样本覆 602
盖的总财富比例较高，而覆盖的富裕个人比例也高于 1979 年养老金委员会的调查。因此，基于收入调查和发展计划数据得到的财富不平等程度更高。在收入调查和发展计划数据中，最富 1.5% 阶层占总财富的 26%，而在养老金委员会的数据中，最富 0.96% 阶层占总财富的 16.2%。1984 年收入和保障计划参与情况调查和 1983 年消费者财务状况调查（见表 13.6）的财富集中 603
度估算值显示某些财富调查中覆盖率不足的问题。基于 1984 年收入和保障计划参与情况调查文件，拉马尔和麦克尼尔估算，最

① 参见 William S. Cartwright 和 Robert Friedland 著作：“The President's Commission on Pension Policy Household Survey 1979: Net Wealth Distribution by Type and Age for the United States,” 载于 *Review of Income and Wealth* series 31, no. 3 (1985): 285–308。

② 1979 年收入调查和发展计划（ISDP）结果来自 Daniel B. Radner 和 Denton R. Vaughan 著作：“Wealth, Income and the Economic Status of Aged Households,” 载于 *International Comparisons of the Distribution of Household Wealth*，编辑：Edward N. Wolff (New York: Oxford University Press, 1987), 93–120。1979 年养老金委员会的调查估算值来自卡特赖特和弗里德兰：《1979 年总统养老金政策委员会调查》。1962 年消费者财务特征调查数据和 1983 年的消费者财务状况调查数据来自本书附录 1。

富 1.9% 阶层的财富份额为 26%，与之相比，未经调整的 1983 年消费者财务状况调查数据估算最富 1% 阶层的财富份额为 34.5%。[①]

合成数据库的财富不平等程度估算值结合了若干数据来源，也可能受到来自基础数据源和所采用的方法产生的偏倚的影响。表 13.6 报告了来自两个这种类型的数据库的结果。第一个结果来自 1969 年经济和社会绩效衡量数据库，该数据库是根据美国国税局税收记录和 1970 年人口普查中的 1000 个普查样本综合匹配而创建的。然后将选定的收入流（例如股息）资本化以得到相应的资产价值（股息转换为股票价值）。然后调整资产和负债数据使其与拉格尔斯夫妇的国家资产负债表总额一致。[②] 使用的估算程序产生了各种问题。特别值得注意的两个问题是，税收单位与广义家庭单位不同，而且美国相当大的一部分家庭不受到联邦所得税管辖，因此也没有纳税申报表。这两个问题都导致匹配程序中产生了偏倚。根据经济和社会绩效衡量数据库，估算最富 1% 广义家庭拥有广义占

① 参见 Enrique J. Lamas 和 John M. McNeil 著作："Factors Associated with Household Net Worth"（1986 年 12 月在路易斯安那州新奥尔良市美国经济学会会议上提交的论文）。关于收入和保障计划参与情况调查和消费者财务状况调查可靠性的讨论，参见 Richard T. Curtin，F. Thomas Juster 和 James N. Morgan 著作："Survey Estimates of Wealth：An Assessment of Quality，" 载于 *The Measurement of Saving，Investment，and Wealth*，编辑：Robert E. Lipsey 和 Helen Tice（Chicago：Chicago University Press，1989），473－548。

② 关于这个方法论的详细描述，参见附录 2 和 Wolff 著作："Estimates of the 1969 Size Distribution of Household Wealth in the United States from a Synthetic Database"；Wolff 著作："Effect of Alternative Imputation Techniques on Estimates of Household Wealth in the U. S. in 1969，" 载于 *Accumulation et Repartition des Patrimoines*，编辑：Denis Kessler，André Masson 和 Dominque StraussKahn（Paris：Economica，1982），147－180；以及 Wolff 著作："The Distribution of Household Disposable Wealth in the United States，" 载于 *The Review of Income and Wealth* series 29，no. 2（June 1983）：125－146。

家庭总净资产的30.8%，这一数字略高于1962年的相应估算值29.3%。

表13.6 1969~1984年最富裕广义家庭的总净资产份额：其他来源的估算值

	1969年 MESP 数据库[a]	1973年 格林伍德 数据库[b]	1979年 ISDP 调查[c]	1979年 养老金 委员会 调查[d]	1984年 SIPP 调查[e]
最富裕广义家庭百分比	1.0	1.0	1.5	1.0	1.9
净资产百分比,基于样本总和	N. A.	32.6	26.0	16.2	26.0
根据国家资产负债表总额计算的净资产百分比	30.8	24.0	17.0	8.4	N. A.

注：N. A. =数据缺失。

a. 来自爱德华·沃尔夫《美国广义家庭可支配财富的分布》，《收入与财富评论》第29卷，第2期（1983年6月），第125~146页，它基于经济和社会绩效衡量文件，这是一个合成数据库，通过将所得税申报表数据与1970年人口普查公共样本相匹配而创建。

b. 来自达芙妮·格林伍德《年龄、收入和广义家庭规模：它们与美国财富分布的关系》，《广义家庭财富分布的国际比较》，编辑：爱德华·沃尔夫（纽约：牛津大学出版社，1987年），第121~140页。该数据库源于所得税申报表数据与1973年当前人口调查数据的合成匹配。

c. 来自丹尼尔·拉德纳和丹顿·沃恩《老龄化广义家庭的财富，收入和经济状况》，《广义家庭财富分布的国际比较》，编辑：爱德华·沃尔夫（纽约：牛津大学出版社，1987年），第93~120页，它以收入调查和发展计划的数据为基础。使用帕累托分布得到最富1.5%广义家庭的财富份额估算值。

d. 来自威廉·卡特赖特和罗伯特·弗里德兰，《1979年总体养老金政策委员会广义家庭调查：按类型和年龄分列的美国广义家庭净资产分布》，《收入和财富评论》第31卷，第3册（1985），第285~308页。

e. 来自恩里克·拉马尔和约翰·麦克尼尔的论文《广义家庭净资产的相关因素》（1986年12月在路易斯安那州新奥尔良市美国经济学会会议上提交的论文），该论文基于收入和保障计划参与情况调查数据。这里的估算数由约翰·麦克尼尔提供。

表13.6的第二个来源是格林伍德的合成数据库，该数据库基于所得税记录，并合并了1973年当前人口调查文件。资产价值的

估算是基于对遗产税记录的分析。[①] 在这种情况下，似乎存在一些抽样问题。格林伍德估算的总财富占资产负债表数字的74%。她对金融证券和股票总价值（主要由富人持有的资产）的估算值实际上高于资产负债表的估算值，而对房地产（集中在中产阶级的资产）总价值的估算值仅占总资产负债表总数的80%。[②] 格林伍德计算出，1973年最富1%阶层拥有总财富的32.6%，因为她低估
604 了总资产，所以这一比例可能被估算过高了。表13.6第3行给出了一个24%的替代估算值，这是将格林伍德估算的最富1%阶层的财富除以广义家庭经济部门的资产负债表总额计算得出的。

从本章对20世纪财富集中趋势的分析中得出了一些结论。在调整综合数据的一致性，并纳入养老基金后，早期的财富集中度估算值略有下降。排除社会保障财富，对最富裕阶层拥有财富在不同版本的财富和/或不同假设的资产中所占份额的影响为2～3个百分点。但是，纳入社会保障财富确实会显著影响财富集中度估算值——最多可降低8个百分点。

对最富裕阶层中广义家庭和婚姻妇女数量变化的初步调整表明，财富集中度在第二次世界大战期间和之后的下降幅度远小于基

① 关于这个方法论的详细解释，参见Greenwood著作："An Estimation of U. S. Family Wealth and Its Distribution from Microdata, 1973," 以及Daphne Greenwood著作："Age, Income, and Household Size: Their Relation to Wealth Distribution in the United States," 载于*International Comparisons of the Distribution of Household Wealth*，编辑：Edward N. Wolff（New York: Oxford University Press, 1987），121－140。

② 参见Greenwood著作："An Estimation of U. S. Family Wealth and Its Distribution from Microdata, 1973," 以及Daphne Greenwood著作："Age, Income, and Household Size: Their Relation to Wealth Distribution in the United States," 载于*International Comparisons of the Distribution of Household Wealth*，编辑：Edward N. Wolff（New York: Oxford University Press, 1987），126。

于个人的估算值。此外，当我包含根据 1962 年和 1983 年广义家庭调查数据得到的财富集中度估算值时，我发现 1983 年的财富不平等程度与 1962 年大致相同。而在另一方面，遗产数据系列表明，1962 年至 1976 年的财富集中度大幅下降，随后 1981 年有所上升，但是 1981 年的财富不平等程度远低于 1962 年。导致这些结果明显不同的原因尚不清楚，尽管在此期间遗产数据的少报漏报可能有所增加。在比较调查数据和遗产数据得到的财富不平等程度估算值时，以及在确定通过赠与转移财富和未报告的信托给遗产数据带来的偏倚程度时，需要进行更广泛的分析。表 13.5 和表 13.6 报告的结果表明，财富不平等程度估算值不仅对是否包含退休财富特别敏感，而且对所用数据来源的质量和代表性也特别敏感。

最终系列数据：将各部分放在一起并更新到 2013 年

有关美国广义家庭财富规模分布的数据主要来自遗产税记录和横截面广义家庭调查。对于 1922 年至 1981 年的选定年份，从国家遗产税记录中收集的极富裕阶层的遗产税记录系列数据具有相当好 605
的一致性。广义家庭财富不平等程度具有可比性的估算值可以从联邦储备委员会在 1962 年、1983 年、1986 年（1983 年调查的特别跟进）、1989 年、1992 年、1995 年、1998 年、2001 年、2004 年、2007 年、2010 年和 2013 年进行的 12 次调查中获得。这些调查数据基于分层样本，并且具有合理的一致性。此外，1969 年的数字来自经济和社会绩效衡量数据集和 1979 年的数字来自收入调查和发展计划（ISDP）数据集。

表 13.7 的第 1 列显示了遗产税数据系列最富 1% 资产拥有者持有的总资产份额，第 2 列显示最富 1% 财富持有者拥有的净资产份额。这里使用的财富概念是 W2。基于净资产的财富集中度数据

略高于基于总资产的财富集中度数据，因为较贫穷的个人的相对负债（债务与净资产比率）高于较富裕的个人。表格的第 3 列显示了最富 1% 广义家庭拥有的总资产份额的估算值。表 13.7 第 3 列显示的数据系列使用的假设集，产生的财富集中度估算值最小。第 1 列和第 3 列的比较表明，以广义家庭为单位的财富集中度数字显著低于以个人为单位的财富集中度数字。这是可以预料的，因为已婚夫妇通常是相对财富较多的一位与相对财富较少的配偶结合在一起。

接下来的两列显示来自其他 9 个财富数据来源的估算值。这些都是是以广义家庭作为观察单位。七个来源——1962 年的消费者财务特征调查和 1983 年、1986 年、1989 年、1992 年、1995 年和 1998 年的消费者财务状况调查——是在联邦储备委员会的主持下进行的，样本中还包含一个高收入补充样本。我对缺失值进行了估算，并将每个样本与该年度的国家资产负债表总额对齐，以确保更好的一致性。[①]

1969 年的数字来自经济和社会绩效衡量文件，这是一个综合数据库，也完全与该年的国家资产负债表总额一致。[②] 1979 年的数字来自拉德纳和沃恩对 1979 年收入调查和发展计划数据的计算，然后我根据帕累托插值，以我 1969 年的数字为基准校正了这个数字。[③] 1986 年消费者财务状况调查也提供了估算值，该调查重新调

① 详细信息参见本书附录 1 和 Wolff 著作：“Estimates of Household Wealth Inequality in the United States, 1962 - 1983”。

② 详细信息参见本书附录 2 和 Wolff 著作：“Estimates of the 1969 Size Distribution of Household Wealth in the United States from a Synthetic Database,” 以及 “The Distribution of Household Disposable Wealth in the United States”。

③ 参见 Radner 和 Vaughan 著作：“Wealth, Income and the Economic Status of Aged Households”。

查了1983年消费者财务状况调查（SCF）样本的家庭。尽管调查受访者存在相当高的流失率，但艾弗里和肯尼克尔提供的这两年的财富集中度估算值有着较好的可比性。① 表13.7第5栏所示的9个 606
数字都相对一致。

要将第5列与遗产税系列数据相结合，必须要有重叠的年份。幸运的是，这里有两个“罗塞塔石碑”：1962年和1969年。* 对1962年第3栏和第4栏的比较表明，最富1%广义家庭拥有的总资产份额，依据消费者财务特征调查得到的估算值（29.9%）比依据遗产税系列数据得到的估算值（22.1%）高得多。造成这种差异的一个可能原因是将遗产数据转换为以广义家庭为基础的数据时采用的保守假设。但是，如果假设遗产样本的最富裕阶层中，所有已婚男子都与有财富的女性结婚，那么财富集中度估算值会更高，但也没有高到可以解释这种差异。导致遗产数据和调查数据估算值之间存在差异的另一个可能原因是，遗产数据可能存在严重的少报漏报问题。②

表13.7第6列是一个新系列数据，显示1922年至1998年最富1%广义家庭拥有的净资产份额。1962年、1969年、1979年、1983年、1986年、1989年、1992年、1995年和1998年的数字来自调查数据。除了1933年和1981年之外，其他年份的计算方法是

---

① 参见 Robert B. Avery 和 Arthur B. Kennickell 著作：“U. S. Household Wealth: Changes from 1983 to 1986,” 载于 *Research in Economic Inequality*，编辑：Edward N. Wolff（Greenwich，CT：JAI Press，1993），27–68。

* 罗塞塔石碑是1799年在埃及发现的一块公元前196年的方尖碑，石碑上同时使用古埃及文和古希腊文记录，现代语言学家凭借这块石碑破解了古埃及象形文字。——译注

② 也许有点巧合的是，1962年在消费者财务特征调查数据基础上计算得到的最富1%广义家庭拥有的总资产和净资产份额，与根据遗产税数据计算得到的最富1%个人拥有的总资产和净资产份额几乎完全相同。同样的情况也见于1969年的数据。

表 13.7　1922～2013 年美国最富 1%财富持有者持有的广义家庭总财富的百分比

年份	遗产税系列[a]			其他来源[b]		综合系列:广义家庭		
	个人		广义家庭	广义家庭				
	总资产（W2）	净资产（W2）	总资产（W2）	总资产（W2）	净资产（W2）	净资产（W2）	增广财富（W4）	净资产（NW）
1922	38.3		25.5			36.7	34.3	40.1
1929	37.3		30.7			44.2	41.1	48.3
1933	31.3					33.3	28.7	36.4
1939	38.1		25.3			36.4	30.2	39.8
1945	28.9		20.7			29.8	22.0	32.6
1949	25.7		18.8			27.1	20.7	29.6
1953	28.1	28.4	21.7			31.2	23.1	34.1
1958	27.0	27.7	20.0			28.8	20.4	31.5
1962	30.1	31.1	22.1	29.9	31.8	31.8	21.9	33.4
1965	31.9	33.6	23.9			34.4	23.3	34.4
1969	29.0	30.2	21.6		31.1	31.1	20.9	34.0
1972	28.6	29.8	20.2			29.1	19.0	31.8
1976	18.9	19.1	12.7			19.9	13.3	21.8
1979					20.5	20.5	12.9	22.4
1981	23.6					24.8	15.5	27.2
1983					30.9	30.9	19.0	33.8

续表

年份	遗产税系列[a]			其他来源[b]		综合系列:广义家庭		
	个人		广义家庭	广义家庭				
	总资产（W2）	净资产（W2）	总资产（W2）	总资产（W2）	净资产（W2）	净资产（W2）	增广财富（W4）	净资产（NW）
1986					31.9	31.9	19.3	34.9
1989					34.2	34.2	20.3	37.4
1992					34.0	34.0	19.8	37.2
1995					35.3	35.3	20.2	38.5
1998					34.9	34.9	19.6	38.1
2001								33.4
2004								34.3
2007								34.6
2010								35.1
2013								36.7

注：除非另有说明，否则使用的财富概念是 W2，包含耐用消费品。

a. 资料来源：第八章，表 8.8 和表 8.9。最富 1% 广义家庭拥有的资产份额数据（第 3 列）是下限估计值。

b. 资料来源：1962 年消费者财务特征调查数据和 1979 年收入调查和发展计划数据来自丹尼尔·拉德纳和丹顿·沃恩《老龄化广义家庭的财富、收入和经济状况》，《老龄化广义家庭的财富、收入和经济状况》，主编：爱德华·沃尔夫（纽约：牛津大学出版社，1987 年），第 93～120 页，其中使用帕累托分布估算最富 1% 广义家庭的财富份额；1983 年、1986 年、1989 年、1992 年、1995 年、1998 年、2001 年、2004 年、2007 年、2010 年和 2013 年数据来自消费者财务状况调查。

c. 资料来源：第二章。净资产不包含耐用消费品。

用第3栏的数字乘以一个比率，这个比率是第5栏1962年消费者财务特征调查广义家庭净资产份额数字（31.8%），除以第3栏从遗产税数字得到的广义家庭资产法份额（22.1%）——最终结果为1.44。对1969年数据做类似处理得到了几乎相同的比率：1.43，这为该基准校正程序提供了一些信心。1933年和1981年的数字是在第1栏基础上的插值。然后将该系列与第二章基于消费者财务状况调查的数据相结合，生成净资产的“最终系列数据”（不包含耐用消费品），如第8栏所示（另见图13.4）。

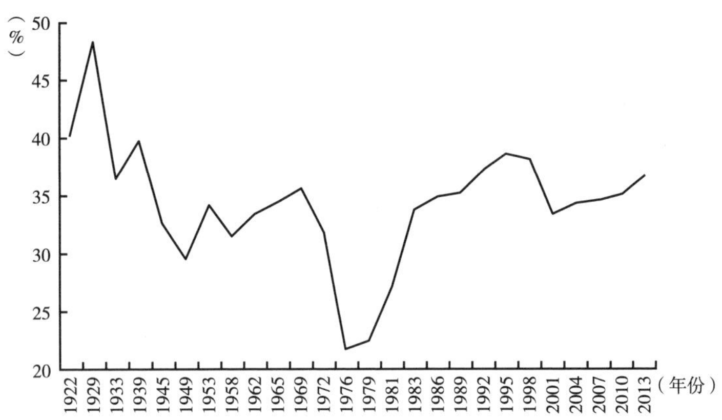

图13.4　1922～2013年最富1%广义家庭拥有的总净资产百分比

第8栏最终净资产系列数据的估算值显示从1922年到2013年财富高度集中。除1976年和1979年外，这些年份中每年都有25%及以上的财富集中在最富1%阶层。两端数据的比较显示，1922年的财富集中度数字高于2013年：40.1对36.7。但是，这个比较掩盖了整个时期的重要趋势。

从 1922 年到 1929 年，最富 1% 阶层的财富份额大幅增加，从 40% 增加到 48% 。财富不平等程度，起码当以最富 1% 阶层的财富份额作为衡量指标时，于 1929 年达到这一时期的最高点。大萧条导致财富不平等程度大幅下降，最富 1% 阶层的财富份额下降至 36% ，但是到 1939 年，财富集中度水平几乎与 1922 年相同。随之 607
而来的是 1939 年至 1945 年财富不平等程度大幅下降，这是第二次世界大战的平抑财富不平等效应，然后 1945 年至 1949 年财富不平等程度再次温和下降。

最富 1% 人口拥有的财富份额呈现逐步上升的趋势，从 1949 年的 30% 上升到 1965 年的 34% 的高点。然后财富不平等程度明显下降，持续到 1979 年，从 34% 降至 22% 。[①] 这四年期间财富集中度下降的主要原因是，最富裕阶层持有的公司股票价值急剧下降。最富 1% 阶层拥有的公司股票总价值从 1972 年的 4910 亿美元下降到 1976 年的 2970 亿美元。[②] 此外，这种下降应该归因于股票价格的急剧下跌，而不是减少持有股票。

20 世纪 70 年代后期，财富不平等程度似乎已经触底了一段时间。1979 年至 1981 年财富集中度急剧上升，从 22% 上升到 27% ，然后从 1981 年到 1983 年再次急剧上升到 34% ，然后在 1983 年至 610

---

① 根据史密斯的原始数据，最富 1% 阶层的财富所有者拥有的净资产份额从 1972 年的 27.7% 下降到 1976 年的 19.2% ［见史密斯《美国财富分布的近期趋势》（“Recent Trends in the Distribution of Wealth in the U. S”）］。施瓦茨报告的 1976 年最富 1% 阶层的净资产份额略高，为 20.8% ，我在第 6 栏“联合系列”中使用他的数字而不是史密斯的。参见 Marvin Schwartz 著作：“Preliminary Estimates of Personal Wealth, 1982: Composition of Assets,”载于 *Statistics of Income Bulletin* 4（Winter 1984 - 85）：1 - 17。

② 见史密斯《美国财富分布的近期趋势》（“Recent Trends in the Distribution of Wealth in the U. S.”）。

1998 年再次上涨，达到 38%。[①] 然后急剧下降到 2001 年的 33%，然后逐渐上升到 2013 年的 37%[②]

图 13.5 显示了关于最富 1% 阶层拥有的净资产份额，我的“最终系列数据”和赛斯与祖克曼，科普刻朱克与赛斯的数据比较。[③] 这两个系列数据中的第一个是基于对美国所得税数据进行收入资本化的技术。然后将持有的总财富按资产和负债类型与国家资产负债表的相应总额对齐。分析单位是纳税单位。第二个是基于从 1916 年至 2000 年的美国遗产税数据。然后，他们应用前面讨论的技术，遗产乘数法，按年龄和性别对人口分组，并通过该分组的生存概率的倒数，用逝者的数据对每个分组进行加权。分析单位是成年人。

尽管数据来源，方法和分析单元都存在差异，但从 1913 年到 1989 年，这三个系列数据的轨迹非常接近。沃尔夫的系列数据显示 1989 年至 1998 年最富 1% 阶层的财富份额上升，1998 年至 2001

---

① 这一趋势在遗产税数据中得到了证实。根据施瓦茨的数据，1982 年全国最富 2.8% 的成年人拥有总个人财富的份额为 28%，根据施瓦茨和约翰逊的数据，1986 年成年人中最富 1.6% 阶层持有的总财富份额为 28.5%。参见 Schwartz 著作：“Preliminary Estimates of Personal Wealth, 1982”；以及 Schwartz 和 Barry Johnson 著作：“Estimates of Personal Wealth, 1986,” 载于 *Statistics of Income Bulletin* 9（Spring 1990）：63 – 78。

② 如第二章所述，广义家庭财富的基尼系数表现出不同的模式。它从 1989 年到 2007 年略有上升，从 2007 年到 2010 年急剧攀升，然后从 2010 年到 2013 年呈现非常温和的增长。顺便说一下，这种比较突出了使用集中度比率作为总体财富不平等程度衡量指标的问题。

③ 参见 Emmanuel Saez 和 Gabriel Zucman 著作：“Wealth Inequality in the United States since 1913: Evidence from Capitalized Income Tax Data,” 载于 *Quarterly Journal of Economics* 131，no. 2（May 2016）：519 – 578。参见 Wojciech Kopczuk 和 Emmanuel Saez 著作：“Top Wealth Shares in the United States, 1916 – 2000: Evidence from Estate Tax Returns,” 载于 *National Tax Journal* 57（2004）：445 – 88。

年急剧下降，然后从2001年到2013年逐渐上升。赛斯和祖克曼的系列数据（图13.5中的“SZ系列”）显示从1989年到2001年的持续增长，2002年略有下降，然后从2002年到2012年几乎持续且急剧的上升。相比之下，科普刻朱克和赛斯的数据（图13.5中的“KS系列”）显示，从1989年到2000年（该系列的最后一个年份），最富1%阶层的财富份额略有下降。沃尔夫系列和SZ系列在1989年之后相距不远，但KS系列与其他两个系列差异很大。科普刻朱克指出这一差异是因为该系列没有考虑到1990年之后，极富裕的老年美国人的预期寿命强劲增长。[①] 这意味着，对于极富裕阶层来说，死亡率乘数向下偏倚，因此低估了这一群体的财富份额，并且低估了自1990年以来这个群体的增长。

退休财富

表13.7第7列显示了最富1%财富持有者拥有的增广财富份额的综合系列数据。这里采用了类似于用在可变现财富上的方法。原始数据来源是表13.4中的W4系列，其中W4定义为包含全部养老 611
金储备（这些储备数据来自综合数据源）以及社会保障财富的估算。一个主要的困难是缺乏关于最富裕阶层拥有的养老金总额百分比的信息。因此，对这一份额做出了替代假设，假设最富1%财富持有者的份额从最高15%到最低3%不等。不同的假设对总财富集中度影响不大。表13.3中的W4估算值，假设由于20世纪养老金覆盖率上升，最富1%财富所有者持有的养老金总额的份额下降。

① 参见Wojciech Kopczuk著作：“What Do We Know about the Evolution of Top Wealth Shares in the United States?”载于*Journal of Economic Perspectives* 29, no.1 (Winter 2015)：47－66。

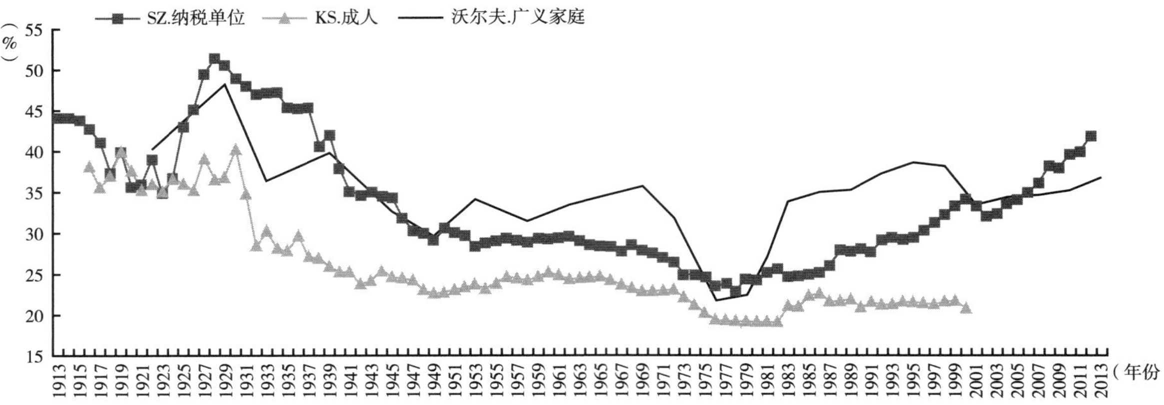

图 13.5　1913～2013 年最富 1%阶层持有的财富百分比

资料来源：以马内利·赛斯和加布里埃尔·祖克曼（Gabriel Zucman）《自 1913 年以来美国财富分配不均状况：所得税数据资本化后的证据》，《经济学杂志季刊》第 131 卷第 2 期（2016 年 5 月），第 519～578 页；沃伊切赫·科普刻朱克和以马内利·赛斯，《1916～2000 年美国最富阶层财富份额：来自遗产税申报表的证据》，《国家税务杂志》第 57 期，第 2 部分（2004），第 445～488 页；以及表 13.7 第 8 栏。

对于1962年消费者财务特征调查数据，1969年的经济和社会绩效衡量数据，和1983年、1989年和1998年的消费者财务状况调查数据，直接估算了养老金财富和社会保障财富。[①] 这些估算值用于第7栏所示的增广财富综合系列数据。[②] 然后，1922年至1976年的W4数字，以1962年消费者财务特征调查估算值为基准计算得出。其他年份通过插值填补。

增加养老金财富和社会保障财富对财富不平等程度衡量指标有很大影响。由于相对于可变现财富，养老金财富和社会保障财富（特别是后者）随着时间的推移而增长，因此可变现财富与增广财富系列数据间的差距随着时间的推移而扩大，从1922年的2个百分点增加到1998年的15个百分点。但是，时间轨迹几乎完全相同。基于增广财富系列数据的财富集中度在1922年至1929年急剧上升；从1929年到1933年大幅下降，随后在1933年至1939年期间增加；1939年至1945年显著减少；1945年到1972年间变化非常平缓；从1972年到1976年急剧下降；然后在1979年到1989年期间大幅增加。在这种情况下，财富不平等程度在20世纪90年代变得平缓。以增广财富来衡量，20世纪80年代和90年代（1979年至1998年）财富不平等程度的上升更加温和，增加了6.7个百分点，相比之

---

① 相关细节，参见第八章，以及Edward N. Wolff著作：“The Effects of Pensions and Social Security on the Distribution of Wealth in the U.S.”载于*International Comparisons of Household Wealth Distribution*（New York：Oxford University Press，1987），208－47；参见Wolff和Marley著作：“Long-Term Trends in U.S. Wealth Inequality”；参见Wolff著作：“Methodological Issues in the Estimation of Retirement Wealth，”载于*Research in Economic Inequality*，编辑：Daniel J. Slottje（Stamford，CT：JAI Press，1992），31－56。

② 此处显示的估算值基于以下假设：实际平均社会保障福利每年增长2%。

下，以可变现财富 W2 来衡量，财富不平等程度上升了 14.4 个百分点。[①]

财富不平等长期趋势的结论意见

基于原始和未经调整的遗产数据（以个人为单位的估算）的
613 长期记录显示，美国财富集中度从 20 世纪 20 年代后期到 40 年代后期下降，60 年代略有上升，70 年代急剧下降，随后在 1981 年略有上升。在校正了国家资产负债表数据和财富定义的不一致之后，以及经过了大部分其他调整后，这些趋势通常保持不变。但是，有两个因素确实会对财富集中度趋势产生影响。第一，在广义家庭财富组合中包含社会保障财富，增加了 1939～1981 年期间财富不平等程度的降幅。第二，将遗产数据中的观察单位从个人改为广义家庭后，减少了 1922 年至 1953 年财富集中度的降幅，尽管它没有改变 20 世纪 70 年代财富集中度急剧下降的趋势。以广义家庭为单位的估算值与以个人为单位的估算值相比，1953 年以前财富不平等程度降幅变小，可以通过已婚妇女的财富拥有模式的变化来解释。

20 世纪 70 年代这十年提出了一个难题。根据遗产税数据，1972 年至 1976 年财富不平等程度急剧下降。不幸的是，在 20 世纪 70 年代的广义家庭调查中，在最富财富阶层的覆盖范围方面，没有可以与 1962 年的消费者财务特征调查和 1983 年的消费者财务状况调查相当的数据。但是，基于可用的三个数据来源：结合广义

---

① 无法将养老金财富和社会保障财富添加到第 8 栏所示的 NW 系列中。但是，有关增广财富不平等程度的最新数据，请参阅第八章。

家庭总财富数据的格林伍德合成数据库；1979 年收入调查和发展计划数据；1979 年的总统养老金委员会调查数据——显示在 20 世纪 60 年代和 70 年代，广义家庭财富不平等程度有相当大幅度的下降。必须小心谨慎地使用 1979 年的结果，因为其中富人的样本很少。根据施瓦茨 1981 年的遗产税估算，1976 年至 1981 年间财富集中度略有上升。此外，1983 年的消费者财务状况调查表明，1983 年的财富不平等程度与 1962 年一样高。这些资料汇集在一起表明，20 世纪 70 年代存在财富不平等程度的低谷——该时期财富不平等程度相对较低，然后在 20 世纪 80 年代出现逆转。然而，由于数据中存在的各种问题，必须谨慎理解这一结果。

基于遗产税数据估算的财富集中度对所使用的调整程序非常敏感。调整总资产负债表数据，以及处理信托基金和养老基金，使最富 1% 阶层的估算财富份额有 2 ~ 4 个百分点的差异。在遗产税财富估算中包含社会保障财富导致最富 1% 财富持有者的财富份额下降了 4 ~ 8 个百分点。 614

综合各种数据来源并更新到 2013 年生成广义家庭净资产的“综合系列数据”，我发现在 1922 年到 1929 年，最富 1% 阶层的财富份额大幅上升，从 40% 上升到 48% 。然后在大萧条期间，最富 1% 阶层的财富份额大幅下降，但到 1939 年，其份额几乎与 1922 年的份额相同。然后，从 1939 年到 1949 年财富不平等程度急剧下降，降至 30% 。但是，到 1965 年它的份额又回到了 34% ，随后财富不平等程度大幅下降，1979 年最富 1% 阶层的财富份额下降到 22% 。在 20 世纪 70 年代后期的某个时候，财富不平等程度触底，随后财富不平等程度出现急剧转变，1998 年最富 1% 阶层的份额攀升至 38% ，然后在 2001 年急剧下降到 33% ，再逐渐回升到 2013 年的 37% 。 615

第五部分

税收政策和相关结论

第十四章　财富税

美国财富极度集中的性质以及近年来集中度的高速增长，使我们急迫需要考虑可能的政策修订。如果财富代际转移在广义家庭财富积累过程中起着重要作用，那么我们可能会更加缺失基本的公平感，导致越来越多的政治分歧。

在联邦层面，政府目前以两种方式对个人财富征税：已兑现的资本利得税（作为个人所得税的一部分）和遗产税。早先的研究表明，现在的遗产税征收制度可能同时存在逃税和避税现象。根据我对 1992 年数据的估算，总遗产税收入应该是 440 亿美元，而实际税收收入只有 100 亿美元。[①] 此外，遗产税制度具有一个不寻常的特征，即资本收益在死亡时被“豁免”，也就是说，死者资产价值中的资本收益部分传递给继承人时，免于征收遗产税。如果这部分收益像普通收入一样征税，我的估算这将会产生 300 亿～400 亿美元的税收收入。

另一个考虑因素是对广义家庭的持有财富的直接征税。已有十几个欧洲国家正在实施或已经实施这样的税收系统，包含丹麦、法国、德国、荷兰、瑞典和瑞士。在公平的基础上，综合考虑年收入

---

① 参见 Wolff 著作：“Discussant Comment on Douglas Holtz-Eakin，‘The Uneasy Case for Abolishing the Estate Tax’，” 载于 *Tax Law Review* 51，no. 3（1997）：517－21。

和当前持有的财富来衡量纳税人的真实生活水平，比单独考虑收入更好，因此也更好地衡量了纳税人的纳税能力。此外，在其他发达经济体中没有证据显示，针对广义家庭财富征收适度的直接税，对
619 个人储蓄或整体经济增长产生了任何有害影响。进一步地，有些人认为这样的税收可以促进广义家庭财富更有效地分配，即将财富分配到更高效的用途中。

在早期的一项研究中，我提出了一项非常温和的财富税（10万美元的免税额，边际税率为0.05%至0.3%）。[①] 我对1989年数据的计算表明，这样的税收结构对广义家庭财富征收的平均税率为0.2%，低于大多数共同基金的费率，并且仅降低广义家庭财富平均收益率的6%。即使使用最高边际税率0.3%，广义家庭财富平均收益率也只降低了9%。这些数字表明，这项税收制度对个人储蓄的抑制作用真的非常小。此外，如果征收财富税，个人储蓄可能实际上会有所增加。我估算这项税收可以筹集500亿美元的额外税收收入，对90%的美国家庭的税收账单只有很小的影响。这仅占联邦税收总额的3%左右，但在边际效用上，此类额外税收收入可能发挥至关重要的作用。特别是，它可以帮助提供更多财政宽容度，为穷人制定更加慷慨的社会转移支付政策，并为中产阶级提供其所需的税收减免。

下一节重申了我1995年对直接财富税的分析。接下来是更新到2013年的估算。

---

① 参见Wolff著作：*Top Heavy：A Study of Increasing Inequality of Wealth in America*（New York：The Twentieth Century Fund Press，1995）。就在最近，托马斯・皮凯蒂还提议对广义家庭财富进行直接征税。参见：*Capital in the Twenty-First Century*（Cambridge，MA：Harvard University Press，2014）。

我对直接财富税的早期分析

在我 1995 年的书中，我研究了对广义家庭财富的直接征税将产生多少税收收入的问题，并考虑这种税收对财富分布有什么影响。在这里，我总结了我之前的研究结果。

20 世纪 80 年代中期的财富税收制度

鉴于美国财富不平等程度很高并且越来越高，似乎有理由考虑扩大税基以包含个人财富的可能性。这样的政策不仅促进了我们社会更加平等，特别是通过针对那些有极高支付能力的人征税，而且可以为广义家庭提供激励，使他们从低生产率（低回报率）的资产 620
转向生产率更高的资产。本节总结了 1985 年前后美国和其他工业化国家的财富税形式，作为分析引入直接财富税的潜在影响的准备。

美国

广义家庭财富在联邦层面上，以前（现在也是）以两种方式征税：遗产税和资本收益税。联邦遗产税于 1916 年首次引入，1976 年、1981 年先后进行了重大修订，最近又在 2011 年进行了一次彻底改革。资本收益税最初包含在个人所得税制度中，于 1913 年引入美国。它们的条款会周期性修改。①

① 相关税是对所有不动产（建筑物和土地）的价值征收的财产税。虽然在目前关于税制改革的辩论中经常忽略这一税种，但房产税是 1985 年广义家庭税收收入的第三大来源，并且自那以来一直在急剧上升。该税一般由该国的地方政府征收，因此本章不再讨论。在 24 个经合组织国家中，除意大利和葡萄牙外，其他国家在 20 世纪 80 年代中期对不动产征收单独税。

该制度于1985年（现在也是）规定了个人死亡时依据遗产价值征税。税收是依据遗产价值而征收的，与继承人收到的价值成反比（见下文对“继承税”的讨论）。此外，遗产税制度结合了赠与税，赠与是指资产从一个（活着的）个人自愿转移到另一个人。原则上，要把个人捐赠者一生的赠与价值累积起来，在其死亡时将其一生赠与累积价值与其遗产价值结合起来作为征税对象。遗产税应用于赠与和遗产相加的全部价值。[①]

2001年2月，每个人的净资产遗产税豁免额高达675000美元。基本豁免额在2006年增加到100万美元。超过这一数额的财富以边际税率征收遗产税，这一税率从37%开始，最高达55%（遗产超过3675000美元）。占年死亡人数的2%的不到48000人的遗产须缴纳遗产税。遗产税总额大约一半来自价值500万美元或以上的遗产——大约4000人。截至2013年12月，单身人士的遗产税豁免额提高至5250000美元，已婚夫妇的豁免额度提高到10500000美元，最高边际税率为40%，高于2012年的35%。豁免额水平现已与消费者价格指数挂钩。

对于赠与，每个受赠人收到的第一个10000美元（对于已婚夫妇来说是20000美元）可以豁免联合赠与－遗产税。2015年这个数字是14000美元。配偶之间的财富转移（包含赠与和遗产）以
621 前是（现在也是）完全豁免。所有形式的财富都包含在赠与－遗产税的税基中，但养老金年金和人寿保险除外。资产在持有人死亡时按市场价值进行估值，但对于农场财产、内部持股公司，以及未上市的股票有特殊规则。还有几个州也征收遗产税，通常是基于联邦法规。

① 死亡三年内的赠与被视为死亡时的财富转移。

资本收益是指资产的出售价格和购买价格之间的差价。对于房地产（例如住宅），在计算时对其资本升值的价值进行了一些调整。在计算资本收益时，这些是在成本基础上计算的。在美国，资本收益税作为联邦所得税制度（以及州所得税制度）的一部分征税。只包含已兑现的资本收益（即实际销售资产取得的资本收益）。

2001 年，持有超过 5 年的资产的资本收益最高税率为 18%（与之相比，最高边际税率为 39.6%）。2013 年，资本收益的最高税率为 20%（也与最高边际税率 39.6% 相比）。短期资本收益被视为普通收入，不享受税收优惠。[①] 但是，对于房主自住住房，如果购买的新的主要住宅的价格超过旧住宅的售价，则不会对资本收益征税。主要住宅还有一次性的 500000 美元的资本收益豁免。赠与的资本收益税推迟到资产出售后才纳税。在死亡时成为遗产的资产的资本收益免税。

其他经合组织国家

其他经济合作与发展组织成员国对广义家庭财富征税更为广泛。[②] 除了对遗产和资本收益征税外，许多国家还对广义家庭财富征税。

截至 1985 年，11 个经合组织国家建立了对广义家庭财富直接征税的制度，包括：奥地利、丹麦、芬兰、德国、冰岛、卢森堡、荷兰、挪威、西班牙、瑞典和瑞士（见表 14.1）。此外，法国在

① 资本损失和前几年资本损失的结转会带来一些并发症，特别是在短期资本收益方面。

② 本节的大部分信息来自经济合作与发展组织：《净资产税、资本转移和个人资本收益》（*Taxation of Net Wealth, Capital Transfers and Capital Gains of Individuals*）（巴黎：经合组织，1988 年）。在大多数情况下，本节中的数据是 1988 年的数据。

1982 年至 1987 年期间曾使用该制度，爱尔兰从 1975 年到 1977 年也曾使用该制度。① 此外，除西班牙外，大多数国家的这些税收制
622 度已经存在了至少 60 年。在所有 11 个国家中，财富税与个人所得税共同管理。除德国外，所有国家均要填写收入和财富联合纳税申报表。虽然这 11 个国家的实际条款各不相同，但税收的基本结构非常相似。

表 14.1　20 世纪 80 年代中期 OECD 国家对个人或家庭财富的财富税制度

国家	直接财富税	财富转移税遗产和赠与	资本收益税	财富税、遗产税和赠与税占总税收的百分比[a]
澳大利亚	无	没有	收入	0.01
奥地利	有	继承	没有	0.51
比利时	无	继承	没有	0.58
加拿大	无	没有	收入	0.03
丹麦	有	继承	分离	0.92
芬兰	有	继承	收入	0.50
法国	1982～1987 年	继承	收入	0.85
德国	有	继承	没有	0.42
希腊	无	继承	没有	0.94
冰岛	有	继承	收入	—
爱尔兰	1975～1977 年	继承	分离	0.30
意大利	无	遗产/继承	没有	0.23
日本	无	继承	收入	1.19
卢森堡	有	继承	收入	0.51
荷兰	有	继承	没有	0.94
新西兰	无	遗产	没有	0.19

① 日本在第二次世界大战后的短期内也有直接财富税。

续表

	直接财富税	财富转移税 遗产和赠与	资本收益税	财富税，遗产税和赠与税占总税收的百分比[a]
挪威	有	继承	收入	0.61
葡萄牙	无	继承	没有	0.83
西班牙	有	继承	收入	0.49
瑞典	有	继承	收入	0.68
瑞士	有	遗产/继承	收入	3.06
土耳其	无	继承	收入	0.19
英国	无	遗产	没有	0.64
美国	无	遗产	收入	0.77

资料来源：经济合作与发展组织：《净资产税、资本转移和资本收益》（巴黎：经合组织，1988 年）。

注：a. 1985 年数据。

各国在财富税的生效标准方面存在差异。对于有两个孩子的已婚夫妇，卢森堡的纳税门槛低至 9000 美元，丹麦则高到 155000 美元。在德国，纳税门槛为 129000 美元；在荷兰，为 51000 美元； 623
在法国，（当需要征收这项税时）是 520000 美元。这些门槛水平不包含完全被排除在税基之外的财富形式。此外，许多国家存在收入豁免，因此额度必须超过联合收入－财富门槛才会征收财富税。

在一些国家（如丹麦，荷兰和瑞典），收入税和财富税的总额各自有最高上额。这些上限通常表示为应纳税所得额的百分比（例如，在荷兰，它是应税收入的 80%）。

广义家庭财富税的税率往往很低，最多只有几个百分点。5 个国家采用统一费率制度：奥地利（1%）、丹麦（2.2%）、德国（0.5%）、卢森堡（0.5%）和荷兰（0.8%）。其他国家逐步实现边际税率：芬兰（入门为1.5%，达到29.6万美元上升至1.7%），挪威（0.2%至1.3%，后者门槛为47000美元），西班牙（0.2%至2%，最高税率门槛为710万美元），瑞典（入门为1.5%；达14万美元为3%）和瑞士（0.05%，33.4万美元时上升至0.30%）。[①]

各国税基中包含的财富形式也各不相同。除西班牙外，所有国家都免除了广义家庭财物和个人财物。大多数国家的税基包括超过一定价值的珠宝。除德国外，其他国家的税基包含机动车的价值，船只价值在所有国家都被纳入税基。

几个国家会豁免一定程度的储蓄账户（例如德国豁免4600美元）。所有国家都排除养老金权益和养老金类型的年金。通常其他形式的年金也被豁免。大约一半的国家会豁免人寿保险单，而另一半则将其中一部分纳入税基。

11个国家中的所有都要对房主自住住房征税。但是，在奥地利和芬兰，对房主自住住房的征税允许少量扣除，而在荷兰和挪威，住房估值仅是其实际市场价值的一小部分。其他形式的财富，包含债券、股票，以及非法人企业，都包含在所有国家的税基中。[②]

大多数国家要求每年对个人财产总价值进行重新估价。但是，奥地利、德国和卢森堡每三年重新估价一次，瑞士每两年重新估价
624 一次。原则上，11个具有财富税制度的国家都会根据资产的当前市场价值对其估值。但是，在实践中，这个程序并不总是易于实

① 在瑞士，财富税实际上是省（州）级的税种，因此各省的规定各不相同。

② 被排除出资产的债务存在一些技术问题。由于财富税是基于资产减去债务后的总价值，因此适当的处理方式应该是，如果该资产被排除在税基之外，则该资产的债务也应该被排除在外。但是，由于难以将特定债务（例如银行透支）分配给特定资产，各国对这一问题的处理方式各不相同。

施。首先，一些资产没有在公开市场上交易，因此没有现成的市场价格（例如小企业和非上市公司的股票）。其次，住房带来一个特殊的问题，因为通常方法是基于市面上与之“类似”的房产的售价来估值，其价值在很大程度上取决于“类似”的定义。而在另一方面，债券、上市股票，以及银行账户的估值相当简单。

大多数国家使用“资产基准”来评估非法人企业，定义为企业拥有的个别资产的价值总和。这通常会低估这种企业的真正价值，因为商誉没有附加价值。奥地利、芬兰和荷兰使用市场价值作为基准（立即出售该企业的价值）。瑞士使用了一个公式，根据企业一段时间的利润来资本化其价值。

尽管大多数国家根据不动产开放市场价值对其进行估值，但奥地利使用了一个公式，基于平均建筑成本变化和土地价格变化来计算估值。德国将估定价值用于地方税收。卢森堡使用一个公式，基于资产租赁价值资本化推算其估值。

24 个经合组织国家中有 22 个国家有遗产税或赠与税，或两者兼有（见表 14.1）。澳大利亚和加拿大是两个例外。但是，大多数经合组织国家都用“继承税”来代替美式遗产税。两者之间的差异在于继承税的评估对象是接收人，而遗产税是对逝者留下的遗产征收遗产税。对于继承税，税率表应用于每一个遗产继承人，而遗产税是根据转移财富的总价值计算的。继承税与遗产税相比具有一定的优势。首先，它更利于根据继承人支付税款的能力进行调整。其次，税收优惠可以与直系亲属挂钩，而不是远亲或朋友（所谓的血缘基准）。[①]

---

① 实际上，在美国的遗产税制度中，给予配偶财富转移的优惠待遇是完全豁免的。对于跨代遗赠，还有一项特殊的附加税。

对4个拥有遗产税的国家——意大利、瑞士、英国和美国——而言，税收门槛从意大利的20000美元到美国的600000美元
625 （1985年标准）不等。意大利边际税率的范围为3%至31%，英国为30%至60%，美国为37%至55%。新西兰执行单一税率40%。配偶间财富转移在英国和美国被完全豁免，但在其他两个国家通过特殊处理征税。这四个国家都有赠与税。在意大利和美国，会汇总某人一生的赠与，在其死亡时与其遗产价值相结合，以确定遗产税的应税基数。

继承税的结构更加复杂。边际税率随着继承人与死者的关系远近而变化，税收门槛也是如此。例如，在法国，对配偶的遗产有一个门槛为40000美元，边际税率从5%到40%不等，而对非亲属继承人的门槛为1500美元，对转移财富征收60%的单一税率。所有19个有继承税的经合组织国家都有相关的赠与税。

24个经合组织国家中有15个国家还对资本收益征税（见表14.1）。所有15个资本收益税都在其兑现时（即卖出资产时）征收。在这15个国家中的13个国家，资本收益税作为个人所得税的一部分，而另外2个国家（丹麦和爱尔兰）单独收取资本收益税。有趣的是，在8个国家——丹麦、芬兰、冰岛、卢森堡、挪威、西班牙、瑞典和瑞士——既有直接财富税，也有资本收益税。

各国对这些收益的税收处理有很大的自由度。在美国，自2001年起长期资本收益获得了税收优惠，最高税率为18%。短期资本收益被视为普通收入。丹麦使用单一税率50%；而在瑞士，边际税率范围从10%到40%。上述两个国家没有单独处理短期资本收益。

在澳大利亚、挪威（该国内也有一些例外）和西班牙，短期

资本和长期资本收益均被视为普通收入，并根据个人所得税税率表征税。在加拿大，3/4 的资本收益被列为普通收入。在日本，一半的长期资本收益作为普通收入征税，而短期收益则作为普通收入处理。在瑞典，一部分长期收益作为普通收入征税，其比例取决于财产的性质和持有的时间，而短期收益则视为普通收入。 626

在大多数有资本收益税的国家，主要住宅的收益免于征税。不一样的有这几个国家：瑞士对这种收益完全征税；日本可以豁免第一笔 178000 美元的收益；西班牙的豁免有购买新住宅的限制；瑞典和美国一样，只有旧住宅销售收入超过新住宅购买价格的部分才会征税。

虽然在账面上，这些财富税机制似乎是一种强大的税收征稽方式，而事实上，这些税收只占经合组织各国税收总收入的很小一部分。表 14.1 的最后一栏是直接财富税和遗产税/赠与税的总和占 1985 年政府总税收收入的百分比。不幸的是，这个总和不包含资本收益税，因为很难从常规所得税中将其分离出来。在这里显示的 23 个国家中，平均百分比仅为 0.67%。范围从澳大利亚的低点 0.01% 到瑞士的高点 3.06%。瑞士是唯一一个直接财富税收入占税收总额 1% 以上的国家——1985 年为 2.25%。美国略高于平均水平，遗产税和赠与税占其税收总额的 0.77%（其中 0.74% 来自遗产税，0.03% 来自赠与税）。就遗产税和赠与税收入占个人所得税总额的比例而言，美国在经合组织国家中排名第 5 位，仅次于日本、希腊、葡萄牙和瑞士。1998 年，美国联邦政府征收的遗产税和赠与税总额达 240 亿美元，占税收总额的 1.4%。[①]

---

① 美国总统经济顾问委员会《总统经济报告》（华盛顿特区：美国政府印刷局，2001 年），422 页。2000 年联邦遗产赠与税的总收入估算为 270 亿美元，占（估算）税收总额的 1.4%。

人们可能想知道为什么这些财富税的收入如此之少，特别是其中一些税种已经存在超过 70 年，完全有足够的时间来提高其效力。这有三个可能的原因。首先，个人所得税和消费增值税的税收收入已经相当可观，特别是在欧洲，因此相对于税收总额而言，财富税征收额似乎很小。这对于瑞典等国家来说尤为相关，这些国家的综合收入财富税有一个上限。其次，有很大可能存在逃税或合法避税的。与来源有记录的劳动收入、利息以及股息支付不同，税收机构难以获得有关金融证券、股票
627 持有、非上市股票或一个家庭拥有的家庭企业价值的独立信息。虽然不动产必须在当地税务机关登记，但仍有可能出于税收目的而低估其价值。

再次，跨境转移金融财富很容易。除房地产和大多数小企业外，一个家庭通常可以轻松地在居住国以外的地方购买资产。征收过度财富税的国家可能会导致大量资本外逃。因此，大多数拥有财富税的国家都试图使其与其他国家的税收标准保持一致。

美国直接财富税的模拟

本节提供了三种替代财富税制度应用于 1989 年美国广义家庭经济数据，以显示潜在税收收入影响的模拟结果。这些制度是基于德国、瑞典和瑞士的实际税法。表 14.2 显示了每个方案的显著特征。①

这些模拟是根据 1989 年美国个人收入税税率表和 1989 年消费

① 应该注意的是，在模拟中，所有资产都按市场价值进行评估（因为这是唯一可用的估值）。

者财务状况调查数据进行的。[①] 虽然数据并不完美，但结果令人鼓舞。[②] 即使是非常适度的财富税（如瑞士体系，边际税率从 0.05% 到 0.30%，豁免约 5 万美元财富），也可能在 1989 年筹集 380 亿美元。这样一个税种将为一些计划提供大量额外税收资金，例如扩大福利［如贫困家庭临时救助计划（TANF）］覆盖范围，医疗补助计划，贫民食物券，扩大联邦医疗保险中的处方药计划，增加的失业保险覆盖范围，等等。此外，在这个过程中，只有 3% 的家庭的联邦税收增加了 10% 以上。

模拟财富税的替代方案也表明，综合收入财富税制度可能确实比单独的所得税制度更公平。毫不奇怪，财富税在调节财富方面具有进步性。老年广义家庭征收率高于年轻广义家庭（平均来说，老年广义家庭更为富裕），已婚夫妇高于单身人士（平均来说，前者更富裕），以及白人高于非白人（白人家庭通常来说要富裕得多）。虽然这
种方法没有考虑到征收财富税后家庭的反应，不过这些计算或多或少 628
就可能的税收收入量级和其对财富再分配的影响提供了一些指导。

---

① 这个程序如下：首先，调整后总收入（AGI）被估算为所有收入项目（不包含社会保障收入）的总和。其次，计算豁免的数量。再次，计算标准扣除额。这是基于广义家庭的申请状况和广义家庭中 65 岁或以上的成员人数来计算的。最后，计算应税收入，方法是将调整后总收入减去豁免数量乘以 2000 美元，再减去标准扣除额。然后根据适当的税表计算联邦所得税。在初始化运行之后，可以校准估算程序。1989 年收取的个人联邦所得税总额为 4457 亿美元（来源是美国总统经济顾问委员会，1991 年，表 B－77）。这里使用税收估算得到的全体广义家庭的税收总额为 5264 亿美元（差异为 18%）。随后将税后估算值减少了 18%，使其与实际数字一致。有了这个估算系统，再根据表 14.2 中列出的 3 个方案，将广义家庭作为附加的纳税项目，以同样的流程重新计算税收。

② 数据包含以下问题：分项扣除，特别是利息支付以及州和地方纳税，无法包含在本分析中；资本收益不能纳入家庭收入中；调整后总收入不排除免税利息收入；任何对收入的调整都没有包含在调整后总收入的计算中。这里假设这些省略的调整净效应大致都被税收收入的 18% 调整所容纳。

表 14.2　20 世纪 80 年代中期德国、瑞典和瑞士的直接财富税制度细节

	德国	瑞典	瑞士
A. 门槛			
1. 单身人士	33000 美元	56000 美元	34000 美元
2. 已婚夫妇，没有孩子	57000 美元	56000 美元	56000 美元
3. 已婚夫妇，两个孩子	129000 美元	56000 美元	56000 美元
B. 税率表	单一税率 0.5%	1.5%（至 28000 美元） 2.0%（下一个 28000 美元） 2.5%（下一个 140000 美元） 3.0%（超过 196000 美元）	0.05%（至 83000 美元） 0.10%（下一个 139000 美元） 0.15%（下一个 225000 美元） 0.20%（下一个 333000 美元） 0.25%（下一个 333000 美元） 0.30%（超过 1110000 美元）
C. 豁免	家庭财物人寿保险机动车储蓄（最高 4600 美元） 养老金/年金人寿保险（最高 4600 美元） 非法人企业（最多 58000 美元；超额税率为 75%）	养老金/年金 人寿保险	养老金/年金
D. 上限无	没有	75% 到 50000 美元的应税收入；超过部分为 80%	没有

资料来源：经济合作与发展组织（1988 年）。

实际的美国个人所得税产生的税收收入为 4457 亿美元，占家
629 庭总收入的 11.4%（详情见表 14.3）。实施一个模仿德国税制的财

表 14.3　模拟替代财富税制度，按收入阶层、财富阶层、年龄组、家庭类型和种族划分的美国所得税和新财富税占家庭收入的百分比

单位：%

	美国所得税	德国财富税		瑞典财富税		瑞士财富税	
		收入百分比	所得税比率	收入百分比	与所得税的比率	收入百分比	与所得税的比率
所有家庭	11.4	1.7	0.15	8.4	0.74	0.9	0.08
A. 收入阶层							
低于 5000 美元	0.0	1.3	—	0.0	—	0.6	—
5000 ~ 9999 美元	1.1	0.9	0.76	0.7	0.57	0.3	0.27
10000 ~ 14999 美元	3.1	1.1	0.35	2.3	0.75	0.5	0.15
15000 ~ 24999 美元	5.2	1.4	0.27	4.2	0.82	0.7	0.13
25000 ~ 49999 美元	8.0	1.1	0.13	5.0	0.62	0.5	0.06
50000 ~ 74999 美元	11.2	0.9	0.08	5.0	0.45	0.4	0.04
75000 ~ 99999 美元	13.5	1.7	0.13	8.8	0.66	0.8	0.06
100000 美元及以上	17.1	3.0	0.18	15.7	0.92	1.7	0.10
B. 财富阶层							
低于 25000 美元	7.2	0.0	0.00	0.0	0.00	0.0	0.00
25000 ~ 49999 美元	8.3	0.0	0.00	0.0	0.00	0.0	0.00
50000 ~ 74999 美元	9.2	0.1	0.02	0.4	0.05	0.2	0.02
75000 ~ 99999 美元	9.4	0.3	0.03	1.4	0.15	0.5	0.05
100000 ~ 249999 美元	10.8	0.7	0.07	4.2	0.39	0.4	0.04
250000 ~ 499999 美元	12.9	1.8	0.14	10.3	0.80	0.4	0.03
500000 ~ 999999 美元	14.4	3.1	0.22	17.8	1.24	1.0	0.07
1000000 美元及以上	17.2	5.7	0.33	25.5	1.48	3.2	0.19
C. 年龄分组							
35 岁以下	9.2	0.5	0.05	2.3	0.25	0.3	0.03
35 ~ 54 岁	12.3	1.2	0.09	6.6	0.54	0.6	0.05
55 ~ 69 岁	11.9	3.2	0.27	14.6	1.22	1.5	0.13
70 岁及以上	10.5	4.1	0.39	16.9	1.60	1.9	0.18
D. 家庭类型							
已婚夫妇	11.7	1.8	0.15	9.3	0.79	1.0	0.08
男性,未婚	12.3	1.5	0.12	5.9	0.48	0.7	0.05

续表

	美国所得税	德国财富税		瑞典财富税		瑞士财富税	
		收入百分比	所得税比率	收入百分比	与所得税的比率	收入百分比	与所得税的比率
女性，未婚	8.9	1.5	0.17	5.9	0.66	0.6	0.06
E. 种族							
白人	11.9	1.9	0.16	9.2	0.77	0.9	0.08
非白人	8.7	0.9	0.10	3.9	0.44	0.5	0.05

资料来源：作者根据 1989 年消费者财务状况调查的计算。

注：有关税收计算的详细信息，请参阅正文。

富税将使 1989 年税收总额增加 675 亿美元，占总收入的 1.7%。采用德国式的财富税将使税收总额增加 15%。相比之下，征收瑞典税制的财富税将额外增加 3287 亿美元的个人所得税，相当于总收入的 8.4%，总税收增加了 74%。瑞士类型的财富税将增加 380 亿美元的税收，占总收入的 0.9% 和所得税总收入的 8%。因此，瑞典类型的财富税将对税收总额产生巨大影响，而另外两种则会产生适度的影响。然而，即使是德国式和瑞士式的财富税也大大超过了遗产税和赠与税的实际收入，1989 年为 87 亿美元。①

财富税的征收率取决于收入和财富的联合分布。如果两者完全相关，那么每个人都会有相似的税收增长（取决于财富税税率

① 根据瑞士体系估算的税收效应（占美国税收总额的 2.2%）与该国的实际经验相差不远；1985 年，瑞士财富税占瑞士税收总额的 2.3%。另外，德国体系和瑞典体系，特别是瑞典，估算的相对税收效应远远大于这两个国家的实际财富税收收入。这种结果差异有四个可能的原因。第一，德国和瑞典税收总额占 GDP 的比例要高于美国（1988 年德国为 37%，瑞典为 55%，美国为 30%）。第二，参照收入水平，德国和瑞典广义家庭财富可能相对低于美国。第三，这两个欧洲国家可能存在大量避税和逃税现象。第四，至少瑞典的情况是，这种联合收入财富税有上限，这限制了大量富裕瑞典家庭的财富税纳税责任，因为 20 世纪 80 年代的收入边际税率非常高。

表）。然而，收入和财富并不完全相关。某些群体，如老年人，拥有大量财富，但收入相对较少。另外，一些年轻广义家庭的收入可能很高，但财富积累相对较少。因此，这项新税可能会将负担从年轻广义家庭转移到老年广义家庭。

表 14.3 显示了按收入阶层、财富阶层、年龄组、家庭类型和种族估算新税率的实际税率。[①] 瑞典的财富税制度与美国的累进所得税制度一样，依据收入水平的累进幅度很大，从最低收入阶层的零累进到最高的 15.7%。此外，高收入家庭总税收增幅略高于低收入家庭。相比之下，德国和瑞士的财富税制度倾向于征收一种几乎不变的收入百分比，除了最高收入阶层，最高收入阶层则将根据其收入支付更大的份额。在这两种情况下，低收入家庭总税收增幅将高于高收入家庭。虽然这可能看起来不公平，但必须记住，税收并未覆盖全部低收入家庭。只有拥有大量财富，广义家庭无论收入多少，都要承担纳税责任。任何拥有大量净资产的广义家庭都可以
被合理地视为有能力为公共利益做出贡献。 631

美国所得税制度也是依据广义家庭财富水平累进，收入税率从最低财富阶层（低于 25000 美元）的 7.2% 上升到最富裕阶层（100 万美元或更多）的 17.2%。毫不奇怪，三种欧洲式财富税制度都是依据财富水平累进的。在德国税制下，按收入百分比衡量的税率将从最低财富阶层的 0 上升到最高的 5.7%；在瑞典税制下是从 0 到 25.5%；在瑞士税制下是从 0 到 3.2%。在上述三种税制下，富裕家庭的税收比例增加幅度也会高于贫穷家庭的增幅。

再次参考表 14.3，我们看到美国的所得税税率在不同年龄组

---

① 但是，就如第 812 页脚注①所示，逐项扣除，税收优惠项目和其他收入调整的纳入将使收入的有效税率大大降低。

间的变化相对较小，从最年轻家庭的9.2%，增加到35～54岁组的12.3%，然后到老年组又略有下降。与之相反，在所有三种财富税制度下，依据收入水平的税率将随年龄上升而单调上升，反映了财富－收入比率随年龄增长的事实。根据德国税制，税率将在0.5%至4.1%之间；在瑞典税制下，税率为2.3%到16.9%；在瑞士税制下，税率为0.3%到1.9%。在所有这三种税制下，对于年龄较大的美国人来说，税收的增幅会比年轻人更高。

按家庭类型划分的所得税税率差异也相对较小。未婚男性的平均所得税税率最高，为12.3%，其次是已婚夫妇（11.7%）和单身女性（8.9%）。在所有三种财富税制下，已婚夫妇将面临最高税率，未婚男性和女性广义家庭的税率几乎完全相同。根据德国税制，已婚夫妇支付财富税占收入的1.8%，而未婚男性或女性占收入的1.5%；在瑞典税制中，各自的比率分别为9.3%和5.9%，瑞士税制的比率分别为1%和0.7%。

美国白人家庭一般支付的税率高于非白人家庭——11.9%对比8.7%——反映了白人相对收入较高的情况。在这三种财富税制度下，白人家庭平均财富状况比少数族裔家庭好得多，支付的税款要比非白人家庭高得多。此外，在这三个案例中，白人家庭的税收增
632 幅都会比非白人家庭要高。

人们可以通过三个步骤来衡量财富税对财富不平等程度的影响：（1）找出税前收入分布的财富不平等程度衡量指标（基于基尼系数）。（2）计算征收个人所得税后，税后收入的基尼系数。（3）计算征收所得税和财富税（三种财富税）后，税后收入的财富不平等程度衡量指标。财富税的分配效应取决于其依据收入水平的累进性、其量级，以及其税收按收入阶层成比例上升的特性。

结果显示在表14.4的A组中。在所有家庭中，1989年税前收

入的基尼系数为 0.521。征收所得税之后，收入的基尼系数为 0.497，表明个人所得税制度对降低收入分布不平等程度的作用较为温和。将瑞典财富税加入个人税收公式后，基尼系数进一步降至 0.48。因此，瑞典财富税对降低收入分布不平等程度有一定作用，其量级与个人所得税制度相似。但是，德国和瑞士的财富税对收入不平等衡量指标的影响不大，主要是因为他们产生的税收收入很少，而且它们不根据收入水平实施累进收税。

财富税的分配效应在年龄组，家庭类型和种族分类中显示有所变化。财富税降低财富不平等程度的作用对老年分组比年轻分组影响更大。对于 70 岁及以上年龄组，征收瑞典财富税导致基尼系数从 0.54 降至 0.49。对已婚夫妇的影响比未婚人士更强：在已婚夫妇组中，当瑞典财富税加入所得税时，基尼系数从 0.45 降至 0.42。对白人家庭的降低财富不平等程度效应也大于非白人家庭。

表 14.4 的 B 组使用了另一种被称为收入*的替代收入衡量指标，然后得到相同的计算结果。收入*定义为家庭收入加家庭净资产的 3.28%（3.28% 是对 1962 ~ 1989 年广义家庭财富平均年度实际增值率的估算值）。收入*在逻辑上是一种比普通收入指标更具包容性的家庭福利衡量指标。财富税对这种更具包容性的收入衡量标准会产生影响，因此该指标可以被认为是衡量财富税整体财富分配效果的更好指标。 633

使用收入*数据的研究结果与标准家庭收入的结果非常相似。在所有家庭中，税前收入*的基尼系数为 0.544，缴纳所得税后收入*的基尼系数为 0.527，缴纳所得税和瑞典财富税后的收入*的基尼系数为 0.502。与以前一样，德国和瑞士的财富税制度几乎没有财富分配作用。财富税降低收入*分布不平等程度的影响随着年龄组的增长而增加，该影响对于已婚夫妇比单身人士更大，对白人家庭比非白人家庭更强。

表 14.4　1989 年按年龄组、家庭类型和种族划分的其他财富税收制度的分配效应

	所有	年龄组				家庭类型			种族	
		18～34 岁	35～54 岁	55～69 岁	70 岁 +	已婚夫妇	未婚男性	未婚女性	白人	非白人
A. 收入的基尼系数										
税前收入	0.521	0.441	0.477	0.568	0.568	0.473	0.529	0.451	0.504	0.525
原始税后收入	0.497	0.420	0.454	0.543	0.539	0.446	0.502	0.426	0.479	0.503
新税后收入/德国财富税	0.495	0.421	0.451	0.537	0.534	0.442	0.501	0.424	0.477	0.503
新税后收入/瑞典财富税	0.476	0.414	0.434	0.505	0.487	0.421	0.487	0.415	0.458	0.490
新税后收入/瑞士财富税	0.495	0.420	0.452	0.539	0.536	0.444	0.502	0.425	0.477	0.503
B. 收入*的基尼系数[a]										
税前收入*	0.544	0.453	0.499	0.599	0.603	0.500	0.549	0.468	0.526	0.542
原始税后收入*	0.527	0.435	0.482	0.583	0.586	0.481	0.528	0.449	0.509	0.524
新税后收入*/德国财富税	0.522	0.433	0.478	0.577	0.578	0.475	0.524	0.445	0.504	0.521
新税后收入*/瑞典财富税	0.502	0.426	0.460	0.550	0.548	0.453	0.509	0.430	0.483	0.510
新税后收入*/瑞士财富税	0.524	0.434	0.480	0.580	0.582	0.478	0.526	0.447	0.506	0.522

资料来源：作者根据 1989 年的消费者财务状况调查计算。

注：有关税收计算的详细信息，请参阅正文。

a. 收入*定义为家庭收入加上家庭净资产的 3.28%。

更新到2013年的数据

自经合组织关于成员国财富税的报告发表已过去近30年。[1]表14.5总结了这些国家目前的财富税状况。在1985年实施直接财富税的11个国家中，在2015年只有4个国家还在实施——荷兰(仅在省级)、瑞士、西班牙和瑞士（在州一级)。西班牙于2009年1月1日取消了财富税，但随后于2012年重新引入。1995年奥地利和丹麦终止了财富税，1997年德国停止，2006年芬兰和卢森堡停止，2007年瑞典停止。2006年冰岛取消了财富税，2010年重新引入并持续了4年，然后在2015年再次取消。不过，2011年法国重新引入了直接财富税，持续到今天仍在实施。[2] 截至2016年，最初的24个经合组织国家中有3个国家拥有国家级的财富税，2个国家拥有省级（或州级）财富税。

关于继承税、赠与税和/或遗产税，在1985年有22个国家有其中一种形式的税种，但到2015年只有4个国家依然还有。1992年新西兰取消了遗产税。2005年瑞典取消了继承税，2008年奥地利取消继承税，2014年挪威取消继承税。

为什么财富税（直接税和继承税）在减少？人们可以想起从20世纪80年代开始，美国总统罗纳德·里根和英国首相玛格丽特·撒切尔推动的强烈反对税收的政策。紧接着是20世纪90年代和21世纪第一个十年欧洲大陆的保守派反弹。例如，2005年前后瑞典一个保守派政府当选，该政府策划了同时取消直接财富税和遗产税。 635

---

① 经合组织：《净资产税收、资本转移和个人资本收益》（*Taxation of Net Wealth, Capital Transfers and Capital Gains of Individuals*)。

② 截至2016年5月1日。

表 14.5 2015 年经合组织成员国之间关于个人或家庭财富的财富税制度

	直接财富税	遗产和赠与转让税
澳大利亚	无	没有
奥地利	无	没有
比利时	无	继承税
加拿大	无	没有
丹麦	无	继承税
芬兰	无	继承税
法国	有	继承税
德国	无	继承税
希腊	无	继承税
冰岛	无	继承税
爱尔兰	无	继承税
意大利	无	继承税
日本	无	继承税
卢森堡	无	继承税
荷兰	有[a]	继承税
新西兰	无	没有
挪威	无	没有
葡萄牙	无	继承税
西班牙	有	继承税
瑞典	无	没有
瑞士	有[a]	遗产/继承税[a]
土耳其	无	继承税
英国	无	遗产税
美国	无	遗产税

资料来源：欧盟委员会：《对财富和财富转移征税的跨国审查》，参见 https：//ec. europa. eu/taxation_ customs/sites/taxation/files/docs/body/2014 _ eu _ wealth _ t ax _ project_ finale_ report. pdf；https：//en. wikipedia. org/wiki/Wealth_ tax https：//en. wikipedia. org/wiki/Inheritance _ tax；http：//taxsummaries. pwc. com/ID/Iceland - Individual - Other - taxes；http：//www2. deloitte. com/content/dam/Deloitte/global/Documents/Tax/dttl - tax - turkeyguide - 2014. pdf。

a. 省（或州）税。

根据2013年消费者财务状况调查和2013年个人所得税税率表将税收模拟更新至2013年。[①] 在本分析中，我仅使用瑞士财富税制度，因为它似乎产生了最合理的税收收入。根据瑞士税收约定，税收门槛和税率等级与消费者价格指数挂钩。使用CPI-U。2013年，已婚夫妇的新豁免额为121242美元，单身人士为73611美元。现在上限（0.30%的范围）开始于240万美元。现在增加了一项新的限制，即收入税和财富税的总和不能超过总收入。 636

瑞士式财富税将在2013年产生1208亿美元的额外税收收入。这是1989年的3.18倍，远高于CPI 2.17的上升幅度。这占家庭总收入的1.2%，占总收入税的9.2%，而1989年的这两个数字分别为0.9%和8%（见表14.6）。与这一数字相比，

① 我使用的程序与1989年数据使用的程序略有不同。第一，我根据CPI-U（系数1.01465）将2012年的收入数据更新为2013年美元。第二，调整后总收入估算为除去社会保障收入和资本收益的所有收入项目之和，再减去个人退休账户、401（k）计划和其他固定缴款计划的缴款。第三，对于收入超过32000美元的已婚夫妇和收入超过25000美元的单身人士，超过这些限额的社会保障收入的85%被加回到调整后总收入。第四，计算了豁免的数量。这是基于广义家庭的申请状况和广义家庭中65岁或以上的人数。第五，计算标准扣除额。第六，计算应税收入，方法是将调整后的总收入减去豁免数量乘以3900美元，再减去标准减免额，其符合高收入申报者限制。第七，根据适当的税表计算联邦所得税。第八，计算资本收益的单独税，但税率上限为15%。第九，计算劳务所得税抵免（EITC）。然后设置净所得税为应纳收入所得税加上资本利得税减去劳务所得税抵免。在初始化运行之后，可以校准估算程序。2013年收取的个人联邦所得税总额为13164亿美元（美国总统经济顾问委员会《2015年总统经济报告》表B-21）。这里使用的税收估算得到全体广义家庭的总税收金额为15155亿美元（差异为15%）。随后将税收估算值减少了15%，使其与实际数字一致。但是，在1989年的税收模拟中，我仍然在税收计算中使用标准扣除而不是逐项扣除，并且没有获取某些税收优惠项目，例如州和地方政府债券的利息收入。因此，其结果可能夸大了个人所得税制度的再分配效应。

2013 年美国实际个人所得税收入为 13164 亿美元，占总收入的 12.7%。与它相比，2013 年 189 亿美元的遗产税和赠与税总额显得微不足道。[①] 虽然 2013 年 44% 的家庭将支付额外的财富税，但只有 20% 的家庭的税单会增加超过 200 美元，而只有 15.1% 会增加超过 500 美元。

与 1989 年的模拟一样，瑞士财富税制度依据收入水平累进征收，从次低收入阶层的 0.4% 上升到最高上限的 2.2%。然而，现在高收入家庭缴纳的总税金的百分比增幅也普遍高于低收入家庭。此外，缴纳财富税的家庭比例将随着收入水平提高而上升，从收入下限的 15%（收入低于 15000 美元）到最高收入阶层的 100%（收入 250000 美元及以上）。财富税依据财富水平的升高而快速累进提高。联邦税收中，需要额外支付税金超过收入 1% 的唯一群体是百万富翁阶层。上层富裕家庭也会看到自己占联邦纳税总额比例增幅更高。净资产价值低于 10 万美元家庭只有极少数（只有 4%）会支付财富税，而实际上超过这一数额的所有家庭最终将支付一些财富税。

就人口统计学特征的财富税征收率而言，老年人征收财富税的情况将远超年轻人。财富税占收入的比率将随着年龄组的增长而单调上升，从最年轻的年龄组（34 岁及以下）的 0.2%，上升到最年长组（70 岁及以上）的 2.4%，财富税占所得税的百分比也会随着年龄的增长而上升，从最年轻年龄组的 3.1% 到最年长组的
637 24%。缴纳财富税的家庭的比例会同样随着年龄的增长而增加，从最年轻组的 13% 上升到最年长组的 68%。

---

① 来自美国总统经济顾问委员会《2015 年总统经济报告》，表 B－22。

表 14.6　2013 年按收入阶层、财富阶层、年龄组、家庭类型和种族划分的原始所得税和模拟瑞士制度的新财富税

	所得税与家庭收入的比率（百分比）	瑞士财富税		缴纳财富税的家庭百分比
		占收入的百分比	与所得税的比率	
全体家庭	12.7	1.2	0.09	44.3
A. 收入阶层				
低于 15000 美元	-3.1	2.0	—	14.6
15000 ~ 24999 美元	-3.2	0.4	—	23.7
25000 ~ 49999 美元	1.6	0.2	0.14	32.7
50000 ~ 74999 美元	5.9	0.4	0.06	46.3
75000 ~ 99999 美元	7.6	0.5	0.07	58.2
100000 ~ 249999 美元	11.5	0.9	0.07	77.8
250000 美元及以上	23.4	2.2	0.10	98.1
B. 财富阶层				
不到 100000 美元	4.7	0.0	0.00	3.6
100000 ~ 249999 美元	7.6	0.0	0.01	89.6
250000 ~ 499999 美元	9.1	0.2	0.02	100.0
500000 ~ 749999 美元	10.3	0.7	0.07	100.0
750000 ~ 999999 美元	11.6	0.9	0.08	100.0
1000000 ~ 2499999 美元	14.5	1.0	0.07	100.0
2500000 ~ 4999999 美元	20.7	2.1	0.10	100.0
5000000 美元及以上	25.1	3.8	0.15	100.0
C. 年龄分组				
35 岁以下	5.8	0.2	0.03	13.1
35 ~ 54 岁	13.6	0.8	0.06	40.9
55 ~ 69 岁	14.7	1.6	0.11	59.4
70 岁及以上	10.0	2.4	0.24	67.7
D. 家庭类型				
已婚夫妇	13.4	1.2	0.09	50.4
男性，未婚	13.6	1.1	0.08	36.3
女性，未婚	6.8	0.6	0.09	36.1

续表

	所得税与家庭收入的比率（百分比）	瑞士财富税		缴纳财富税的家庭百分比
		占收入的百分比	与所得税的比率	
E. 种族或族裔				
白人	13.8	1.3	0.09	52.9
非洲裔美国人	5.4	0.3	0.05	19.8
西班牙裔	5.0	0.3	0.06	20.4
其他族裔	12.4	1.2	0.09	46.8

资料来源：作者对2013年消费者财务状况调查的计算。

注：这些数字基于表14.2中列出的瑞士税率表，但上下限数据根据CPI－U（因子为2.165）更新为2013年美元。

如果实施瑞士财富税制度，已婚夫妇的税率将略高于未婚男性（1.2%对1.1%），女性广义家庭的税率最低（0.6%）。与未婚男性户主（36%）和未婚女性户主（36%）相比，缴纳财富税的已婚夫妇（50%）比例较高。所有三个分组的整体税收账单增长率大致相同（8%到9%之间）。

与1989年的模拟一样，（非西班牙裔）白人家庭将支付最高的财富税率——1.3%。“其他”种族群体（主要是亚裔美国人）将面临第二高的税率（1.2%），其后是西班牙裔和（非西班牙裔）非洲裔美国人（0.3%）。虽然53%的白人家庭会多少缴纳一些财富税，但只有47%的其他种族和20%的西班牙裔和非洲裔美国人家庭需要缴纳此税。白人和其他种族会看到他们的整体纳税增加幅度差不多（9%），而西班牙裔和非洲裔美国人缴纳的联邦税总额只会增加5%或6%。

与1989年的模拟一样，税收制度的分配效应是通过基尼系数的变化来衡量的。在全体家庭中，2013年税前收入的基尼系数为0.574，而缴纳所得税之后的收入的基尼系数为0.532（见表14.7）。将瑞士财富税加入个人所得税导致基尼系数进一步降至

表 14.7 2013 年瑞士财富税制度的财富分配效应，按年龄组、家庭类型和种族划分（基尼系数）

	全体	年龄组				家庭类型			种族	
		18～34 岁	35～54 岁	55～69 岁	70 岁 +	已婚夫妇	未婚男	未婚女	白人和其他种族	黑人和西班牙裔
税前收入	0.574	0.439	0.548	0.612	0.574	0.538	0.575	0.438	0.578	0.437
原始税后收入	0.532	0.407	0.504	0.572	0.537	0.491	0.530	0.404	0.537	0.403
新税后收入/瑞士财富税	0.528	0.406	0.501	0.568	0.528	0.487	0.525	0.403	0.533	0.401

资料来源：作者对 2013 年消费者财务状况调查的计算。

注：有关税收计算的详细信息，请参阅正文。

0.528（基尼点相差0.004）。与1989年的模拟相比，加入财富税几乎没有效果的原因主要是，与所得税相比，瑞士式财富税产生的收入太少（9.2%）。瑞士式财富税的财富分配效果因年龄组，家庭类型和种族而异。财富税的降低财富不平等程度效应，在老年组比青年组影响更大。将财富税增加到所得税导致基尼系数的减少，随着年龄的增长、系统性的增强，从最年轻组的0.001基尼点到最年长组的0.008点。这种效果对已婚夫妇的影响比未婚个人更强：在已婚夫妇中，当财富税加入所得税时，基尼系数下降0.005基尼点，与之相比，未婚男性下降0.004，未婚女性下降0.001。其降
639 低财富不平等程度的效果对白人和其他种族（主要是亚裔）家庭（基尼系数减少0.004点）的影响比黑人和西班牙裔人组合（减少0.001基尼点）要大。

我一直认为总净资产是财富税的正确征税基础。确实，大多数实施的财富税都使用此数据（或者对该数据做一点小变化）作为基础。不过，还有其他基础可供选择，可能更公平，或至少政治上更适合。表14.8显示了改变财富税征税基础的影响。基本税基是净资产（不包含交通工具）。首先要注意按社会经济学特征划分的税收征稽集中度。最高收入阶层，占全体广义家庭的4%，占缴纳财富税总额的66%，而最高两个收入阶层占全体广义家庭的20%，将缴纳总财富税的86%。最富裕阶层，占全体广义家庭的1.7%，将缴纳全部财富税的66%，前两个最富阶层，占全体广义家庭的3.7%，缴纳总财富税的80%。55～69岁年龄组，占全体家庭的26%，缴纳财富税的46%。已婚夫妇组，占全体广义家庭的57%，缴纳所有税款的85%。白人组，占全体广义家庭的70%，贡献92%的税收收入。

在本分析中，我以几种方式改变税基。我从税基中排除了主要

住宅（以及相关的抵押贷款）。这样做的一个理由是住宅已经征收过本地房产税。在做了相应的扣除后，财富税总收入下降了 17%。收入较低和财富较少的样本组将获得最大的利益（纳税款降幅最大），还有 34 岁以上的家庭组、未婚女性组和非白人组。缴纳所得税和财富税后的基尼系数没有明显的影响。

小企业可以免除财富税，因为它们特别难以估价，并且把它们包含在内可能会招致强大的利益集团的反对。这种排除将导致总税收减少 30%。主要受益者是高收入广义家庭组和富裕广义家庭组（他们拥有大部分此类企业），以及年轻家庭组，令人惊讶的是还有西班牙裔组。这种限制将导致税后基尼系数略有增加（变化 0.0014）。信托基金也可以被排除在外，因为它们通常被排除在遗产税税基之外。财富税的总体减少幅度很小——3.8%。主要的受益者将是高收入广义家庭组和富裕广义家庭组，以及最年轻组和最年长组，令人惊讶的是，未婚女性组和白人组也将 641
受益。然而，这种变化对税后基尼系数几乎没有影响。个人退休账户，401（k）计划和其他固定缴款养老金计划也可以从税基中消除，因为它们不是所得税的征税目标。总体而言，总财富税将下降 19%。获益最多的群体（即缴纳财富税降幅最大）是中等收入家庭组和中等财富家庭组，55 ~ 69 岁年龄组和白人组。这一限制将导致税后基尼系数上升微不足道的 0.0006 点。最后，我们可以增加固定收益养老金财富到税基里，因为这是增广财富的重要组成部分。这将增加 9% 的财富税收入。中等收入家庭组受到的打击最大，还有低财富家庭组、55 岁及以上年龄组、未婚女性组和非洲裔美国人组（财富税增加 43%）。总体而言，税后基尼系数几乎没有受到影响。

表 14.8　2013 年改变税基后瑞士式财富税的百分比变化，按收入阶层、财富阶层、年龄组、家庭类型和种族分组

	基准总财富税收入（单位:10 亿）	排除:				添加:固定收益养老金财富
		房屋净值主要住宅	企业	信托基金	固定缴款养老金计划	
全体家庭	120.8	-17.0	-29.9	-3.8	-19.1	9.1
A. 收入阶层						
低于 15000 美元	2.6	-17.5	-59.0	-0.2	-3.9	1.4
15000～24999 美元	1.3	-40.8	-20.0	-1.6	-13.7	8.8
25000～49999 美元	2.7	-47.3	-8.7	-2.3	-22.5	43.6
50000～74999 美元	4.5	-30.7	-16.4	-3.7	-28.3	35.1
75000～99999 美元	5.7	-28.9	-16.9	-0.1	-30.8	25.7
100000～249999 美元	24.6	-22.6	-19.6	-3.8	-30.6	19.7
250000 美元及以上	79.3	-12.2	-34.8	-4.3	-14.7	2.2
B. 财富阶层						
低于 100000 美元	0.0	-68.5	-2.7	0.0	-44.5	—
100000～249999 美元	0.6	-71.5	-5.9	-0.4	-37.4	223.8
250000～499999 美元	2.1	-60.5	-5.8	-1.8	-40.9	123.7
500000～749999 美元	4.4	-57.9	-10.5	-1.9	-47.9	31.7
750000～999999 美元	4.4	-40.9	-10.3	-2.4	-42.7	13.6
1000000～2499999 美元	12.3	-23.9	-12.7	-1.7	-32.1	17.2
2500000～4999999 美元	17.5	-25.0	-24.0	-2.1	-28.8	6.0
5000000 美元及以上	79.4	-9.0	-36.9	-4.8	-11.3	1.0

续表

	基准总财富税收入（单位：十亿）	排除：				添加：固定收益养老金财富
		房屋净值主要住宅	企业	信托基金	固定缴款养老金计划	
C. 年龄组						
35 岁以下	2.2	-12.3	-54.3	-9.5	-5.7	1.4
35～54 岁	35.0	-17.7	-42.9	-3.0	-15.9	4.3
55～69 岁	55.4	-16.9	-25.5	-2.8	-22.2	11.8
70 岁及以上	28.3	-16.8	-20.7	-6.3	-18.1	10.3
D. 家庭类型						
已婚夫妇	102.2	-16.2	-30.3	-3.2	-19.8	8.5
男性，未婚	11.0	-15.4	-38.0	-5.5	-11.8	7.2
女性，未婚	7.5	-29.8	-12.8	-9.9	-20.6	19.8
E. 种族或族裔						
白人	111.3	-16.5	-28.8	-4.0	-19.6	8.8
非洲裔美国人	1.9	-19.0	-46.1	-3.0	-18.5	43.4
西班牙裔	1.6	-24.1	-58.2	-2.4	-8.1	6.2
其他种族	6.0	-24.1	-39.0	-0.3	-13.5	4.8
备注						
缴纳收入税和财富税后的基尼系数，适用于全体广义家庭	0.528	0.528	0.529	0.528	0.529	0.528

资料来源：作者对 2013 年消费者财务状况调查的计算。

注：这些数字基于瑞士税率表，其上下限根据 CPI－U（因子 2.165）更新为 2013 年美元。

结束语

自20世纪80年代初以来，特别是在大萧条之后，财富不平等程度显著上升，给出台补救政策带来了一些紧迫性。最有说服力的统计数据显示，1983年至2013年间几乎增加的所有（可变现）财富的都归于最富20%广义家庭（见第二章）。事实上，最穷40%广义家庭的财富绝对值下降了。越来越多的广义家庭净资产为零或为负的严峻现实，使情况变得更加复杂。

应该要采取哪些必要措施应对这种局面呢？如果需要推出一个政策，目标是缓和近年来不断加剧的财富不平等程度，那么对财富的直接征税是一种可能的补救措施。这将弥补所得税制度累进程度的降低。自1980年以来，收入税的边际税率不断下降，特别是针对富人和极富裕的人。最高边际税率从1980年的70%下降到2012年的35%，然后奥巴马政府将其提高到39.6%（见第一章，图1.8）。

本章的模拟结果表明，瑞士式的财富税收制度会产生一些积极的影响。美国目前的个人所得税制度有助于缓解收入差距，但其总
644 体效果不大（实际上，如果可以获得有关逐项扣减和收入调整的完整信息，其效果可能看起来更小）。瑞士财富税制度可以使2013年的总税收（在个人所得税之外）增加9%——太小而不会对财富分布产生太大影响。从人口统计学的角度来看，财富税具有一些理想的特征。在征收比例上，年龄较大家庭组比年轻家庭组更高；已婚夫妇组比单身人士组高；白人组和亚裔组比黑人组和西班牙裔人组高。此外，在老年家庭组、已婚夫妇组和白人组当中，财富税的降低财富不平等程度效果会更大。

相当温和的瑞士式系统2013年可以产生额外1210亿美元税收收入。鉴于对联邦预算的要求，这种税收确实很有价值。虽然这种拟议税种是一种增加税收收入的工具，但在2013年，只有11%的家庭的联邦纳税额会增加超过10%，只有15%的家庭需要额外支付500美元或更多的税款。总之，像瑞士这样的直接财富税制度可以缓解美国的预算压力，并可以促进代际间、种族间和家族类别间更大的公平。这些特征有利于美国采用这种税制。

为支持财富税，有人早已提出了另外两个论点。第一个论点是，除了对整体（垂直）公平的考虑外，一些人认为，就纳税能力而言，财富税是合理的。单靠收入不足以衡量社会福祉或纳税能力。持有的财富，除了它直接产生的收入，其本身也应该被纳入计算中。两个收入相同但财富水平不同的家庭，他们的社会福祉并不相等，因为更富裕的家庭在经济压力下（例如偶发的失业，疾病或家庭破裂等）会有更强的独立性和更强的安全保障，以及更容易获得消费信贷。因此，更多的财富赋予富裕家庭更强的纳税能力；为了横向公平，财富和收入都应该直接纳税。

第二个论点是，年度财富税可能会促使个人将资产从生产率较低的用途转移到生产率较高的用途。对财富征税可能会激励资产从低收益投资转向高收益投资，以弥补额外的税金。例如，基于财产市场价值的财富税可能会促使不在意的财产所有者通过开发、改造、出售，寻求兑现潜在的收益。同样，财富税可能会促使个人寻 645
求更多能够产生收入的资产，而不是豪华轿车和游艇等炫耀性的耐用消费品。直接财富税的另一个特点是，它可能通过鼓励投资者将资产转换为收益类资产来抑制逃避所得税。

目前存在的美国财富税制度运作不佳。遗产税在历史上一直是一个漏洞百出的税种。纳税门槛随着时间的推移越来越高（1916

年第一次引入遗产税时纳税门槛是 50000 美元，到 1942 年变为 60000 美元，然后到 1981 年的 175000 美元，1987 年的 600000 美元，2013 年变为单身人士 5250000 美元和已婚夫妇 10500000 美元），[①] 这样只对很小比例的遗产（通常约为 1% 或 2%）征收了遗产税。该门槛目前已与 CPI－U 指数挂钩，将随着时间的推移继续上升。

通过设立一个以儿童或其他预期“继承人”作为受益人的信托基金，就可以完全规避对资产征收遗产税（尽管 1993 年联邦税法中收紧了对此类信托的规定）。此外，赠与豁免允许在死亡之前传递相当数量的财富，而免于交税。此外，还存在少报漏报、资产评估和合规性（例如，如何评估家族企业？）等常见问题。

最后，遗产税制度规定资产的资本收益基本上不包含在内。通常，已实现的资本收益被当作计算所得税的税基的一部分。但是，如果一项资产没有出售并且成为遗产，那么税务机关将不再关注其资本收益。这个漏洞本身可能就超过了遗产税收取的总税收。鉴于美国遗产税的历史，以及维持现行制度的既得利益富人群体（更不用说从该制度中获利的遗产规划顾问们和律师们），从政治角度来看，建立一个新的财富税比试图改变现有的遗产税制度更容易。

也许反对直接财富税的最强烈论据是它会抑制储蓄并降低资本投资。财富税的一个不可避免的影响是（税后）资本回报率会降低。它对已经很低的美国储蓄率有强烈的抑制作用，可能会直接鼓励增加消费。另一种可能性是，通过降低金融资产的税后收益率，
646 财富税可能会鼓励家庭投资非金融资产，如某些形式的房地产、收藏品、贵金属、奢侈品等。为了试图通过把水搅浑来阻挠美国国税

① 上限实际在 1926 年提高到 100000 美元，但随后在 1932 年降至 50000 美元。

局（IRS）工作，广义家庭可能会强烈地将广义家庭财富组合转向非生产性用途；然而，正如之前所建议的那样，人们可以合理地论证相反的情况——同时对有收益的财富和无收益的财富征税，会促使广义家庭转向收益更高的资产。

看清这个问题的一种简单但相对粗略的方法是，比较征收直接财富税国家和不征收这种税的国家的平均储蓄率。[①] 根据经合组织国民账户数据，在1980年至1990年，这两种国家的平均家庭储蓄率一直存在很大差异。[②] 在征收财富税的国家中，储蓄率范围从西班牙的4%到瑞士的10.5%。在没有财富税的国家中，储蓄率范围是从英国的3.6%到日本的11.6%。征收财富税的国家的平均储蓄率为8%，没有财富税的国家的平均储蓄率为9.8%。计量经济学分析表明，没有财富税并不是解释各国储蓄率差异的统计显著性因素。

财富税导致的第二个潜在问题是资本外逃。通过在资产收益和资产所有者收益之间插入一个楔子，在资产所有者眼中这个税收降低了的回报，因此鼓励资产所有者在其他地方寻找更高的回报。然而，这个论点适用于所有税种，如果资本确实像水银一样流动，它将使任何对资本和财富征税变为不可能。这里提出的财富税方案基于瑞士模型，正是要表明资本外逃不太可能会是一个严重的问题。与瑞士一样，美国是国际财富的避风港，这种地位不太可能受到本

---

① 我在1995年出版的书中做了这种比较，见 *Top Heavy: A Study of Increasing Inequality of Wealth in America*（纽约：二十世纪基金出版社，1995年）。目前征收财富税的国家太少，难以复制早期的分析。

② 经济合作与发展组织：*National Accounts, Detailed Tables, 1978－1990*, Vol. 2（巴黎：经合组织，1992年）。从技术上讲，这个储蓄率是针对广义家庭、非营利机构和非法人企业等经济部门。除丹麦、冰岛、爱尔兰、卢森堡和土耳其外，国家样本包含表14.1中列出的所有国家。

分析中建议的极低财富税率的威胁。[①]

对个人征收财富税的时机已经成熟。统计数据表明，当今美国广义家庭净资产存在巨大的不平等现象，而在广义家庭金融财富方面的不平等现象则更为严重。在（横向）公平的基础上，综合考虑年收入和当前持有的财富来衡量纳税人的真实纳税能力，比单独
647 考虑收入更好。此外，其他发达经济体没有证据表明，对广义家庭财富征收温和的直接税，对个人储蓄或整体经济增长产生了负面影响。事实上，有些人认为，这种税可能会促使更有效地分配广义家庭财富，使其转移到生产率更高的用途。最后，没有证据证明这种征税可能促进资本外逃。

以瑞士制度为蓝本的财富税可能适合美国。对单身人士的基本豁免额为 74000 美元，已婚夫妇为 121000 美元。边际税率结构可能如下：0.05%（适用于扣除后广义家庭财富价值从 0 到 179999 美元）；0.10%（从 180000 美元到 479999 美元）；0.15%（从 480000 美元到 967999 美元）；0.20%（从 968000 美元到 1689999 美元）；0.25%（从 1690000 美元到 2399999 美元）；0.30%（2400000 美元及以上）。与瑞士税制一样，对全体广义家庭适用，养老金和年金都将被排除在外。[②] 此外，这些规则将为机动车提供 30000 美元的豁免（也就是说，只有昂贵的汽车才需要征税）。

财富税将与个人所得税完全整合。两种税表都使用相同的税表。相关家庭将被要求在新的附属表格上列出所有资产和债务的价

---

① 在《21 世纪资本论》中，皮凯蒂提出各国应统一财富税，以解决资本外逃问题。

② 其他更精细的排除也可能是必要的。例如，保护居住在价值较高的家庭住房里的低收入老年人的法规似乎是值得的。举例来说，这样的法律可以推迟对这样的财富征税，并将其纳入遗产税中。

值（例如，“附表 W”）。政府很容易核查大多数资产和债务。如果银行和其他金融机构向国税局提供利息支付清单记录（表格 1099），则可以修改此类文件，使其以包含截止某一确定日期（例如 12 月 31 日）的计息账户的价值。股息表格可以采用相似的程序。此外，向国税局提供广义家庭抵押贷款还款信息的金融机构，现在可以增加提供未偿还抵押贷款价值信息。这些机构可以用相似的程序提供其他类型贷款（和贷款还款）信息。保险公司可以向国税局提供有关人寿保险权益价值的说明（他们已经将这些信息发送给了投保者）。

两个主要障碍是房主自住住房（和其他房地产）的当前市场价值以及非法人企业的估值。对于前者，有几种可能的解决方案，其中一些是目前其他国家正在使用的。可以要求家庭估计住房的当前市场价值（就和现在广义家庭调查中的估计一样）。或者，可以
要求列出原始购买价格和购买日期，美国国税局可以使用基于住房 648
调查数据的区域（或特定地区）价格指数来更新房屋价值。另一种方法是要求居民提供房产评估估值的数字，国税局可以提供特定地区的调整因子，该调整因子根据定期调查数据计算得出，来估算房屋当前市场价值。

对于非法人企业，最简单的技术是累计投资于企业的个人资产的价值（这些数字已在个人纳税申报表的表格 C 中提供）。另一种可能性是仿照瑞士目前的做法，将净利润数字（也在表格 C 中）资本化得到资产价值。

计算表明，这种税收结构对广义家庭财富（如 2013 年）的平均税率为 0.19%。以前的研究表明，1983 年至 2013 年，广义家庭财富的年实际回报率平均为每年 3.10%（见第三章）。因此，新税制仅仅使广义家庭财富平均收益率降低 6.2%。即使使用最高边际

税率0.3%，个人财富平均收益率也只降低了9.7%。这些数字表明，税制对个人储蓄的抑制作用（如果有的话）将非常温和。

这样的税会受欢迎吗？当然，美国人民不会为额外支付的税款欢呼。但拟议的财富税只会影响很小比例的人口。只有11%的美国家庭的整体个人税收（结合收入税和财富税）会增加10%以上；只有15%的家庭会支付500美元或更多的额外税款；整整56%的家庭的财富将低于财富税门槛，因此将免于纳税。

如果在2013年实施这样一种税，将征收1210亿美元的税款。这不是一个很大的数字，仅占联邦税收总额的4.4%。但是，在边际上，这样的额外税收收入可能发挥至关重要的作用。即使在撰写本文时，就有许多计划可以从额外注入的税收中受益，例如扩大福利（贫困家庭临时救助）覆盖范围，出台医疗补助计划，发放贫民食物券，提高失业保险覆盖率，规定更高的劳务所得税抵免支出，提供额外的联邦教育援助，等等。实际上，2013年是财富周期的一个低点。财富税产生的额外税收收入在其他正常的时期可能会大幅增加。因此，对个人财富征收直接年度税，可以给联邦政府
649 的财政工具箱补充一个有价值的工具。

第十五章　主要研究发现和结论

本书介绍了一个多世纪以来美国广义家庭财富增长的历史概况。因为 1962 年之后有详尽的微观数据可以对广义家庭财富规模分布进行评估，所以本书着重关注 1962 年以后的情况。本书还特别详细研究了大衰退对广义家庭财富的灾难性影响。

本章讨论的话题十分广泛，包括：从近期和长远两个角度，来看广义家庭财富平均值和中位数发展趋势以及财富分配不均总体发展趋势；随着时间推移，广义家庭财富构成的变化，特别关注广义家庭负债；美国和其他发达国家的财富水平与财富不平等程度的对比；分析改变财富不平等程度的一些机制；对所谓的生命周期模型进行实证检验，生命周期模型认为广义家庭为了确保退休后的合理消费，需要在工作年限内积累财富；评估遗产和赠与对广义家庭财富差异的影响；考虑社会保障和私人养老金在广义家庭财富积累中的作用；按种族、年龄、家庭状况等划分的社会经济学群体之间的财富差异；富人的人口统计学特征和劳动力特征；探讨美国资产贫困的持续存在；考察直接财富税在美国的再分配效应。

我们从研究个人财富最新发展趋势开始。第一章带领读者浏览了自 1947 年以来生活水平、贫困率、收入不平等程度、劳动收入 650
和国民收入中工资所占份额的变化趋势。自 1973 年以来，中产阶级的工资收入和其他收入增长缓慢，贫困率固化，收入不平等程度加剧。与之相反，1973 年之前的战后初期，中产阶级的工资和家庭收入快速增长，并且贫困率急剧下降，收入不平等程度稳健下降。20 世纪 90 年代和 21 世纪初的“经济蓬勃发展”并没有给中产阶级带来太多实惠，从 1989 年到 2013 年，其家庭收入中位数仅增长了 3%（总计）。从 20 世纪 70 年代初开始，个人所得税税率普遍下降，但富裕阶层税率的下降程度远高于中产阶级。大体上，从 20 世纪 70 年代初开始，中产阶级的工资收入和其他收入都受到了挤压。

这么多年以来中产阶级劳动收入增长缓慢，导致其生活水平没有什么变化。从 1947 年到 1973 年，中产阶级平均收入几乎翻了一番，但从 1973 年到 2013 年，平均收入仅增长了 22%。根据美国劳工统计局的数据，实际小时工资没有增长。因此，2013 年的收入中位数仍远低于 2007 年的高点（低了 7.4%）。事实上，在 2013 年，收入中位数回到了 1997 年的水平。

国民收入显著地从劳动收入转向资本收益，这是劳动收入增长停滞的主要原因，这一点自 20 世纪 70 年代后期开始尤为明显。收入不平等程度加剧与利润分配增加之间明显相关。在此期间，企业盈利能力和公司整体盈利水平都在急速上升，几乎回到战后的高位。企业盈利能力提升对股市大涨起了一定推动作用。当资本所有者可以从企业利润增加中获得收益时，工人工资几乎没有任何增加。从表面上看，富裕阶层收入增长和工人阶级收入停滞之间似乎存在一种平衡。

有证据表明财富不平等程度和企业收益率强相关，尤其是在 1979 年以后。然而，回归分析显示，只有收入最高的那一部分人（最高 1%，最高 0.1% 和最高 0.01%）的财富与企业盈利能力正相关且具有统计显著性。

第二章回顾了 1962 年至 2013 年平均财富趋势和财富不平等程

度趋势。1962 年至 2001 年广义家庭净资产中位数呈现强劲增长趋势，年均增长 1.43%。2001 年至 2007 年，中位数增长更快，达到年均 2.91%。净资产平均值在 1962 年至 2001 年间表现出更强劲的 651
增长，年均增长 2.26%，从 2001 年到 2007 年再次每年增长 3.1%。收入中位数有不同的时间趋势，从 1962 年到 1989 年年均增长 0.92%，然后从 1989 年到 2007 年仅（总计）增长 7.6%。另一方面，收入平均值从 1962 年到 1989 年年均增长 1.32%，然后从 1989 年到 2007 年增长 15%。

然后进入大衰退时期，金融危机就像海啸一般摧毁了 40 年的财富增长。从 2007 年到 2010 年，扣除通胀因素后房价实际下跌了 24%，股价下跌了 26%，财富中位数下降了惊人的 44%。事实上，2010 年财富中位数甚至低于 1969 年的水平！财富平均值下降幅度相对比较温和，为 16%。收入中位数和收入平均值也分别温和下降了 6.7% 和 5.2%。从 2010 年到 2013 年，资产价格反弹，股价上涨 39%，房价上涨 8%。尽管有这些收益，但根据消费者财务状况调查数据，财富中位数和财富平均值都停滞不前。但是，根据总资产负债表数据，在此期间广义家庭财富平均值增加了 27%。

财富不平等程度的衡量指标主要有四种：（1）基尼系数；（2）最富阶层的财富份额；（3）百分位数比率；（4）不同群体的总财富增长份额。根据使用的衡量指标不同得到的财富不平等程度有所不同。根据第一个指标基尼系数，财富不平等程度从 1962 年到 1969 年上升了 0.025 基尼点；1983 年又回到了 1962 年的水平；然后从 1983 年到 1989 年上升了 0.029 基尼点；从 1989 年到 2007 年，它相对没有变化；但随后在 2007 年到 2010 年间迅速增加了 0.032 基尼系数。然后它在 2010 年和 2013 年略有上升。2013 年，基尼系数达到 51 年来的最高水平，为 0.871。

与之相比，收入不平等程度的基尼系数从 1962 年到 2000 年几乎持续上升（上升了令人惊讶的 0.135 基尼点），从 2000 年到 2003 年略有减少，然后到 2006 年再次快速增加了 0.034 基尼点。接着从 2006 年到 2009 年大幅下降，但到 2012 年它又回到了 2007 年的水平。

最富阶层的时间趋势是另一种模式。与基尼系数一样，最富 1% 阶层的净资产份额从 1962 年到 1969 年上涨了约 2 个百分点，
652 1983 年又恢复到 1962 年水平，然后从 1983 年到 1989 年急剧上升。但是，与基尼系数从 1989 年到 2007 年保持相对平稳的情况不同，最富 1% 阶层的财富份额从 1989 年到 1995 年飙升，在 1995 年和 2001 年下降，然后在 2007 年温和反弹。从 2007 年到 2010 年，当基尼系数大幅上升时，最富 1% 阶层财富份额略微上升了 0.5 个百分点，幅度相当小。与之相反，2010 年至 2013 年，当基尼系数小幅上升时，最富 1% 阶层财富份额上升了 1.6 个百分点。

P99/P50 比率（财富分布第 99 百分位数与第 50 百分位数的比率）显示出相当不同的趋势。P99/P50 比率增加了 2 倍，从 1962 年的 42.6 增加到 2013 年的 121.6。P99/P50 比率的最高百分比增幅是 38%，出现在 2007 年至 2010 年时段。从 2010 年到 2013 年，这一比率上升了 10%。从 1962 年到 2013 年，P95/P50 比率上升了 1.29 倍。P50/P25 比率遵循不同的轨迹，从 1962 年到 1969 年下降了 42%，在 1983 年略微上升，从 1983 年到 1992 年几乎翻了一番，平稳发展到 2004 年，从 2004 年到 2007 年增长了 41%，从 2007 年到 2010 年增长了 3 倍，然后从 2010 年到 2013 年增长了 30%。从 2007 年到 2010 年的飙升反映了最穷 25% 阶层的净资产大幅下降。2013 年，最富 1% 阶层的财富平均值跃升至 1860 万美元（按 2013

年美元计算）。从 1983 年到 2013 年，最富阶层的净资产增长率远高于位于财富分布较低端的阶层。总而言之，财富增幅的绝大部分都归于最富 20% 阶层，特别是最富 1% 阶层。从 1983 年到 2013 年，最富 1% 阶层收获了净资产增长总量的 41%，最富 20% 阶层收获了 100%。收入方面也有类似的结果。再研究子时段，我们发现其中两个时段出现财富不平等程度剧烈上升——1983 年至 1989 年和 2001 年至 2007 年。在这两个时段里，最富 1% 阶层占财富总收益的份额极不成比例，分别为 42.6% 和 40.3%。

我们该如何对待这些看似截然不同的财富不平等程度趋势呢？首先，所有指标无一例外都显示，在 1983 年至 2013 年间财富不平等程度大幅上升。这些年间，基尼系数上升了 0.072 基尼点；最富 5% 阶层净资产份额上升了 8.8 个百分点，最富 20% 阶层净资产份额上升了 7.6 个百分点，最富 1% 阶层的财富份额显示温和增长，上升 2.9 个百分点；P99/P50 比率增加了 1.6 倍， 653
P95/P50 比率增加了 1.2 倍，P50/P25 比率增加了 15.3 倍。此外，财富增长总量的 41% 归于最富 1% 阶层，100% 归于最富 20% 阶层。

指标之间的主要差异涉及时间段。对于基尼系数，有三个急剧扩大的时段：1962 年至 1969 年（基尼系数增加 0.025）；1983 年至 1989 年（基尼系数增加 0.029）；2007 年至 2010 年（基尼系数增加 0.032）。对于最富 1% 阶层的财富份额，其相对快速上升的时段是：1962 年至 1969 年（上升 2.2 个百分点），1983 年至 1989 年（上升 1.4 个百分点）和 2007 年至 2013 年（上升 2.1 个百分点）。对于最富 5% 阶层的财富份额，以下这几个时段其增幅较大：1962 年至 1969 年（上升 1.6 个百分点），1983 年至 1989 年（上升 1.9 个百分点），1989 年至 1992 年（上升 2.0 个百分点），2004年至2007年（上升2.9个百分点），和2010年至2013年（上升2.3个百分点）。而最富20%阶层的财富份额在1962年至1969年（上升1.5个百分点），1983年至1989年（上升1.7个百分点）和2007年至2010年（上升3.6个百分点）显示出特别强劲的增长。

P99/P50、P95/P50和P50/P25比率均显示2007年至2010年的财富不平等程度暴涨——分别增长38%、68%和408%。但是，其他时段的结果各不相同。1983年至1989年，P50/P25比率上升了65%，但P99/P50比率仅上升了12%，P95/P50比率略有下降。就P99/P50而言，从1995年到2001年，财富不平等程度激增了44%，而P99/P50比率仅上升了20%，P50/P25比率则略有上升。在1983年至1989年和2001年至2007年，最富1%阶层占财富收益总量份额特别大，分别为42.6%和40.3%。

在这里使用的衡量指标中，基尼系数可能是最可靠的，因为它反映了整体财富分布情况。最富阶层的财富估算值也可能受到测量误差的影响。幸运的是，基尼系数对财富分布的上下尾并不是非常敏感，因为在财富分布的中间洛伦兹曲线显示出了压倒性数集。根据基尼系数，我得出结论，有三个时段出现了财富不平等程度的激增：1962年至1969年，1983年至1989年和2007年至2010年。相应的，P99/P25比率也显示1983年至1989年的财富不平等程度激增
654 （增长了84%），而更加严重的是2007年至2010年（增长了5倍）。

第三章分析了1983年至2013年（这一时段存在前后一致的数据）广义家庭财富构成的变化，并计算了同期广义家庭财富的收益率，还有选定资产的持有率的变化。2013年，房主自住住房是全体广义家庭平均财富组合中最重要的家庭资产，占总资产的29%。但是，房屋净值——房屋价值减去任何未偿还的抵押贷

款——仅占总资产的 17%。债务占总资产的比例为 15%，广义家庭总债务与净资产的比率为 0.18。

随着时间的推移，广义家庭财富构成发生了重大变化。最值得注意的是，首先，相对负债率增加，债务与净资产的比率从 1983 年的 15% 上升到 2010 年的 21%，然后在 2013 年下降到 18%。同样，债务收入比率从 1983 年的 68% 飙升至 2010 年的 127%，但随后在 2013 年下降至 107%。其次，从 1983 年到 2013 年，养老金账户占总资产的比例从 1.5% 上升到 16.5%。这一增长在很大程度上对冲了流动资产占总资产比例的下降，流动资产占总资产的比例从 17.4% 降至 7.6%。

富人真的与普通人不同吗？有证据表明，中等收入家庭和富人在如何存储收入方面存在明显的阶级差异。2013 年，中产阶级将大约五分之三的财富投资于自己的住宅——这一结果往往导致一个错误印象，即住房是美国家庭财富的主要形式。另有 20% 变成某种形式的货币储蓄。住房和流动资产共占其财富的 87%。他们的债务与净资产的比率非常高，为 64%，他们的债务收入比率为 125%。与之相反，富人（最富 1% 阶层）将大约四分之三的储蓄投资于投资型房地产、非法人企业、公司股票和金融证券。住房仅占其财富的 9%，货币储蓄占 6%，养老金占 9%。他们的债务与净资产的比率仅为 2.6%，他们的债务收入比率为 38%，均大大低于中产阶级。

2013 年中产阶级相当惊人的债务水平引发了一个问题：这是
近期的现象，还是已经持续了一段时间？中产阶级债务与净资产的 655
比率急剧上升，从 1983 年的 37% 增加到 2007 年的 61%，债务收入比率飙升，增长超过 1 倍。按定值美元计算，1983 年至 2007 年间，中产阶级的平均债务激增至 2.6 倍。其债务与净资产的比率和债务收入比率的上升幅度比全体广义家庭的要陡峭得多。例如，在1983年，中产阶级的债务收入比率与全体广义家庭的债务收入比率大致相同，但到2007年，前者的比率就要大得多了。

然后，大衰退来袭。其债务与净资产的比率持续上升，2010年达到69%，但债务收入比率实际上却在下降。这是由于中产阶级的债务平均值以定值美元计算下降了25%。2007年至2010年，中产阶级债务与净资产的比率显著上升，是由于净资产的下降幅度大于债务下降幅度，而债务收入比率的下降完全是由于整体债务急剧下降。从2010年到2013年，债务与净资产的比率和债务收入比率都出现下降。最可能的原因是债务平均值整体下降，这些年来扣除通胀因素后实际下降了8.2%。

中产阶级的财务资源也呈现令人不安的趋势。1989年，如果失去收入，平均主要工作年龄段家庭累积的财务资源仅能维持3.6个月的正常消费，或维持贫困标准125%水平的消费9个月。事实上，在失去收入的情况下，五等分次穷20%广义家庭拥有的储蓄仅可以维持一个月的贫困标准125%水平的消费，而五等分最穷20%阶层完全没有金融储备。到2013年，平均工作年龄段家庭的储备甚至变得更低——仅能维持其正常消费0.2个月，或维持贫困标准125%水平的消费0.4个月。如果私人安全网或者公共安全网逐渐失效，都会导致中产阶级觉得越来越没有安全感。

描绘中产阶级广义家庭和富人之间差异的另一种方法，是计算每个群体持有的不同类型的资产占总资产的份额。2013年，最富1%广义家庭持有全部发行股票、金融证券、信托权益和商业股权的一半左右，以及三分之一的非住宅房地产。最富10%家庭作为一个分组拥有85%至90%的股票、债券、信托和商业股权，以及
656 75%以上的非家庭房地产。最富10%广义家庭也占直接或间接拥

有的股票总价值的 81%。

与之相比，房主自住住房、存款、人寿保险和养老金账户在广义家庭中的分布更加均匀。底部 90% 的广义家庭拥有房主自住住房价值的 59%，存款的 33%，以及养老金账户价值的 35%。债务是广义家庭财富中分布最均匀的组成部分，底部 90% 的广义家庭的负债占总债务的 74%。

本章还详细介绍了 2007 年至 2013 年房地产市场发生的状况。整体住房拥有率从 2007 年的 68.6% 下降到 2010 年的 67.2%。鉴于这些年来有关房屋止赎的所有媒体炒作，这个降幅似乎相当温和。其百分比下降幅度，西班牙裔广义家庭（1.9 个百分点）比白人广义家庭（几乎没有变化）更大；高中学历组（4.3 个百分点）比其他教育程度组更大；年龄较小组比 75 岁及以上年龄组（出现大幅净增长）更大；对于年收入低于 25000 美元的广义家庭组，还有令人惊讶的发现，收入在 75000 美元到 100000 美元的广义家庭组，比中等收入广义家庭组更大。

住宅价值崩盘导致了水下家庭（即房屋净值为负）数量急剧上升。2007 年仅有 1.8% 的房主报告他们的房屋净值为负。到 2010 年，8.2% 的房主在水下。2007 年至 2010 年，房主的平均房屋净值也有所下降。对于全体房主，平均净值下降了 29%（按定值美元计算）。到目前为止，西班牙裔房主的房屋净值在三个种族/族裔分组中下降幅度最大，下降 47%。最年轻年龄组的房屋净值减少了 53%，而最年长年龄组“仅”下降了 19%。

到 2013 年，住房情况是否有什么变化？2010 年至 2013 年，整体住房自有率再下降 2.1 个百分点。黑人组和西班牙裔组比白人组下降幅度更大。2010 年至 2013 年，水下房主的总体比例略有下降，从 8.2% 降至 6.9%。白人广义家庭组的比例下降，但黑人组

和西班牙裔广义家庭组的比例继续上升，分别上升 5 个百分点和
657 2.9 个百分点。到 2013 年，14% 的黑人房主的房屋净值为负，是三大分组中比例最大的。总体而言，从 2010 年到 2013 年，扣除通胀因素后，房屋净值平均值实际下降了 3.8%。在非洲裔美国人中，它减少了 20%，与之相比，白人减少了 3.4%，在西班牙裔美国人中，房屋净值略有增加，对冲了前三年的急剧下降。

财富构成的差异，尤其是不同财富阶层的杠杆（负债）的差异，导致广义家庭财富的收益率随时间推移差异很大。总资产的整体年均实际收益率从 1983 年至 1989 年的 2.3% 上升到 1989 年至 2001 年的 3.3%，然后在 2001 年至 2007 年略微下降至 3.1%，接着 2007 年至 2010 年间暴跌至 -6.4%。随后在 2010 年至 2013 年间大幅回升至 4.8%。

但是，由于杠杆作用，全体广义家庭的净资产的年平均实际收益率高于总资产。它也从第一个时段的 3.3% 增加到第二个时段的 4.4%，在第三个时段略有下降到 4%，然后 2007 年至 2010 年急剧下降到 -7.3%，在 2010 年至 2013 年又一次强劲复苏达到 6.2%。

当我们接下来研究财富阶层的收益率时，我们会看到一些惊人的差异。当资产价格上涨时，财富分布五等分中的三个中间阶层（60%）的收益率最高；但在 2007 年至 2010 年，当资产价格下跌时，五等分中间三个阶层的收益率最低（即最负）。在一些年份，最富 1% 阶层和五等分中间三个阶层的收益存在相当大的差异。2001 年至 2007 年，后者净资产的平均年实际收益率为 5.6%，前者为 3.9%——差异为 1.7 个百分点。2007 年至 2010 年，当资产价格下降时，最富 1% 阶层的净资产实际收益率是 -6.5%，五等分中间三个阶层为 -10.6%——差异为 4.1%，最富 1% 阶层损失更少。

一个相关的问题是，正如一些人所认为的那样，这个国家的股票持有率在不断增加。事实上，自 1989 年以来，对股票市场有兴趣的家庭比例显著增加，他们或者直接拥有股票，或者间接通过固定缴款养老金账户和共同基金拥有股票。从 1989 年到 2001 年，这个比例从 32% 飙升至 52%。大部分增长都是由养老金账户的增长 658
推动的，如个人退休账户、基奥计划和401（k）计划。而与之相反，接下来 12 年，即 2001 年至 2013 年，股票持有率出现收缩，2013 年这一比例下降至 46%。

一个主要的利好消息是，在全体广义家庭中，固定缴款养老金计划的退休金累积没有因大衰退而恶化。拥有固定缴款养老金账户的广义家庭从 1983 年的 11% 上升到 2007 年的 53%，然后在 2013 年下降到 49%。但是，全体广义家庭的平均固定缴款养老金财富在 2007 年至 2010 年以及 2010 年至 2013 年持续增长。这其中的主要原因是广义家庭财富构成的变化。养老金账户占总资产的份额，从 1983 年的 1.5% 上升到 2007 年的 12.1%，然后到 2013 年跃升至 16.5%。然而，在 2007 年至 2013 年，虽然固定缴款养老金（扣除通胀因素后）对于年轻广义家庭组（46 岁及以下）和老年广义家庭组而言有所增加，但对于中年广义家庭组来说有所下降。

用于解释中产阶级债务上升原因的一个假设是，这些年来中产阶级在消费上“暴饮暴食”。但消费者支出调查数据并未证实这一假设。事实上，尽管从 2001 年到 2007 年，收入分布五等分中间 60% 阶层的债务大幅增加，但其平均消费支出（扣除通胀因素）在过去几年中仅增长了微不足道的 1.7%。而进一步，收入分布五等分中间 20% 阶层的平均支出实际上从 2007 年到 2010 年下降了 7.7%，从 2010 年到 2013 年又下降了 3.5%。

到 20 世纪 80 年代中期，美国的财富不平等程度远高于其他几个有可比数据的工业化国家。如第四章所示，在 20 世纪 80 年代，在其他工业化国家中，澳大利亚、加拿大、法国、德国、瑞典和英国的个人财富不平等程度似乎都大致相同，而日本明显低于这一群体。2000 年的情况是相同的，美国的财富不平等程度远高于加拿大、德国和意大利。瑞士排名最高，丹麦和瑞典虽然收入不平等程度比较低，但财富不平等程度依然非常高。斯堪的纳维亚地区财富不平等程度高的原因可能是广泛的老年福利制度消除了对大量预防性储蓄的需求。

对英国和美国的长期时间趋势进行比较表明，20 世纪 80 年代
659 后者的财富不平等程度非常高，这代表了其趋势从 20 世纪早期阶段已经发生了改变，甚至从 20 世纪 50 年代就开始发生改变，当时英国的个人财富不平等程度要高得多。事实上，在 1911 年，英国最富 1% 阶层的财富份额是令人难以置信的 69%！对瑞典和美国财富不平等程度长期趋势的比较也表明，20 世纪早期，瑞典的财富不平等程度要高得多。在美英比较中出现了两个交叉点。首先，在 20 世纪 60 年代和 70 年代，两国的财富不平等程度大致相当，而之前英国的财富不平等程度要高得多。在 20 世纪 70 年代早期和中期，美国的财富不平等程度也与加拿大、法国和瑞典相当。但是，到 20 世纪 80 年代早期，美国的财富不平等程度开始超过加拿大、法国、瑞典和英国，这种趋势至少持续到 2010 年。

另一个惊人的差异是，20 世纪 70 年代中期到 80 年代后期，美国财富不平等程度大幅上升。这一发现与同时段收入不平等程度急剧上升相一致。但是，加拿大、法国、英国或瑞典并未出现类似的财富不平等程度增长现象。此外，从 20 世纪 80 年代初到 2000 年，美国的财富不平等程度继续上升。加拿大从 1984 年到

1999 年财富不平等程度也有所增长，意大利从 1989 年到 2000 年也有所增长，但在 1983 年至 1998 年，德国的财富不平等程度急剧下降。

尽管在可以得到可比数据的国家中，美国在 2000 年前后的成年人财富平均值排名最高，但美国成年人财富中位数排名相对较低。例如，虽然美国每个成年人的财富平均值比意大利高出三分之一，但每个成年人的财富中位数只有意大利的一半。到 2010 年，美国在财富平均值方面的排名在八个国家中滑落到第三位——卢森堡是如今排名最高的——但在财富中位数方面排名最后。这一结果可能反映了美国中产阶级非常高的债务水平。

第五章开始研究改变财富不平等程度背后的机制，并使用两种方法“解构”1922 年至 2013 年的财富趋势：分解分析和回归分析。首先，1983 年至 2013 年的财富的变化被分解为资本收益（现有财富乘以收益率）、储蓄和财富代际转移净值。对于财富不平等程度的变化，我检查了最富 1% 阶层和财富分布五等分中间三个阶层的资产净值比率的变化。 660

资本升值解释了整体模拟净资产平均值变化的大部分，占到了 1983 年至 1989 年、1989 年至 2001 年和 2001 年至 2007 年变化的 80% 或更多，以及 2010 年至 2013 年间变化的 75%。从 2007 年到 2010 年，资本损失将使净资产平均值降低 20%，模拟财富平均值下降 11%。储蓄占模拟财富平均值增长的比例在 1983 年至 1989 年为 12%，1989 年至 2001 年为 7%，2001 年至 2007 年为 15%，2010 年至 2013 年为 19%。从 2007 年到 2010 年，储蓄将导致财富平均值增长 9%，与之相反，模拟财富平均值将减少 11%。2010 年至 2013 年，负储蓄导致模拟财富平均值下降 8%。

最富 1% 阶层的结果非常相似，资本增值解释了前三个时段和最后一个时段财富增长的大部分，而储蓄对财富增长的贡献要小得多。2007年至2010年，资本损失将使该组模拟财富平均值减少18%，但储蓄将使模拟财富平均值增加7%。在接下来19%最富裕广义家庭中，资本增值在前三个时段和最后一个时段解释了财富增长的100%以上，而负储蓄做出了负贡献。2007年至2010年，资本损失使财富平均值减少了18%，而储蓄使其增加了5%。

对于财富分布五等分中间三个阶层，资本增值再次解释了前三个时段和最后一个时段模拟财富平均值变化的100%以上，负储蓄做出了负贡献。2007年至2010年，资本损失造成财富平均值下降27%，负储蓄又造成了3.1%的下降。以P99/P2080比率衡量的不平等趋势，主要受到最富1%阶层和财富分布五等分中间三个阶层的收益率和储蓄率差异的影响。前者通常会降低不平等程度，而后者则会抬高不平等程度。

1983年至1989年，模拟P99/P2080比率上升了9个百分点，储蓄率的差异解释了其变化的100%以上，而收益率差异解释了其变化的7%。1989年至2001年，这个模拟比率上升了18.5个百分
661 点。财富分布中间群体的较高收益率将财富不平等程度的增长降低了45%，而最富群体较高的储蓄率贡献了137%。2001年至2007年，这个模拟比率几乎没有变化，因为财富分布五等分中间三个阶层较高的收益率对冲了他们较低的储蓄率。

2007年至2010年，模拟P99/P2080比率飙升了28.7个百分点。此时，这两个因素都对这一趋势产生了积极影响——最富1%阶层的收益率较高（即负值较小），贡献了这个增长的一半，而其储蓄率较高，贡献了另一半增长。从2010年到2013年，模拟P99/P2080比率提高了6.7个百分点。最富阶层的较高储蓄率贡献了7.3个百分点，而财富分布五等分中间三个阶层的较高财富收益

率则贡献了 -2.9 个百分点。

这些结果说明了杠杆对中产阶级的重要性，特别是在 2001 年至 2007 年和 2007 年至 2010 年。早期，实际房价每年上涨 3.02%，但由于杠杆，这三年中财富分布五等分中间三个阶层的净资产实际年收益率为 5.58%。资本收益本身导致其净资产平均值增加 39.8 个百分点，但这一增长被负储蓄减少了 16.4 个百分点，导致模拟净资产平均值增加 26.9 个百分点。从 2007 年到 2010 年，房价每年下降 8.77%，但又是因为杠杆，其财富年收益率低至 -10.55%。该分组的模拟净资产下降了 31.1 个百分点，资本损失解释了其中 27.1 个百分点，即总降幅的 87%。下降的另外 10% 归因于负储蓄。

通过使用模拟 P99/P2080 比率衡量财富不平等程度趋势，财富分布五等分中间三个阶层相对于最富 1% 阶层的较高的杠杆和房价强劲上涨导致两者在 2001 年至 2007 年收益率差异达 1.67 个百分点，这种差异将这个模拟比率的升幅从 11.6% 降低到 1.4%，即降低了 88%。2007 年至 2010 年，模拟 P99/P2080 比率攀升了 39 个百分点。此时，高杠杆加上房价崩盘，导致最富阶层收益率高出 4.04 个百分点，这解释了近年来模拟比率升幅的一半。 662

在本分析所有的五个时段中，财富分布五等分中间三个阶层的隐性储蓄率均为负值：1983 年至 1989 年为 -1.9%，1989 年至 2001 年为 -5.5%，2001 年至 2007 年为 -6.4%，2007 年至 2010 年为 -3%，2010 年至 2013 年为 -4.2%。扣除通胀因素后财富分布五等分中间三个阶层的平均支出从 1984 年到 1989 年增长 2.6%，1989 年至 2001 年增长 13.2%，2001 年至 2007 年增长 1.7%。但是，它从 2007 年到 2010 年下降了 7.7%，然后从 2010 年到 2013 年又下降了 3.5%。除了 1989 年至 2001 年，当实际家庭收入中位数攀升9%时，消费支出基本停滞或下降。这意味着中产阶级的负储蓄通常是因为收入停滞（实际上，最后两个时段家庭收入中位数下降）。似乎中产阶级负储蓄并且借债是为了维持正常的消费水平，而中产阶级的消费支出只有在收入增长时才会上升。

第二种方法是对涵盖1922年至2013年的26个数据点的回归分析。因变量是最富1%财富持有者的财富份额。使用赛斯－祖克曼最富裕阶层财富份额数据得到的结果有很强的说服力。收入最高1%阶层的收入份额的估计系数为正，显著性水平1%。股票与房价的比率的估计系数也为正，显著性水平10%。总债务与净资产的比率的估计系数为负，显著性水平1%。R^2 统计量非常高，为0.86。

第五章还讨论了皮凯蒂“定律”，该定律指出，如果资本收益率（r）高于实际产出增长率，则财富不平等程度就会加剧。我将估算的广义家庭平均年收益率作为r，将实际国内生产总值的年均增长率作为g。在1983年至2013年的五个时段，两个数值的差异（r－g）与基尼系数变化的相关系数实际上为负而不是为正。这些结果引发了对皮凯蒂定律正确性的质疑。相比之下，最富1%阶层和财富分布五等分中间三个阶层的财富年收益率的差异，与基尼系数变化之间的简单相关性为强正相关，为0.74。这一结果推导出
663 一个更好的“定律”，当中产阶级的财富收益大于极富阶层的财富收益时，财富不平等程度倾向于下降或保持稳定，反之亦然。

第六章提供了生命周期模型（LCM）的计量经济学分析，并考虑了这种理论对财富积累的理解。这里的回归分析本质上是横截面的，对特定年份的不同年龄组的广义家庭进行观察。本分析通过添加终身收入变量来控制序列效应，并尝试了多个公式。本分析确定，立方形式的变量和调整后的 R^2 有最佳拟合效果。以可

变现财富作为因变量，两个年龄变量的相关系数的正负符合预测（AGE^2的相关系数为正，而 AGE^3的相关系数为负），并且两者显著性水平均为 1%。但是，R^2（方程的解释力的衡量指标）非常低，其值为 0.012（即广义家庭财富变化仅有约 1% 可以用年龄变量解释）。本研究还对扩展内涵的广义家庭财富（增广财富）、净资产之和、固定收益养老金财富和社会保障财富进行了回归分析。该回归的 R^2 约为 0.015。当将人力资本变量加入模型时，该变量的回归结果十分显著。事实上，包含人力资本使模型的拟合优度增加了 2 倍。即便如此，扩展模型仅解释了财富持有量变化的 4% 到 5%。

然后排除财富分布最富 5% 阶层。在原始样本的子集上使用相同的公式估算，结果显示，年龄分组和终身收入变量的显著性水平显著增加。可变现财富的 R^2 从 0.037 进一步增加到 0.122，增广财富的 R^2 从 0.051 增加到 0.198。

这些结果表明，生命周期模型对全体广义家庭可变现财富变化的解释力非常弱。即使控制了广义家庭终生收入的差异，这一结论仍然正确。当广义家庭财富概念扩展到包含社会保障和固定收益养老金财富时，回归的拟合优度就会提高。相比于仅仅使用可变现财富的变量，将退休财富纳入广义家庭财富更适合生命周期模型。但是，和前面一样，该模型的解释力仍然非常低（至多解释了财富变化的 5%），即使将终身收益引入该模型中，也是如此。 664

也许最有说服力的发现是，当样本被限制在财富分配的底层 95% 阶层样本时，生命周期模型的解释力（特别是加上终生收入变量后）大大增强（提高了 2 倍或 3 倍）。这一结果表明，尽管生命周期模型预测广义家庭储蓄行为适用于绝大多数广义家庭，但它并不适合解释最富阶层的财富积累动机，而恰好这些人掌握了绝大多数广义家庭财富。结果的差异似乎是由于遗产动机的强弱不同。这些结果的一个推论是，最富阶层可能形成一个独特的社会阶层，他们的财富积累动机是为了政治权力和经济权力，以及社会地位。看来，这个阶层似乎对家庭财富的隔代传递感兴趣。

第七章审查了在1989年至2013年，广义家庭继承的遗产和收到的生前赠与的时间趋势。据报道，平均大约五分之一的家庭接受了财富转移，这些转移占其总财富的四分之一左右。这些数字与之前美国财富转移的研究相当。对于中产阶级来说，这个数字接近于三分之一。在一生中，大约30%的广义家庭预期会收到财富转移，这些财富转移的平均价值约为149000美元（以2013年美元计算），约占户主接近死亡时净资产的42%。

虽然财富转移似乎随着时间的推移变得更加重要，但有证据显示，在很大程度上（尽管不是完全）并非如此。1989年至2013年，在调查期间报告财富转移的广义家庭比例下降了2.1个百分点。接收人收到的财富转移平均值和中位数分别上升了31%和36%。但是，全体广义家庭的财富转移平均值增长速度要低一些，为20%，最重要的是，财富转移占净资产的比例从29%下降到24%。

在调查年度之前的五年内报告财富转移的广义家庭比例与2013年和1989年相同。在这些最近发生财富转移的接收人当中，其接收的平均价值在2013年仅略低于1989年，而在全体广义家庭
665 中这两个值是一模一样的。因此，大部分证据表明，在1989年至2013年并没有证据证明财富转移对财富积累很重要，因此研究结论否定了“继承热潮”的存在。

财富转移似乎也不会提高财富不平等程度。如果会的话，财富

转移更倾向于降低广义家庭财富分布的不平等程度。的确如此，因为虽然财富转移的价值确实随着广义家庭收入和广义家庭财富的增长而迅速攀升，但财富转移占广义家庭财富的比例与收入和财富水平成单边下降趋势。因此，扣除财富转移的净资产与财富转移负相关。由于这两者负相关，将财富转移增加到净资产实际上降低了整体财富不平等程度。

另一个考虑的因素是财富转移本身是否会随着时间的推移变得更加不平等。1989 年至 2013 年，财富转移的不平等程度非常高——全体广义家庭的平均基尼系数为 0.96，财富转移接收者的平均基尼系数为 0.82。与之相比，净资产的平均基尼系数为 0.84。但是，没有迹象表明这些年来财富转移的不平等程度上升了（或降低了）。

关于财富转移对于极富裕阶层的重要性，财富转移占净资产的份额对于极富裕阶层来说惊人的低，仅为 19%。1989 年至 2013 年，平均而言，最富 1% 财富持有者的财富转移份额为 17%，最高收入阶层的财富转移份额为 17%。相比之下，以财富衡量的中产阶级的财富转移份额为 29%，以收入衡量的中产阶层的财富转移份额为 25%。进一步，这些年来财富转移占财富的比例，最高收入阶层从 32% 降至 14%，而最富 1% 财富持有者从 23% 降至 15%。

第八章考虑了社会保障和固定收益私人养老金在广义家庭财富积累中的作用，通常财富的标准衡量指标中不包含这些财富。这一章分析研究了当财富定义中包含这两个额外成分时，财富平均值、财富中位数和财富不平等程度的时间趋势是否会发生变化。

1983 年至 2013 年展开的图景围绕增广财富的四个主要组成部分：非养老金财富，固定收益养老金财富，固定缴款养老金财富和

666 社会保障财富。主要的发现是固定收益计划被固定缴款计划取代，财富中位数增长放缓，财富不平等程度上升。社会保障财富在1983年至2007年一直保持稳定，但在大衰退时期相对增长，这有助于缓和财富中位数的急剧下降和财富不平等程度的急剧上升。

从1983年到2013年的30年间，政府逐渐取消了固定收益养老金制度，而由固定缴款养老金计划覆盖率的提升来对冲。我把研究重点放在47～64岁年龄组，因为这一组是受养老金制度转型影响最大的年龄组，并且可以找到完整的数据。这个年龄组里固定收益计划涵盖的广义家庭比例从69%下降到37%，而固定缴款计划的比例从12%上升到58%。固定收益财富平均值下降了15%，而固定缴款财富平均值增加了12倍。扣除通胀因素后，这个年龄组的养老金财富平均值增长了1倍，尽管2013年拥有固定收益或固定缴款养老金所涵盖的广义家庭比例与1983年大致相同。

1983年至2007年，以通常标准衡量的净资产强劲增长，扣除通胀因素后，中年广义家庭组财富平均值上升了84%。但是，当我们包含固定收益养老金财富时，百分比增长略小，为70%。社会保障财富平均值增长速度较慢，在此期间增长了36%，合计增广财富增长了62%。当我们观察中位数时，其表现没那么抢眼。净资产中位数增加63%（净资产平均值增加84%），增广财富中位数增加33%（平均值增加62%）。平均值和中间数趋势的差异反映了固定收益财富的相对减少和固定缴款财富的相应增加。进一步，增广财富中位数的增长仅为净资产中位数的一半，这再次反映了固定收益财富的相对减少。

1983年至2007年的强劲趋势掩盖了一个事实：与20世纪80

年代和 90 年代相比，2001 年至 2007 年养老金和增广财富的增长明显放缓。在中年广义家庭中，平均养老金财富的年增长率从 1983 年到 2001 年的 4.2% 下降到 2001 年至 2007 年的 1%。社会保障财富也以较慢的速度增长。结果，增广财富平均值的年增长率从 1983 年至 2001 年的 2.2% 下降到 2001 年至 2007 年的 1.5%，而增 667
广财富中位数的增长率则从 1.5% 下降至 0.3%。后期增广财富中位数的缓慢增长再次反映了固定收益财富的相对下降。

2007 年至 2013 年，养老金财富平均值下降 10%，47 ~ 64 岁年龄组净资产平均值下降 27%，净资产中位数下降 52%。但是，由于近年来社会保障财富的相对增加及其集中在财富分布的中间阶层，增广财富中位数“仅仅”下降了 27%。

在 1983 年至 2007 年间，退休财富降低财富不平等程度的效应有所减小。从 1983 年到 2007 年，47 ~ 64 岁年龄组净资产不平等程度增加了 0.033 基尼点。将固定收益财富和社会保障财富添加到净资产大大降低了基尼系数（例如，2007 年从 0.795 降低到 0.650）。降低财富不平等的效应大部分是因添加社会保障财富产生的。但是，1983 年到 2007 年，增广财富的基尼系数跃升了 0.076 基尼点。换句话说，添加固定收益和社会保障财富进入净资产，降低了 1983 年整体基尼系数 0.187，而 2007 年只降低了 0.145，这是固定收益财富相对下降的结果，固定收益财富比固定缴款财富分布更平均。

与之相比，2007 年到 2013 年，当净资产基尼系数攀升 0.043，而增广财富的基尼系数仅增加了 0.015，这是社会保障财富在增广财富里的份额上升的结果，其份额从 19.4% 上升到 22.2%。由于社会保障财富的分布比净资产更为平均，因此这些年来它的相对增长对增广财富分布不均程度加剧产生了一种温和的抑制作用。

本书第三部分的重点是各种财富群体的构成。第九章调查了社会经济学群体的财富持有情况。这一章的主要发现是在大衰退期间，穷人、低端中产阶级，甚至中产阶级广义家庭的财务资源基本上消失了。我们在对工作年龄广义家庭财务资源的观察中看到了非常相似的情况。在年轻广义家庭组、少数族裔组、受教育程度较低组、有孩子的单身女性组，以及租房者组中，财务资源的崩盘尤其严重。

净资产平均值随收入水平提高单调增加。2013 年，最富 1% 阶层和收入分布五等分中间 20% 阶层的净资产平均值的比率为 89.0。
668 1983 年至 2013 年，净资产平均值的百分比收益也随收入水平上升而单调上升，表明在此期间财富差异出现了扇形增长。从 1983 年到 2007 年，净资产平均值的绝对值上升，但接下来的 2007 年到 2013 年，每个收入阶层的净资产平均值都有所下降。在 1983 年至 2013 年间，除收入分布五等分中的次穷 20% 阶层外，每个收入阶层的净资产平均值都有所上升。这些年来收入分布五等分三个最低 20% 阶层净资产中位数和财务资源的绝对值下降。2013 年，收入分布五等分最低两个 20% 阶层的财务资源中位数接近于零，而五等分中间 20% 阶层的财务资源仅为 11000 美元。

35 岁以下广义家庭组与全体广义家庭组的净资产比率从 1983 年的 0.21 上升到 1989 年的 0.29 后，2007 年下降到 0.17，然后到 2010 年为 0.11，但 2013 年略有回升至 0.12。按定值美元计算，从 2007 年到 2010 年，他们的净资产平均值猛跌 46%。在 35~44 岁年龄组中，他们的净资产与总体净资产的比率从 1983 年的 0.71 下降到 2007 年的 0.58，然后下降到 2010 年的 0.42，但 2013 年则反弹至 0.64。按定值美元计算，从 2007 年到 2010 年，他们的财富减少了 39%。财富组合重新估值几乎完全解释了 35 岁以下年龄组

2007 年至 2010 年的模拟净资产平均值下降，比解释 35 ~ 44 岁年龄组的下降更具说服力。

在收益率方面，2007 年至 2010 年，35 岁以下年龄组有最低的年收益率，为 - 13.49%；35 ~ 44 岁年龄组倒数第二，为 -9.56%；与之相比全体广义家庭为 -7.28%。从 2010 年到 2013 年，最年轻组年收益率为 10.7%，35 ~ 44 岁组的收益率为 7.5%，而全体广义家庭的收益率为 6.2%。

2007 年的种族贫富差距与 1983 年几乎完全相同。但是，从 2007 年到 2010 年，黑人和白人广义家庭的财富平均值的比率从 0.19 下降到 0.14。黑人比白人杠杆高（两者的净资产负债率分别为 0.55 和 0.15），这个差异导致在 2007 年至 2010 年收益率的巨大差异（年均收益率 -9.92% 对比 -7.07%）。从 2010 年到 2013 年，两者财富比率从 0.14 下滑到 0.13。

1983 年至 2007 年，西班牙裔和白人广义家庭的净资产平均值之比从 0.16 增加到 0.26，西班牙裔广义家庭的住房自有率从 33% 提高到 49%。然而，从 2007 年到 2010 年，西班牙裔广义家庭的净资产平均值下降了一半，其与白人广义家庭净资产平均值之比从
0.26 下降到 0.15，他们的住房自有率下降了 1.9 个百分点。西班 669
牙裔广义家庭和黑人一样，有极高的杠杆（净资产负债率为 0.51，而白人的为 0.15）。结果，2007 年至 2010 年两者收益率差异很大（年收益率 - 10.76% 对比 - 7.07%）。2010 年到 2013 年，他们的相对净资产保持不变。2001 年到 2007 年，资本升值占黑人广义家庭模拟净资产平均值增长的三分之二，占 2007 年至 2010 年净资产平均值暴跌的 64%。在西班牙裔中，相应的比例在 2001 年到 2007 年为 35%，在 2007 年到 2010 年为 65%。

2013 年，大学及以上学历组的净资产平均值是高中辍学者组

的 10 倍，是高中学历组的 6 倍，几乎是上了大学课程但未毕业组的 4 倍。1983 年至 2013 年，大学及以上学历组的净资产增长了 52%，而高中辍学者组的净资产减少了 12%，高中学历组的净资产减少了 7%。2013 年，低于高中辍学这组的财务资源中位数几乎为零，高中学历组的财务资源也仅有 3900 美元。

受教育程度最低三个组的财富构成更集中于住宅，其净资产负债比高于大学及以上学历组，而大学及以上学历组的金融资产和商业股权占其财富构成的大部分。但是，收益率的差异相对较小。

2013 年，已婚夫妇组的净资产平均值最高，其次是有孩子的已婚夫妇组，单身男性组，单身女性组，然后是单身母亲组。已婚夫妇组和单身母亲组的净资产平均值比率几乎为 14 比 1。从 1983 年到 2013 年，单身母亲组的净资产平均值下降了 22%，2013 年她们的净资产中位数下降了 93%，仅为 500 美元。在整个时间段里，单身母亲组财务资源中位数基本上保持为零。

第十章的分析结果显示，最富 1% 阶层和收入最高 1% 阶层的特征与普通人之间存在显著差异，而且随着时间的推移，富人的构成发生了一些重要变化。研究发现，富人的平均年龄大于其他普通人。但是，1983 年至 1992 年，45 岁以下的家庭占最富裕阶层的比
670 例显著增加，从 10% 增加到 15%。同样，年龄低于 45 岁组占收入最高 1% 阶层的比例从 18% 上升到 31%，他们的年龄中位数从 56 岁降至 51 岁。然而，尽管有所谓互联网泡沫（dot. com）百万富翁的炒作，富人的年龄结构在 1992 年至 2013 年明显增长，最富 1% 阶层中 65 岁至 74 岁年龄组的比例从 19% 上升到 31%，其年龄平均值从 58 岁增加到 61 岁，其年龄中位数从 58 岁增加到 63 岁。在收入最高 1% 阶层中，65 岁至 74 岁年龄组的比例从 10% 上升至 21%，其年龄平均值从 52 岁上升至 55 岁，年龄中位数从 51 岁上

升至53岁。

富人的受教育程度也高于总人口水平。从1983年到1992年，尽管总体受教育程度有了很大的提升，但以财富衡量的富人或以收入衡量的富人的教育程度并没有相应提高。另外，从1992年到2013年，读过研究生课程的最富1%阶层比例从41%上升到49%，大学及以上学历比例从74%上升到83%。相应地，读过研究生课程的收入最高富人的比例从51%上升到55%，大学及以上学历的比例从83%上升到86%。

1983年至2013年，相对于其占总人口的比例，即便亚裔美国人（以及其他种族）占富人阶层份额有所上升，但富人阶层仍然几乎完全是白人领地。与普通人口相比，富人家庭更有可能由已婚夫妇组成，1983年，收入最高1%的广义家庭（已婚或未婚）几乎所有户主都是男性。然而，1983年至1992年，未婚女性进入收入最高1%阶层取得了一些适度的进展。从1992年到2013年，最富裕阶层中已婚家庭的比例反弹至1983年的水平，88%，但是已婚夫妇在整体人口中的比例有所下降。1983年至2013年间，最高收入百分位数中已婚夫妇的比例几乎持续下降。

富人的劳动力参与率和就业模式都有显著变化。例如，在1983年，最富1%阶层和收入最高1%阶层中，绝大多数年龄在65岁以下的户主是全职工作。然而，1983年至1992年，富人阶层的全职工作比例有所下降。从1992年到2013年，最富1%阶层的变 671
化相对较小，但1992年后收入最高1%阶层的全职工作比例有所回升，到2013年又回到1983年的水平。

然而，尽管1983年至1992年富人的劳动力明显减少，但收入统计数据表明，与其他收入形式相比，富人对劳动收入的依赖程度更高了。这些年来，劳动收入（包含薪资收入和自营职业收入）

占最富 1% 阶层总收入的比例从 51% 跃升至 69%，而占收入最高 1% 阶层总收入的比例从 60% 升至 68%。这种明显的矛盾可以解释为富裕广义家庭中参加工作的妻子数量大幅增加。这种趋势在 1992 年至 2013 年反转。薪资占最富 1% 阶层总收入的份额保持不变，而自营职业、租金、特许权使用费和信托收入的比例则下降。在收入最高组中，薪资以及自营职业、租金、特许权使用费和信托收入之和在总收入中的比例均出现下降。

还有证据表明，创业活动在推动进入富人阶层方面发挥了更大的作用。1983 年至 2013 年，自营职业者的比例大幅增加，受薪管理人员和专业人员的比例相应下降。1983 年至 2013 年，自营职业占最富 1% 阶层的比例增长一倍多，从 38% 增加到 84%，收入最高 1% 阶层的相应份额从 27% 增加到 56%。与之形成对比的是，在组成普通人口的劳动者中，2013 年的自营职业份额与 1983 年相同，为 15%。

富人的资产负债表也提供了一些确凿的证据。在最富 1% 阶层中，商业股权占总资产的比例从 1983 年的 32% 上升到 2013 年的 36%。在收入最高 1% 阶层中，这一比例从 28% 增加到 34%。进一步，2013 年最富 1% 广义家庭中有 77% 拥有自己的企业（相比之下，全体广义家庭的这一比例为 10%）。

不管富裕阶层自营职业收入和非法人企业股权的重要性日益增加背后的理由是什么，这一群体似乎越来越不依赖财产收入。利
672 息、股息和资本收益形式的财产收入急剧下降，1983 年至 2013 年间，其从占最富 1% 阶层收入的 38% 下降到 32%，从占收入最高 1% 阶层收入的 31% 下降到 25%。

这个国家巨大的传统财富来源，特别是农业、采矿业、建筑业、制造业和贸易，随着时间的推移而重要性逐渐降低，并被金融

业、商业和专业服务业所取代。1983 年，前一组传统行业占最富 1% 阶层职业的 52%，2013 年仅占 33%，而新兴行业的比例则从 48% 增加到 67%。对于收入最高 1% 阶层而言，结果更为惊人，从事这些传统行业的比例从 38% 下降到 21%，而从事新兴行业的比例相应的从 62% 上升到 79%。

总而言之，第十章的分析表明，富人比一般人接受了更好的教育，年龄高于普通人口。此外，富人比整体人口更倾向于从事金融，商业和专业服务业，并且在本章的研究时段里显示其越来越依赖于劳动收入，相应的更少依赖财产收入。最后，最值得注意的是，富人比普通人口更有可能成为自营职业者，1983 年至 2013 年间这个差异不断扩大。自营职业者很可能拥有自己的企业，包含医生、律师和投资银行家等合伙企业。

第十一章研究了社会经济学范围内与富人相对的另一端——穷人。该分析从贫困家庭的持有财富开始，并将其与非贫困家庭进行比较。相比于非贫困家庭，贫困家庭的财富从 1962 年到 1983 年下降，然后下降到 2001 年，但在 2013 年有所恢复。贫困组和非贫困组之间的净资产平均值（不包含耐用品和家庭普通财物）比率从 1962 年的 0.26 急剧下降到 1983 年的 0.14，之后在 2001 年下降到 0.09，然后 2013 年反弹到 0.14，与 1983 年水平相当。2001 年至 2013 年的复苏是由于贫困人口的净资产平均值（以定值美元计算）增长了 69%，但非贫困人口的净资产平均值没有变化。

贫困家庭相对于非贫困家庭，在净资产和收入两方面通常都处于劣势。1962 年、1983 年和 2001 年两个收入群体的净资产平均值的比率略低于收入的比率，但 2013 年的净资产平均值比率与收入比率大致相同。1962 年和 1983 年，对于贫困组与非贫困组平均净资产的比率，老年组显著低于 65 岁以下年龄组。但是，对于贫困与非贫困组之间的净资产中位数比率，老年组比年轻家庭组要大得多。产生这个差异是由于两个年份的样本里存在相对大量富裕的非贫困老年家庭。1983 年以后，老年贫困人口相对于非贫困人口的财富状况变得更好，2013 年，老年贫困人口相对于非贫困人口的
673 净资产平均值和中位数都好于 1983 年或 2001 年。

1983 年，广义家庭财富组合中增加固定收益养老金财富，使贫困和非贫困人口的财富平均值比率从 0.19 降至 0.16 左右。而在另一方面，2001 年和 2013 年，增加固定收益退休金财富后相关比率没有变化。与之相反，将社会保障财富增加到广义家庭财富组合中，使两组的财富平均值比率 1983 年从约 0.16（取决于贴现率）增加到约 0.29，2001 年从 0.09 增加到 0.18，2013 年从 0.13 增加到 0.20。将固定收益养老金和社会保障财富同时加入广义家庭财富组合的总效果是缩小贫富差距。然而，退休财富降低财富不平等程度的效应在老年广义家庭中要小于年轻广义家庭。

最后，当广义家庭收入中包含净资产的年金流和房主自住住房的估算租金时，根据官方贫困线阈值，全体人口贫困率降低了约 10%，1983 年老年家庭贫困率降低了 20%。1962 年的贫困率指标降幅要多 10% 左右，这是因为那年贫困阶层持有的财富更多。当年金现金流和估算租金被纳入 2001 年的数据时，总体贫困率指标下降了 13%，高于 1983 年。在老年组中，这一降幅为 31%，远高于 1983 年，这是因为老年贫困人口的财富较多。2013 年，总体贫困率下降了 10%，与 1983 年相同，而老年组贫困率暴跌 34%，大于 1983 年或 2001 年的数据。

使用“资产贫困”概念作为经济困难的衡量标准，与“收入贫困”概念既有不同，又相互补充。“资产贫困”是指那些资产不

足以满足三个月基本需求（以收入贫困线衡量）的广义家庭。在 674
1983 年至 2007 年，总体资产大幅增长和标准收入贫困率下降，但资产贫困水平从 22.4% 上升到 25.2%。在大衰退时期，资产贫困率进一步飙升，2013 年达到 31.2%。这些年来流动资源贫困率也在增加，从 1983 年的 33% 增加到 2007 年的 43%，然后到 2013 年的 47%。

黑人和西班牙裔的资产贫困率是白人的 2 倍多。资产贫困率随着年龄和受教育程度增长而单调下降；租房者的资产贫困率远高于房主；在家庭类型分组方面，老年夫妇组低至 5%，而女性单亲组为 50% 至 65%，具体取决于年份。

资产贫困的研究结果令人沮丧，不管使用哪种衡量标准，都显示美国人口的资产贫困率非常高。2007 年，即使在大衰退开始之前，四分之一的美国家庭的净资产不足以支持他们维持 3 个月贫困线水平的生活，超过五分之二家庭拥有的流动资产不足以支持他们维持 3 个月贫困线水平的生活。

虽然整体的资产贫困率已经很高了，但特定细分人群的资产贫困率更高。使用净资产贫困标准，2013 年一些最弱势分组的资产贫困率分别是：黑人组和西班牙裔组（55%）；户主年龄低于 25 岁组（74%）；户主年龄在 25 岁至 34 岁组（55%）；户主学历低于高中学历组（48%）；租房者组（70%）；有孩子的非老年女性户主组（65%）。

研究还发现最极端形式的贫困也集中在这些群体中：收入－资产联合贫困。2013 年，所有人口总体的收入－资产联合贫困率为 8.7%，黑人和西班牙裔广义家庭组为 19%，户主年龄低于 25 岁组为 36%，户主为 25 岁至 34 岁组为 14%，高中辍学者组为 20%，租房者组为 23%，有孩子的女性户主家庭组为 28%。

第四部分研究美国的长期财富。第十二章考察了 1900 年至 2013 年间广义家庭财富平均值的长期趋势。在 113 年中，户均实际可变现财富以年均 1.26% 的速度增长，增长了 3 倍。事实上，
675 实际人均财富高速增长，这些年增长了 7.5 倍。户均增广财富增长速度略快于户均可变现财富，每年增长 1.53%。

在 113 年间，实际可变现财富比实际可支配收入增加要多一些。实际财富与实际可支配收入的比率从 1900 年的 4.6 下降到 1983 年的 3.6，但随后在 2013 年反弹至 5.4。在整整 113 年中，这一比率的上升幅度相当温和，为 18%，并且在某些子时段下降。尽管如此，没有强有力的证据支持财富与收入比率大幅上升的说法。

关于总体财富构成变化有几个惊人的发展。房主自住住房从 1900 年占可销售资产总额的 17% 上升到 1979 年 22% 的高峰。随后，2013 年降至 15%。其存在相当大的周期性波动，这往往反映房价的波动。房屋净资产占总资产的比例显示出类似的模式，只是弱一些，从 1900 年的 15% 下降到 1929 年的 10%，1981 年反弹至 15%，然后在 2013 年下降至 8%。

在金融资产中，最大的相对增长出现在流动资产中，其占所有可变现资产的比例从 1900 年的 8% 上升到 2013 年的 23%，公司股票表现波动特征，从 1900 年占总资产的 15% 增长到 1929 年的 31%，此时股市达到顶峰，1949 年跌至 14%，1965 年升至 27%，1979 年回落至 12%，随着股市接近另一个高点，1998 年反弹至 33%，2004 年再次下跌至 24%，然后随着股市再次达到峰值，2013 年飙升至 32%。

1930 年，非法人企业股权占总资产的三分之一以上，但在 20 世纪几乎稳步下降，2013 年达到 6%。债务占总资产的比例

在本世纪上半叶波动，但随后从 1945 年的 4% 稳步上升到 2010 年的 23%，然后在 2013 年大幅下降至 18%。最后，固定收益养老金和社会保障财富相对于可销售资产的比例从 1900 年的几乎为零，增加到 1983 年的前者占增广财富的 7.3%，1979 年后者占增广财富的 31%。随着固定收益养老金制度的消散以及社会保障体系走向成熟，固定收益养老金储备和社会保障相对而言都有所下降。

第十三章提出了一个“联合系列数据”，显示最富 1% 阶层的总净资产份额。该系列综合了遗产税数据和各种来源的调查数据。676
从 1922 年到 1929 年，最富 1% 阶层的财富份额大幅增加，从 40% 增加到 48%。接下来在大萧条时期大幅下降，但到 1939 年，它的份额几乎回到了 1922 年水平。然后该份额从 1939 年急剧下降到 1949 年，降至 30%，但到 1965 年又回到了 34%。随后，其财富份额再次大幅下降，1979 年达到 22%。20 世纪 70 年代后期，财富不平等程度触底了一段时间。随后，财富不平等程度出现了急剧转变，最富 1% 阶层的份额在 1998 年攀升至 38%。然后在 2001 年急剧下降至 33%，并在 2013 年逐步反弹至 37%。向广义家庭投资组合增加养老金财富和社会保障财富大大降低了财富不平等程度的衡量指标，但最富 1% 阶层所拥有的总增广财富份额的时间趋势基本没有变化。

第五部分考察了财富税，并评估了详细分析得出的结论。美国财富高度集中的极端本性，以及最近 30 年左右此状况的不断加剧，都使制定一些可能的补救政策变得迫在眉睫。财富的代际转移在广义家庭财富积累过程中起着重要作用，这可能导致平等概念瓦解，政治分歧加剧。在第十四章中，我探讨了直接财富税的可能性。

在联邦层面，政府目前以两种方式对个人财富征税：已兑现的资本利得税（作为个人所得税的一部分）和遗产税。遗产税征收制度似乎充满了逃税和避税操作。根据我对 1992 年的估算，总的遗产税收入应该是 440 亿美元，与之相比，实际税收收入只有 100 亿美元。此外，遗产税制度具有一个特征，即资本收益在死亡时被“豁免”，也就是说，将死者资产价值中的资本收益部分传递给继承人时，该部分免于征收遗产税。针对 1992 年度数据进行的估算表明，如果这些收益像普通收入一样征税，它们将产生额外 300 亿～400 亿美元的税收收入。

许多欧洲国家目前正在建立或已经建立了直接税制度。在公平的基础上，综合考虑年收入和当前持有的财富来衡量纳税人的真实纳税能力，比单独考虑收入更好。此外，其他发达经济体的实践表
677 明，没有证据显示对广义家庭征收适度的财富直接税对个人储蓄或整体经济增长产生了任何有害影响。事实上，有相反的观点认为，这样的税收可能会导致更有效的广义家庭财富分配，远离低效用途而转向更高效的用途。

我在以前的研究中提出了一种极其温和的征收财富税的模式，该模式是以瑞士财富税制度为模型设计（豁免 10 万美元，边际税率为 0.05% 至 0.3%）。我对 1989 年数据的计算表明，这样的税收结构对广义家庭财富征收的平均税率为 0.2%，低于大多数共同基金的费率，并且仅降低广义家庭财富的平均收益率 6%。即使使用最高边际税率 0.3%，广义家庭财富平均收益率也只降低了 9%。这些数字表明，这项税收制度对个人储蓄的抑制作用确实非常小。此外，一些人得出的结论是，由于征收财产税，个人储蓄实际上可能会增加。

这项税收可以筹集 500 亿美元的额外收入，对 90% 的美国家

庭的税收账单只有很小的影响。500 亿美元不是很大的数字，占联邦税收总额的 3% 左右。然而，在边际效应上，通过提供更多的财政宽容度来为穷人制定更加慷慨的社会转移支付并为中产阶级提供税收减免，这种额外税收收入可能至关重要。

第十四章提供的 2013 年最新估算数，使用“瑞士式”税收结构，扣除了通胀影响。估算如果在 2013 年实施这样一个税种，将征收 1210 亿美元的税款，相当于该年度联邦税收总额的 4.4%。此外，广义家庭财富的平均税率（2013 年）为 0.19%。因此，新税制仅仅使用广义家庭财富平均收益率降低 6.2%。即使使用最高边际税率 0.3%，广义家庭财富平均收益率也只降低了 9.7%。只有 11% 的家庭会看到他们的整体个人税单（合并收入税和财富税）增加 10% 以上，只有 15% 的家庭会支付 500 美元或更多的额外税款。有整整 56% 将低于财富税门槛，因此将免除缴纳任何财富税。这些结果表明，征收财富税对个人储蓄的消极影响将非常小。此外，虽然财富税可以增加相当数量的税收收入，但几乎不会影响整体财富不平等程度。 678

本书要点

本书的主题可以概括为中产阶级的兴衰。从 1962 年到 2007 年，财富中位数（扣除通胀因素后）增加了 1 倍多，但从 2007 年到 2013 年则下降了 45%，这主要是由于房价暴跌和中产阶级使用的高杠杆。财富中位数的崩盘是导致中产阶级普遍不安的主要因素。

是什么因素在导致美国人的财务不安全感加剧？罪魁祸首是现在已经持续了 40 多年的工资停滞（平均实际工资在 1973 年达到顶

峰）。这引发了收入停滞，国民收入中劳动者薪酬份额不断下降。有一段时间（到1990年前后），家庭主妇越来越多地参加工作，补偿了家庭因为工资停滞带来的收入停滞问题。而一旦这个机会用尽，实际收入就再次停滞不前。事实上，根据人口普查数据，2013年的家庭收入中位数低于1997年。结果就是，在过去的二十年里，家庭被迫借钱以维持他们的日常消费。这一过程要归咎于大量的信贷扩张，特别是通过住房抵押贷款市场的信贷扩张。由于巨大的中国贸易顺差加上随后中国大量购买美国国债，美国银行和其他金融机构里充斥着大量现金。由于宽松的抵押贷款监管和房价上涨，金融机构慷慨地允许对现有抵押贷款进行再融资，扩大房屋净值信贷额度，并发行了一系列新的抵押贷款，包含次级抵押贷款，不需要首付，甚至不需要任何证明文件就可以贷款。

其结果是广义家庭债务大量增加，尤其是中产阶级（债务收入比率在1983年至2007年增加了1倍多）。接下来是中等收入广义家庭和低收入广义家庭财富的毁灭性崩溃。2007年至2013年间，中等收入家庭的净资产中位数暴跌了44%，中低收入家庭暴跌了61%，低收入家庭暴跌了70%。财富崩溃是导致经济不安全感加剧的主要因素之一。私人安全网以及公共安全网逐渐失效，都
679 会导致中产阶级心神不安。最近白人劳动阶级的死亡率尤其是自杀率上升，特别是高中学历或低于高中学历的人，这可能与他们不断加剧的经济不安全感有关。①

家庭杠杆和相应的收益率解释了广义家庭财富中位数的大部分变动，特别是在2001年至2007年和2007年至2010年。在房

① 参见Sabrina Tavernise著作："Sweeping Pain as Suicides Hit a 30-Year High," 载于*New York Times*, April 22, 2016, p. A1。

价快速上涨的 2001 年至 2007 年，财富分布五等分中间三个阶层的高负债（杠杆）转化为远高于总资产收益率的净资产收益率。高杠杆加上房价上涨导致净资产中位数急剧上升。然而，当 2007 年到 2010 年住房市场崩溃时，高杠杆导致净资产的负收益率远大于总资产的负收益率。这两个因素导致净资产中位数急剧下降。

关于中产阶级债务飙升的另一个假设是因为其近年来的疯狂消费。但是，现有数据并未证实这一假设。事实上，尽管从 2001 年到 2007 年，收入分布五等分中间三个 20% 阶层的债务大幅增加，但其平均消费支出（扣除通胀因素）仅增长了微不足道的 1.7%。事实证明，根据相同的数据，收入分布五等分中间 20% 阶层的实际平均支出（扣除通胀因素后）事实上从 2007 年到 2010 年下降了 7.7%，2010 年至 2013 年又下降 3.5%。所以，看来这些年中产阶级并没有真的挥霍无度。

扣除通胀因素后的实际平均支出，从 1984 年到 1989 年增加了 2.6%，从 1989 年到 2001 年增加了 13.2%。1989 年至 2001 年的现象很有趣，因为它单独显示消费支出显著增加。这一时期家庭实际收入中位数也突然增长了 9%。因此，似乎只有收入增长时，中产阶级的消费支出才会上升。

第五章报告的财富模拟结果表明，在本分析使用的所有五个时期，财富分布五等分中间三个阶层的隐含储蓄率（这段时期储蓄与平均收入的比率）均为负值：1983 年至 1989 年为 -1.9%，1989 年至 2001 年为 -5.5%，2001 年至 2007 年为 -6.4%，2007 年至 2010 年为 -3%，2010 年至 2013 年为 -4.2%。这提出了一个问题：中产阶级是否能够重新开始储蓄？看起来似乎只有实际家庭收入中位数增加时，这才有可能。但是，仍有一种可能，甚至可能

680 性更大，那就是增加的收入将被增加的消费所吸收。

中产阶级广义家庭并不是唯一能够感受到经济环境影响的家庭。还有低收入阶层和中低收入阶层、少数族裔、女户主、年轻广义家庭组（特别是35岁以下），受教育程度较低组和租房者。1983年至2013年，收入分布五等分三个最低20%阶层的净资产中位数和财务资源中位数的绝对值下降。对于五等分收入最低两个20%阶层而言，其财务资源中位数接近于零，而对于收入分布五等分中间20%阶层，其仅为11000美元。35岁以下年龄组的净资产中位数在2013年下滑至700美元，其财务资源中位数为零。黑人广义家庭组的净资产中位数从1992年的17100美元的高位下降到2013年为1700美元，西班牙裔广义家庭组从6100美元降至2000美元，而整个时期其财务资源中位数基本为零。高中辍学者组的财务资源中位数从1989年的5200美元到2013年急剧下降几乎为零，而高中学历组则从21800美元下降到3900美元。从1983年到2013年，单身母亲组在2013年净资产中位数下降了93%，仅为500美元，而在整个时期内，其财务资源中位数基本一直为零。租房者的净资产中位数从1983年的1900美元下降到2013年的零，财务资源中位数也是如此。

在考察主要工作年龄段家庭（25岁至54岁）的财务资源时，结果相似。1989年，该群体收入分布五等分中间20%阶层积累的金融财富，在失去收入的情况下，可以维持3.6个月的正常消费，或9个月贫困标准125%水平的消费。收入分布五等分次穷20%广义家庭的储蓄只足够维持一个月的贫困标准125%水平消费，而收入分布五等分最穷20%阶层完全没有金融储备。到2013年，平均工作年龄家庭的金融储备甚至更低——仅维持其正常消费0.2个月，或维持贫困标准125%水平的消费0.4个月。

这些趋势与资产贫困率的趋势一模一样。1983 年至 2007 年，在整体资产大幅增长和标准收入贫困率下降的背景下，资产贫困水平从 22.4% 上升至 25.2% 。在经济大衰退时期，资产贫困进一步飙升到 2013 年的 31.2% 。这些年来流动资源贫困率也在上升，从 1983 年的 33% 上升至 2007 年的 43% ，然后到 2013 年的 47% 。 681

特定分组的资产贫困率甚至更高。使用净资产贫困定义，2013 年一些最弱势群体的资产贫困率如下：黑人组和西班牙裔组（55% ）；户主年龄低于 25 岁组（74% ）；户主年龄在 25 岁至 34 岁之间组（55% ）；户主学历低于高中学历组（48% ）；租房者组（70% ）；有孩子的非老年女性户主组（65% ）。

财富不平等程度怎么样？自 1962 年以来，出现了三次财富不平等程度的暴增，分别是：1962 年至 1969 年、1983 年至 1989 年和 2007 年至 2010 年。根据基尼系数，从 1962 年到 1969 年，财富不平等程度上升了 0.025 基尼点，但随后在 1983 年又回到了 1962 年的水平。它从 1983 年到 1989 年上升了 0.029 基尼点，从 1989 年到 2007 年相对保持不变，然后在 2007 年到 2010 年飙升了 0.032 基尼点。接着从 2010 年和 2013 年略有上升。在 1962 年至 2013 年的整个时期内，基尼系数强力上升了 0.068 点，从 0.803 升至 0.871，是 51 年来的最高水平。

家庭杠杆和相应的收益率解释了财富不平等程度的大部分变动，特别是在 2001 年至 2007 年和 2007 年至 2010 年。2001 年至 2007 年，虽然收入不平等程度加剧，但最富 1% 阶层和财富分布五等分中间三个阶层的收益率差异（中间组高 1.67 个百分点）导致财富不平等程度几乎没有变化。与之相反，2007 年至 2010 年，收益差距为 4.04 个百分点，但这一次是最富 1% 阶层更高，这一差异导致这些年来财富不平等程度急剧上升。毋庸置疑，两个分组之间储蓄率的差异也起了作用。

另一个重要的发现是，在20世纪早期，美国的财富不平等程度要低于欧洲“阶级化”的社会——特别是英国，甚至是瑞典。但是，到了20世纪60年代和70年代初，这两个国家的财富不平等程度大幅下降，美国与这两个国家以及加拿大、法国、德国和澳大利亚（具有可比数据的国家）相当。然后从20世纪70年代末或80年代初期，美国的财富不平等程度开始上升，从20世纪80年代后期到现在，它已经远远超过其他经合组织成员国（瑞士除
682 外，它的财富不平等程度略高一点）。

最后，在一项政策建议中，我主张以瑞士税制为蓝本，对广义家庭财富征收直接税。合并后的所得税和财富税可以证明比单独的所得税更公平。这种税（最高边际税率为0.3%）将产生1210亿美元的税收收入，相当于该年联邦税收总额的4.4%。此外，广义家庭财富的平均税率水平非常低，只有0.19%。然而，财富税也
683 只是勉强能够影响整体财富不平等程度。

附录1　对1962年消费者财务特征调查以及1983年、1989年、1992年和1995年消费者财务状况调查数据文件的统计调整和估算

由于本研究中使用的早期调查数据分别使用了不同的采样框架和采样技术，因此需要对原始调查数据进行一些调整和估算以确保其兼容性。尤其是1962年消费者财务特征调查数据和1983年消费者财务状况调查数据。另外1989年的消费者财务状况调查采用了一种与1983年消费者财务状况调查不同的调查方法。1992年的消费者财务状况调查和1995年的消费者财务状况调查虽然表面上使用与1989年消费者财务状况调查相同的调查方法，但有一些值得注意的异常现象，也需要对原始数据进行一些调整。在此之后，从1998年开始到2010年，消费者财务状况调查数据与来自美国财务账户（FFA）的资产负债表数据相当吻合，不需要对基础数据进行调整。[①] 2013年的消费者财务状况调查似乎也出现一些明显的异常，第五章对此进行了讨论。1969年经济和社会绩效衡量指标文件的调整和估算见附录2。这些调整程序还确保调查数据与本书研究中使用的其他调查数据具有可比性。

① 请注意，缩略词FFA是这个数据来源现在的名称，其早先的名称是资金流量表。

本附录考察了1962年消费者财务特征调查和1983年消费者财务状况调查的财富不平等程度估算。主要关注点是这些估算值的敏感性，特别是基尼系数和最富财富持有者的财富份额，对少报漏报情况和遗漏资产调整情况的敏感性。我根据两个调查中的资产和负债总额与各自的广义家庭总资产负债表估算值进行比较，对少报漏报情况作出纠正。对调查数据与总资产负债表估算数据进行逐个资产比较，生成一个少报漏报指数。但是，1962年消费者财务特征调查文件与其后的消费者财务状况调查文件相比，资产和负债覆盖范围存在差异。对于1962年的数据，对零条目的修正是基于比较调查数据中的财富条目与美国国税局收入统计（IRS SOI）中与该财富条目相对应的收入流（如股息对应公司股票）。对于1983年的数据，我按比例调整微观数据中的每项资产和负债，来对应总资产负债表总额。我还考虑了固定收益养老金和社会保障财富指标对广义家庭财富不平等程度衡量指标的影响。对于1962年和1983年数据，我基于这些年的微观数据进行了退休财富分布和增广财富分布的估算。根据对固定收益养老金和社会保障福利未来增长的假设不同，对退休财富和增广财富分布的替代估算有所不同。

我们讨论了对1989年、1992年和1995年消费者财务状况调查数据的调整程序，特别是1992年消费者财务状况调查，其广义家庭加权方案明显有问题。

1962年消费者财务特征调查数据调整程序

在以前的研究中，我已经展示了1962年和1983年广义家庭财富规模分布估算数据。[①] 1962 年的估算值基于消费者财务特征调查，1983 年的估算值基于消费者财务状况调查。在本书中，我对这两年的基础调查数据进行了调整。我还基于广义家庭调查数据研究了财富不平等程度估算值的敏感性，据此对缺失资产、少报漏报和广义家庭财富定义的差异等情况进行调整。这里使用了几种财富不平等程度衡量标准，包括基尼系数、最富财富持有者的财富份额和五等分分组的财富份额。特别关注在广义家庭财富组合中包含固定收益养老金和社会保障财富衡量指标后，广义家庭财富分布受到的影响。我在这里发现，财富不平等程度估算值对于估算中是否缺失某些资产（如耐用消费品和家庭普通财产）和是否包含退休财富非常敏感。而财富不平等程度估算值对少报漏报的调整不太敏感。

表 A1.1 列出了原始消费者财务特征调查数据中广义家庭资产负债表总额与基于美国财政账户国家资产负债表数据的比较。国家资产负债表数据中广义家庭经济部门所有资产的总和为 20057 亿美元。消费者财务特征调查数据库包含绝大部分国家资产负债表里的资产，除了这几项：其他耐用消费品（不是交通工具的耐用消费品）、家庭普通财产、人寿保险退保现值和养老金退保现值。在国家资产负债表总额的资产中，同样也包含在消费者财务特征调查中的资产合计为 17412 亿美元。原始消费者财务特征调查资产总值为 14101 亿美元，相当于对应资产在国家资产负债表总额中的合计数的 81%。两个数据源的房地产和非法人企业股权数据非常接近。下列资产类别在消费者财务特征调查数据中的价值显著低于对应的

---

① 参见 Wolff 著作：“Estimates of Household Wealth Inequality in the United States, 1962 - 1983,” 载于 *Review of Income and Wealth* 33, no. 3 (September 1987): 231 - 256。

国家资产负债表中的估算值：活期存款和现金被低估了三分之二。（需要注意的是，消费者财务特征调查数据不包含现金。）定期存款和储蓄存款被低估了近一半。公司股票被低估了近40%。信托基金权益被低估了超过三分之一。

表 A1.1　1962 年和 1983 年广义家庭财富国家资产负债表和调查数据总额的比较

单位：十亿美元，当时美元

	1962年(年末)			1983年(年中)		
	国家资产负债表数据	SFCC	SFCC 与国家资产负债表的比率	国家资产负债表数据	SCF	SCF 与国家资产负债表的比率
资产	2005.7	1410.1	0.70	11165.0	11847.7	1.06
有形资产	782.5	643.3	0.82	4356.0	6012.2	—
自住住房	419.8	473.9	1.13	2937.6	3777.8	1.29
其他房地产	104.3	114.4	1.10	—	1721.4	0.91
交通工具	74.5	55.0	0.74	413.7	375.5	—
其他耐用消费品[a]	127.8	—	—	760.6	137.5	—
家庭普通财产	56.1	—	—	244.1	—	—
固定索赔资产	415.3	265.0	0.64	2618.1	1623.6	0.62
活期存款和现金	69.8	23.7	0.34	326.9	122.2	0.37
定期存款和储蓄存款[b]	207.3	104.7	0.51	1832.3	1061.8	0.58
金融证券[c]	138.2	117.4	0.85	458.9	439.6	0.96
权益	807.9	501.8	0.62	4190.9	4211.9	1.01
公司股票	361.0	222.8	0.62	1134.7	1026.8	0.90
非法人	281.1	224.7	0.80	2361.8	2298.3	0.97
商业股权						
信托基金权益	85.2	54.3	0.64	331.1	461.3	1.39

续表

	1962 年(年末)			1983 年(年中)		
	国家资产负债表数据	SFCC	SFCC 与国家资产负债表的比率	国家资产负债表数据	SCF	SCF 与国家资产负债表的比率
保险(退保现值)	75.6	—	—	213.1	273.5	1.28
养老金(退保现值)	5.0	—	—	60.9	121.5	1.99
杂项资产[d]	—	—	—	89.3	30.5	—
负债	256.0	218.5	0.85	1749.6	1509.7	0.86
抵押债务	163.8	146.5	0.89	1116.0	963.4	0.86
保险债务	92.2	—	—	633.6	546.3	0.86
其他债务	—	72.0	—			
净资产	1749.7	1191.6	0.68	9415.4	10338.0	1.10

资料来源：对于 1983 年的消费者财务状况调查表格数据，我使用了该数据集的 1987 年联邦储备委员会磁带版本，其中包含对无回应缺失值的估算（详见艾弗里，艾利豪森和肯尼克尔《用调查数据衡量财富》）。

注：国家资产负债表数据来自美国财政账户。

a. 这在 1983 年消费者财务状况调查中包含船只、古董、贵重金属、珠宝、艺术品和杂项耐用品。

b. 这在 1983 年数据里包含定期存款、个人退休账户、基奥账户、货币市场基金和美国储蓄国债。

c. 两年数据里都包含抵押担保债券，1962 年数据包含美国储蓄国债，但 1983 年的数据不包含美国储蓄国债。

d. 消费者财务状况调查中的杂项资产包含其他投资，包含借给朋友和亲戚的钱，以及公司储蓄计划的退保现值，包含储蓄账户、利润分享、股票期权和员工股票期权计划。国家资产负债表的杂项资产类别仅包含美国财政账户杂项金融资产条目，该条目与消费者财务状况调查的条目没有直接可比性。

缩写：CSV，退保现值；FFA，美国财务账目；SCF，消费者财务状况调查；SFCC，消费者财务特征调查。

国家资产负债表数据中广义家庭经济部门所有负债的总额为 2560 亿美元。这个数字可能包含人寿保险债务，这被排除在消费者财务特征调查数据之外。消费者财务特征调查显示的所有负债总额为 2185 亿美元。在消费者财务特征调查公布的表格中，人寿保险债务为 36 亿美元。[①] 将此数字加到消费者财务特征调查数据库的负债价值中，作为消费者财务特征调查对总负债的估算值，得出的数字为 2221 亿美元，比国家资产负债表总额的数字低了 15%。

如果只包含具有可比性的资产，那么国家资产负债表数据的净资产估算值为 14850 亿美元。消费者财务特征调查的净资产估算值为 11920 亿美元。因此，如果仅使用具有可比性的资产，则国家资产负债表净资产估计值比消费者财务特征调查净资产估计值高 25%。

为了使消费者财务特征调查数据与国家资产负债表总数保持一致，消费者财务特征调查中的每项资产或负债均按比例或以更复杂的方式进行校正，具体操作取决于误差程度和其他可用数据来源。[②] 调查数据中资产价值被低估可能是两类误差造成的：少报漏报资产所有权和少报漏报资产价值。此外，这两种少报漏报的误差程度都会因收入阶层不同而有所不同。为了确定消费者财务特征调查中存在的少报漏报类型，以及这种少报漏报情况是否因收入阶层而异，我将消费者财务特征调查资产信息（所有权百分比和平均值）按收入阶层与收入数据中相应的收入流量信息进行比较（从相应资产中获得收入的广义家庭比例和收到的平均收入）。

收入数据来自 1965 年的收入统计（SOI）。对收入统计数据中报告有股息收入的广义家庭百分比与消费者财务特征调查报告持有公

---

① 参见 Dorothy Projector 和 Gertrude Weiss 著作：*Survey of Financial Characteristics of Consumers*，美国联邦储备委员会技术报告（Washington，DC：Board of Governors of the Federal Reserve System，1966），Table A14。

② 值得注意的是，由于联邦储备委员会已经对缺失值进行了估算，因此联邦储备委员会发布的消费者财务特征调查文件版本没有遗漏值问题。

司股票的广义家庭百分比进行比较。如果收入统计数据里报告收入流的广义家庭百分比更高，则可以按收入阶层相应增加消费者财务特征调查数据中每种资产类型的广义家庭百分比。如果平均收益率（定义为收入统计中的收入流与消费者财务特征调查中的资产价值的比率）按收入阶层分组来看差异很大，则同样可以按收入阶层分组来调整消费者财务特征调查中资产价值的少报漏报问题。表 A1.2 列出了消费者财务特征调查与收入统计数据的资产比较以及调整因子。

对于几乎所有资产类型，在消费者财务特征调查中所报告资产的广义家庭百分比都大于或等于收入统计中所报告相应收入流的单位百分比。因此，不需要针对漏报资产情况进行调整。这里只有信托基金是例外。对信托的调整解释如下。对于许多资产类型，不同收入阶层的平均收益率数据基本相同。因此对于这些资产，我对每个收入阶层使用相同的调整因子或比例因子。比例因子定义为该资产的国家资产负债表总额与消费者财务特征调查总额的比率（表 A1.1 第三列的倒数）。另外，对于股票、非法人企业股权和其他金融资产，不同收入阶层的平均收益率差异很大。对于这些资产，调整因子因收入阶层不同而相应变化。对于少报（如果有）的调整和缺失资产的估算的详细信息，本文按资产类别分别解释，并在表 A1.2 中进行了总结。[①]

① 应该指出的是，使用统一的调整因子（针对全体样本或针对收入阶层）导致低估了样本中这些财富持有的实际差异。但是，在以前的研究中，对 1969 年经济和社会绩效衡量指标文件进行了灵敏度分析，将随机误差项添加到每个资产的平均调整因子中。结果表明，纳入这样的误差项对样本基尼系数的估算和总体财富不平等程度其他衡量指标几乎没有影响。详细信息，参见 Wolff 著作："Effect of Alternative Imputation Techniques on Estimates of Household Wealth in the U.S. in 1969，"载于 *Accumulation et Repartition des Patrimoines*，编辑：Denis Kessler，André Masson 和 Dominque Strauss - Kahn（Paris：Economica，1982），147 - 180。

（1）消费者财务特征调查的房主自住住房数据未经调整。其总数略大于国家资产负债表数字。可能的原因是消费者财务特征调查广义家庭报告的是其住宅的估计市场价值，而国家资产负债表数据则是基于新建住宅投资价值的永续盘存积累（perpetual inventory accumulation），会向下偏倚。虽然资产负债表使用的技术试图包含价格变化，但它可能无法完全反映建筑成本和土地价值的变化。

（2）出于同样的原因，本研究没有调整消费者财务特征调查的其他房地产数据。

（3）汽车价值按比例因子 1.355 来调整。

（4）其他耐用消费品不包含在消费者财务特征调查中。使用 1969 年经济和社会绩效衡量指标数据库得到的估算回归方程，估算出每个广义家庭的相应价值，具体如下：

$$OTHRDUR62 = 2871.4 + 0.08644 INC62 - (0.3271 \times 10^{-6}) \times (INC62)^2 - 7.1401 AGEHEAD + 811.32 MARRIED - 240.31 FEMHEAD + 189.51\ URBANRES$$

其中 OTHRDUR62 是 1962 年其他耐用消费品的价值；INC62 是广义家庭单位的收入，按 1962 年美元计算；AGEHEAD 是户主；如果户主已婚，则 MARRIED = 1，否则为 0；如果户主是女性，则 FEMHEAD = 1，否则为 0；如果户主的住所位于城市地区，则 URBANRES = 1，否则为 0。① 然后对从该等式得到的其他耐用消费品总价值按比例进行调整，使其国家资产负债表的总额一致。

---

① 进一步的信息，参见 Wolff 著作：“Estimates of the 1969 Size Distribution ofHousehold Wealth in the United States from a Synthetic Database,” 载于 *Modeling the Distribution and Intergenerational Transmission of Wealth*，编辑：James D. Smith（Chicago：University of Chicago Press，1980），223 -271。

表 A1.2 使用相应收入流数据调节消费者财务特征调查各资产类别数据

收入阶层	债券和债券利息				公司股票和股息			
	SFCC：广义家庭拥有债券百分比[a]	SOI：报告利息单位百分比[b]	预计收益率[c]	调整因子	SFCC：广义家庭拥有股票百分比[d]	SOI：报告利息单位百分比[e]	预计收益率[f]	调整因子
不到3000美元	12～16	13.5	0.006	1.83	7	5.1	0.083	1.30
3000～4999美元	20～30	17	0.018	1.59	8	-6.0	0.121	2.10
5000～7499美元	30～41	23.3	0.003	1.83	15	6.9	0.078	1.30
7500～9999美元	40～61	32.6	0.001	1.83	19	10.5	0.056	1.30
10000～14999美元	51～84	49.2	0.018	1.59	32	20.8	0.079	1.30
15000～24999美元	43～88	68.3	0.044	1.43	52	46.7	0.109	1.94
25000～49999美元	51～100	78.2	0.060	1.03	83	69.4	0.060	1.30
50000～99999美元	69～100	84.9	0.026	1.43	88	85.7	0.078	1.30
100000美元或更多	75～100	88.1	0.109	1.03	97	94.4	0.075	1.30
所有单位	28～45	23.5	0.010	—	16	9.3	0.078	1.30

续表

收入阶层	非法人企业股权和非法人企业收益				信托基金权益和信托收入				
	SFCC：拥有企业广义家庭百分比[g]	SOI：报告企业单位收益百分比[h]	估计收益率[i]	调整因子	SFCC：拥有信托基金广义家庭百分比[j]	SOI：拥有信托基金单位百分比	估计收益率[k]	调整因素	
								单位百分比	值
不到 3000 美元	12	16.51	0.129	2.10	—	0.4	0.088	—	1.10
3000~4999 美元	12	16.38	0.311	2.10	1	0.5	0.098	—	1.10
5000~7499 美元	17	13.38	0.307	2.10	1	0.5	0.001	—	1.10
7500~9999 美元	18	14.38	0.414	2.10	1	0.6	0.082	—	1.10
10000~14999 美元	22	19.31	0.404	2.10	3	1.3	0.198	—	1.10
15000~24999 美元	26	41.44	0.344	2.10	5	3.7	0.042	—	1.10
25000~49999 美元	64	63.81	0.254	2.10	4	7.1	0.002	+3.19	1.10
50000~99999 美元	70	68.67	0.112	1.00	5	11.5	0.018	+6.5	1.10
100000 美元或更多	35	70.63	0.112	1.00	15	22.3	0.018	+7.3	1.10
所有单位	17	16.88	0.238	—	1	0.7	0.016	—	—

注：SOI =收入统计。

a. 此类别包含美国储蓄国债，除股票、州债券和地方政府债券以外的有价证券、抵押担保债券、公司储蓄计划和个人贷款。百分比范围表示拥有该资产的最低和最高可能百分比。平均值使用百分比范围的中点。参见多萝茜・普罗杰克特和格特鲁德・魏斯《消费者财务特征调查》，联邦储备委员会技术报告（华盛顿特区：联邦储备委员会理事会，1966 年），表 A9，表 A10，表 A12。

b. 包含定期存款和储蓄存款的利息。

续表

c. 债券利息是根据收入统计和消费者财务特征调查数据计算的，假设定期存款和储蓄存款利息平均为2.8%。估算收益率是按收入阶层分组的债券利息平均值与债券平均值的比率。

d. 普罗杰克特、魏斯：《消费者财务特征调查》，表A10。

e. 扣除豁免后的股息。

f. 定义为收入统计的股息与消费者财务特征调查股票持有额的比率。

g. 普罗杰克特、魏斯：《消费者财务特征调查》，表A8。

h. 包含合伙企业收入。

i. 定义为收入统计非法人企业收入（不包含亏损）与消费者财务特征调查非法人企业股权的比率。

j. 普罗杰克特、魏斯：《消费者财务特征调查》，表A9。

k. 定义为收入统计信托收入与消费者财务特征调查信托权益的比率。

缩写：SFCC，消费者财务特征调查；SOI，收入统计。

（5）家庭普通财产如食品和服装等不包含在消费者财务特征调查中。家庭普通财产与广义家庭收入的比率是根据1960～1961年的消费者支出调查计算得出的。[①] 然后根据广义家庭收入将这些比率应用于每个广义家庭，并通过一个调整因子进行调整，使其国家资产负债表总额一致。

（6）活期存款和货币的调整因子为2.945。

（7）定期存款和储蓄存款的调整因子为1.980。

（8）州债券和地方政府债券的调整因子为1.441。

（9）公司和美国政府债券和金融工具以及其他金融资产按收入阶层不同分别进行调整。收入统计中报告利息收入（包含储蓄存款和定期存款以及金融证券的利息）的单位百分比或是低于消费者财务特征调查报告拥有其他金融资产的广义家庭百分比，或是在后者百分比范围之内（见表A1.2）。因此，在报告持有这些金融资产的广义家庭数量方面，消费者财务特征调查不太可能存在少报漏报问题。然而，估算收益率虽然波动很大，但似乎太低了点。收入统计报告的总利息（71.6亿美元）除以国家资产负债表储蓄存款总额加上其他金融资产（3292亿美元）仅为2%。1962年银行利率约为2.8%，债券利率约为5%。因此，这样看来收入统计的利息数据存在严重低报问题。尽管收入统计数据中存在少量少报漏报问题，但通过对比不同收入阶层的估算收益率可以看出，在消费者财务特征调查中金融资产的少报漏报情况，低收入阶层高于高收入阶层，因此调整因子也相应做出变化。

---

① 美国劳工统计局，*Consumer Expenditure Survey*：*Integrated Diary and Interview Survey Data*，*1972 – 1973*，Table 127，Bulletin no. 1978（Washington，DC：U. S. Government Printing Office，1978），359。家庭普通财物包含为家庭购买的食品、烟草、酒精饮料以及衣服和服装材料。

（10）公司股票数据也根据收入阶层不同进行了相应调整。如表 A1.2 所示，消费者财务特征调查中报告股票的样本百分比大大高于收入统计中报告股息的样本百分比。需要注意的是，收入统计中的股息有少报漏报的情况，因为它们是扣除了豁免限额后的净值。此外，许多股票不支付股息。尽管如此，两者对比表明消费者财务特征调查股票持有者的百分比没有明显的少报漏报。收益率数据显示没有明确的收入阶层特征。但是，有两个收入阶层的收益率显著高于平均值，这表明这两个收入阶层的股票资产价值少报漏报情况比平均水平要高。因此，给这两个收入阶层分配的调整因子高于平均值。

（11）非法人企业股权也按收入阶层不同使用不同的调整因子。如表 A1.2 所示，消费者财务特征调查报告有商业股权总体百分比与收入统计中报告有企业收益的百分比相同，并且不同收入阶层的百分比也相似。然而，低收入群体的估算收益特别高。因此，仅对最低七个收入阶层进行了调整。

（12）信托基金权益是唯一一项在消费者财务特征调查中少报漏报的资产。其相应的收入分类是来自遗产和信托的收入。由于包含了遗产，收入统计报告的该收入项目样本百分比应该是要高于消费者财务特征调查中的。但是，并非所有信托基金都产生收入。不管是什么情况，对于低收入阶层，消费者财务特征调查中报告有信托权益的样本百分比通通大于收入统计的样本百分比。而对于三个高收入阶层，情况正好相反。因此，对于这三个收入阶层，消费者财务特征调查中报告拥有信托的样本百分比增加了。三个高收入阶层中的这些额外增加的广义家庭样本被赋予了消费者财务特征调查的平均资产价值。由于收益率数字变化很大而且没有规律，因此分配给每个收入阶层的调整因子是相同的。

（13）人寿保险和养老金的退保现值不会出现在消费者财务特征调查数据集中。按收入阶层分组，每种资产的平均值和拥有该资产的广义家庭百分比数据将用于把这两种资产分配给消费者财务特征调查磁带数据中的广义家庭样本，并通过调整因子调整以使结果与国家资产负债表总额一致。①

（14）抵押贷款债务的调整因子为 1.118，使其与国家资产负债表总额一致。

（15）人寿保险债务没有包含在消费者财务特征调查数据集中，但是按收入阶层划分的具有此负债的广义家庭的平均值和百分比的数据被用于计算人寿保险债务，并且将估算结果按调整因子调整与国家资产负债表总额一致。②

（16）其他债务被添加到人寿保险债务中，其总和使用调整因子 1.07 调整。

（17）1962 年消费者财务特征调查和 1983 年消费者财务状况调查对社会保障财富和养老金财富的估算在本书附录 3 中有详细描述。

1962 年消费者财务特征调查的结果

表 A1.3 列出了原始（未经调整的）数据和调整后与国家资产负债表总额及其他外部信息保持一致的数据，显示了广义家庭财富的不同组成部分的集中度情况。每一行显示该条目的集中度仅基于该资产或负债的持有者。因此，最富 1% 阶层的股票份额是基于股票的最高持股量。令人震惊的结果是财富的不同组成部分的集中程

① 普罗杰克特、魏斯：《消费者财务特征调查》，表 A31。

② 普罗杰克特、魏斯：《消费者财务特征调查》，表 A14。

度存在差异。信托基金、公司股票、非法人企业股权、金融证券和其他（主要是投资）房地产的集中度最高；银行存款不太集中；房主自住住房和交通工具分布最均匀。一般而言，表 A1.1 和表 A1.2 的结果表明，集中度高的资产也是那些明显少报漏报的资产。表 A1.3 的最后一列数据显示了调整数据的集中度估算值。调整处理对个别资产的集中度几乎没有影响，唯一可能的例外是非法人企业股权，这一项显示调整程序使财富不平等程度略有下降。然而，消费者财务特征调查缺失了两项资产——其他耐用消费品和家庭普通财产，这两项的集中度远没有其他资产高。因此，将它们纳入广义家庭财富组合中应该可以降低财富不平等程度估算值。

表 A1.4 确认了这一推测。第一行表明原始未经调整的广义家庭财富的基尼系数为 0.772，最富 1% 阶层的比例为 32%。将一个资产添加到广义家庭财富构成中导致财富不平等程度发生的变化，是一个三变量的函数：（1）这个资产的集中度；（2）这个资产的相对量级；（3）与其他净资产构成部分的协方差。[①] 增加其他耐用消费品（这个类别的资产占资产负债表总资产的 6%，并且相对平均分布）与未调整的原始净资产相比，导致基尼系数从 0.772 降到 0.701。这种下降主要是由于财富分布底层两个 20% 阶层的财富份额增加。在财富构成中进一步增加家庭普通财产也有类似的效果，基尼系数从 0.701 下降到 0.679。

调整消费者财务特征调查中广义家庭财富的原始组成，使其与国家资产负债表保持一致，导致基尼系数从 0.772 增加到 0.793

---

① 相关案例参见 Wolff 著作：“The Effects of Pensions and Social Security on the Distribution of Wealth in the U. S. ” 载于 *International Comparisons of Household Wealth Distribution*，编辑：Edward N. Wolff（New York：Oxford University Press，1987），208 - 247。

表 A1.3 1962 年未经调整和调整的广义家庭财富构成的集中度

	原始数据			调整数据	
	最富 1% 的份额	拥有率	基尼系数，仅限持有人	最富 1% 的份额	基尼系数，仅限持有人
资产	28.7	100.0	0.713	26.8	0.675
房主自住住房	8.2	57.0	0.354	8.2	0.354
其他房地产	50.5	11.3	0.658	50.5	0.658
交通工具	7.4	73.9	0.472	7.4	0.472
其他耐用消费品	—	—	—	1.8	0.098
家庭普通财产	—	—	—	4.9	0.284
活期存款和现金	34.6	100.0	0.808	34.6	0.808
定期存款和储蓄存款	23.6	58.5	0.729	23.6	0.729
州和地方政府债券	100.0	0.4	0.749	100.0	0.749
其他金融证券	50.4	39.5	0.824	52.5	0.832
公司股票	71.9	16.1	0.858	69.7	0.853
非法人企业股权	53.5	16.2	0.758	46.7	0.725
信托基金权益	99.7	1.4	0.914	99.7	0.923
保险（退保现值）	—	—	—	14.8	0.175
养老金（退保现值）	—	—	—	3.8	0.398
负债	15.4	66.1	0.623	16.1	0.621
抵押债务	10.2	32.6	0.383	10.2	0.383
其他债务	34.7	58.2	0.694	34.7	0.699
净资产	32.4	100.0	0.772	29.3	0.715

资料来源：基于 1962 年消费者财务特征调查（SFCC）。详情请参阅正文。缩写：CSV，退保现值；SFCC，消费者财务特征调查。

表 A1.4　1962 年不同广义家庭财富概念的不平等程度指标（根据未经调整和调整后的数据）

财富概念	基尼系数	最富 1% 份额	最富 5% 份额	财富五等分份额				
				最富	次富	中间	次穷	最穷
未经调整的估算								
1. 原始财富构成	0.772	32.4	52.5	78.2	14.4	6.2	1.4	-0.3
2. 第 1 行加上其他耐用品	0.701	29.5	48.0	72.7	15.0	-7.6	3.2	1.5
3. 第 2 行加上家庭普通财产	0.679	28.4	46.5	70.9	15.2	8.1	3.9	1.9
4. 第 1 行减去汽车	0.798	33.9	54.5	80.3	14.0	5.7	0.6	-0.6
调整后与国家资产负债表保持一致								
5. 仅限原始财富构成	0.793	33.3	54.6	80.9	12.9	5.3	1.2	-0.3
6. 第 5 行加上保险退保现值和养老金的退保现值	0.782	32.2	53.2	79.8	13.4	5.7	1.4	-0.3
7. W2 = 第 6 行加上其他耐用品	0.731	31.8	50.1	75.9	13.8	6.6	2.6	1.0
8. W2* = W2 加上家庭普通财产	0.715	29.3	48.9	74.4	14.1	7.1	3.1	1.3
9. W2 减去所有耐用品	0.805	33.4	55.0	81.7	12.9	5.2	0.8	-0.5
包含退休财富的广义家庭增广财富定义								
10. 社保财富仅加上固定收益（DB）养老金财富[a]								
g = 0	0.504	8.0	22.7	52.9	22.9	14.3	8.3	1.7
g = .01	0.482	7.9	21.4	50.6	23.4	15.2	9.0	1.8
g = .02	0.466	7.8	20.3	48.8	24.1	16.0	9.4	1.8

续表

财富概念	基尼系数	最富 1% 份额	最富 5% 份额	财富五等分份额				
				最富	次富	中间	次穷	最穷
g = .03	0.458	7.6	19.4	47.6	24.6	16.5	9.5	1.7
11. W5* = W2* 加上社会保障和固定收益(DB)养老金财富								
g = 0	0.624	23.8	40.8	65.8	16.8	9.5	5.4	2.5
g = .01	0.607	22.9	39.5	64.3	17.2	9.9	5.9	2.7
g = .02	0.586	21.9	38.0	62.5	17.6	10.5	6.4	-3.1
g = .03	0.563	20.6	36.1	60.3	18.1	11.2	7.1	3.3

资料来源：作者对 1962 年消费者财务特征调查的计算。

注：a. 该分组仅显示退休财富分布。分位数份额是根据按家庭的退休财富而非净资产排名得出。如果按净资产排名，最富 1% 阶层将拥有退休财富总额的 2% 左右。由于数据限制，我无法将固定收益养老金与社会保障财富分开。参数 g 是实际社会保障福利平均值的假定增长率。

缩写：CSV，退保现值；DB，固定收益；SFCC，消费者财务特征调查。

(第5行)。正如预期的那样，集中度上升的情况大多发生在财富分布五等分的富裕阶层，因为大部分少报漏报项目是财富分布富裕阶层持有的项目。在广义家庭财富组合中增加了人寿保险退保现值和养老金退保现值导致的变化相对较小，这是因为这些资产非常小，但是，增加其他耐用消费品形成财富衡量指标W2，这导致了财富不平等程度衡量指标急剧降低，当在W2基础上进一步增加家庭普通财产形成财富衡量指标W2*，再次导致财富不平等程度衡量指标降低。① 在财富定义中增加缺失项目并调整与国家资产负债表保持一致，这种操作的净效应是财富不平等程度衡量指标降低，并且降低幅度相当大，基尼系数从0.772（第1行）下降到0.715（第8行)。这种变化的大部分是由于财富分布五等分两个最穷20%阶层财富增加，实际上，最富1%阶层的财富份额相对降低了一点。最后，第4行和第9行比较了称为“可替代净资产”（W2减去所有耐用消费品）的估算值，未经调整和调整后的数据。财富分布估算值几乎相同，基尼系数分别为0.798与0.805。对于可替代财富，使其与国家资产负债表对齐后，财富集中度几乎没有变化。

第10行显示了社会保障和养老金财富的分布情况。由于数据的限制，我无法将1962年消费者财务特征调查中的这两个财富组成部分分开。与可变现财富相比，退休财富的分布更为平等。特别是，财富分布富裕阶层的退休资产份额大幅下降，而财富分布五等分三个中间阶层的份额大大高于其他类型资产的相应份额。此外，如果随着时间的推移，社会保障福利的假设增长率（参数g）越高，则财富分布就越平均。其原因在于，提高g可以使年轻人年龄分组和老年人年龄分组的社会保障财富更加平等。此外，g越高，退休财富的量级越大，因为

---

① 我将广义家庭财富的新衡量指标W2*定义为W2加上家庭普通财产。

退休财富未来利益流的现值增加了。对于 g＝0.0，总退休财富占资产负债表资产的23%，而如果假设 g＝0.03，则该比率变为42%。

在第 11 行，我显示了 W5*财富分布的结果，其定义为 W2*加上养老金和社会保障财富。[①] 对于 g 的所有假设值，在可变现财富中加入退休财富会导致财富不平等程度衡量指标显著降低。此外，g 值越高，则财富不平等程度衡量指标降幅越大，因为退休财富量级增加，集中度降低。对于 g＝0.0，W5*的基尼系数为 0.624，而对于 g＝0.03，W5*的基尼系数为 0.563。

1983 年消费者财务状况调查的调整程序

与 1962 年消费者财务特征调查相比，1983 年消费者财务状况调查包含更多关于资产和负债的详细信息。与消费者财务特征调查文件一样，原始调查数据中也存在大量缺失问题和不一致问题。美国联邦储备委员会细心谨慎，竭尽全力地去克服缺少答复项目和内部数据不一致等问题，就像它对 1962 年消费者财务特征调查数据的处理一样。[②] 为了与 1962 年消费者财务特征调查数据保持一致，我根据 1983 年消费者财务状况调查的这个完全估算版本得到了本书中所有表格和数据。

表 A1.1 比较了从消费者财务状况调查和国家资产负债表数据得到的资产负债表总额。除了公司股票、非法人企业股权和信托基金权益外，少报漏报模式与 1962 年消费者财务特征调查非常相似。

---

① W5 的结果相似，其定义为 W2 和养老金财富以及社会保障财富的总和。

② 详细估算过程参见 Robert B. Avery，Gregory E. Elliehausen 和 Arthur B. Kennickell 著作："Measuring Wealth with Survey Data：An Evaluation of the 1983 Survey of Consumer Finances"（该论文于 1987 年 9 月在意大利罗卡迪帕帕举行的国际收入与财富研究协会第二十届会议上发表）。

房主自住住房和交通工具似乎在消费者财务状况调查中得到了很好的覆盖，投资型房地产和非法人企业股权也是如此。活期存款（包含现金）和定期存款（包含货币市场基金，定期存单和相关流动资产）有严重的少报漏报问题——几乎与1962年消费者财务特征调查（SFCC）的情况一样。调查很好地获取了金融证券数据，包含债券和抵押担保债券，与消费者财务特征调查一样。消费者财务状况调查获取了90%的公司股票，这一比例远高于1962年消费者财务特征调查。消费者财务状况调查中信托基金的总价值远高于资产负债表中的价值。这与1962年消费者财务特征调查数据中64%的覆盖率截然不同。消费者财务状况调查中人寿保险退保现值的总价值超过了国家资产负债表总额，但这一结果可能部分是由于保险储蓄与定期存款的错误匹配导致的。消费者财务状况调查的总养老金退保现值是国家资产负债表估算值的2倍多，不过这可能是国家资产负债表该类别资产的估算程序导致的结果。最后，在消费者财务状况调查中很好地覆盖了负债——与1962年消费者财务特征调查几乎完全相同。对于净资产，1983年消费者财务状况调查似乎比1962年消费者财务特征调查能更好地获取广义家庭财富数据。

关于调整1983年消费者财务状况调查调查结果，使其与国家资产负债表总数一致这个问题上，存在一些争议。例如，科廷，贾斯特和摩根认为1983年消费者财务状况调查结果比美国财政账户数据更可靠，因此建议不应该进行对齐操作。[①] 例如，他们声称，拿消费者财务状况调查与美国财政账户面对面比较，其定期存款和

---

① 参见 Richard T. Curtin，F. Thomas Juster 和 James N. Morgan 著作："Survey Estimates of Wealth：An Assessment of Quality，" 载于 *The Measurement of Saving, Investment, and Wealth*，编辑：Robert E. Lipsey 和 Helen Tice（Chicago：Chicago University Press，1989），473 - 548。

储蓄账户的覆盖率较低，这实际上是由美国财政账户数据中使用的不同估算技术导致的结果。艾弗里、艾利豪森和肯尼克尔也提出了类似的论点。[①] 不管他们的论点有什么道理，我在这里的兴趣点是使1962年和1983年的广义家庭调查数据保持一致。因此，似乎实现这一目标的最佳方式是将两项调查与至少内部一致的单一来源数据（即国家资产负债表广义家庭经济部门数据）保持一致。

对于房主自住住房、其他房地产、交通工具、非法人企业股权、信托基金权益和养老金退保现值（CSV）、消费者财务状况调查覆盖范围似乎相当广，所以并没有进行调整。[②] 对于其他资产和负债组成部分，进行了调整，使其与国家资产负债表总额保持一致。这是通过对资产负债表中每个存在少报漏报情况的项目使用比例调整因子来实现的，不过存在三个例外。第一，定期存款和储蓄存款以及保险退保现值被统一为一个类别进行调整，因为后者在国家资产负债表总额中被过度报告了，调查答复者很容易混淆这两个分类。第二，抵押贷款债务被做了限制，使其不会超过其报告的价值或房地产总价值的80%两者中最大的一个。第三，非抵押债务的最大值被限制为不超过其报告价值或总资产价值的50%两者中最大的一个。在1983年消费者财务状况调查中，部分报告了非交通工具耐用消费品，但其总价值不到资产负债表总额的四分之一。我使用相同的回归技术来估算非交通工具耐用消费品类别的缺失部

① 参见Avery，Elliehausen和Kennickell著作："Measuring Wealth with Survey Data"。

② 实际上，这些类别中的一些带来了一个相反的问题：它们的报告值是否应该向下调整以匹配国家资产负债表总额？正如我对1962年消费者财务特征调查所做的处理一样，我认为受访者没有明显的动机会过度报告其资产的价值。此外，受访者对某些项目的市场价值估算，例如房主自住住房和其它房地产，可能优于基于永续盘存技术的汇总资产负债表的估算。因此，与1962年消费者财务特征调查的处理一样，我不对这些项目进行调整。

分，就像我对 1962 年数据所做的处理一样，使该类别的总数（包含 1983 年消费者财务状况调查中报告的部分）与国家资产负债表的数字 7606 亿美元保持一致。家庭普通财产的估算方式与 1962 年的数据处理相同。①

表 A1.5 显示了与相应的国家资产负债表总额保持一致后的每项资产和负债的集中度。其他耐用消费品、家庭普通财产、活期存款和现金、信托基金、抵押债务和其他债务的分布在 1962 年至 1983 年间基本保持不变（比较表 A1.3）。但是，这两个年份之间有一些重要的变化。拥有自己住宅的广义家庭比例从 57.0% 上升到 63.4%，房主的房屋价值不平等程度的衡量指标基尼系数从 0.354 增加到 0.427。但是，由于这两个效应相互对冲，因此房主自住住房（房主和非房主）的整体基尼系数在两个年份里都保持在 0.63。拥有其他房地产的家庭比例从 11.3% 增长到 18.9%，而房产所有者的基尼系数保持不变。拥有交通工具的家庭比例从 74% 增加到 84%，交通工具所有者的基尼系数从 0.472 降至 0.442。此外，拥有定期存款的家庭的比例从 58.5% 上升至 74.1%，此类资产的基尼系数从 0.729 略微上升至 0.771。最后，拥有公司股票的家庭比例从 16.1% 增加到 20.7%，而在股票所有者中基尼系数从 0.853 上升到 0.891。最终结果是公司股票的整体基尼系数没有变化。②

表 A1.6 显示了在与国家资产负债表总额保持一致之前和之后的广义家庭总体财富不平等程度估算值。结果模式类似于 1962 年消费

---

① 家庭普通财产的估算基于美国劳工统计局的消费者支出调查。

② 由于 1962 年类别包含储蓄国债，但后一个年份没有包含，所以无法比较两个年份的金融证券分布，同样无法比较保险退保现值分布或养老金退保现值分布，因为这些项目是用 1962 年数据估算的。

者财务特征调查的结果模式。根据未经调整的财富数据，在广义家庭财富组合中纳入其他耐用消费品和家庭普通财产导致财富不平等程度衡量指标大幅降低，此时，基尼系数从0.788（第1行）降到0.729（第3行）。与1962年的数据一样，将消费者财务状况调查中原始财富组成与国家资产负债表对齐后，对财富不平等程度衡量指标的影响，与添加其他耐用消费品和家庭普通财产相比，效果要小一些。但是，1983年消费者财务状况调查调整后的变化方向与1962年数据不同。此时，基尼系数从0.788（第1行）略微下降到0.781（第5行）。添加缺失资产估算值和与国家资产负债表总额对齐的总效果是导致基尼系数从0.788下降到0.739（第6行），最富1%阶层拥有财富占总财富的份额从34.5%下降到30.9%。

表A1.5　1983年按组成部分分组的广义家庭财富集中度（调整后的数据）

财富构成	最富1%阶层份额	拥有率(%)	基尼系数，仅限持有人
资产	28.6	100.0	0.703
房主自住住房	11.2	63.4	0.427
其他房地产	55.5	18.9	0.750
交通工具	6.8	84.4	0.442
其他耐用消费品	2.2	100.0	0.144
家庭普通财产	7.5	100.0	0.271
活期存款和现金	29.6	100.0	0.795
定期存款和储蓄存款	25.8	74.1	0.771
金融证券	68.9	7.7	0.747
公司股票	74.3	20.7	0.891
非法人企业股权	63.0	14.2	0.789
信托基金权益	96.8	4.0	0.933
保险(退保现值)	30.8	34.1	0.686
养老金(退保现值)	65.7	10.9	0.788
杂项资产	63.4	11.2	0.754
负债	23.4	69.8	0.683

续表

财富构成	最富1%阶层份额	拥有率(%)	基尼系数，仅限持有人
抵押债务	13.4	37.1	0.455
其他债务	41.9	63.6	0.795
净资产	30.4	100.0	0.728

资料来源：作者对1987年联邦储备委员会磁带数据中的1983年消费者财务状况调查数据的计算。

注：此版本包含对未答复缺失值的估算以及对数据不一致性的更正［详见罗伯特·艾弗里、格雷戈里·艾利豪森和阿瑟·肯尼克尔，《使用调查数据衡量财富：评估1983年消费者财务状况调查》（该论文于1987年9月在意大利罗卡迪帕帕举行的国际收入与财富研究协会第二十届会议上发表）］。

这里显示的是数据与国家资产负债表总额对齐后的结果。

第9行显示了固定收益养老金财富分布的结果，定义为未来固定收益养老金福利的流量预期值，按照家庭养老金财富价值排序。养老金财富的基尼系数为0.844，远远高于传统财富W2*（第7行）。然而，财富不平等程度较高的部分原因是1983年只有34%的家庭持有这种资产。在仅拥有养老金财富的样本中，基尼系数为0.56。与1962年的数据一样，社会保障财富的分布比W2*分布要明显平均得多。对于g（假定的实际社会保障福利增长率）=0.02，其基尼系数为0.509（第10行），相比之下W2*的基尼系数为0.728。1962年至1983年，总退休财富的集中度略有上升。固定收益养老金和社会保障财富之和（g=0.02）的基尼系数在1962年为0.466（表A1.4第10行），与之相比其在1983年为0.50（表中没有显示该结果）。此外，相对于传统财富，退休财富的量级在此期间大幅增长，从1962年占W2*的38%增加到1983年的88%。

与1962年数据一样，将固定收益养老金和社会保障财富增加到传统财富（W2*）形成W5*，导致财富不平等程度衡量指标显著下降。假设 g = 0.02，基尼系数从 0.728 下降（第 7 行）到 0.572（第 11 行）。由于退休财富相对于传统财富的量级增加，这一降幅大于 1962 年。

表 A1.7 总结了加入缺失资产的估算值以及调整与国家资产负债表总数保持一致，对财富不平等程度衡量指标（基尼系数）的影响。主要的影响来自在 1962 年和 1983 年调查数据中添加缺失资产的估算值。将缺失的耐用消费品（以及 1962 年数据里的养老金退保现值和保险退保现值）添加到广义家庭财富原始组成部分里，形成 W2，导致基尼系数下降约 9%，进一步将家庭普通财产纳入 W2 定义里形成 W2*，使基尼系数进一步下降 2% 至 3%。加入固定收益养老金和社会保障财富的估算值形成 W5*，又将使该基尼系数降低 0.13 至 0.16 基尼点（g = 0.02）。而在另一方面，调整数据使其与国家资产负债表总数保持一致，仅导致财富不平等程度衡量指标的温和变化。各种财富概念的基尼系数变化范围在 1962 年为 0.02～0.04，在 1983 年为 0～0.01。对于可替代财富来说也是如此，其定义为 W2 减去所有耐用消费品。此外，不同财富调查中的变化方向不一定相同。在这里考察的两个案例中，调整 1962 年消费者财务特征调查数据，增加了财富不平等程度衡量指标，但调整 1983 年消费者财务状况调查略微减少了财富不平等程度衡量指标。[①]

---

① 对于这两个数据库而言，调整的影响相对较小，因为富裕阶层少报漏报财富的程度并不像其他财富调查那样明显。例如，Curtin，Juster 和 Morgan 报告不同调查的覆盖范围存在显著差异，尤其是对最富裕阶层，他们以 1983 年消费者财务状况调查为一方，以 1984 年收入动态追踪调查和 1984 年收入和保障计划参与情况调查的财富增刊为另一方，进行了对比（参见 Curtin，Juster 和 Morgan 著作：*The Measurement of Saving, Investment, and Wealth*）。因此，对于最富裕阶层覆盖率较差的调查，使其与总国家资产负债表总额对齐可能会大幅改变财富不平等程度估算值。

表 A1.6　1983 年不同广义家庭财富概念的不平等程度指标（根据未经调整和调整后的数据）

财富概念	基尼系数	最富 1%份额	最富 5%份额	财富分布五等分分组份额				
				最富	次富	中间	次穷	最穷
未经调整的估算								
1. 原始财富构成	0.788	34.5	56.2	80.3	12.6	5.6	1.5	0.0
2. 第 1 行加上其他耐用品	0.740	32.4	53.0	76.6	13.1	6.5	2.7	-1.1
3. 第 2 行加上家庭普通财产	0.729	31.8	52.0	75.7	13.3	6.8	2.9	1.3
4. 第 1 行减去交通工具	0.806	35.7	57.9	82.0	12.2	5.1	-1.1	-0.3
调整后与国家资产负债表保持一致								
5. 仅限原始财富构成	0.781	32.8	54.6	79.8	12.9	5.7	-1.6	0.0
6. W2 =第 5 行加上其他耐用品	0.739	30.9	51.8	76.5	13.4	6.5	2.6	1.0
7. W2* =W2 加上家庭普通财产	0.728	30.4	51.0	75.6	13.6	6.8	2.9	1.2
8. W2 减去所有耐用品	0.800	34.0	56.3	81.5	12.5	5.2	-1.1	-0.3
包含退休财富的广义家庭增广财富定义								
9. 固定收益（DB）养老金财富[a]	0.844	19.8	48.8	90.3	9.7	0	0	0
10. 社会保障财富[b]								
g=0	0.557	7.3	25.2	58.3	21.3	12.8	7.0	0.6
g=.01	0.528	7.5	25.1	55.0	21.9	14.2	8.2	0.7
g=.02	0.509	8.0	25.4	52.9	22.3	15.0	9.1	0.8
g=.03	0.503	8.6	25.7	52.2	22.4	15.2	9.4	0.9

续表

财富概念	基尼系数	最富 1% 份额	最富 5% 份额	财富分布五等分分组份额				
				最富	次富	中间	次穷	最穷
11. W5* = W2* 加上社会保障财富和养老金财富								
g = 0	0.607	20.6	39.1	64.2	17.3	10.3	5.8	2.4
g = .01	0.592	20.0	37.9	63.0	17.4	10.5	6.2	2.9
g = .02	0.572	19.0	36.4	61.7	17.4	10.8	6.7	3.3
g = .03	0.550	-17.8	34.7	60.2	17.4	11.2	7.4	3.8

资料来源：作者对 1987 年联邦储备委员会磁带数据中的 1983 年消费者财务状况调查数据的计算。

注：此版本包含对无回答缺失值的估 算以及对不一致数据的更正。

a. 该小组仅显示养老金财富的分布情况。分位数份额基于广义家庭养老金财富排名的规模分布。

b. 该小组仅显示社会保障财富的分布情况。最高百分位数和五等分分组的份额是根据广义家庭社会保障财富排名的规模分布得出。如果按净资产排名，最富 1% 阶层将拥有社会保障总财富的 3% 左右。参数 g 是实际社会保障福利平均值的假定增长率。

表 A1.7 1962 年和 1983 年广义家庭财富中加入缺失资产估算值并调整与国家资产负债表总额一致对基尼系数的影响

财富概念	1962 年		1983 年	
	调整之前	调整之后	调整前	调整之后
仅限原始财富构成	0.77	0.79	0.79	0.78
W2 财富构成	0.70	0.73	0.74	0.74
W2 * 财富构成	0.68	0.72	0.73	0.73
W5 * 财富构成(g = 0.02)	—	0.59	—	0.57
WF[a]	0.80	0.81	0.80	0.80

资料来源：作者对 1962 年消费者财务特征调查和 1983 年消费者财务状况调查的计算。

注：a. WF 是可替代财富，定义为 W2 减去所有耐用品。

1962 年消费者财务特征调查和 1983 年消费者财务状况调查的结果显示，这两个年份内财富不平等程度相似。未经调整的原始调查估算值显示财富不平等程度略有增加，基尼系数从 1962 年的 0.77 增加到 1983 年的 0.79。调整后的调查数据否定了这种上升趋势。添加缺失资产并调整与国家资产负债表总额保持一致后，1962 年和 1983 年的基尼系数非常接近，分别为 0.715 和 0.728。将退休财富增加到调整后的可销售净资产形成 W5 * ，导致 1962 年至 1983 年财富不平等程度略有下降，基尼系数从 0.59 下降至 0.57（g = 0.02）。鉴于社会保障财富在此期间的快速增长，这种下降幅度相对温和。显而易见的原因是社会保障的增长被固定收益养老金财富的快速增长所抵消，因为固定收益财富的分布不那么平等。

调查数据的调整和估算对财富不平等程度的影响要大于对其趋势的影响。但是，对于 1962 年和 1983 年的调查，调整使其与国家资产负债表总额一致，似乎影响相对较小，财富构成部分基尼系数的最大变化为 0.04，而总净资产基尼系数最大变化为

0.02。另外，加入缺失资产估算值对财富不平等程度有相当大的影响。加入缺失的耐用消费品导致基尼系数发生 0.05 ~ 0.07 个基尼点的变化，加入家庭普通财产使基尼系数再次下降 0.01 ~ 0.02 个基尼点。增加固定收益养老金财富和社会保障财富导致基尼系数急剧下降0.13 ~ 0.16 个基尼点。最后，如果我排除耐用消费品，家庭普通财产和退休财富，那么“可替代净资产”的财富不平等程度衡量指标对调整程序完全不敏感。因此，未经调整的 1962 年和 1983 年调查数据对这一广义家庭财富组成部分集中度的估算是可靠的。

1989 年、1992 年和 1995 年消费者财务状况调查调整程序

1989 年、1992 年和 1995 年消费者财务状况调查的调查总数里，某些资产和负债与相应国家资产负债表（美国财政账户）总额之间存在显著差异。因此，我对这些财富构成部分使用了比例调整。在相应年份，资产类型的调整因子如下：

	1983 年 SCF	1989 年 SCF	1992 年 SCF	1995 年 SCF
支票账户	1.68			
储蓄和定期存款	1.50			
所有存款		1.37	1.32	
金融证券	1.20			
股票和共同基金	1.06			
信托		1.66	1.41	1.45
股票和债券				1.23
非抵押债务	1.16			

由于调整后数据变化不大，因此没有对其他资产和债务项目，或后续消费者财务状况调查文件进行调整。

对于1992年消费者财务状况调查，广义家庭加权方案中似乎也存在重大问题。应该从一开始就注意到，与1989年的调查相比，1992年调查中使用的抽样框架发生了实质性变化。为了与早期结果保持一致，我调整了1992年消费者财务状况调查中使用的权重。

调整后的总收入或广义家庭收入	全体广义家庭的SCF百分比分布[a]		所有纳税申报的SOI百分比分布[b]	
[当时美元]	1989年	1992年	1989年	1992年
低于100000美元	95.7	94.9	97.4	96.7
100000～199999美元	3.107	3.948	1.864	2.474
200000～499999美元	0.895	0.892	0.546	0.657
500000～999999美元	0.187	0.182	0.103	0.124
1000000美元或更多	0.073	0.040	0.051	0.059
其中				
1000000～3999999美元	0.0550	0.0293		
4000000－6999999美元	0.0128	0.0021		
7000000美元或更多	0.0049	0.0002		
合计	100.0	100.0	100.0	100.0

注：a. 资料来源：作者对1989年和1992年消费者财务状况调查数据的计算。

b. 资料来源：《精选历史数据和其他数据》，《收入统计公报》第13卷第4期（1993～1994冬季版），第179～180页；《精选历史数据和其他数据》，《收入统计公报》第15卷第4期（1994～1995冬季版），第180～181页。

从上表中很容易看到问题，它提供了收入统计和消费者财务状况调查财富分布的比较。

对比1989年和1992年消费者财务状况调查使用的权重，这里显示 1992 年调查非常明显的大幅降低了收入分布顶部的权重。根据这些数字，收入介于 100 万美元和 400 万美元的广义家庭百分比从 0.055 降至 0.0293，几乎降低了一半；收入范围介于 400 万美元至 700 万美元的广义家庭百分比从 0.0128 降至 0.0021，降幅超过 80%；收入为 700 万美元或以上的百分比从 0.0049 降至 0.0002，降幅超过 95%。这些变化非常难以令人置信，特别是与当前人口调查的结果对比，它表明在此期间收入不平等程度略有上升（基尼系数从 0.427 增加到 0.428）。

该表还比较了从收入统计计算的 1989 年和 1992 年收入规模分布与两个消费者财务状况调查文件得到的收入规模分布的比较。收入统计数据基于这两个年份里提交的实际纳税申报表。这两个数据源之间有三个主要差异。第一，收入统计数据使用纳税申报表作为观察单位，而消费者财务状况调查数据则以广义家庭为观察单位。第二，不提交纳税申报表的个人不在收入统计表格中。第三，收入统计数据的规模分布是基于的调整后总收入，而消费者财务状况调查的规模分布基于广义家庭总收入。

尽管在概念和衡量指标方面存在差异，但调整后总收入规模分布的趋势可以粗略估算广义家庭（人口普查）收入的规模分布的实际变化。最引人注目的是，收入统计数据显示，收入阶层 100 万美元以上单位的占比略有上升，从 1989 年的 0.051% 增加到 1992 年的 0.059%，而消费者财务状况调查数据显示该指标急剧下降，从 0.073% 降至 0.040%。收入统计数据的结果未能为 1989 年至 1992 年收入在 100 万美元以上的广义家庭数量急剧下降提供任何独立的事实证据。因此，我调整了 1992 年的权重，以符合 1989 年的加权方案。1992 年权重的调整因子由标准化 1992 年与 1989 年权重比的倒数给出，见下表最后一栏：

收入(按1989年美元计算)	1992年权重调整因子
不到200000	0.992
200000~999999	1.459
1000000~3999999	1.877
4000000~6999999	4.844
7000000或更多	12.258

由此产生的1989年和1992年收入规模分布如下:

收入份额(%)	1989年SCF 使用原始权重	1992年SCF 使用调整权重
最富1%阶层份额	16.4	15.7
最富5%阶层份额	29.7	30.5
最富10%阶层份额	40.1	41.1
最富20%阶层份额	55.3	56.4
基尼系数	0.521	0.528

这里的计算结果显示，总收入不平等程度略有增加，如基尼系数所示，这一结果与收入统计数据和当前人口调查数据一致。

附录2　1969年经济和社会绩效衡量指标数据集结构

本附录提供了1969年美国广义家庭财富规模分布的描述以及基尼系数估算值，数据来自一个名为经济和社会绩效衡量指标的合成数据库。[①] 该数据库是在理查德·拉格尔斯（Richard Ruggles）的指导下，于1972年10月至1977年10月在美国国家经济研究局开发的。本数据库基于63457个广义家庭样本，应用三种统计匹配和两组设算，包含资产负债信息，以及详细的人口统计数据。

可能需要一些调整来开发用于估算广义家庭财富分布的新（合成）数据库。广义家庭财富数据有四个主要来源。第一个是政府记录，特别是财富持有人缴纳财富税需要填写的纳税申报表。不幸的是（或者幸运的是），美国没有征收财富税，所以没有这样的数据来源。但是，瑞典和其他几个西欧国家实施了（或者曾经实施过）一般财富税（见第十四章）。这种类型的数据可能是进行财富分布分析的最佳数据源。即便如此，使用它也还是有三个主要问题。第一，提交申报表通常需要最低限度的财富，因此其人口覆盖

① 详细信息，参见Wolff著作："Estimates of the 1969 Size Distribution of Household Wealth in the United States from a Synthetic Database," 载于 *Modeling the Distribution and Intergenerational Transmission of Wealth*，编辑：James D. Smith（Chicago: University of Chicago Press, 1980），223－271。

面不完整。第二，并非所有资产都包含在这些纳税申报表中（特别是不包含耐用消费品），对于那些需要报告的资产，通常存在少报漏报问题（或者不知道资产的当前市场价值，或者出于避税目的）。因此，通常没有完全反映资产价值。第三，发布此类数据供研究使用时经常有信息披露问题。

财富数据的第二个主要来源是遗产税记录。这些也是政府记录，但与财富税记录不同，这里覆盖的是死者的信息，而不是生者。在美国，使用遗产税数据作为进行财富分布估算的手段主要是由罗伯特·兰普曼和詹姆斯·史密斯开发的。[①] 这个数据来源有五个主要问题。第一，样本仅限于财富分布的顶部（1969年为总财产为60000美元或以上的死者）。第二，资产覆盖范围有限，遗漏了耐用消费品和家庭普通财产。此外，由于税收原因，资产价值（尤其是商业股权）倾向于被低估。第三，死者的人口统计详细信息非常有限，而他（或她）所属的广义家庭则完全没有信息。第四，根据死者样本推算全体人口估算值取决于相对死亡率的假设（虽然不同假设得到总体规模分布估算值相当稳健）。第五，很难确定生前赠与（死亡之前的赠与）和建立信托基金对这一数据来源估算的财富规模分布的影响。

财富数据的第三个主要来源是对广义家庭的直接调查。这可能来自全面人口普查或抽样调查。也许1969年之前美国最著名的这

① 方法论的描述，参见 Robert J. Lampman 著作：*The Share of Top Wealthholders in National Wealth, 1922 - 1956* (Princeton, N. J.: Princeton University Press, 1962)；参见 James D. Smith 和 Stephen D. Franklin 著作："The Concentration of Personal Wealth, 1922 - 1969," 载于 *American Economic Review* 64 (May 1974): 162 - 167；以及 James D. Smith 著作："Trends in the Concentration of Personal Wealth in the United States, 1958 - 1976," 载于 *Review of Income and Wealth* series 30, no. 4 (December 1984): 419 - 428。

种类型调查是美国联邦储备委员会 1962～1963 年消费者财务特征调查。[①] 与所有调查一样，由于完成这些调查所需的时间和预算有限，因此这些调查存在一些缺陷。在本次调查中，对 2557 个消费者单位发放了调查问卷，使其报告其资产和负债信息以及其他广义家庭信息。除没有耐用消费品外，调查的资产覆盖范围相当完整。这项调查的主要问题是流动资产和分期债务的严重少报漏报。[②] 例如，与资金流量表（Flow of Funds）数据（现在称为美国财政账户）相比，调查报告里只报告了 51% 的储蓄账户、55% 的美国政府债券、39% 的州和地方政府债券、58% 的分期债务。这项调查的另一个问题是，由于样本规模相对较小，因此对人口细分分组的财富分布估算值并不十分可靠，特别是穷人和富人的细分分组。

财富数据的第四个主要来源来自收入流。从本质上讲，该技术涉及将利息、股息、商业利润等“资本化”为相应的资产价值。查尔斯·斯图尔特（Charles Stewart）和斯坦利·来博格特（Stanley Lebergott）的研究提供了美国此类估算的早期样例。[③] 直到 1980 年，该技术被用于汇总收入流数据。经济和社会

---

① 参见 Dorothy Projector 和 Gertrude Weiss 著作：*Survey of Financial Characteristics of Consumers*，美国联邦储备委员会技术报告（Washington，DC：Board of Governors of the Federal Reserve System，1966）。

② 参见 Dorothy Projector 和 Gertrude Weiss 著作：*Survey of Financial Characteristics of Consumers*，美国联邦储备委员会技术报告（Washington，DC：Board of Governors of the Federal Reserve System，1966），61，参见附录 1 了解详情。

③ 参见 Charles Stewart 著作：“Income Capitalization as a Method of Estimating the Distribution of Wealth by Size Group，”载于 *Studies of Income and Wealth*，Vol. 3（New York：National Bureau of Economic Research，1939），95－146；以及 Stanley Lebergott 著作：*The American Economy*（Princeton，NJ：Princeton University Press，1976）。

绩效衡量指标实际上在微数据库基础上使用相同的技术。这种技术既有优点也有缺点。[①] 首先，由此得到的资产估算值的可靠性与作为基础的收入流数据在一个水平。在斯图尔特，来博格特的研究以及经济和社会绩效衡量指标（MESP）数据库中，基础收入流数据来自美国国税局（IRS）纳税申报表。这可能是美国最准确的收入信息来源，尤其是非薪资收入信息。此外，纳税申报表中的收入数据可能比基于调查的财富数据更可靠。

其次，由此得到的财富估算值自动与国家资产负债表总额匹配，因为资本化比率是给定资产的全国总量与相应收入流的样本总值之比。再次，可能的缺点是所得到的财富估算值对所使用的收益率敏感。在斯图尔特，来博格特的研究和经济和社会绩效衡量指标数据库中，隐性假设各项资产收益率是相同的，不会因为收入阶层、种族、地域等不同发生变化。如果收益率与某些人口统计特征之间存在系统性关系（例如，较高收入阶层可能会获得比较低收入阶层更高的股票收益率），那么在财富估算值里就会引入偏倚。但似乎这个方法的优势超过了劣势。由于资本化算法不与特定的调查或政府记录“绑定”，因此可以应用于任何抽样框。因此，与经济和社会绩效衡量指标数据库一样，可以全面覆盖人群。此外，该技术是相对开放的，因此未被这种方法包含的资产，如耐用消费品，也可以添加到广义家庭财富组合中。因此，这种方法可以全面覆盖资产和负债。

---

① 相关案例参见 Milton Friedman 著作：“Discussion on Income Capitalization,” 载于 *Studies of Income and Wealth*, Vol. 3（New York: National Bureau of Economic Research, 1939）。

经济和社会绩效衡量指标数据库的构造

经济和社会绩效衡量指标数据库是通过将1970年人口普查样本的信息与美国国税局纳税申报表数据相结合，并根据收入流和其它可用的广义家庭信息计算资产和负债值而形成的。经济和社会绩效衡量指标数据库的样本框架是1970年全国15%人口普查的1/1000普查样本（PUS），包含随机抽取的63457个广义家庭样本中的个人和广义家庭信息。

统计匹配程序用于添加来自其他三个数据集的广义家庭信息：1970年美国国税局税收模型（IRS 70），1969年美国国税局税收模型（IRS 69）和1970年全国5%人口普查1/1000普查样本（PUS5）。然后根据其扩展的人口统计和收入数据将资产和负债信息分配到每个广义家庭，最后调整广义家庭资产和负债估算数，使其与广义家庭财富的国家资产负债表总和相一致。

统计匹配

由拉格尔斯夫妇以及拉格尔斯夫妇和沃尔夫开发的统计匹配程序，被用于合并来自两次人口普查和两个纳税申报文件的信息。① 总共进行了三次单独的统计匹配。第一次统计匹配是匹配1969年和1970年美国国税局文件。之所以这样做是因为社会保障事务管

① 参见Richard Ruggles和Nancy Ruggles著作："A Strategy for Matching and Merging Microdatasets," 载于 *Annals of Economic and Social Measurement* 3, no. 2（April 1974）：353－371；参见Nancy Ruggles, Richard Ruggles和Edward Wolff著作："Merging Microdata: Rationale, Practice and Testing," 载于 *Annals of Economic and Social Measurement* 6, no. 4（Fall 1977）：407－428。

理局开发了一份特殊的1970年美国国税局文件，其中包含每个纳税申报表上户主的种族和年龄，[①] 以及每个纳税申报表扣除的更多详细信息，特别是抵押和其他利息支付，以及州、地方、销售和财产税支付，比1969年美国国税局文件要详细得多。对于这次匹配，先将这两个文件分为单个申报和联合申报。然后将单个申报者分成四个分组：65岁以下男性组，65岁或以上男性组，65岁以下女性组和65岁或以上女性组。联合申报者也被分为四个分组：夫妇都为65岁以下组，夫妇都为65岁或以上组，丈夫65岁以下和妻子65岁或以上组，丈夫65岁或以上和妻子65岁以下组。这些分组的每一个再根据其广义家庭中孩子数量分为更小的分组。

然后，对IRS69和IRS70两个文件每个精细分组里的纳税申报表进行匹配，匹配的依据是两份记录的下述13个项目的接近程度：调整后总收入，薪资收入与调整后总收入的比率，利息收入与调整后总收入的比率，长期资本收益与调整后总收入的比率，租金收入与调整后总收入的比率，股息与调整后总收入的比率，农业收入与调整后总收入的比率，信托收入与调整后总收入的比率，特许权使用费收入与调整后总收入的比率，企业收益和专业收入与调整后总收入的比率，养老金收入与调整后总收入的比率，财产销售收益与调整后总收入的比率以及总扣除额与调整后总收入的比率。然后将种族，年龄和逐项扣除从IRS 70记录转移到对应的IRS 69记录里。

第二次匹配，即主要匹配，是将这个“增强的”IRS 69文件与1970年普查样本（PUS）文件匹配，使其包含1969年的收入信

① 除非申报者年满65岁或以上，否则此信息通常未包含在纳税申报表中。

息。这次匹配的目的是将 IRS 69 文件的详细收入信息与普查样本的详细人口统计信息结合起来。此外，普查样本包含有关房主自住住房价值以及持有的耐用消费品存量价值的信息。这两组信息都是构建广义家庭资产负债表所需要的。

这两个文件首先根据以下 4 个（常见）变量分组：婚姻状况（单身对比已婚）；性别（针对单身人士）；户主年龄；户主种族。在每个分组中，根据两份记录与以下 6 个特征的接近程度来匹配两个文件：孩子数量；房主对比租房者；薪资收入；企业收益；农业收入；总收入。然后将详细的收入信息以及逐项扣除数据从 IRS 69 文件转移到 1970 年普查样本（PUS）文件。

最后一次匹配将 5% 普查样本（PUS5）匹配到普查样本。进行这次匹配的原因是只有 PUS5 文件中每个广义家庭拥有的电视机、收音机、洗衣机和烘干机的信息。这两个文件首先根据以下 5 个变量分组：婚姻状况；户主年龄；户主性别；户主种族；房主对比租房者。两个文件的两份记录根据它们与以下 5 个特征的接近程度进行匹配：孩子数量；物业价值或每月租金总额；户主工资收入；配偶的工资收入；广义家庭总收入。然后将有关耐用消费品存量的信息从 PUS5 文件传输到普查样本中。①

收入流的一致性

由于纳税申报表被估算为普查样本里的广义家庭，因此可以

① 由于两个样本的人口统计信息重叠非常大，因此这个匹配为测试匹配技术的可靠性提供了一个理想的机会。为此，我运行了两组回归，第一组使用 15% PUS 中的变量，第二组使用来自两个文件的混合变量。在 90% 的案例中，两组回归系数没有统计学差异（详见 Ruggles，Ruggles 和 Wolff 著作：“Merging Microdata”）。

预见从该样本计算的总收入流会出现一些错误。表 A2.1 对此进行了记录，该表将经济和社会绩效衡量指标总额与美国国税局收入统计总额进行了比较。调整后总收入和工资总额相当接近。未经调整的经济和社会绩效衡量指标文件中的利息、股息、企业净收入和专业净收入，以及租金收入总额均高于美国国税局总额。从表 A2.1 的第二列可以看出出现差异的主要原因：匹配程序为普查样本样本框架中的广义家庭分配了太多含该项目的纳税申报表。[①]

表 A2.1　1969 年未经调整的经济和社会绩效衡量指标总数与收入统计之间的收入流比较

收入类型	全国总计（单位:10 亿美元）			该项收入百分比	
	MESP	IRS	MESP/IRS	MESP	IRS
调整后总收入	629.60	603.6	1.04		
薪资	573.1	499.0	1.15		
利息	44.5	19.6	2.27	65.1	-42.3
股息	38.4	16.9	2.27	30.7	16.0
企业和专业	42.6	30.4	1.40	32.7	8.0
净收入					
合伙净收入	-17.2	-2.0		5.7	2.7
农业净收入	-10.0	3.6		16.5	4.1
租金收入	4.0	2.6	1.54	20.6	8.4
房地产和信托收入	-1.2	1.4		1.9	0.8

资料来源：作者从 1969 年经济和社会绩效衡量指标文件和 1969 年收入统计的计算。

注：缩写：MESP，经济和社会绩效的衡量；SOI，收入统计。

① 我们预计会出现一些向上偏倚，因为经济和社会绩效衡量指标的样本单位是广义家庭，每个家庭可能会提交多个纳税申报表。

修复程序很简单。针对利息、股息、企业净收入和专业净收入，以及租金收入，我随机删除这些条目，以使经济和社会绩效衡量指标文件中接收这些项目的广义家庭占比等于美国国税局数据里的占比。[①] 然后，我用一个常数来乘以剩余的收入条目，以便使它们的总和等于美国国税局总额。针对合伙收入、农业收入和信托收入，这几项的总额为负，我使用了一个不太一样的程序。我随机淘汰了一定比例的数值为正的条目和一定比例（并不相同）的数值为负的条目，以便接收该收入项目的样本百分比和总收入流与美国国税局总额一致。[②]

资产和负债估算

下一步是根据（已调整的）经济和社会绩效衡量指标中包含的存量数据和收入流数据“建立”每个广义家庭的资产负债表信息数据库。对于不同的资产和负债，估算程序不同。但是，在所有程序中，由此产生的汇总存量总数都调整与国家资产负债表广义家庭经济部门的总额一致（见表 A2.2）。

---

① 在收到相应收入项目的广义家庭百分比方面，这个程序可能会导致轻微的向下偏倚（参见注 12）。

② 我通过求解以下联立方程，确定要保留的正条目的百分比（p_1）和要保留的负条目的百分比（p_2）：

$p_1 P + p_2 N = T$ 和 $p_1 q + p_2 r = s$

其中 P ＝ MESP 文件中的总正收入；N = MESP 文件中的总负收入；T = IRS 文件的总收入；q = MESP 文件中收到正收入的百分比；r = MESP 文件中收到负收入的百分比；S = 在 IRS 文件中收到收入项目的百分比。

表 A2.2　按类别分组的美国 1969 年广义家庭财富汇总国家资产负债

单位：10 亿美元

类别		价值
资产	3612.8	
有形资产	1220.3	
房主自住住房		635.0
其他房地产		175.8
汽车		89.5
其他耐用消费品		227.3
家庭普通财产		92.7
金融资产	2392.6	
活期存款和现金		104.9
定期存款和储蓄存款		381.4
联邦债券		101.4
州和地方政府债券		34.8
公司和外国债券、抵押担保债券、公开市场票据、其他工具		85.6
公司股票		635.9
农业企业股权		218.1
非法人非农业股权		314.5
信托基金权益		132.8
保险和养老金储备		383.1
负债	450.2	
抵押债务		276.6
消费信贷		121.1
其他债务		52.5
净资产	3162.6	

资料来源：雷蒙德·戈德史密斯做出的估算，参见理查德·拉格尔斯编写的《众议院预算委员会预算和经济政策分配影响特别工作组声明》，油印品，1977 年。耐用消费品分为汽车和其他机动车，数据来自约翰·马斯格雷夫提供的美国经济分析局工作表。

房主自住住房

房屋价值在普查样本中提供，不过它们被编为十一个价值区间。使用每个价值区间的中点作为房屋价值，但最后一个区间除外，这个是开放式区间，为50000美元或以上。对这个区间，我们选择了77538美元作为房屋价值，以使房屋价值总数与总资产负债表总额一致。

耐用消费品

普查样本中有以下耐用消费品所有权信息，不过不是价值信息：汽车数量（0，1，2，3或更多），空调机组，洗衣机和干衣机、洗碗机、家用冰箱、电视和收音机。为了建立每个广义家庭的资产负债表，有必要增加耐用消费品的覆盖面，并为广义家庭拥有的每个耐用消费品估算一个美元价值。

广义家庭持有的耐用消费品总价值的估算值来自经济分析局（见表A2.3）。此外，1960～1961年美国劳工统计局消费者支出调查（CEX）提供了1960～1961年以下每种耐用消费品家庭年度支出的信息：汽车，洗衣机/干衣机组合，冰箱，其他主要电器，小家电，电视、收音机和留声机，家具，纺织品，地板覆盖物和家居用品。对于耐用消费品价值的估算，有必要将这三种数据来源中包含的信息结合起来。这是三个步骤的连续操作。第一步，将普查样本家庭普通财产中未包含的耐用消费品所有权归于广义家庭，并且估算每个广义家庭每个耐用消费品的购买价格和购买年份。第二步，每种耐用消费品的当前市场价值（1969年价值）是根据耐用消费品的使用年限和使用寿命来对其购买价格折旧来估算。第三步，调整样本中广义家庭持有的耐用消费品的总价值，使其与美国经济分析局（BEA）的净存量估算值一致。

为了计算耐用消费品的所有权，我计算了在预定的人口统计学类别中的在调查年度内购买了11种耐用消费品中每一种的广义家庭百分比，计算基于消费者支出调查数据。我最初使用了9个人口统计学特征：（1）城市/农村；（2）地区；（3）户主的性别；（4）户主的种族；（5）户主的受教育程度；（6）婚姻状况；（7）户主年龄；（8）职业；（9）家庭收入。使用九个维度最终将产生43436个类别（2×4×2×3×3×2×7×3×7）——远远超过消费者支出调查中的13728个家庭。因此，我从这9个维度中选择了最重要的三个人口统计学特征——收入、年龄和城市/农村居民，并增加了第四类——房主/租房者。[①] 这一程序产生了足够数量的样本，以便可靠地估算人口统计学分组中购买每种耐用消费品的比例。[②]

表 A2.3 1969年广义家庭持有的耐用消费品净存量

单位：10亿美元

类别	价值
汽车	89.5
其他机动车	9.5
电器	30.8
收音机、电视机、留声机等	30.9
家具	52.3

① 从技术上讲，我可以对每个耐用消费品选择聚合模式的均数差进行t比率测试。但是，从交叉制表分析来看，收入、年龄和居住地似乎是主要的决定因素。

② 另一种技术可能是使用逻辑回归来估算每种耐用消费品的购买概率，作为所有9个人口统计学特征的函数。但时间和成本限制使我们无法继续沿着这条思路探索下去。

续表

类别	价值
纺织品和其他耐用家居用品（不包含瓷器和餐具）	68.4
其他（包含瓷器和器皿、珠宝、书籍和玩具）	35.4
总计	316.8

资料来源：美国经济分析局工作表，由约翰·马斯格雷夫提供。参见艾伦·杨和约翰·马斯格雷夫《美国资本存量估算》（1976 年加拿大多伦多收入和财富研究会议上发表的论文）。

我将 1960 年至 1961 年购买每种耐用消费品的每个分组的比例，视为在 1960 年日历年和其后所有连续年份购买该商品的概率。[①] 设 q_{ij}是人口统计学分组 j 购买耐用消费品 i 的概率。我获得了关于 L_i 的信息，其代表每个耐用消费品 i 的使用寿命（见表 A2.4）。因此，分组 j 中的某个人拥有耐用消费品 i 的概率 r_{ij}是 q_{ij} L_i，假设分组中没有人会等到某件耐用消费品使用寿命结束才会购买该耐用消费品。[②] 接下来为普查样本中的每个广义家庭基于其人口统计学特征计算所有耐用消费品的概率 r_{ij}，这里耐用消费品不包括汽车，电视、收音机和洗衣机/烘干机。[③] s_i 是从 0 到 1 的数字，随机从一个均匀分布（使用随机数生成器）中选取，分配给每个广义家庭和每个耐用消费品 i。如果 $s_i < r_{ij}$，我将耐用消费品 i 的所有权分配给该广义家庭；否则假设该广义家庭并没有拥有它。对于

① 此程序引入了两个相互抵消的偏倚。首先，由于实际收入随着时间的推移而增长，因此在 1960 年至 1969 年，指定广义家庭的购买概率将会提升。但是，购买耐用消费品的可能性随着户主的年龄增长而下降，因为耐用消费品资本往往在生命周期早期获得，然后随着广义家庭逐渐老化逐渐被取代（也许是升级）。

② 当然，这是一个非常粗略的假设。我其实可以假设购买耐用消费品 i 的决定独立于耐用消费品 i 的所有权，这样将允许多次购买。然后，通过一个二项分布给出在给定的年数内购买耐用消费品 i 的次数的分布。

③ 这些是已包含在 PUS 家庭普通财产中的耐用品。

广义家庭拥有的全部耐用消费品，为其分配了耐用消费品 i 的年限估算值 Ai（包含普查样本中的那些广义家庭）。假设 $T_{ij}=1/q_{ij}$。则 T_{ij} 表明人口统计学分组 j 的耐用消费品 i 的平均拥有年限，其中，如果 $T_{ij}>L_i$，该物品在使用 $T_{ij}-L_i$ 年时价值为零。然后给出每个广义家庭的使用年限 A_{ij}，$A_i=s_iT_{ij}=s_i/q_{ij}$（只要 $s_i<r_{ij}$）。[①]

表 A2.4　11 种耐用消费品的使用寿命

单位：年

项目	使用寿命(年)
汽车	10
电视	9
收音机	9
家居用品	11
小家电	11
纺织品	10
家具	14
地板覆盖物	10
冰箱	10
洗衣机/干衣机	10
其他主要电器	10

资料来源：艾伦·杨、约翰·马斯格雷夫《美国资本存量估算》（1976 年加拿大多伦多收入与财富研究会议上发表的论文），表 1，第 10 页。

表 A2.5 比较两个广义家庭百分比，一个是根据消费者支出调查得到的 1960 年至 1961 年购买了 11 种耐用消费品中每一种的广义家庭百分比，另一个是我对 1969 年购买每种耐用消费品的广义

① 对于汽车和电视，PUS 家庭普通财产表明广义家庭拥有不止一个这类物品，因此估算出每个汽车和电视的年份。

家庭百分比的估算（即使用年限小于或等于 1）。除了汽车和电视机外，估算得到所有耐用消费品的购买估算值与实际消费者支出调查数据非常接近。由于普查样本中每个项目有多重所有权，所以估算的 1969 日历年汽车和电视购买情况可能被夸大了。[①]

下一步是估算每种耐用消费品的当前市场价值。为此，在回归分析的基础上估算广义家庭拥有的每件耐用消费品的购买价格。使用消费者支出调查数据，我根据消费者支出调查和普查样本共有的以下变量，以购买耐用消费品为条件，对 11 种耐用消费品的家庭支出进行了回归：[②] 家庭收入；户主受教育年限；户主年龄；家庭规模；城市/农村/农场居住；地区；户主性别；户主种族；婚姻状况；户主的就业行业；户主职业；房主/租房者。

回归结果用于为拥有耐用消费品的普查样本（PUS）中全体广义家庭计算其购买价格，如下所示：对于每个广义家庭拥有耐用消费品 i，我计算 $p_i = xb_i$，其中 b_i 是对于耐用消费品 i 和 x 这套回归变量的回归系数。估算得到的 p_i 是具有特征 x 的广义家庭的耐用消费品 i 的购买价格平均值（以 1961 年美元计算）。加入方差后得到耐用消费品 i 的购买价格 $p_i^* = p_i + t\sigma$，其中 σ 是回归的估计方差，t 是标准正态随机变量，其值来自于标准正态随机数生成器。[③]

---

① 这会夸大在给定年份购买每件物品的概率，因为购买物品的决定被视为独立于该物品的所有权。

② 我的主要研究结果如下：（1）收入是每个耐用品支出金额的正向决定因素，而耐用消费品支出百分比与收入阶层负相关；（2）花在耐用消费品上的金额与负储蓄负相关，特别是对于更加昂贵的耐用消费品而言；（3）住宅所有者耐用消费品支出与收入的比率高于租房者；（4）规模更大的家庭的耐用消费品支出更少。

③ 唯一的限制是，如果 p_i^* 小于零，则将 p_i^* 设置为等于零。

表 A2.5　比较 1960～1961 年消费者支出调查与 1970 年普查样本估算值的购买耐用消费品广义家庭百分比和平均购买价格

耐用消费品	广义家庭比例		平均购买价格（1961 年美元）		
	1960～1961 年 CEX	1969 年 PUS（估算的）	CEX	PUS	百分比差异
纺织品	76	70	44	70	59
家具	44	44	173	274	58
地板覆盖物	30	25	87	183	110
冰箱	9	10	240	275	15
洗衣机/干衣机	10	9	193	207	7
其他主要电器	20	23	135	168	24
小家电	27	25	28	37	32
家居用品	70	56	19	41	116
汽车	24	40	1234	1561	26
电视	54	74	71	90	27
收音机和留声机	44	41	76	148	95

注：消费者支出调查样本量 13728；普查样本样本量 63457。

缩写：CEX，消费者支出调查；PUS，普查样本。

表 A2.5 显示了消费者支出调查中 11 种耐用消费品中每种耐用消费品的平均购买价格以及普查样本中相同耐用消费品的平均（估算）购买价格。普查样本平均购买价格全部都高于消费者支出调查。这是可以预料的，因为普查样本估算使用了 1969 年的收入数据。（事实上，用当前美元计算的收入平均值，1969 年要比 1961 年高出约 50%。）

为了获得耐用消费品 i 的当前市场价值 V_i，我设定了一份直线折旧表，并按如下方式计算 V_i：

$$V_i = (L_i - A_i)p_i^* / L_i$$

表 A2.6　调整普查样本中耐用消费品总额与美国经济分析局总额对齐的调整因子

BEA 分组	调整因子
汽车	0.99
电器（洗衣机/干衣机、冰箱、其他主要电器、小家电）	1.37
电视、收音机和留声机	2.49
家具	4.04
家居用品（纺织品、地板、家居用品）	2.80

注：缩写：BEA，美国经济分析局；PUS，普查样本。

其中 A_i 是耐用消费品 i 的推算使用年限。对于广义家庭拥有的每一件消费品，如汽车和电视机，给出了一个估价。

最后一步是调整我对耐用消费品的估值，使其与美国经济分析局总额中广义家庭存量的汇总数据一致（表 A2.2）。这些估算有两个主要的误差来源。第一，它们使用的是 1961 年美元，虽然根据 1969 年收入数据进行了调整。第二，1961 年至 1969 年购买决策和支出行为可能发生了变化。

为了平衡这些广义家庭住户耐用消费品存量估算，我应用了表 A2.6 中所示的“调整因子”，以便使普查样本中的耐用消费品存量总额与美国经济分析局数据保持一致。汽车和主要电器只需要很小的调整。家具和家居用品需要大幅调整，大概是因为消费者支出调查对这些消费品的覆盖范围远小于美国经济分析局的覆盖范围。电视类需要大幅调整，可能是因为在 20 世纪 60 年代彩色电视机开始普及。除了“其他耐用”组（瓷器、餐具、珠宝、书籍、玩具等）之外，经济和社会绩效衡量指标覆盖的耐用消费品范围包含所有美国经济分析局类别。普查样本的覆盖范围因此达到了 2484 亿美元，占美国经济分析局总数的 78%。

定期存款、债券、票据和其他利息收益证券

广义家庭资产负债表中剩余资产的估算使用了资本化技术。理想情况下，不同人口统计学特征和收入特征的广义家庭的不同资产类型有不同的收益率，这是很合理的。例如，如果我们知道高收入广义家庭的债券平均收益率为 8%，而低收入广义家庭债券平均收益率为 6%，则可以为低收入和高收入广义家庭分别提供不同的资本化比率。但是，无法获得除股票资产外的其他信息（见下文）。因此，我对财富组合中的剩下的每一个资产都使用统一的资本化比率。

就金融证券而言，定期存款和储蓄存款的利息与纳税申报数据中的债券、票据、抵押担保债券以及其他金融证券的利息无法区分。所以定期存款和储蓄存款与其他金融证券汇总形成一个类别。此外，州和地方政府债券被排除在外，因为从这些债券收到的利息是免税的，因此没有记录在 1969 年的纳税申报表中。1969 年这组证券的平均收益率为 3.4%（19.6/568.4），使用这个收益率将收到的利息资本化为证券估算值。这个程序有两个相互对冲的偏倚。第一，储蓄账户的利率通常低于债券和其他证券，这意味着估算程序夸大了债券持有人相对于储蓄账户持有人的资产价值。因此，我高估了高收入阶层相对于较低收入阶层的金融证券持有量。第二，州和地方政府债券被排除在外的事实意味着，其所有者（主要是高收入者）的金融证券持有量被低估了。[①]

① 对于金融证券和股票，我忽略了不同财富构成的资本收益差异问题。对于其他资产，我也忽略了资本收益的差异和普通收益的差异。有关此问题的讨论，请参阅来博格特《美国经济》（*The American Economy*）。

公司证券

美国国税局（IRS）纳税申报数据里包含公司股票的股息发放记录。平均收益率为2.7%（16.9/635.9），我使用这个收益率将股息资本化为公司股票估算值。就这一资产而言，有一些1969年股息收益率与广义家庭收入的关系的信息。[①] 这里发现股息收益率与收入成反比。但是，调整后总收入的收入阶层之间平均股息收益率差异仅为2.78%到2.51%。[②] 与估算程序中可能出现的错误相比，这个差异范围很小，所以我忽略了这个修正。

投资型房地产资产

美国国税局的纳税申报数据中报告了净租金收入。这里无法进行简单的资本化处理，因为报告中的一些收入是负数。[③] 通常

---

① 参见Marshall Blume，Jean Crockett和Irwin Friend著作："Stockownership in the United States：Characteristics and Trends，"载于*Survey of Current Business* 54，no. 11（1974）：26。

② AGI分组的平均收益率如下：

AGI分组	平均股息收益率（%）
低于5000美元	2.77
5000~9999美元	2.76
10000~14999美元	2.78
15000~24999美元	2.75
25000~49999美元	2.65
50000~99999美元	2.56
100000美元+	2.51

③ 还有一个问题是并非所有投资型房地产都出租。尽管在收入或财富方面没有明显的系统性偏倚，但这将导致夸大投资型房地产所有权的集中度。

来说，总租金和成本[1]随着房产价值上升而上升。因此，一般来说，如果总租金和成本之间的差异越大，房产的价值就越高。因此，我根据净租金收入绝对值的比例，将净租金收入资本化为房地产价值，平均“收益率”数字为7.5%（13.2/175.8）。

非法人非农业企业股权

美国国税局的纳税申报数据中报告了净企业收入和专业（包含合伙）收入。与净租金收入一样，正和负的条目都有。因此，我使用与房地产相同的处理程序，并将净收入的绝对值资本化为非法人非农业股权，平均“收益率”数字为18.7%（58.8/314.5）。

农业权益

我使用与上述相同的程序将农业净收入的绝对值资本化为农业权益价值，平均“收益率”数字为4.8%（10.5/218.1）。

抵押债务

有更多的信息可用于估算住宅抵押贷款债务。在普查样本中，每个广义家庭都提供了住宅价值和拥有时间长度（“从搬入时开始计算”）信息。从其他来源，我获得了有关住房抵押贷款的平均利率，住房抵押贷款的平均期限以及住宅价格指数的信息（见表A2.7）。假设平均首付25%，并使用标准按揭摊销表，我根据初始房屋价值（当前价值乘以住宅价格指数）和拥

① 费用包含物业、维修和保养、抵押贷款利息、财产税和折旧等项目。

有时间计算出每个房主的未偿还房屋抵押贷款额。初步估算得到广义家庭抵押贷款总额为2738亿美元，与之相比资产负债表总额为2766亿美元，然后我将估算值调整了1%（2766/2738）。

其他广义家庭债务

美国国税局纳税申报数据中记录了广义家庭逐项扣除后的利息支付记录。[①] 在经济和社会绩效衡量指标（MESP）文件中，40.9%的全体广义家庭记录了一些利息支付。消费者财务特征调查里报告1962年的全体广义家庭里有56%除抵押债务外还有某种形式的其他债务。我假设1969年有56%的广义家庭有一些消费债务，多出的（56% -40.9% =15.1%）是没有报告逐项扣除的广义家庭。我从没有逐项扣除项目的广义家庭中随机选择这多出的15.1%，并将平均利率流资本化为广义家庭债务，使用的平均利率为7.3%（12.6/173.6）。

表A2.7　抵押债务估算的基本数据

时段	抵押贷款平均利率[a]（%）	居住建筑物价格指数[b]（1970 =100）	平均期限[c]（月）
1946～1949年	4.34	60.8	231
1950～1959年	4.81	76.9	261
1960～1964年	5.69	80.9	318
1965～1966年	5.93	83.5	329

① 1969年，允许纳税人从应税收入中扣除所有利息支出。

续表

时段	抵押贷款 平均利率[a]（%）	居住建筑物价格指数[b] （1970＝100）	平均期限[c] （月）
1967年	6.56	87.7	334
1968年	7.19	91.9	338
1969年	8.26	100.0	338

资料来源：a. 美国商务部经济分析局：《商业环境摘要》（1976年2月），表C.118，第109页［联邦住宅管理局（FHA）抵押贷款］。

b. 美国商务部经济分析局：《1929～1974年美国国民收入和产出账户》，表7～13，第294～295页。

c. 对于平均贷款期限，我使用了联邦住宅管理局数据和传统抵押贷款的加权平均值。在1964年之前，数据来源是古腾塔格和贝克：《新住宅抵押贷款收益率系列》，国家经济研究局（NBER），1970年（一般系列92号），表C－2和表C－3。1963年之后，数据来源是住房和城市发展部：《住房和城市发展趋势年鉴》（1970年5月），表A－61。

资产覆盖范围

表A2.8给出了经济和社会绩效衡量指标数据库中包含的广义家庭信息汇总。与表A2.1中的总资产负债表进行比较，可以看出其覆盖范围的扩展。房主自住住房、其他房地产和汽车都被完全覆盖。70%（158.9/227.3）的其他耐用消费品被包含在经济和社会绩效衡量指标数据库中，但没有家庭普通财产没有被包含在内。因此，经济和社会绩效衡量指标有形资产的覆盖率为87%（1059.2/1220.3）。金融资产的覆盖范围也不完整。定期存款和储蓄存款、联邦债券、债券、抵押担保债券和其他证券，公司股票，农业企业股权和非法人非农业股权已全面覆盖。但是，活期存款和现金、州和地方政府债券、信托基金权益以及保险和养老金储备不包含在内。金融资产的覆盖率为73%（1736.9/

2392.6），总资产的覆盖率为77%（2796.1/3612.8）。负债被完全涵盖在数据库中。

表 A2.8 经济和社会绩效衡量指标数据库中的广义家庭信息汇总

人口统计信息狭义家庭和广义家庭的大小和构成广义家庭的位置每个成员的年龄、性别、种族、受教育程度劳动力信息
每个成员的就业信息　行业和职业　每个成员的工作年限
收入信息薪资自营职业收入(包含合伙企业和非法人企业收入)农业收入
社会保障收入养老金收入
福利和公共援助转移特许权使用费利息股息
资本收益租金收入信托收入
资产负债表信息
有形资产
房主自住住房其他房地产汽车
其他耐用消费品
金融资产定期存款和储蓄存款、债券(州和地方政府债券除外)、公司股票、农业企业股权
非法人非农业股权
负债
抵押债务
其他广义－家庭债务

资产清单中缺少以下内容：家庭普通财产（半耐用消费品）；州和地方政府债券；人寿保险退保现值；固定收益养老金财富；社会保障权益。

广义家庭财富规模分布估算总结

本节介绍了从1969年经济和社会绩效衡量指标数据库估算得到的美国广义家庭财富分布情况。我将广义家庭财富组合分为5

类：自住住房（仅限主要住宅）；汽车和其他耐用消费品；金融资产，包含定期存款和储蓄存款、联邦债券、公司和外国债券、抵押担保债券、公开市场票据、其他金融工具（不包含州和地方政府债券）和公司股票；农业企业股权、非法人非农业股权和投资性房地产（包含第二套住宅）；债务，包含抵押债务、消费债务和其他个人贷款。总资产是前四个类别的总和。净资产等于总资产减去债务。

完整的样本包含 63457 个广义家庭，代表了 1969 年总体人口（见表 A2.9）。1969 年，每户资产平均值为 44429 美元，净资产平均值为 39926 美元。可以预计，通过基尼系数衡量的所有权集中度会根据资产类型不同而有差异。[①] 耐用消费品的基尼系数很低，为 0.30，房主自住住房的基尼系数为 0.68。金融证券高度集中，基尼系数为 0.91。商业股权是所有类别里集中度最高的，基尼系数为 0.94。总资产分布的不平等程度比耐用消费品要高得多，但与金融证券或商业股权相比要低一些，它的基尼系数是 0.69。净资产分布比总资产更加不平等，这表明总体上资产与债务之间负相关。

表 A2.9　1969 年完整样本的统计摘要

户数	63457
每户平均资产价值(当时美元)	44429
每户平均净资产(当时美元)	39926
基尼系数	
自住住宅	0.68

① 基尼系数指标包含持有者和非持有者。在大多数资产组中，仅考虑持有者样本的基尼系数相当低。

续表

耐用消费品	0.30
金融证券[a]	0.91
商业股权[b]	0.94
总资产	0.69
净资产	0.81

注：a. 此类别包含定期存款和储蓄存款、股票、债券、政府债券、抵押担保债券和其他金融证券。

b. 此类别包含农业和非农业企业股权和投资型房地产。

结论和注意事项

尽管对该数据库可靠性的一般性测试证明了结果是良好的，但在使用该数据库时还是需要谨慎。① 对于任何新数据库，其使用都会存在某些问题和限制。有些可以通过额外的工作来纠正或克服，有些则不能。在通过统计匹配技术创建的任何合成数据库中，某些条件联合分布并不可靠。此时，以公共变量为条件，普查样本文件和美国国税局文件的联合分布中的非公共变量不能用于估算，因为这是缺失的信息（以及执行统计匹配的基本依据）。例如，以收入（公共变量）为条件，受教育程度（普查样本中的变量）和股票权益（美国国税局文件中的变量）的协方差在经济和社会绩效衡量指标数据库中将不可靠。但是，估算教育和股票权益的整体（无

① 参见 Wolff 著作："Effect of Alternative Imputation Techniques on Estimates of Household Wealth in the U. S. in 1969," 载于 *Accumulation et Repartition des Patrimoines*，编辑：Denis Kessler，André Masson 和 Dominque Strauss－Kahn（Paris：Economica，1982），147－180。

条件）协方差是可靠的。[①]

其他缺陷涉及广义家庭资产和负债的估算。通过额外的工作可以改善这些估算。关于房主自用住房，目前，房屋价值使用 11 个区间来记录，一些处理可能会使用随机数生成器来尝试生成“平滑”分布。通过使用 1972 年至 1973 年消费者支出调查，可以改善耐用消费品的估算程序，可能可以全面覆盖耐用消费品。此时使用 1972 年至 1973 年消费者支出调查向广义家庭财富组合中添加半耐用消费品存量也是可行的。

广义家庭财富组合中还应包含现金和活期存款类别。[②] 关于金融证券，可能会尝试将定期存款和储蓄存款与债券、抵押担保债券和其他金融工具分开，因为目前这两组资产被汇总在一个类别中。还应该单独估算无须缴税的州和地方政府债券，虽然可能难以找到适当的数据。信托基金权益目前没有包含在广义家庭投资组合中，当然，包含这一项在内也是可取的，因为富人的一部分财富是以这种形式持有的。这个估算的一个可能来源是“信托基金收入”，目前存在于美国国税局的纳税申报数据中。在此之前，必须先解决将信托资产分配给谁的问题——可以是当前受益人、指定继承人和受托人。养老金也应该被添加到广义家庭财富组合中，但这里必须首先解决一些重要的概念问题。例如，是否应该只为广义家庭分配既得养老金？是否只应估算可赎回养老金？如何处理部分提存养老金？养老金中应该包含社会保障吗？最后，将人寿保险单退保现值分配给广义家庭需要解决的概念问题没有养老金那么严重。在这个类别上，难以获得相关数据的问题使得相关估算变得要么不可能，

---

① 有关详细信息，请参阅 Ruggles，Ruggles 和 Wolff 著作：“Merging Microdata”。

② 对此的一次尝试见 Wolff 著作：“Effect of Alternative Imputation Techniques”。

要么就是非常粗糙。

尽管存在局限和不足，经济和社会绩效衡量指标数据库仍然是1983年之前覆盖最全面的广义家庭和资产数据库。此外，与调查数据集或政府数据集不同，经济和社会绩效衡量指标数据库使用的方法论使其可以不断地修改和改进，扩展资产和负债的估算和覆盖范围。作为一种研究工具的数据库，能够通过未来的使用使其不断得到改进。

附录3　退休财富的估算

本附录提供了有关社会保障财富和固定收益养老金财富估算结构的方法论细节。我的工作采用了两种方法论。较早的一个被用于1962年消费者财务特征调查和1983年消费者财务状况调查文件。这些估算值被用于第六章、第十一章、第十二章和第十三章。后一个方法是针对1983年、1989年、2001年、2007年、2010年和2013年消费者财务状况调查开发的。得到的估算值被用于第八章、第十一章、第十二章和第十三章中。

后期方法论——1983年、1989年、2001年、2007年、2010年和2013年消费者财务状况调查

固定收益养老金财富和社会保障财富的估算涉及大量步骤。固定收益养老金财富和社会保障财富的标准定义基于传统的“持续性关注”处理，这是假设员工将持续在其工作单位工作，直到他们的预期退休日期。

固定收益养老金财富

对于退休人员（r），估算程序很简单。假设PB是退休人员目前正在接受的养老金福利。消费者财务状况调查调查表显

示每个配偶持有的养老金计划数量以及预期（或当前）养老金福利金额。消费者财务状况调查调查表还表明对特定受益人而言，养老金福利是在名义上长期保持固定，还是与通货膨胀指数挂钩。在前一种情况下，固定收益养老金财富（DBW）由下式给出：

$$DBW_r = \int_0^{109-A} PB(1 - m_t)e^{-\delta t}dt \qquad (A3.1a)$$

而对于后一种情况，公式为：

$$DBW_r = \int_0^{109-A} PB(1 - m_t)e^{-\delta^* t}dt \qquad (A3.1b)$$

其中 A 是退休人员的当前年龄；m_t 是特定年龄、性别和种族在时间 t 的死亡率；δ^* 是实际年贴现率，假设为 2%；γ 是通货膨胀率，假设每年 3%；$\delta = \delta^* + \gamma$ 是名义年贴现率，等于 5%；这个积分区间是从 0 开始，到退休人员到 109 岁的年份数，年龄限制 109 岁是随意选取的。

固定收益养老金财富（以及社会保障财富）的估算对通货膨胀率和贴现率的选择非常敏感。我选择了 3% 的通货膨胀率，因为它非常接近 1983 年至 2013 年消费物价指数（CPI－U）的实际年均变化。此外，我选择 5% 的名义贴现率，因为它同样接近同期流动资产的实际年平均回报率。这两种选择导致 2% 的实际贴现率（两种利率之间的差异）。较高的实际贴现率将导致较低的固定收益养老金财富估值（以及社会保障财富），相反，较低的贴现率将导致对这两个变量的估算更高。①

在当前劳动者（w）中，程序更复杂。消费者财务状况调查

① 我还使用 3% 的实际贴现率来估算固定收益养老金和社会保障财富。第五章中包含的一般结果并没有因为使用这种较高的贴现率而得到实质性改（转下页注）

提供有关当前劳动者养老金覆盖范围的详细信息，包含计划类型，退休时的预期收益或用于确定福利金额的公式（例如，过去五年的收入平均值的固定百分比），福利生效的预期退休年龄、劳动者可能的退休年龄，以及兑现要求。不仅提供了每个配偶的当前工作（或多份工作）信息，并且还提供了最多五个的以前的工作。根据消费者财务状况调查提供的信息和预计的未来收益，可以预测退休年份或者领取养老金的第一年的未来预期养老金福利（EPB_w）。那么当前劳动者（w）的养老金财富现值由下式给出：

$$DBW_w = \int_{LR}^{109-A} EPB(1 - m_t)e^{-\delta t}dt \qquad (A3.2)$$

其中 RA 是预期的退休年龄，LR = RA – A 是到退休年龄的年份数。积分区间是从到退休年龄的年份数 LR，到退休人员年满 109 岁的年份数。[①]

对当前劳动者固定收益养老金财富的计算基于员工的回答，包含他或她陈述的预期退休年龄。有两三个研究通过对比医疗服务提供者数据里自行报告的养老金福利估算值，研究了劳动者提供的养老金财富估算值的可靠性。根据 1992 年健康与退休调查数据，其

（接上页注①）变（结果未显示）。另一个关键选择是选择在计算固定收益养老金财富和社会保障财富时使用的死亡率。我在这里使用了《美国统计摘要》中基于年龄、性别和种族的标准数据。［参见美国人口普查局《美国统计摘要：1988 年》，第 108 期（华盛顿特区：美国政府印刷局，1987 年）。］但是，根据年龄、性别和收入阶层（甚至还有教育程度），也可以非正式地估算个人预期寿命。众所周知，高收入（和受过更多教育）的人平均寿命比收入较低（或受教育程度较低）的人长。使用以收入（或教育）为条件的死亡率，将导致相对于低收入和受教育程度较低）的个人，高收入（和受过良好教育的）个人的固定收益养老金财富和社会保障财富估算值增加 。

① 与退休的年份相关的死亡率 m_t 是从目前的年龄存活到退休年龄的概率。

他研究人员发现，个人的养老金福利报告数字往往与医疗服务提供者的数字不同。[①] 但是，后者计算出两个数据来源的固定收益养老金计划价值中位数非常接近（差异大约为6%）。因此，对于养老金财富的平均值，员工提供的预期养老金福利估算值似乎应该可靠。

社会保障财富

对于当前社会保障受益人（r），该估算程序依然很简单。假设SSB是退休人员目前接受的社会保障福利。同样，消费者财务状况调查同时提供了丈夫和妻子的信息。由于社会保障福利与通货膨胀指数挂钩，因此社会保障财富为：

$$SSW_r = \int_0^{109-A} SSB(1 - m_t) e^{-\delta^* t} dt \tag{A3.3}$$

这里假设当前的社会保障条例无限期存在。[②]

对当前劳动者的社会保障财富的估算，是基于该劳动者实际的和预测的收入历史，该收入历史通过标准人力资本回归方程来估算。根据该个人是否预期会获得社会保障福利，以及是拿薪水还是自营职业者，来确定其是否在社会保障覆盖范围。根据该个人的收

① 参见Alan L. Gustman和Thomas L. Steinmeier著作："What People Don't Know about Their Pensions and Social Security：An Analysis Using Linked Data from the Health and Retirement Study"（NBER Working Paper No. 7368，National Bureau of Economic Research，Cambridge，MA，September 1999）；以及Richard W. Johnson，Usha Sambamoorthi和Stephen Crystal著作："Pension Wealth at Midlife：Comparing Self－Reports with Provider Data，"载于*Review of Income and Wealth* 46（2000）：59－83。

② 对丈夫和妻子分别估算。根据过去和现在的规则，一位配偶，比如妻子，有权享有自己社保福利或者她丈夫的社保福利的50%这两者中更大的一个。对尚存配偶的社会保障福利也进行了调整。根据现在和过去的规定，尚存配偶有权享有自己的社会保障福利或已故丈夫社保福利这两者中更大的一个。

入历史，计算得到指数化月均收入（AIME）。根据调查年度的社保条例，该个人的基本保险金额（PIA）来自指数化月均收入。然后，

$$SSW_w = \int_{LR}^{109-A} PIA(1 - m_t)e^{-\delta^* t}dt \tag{A3.4}$$

与退休金财富一样，积分区间是从距离退休年龄的年份数 LR，到退休人员年满 109 岁的年份数。①

社会保障财富的估算基于单个时间点的报告收入。这些估算可能不如基于个体劳动者纵向工作历史数据得到的估算。② 事实上，实际工作历史显示收入随时间的变化更大，这种变化要大于基于人力资本收入函数预测得到的估算。此外，它们还显示了许多工作中断的时期，而这里无法完全捕获这些信息。与之相反，我确实有受访者提供的有关工作经历的回顾性信息。特别是，要求每个人提供自 18 岁以来全职工作的总年数，自 18 岁以来兼职工作年数，和预期退休年龄（包含全职和兼职）的数据。根据这些信息，可以估算出这个人一生工作的全职和兼职年数的总数，并在计算个人指数化月均收入时使用这些数字。③

我现在可以定义将要使用的不同会计计量（accounting measures）。总养老金是固定缴款（DC）养老金财富和固定收益养

① 对于养老金财富，与退休的年份相关的死亡率 m_t是从目前的年龄存活到退休年龄的概率。此外，请注意我在等式中使用 δ^*，因为社会保障福利与 CPI 指数挂钩。

② 相关案例参见 Karen Smith，Eric Toder 和 Howard Iams 著作："Lifetime Redistribution of Social Security Retirement Benefits"（油印品，社会保障事务管理局，2001 年），这里的估算基于实际社会保障工作历史。

③ 虽然我可以粗略估计一位指定劳动者全职和兼职工作的年份数，但我无法确定他或她何时处于失业状态。

老金财富之和：

$$PW = DCW + DBW \tag{A3.5}$$

假设 NWX 是广义家庭可变现财富或“非养老金”财富，其不包含固定缴款养老金财富。私人增广财富被定义为非养老金财富和养老金总额之和：

$$PAW = NWX + PW \tag{A3.6}$$

增广财富则是：

$$AW = NWX + PW + SSW \tag{A3.7}$$

退休财富的替代概念

第八章提出了四种退休财富的替代概念。在这里，我提供前两个的详细信息：固定缴款养老金计划的雇主缴款和员工缴款。

固定缴款养老金计划的雇主缴款

消费者财务状况调查调查表显示每个配偶有多少个固定缴款养老金计划（每个配偶最多三个）。有关固定缴款养老金计划的雇主缴款信息以两种方式记录，一种是固定金额，另一种是收入的百分比。

对于第一种方法，调查数据并未表明美元缴款是否与通货膨胀指数挂钩。在我的计算中，我假设它与消费者价格指数挂钩，这似乎更有可能（如果要说有什么区别的话，这个假设会使估算向上偏倚）。假设 EMPAMT 是固定缴款计划雇主缴款的美元金额。此时，未来雇主缴款流的现值 $DCEMP_a$ 由下式给出：

$$DCEMP_a = \int_0^{LR} EMPAMT(1 - m_t) e^{-\delta * t} dt \tag{A3.8a}$$

积分区间从当前年份到 LR，LR 是从现在到退休的年份数，假设

RA 是预期退休年龄，LR = RA - A。[①]

在大多数情况下，雇主缴款是以收入百分比形式给出的。如果假设 EMPPER 的比例长期固定，那么在这种情况下，$DCEMP_b$ 由下式给出：

$$DCEMP_b = \int_0^{LR} EMPPER \cdot E_t^* (1 - m_t) e^{-\delta^* t} dt \qquad (A3.8b)$$

其中 E_t^* 是该劳动者在时间 t 的预测收益，以定值美元计算。

固定缴款养老金计划的员工缴款

与 DCEMP 类似，计算固定缴款养老金计划的员工（劳动者）缴款（DCEMPW）是基于消费者财务状况调查中提供的数据，该数据表明当前员工工资里哪些部分被划给固定缴款账户。与 DCEMP 一样，这里假设劳动者持续为同一雇主工作直到退休，并且缴款率随着时间的推移保持不变。DCEMPW 的定义与 DCEMP 完全类似，只是在公式 A3.8a 中，EMPAMT 被 EMPAMTW 取代，EMPAMTW 是固定缴款计划的员工缴款美元金额，并假设扣除通胀因素后保持长期固定；在公式 A3.8b 中，EMPPER 被 EMPPERW 取代，EMPPERW 是固定缴款计划的员工缴款，为收入百分比，并假设这个比例长期固定。

关于养老金和社会保障财富估算的更多细节

我通常遵循 1983 年消费者财务调查数据编码手册（codebook）中提出的方法。但是，尽管在 1983 年消费者财务状况调查中提供了养老金和社会保障财富的估算，但我重新估算了这些数字，以使其与后期的调查数据保持一致。

---

① 应该注意的是，过去的雇主（和雇员）对固定缴款计划的缴款已经包含在固定缴款养老金财富的当前市场价值中。

这里详细介绍了退休财富的计算方法。

固定收益养老金财富

固定收益养老金财富由两个主要组件组成。[①]

（1）过去工作固定收益养老金的现值；也就是户主和配偶过去固定收益工作养老金的现值之和。

（2）当前工作固定收益养老金的现值；这是户主和配偶当前工作非存款福利的现值之和。计算中采用了预期数据。

估算程序如下。首先确定当前就业岗位有养老金覆盖。有五种可能的类别：（1）已覆盖，有预期收益且收益已兑现；（2）已覆盖，有预期收益但收益尚未兑现；（3）已覆盖，收益尚未兑现，目前无预期收益；（4）未覆盖但预期将覆盖（已确定预期覆盖的年龄）；（5）没有覆盖，未来也不会覆盖。

对于那些已经有养老金计划保障或期望会有保障的调查对象，受访者被问及他或她有多少个不同的养老金计划。对于每个计划，受访者提供预计将领取养老金福利的年龄。

然后通过以下步骤确定实际预期年度退休福利。第一步，确定受访者每个养老金计划将兑现收益的年龄。第二步，确定受访者可以退休并领取全额收益的年龄。第三步，受访者被问及用于确定退休福利的公式类型。这里有六种可能：（1）基于年龄的退休公式；（2）基于服务年限的退休公式；（3）基于同时满足年龄和服务年限的退休公式；（4）基于年龄和服务年限之和的退休公式；（5）基于满足年龄或服务年限两个标准之一的退休公式；（6）其他组合或公式。

第四步，询问受访者可以退休并得到部分福利的年龄。然后给

① 还提供了第三个组成部分（虽然不太重要）：来自其他非指定来源的养老金。

出了相同的六种公式选择。第五步，询问受访者预期开始得到收益的年龄。

第六步，根据公式类型计算预期退休福利。这里包含三种可能。

（1）计算工作最后一年的年薪。这个变量将用于养老金福利计算，计算方法通过将受访者当前工资外推预测到他/她表示将要离职或退休的年份。此预测基于下面详细介绍的人力资本收益公式，实际贴现率为2%。工资增长情况是根据美国劳工统计局统计的该期间非管理型工作人员平均小时工资系列的历史变化和1979年至2013年每周工作小时数的历史变化得出。[①]

（2）在某些情况下，受访者报告了预期的退休福利。该变量是受访者回答的在符合领取养老金条件的第一年可得到的预期美元退休福利。一些受访者直接报告了美元金额，但另一些受访者则报告退休福利占最终收入的1个百分比，此时用这个占比乘以推测的最终收入得到他们的退休福利。该变量以年度金额给出，除非该预期是一次性付款（在这种情况下，则给出一次性金额）。

（3）在其他情况下，受访者报告预期的退休福利占最终工资的一个百分比。这个变量是受访者回答的符合领取养老金条件的第一年的预期退休福利，表示为他们在最后一个工作年份的预测工资的百分比。某些受访者直接报告了这个百分比，但对于另一些受访

---

① 这些数字基于美国劳工统计局（BLS）的小时工资系列数据。来源见《2014年总统经济报告》表B-15，参见http://www.gpo.gov/fdsys/pkg/ERP-2014/pdf/ERP-2014-table15.pdf（2014年10月17日采集）。美国劳工统计局（BLS）工资数据根据CPI-U转换为定值美元。我使用美国劳工统计局（BLS）系列数据而不是替代数据之一来预测未来工资，是因为根据带入社会保障福利计算公式的社会保障收入的上限，它似乎与社会保障工资基础随时间推移发生的变化一致性最高。

者，则通过将报告的美元收益除以计算得到的预测最终工资来计算。

第七步，根据上述答复，计算适用于户主和配偶的每个当前和过去养老金计划的养老金福利现值。该变量假设为上面提到的养老金福利的年度金额（或一次性总额），从符合条件领取养老金福利的第一年开始计算。使用死亡率对这一年以及随后每年的福利进行调整，并将其贴现回调查年度。为此，我使用年龄、性别和种族的死亡率来计算固定收益养老金财富和社会保障财富的现值。[①] 这里设置上限为109年。假设遗存配偶福利调整为那时的75%，并在符合条件的样本中随机分配。遗存配偶福利也根据死亡率进行调整。养老金福利以实际贴现率2%贴现。

第八步，养老金财富计算范围也包括那些目前正从过去的工作中领取养老金福利的人。这是基于受访者的下列回复：（1）领取养老金福利的年数和（2）调查年度前一年收到的养老金福利金总金额。对于已经收到的养老金，假定该养老金名义价值是固定的，并且从开始年份与CPI指数挂钩。然后，假设每项工作的养老金福利的现值为从调查年度开始的年度养老金福利。把那时和之后每个后续年度（根据生存率进行调整）的收益贴现回调查年度。和前面的操作一样，我使用年龄、性别和种族的死亡率来计算养老金和社会保障财富的现值。这里设置上限为109年。假设遗存配偶福利调整为那时的75%，并在符合条件的样本中随机分配。估算还使用了配偶死亡率表，并假设实际贴现率为2%将福利贴现。

社会保障财富

社会保障福利的现值定义为：户主与配偶的社会保障福利现值

① 美国人口普查局：《美国统计摘要》。应用了多个年份的数据和表格。我使用截至调查年份的死亡率表（或最接近调查年度的死亡率表）。

之和。该数据使用社会保障公式和当前收据来计算。

在目前的社会保障福利接收人中，计算步骤如下：第一步，确定领取了哪种社会保障福利。可能的种类有：（1）退休金；（2）残疾抚慰金；（3）退休金和残疾抚慰金；（4）其他种类。我在社会保障财富的计算中只使用类型（1）和类型（3）。第二步，受访者被问到收到社会保障福利的年数。第三步，户主和配偶都被问询到在调查年度收到的社会保障福利金额。

在未来的福利接收人中，计算步骤如下。第一步，要求户主和配偶报告他们期望收到社会保障福利的年龄（如果他或她没有期望获得社会保障福利收益，则为零）。第二步，确定社会保障福利开始之前的年数。第三步，受访者被问及参加有社会保障的工作到当前日期的总年数。如果没有得到回答，则使用社会保障覆盖率的估算值，对当前和过去三个可能的工作统一进行估算。第四步，根据户主和配偶提供的退休年份，估算有社会保障的工作的未来年份数。

第五步，使用有社会保障的工作年数、每个已知工作的工资率、退休日期估算和开始领取福利的日期等数据作为社会保障公式的输入，以计算福利。第六步，提供社会保障福利的估算值。计算值基于当前工作的工资。假设所有人都持续工作直到他们的规定全职退休年龄，然后兼职直至其规定的最终退休年龄。假定所有人不迟于72岁退休，如果目前已超过72岁，则加1岁退休。假设目前超过50岁且没有工作的人员不会再参加工作。工资使用与计算最终工资相同的方法，通过预测当前工资来计算。此预测基于下面详细介绍的人力资本收益公式，实际贴现率为2%。工资增长情况是根据美国劳工统计局统计的该期间非管理型工作人员平均小时工资系列的历史变化和1979年至2013年每周工作小时数的历史变化得出。兼职年份（如果目前正在全职工作）被分配的工资相当于预测全职工资的一半，或社会保障提供全额福利收益允许的最高金额，以两者中较小的数值为准。

第七步，计算出社会保障指数化月均收入，用其作为计算社会保障福利的基础。该变量是有社会保障覆盖的收入（包含零）每月平均值，计算时段是从 1937 年或 22 岁（以较晚者为准）到 60 岁的所有年份。这些数值使用社会保障工资指数，指数化到受访者年龄为 60 岁的年份。60 岁后的年份可以用名义价值代替。计算个人的指数化月均收入时最高时长为 35 年。使用消费者财务状况调查关于工作收入和未来养老金计划的数据来模拟这些程序以估算指数化月均收入数值。往后（和向前）预测过去和现在的工作的工资，以估算每个已知工作年份的收入。与以前一样，这些预测基于下面详细介绍的人力资本收益公式，实际贴现率为 2%。工资变动情况是根据美国劳工统计局统计的该期间非管理型工作人员平均小时工资系列的历史变化和 1979 年至 2013 年每周工作小时数的历史变化得出的。其他年份的未知工作都用最相近的已知工作条目来填写，以补全社会保障覆盖年份的总数。然后将工资限制在实际或预测的社会保障最高和最低覆盖额。然后使用实际或预测的社会保障工资指数计算指数化月均收入。目前估算这个变量时假设所有人预计都将获得社会保障退休福利。

第八步，社会保障基本保险金额（PIA）每年计算一次，用于计算社会保障福利。它是从指数化月均收入计算得出。在 1982 年，每月基本保险金额计算为指数化月均收入的前 254 美元的 90% 加上下一个 1274 美元的 32%，再加上高于此数额的金额的 15%。截至 2013 年的未来年度计算使用该年度的公式，对于 2013 年之后的年度，计算考虑了该公式的法定计划变更。基本保险金额目前是针对预计未来将领取社会保障福利的所有个人计算的。

第九步，计算社会保障福利的现值，是假设根据基本保险金额估算值得到一个年度福利值，从领取福利的第一个年度（或调查年度）开始，从该年和之后每年的收益（根据接受概率进行调整）贴现回调查年度。和以前一样，我使用年龄、性别和种族的死亡率来计算社会保障财富的现值。这里设置上限为 109 年。社会保障福利以 2% 的实际贴现率贴现。

第十步，如果配偶存在，配偶福利也被假定为主要受益人福利的 50%。但是，如果预计没有配偶福利（例如，当个人的自身福利大于配偶福利时），则此变量将为零。估算得到配偶福利开始的年龄。配偶死亡率表也用于这些计算。还可以估算第一次领取寡妇或鳏夫福利的年龄。这是个人在配偶去世后，可以开始领取社会保障寡妇或鳏夫福利的年龄估算值。如果永远不能领取寡妇或鳏夫福利，这个变量将为零。如果是工作原因导致接收人的福利减少，计算也会进行相应调整。社会保障福利以 2% 的实际贴现率贴现。

人力资本收益公式

用于计算未来和过去收益的回归方程式如下：人力资本收益函数根据性别、种族和教育水平进行估算。特别是，按照以下特征将样本分为 16 组：白人和亚洲人对比非洲裔美国人和西班牙裔；男性和女性；接受教育的年份不到 12 年，接受教育 12 年，接受教育 13 ~ 15 年，以及接受教育 16 年或更长。对于每个组，估算收入等式如下：

$$\begin{aligned} \mathrm{Ln}(E_i) = b_0 + b_1 \mathrm{Log}(H_i) + b_2 X_i + b_3 X_i^2 + b_4 SE_i + \Sigma_j b_j OCCUP_{ij} \\ + b_{10} MAR_i + b_{11} AS_1 + \varepsilon_i, \end{aligned} \tag{A3.9}$$

其中 ln 是自然对数；E_i 是个人 i 的当前收入；H_i 是当年的年度工作时间；X_i 是当前年龄的工作年限（估算为年龄减去受教育年数减去 5）；SE_i 是一个虚拟变量，表明该人是自雇人士还是为其他人工作；OCCUP 是一组五个虚拟变量，表明职业：（a）专业人士和管理人员；（b）技术、销售或行政支持；（c）服务人员；（d）技工，（e）其他蓝领，包含农业这个遗漏的类别；MAR 是一个虚拟变量，表明该人是已婚还是未婚；AS 是一个虚拟变量，表示该人是否为亚裔（仅用于第一种族类别的回归）；ε 是随机误差项。未来收益是根据回归系数预测的。①

关于工作经历的问题

以下是从 1989 年消费者财务状况调查数据编码手册中摘取的工作历史问题样本，用于计算户主和配偶两人的收入情况并计算两人的指数化月均收入：

1. 从你 18 岁起，你有多少年全职工作一整年或一年的大部分时间，包含自营职业，军队和当前工作等任何时期？

2. 你现在的工作不计算在内，你有没有做过一份持续三年或更长时间的全职工作？

3. 在所有工作中你做过最长时间的工作是什么？是为别人工作，还是自营职业者，或是其他什么？

4. 你什么时候开始从事那份工作的？

5. 你什么时候停止那份工作？

6. 从你 18 岁开始，你是否有过一整年或一年的大部分时间只

① 这隐含地假设当前年份与回归线的偏差仅是由于当前收入的暂时性因素导致的。该程序遵循 1983 年消费者财务状况调查数据编码手册的惯例。

是兼职工作？

7. 总共有多少年你一整年或一年的大部分时间做兼职工作？

8. 你预计在未来什么时候开始停止全职工作？

9. 你希望在那之后兼职工作吗？

10. 你预计什么时候开始完全停止工作？

有关固定缴款计划的问题

1. 你的雇主是否为此［固定缴款］计划缴款？你的企业是否为此计划缴款？

2. 您的雇主目前缴款占工资的百分比，或每月/每年的金额是多少？

早期方法论——1962年消费者财务特征调查和1983年消费者财务状况调查

这里采用略微不同的方法论来估算固定收益养老金财富和社会保障财富，而不是第八章中使用的方法，以确保1962年和1983年财富数据之间的兼容性。如第八章所述，DBWA是当前退休人员（r）的固定收益养老金财富现值，由下式给出：①

$$DBWA_r = \int_0^{LE} PBe^{-\delta t}dt \qquad (A3.10)$$

0其中PB是退休人员目前收到的养老金福利，LE是有条件预期寿命，δ是名义贴现率，这里使用（名义）十年期美国国库券利率。

① 我在这里使用“DBWA”代表固定收益养老金财富而不是“DBW”，因为这里使用的方法论与第五章中使用的方法论略有不同。同样，我使用“SSWA”而不是“SSW”代表社会保障财富。

对于当前社会保障受益人，

$$SSWA_r = \int_0^{LE} SSBe^{-(g'-\delta^*)t}dt \qquad (A3.11)$$

SSB 是当前收到的社会保障福利，g′是退休人员随时间推移的社会保障福利的预期实际增长率，δ*是实际贴现率，估算为（名义）十年期美国国库券利率减去过去十年 CPI 的平均增长率。[1]

对于当前劳动者（w），程序更复杂。对于 1962 年的固定收益养老金财富，需要分两阶段估算。第一阶段分配了养老金覆盖范围。估算 1962 年涵盖养老金计划的劳动者总数[2]，并按劳动者的收入阶层、就业行业、年龄和性别得到相对覆盖率信息。[3] 根据这些数据，在劳动者中随机分配养老金覆盖。[4]

在第二阶段，估算每个有养老金覆盖的劳动者从工作开始到现在的累计收益（实际上是 AE1）（见方程式 A3.23 和方程式 A3.24）。接下来根据特定年龄段的有养老金覆盖的劳动者在 AE1 分布中的排名情况分配了相应的百分位数 n。在整个过程中假设当前劳动者在 65 岁时退休。[5] 接下来他们的预期养老金福利 EPB 通过以下公

---

① 对丈夫和妻子分别估算，并对尚存配偶的社会保障福利进行调整。

② 来自 Alfred M. Skolnik 著作："Private Pension Plans, 1950 - 1974," 载于 *Social Security Bulletin* 39 (June 1976): 3 - 17；以及 Laurence J. Kotlikoff 和 Daniel E. Smith 著作：*Pensions in the American Economy* (Chicago: University of Chicago Press, 1983) 表 3.1.1 。

③ 总统养老金政策委员会，《美国养老金覆盖情况》(Pension Coverage in the United States) 和《全国退休收入问题调查的初步发现》(Preliminary Findings on a Nationwide Survey on Retirement Income Issues)（油印品，华盛顿特区，1980 年）。

④ 为简单起见，假设养老金是即时兑现。

⑤ 在 1962 年和 1983 年，65 岁是大多数劳动者的强制退休年龄。这也是社会保障福利和大多数私人养老金福利计算公式所使用的正常退休年龄。从统计数据来看，自 1962 年以来它一直是退休年龄的众数，尽管 65 岁以前退休的劳动力比例一直在增加，65 岁以后退休的比例一直在下降。

式给出：

$$EPB_n = PB_n e^{g''(65-A_c)}\text{（仅限 1962 年）} \tag{A3.12}$$

其中 PB_n 是 65 岁受益人的养老金福利分布的第 n 百分位数，g'' 是平均养老金福利的预期实际增长率。然后，第 n 百分位数的当前劳动者的养老金财富由下式给出：

$$DBWA_{w,n} = \int_0^{LD} EPB_n e^{gt} \cdot e^{-\delta^*(t+LR)} dt \tag{A3.13}$$

其中 $LR = 65 - A_c$ 是距离退休的年份数，$LD = LE - 65$。对于 1983 年消费者财务状况调查数据，操作要容易得多，因为已经为当前劳动者提供了养老金覆盖信息和预期的养老金福利信息。

对当前劳动者社会保障财富的估算类似于养老金财富。对于 1962 年的数据，覆盖率是根据就业状况分配的。根据劳动者年龄组的累计收入分布排名分配其百分位数 n。ESSB 是在退休（65 岁）时的预期社会保障福利，由下式给出：

$$EESB_n = SSB_n \cdot e^{g(65-A_c)} \tag{A3.14}$$

其中 SSB_n 是 65 岁受益者的社会保障福利分布的第 n 百分位数。然后：

$$SSWA_{w,n} = \int_0^{LD} ESSB_n e^{gt} \cdot e^{-\delta^*(t+LR)} dt \tag{A3.15}$$

这里的 g 是预期社会保障财富平均值的预期实际增长率。除了已经有了当前劳动者的社会保障覆盖信息之外，1983 年数据的处理程序是一样的。

我现在可以定义将要使用的不同会计计量（accounting measures）。假设 NWXB 是可变现广义家庭财富，不包含固定缴款养老金财富 DCW。[①] 然后：

$$NWB = NWXB + DCW \tag{A3.16}$$

养老金总额 PWA 由下式给出：

$$PWA = DCW + DBWA \tag{A3.17}$$

于是增广财富 AWB 为：

$$AWB = NWXA + PWA + SSWA。 \tag{A3.18}$$

另一个令人感兴趣的变量是人力资本，该变量被定义为终身收入的现值，包含范围是从开始工作到退休。假设每个劳动者基于性别，种族和教育年限使用人力资本收入函数估算，以获得 $f_i(A)$，即每个劳动者 i 在年龄 A 的预期收入，假设平均实际收入没有增长。接下来，劳动者 i 的未来收益流的现值，即 FEl_i，由下式给出：

$$FE1_i = \int_{A_c}^{65} = f_i(A) \cdot E_i/f_i(A_c) \cdot e^{(k-\delta^*)} dA \tag{A3.19}$$

在这里我使用了终生收入的替代估算，即 AE1，我依据从户主 i 的年龄和人口统计学分组的平均收入（回归线）得到的当前收入，调整了终身收入得到 AE1，k 是劳动收入平均值的预期增长率，取值为 0.01 和 0.02。那么，对于劳动者来说，

$$HK_w = AE1 + FE1 \tag{A3.20}$$

在退休人员中，仅估算社会保障受益人的人力资本，基于他们在社会保障福利分布中的百分位数。对于第 n 百分位数受益人，他

---

① 与 1969 年经济和社会绩效衡量指标（MESP）数据一样，本节中使用的净资产概念 NWB 包含对所有耐用消费品的估算值。有关详细信息，请参阅附录 1 和附录 2。

（或她）在退休时（65 岁时）估算的人力资本，EHK，由下式给出：

$$EHK_{r,n} = HK_n e^{-k*(A_c-65)} \tag{A3.21}$$

其中 HK_n 是 64 岁年龄段人力资本分布的第 n 百分位数，k_* 是退休后收入平均值的平均实际增长率。此外，这个程序捕获了实际收入增长的世代效应。接下来，

$$HK_{r,n} = EHK_{r,n} \cdot e^{\delta*(A_c-65)} = HK_n \cdot e^{(\delta*-k*)\cdot(A_c-65)} \tag{A3.22}$$

通过此公式得到个人人力资本的现值。[①]

人力资本估算

我使用标准的人力资本收益函数来估算终身收入。[②] 因为我在一个时间点观察了每个家庭的收入，例如 1962 年，因此有必要使用横截面数据而不是纵向数据预测终身收入。操作程序如下：

第一步，样本按以下特征分组：

（a）种族：白人和亚裔（简称“白人”）对比其他人；

（b）居住地：城市和郊区（简称“城市”）对比农村；

（c）职业：专业人士对比农业、其他

（d）学历：0～11 年/12 年/13～15 年/16 年以上。

第二步，在每个分组中，户主的当前年度薪资收入对 A 和 A2

---

① 在劳动者和退休人员的待遇方面，不可避免地存在相当程度的不一致。特别是，对于现有劳动者来说，SSWA 和 DBWA 估算的不确定性要大得多，他们的人力资本（HK）比退休人员要高得多。这可能会使回归结果产生偏倚，特别是因为接近退休年龄的劳动者和退休人员的测量误差特别严重。一些实验是通过任意为当前劳动者的 SSWA 和 DBWA 和为退休人员的 HK 引入变量误差来完成的。得到的回归结果与基于普通最小二乘法的回归结果差别很小。

② 参见 Jacob Mincer 著作：*Schooling, Experience and Earnings*（New York：National Bureau of Economic Research，1974）。

进行回归，以获得该分组的平均终身收入情况。第三步，根据回归结果进行计算，以估算当前年龄组按种族、居住地、受教育程度和职业分组的终身收入：

$$AE_i = \int_{A_0}^{A_c} f_i(A)e^{-g(A_c - A)}dA \quad (A3.23)$$

其中 AE_i 是个人 i 从学校教育结束（A_0）到当前年龄（A_c）的累积终生收入，f_i（A）是符合条件的人口统计学分组样本 i 的横截面估算年龄－收入关系函数，收入增长参数 gi＝0.0、0.01、0.02 或 0.03。①

我还使用了累积收入的替代估算值 AE1，在这里我依据从户主 i 的年龄和人口统计学分组的平均收入（回归线）得到的当前收入，调整了终身收入：

$$\text{对于 } g = 0.0, 0.01, 0.02 \text{ 或 } 0.03, AE1_i = AE_i \cdot E_i / f_i(A_c) \quad (A3.24)$$

其中 E_i 是个人 i 的当前收入。②

---

① 变量 g 衡量收入平均值随时间增长的速度。如果收入平均值随着时间的推移不变，那么随着一个指定年龄组老年化，其收入将随着时间推移随着横截面函数 f（A）变化。但是，对于 g ＞ 0，给定年龄组的收入将跟随 f（A）移动，并且 g 将导致整个函数发生转变。

② 在这里，假设在整个生命周期中保持个人收入和平均收入之间的比率不变。计算终身收入的替代方式参见 Mincer 著作：*Schooling，Experience and Earnings* 和 Lee Lillard 著作："Inequality：Earning vs. Human Wealth"，载于 *American Economic Review* 67，no. 2（March 1977）：42－53。明瑟用 A 和 A^2 对收益对数回归，得到生命周期收益关系图。利拉德用 A，A^2 和 A^3 对美元收益回归。使用明瑟的方法和利拉德的方法进行的实验在终生收入估算中产生的差异非常小。

参考文献

Aaron, Henry J. *Economic Effects of Social Security.* Washington, DC: Brookings Institution, 1982.

Ando, Albert, and Franco Modigliani. "The 'Life Cycle' Hypotheses of Saving: Ag - gregate Implications and Tests." *American Economic Review* 53, no. 1 (March 1963): 55 - 84.

Armour, Philip, Richard V. Burkhauser, and Jeff Larrimore. "Deconstructing In - come and Income Inequality Measures: A Crosswalk from Market Income to Comprehensive Income." *American Economic Review* 101, no. 3 (2013): 173 - 177.

Arrondel, Luc, Muriel Roger, and Frédérique Savignac. "Wealth and Income in the Euro Area: Heterogeneity in Households' Behaviours?" European Central Bank Working Paper no. 1709, August 2014.

Atkinson, Anthony B. "The Distribution of Wealth and the Individual Life Cycle." *Oxford Economic Papers* 23, no. 2 (July 1971): 239 - 254.

——. "The Distribution of Wealth in Britain in the 1960's—The Estate Duty Method Reexamined." In *The Personal Distribution of Income and Wealth*, edited by James D. Smith, 227 - 320. New York: Columbia University Press, 1975.

——. "Wealth and Inheritance in Britain from 1896 to the Present." Centre for Analysis of Social Exclusion Working Paper 178, London School of Eco - nomics, London, U. K., November 2013.

Atkinson, Anthony B., J. P. F. Gordon, and A. Harrison "Trends in the Shares of Top Wealth - Holders in Britain, 1923 - 81." *Oxford Bulletin of Economics and Statistics* 51, no. 3 (1989): 315 - 332.

Atkinson, Anthony B., Lee Rainwater, and Timothy Smeeding. *Income Distribu tion in Advanced Economies: The Evidence from the Luxembourg Income Study (LIS)*. Paris: OECD, 1995.

Attanasio, Orazio, James Banks, Costas Meghir, and Guglielmo Weber. "Humps and Bumps in Lifetime Consumption." *Journal of Business and Economic Sta tistics* 17, no. 1 (1999): 22 - 35.

Avery, Robert B., Gregory E. Elliehausen, and Thomas A. Gustafson. "Pensions and Social Security in Household Portfolios: Evidence from the 1983 Survey of Consumer Finances."

Federal Reserve Board Research Papers in Banking and Financial Economics, Washington, DC, October 1985.

Avery, Robert B. , Gregory E. Elliehausen, and Arthur B. Kennickell. "Measuring Wealth with Survey Data: An Evaluation of the 1983 Survey of Consumer Finances. " Paper presented at the twentieth conference of the International Association for Research in Income and Wealth, Rocca di Papa, Italy, September 1987.

Avery, Robert B. , and Arthur B. Kennickell. "U. S. Household Wealth: Changes from 1983 to 1986. " In *Studies in the Distribution of Household Wealth*, ed – ited by Edward N. Wolff, 27 – 68. Greenwich, CT: JAI Press, 1993.

Avery, Robert B. , and Michael S. Rendall. "Estimating the Size and Distribution of Baby Boomers' Prospective Inheritances. " In *1993 Proceedings of the Social Statistics Section*, edited by American Statistical Association, 11 – 19. Alexan – dria, VA: ASA, 1993.

Bager – Sjogren, L. , and N. A. Klevmarken. "The Distribution of Wealth in Sweden, 1984 – 1986. " In *Studies in the Distribution of Household Wealth*, edited by Ed – ward N. Wolff, 203 – 224. Greenwich, CT: JAI Press, 1993.

Bane, Mary Jo, and David T. Ellwood. "Slipping Into and Out of Poverty: The Dy – namics of Spells. " *Journal of Human Resources* 21, no. 1 (1986): 1 – 23.

Banks, James, Richard Blundell, and Sarah Tanner. "Is There a Retirement – Savings Puzzle?" *American Economic Review* 88, no. 4 (1998): 769 – 788.

Barlow, Robin, Harvey E. Brazer, and James N. Morgan. *Economic Behavior of the Affluent.* Washington, DC: Brookings Institution, 1966.

Bauer, John, and Andrew Mason. "The Distribution of Income and Wealth in Japan. " *Review of Income and Wealth* 38, no. 4 (December 1992): 403 – 428. Beach, Charles M. "Cyclical Sensitivity of Aggregate Income Inequality. " *Review of Economics and Statistics* 59 (1977): 56 – 66.

Bernheim, B. Douglas. "Dissaving after Retirement: Testing the Pure Life Cycle Hypothesis. " In *Issues in Pension Economies*, edited by Zvi Bodie, John Shoven, and David Wise, 237 – 280. Chicago: University of Chicago Press, 1986.

——. "The Economic Effects of Social Security: Toward a Reconciliation of Theory and Measurement. " *Journal of Public Economics* 33, no. 3 (1987): 273 – 304.

——. "Life Cycle Annuity Valuation. " NBER Working Paper no. 1511, National Bureau of Economic Research, Cambridge, MA, December 1984.

Bernheim, B. Douglas, Jonathan Skinner, and Steven Weinberg. "What Accounts for the Variation in Retirement Wealth among U. S. Households?" *American Economic Review* 91, no. 4 (September 2001): 832 – 857.

Bitler, Marianne P. , and Hilary W. Hoynes. "The More Things Change, the MoreThey Stay the Same: The Safety Net, Living Arrangements, and Poverty in the Great Recession. " NBER Working Paper no. 19449, National Bureau of Eco – nomic Research, Cambridge, MA, 2013.

——. "The State of the Social Safety Net in the Post - Welfare Reform Era." Brook - ings Papers on Economic Activity. Washington, DC: Brookings Institution, 2010.

Blau, Francine D., and John W. Graham. "Black - White Differences in Wealth and Asset Composition." *Quarterly Journal of Economics* 105, no. 1 (May 1990): 321 - 339.

Blau, Francine D., and Lawrence M. Kahn. "International Differences in Male Wage Inequality: Institutions versus Market Forces." *Journal of Political Economy* 104, no. 4 (1996): 791 - 836.

Blinder, Alan S., Roger Gordon, and Donald Weiss. "Social Security Bequests and the Life Cycle Theory of Savings: Cross - Sectional Texts." In *Determinants of National Saving and Wealth*, edited by Franco Modigliani and Richard Hem - ming, 89 - 122. New York: St. Martin's Press, 1983.

Bloom, David E., and Richard B. Freeman. "The Fall in Private Pension Coverage in the United States." *American Economic Review Papers and Proceedings* 82 (1992): 539 - 558.

Blume, Marshall, Jean Crockett, and Irwin Friend. "Stockownership in the United States: Characteristics and Trends." *Survey of Current Business* 54, no. 11 (1974): 16 - 40.

Board of Governors of the Federal Reserve System. *Balance Sheets for the U. S. Economy, 1946 - 1985.* Washington, DC: Author, 1986.

Board of Inland Revenue. *Inland Revenue Statistics, 1993.* London: HMSO, 1993. Borsch - Supan, Axel. "Saving and Consumption Patterns of the Elderly: The German Case." *Journal of Population Economics* 5 (1992): 289 - 303. Bosworth, Barry, Gary Burtless, and Kan Zhang. "Later Retirement, Inequality in Old Age, and the Growing Gap in Longevity between Rich and Poor." Wash - ington, DC: Brookings Institution, 2016.

Bover, Olympia, Martin Schürz, Jiri Slacelek, and Federica Teppa. "Eurosystem Household Finance and Consumption Survey: Main Results on Assets, Debt, and Saving." *International Journal of Central Banking* 12, no. 2 (2016): 1 - 13.

Brandolini, Andrea, Luigi Cannari, Giovanni D' Alessio, and Ivan Fatella. "House - hold Wealth Distribution in Italy in the 1990s." In *International Perspectives on Household Wealth*, edited by Edward N. Wolff, 225 - 275. Cheltenham, U. K.: Edward Elgar Publishing Ltd., 2006.

Bricker, Jesse, Alice Henriques, Jacob Kimmel, and John Sabelhaus. "Measuring Income and Wealth at the Top Using Administrative and Survey Data." *Brookings Papers on Economic Activity* (2016): 261 - 312.

Brittain, John A. *Inheritance and the Inequality of Material Wealth.* Washington, DC: Brookings Institution, 1978.

Brown, Jeffrey R., and Scott J. Weisbenner. "Intergenerational Transfers and Sav - ings Behavior." In *Perspectives on the Economics of Aging*, edited by David A. Wise, 181 - 204. Chicago: University of Chicago Press, 2004.

Buhmann, Brigitte, Lee Rainwater, Guenther Schmaus, and Timothy M. Smeeding. "Equivalence Scales, Well - Being, Inequality, and Poverty: Sensitivity Esti - mates across

Ten Countries Using the Luxembourg Income Study (LIS) Database." *Review of Income and Wealth* 34, no. 2 (June 1988): 115 – 142.

Burkhauser, Richard V., Joachim R. Frick, and Johannes Schwarze. "A Compar – ison of Alternative Measures of Economic Well – Being for Germany and the United States." *Review of Income and Wealth* 43, no. 2 (June 1997): 153 – 172.

Caballero, Ricardo J. "Earnings Uncertainty and Aggregate Wealth Accumula – tion." *American Economic Review* 81, no. 4 (September 1991): 859 – 871.

Caner, Asena, and Edward N. Wolff. "Asset Poverty in the United States, 1984 – 99: Evidence from the Panel Study of Income Dynamics." *Review of Income and Wealth* 50, no. 4 (December 2004): 493 – 518.

——. "The Persistence of Asset Poverty in the United States, 1984 – 2001." In *Trends in Poverty and Welfare Alleviation Issues*, edited by Marie V. Lane, 51 – 80. Hauppauge, NY: Nova Science, 2006.

Carroll, Christopher D. "How Much Does Future Income Affect Current Con – sumption?" *Quarterly Journal of Economics* 109, no. 1 (February 1994): 111 – 147.

Carroll, Christopher D., and Andrew A. Samwick. "How Important Is Precau – tionary Saving?" *Review of Economics and Statistics* 80, no. 3 (August 1998): 410 – 419.

Cartwright, William S., and Robert Friedland. "The President's Commission on Pension Policy Household Survey 1979: Net Wealth Distribution by Type and Age for the United States." *Review of Income and Wealth* 31, no. 3 (1985): 285 – 308.

Chernozhukov, Victor, and Christian Hansen. "The Effects of 401 (k) Participation on the Wealth Distribution: An Instrumental Quantile Regression Analysis." *Review of Economics and Statistics* 86, no. 3 (2004): 735 – 751.

Chiteji, Ngina. "The Great Recession, DC Pensions, and the Decline in Retirement Savings." Mimeo.

Citro, Constance F., and Robert T. Michael, eds. *Measuring Poverty: A New Approach.* Washington, DC: National Academy Press, 1995.

Conley, Dalton. *Being Black, Living in the Red: Race, Wealth and Social Policy in America.* Berkeley: University of California Press, 1999.

Cowell, Frank, Brian Nolan, Javier Olivera, and Philippe Van Kerm. "Wealth, Top Incomes and Inequality." In *Wealth: Economics and Policy*, edited by Kirk Hamilton and Cameron Hepburn. Oxford, U.K.: Oxford University Press, forthcoming.

Cowell, Frank, and Philippe van Kerm. "Wealth Inequality: A Survey." *Journal of Economic Surveys* 29, no. 4 (2015): 671 – 710.

Crawford, Rowena, and Andrew Hood. "Lifetime Receipt of Inheritances and the Distribution of Wealth in England." *Fiscal Studies* 37, no. 1 (2016): 55 – 75. Curtin, Richard T., F. Thomas Juster, and James N. Morgan. "Survey Estimates of Wealth: An Assessment of Quality." In *The Measurement of Saving, Investment, and Wealth*, edited by Robert E. Lipsey and Helen Tice, 473 – 548. Chicago: Chicago University Press, 1989.

Danziger, Sheldon, J. Van der Gaag, Eugene Smolensky, and Michael K. Taussig. "The Life Cycle Hypothesis and the Consumption Behavior of the Elderly. " *Journal of Post Keynesian Economics* 5, no. 2 (Winter 1982): 208 -227.

Davies, James B. " The Distribution of Wealth in Canada. " In *Studies in the Distri bution of Household Wealth*, edited by Edward N. Wolff, 159 - 80. Greenwich, CT: JAI Press, 1993.

——. "The Relative Impact of Inheritance and Other Factors on Economic In - equality. " *Quarterly Journal of Economics* 96 (August 1982): 471 -498.

——. " Uncertain Lifetime, Consumption and Dissaving in Retirement. " *Journal of Political Economy* 89 (June 1981): 561 -578.

Davies, James B. , and France St - Hilaire. *Reforming Capital Income Taxation in Canada.* Ottawa, Canada: Economic Council of Canada, 1987.

Davies, James, Susanna Sandström, Anthony Shorrocks, and Edward N. Wolff. "The World Distribution of Household Wealth. " In *Personal Wealth from a Global Perspective*, 395 -418. Oxford, U. K. : Oxford University Press, 2008.

Davies, James, Susanna Sandström, Anthony Shorrocks, and Edward N. Wolff. "The Global Pattern of Household Wealth. " *Journal of International Develop ment* 21, no. 8 (November 2009): 1111 -1124.

——. "Level and Distribution of Global Household Wealth," *Economic Journal* 121 (March 2011): 223 -254.

Davies, James B. , and Anthony F. Shorrocks. "Assessing the Quantitative Impor - tance of Inheritance in the Distribution of Wealth. " *Oxford Economic Papers* 30 (1978): 138 - 149.

——. "The Distribution of Wealth. " In Vol. 1 of *Handbook on Income Distribu tion*, edited by Anthony B. Atkinson and Francois Bourguignon, 605 - 675. Amsterdam: Elsevier Science, 1999.

De Nardi, Mariacristina, Eric French, and John B. Jones. " Savings after Retire-ment: A Survey. " NBER Working Paper no. 21268, National Bureau of Eco-nomic Research, Cambridge, MA, June 2015.

Diamond, Peter A. , and Jerry A. Hausman. "Individual Retirement and Savings Behavior. " *Journal of Public Economics* 23 (1984): 81 - 114.

Dilnot, A. W. "The Distribution and Composition of Personal Sector Wealth in Australia. " *The Australian Economic Review* 1 (1990): 33 -40.

Dynan, Karen E. , Jonathan Skinner, and Stephen P. Zeldes. "The Importance of Bequests and Life - Cycle Saving in Capital Accumulation: A New Answer. " *American Economic Review* 92, no. 2 (2002): 274 -278.

Engelhardt, Gary V. , and Anil Kumar. "Pensions and Household Wealth Accumu - lation. " *Journal of Human Resources* 46 (2011): 203 -236.

Engen, Eric M. , and William G. Gale. "Debt, Taxes, and the Effects of 401 (k) Plans on Household Wealth Accumulation. " Mimeo, Brookings Institution, Wash - ington, DC,

May 1997.

——. "The Effects of 401 (k) Plans on Household Wealth: Differences Across Earnings Groups." Mimeo, Brookings Institution, Washington, DC, August 2000.

Engen, Eric M., William G. Gale, and Cori E. Uccello. "The Adequacy of House - hold Saving." *Brookings Papers on Economic Activity* no. 2 (1999): 65 - 165.

Even, W. E., and D. A. Macpherson. "Why Did Male Pension Coverage Decline in the 1980s?" *Industrial and Labor Relations Review* 47 (1994): 429 - 453.

Feldstein, Martin S. "Social Security and the Distribution of Wealth." *Journal of the American Statistical Association* 71 (1976): 800 - 807.

——. "Social Security, Individual Retirement and Aggregate Capital Accumula-tion." *Journal of Political Economy* 82, no. 5 (September / October 1974): 905 - 926.

——. "Social Security and Private Saving: Reply." *Journal of Political Economy* 90 (June 1982): 630 - 641.

Feldstein, Martin S., and Anthony Pellechio. "Social Security and Household Wealth Accumulation: New Microeconomic Evidence." *Review of Economics and Statistics* 61 (August 1979): 361 - 368.

Fouquet, Annie, and Dominique Strauss - Kahn. "The Size Distribution of Personal Wealth in France (1977): A First Attempt at the Estate Duty Method." *Review of Income and Wealth* 30, no. 4 (1984): 403 - 418.

Freidman, J. "Asset Accumulation and Depletion Among the Elderly." Paper pre - sented at the Brookings Institution Conference on Retirement and Aging, Washington, DC, 1982.

Friedman, Milton. "Discussion on Income Capitalization." In Vol. 3 of *Studies of Income and Wealth.* New York: National Bureau of Economic Research, 1939. Gale, William G. "The Effects of Pensions on Wealth: A Re - evaluation of Theory and Evidence." *Journal of Political Economy* 106 (1998): 707 - 723.

Gale, William G., and John K. Scholz. "Intergenerational Transfers and the Ac - cumulation of Wealth." *Journal of Economic Perspectives* 8 (1994): 145 - 160.

Gittleman, Maury, and Edward N. Wolff. "Racial and Ethnic Differences in Wealth." In *Race and Economic Opportunity in the Twenty - First Century*, ed - ited by Marlene Kim, 29 - 49. New York: Routledge, 2007.

——. "Racial Differences in Patterns of Wealth Accumulation." *Journal of Human Resources* 39, no. 1 (Winter 2004): 193 - 227.

Goldsmith, Raymond W. *Comparative National Balance Sheet: A Study of Twenty Countries, 1688 - 1979.* Chicago: University of Chicago Press, 1985.

——. *The National Wealth of the United States in the Postwar Period.* Princeton, NJ: Princeton University Press, 1962.

Goldsmith, Raymond W., Dorothy S. Brady, and Horst Mendershausen. *A Study of Saving in the United States.* Princeton, NJ: Princeton University Press, 1956. Goldsmith, Raymond W., Robert E. Lipsey, and Morris Mendelson. *Studies in the National Balance Sheet of the*

United States. Princeton, NJ: Princeton Univer-sity Press, 1963.

Good, F. J. "Estimates of the Distribution of Personal Wealth." *Economic Trends*, no. 444 (October 1990): 137 – 157.

Gordon, David M. *Fat and Mean: The Corporate Squeeze of Working Americans and the Myth of Managerial "Downsizing."* New York: Free Press, 1996. Gourinchas, Pierre – Olivier, and Jonathan A. Parker, "Consumption over the Life Cycle." *Econometrica* 70, no. 1 (January 2002): 47 – 89.

Greenwood, Daphne. "Age, Income, and Household Size: Their Relation to Wealth Distribution in the United States." In *International Comparisons of the Dis tribution of Household Wealth*, edited by Edward N. Wolff, 121 – 140. New York: Oxford University Press, 1987.

——. "An Estimation of U. S. Family Wealth and its Distribution from Micro-data, 1973." *Review of Income and Wealth* 29, no. 3 (1983): 23 – 43.

Greenwood, Daphne T., and Edward N. Wolff. "Changes in Wealth in the United States, 1962 – 1983: Savings, Capital Gains, Inheritance, and Lifetime Trans – fers." *Journal of Population Economics* 5, no. 4 (1992): 261 – 288.

——. "Relative Wealth Holdings of Children and the Elderly in the United States, 1962 – 1983." In *The Vulnerable*, edited by John Palmer, Timothy Smeeding, and Barbara Torrey, 123 – 148. Washington, DC: The Urban Institute Press, 1988.

Gustman, Alan L., Olivia S. Mitchell, Andrew A. Samwick, and Thomas L. Stein – meier. "Pension and Social Security Wealth in the Health and Retirement Study." NBER Working Paper no. 5912, National Bureau of Economic Re – search, Cambridge, MA, February 1997.

Gustman, Alan L., and Thomas L. Steinmeier. "Effects of Pensions on Saving: Analysis with Data from the Health and Retirement Study." NBER Working Paper 6681, National Bureau of Economic Research, Cambridge, MA, August 1998.

——. "The Stampede toward Defined Contribution Pension Plans: Fact or Fiction?" *Industrial Relations* 31 (1992): 361 – 369.

——. "What People Don't Know about Their Pensions and Social Security: An Analysis Using Linked Data from the Health and Retirement Study." NBER Working Paper no. 7368, National Bureau of Economic Research, Cambridge, MA, September 1999.

Gustman, Alan L., Thomas L. Steinmeier, and Nahid Tabatabai. "How Do Pension Changes Affect Retirement Preparedness? The Trend to Defined Contribu – tion Plans and the Vulnerability of the Retirement Age Population to the Stock Market Decline of 2008 – 2009." Michigan Retirement Research Center Working Paper 2009 – 206, Ann Arbor, MI, October 2009.

Hammermesh, Daniel S. "Consumption During Retirement: The Missing Link In the Life Cycle." *Review of Economics and Statistics* 66, no. 1 (February 1984): 1 – 7.

Hauser, Richard, and Holger Stein. "Inequality of the Distribution of Personal Wealth in

Germany, 1973 – 98." In *International Perspectives on Household Wealth*, edited by Edward N. Wolff, 195 – 224. Cheltenham, U. K.: Edward Elgar Publishing Ltd., 2006.

Haveman, Robert, and Melissa Mullikin. "Alternative Measures of National Poverty: Perspectives and Assessment." In *Ethics, Poverty and Inequality and Reform in Social Security*, edited by Erik Schokkaert. London: Ashgate Publishing Ltd., 2001.

Haveman, Robert, Barbara Wolfe, Ross Finnie, and Edward N. Wolff. "Disparities in Well – Being among U. S. Children Over Two Decades: 1962 – 1983." In *The Vulnerable*, edited by John Palmer, Timothy Smeeding, and Barbara Torrey, 149 – 170. Washington, DC: The Urban Institute Press, 1988.

Haveman, Robert, and Edward N. Wolff. "The Concept and Measurement of Asset Poverty: Levels, Trends and Composition for the U. S., 1983 – 2001." *Journal of Economic Inequality* 2, no. 2 (August 2004): 145 – 169.

——. "Who Are the Asset Poor? Levels, Trends and Composition, 1983 – 1998." In *Inclusion in the American Dream: Assets, Poverty, and Public Policy*, edited by Michael Sherraden, 61 – 86. New York: Oxford University Press, 2005.

Heckman, James J. "The Common Structure of Statistical Models of Truncation, Sample Selection and Limited Dependent Variables and a Simple Estimator for Such Models." *Annals of Economic and Social Measurement* 5 (1976): 475 – 492.

——. "Sample Selection Bias as a Specification Error." *Econometrica* 47 (1979): 153 – 162.

Hubbard, R. Glenn. "Do IRA's and Keoghs Increase Saving?" *National Tax Journal* 37 (1984): 43 – 54.

——. "Uncertain Lifetimes, Pensions, and Individual Savings." In *Issues in Pen sion Economies*, edited by Zvi Bodie, John Shoven, and David Wise, 175 – 210. Chicago: University of Chicago Press, 1986.

Hubbard, R. Glenn, and Kenneth L. Judd. "Liquidity Constraints, Fiscal Policy, and Consumption." *Brookings Papers on Economic Activity*, no. 1 (1986): 1 – 59.

——. "Social Security and Individual Welfare: Precautionary Saving, Liquidity Constraints, and the Payroll Tax." *American Economic Review* 77, no. 4 (1987): 630 – 646.

Hurd, Michael D. "Savings of the Elderly and Desired Bequests." *American Eco nomic Review* 77, no. 2 (1987): 298 – 312.

——. "Wealth Depletion and Life Cycle Consumption." In *Topics in the Eco nomics of Aging*, edited by David A. Wise, 135 – 160. Chicago: University of Chicago Press, 1992.

Hurd, Michael D., and Gabriella Mundaca. "The Importance of Gifts and Inheri – tances among the Affluent." In *The Measurement of Saving, Investment, and Wealth*, edited by Robert E. Lipsey and Helen Stone Tice, 737 – 763. Chicago: University of Chicago Press, 1989.

Hurst, Erik. "The Retirement of a Consumption Puzzle." NBER Working Paper no. 13789, National Bureau of Economic Research, Cambridge, MA, February 2008.

Internal Revenue Service. *Statistics* of *Income*, *1962*: *Individual Income Tax Returns*. Publication no. 79. Washington, DC: U. S. Government Printing Of- fice, 1965.

Jamieson, Dave. "Union Membership Rate for U. S. Workers Tumbles to New Low." *Huffington Post*, May 4, 2015. http://www.huffingtonpost.com/2013/01/23/union-membership-rate_n_2535063.html.

Jansson, K., and S. Johansson. *Formogenhetsfordelningen 1975 - 1987.* Stockholm: Statistka Centralbyran, 1988.

Jäntti, Markus. "Trends in the Distribution of Income and Wealth—Finland 1987 - 98." In *International Perspectives on Household Wealth*, edited by Edward N. Wolff, 295 - 326. Cheltenham, U. K.: Edward Elgar Publishing Ltd., 2006.

Jianakoplos, Nancy Ammon, Paul L. Menchik, and F. Owen Irvine. "Saving Be- havior of Older Households: Rate-of-Return, Precautionary and Inheritance Effects." *Economic Letters* 50, no. 1 (January 1996): 111 - 120.

Johnson, Barry, Brian Raub, and Joseph Newcomb. "A New Look at the Income-Wealth Connection for America's Wealthiest Decedents." IRS Statistics of In- come Working Paper Series, 2013.

Johnson, Richard W., Usha Sambamoorthi, and Stephen Crystal. "Pension Wealth at Midlife: Comparing Self-Reports with Provider Data." *Review of Income and Wealth* 46 (2000): 59 - 83.

Karagiannaki, Eleni. "The Impact of Inheritance on the Distribution of Wealth: Evidence from the UK." LSE STICERD Research Paper no. CASE/148, London School of Economics, London, U. K., June 2011.

——. "Recent Trends in the Size and Distribution of Inherited Wealth in the UK." LSE STICERD Research Paper no. CASE/146, London School of Eco- nomics, London, U. K., June 2011.

Kennickell, Arthur B. "Modeling Wealth with Multiple Observations of Income: Redesign of the Sample for the 2001 Survey of Consumer Finances." Survey of Consumer Finances Working Paper, Federal Reserve Board of Wash- ington, Washington DC, October 2001. http://www.federalreserve.gov/pubs/oss/oss2/method.html.

——. "Ponds and Streams: Wealth and Income in the U. S., 1989 to 2007." Fi- nance and Economics Discussion Series 2009 - 13, Federal Reserve Board of Washington, 2009.

——. "A Rolling Tide: Changes in the Distribution of Wealth in the US, 1998 - 2001." In *International Perspectives on Household Wealth*, edited by Edward. N. Wolff, 19 - 88. Cheltenham U. K.: Edward Elgar Publishing Ltd., 2006.

Kennickell, Arthur B., Douglas A. McManus, and R. Louise Woodburn. "Weighting Design for the 1992 Survey of Consumer Finances." Unpublished manu- script. Federal Reserve Board of Washington, March 1996.

Kennickell, Arthur B., and Annika E. Sunden. "Pensions, Social Security, and the Distribution of Wealth." Mimeo, Federal Reserve Board of Washington, December 1999.

Kennickell, Arthur B., and R. Louise Woodburn. "Consistent Weight Design for the 1989,

1992, and 1995 SCFs, and the Distribution of Wealth." *Review of Income and Wealth* 45, no. 2 (June 1999): 193 - 216.

——. "Estimation of Household Net Worth Using Model - Based and Design - Based Weights: Evidence from the 1989 Survey of Consumer Finances." Un - published manuscript. Federal Reserve Board of Washington, April 1992.

Kessler, Denis, and André Masson. "Les transferts intergenerationales: l'aide, la donation, l'heritage." Centre National de la Recherche Scientifique Report, Paris, 1979.

——. "Personal Wealth Distribution in France: Cross - Sectional Evidence and Extensions." In *International Comparisons of the Distribution of Household Wealth*, edited by Edward N. Wolff, 141 - 176. New York: Oxford University Press, 1987.

Kessler, Denis, and Edward N. Wolff. "A Comparative Analysis of Household Wealth Patterns in France and the United States." *Review of Income and Wealth* 37, no. 3 (September 1991): 249 - 266.

Killewald, Alexandra, and Brielle Bryan. "Does Your Home Make You Wealth?" *The Russell Sage Foundation Journal of the Social Sciences* 2, no. 6 (October 2016): 110 - 128.

King, Mervyn A., and Louis Dicks - Mireaux. "Asset Holdings and the Life Cycle." *Economic Journal* 92 (June 1982): 247 - 267.

Klevmarken, A. "The Distribution of Wealth in Sweden: Trends and Driving Factors." In *Steigende wirtschaftliche Unglei chheit bei steigendem Reichtum?*, edited by G. Chaloupek and T. Zotter, 29 - 44. Tagung der Kammer für Ar - beiter und Ang estellte für Wien. Vienna: LexisNexis Verlag ARD Orac., 2006.

Klevmarken, N. Anders. "On Household Wealth Trends in Sweden over the 1990s." In *International Perspectives on Household Wealth*, edited by Edward N. Wolff, 276 - 294. Cheltenham, U. K.: Edward Elgar Publishing Ltd., 2006.

——. "On the Wealth Dynamics of Swedish Families 1984 - 1998." Paper presented at the 21st Arne Ryde Symposium on Non - Human Wealth and Capital Accu - mulation, Lund, Sweden, August 23 - 25, 2001.

Kopczuk, Wojciech. "What Do We Know about the Evolution of Top Wealth Shares in the United States?" *Journal of Economic Perspectives* 29, no. 1 (Winter 2015): 47 - 66.

Kopczuk, Wojciech, and Emmanuel Saez. "Top Wealth Shares in the United States, 1916 - 2000: Evidence from Estate Tax Returns." *National Tax Journal* 57, part 2 (2004): 445 - 488.

Kotlikoff, Laurence J. "Testing the Theory of Social Security and Life Cycle Accu - mulation." *American Economic Review* 69 (June 1979): 396 - 410.

——. *What Determines Savings?* Cambridge, MA: MIT Press, 1989.

Kotlikoff, Laurence J., and Daniel E. Smith. *Pensions in the American Economy*. Chicago: University of Chicago Press, 1983.

Kotlikoff, Laurence J., and Avia Spivak. "The Family as an Incomplete Annuities Market." *Journal of Political Economy* 89 (April 1981): 372 - 391.

Kotlikoff, Laurence J. , and Lawrence H. Summers. "The Role of Intergenerational Transfers in Aggregate Capital Accumulation. " *Journal of Political Economy* 90 (August 1981) : 706 - 732.

Laitner, John. "Random Earnings Differences, Lifetime Liquidity Constraints, and Altruistic Intergenerational Transfers. " *Journal of Economic Theory* 58 (1992) : 135 - 170.

Laitner, John, and Amanda Sonnega. "Intergenerational Transfers in the Health and Retirement Study Data. " Michigan Retirement Research Center, Ann Arbor, MI, November 2010.

Lamas, Enrique J. , and John M. McNeil. "Factors Associated with Household Net Worth. " Paper presented at the meeting of the American Economic Associa - tion, New Orleans, LA, December 1986.

Lampman, Robert J. *The Share of Top Wealthholders in National Wealth, 1922 - 56.* Princeton, NJ: Princeton University Press, 1962.

Lansing, John B. , and John Sonquist. "A Cohort Analysis of Changes in the Dis - tribution of Wealth. " In *Six Papers on the Size Distribution of Income and Wealth*, edited by Lee Soltow, 31 - 74. New York: National Bureau of Economic Research, 1969.

Lazonick, William. *Sustainable Prosperity in the New Economy?* Kalamazoo, MI: W. E. Upjohn Institute for Employment Research, 2009.

Lebergott, Stanley. *The American Economy.* Princeton, NJ: Princeton University Press, 1976.

Leimer, Dean R. , and Selig D. Lesnoy. "Social Security and Private Saving: New Time - Series Evidence. " *Journal of Political Economy* 90 (June 1982) : 606 - 621.

Lerman, Donald L. , and James J. Mikesell. "Impacts of Adding Net Worth to the Poverty Definition. " *Eastern Economic Journal* 14, no. 4 (1988) : 357 - 370. Lillard, Lee. "Inequality: Earning vs. Human Wealth," *American Economic Review* 67, no. 2 (March 1977) : 42 - 53.

Lollivier, S. , and D. Verger. "Le montant de patrimoine et ses disparites. " INSEE Working Paper F9508, Paris, 1995.

Lydall, Harold. "The Life Cycle in Income, Saving, and Asset Ownership. " *Econometrica* 23, no. 2 (April 1955) : 131 - 150.

McGarry, Kathleen, and Andrew Davenport. "Pensions and the Distribution of Wealth. " NBER Working Paper 6171, National Bureau of Economic Research, Cambridge, MA, September 1997.

Menchik, Paul, and Martin David. "Income Distribution, Lifetime Saving and Be - quests. " *American Economic Review* 73, no. 4 (1983) : 673 - 690.

Mincer, Jacob. *Schooling, Experience and Earnings.* New York: National Bureau of Economic Research, 1974.

Mirer, Thad W. "The Dissaving Behavior of the Retired Elderly. " *Southern Economic Journal* 46, no. 4 (April 1980) : 1197 - 1205.

——. "The Wealth - Age Relation among the Aged. " *American Economic Review* 69, no. 3 (June 1979) : 435 - 443.

Modigliani, Franco, and Richard Blumberg. "Utility Analysis and the Consump – tion Function: An Interpretation of Cross – Section Data." In *Post Keynesian Economics*, edited by Kenneth K. Kurihara, 388 – 436. New Brunswick, N. J.: Rutgers University Press, 1954.

Moon, Marilyn. *The Measurement of Economic Welfare: Applications to the Aged.* New York: Academic Press, 1977.

Morissette, René, Xuelin Zhang, and Marie Drolet. "The Evolution of Wealth In – equality in Canada, 1984 – 99." In *International Perspectives on Household Wealth*, edited by Edward N. Wolff, 151 – 192. Cheltenham, U. K.: Edward Elgar Publishing Ltd., 2006.

Morgan, James N., Martin H. David, William. J. Cohen, and Harvey E. Brazer. *In come and Welfare in the United States.* New York: McGraw – Hill Book Com – pany, 1962.

Munnell, Alicia H., and Pamela Perun. "An Update on Private Pensions." Center for Retirement Research at Boston College, Working Paper no. 50, Chestnut Hill, MA, August 2006.

Munnell, Alicia H., Anthony Webb, Zhenya Karamcheva, and Andrew Eschtruth. "How Important Are Intergenerational Transfers for Baby Boomers?" Center for Retirement Research at Boston College Working Paper 2011 – 1, Chestnut Hill, MA, 2011.

Musgrave, John C. "Fixed Reproducible Tangible Wealth in the United States: Revised estimates." *Survey of Current Business* 66 (January 1986): 51 – 75. O'Higgins, Michael, Guenther Schmaus, and Geoffrey Stephenson. "Income Dis – tribution and Redistribution: A Microdata Analysis for Seven Countries." *Review of Income and Wealth* 35 (June 1989): 107 – 132.

Oliver, Melvin L., and Thomas M. Shapiro. *Black Wealth, White Wealth.* New York: Routledge, 1997.

Organization for Economic Cooperation and Development. *National Accounts, Detailed Tables, 1978 – 1990.* Vol. 2. Paris: OECD, 1992.

——. *Taxation of Net Wealth, Capital Transfers and Capital Gains of Individuals.* Paris: OECD, 1988.

Oulton, Nicholas. "Inheritance and the Distribution of Wealth." *Oxford Economic Papers* 28, no. 1 (March 1976): 86 – 101.

Palumbo, Michael. "Uncertain Medical Expenses and Precautionary Saving Near the End of the Life Cycle." *Review of Economic Studies* 66, no. 2 (1999): 395 – 421.

Pfeffer, Fabian T., Sheldon Danziger, and Robert F. Schoeni. "Wealth Disparities before and after the Great Recession." *The Annals of the American Academy of Political and Social Science* 650 (November 2013): 98 – 123.

——. "Wealth Levels, Wealth Inequality, and the Great Recession." Russell Sage Foundation Research Summary, New York, June 2014.

Piketty, Thomas. *Capital in the Twenty First Century*, Cambridge, MA: Harvard University Press, 2014.

——. "On the Long - Run Evolution of Inheritance: France 1820 - 2050." *Quar terly Journal of Economics* 126, no. 3 (2011): 1071 - 1131.

Piketty, Thomas, and Emmanuel Saez. "Income Inequality in the United States, 1913 - 1998." *Quarterly Journal of Economics* 118, no. 1 (2003): 1 - 39.

Poterba, James M. "Retirement Security in an Aging Population." *American Economic Review Papers and Proceedings* 104, no. 5 (2014): 1 - 30.

Poterba, James M., Joshua Rauh, Steven Venti, and David Wise. "Defined Contri - bution Plans, Defined Benefit Plans, and the Accumulation of Retirement Wealth." *Journal of Public Economics* 91, no. 10 (2007): 2062 - 2086.

Poterba, James M., Steven F. Venti, and David A. Wise. "401 (k) Plans and Future Patterns of Retirement Saving." *American Economic Review Papers and Pro ceedings* 87, no. 2 (May 1998): 179 - 184.

——. "The Transition to Personal Accounts and Increasing Retirement Wealth: Micro and Macro Evidence." NBER Working Paper 8610, National Bureau of Economic Research, Cambridge, MA, November 2001.

President's Commission on Pension Policy. "Pension Coverage in the United States." Mimeo, Washington, DC, 1980.

——. "Preliminary Findings on a Nationwide Survey on Retirement Income Is - sues." Mimeo, Washington, DC, 1980.

Projector, Dorothy, and Gertrude Weiss. *Survey of Financial Characteristics of Consumers.* Federal Reserve Board Technical Papers. Washington, DC: Board of Governors of the Federal Reserve System, 1966.

Radner, Daniel B., and Denton R. Vaughan. "Wealth, Income and the Economic Status of Aged Households." In *International Comparisons of the Distribution of Household Wealth*, edited by Edward N. Wolff, 93 - 120. New York: Oxford University Press, 1987.

Rendall, Michael S., and Alden Speare Jr. "Comparing Economic Well - Being among Elderly Americans." *Review of Income and Wealth* 39, no. 1 (1993): 1 - 21.

Roine, J., and D. Waldenström. "Long - run Trends in the Distribution of Income and Wealth." In Vol. 2A of *Handbook of Income Distribution*, edited by A. B. Atkinson and F. Bourguignon. Amsterdam: North - Holland, 2015. http://www.uueconomics.se/danielw/Handbook.htm.

Ruggles, Nancy, Richard Ruggles, and Edward Wolff. "Merging Microdata: Ratio - nale, Practice and Testing." *Annals of Economic and Social Measurement* 6, no. 4 (Fall 1977): 407 - 428.

Ruggles, Patricia. *Drawing the Line: Alternative Poverty Measures and Their Implications for Public Policy.* Washington, DC: Urban Institute Press, 1990. Ruggles, Patricia, and Robertson Williams. "Longitudinal Measures of Poverty: Accounting for Income and Assets Over Time." *Review of Income and Wealth* 35, no. 3 (1989): 225 - 243.

Ruggles, Richard. "Statement for the Task Force on Distributive Impacts of Budget and

Economic Policies of the House Committee on the Budget. " Mimeo, 1977. Ruggles, Richard, and Nancy Ruggles. "Integrated Economic Accounts for the United States, 1947 – 1980. " *Survey of Current Business* 62 (May 1982) : 1 – 53.

——. "A Strategy for Matching and Merging Microdatasets. " *Annals of Economic and Social Measurement* 3, no. 2 (April 1974) : 353 – 371.

Sabelhaus, John, and Karen Pence. "Household Saving in the ' 90s: Evidence from Cross – Section Wealth Surveys. " *Review of Income and Wealth* 25, no. 4 (1999) : 435 – 453.

Saez, Emmanuel, and Gabriel Zucman. "Wealth Inequality in the United States since 1913: Evidence from Capitalized Income Tax Data. " *Quarterly Journal of Economics* 131, no. 2 (May 2016) : 519 – 578.

Schervish, Paul G. , and John J. Havens. "Millionaires and the Millenium: New Es – timates of the Forthcoming Wealth Transfer and the Prospects for a Golden Age of Philanthropy. " Social Welfare Research Institute of Boston College, Boston, MA, 1999.

Schwartz, Marvin. "Preliminary Estimates of Personal Wealth, 1982: Composition of Assets. " *Statistics of Income Bulletin* 4 (Winter 1984) : 1 – 17.

——. "Trends in Personal Wealth, 1976 – 1981. " *Statistics of Income Bulletin* 3 (Summer 1983) : 1 – 26.

Schwartz, Marvin, and Barry Johnson. "Estimates of Personal Wealth, 1986. " *Sta tistics of Income Bulletin* 9 (Spring 1990) : 63 – 78.

Sen, Amartya. *Inequality Reexamined.* Cambridge, MA: Russell Sage Foundation and Harvard University Press, 1992.

Sheshinski, Eytan, and Yoram Weiss. "Uncertainty and Optimal Social Security Systems. " *Quarterly Journal of Economics* 96 (May 1981) : 189 – 206. Shorrocks, Anthony F. "The Age – Wealth Relationship: A Cross – Section and Cohort Analysis. " *Review of Economics and Statistics* 57 (May 1975) : 155 – 163.

——. "U. K. Wealth Distribution: Current Evidence and Future Prospects. " In *International Comparisons of the Distribution of Household Wealth*, edited by Edward N. Wolff, 29 – 50. New York: Oxford University Press, 1987.

Skinner, Jonathan S. "Risky Income, Life Cycle Consumption, and Precautionary Savings. " *Journal of Monetary Economics* 22 (September 1988) : 237 – 255. Skolnik, Alfred M. "Private Pension Plans, 1950 – 74. " *Social Security Bulletin* 39 (June 1976) : 3 – 17.

Slemrod, Joel. "High – Income Families and the Tax Changes of the 1980s: The Anatomy of Behavioral Responses. " NBER Working Paper no. 5218, National Bureau of Economic Research, Cambridge, MA, August 1995.

——. "On the High – Income Laffer Curve. " Working Paper no. 93 – 5, The Office of Tax Policy Research, University of Michigan Business School, Ann Arbor, MI, March 1993.

Smith, James D. "Recent Trends in the Distribution of Wealth in the U. S. : Data Research Problems and Prospects. " In *International Comparisons of the Dis tribution of Household Wealth*, edited by Edward N. Wolff, 72 – 89. New York: Oxford University Press, 1987.

——. "Trends in the Concentration of Personal Wealth in the United States, 1958 - 1976." *Review of Income and Wealth* 30, no. 4 (1984): 419 - 428.

Smith, James D., and Stephen D. Franklin. "The Concentration of Personal Wealth, 1922 - 1969." *American Economic Review* 64 (May 1974): 162 - 167.

Smith, Karen, Eric Toder, and Howard Iams. "Lifetime Redistribution of Social Security Retirement Benefits." Mimeo, Social Security Administration, 2001.

Spånt, Roland. "Wealth Distribution in Sweden: 1920 - 1983." In *International Comparisons of the Distribution of Household Wealth*, edited by Edward N. Wolff, 51 - 71. New York: Oxford University Press, 1987.

Spilerman, Seymour. "Wealth and Stratification Processes." *American Review of Sociology* 26, no. 1 (2000): 497 - 524.

Statistics Sweden. *Income Distribution Survey in 1990.* Orebro, Sweden: SCB Pub - lishing Unit, 1992.

——. *Income Distribution Survey in 1992.* Orebro, Sweden: SCB Publishing Unit, 1994.

Stewart, Charles. "Income Capitalization as a Method of Estimating the Distribu - tion of Wealth by Size Group." In Vol. 3 of *Studies of Income and Wealth*, 95 - 146. New York: National Bureau of Economic Research, 1939.

Stiglitz, Joseph E. "Distribution of Income and Wealth Among Individuals." *Econometrica* 37, no. 3 (July 1969): 382 - 397.

Stockhammer, Engelbert. "Rising Inequality as a Cause of the Present Crisis." *Cambridge Journal of Economics* (2013). doi: 10. 1093 / cje / bet052. Tachibanaki, H. *Land Taxation Reform in Japan.* JEI Report no. 28A, Japan Eco - nomic Institute, Washington, DC, July 20, 1990.

Takayama, N. "Household Asset - and Wealthholdings in Japan." In *Aging in the United States and Japan: Economic Trends*, edited by Yukio Noguchi and David Wise, 85 - 108. Chicago: Chicago University Press, 1994.

Tavernise, Sabrina. "Sweeping Pain as Suicides Hit a 30 - Year High." *New York Times*, April 22, 2016, A1.

Thornton, James R., Richard J. Agnello, and Charles R. Link. "Poverty and Eco - nomic Growth: Trickle Down Peters Out." *Economic Inquiry* 16 (1978): 385 - 394.

Tobin, James. "Life Cycle Saving and Balanced Growth." In *Ten Economic Studies in the Tradition of Irving Fisher*, edited by William Fellner, 231 - 56. New York: Wiley, 1967.

Tobin, James, and Walter Dolde. "Wealth, Liquidity, and Consumption." In *Consumer Spending and Monetary Policy: the Linkages*, Federal Reserve Bank of Boston Conference Series 5, 99 - 146. Boston: Federal Reserve Bank of Boston, 1971.

U. S. Bureau of the Census. *Historical Statistics of the United States, Colonial Times to 1970.* Part 2. Washington, DC: U. S. Government Printing Office, 1975.

——. *Statistical Abstract of the United States: 1988.* 108th edition. Washington, DC: U. S. Government Printing Office, 1987.

U. S. Bureau of Labor Statistics. *Consumer Expenditure Survey: Integrated Diary and Interview Survey Data, 1972 – 73.* Bulletin no. 1978. Washington, DC: U. S. Government Printing Office, 1978.

U. S. Council of Economic Advisers. *Economic Report of the President*, Wash – ington, DC: U. S. Government Printing Office, 2001 and 2015.

U. S. Department of Labor, Pension and Welfare Benefits Administration. "Cov – erage Status of Workers under Employer Provided Pension Plans: Findings from the Contingent Work Supplement to the February 1999 Current Popu – lation Survey." Washington, DC: U. S. Department of Labor, 2000.

Weisbrod, Burton, and W. Lee Hansen. "An Income – Net Worth Approach to Mea – suring Economic Welfare." *American Economic Review* 58, no. 5 (1968): 1315 – 1329.

Weller, Christian, and Edward N. Wolff. *Retirement Income: The Crucial Role of Social Security.* Washington, DC: Economic Policy Institute, 2005.

White, Betsy. "Empirical Tests of the Life Cycle Hypotheses." *American Economic Review* 68, no. 4 (September 1978): 547 – 560.

Williamson, Jeffrey G., and Peter A. Lindert. "Long – term Trends in American Wealth Inequality." In *Modeling the Distribution and Intergenerational Trans mission of Wealth*, edited by James D. Smith, 9 – 94. Chicago: University of Chicago Press, 1980.

Wolff, Edward N. "The Accumulation of Wealth over the Life Cycle: A Microdata Analysis." *The Review of Income and Wealth* 27, no. 2 (June 1981): 75 – 96.

——. "The Adequacy of Retirement Resources among the Soon – to – Retire, 1983 – 2001." In *Government Spending on the Elderly*, edited by Dimitri B. Papadimitriou, 315 – 342. Houndsmill, U. K.: Palgrave Macmillan, 2007.

——. "The Asset Price Meltdown and Household Wealth over the Great Re – cession in the United States." In Vol. 22 of *Research on Economic In equality*, "Economic Well – Being and Inequality: Papers from the Fifth ECINEQ Meeting, 2014," 1 – 42. Bingley, U. K.: Emerald Group Publishing Ltd., 2014.

——. "The Asset Price Meltdown, Rising Leverage, and the Wealth of the Middle Class." *Journal of Economic Issues* 47, no. 2 (June 2013): 333 – 342.

——. "Changes in Household Wealth in the 1980s and 1990s in the U. S." In *International Perspectives on Household Wealth*, 107 – 150. Cheltenham, U. K.: Edward Elgar Publishing Ltd., 2006.

——. "Changing Inequality of Wealth." *American Economic Review Papers and Proceedings* 82, no. 2 (May 1992): 552 – 558.

——. "The Devolution of the American Pension System: Who Gained and Who Lost?" *Eastern Economics Journal* 29, no. 4 (Fall 2003): 477 – 495.

——. "Discussant Comment on Douglas Holtz – Eakin, 'The Uneasy Case for Abolishing the Estate Tax.'" *Tax Law Review* 51, no. 3 (1997): 517 – 521.

——. "The Distribution of Wealth in the United States at the Start of the 21st Century." In

The Economics of Inequality, Poverty, and Discrimination in the 21st Century, edited by Robert S. Rycroft, 38 – 56. Santa Barbara, CA: ABC – CLIO, 2013.

——. "Distributional Consequences of a National Land Value Tax on Real Prop – erty In the United States." In *Land Value Taxation: Can It and Will It Work?* edited by Dick Netzer, 61 – 104. Cambridge, MA: Lincoln Institute of Land Policy, 1998.

——. "The Distributional Effects of the 1969 – 75 Inflation on Holdings of House – hold Wealth in the United States." *Review of Income and Wealth* 25, no. 2 (June 1979): 195 – 207.

——. "The Distribution of Household Disposable Wealth in the United States." *The Review of Income and Wealth* 29, no. 2 (June 1983): 125 – 146.

——. "The Distribution of Household Wealth: Methodological Issues, Time Trends, and Cross – Sectional Comparisons." In *Economic Inequality and Poverty: International Perspectives*, edited by Lars Osberg, 92 – 133. Armonk, NY: M. E. Sharpe, 1991.

——. "The Economic Status of Parents in Postwar America." In *Taking Parenting Public: The Case for a New Social Movement*, edited by Sylvia Hewlitt, Nancy Rankin, and Cornel West, 59 – 82. Lanham, MD: Rowman and Littlefield, 2002.

——. "Effect of Alternative Imputation Techniques on Estimates of Household Wealth in the U. S. in 1969." In *Accumulation et Repartition des Patrimoines*, edited by Denis Kessler, André Masson, and Dominque Strauss – Kahn, 147 – 180. Paris: Economica, 1982.

——. "The Effects of Pensions and Social Security on the Distribution of Wealth in the U. S." In *International Comparisons of Household Wealth Distribution*, edited by Edward N. Wolff, 208 – 247. New York: Oxford University Press, 1987.

——. "Estimates of the 1969 Size Distribution of Household Wealth in the United States from a Synthetic Database." In *Modeling the Distribution and Intergenerational Transmission of Wealth*, edited by James D. Smith, 223 – 271. Chicago: University of Chicago Press, 1980.

——. "Estimates of Household Wealth Inequality in the United States, 1962 – 83." *Review of Income and Wealth* 33, no. 3 (September 1987): 231 – 256.

——. "Household Wealth trends in the United States, 1962 – 2013: What Hap – pened over the Great Recession?" NBER Working Paper no. 20733, National Bureau of Economic Research, Cambridge, MA, December 2014.

——. "Household Wealth Trends in the United States, 1983 – 2010." *Oxford Review of Economic Policy* 30, no. 1 (2014): 21 – 43.

——. "The Impact of Gifts and Bequests on the Distribution of Wealth." In *Death and Dollars*, edited by Alicia H. Munnell and Annika Sundén, 345 – 375. Washington, DC: Brookings Institution, 2003.

——. "Income, Wealth, and Late – Life Inequality in the U. S." In Vol. 22 of *Annual Review of Gerontology and Geriatrics*, edited by Stephen Crystal and Dennis Shea, 31 – 58. New York: Springer Publishing Co., 2002.

——. "Inequality and Rising Profitability in the United States, 1947 – 2013." *In ternational*

Review of Applied Economics 29, no. 6 (2015): 741 – 769. http://www.tandfonline.com/doi/pdf/10.1080/026 92171.2014.956704.

——. "Inheritances and Wealth Inequality, 1989 – 1998." *American Economic Review Papers and Proceedings* 92, no. 2 (May 2002): 260 – 264.

——. *Inheriting Wealth in America: Future Boom or Bust?* New York: Oxford University Press, 2015.

——. "International Comparisons of Wealth Inequality." *Review of Income and Wealth* 42, no. 4 (December 1996): 433 – 451.

——. "International Comparisons of Wealth: Methodological Issues and a Sum – mary of Findings." In *International Perspectives on Household Wealth*, 1 – 16. Cheltenham, U. K.: Edward Elgar Publishing Ltd., 2006.

——. "Life Cycle Savings and the Individual Distribution of Wealth by Class." In *Modelling the Accumulation and Distribution of Wealth*, edited by Denis Kessler and André Masson, 261 – 280. Oxford: Clarendon Press, 1988.

——. "Methodological Issues in the Estimation of Retirement Wealth." In Vol. 2 of *Research in Economic Inequality*, edited by Daniel J. Slottje, 31 – 56. Stam – ford, CT: JAI Press, 1992.

——. "Methodological Issues in the Estimation of the Size Distribution of Household Wealth." *Journal of Econometrics* 43, no. 1 / 2 (January / February 1990): 179 – 195.

——. "The Middle Class: Losing Ground, Losing Wealth." In *Diversity and Dis parities: America Enters a New Century*, edited by John R. Logan, 60 – 104. New York: Russell Sage Foundation, 2014.

——. *Poverty and Income Distribution.* 2nd ed. New York: Wiley – Blackwell, 2009.

——. "Recent Trends in Household Wealth in the U. S.: Rising Debt and the Middle Class Squeeze." In *Economics of Wealth in the 21st Century*, edited by Jason M. Gonzales, 1 – 41. Hauppauge, NY: Nova Science Publishers, Inc., 2011.

——. "Recent Trends in Living Standard in the United States." In *What Has Happened to the Quality of Life in the Advanced Industrialized Nations?*, 3 – 26. Cheltenham, U. K.: Edward Elgar Publishing Ltd., 2004.

——. "Recent Trends in the Size Distribution of Household Wealth." *Journal of Economic Perspectives* 12, no. 3 (Summer 1998): 131 – 150.

——. "Recent Trends in Wealth Ownership, from 1983 to 1998." In *Assets for the Poor: The Benefits of Spreading Asset Ownership*, edited by Thomas M. Shapiro and Edward N. Wolff, 34 – 73. New York: Russell Sage Press, 2001.

——. *Retirement Insecurity: The Income Shortfalls Awaiting the Soon to Retire.* Washington, DC: Economic Policy Institute, 2002.

——. "The Retirement Wealth of the Baby Boom Generation." *Journal of Mone tary Economics* 54, no. 1 (January 2007): 1 – 40.

——. "The Rich Get Increasingly Richer: Latest Data on Household Wealth during the

1980s." In Vol. 5 of *Research in Politics and Society*, 33 – 68. Stamford, CT: JAI Press, 1995.

——. "Rising Profitability and the Middle Class Squeeze," *Science & Society* 74, no. 3 (July 2010): 429 – 449.

——. "The Size Distribution of Wealth in the United States: A Comparison among Recent Household Surveys." In *Wealth, Work, and Health: Innova – tions in Measurement in the Social Sciences*, edited by James P. Smith and Robert J. Willis, 209 – 232. Ann Arbor, MI: University of Michigan Press, 1999.

——. "Social Security, Pensions, and the Life Cycle Accumulation of Wealth: Some Empirical Tests." *Annales d' Economie et de Statistique*, no. 9 (Janvier / Mars 1988): 199 – 216.

——. "The Stagnating Fortunes of the Middle Class." *Social Philosophy and Policy* 191, no. 4 (2002): 55 – 83.

——. *Top Heavy: A Study of Increasing Inequality of Wealth in America.* New York: The Twentieth Century Fund Press, 1995.

——. *Top Heavy: A Study of Increasing Inequality of Wealth in America.* Updated and expanded edition. New York: The New Press, 2002.

——. "The Transformation of the American Pension System." In *Work Options for Mature Americans*, edited by Teresa Ghilarducci and John Turner, 175 – 211. Notre Dame, IN: University of Notre Dame Press, 2007.

——. *The Transformation of the American Pension System: Was It Beneficial for Workers?* Kalamazoo, MI: W. E. Upjohn Institute for Employment Research, 2011.

——. "Trends in Aggregate Household Wealth in the U. S., 1900 – 1983." *Review of Income and Wealth* 35, no. 1 (March 1989): 1 – 30.

——. "Trends in Household Wealth in the United States, 1962 – 1983 and 1983 – 1989." *Review of Income and Wealth* 40, no. 2 (June 1994): 143 – 174.

——. "U. S. Pensions in the 2000s: The Lost Decade?" *Review of Income and Wealth* 61, no. 4 (December 2015): 599 – 629. doi: 10. 1111 / roiw. 12123.

——. "Wealth Accumulation by Age Cohort in the U. S., 1962 – 1992: The Role of Savings, Capital Gains and Intergenerational Transfers." *Geneva Papers on Risk and Insurance* 24, no. 1 (January 1999): 27 – 49.

——. "Wealth Holdings and Poverty Status in the United States." *Review of Income and Wealth* 36, no. 2 (June 1990): 143 – 165.

——. "Wealth Inequality." *Pathways, The Poverty and Inequality Report.* Special Issue (2014): 34 – 41.

——. "Who Are the Rich? A Demographic Profile of High – Income And High – Wealth Americans." In *Does Atlas Shrug? The Economic Consequences of Taxing the Rich*, edited by Joel Slemrod, 74 – 113. New York: Russell Sage Foundation and Harvard University Press, 2000.

Wolff, Edward N., and Maury Gittleman. "Inheritances and the Distribution of Wealth or

Whatever Happened to the Great Inheritance Boom?" *Journal of Economic Inequality* 12, no. 4 (December 2014): 439 – 468.

Wolff, Edward N., and Marcia Marley. "Long – Term Trends in U. S. Wealth Inequality: Methodological Issues and Results." In *The Measurement of Saving, Invest – ment, and Wealth*, edited by Robert E. Lipsey and Helen Tice, 765 – 843. Chicago: Chicago University Press, 1989.

Wolff, Edward N., Lindsay A. Owens, and Esra Burak. "How Much Wealth Was Destroyed in the Great Recession?" In *The Great Recession*, edited by David B. Grusky, Bruce Western, and Christopher Wimer, 127 – 158. New York: Russell Sage Foundation Press, 2011.

Yaari, Menaham E. "Uncertain Lifetime, Life Insurance, and the Theory of the Consumer." *Review of Economic Studies* 32 (April 1965): 137 – 158.

Young, Allan, and John Musgrave. "Estimation of Capital Stock in the United States." Paper delivered at the Conference on Research in Income and Wealth, Toronto, Canada, 1976.

Zeldes, Steven P. "Optimal Consumption with Stochastic Income: Deviations from Certainty Equivalence." *Quarterly Journal of Economics* 104 (May 1989): 275 – 298.

Ziliak, James P. "Income Transfers and Assets of the Poor." *Review of Economics and Statistics* 85, no. 1 (February 2003): 63 – 76.

Zucman, Gabriel. "The Missing Wealth of Nations: Are Europe and the U. S. Net Debtors or Net Creditors?" *Quarterly Journal of Economics* 128, no. 3 (2013): 1321 – 1364.

致谢

依照惯例，在此我向提供资金支持我进行本课题研究的以下基金会和研究所表示衷心的感谢：美国国家科学基金会、美国卫生与公共服务部、艾尔弗·斯隆基金、拉塞尔·塞奇基金会、福特基金会、巴德学院利维经济研究所、厄普约翰就业研究所、新经济思想研究所、纽约大学斯塔尔应用经济学中心。

索 引

（索引页码为原著页码，即本书边码）

页码数字后面带有“f”表示图形，带有“t”表示表格。

图书在版编目（CIP）数据

美国家庭财富百年史：1900－2013：全二册／（美）爱德华·N. 沃尔夫（Edward N. Wolff）著；徐飞译. --北京：社会科学文献出版社，2022.7

（思想会）

书名原文：A Century of Wealth in America

ISBN 978－7－5201－9796－0

Ⅰ. ①美… Ⅱ. ①爱… ②徐… Ⅲ. ①家庭财产－经济史－研究－美国 Ⅳ. ①F171.247

中国版本图书馆 CIP 数据核字（2022）第 047147 号

·思想会·

美国家庭财富百年史（1900～2013）（全二册）

著　　者／［美］爱德华·N. 沃尔夫（Edward N. Wolff）

译　　者／徐　飞

出 版 人／王利民

组稿编辑／祝得彬

责任编辑／刘学谦

责任印制／王京美

出　　版／社会科学文献出版社·当代世界出版分社（010）59367004

地址：北京市北三环中路甲 29 号院华龙大厦　邮编：100029

网址：www.ssap.com.cn

发　　行／社会科学文献出版社（010）59367028

印　　装／北京盛通印刷股份有限公司

规　　格／开　本：880mm×1230mm　1/32

印　张：31.75　字　数：790 千字

版　　次／2022 年 7 月第 1 版　2022 年 7 月第 1 次印刷

书　　号／ISBN 978－7－5201－9796－0

著作权合同登记号／图字 01－2018－7837 号

定　　价／188.00 元（全二册）

读者服务电话：4008918866